Denise Y. Arnold
Compiladora

PARENTESCO Y GÉNERO EN LOS ANDES
Tomo II

Gente de carne y hueso

LAS TRAMAS DE PARENTESCO EN LOS ANDES

La Paz - Bolivia
1998

CIASE Research Series No. 28

Copyright © ILCA/CIASE 1998

Todos los derechos reservados
Primera edición
Depósito Legal: 4-1-1562-98
ISBN: 1-873617-25-9

Coedición:	ILCA (Instituto de Lengua y Cultura Aymara) CIASE Research Series No. 28
Ventas:	CIASE (Centre for Indigenous American Studies and Exchange) University of St. Andrews, St. Andrews, Fife KY16 9AL, Escocia Fax: (44) 1334 462985 E-mail: joanna.overing@st-and.ac.uk
	Hisbol, Calle Zapata 178, La Paz, Bolivia, Sudamérica. Telf.: (00 5912) 337184. Fax: (00 5912) 368327. E-mail: hisbolsr@ceibo.entelnet.bo
Equipo de traducción y revisión:	Ma. Alejandra Alcoreza, Denise Y. Arnold, Ian Marr, Alison Spedding P., Patricia Tellería y Marcelo Villena A.
Edición al cuidado de:	Denise Y. Arnold
Corrección de pruebas:	Carlos Urquizo Sossa, Raquel Gutiérrez y Marcelo Villena A.
Diagramación:	Norberto Copana G.
Figuras:	Freddy Taboada y Denise Y. Arnold Los dibujos al comienzo de cada parte se basan en figuras en *Los Dioses de Sipan*, por Jürgen Golte Lima: IEP, 1993 y *Andean Folk Knitting. Traditions and Techniques from Peru and Bolivia* por Cynthia Gravelle LeCount. Saint Paul, Minnesota: Dos Tejedoras, Fiber Arts Publications, 1990.
Carátula:	Muñecas de Artesania Sorata, La Paz.

1. *Denise Y. Arnold (comp.)*
   Más allá del silencio: las fronteras de género en los Andes

2. *Denise Y. Arnold (comp.)*
   Gente de carne y hueso: las tramas de parentesco en los Andes

Biblioteca de Estudios Andinos
Dirigida por Denise Y. Arnold y Alison Spedding P.

CONTENIDO

PARTICIPANTES 11

AGRADECIMIENTOS 13

        Denise Y. ARNOLD
        INTRODUCCIÓN: DE "CASTAS" A *KASTAS*
        ENFOQUES HACIA EL PARENTESCO ANDINO........................ 15

PARTE I   **PARENTESCO EN LOS ANDES:**
                LOS DEBATES ACTUALES 67

    1.   Penny HARVEY
          LOS "HECHOS NATURALES" DE PARENTESCO Y GÉNERO
          EN UN CONTEXTO ANDINO 69

    2.   Mary WEISMANTEL
          VIÑACHINA:
          HACER GUAGUAS EN ZUMBAGUA, ECUADOR 83

PARTE II   **NUEVAS FRONTERAS:**
                LOS LÍMITES DE PARENTESCO EN LOS ANDES 97

    3.   Sarah LUND SKAR
          EL FINAL DE LA EXOGAMIA:
          PARENTESCO ANDINO EN TERRENO ABIERTO 99

    4.   Alison SPEDDING
          CONTRA-AFINIDAD:
          ALGUNOS COMENTARIOS SOBRE EL COMPADRAZGO ANDINO .. 115

    5.   Teresa DURÁN
          COMUNIDAD MAPUCHE Y REDUCCIÓN:
          FACTORES DE CONTINUIDAD Y CAMBIO 139

PARTE III   CATEGORÍAS DE PARENTESCO Y GÉNERO 165

6. Sabine DEDENBACH-SALAZAR
   TERMINOLOGÍA DE PARENTESCO Y TRATO SOCIAL ANDINO:
   DATOS LINGÜÍSTICO-ETNOHISTÓRICOS DE HUAROCHIRÍ 167

7. Jane COLLINS
   TRADICIONES DE TRADUCCIÓN Y LA ORGANIZACIÓN
   DE LA ACTIVIDAD PRODUCTIVA: EL CASO DE LOS
   TÉRMINOS DE PARENTESCO POLÍTICO EN EL AYMARA.... 187

8. Juan de Dios YAPITA con Denise Y. ARNOLD
   LO HUMANO Y LO NO-HUMANO EN AYLLU QAQACHAKA:
   CATEGORÍAS AYMARAS DE PARENTESCO Y AFINIDAD..... 199

9. Astvaldur ASTVALDSSON
   LAS CABEZAS QUE HABLAN: AUTORIDAD, GÉNERO Y
   PARENTESCO EN UNA COMUNIDAD ANDINA....................... 227

PARTE IV   MATRIMONIO, ALIANZA Y JERARQUÍA 263

10. Juan OSSIO
    OBLIGACIONES RITUALES PRESCRITAS
    EN EL PARENTESCO ANDINO POR AFINIDAD 265

11. Ricardo VALDERRAMA y Cármen ESCALANTE
    MATRIMONIO EN LAS COMUNIDADES QUECHUAS ANDINAS...... 291

PARTE V   PARENTESCO Y LA ORGANIZACIÓN DEL ESTADO 323

12. Roberto CHOQUE
    EL PARENTESCO ENTRE LOS CACIQUES DE PAKASA 325

13. Carmen BERNAND
    ¿POLIGINIA CACICAL O POLIGINIA GENERALIZADA?
    EL CASO DE HUÁNACO, PERÚ (1562) 341

14. Carmen SALAZAR-SOLER y Françoise LESTAGE
    GRUPOS DE EDAD EN LA VISITA DE HUÁNACO, PERÚ........

15. R. Tom ZUIDEMA 363
ESPACIO-TIEMPO Y LAS *PANAKAS* EN LA ORGANIZACIÓN
DEL CUZCO: HACIA UN MODELO PRE-HISPÁNICO............... 415

PARTE VI   PARENTESCO EN LAS PRÁCTICAS TEXTUALES ANDINAS 437

16. Claudette KEMPER COLUMBUS
PARIENTES NO-HUMANOS: FILIACIONES ENTRE
EL CORDÓN UMBILICAL, LA CASA Y LA PIEDRA 439

17. Hilda G. ARAUJO C.
PARENTESCO Y REPRESENTACIÓN ICONOGRÁFICA:
LAS "TABLAS PINTADAS" DE SARHUA, AYACUCHO, PERÚ 461

18. Denise Y. ARNOLD con Juan de Dios YAPITA
K'ANK'ISIÑA: TRENZARSE ENTRE LA LETRA Y LA MÚSICA
DE LAS CANCIONES DE BODA EN QAQACHAKA, BOLIVIA 525

19. Henry STOBART
LO RECTO Y LO TORCIDO:
LA MÚSICA ANDINA Y LA ESPIRAL DE LA DESCENDENCIA.... 581

FIGURAS

0.1	El dibujo del *Ritual Formulario* de Pérez Bocanegra (1631) con las interpretaciones del parentesco incaico según Zuidema y Lounsbury, basadas en el mismo dibujo	32
0.2	La interpretación del parentesco andino según Héritier	34
7.1	Diagramas de las relaciones de parentesco político en aymara	191
7.2	Análisis de los términos de parentesco político en aymara y castellano	194
7.3	Tradiciones de traducción: aymara y castellano	195
9.1	Estructura jerárquica de autoridad en Sullka Titi Titiri	240
9.2	Estructura jerárquica de la autoridad masculina en Sullka Titi Titiri	240
9.3	Estructura jerárquica de la autoridad complementaria	244
9.4	Descendencia de autoridad de los *Wak'a Achachila*	244
9.5	Descendencia del hombre y mujer de Viracocha, basado en el dibujo de Pachacuti	246
9.6	Estructura jerárquica de autoridad en Sullka Titi Titiri consistente con las categorías básicas del parentesco aymara	247
9.7	Estructura jerárquica de autoridad, tomando en cuenta el carácter especial de la autoridad femenina	255
10.1	Indios Pulicia y Cristiandad. Dibujo de Guaman Poma (1980 [ca. 1613]: 847)	275
10.2	Terminología de parentesco por afinidad desde el punto de vista masculino (Andamarca, Ayacucho)	278
10.3	Terminología quechua para parientes afines (Ego masculino y femenino. Siglos XVI y XVII)	280
12.1	Clave y Caciques de Jesús de Machaqa	331
12.2	Caciques de Qaqayawiri	332
12.3	Caciques de Kupakawana (Urinsaya)	334
12.4	Caciques de Kupakawana, Laja y Pukarani	335
12.5	Caciques de Karawuku	337
12.6	Caciques de Qalaqutu	338
13.1	Distribución de las casas poligámicas por pueblos	360
14.1	Casa 142 p. 160	375
14.2	Nombre "Pazna"	377
14.3	Nombre "Colque"	377
14.4	Nombre "Guano"	378
14.5	Casa 277, p. 211	387
14.6	Casa 211, p. 185	388
14.7	Casa 218, p. 189	388
14.8	Casa 221, p. 189-90	389
14.9	Casa 284, p. 215 y Casa 281, p. 212	391
14.10	Casa 266, p. 206 y Casa 280, p. 212	391
14.11	Casa 255, p. 202	395

14.12	Casa 393, p. 256	395
14.13	ANEXO 1: Traducción de los nombres que aparecen en el artículo	400
14.14	Cuadro 1. Número y edad de las personas empadronadas	409
14.15	Cuadro 2. Los inválidos	410
14.16	Cuadro 3. Los enfermos	411
14.17	Cuadro 4. Lugar de residencia de los inválidos y de los enfermos	412
14.18	Cuadro 5. Porcentaje de nombres masculinos sobre población masculina y total	413
14.19	Cuadro 6. Porcentaje de nombres femeninos sobre población femenina y total	414
17.1	Representaciones de las unidades domésticas (del 1 a 11)	469
17.2	Representaciones de personas, animales y cosas (del 1 a 11)	469
17.3	Fotos de las tablas	473
17.4	Gráfico 1 (G1) Tabla 3 (T3)	474
	Gráfico 2 (G2) Tabla 8 (T8)	475
	Gráfico 3 (G3) Tabla 29 (T29)	476
	Gráfico 4 (G4) Tabla 39 (T39)	477
	Gráfico 5 (G5) Tabla 37 (T37)	478
	Gráfico 6 (G6) Tabla 38 (T38)	479
	Gráfico 7 (G7) Tabla 13 (T13)	480
	Gráfico 8 (G8) Tabla 28 (T28)	481
	Gráfico 9 (G9) Tabla 10 (T10)	482
	Gráfico 10 (G10) Tabla 15 (T15)	483
	Gráfico 11 (G11) Tabla 23 (T23)	484
	Gráfico 12 (G12) Tabla 31 (T31)	485
17.5	Parentesco: Terminología y estructura en Sarhua	504
17.6	La extensión de las categorías a las líneas transversales	506
17.7	Qellupampa: primeras estancias de los M-Qy	510
17.8	Qellupampa: etapa de la construcción de la casa	510
17.9	Qellupampa: descendientes de los M-Qy a 1993	512
17.10	*Wasi cimentay*	521
17.11	*Tabla apaycuy*	522
17.12	*Wasi ruway*	522
17.13	*Hinchaway*	523
18.1	La casa de la boda	528
18.2	Los grupos en el seno de la boda	530
18.3	Ilustración musical de la canción 1	533
18.4	Foto de un *arku* de la boda	545
18.5	El *arku* con los regalos llevados por la *ipala*	547
18.6	Foto del novio colgado con madejas de lana	548
18.7	Los pares de *arku* y sus significados	550
18.8	Dos hermanas entran a la casa de dos hermanos	557
18.9	Foto de los regalos y *arkus* en el patio	565

18.10 Ilustración musical de la canción 2 571
19.1 La actuación temporal de *pinkillu*
y el ciclo de las nuevas melodías de *wayñu* 583
19.2 El patrón de *zigzag (link'u)* en el diseño de los gorros *(ch'ulu)*
de ayllu Macha 585
19.3 Los *pinkillus tara* y *q'iwa* con la digitación y tonos relativos
en la nota de terminación/afinación de cada *wayñu* 586
19.4 Un *wayñu* para *pinkillu* 587
19.5 Una *trupa* de *pinkillu* 589
19.6 Los pares de *wawqu: yiya* y *arka* 591
19.7 La danza serpeante: *wayli* 591
19.8 La tropa de instruments *wawqu (jula jula)* 593
19.9 La melodía *suna* para *wawqu*: la acción recíproca continúa
para obtener alteración de tonos 594
19.10 El doblar el tamaño como relación de tono de 1 octava:
representación diagramática 595
19.11 Las afinaciones para *kitära* en la época lluviosa,
y los intervalos relativos entre cuerdas 596
19.12 Los tubos de *arka* y *yiya* 599
19.13 El movimiento por octavas y su relación
según las temporadas del año 599

TOMO II

PARTICIPANTES

HILDA G. ARAUJO C., Academia Nacional de Ciencia y Tecnología - Perú. Senda Comunidad I-8, Urbanización Arco Iris, Pueblo Libre, Lima-21, Perú.

DENISE Y. ARNOLD, Centro de Estudios Culturales Latinoamericanos, Department of Spanish, King's College London, Strand, London WC2R 2LS, Inglaterra.

ASTVALDUR ASTVALDSSON, Institute of Latin American Studies, University of Liverpool, 86/88 Bedford Street South, P. O. Box 147, Liverpool L69 3BX, Inglaterra.

CARMEN BERNAND, CERMACA, École des Hautes Études en Sciences Sociales, 54, boulevard Raspail, 75006, París, France.

ROBERTO CHOQUE CANQUI, Carrera de Historia, Universidad Mayor de San Andrés, La Paz, Bolivia.

SABINE DEDENBACH-SALAZAR, Seminar für Völkerbunde, Universität Bonn, Römerstr. 164, D-53117 Bonn, Alemania.

CARMEN ESCALANTE, Universidad Nacional San Antonio Abad de Cusco, Casilla Postal 228, Correo Central, Cusco, Perú.

TERESA DURÁN, Departamento de Antropología, Universidad Católica de Temuco, Casilla 15-D, Temuco, Chile.

PENNY HARVEY, Department of Anthropology, University of Manchester, Inglaterra.

CLAUDETTE KEMPER COLUMBUS, Hobart and William Smith Colleges, Box F129, Geneva, New York 14456-3397, EE.UU.

FRANÇOISE LESTAGE, CERMACA, École des Hautes Études en Sciences Sociales, 54, boulevard Raspail, 75006, París, France.

JUAN OSSIO, Pontificia Universidad Católica del Perú, Apartado 1761, Lima, Perú.

CARMEN SALAZAR-SOLER, CERMACA, École des Hautes Études en Sciences Sociales, 54, boulevard Raspail, 75006, París, France.

SARAH LUND SKAR, Sosialantropologisk Institutt, Universidad de Oslo, Postboks 1091 Blindern, 0317 Oslo 3, Noruega.

ALISON SPEDDING, Carrera de Antropología, Universidad Mayor de San Andrés, La Paz, Bolivia.

HENRY STOBART, Darwin College, University of Cambridge, Cambridge CB3 9EU, Inglaterra.

RICARDO VALDERRAMA, Universidad Nacional San Antonio Abad de Cusco, Casilla Postal 228, Correo Central, Cusco, Perú.

MARY WEISMANTEL, Department of Anthropology and Sociology, Occidental College, Los Angeles, CA 90041-3392, EE.UU.

JUAN DE DIOS YAPITA, Instituto de Lengua y Cultura Aymara, Casilla 2681, La Paz, Bolivia.

R. TOM ZUIDEMA, Department of Anthropology, University of Illinois at Urbana-Champaign, College of Liberal Arts and Sciences, 109 Davenport Hall, 607 South Matthews Avenue, Urbana, IL 61801, EE.UU.

AGRADECIMIENTOS

El germen de la idea para reconsiderar la problemática de parentesco y género en los Andes (como en el caso de Tomo I de esta serie: *Más allá del silencio: las fronteras de género en los Andes*) surgió en 1990, durante el Instituto de Verano del NEH en Cornell University, en una reunión informal en que estuvieron presentes John Murra, Enrique Meyer, Tristan Platt, Mary Weismantel, Juan de Dios Yapita y Denise Arnold.

Tres años después, llevamos a cabo la conferencia que nos propusimos con el apoyo del fondo de conferencias de la Fundación Wenner Gren (Gr. 48-122) y una beca de conferencia del Royal Anthropological Institute del Reino Unido. Por su valioso interés, queremos agradecer en especial a Sydel Silverman, Presidente de la Fundación Wenner Gren, a Ms. Laurie Obbink, Asociada de Programas de Conferencia de la misma, y al entonces Director del RAI, Dr. Jonathan Benthall.

La Conferencia Internacional sobre Parentesco y Género en los Andes tuvo lugar en la Universidad de St. Andrews, Escocia, del 6 al 11 de Septiembre de 1993, bajo el auspicio del Departamento de Anthropología y el entonces Instituto de Estudios Amerindios. Expresamos nuestro agradecimiento a ambas instituciones, especialmente a Maggie Bolton, por haber hecho la mayor parte del trabajo de organizar la conferencia, y a Tristan Platt, Director del Instituto en 1993. El apoyo combinado de la Fundación Wenner Gren, del RAI, y de la Academia Británica (British Academy Conference Grant towards travel expenses) hizo posible proporcionar los costos de pasaje de varios participantes de América Latina cuyas contribuciones están en el presente tomo. Reconocemos en especial los esfuerzos de Ms. Joanne Shaw, Overseas Exchanges Assistant de la Academia Británica, y de Peter Wilkins de la agencia Journey Latin America, por haberlo hecho posible.

En los meses posteriores a la Conferencia, Sabine Dedenbach-Salazar Saénz y Lindsey Crickmay, como Directoras interinas del Instituto de Estudios Amerindios, dispusieron una suma de las recaudaciones de la Conferencia, haciendo posible que se considere la producción de ambos tomos en la presente serie, *Parentesco y Género en los Andes*; les estamos muy agradecidos.

Durante la conferencia, contamos con la presencia del Profesor Ladislav Holy (ya fallecido), del Departamento de Antropología de St. Andrews, con su amplia experiencia en el Medio Oriente, y la de la Profesora Joanna Overing (actual Director del Centre for Indigenous American Studies and Exchange), con su notable experiencia en los Estudios Amazónicos, quienes nos dieron sus distintas perspectivas acerca de las teorías actuales. Agradecemos a ambos, y también a Roy Dilley y Leslie Hoggarth por sus valiosas contribuciones en los debates.

Respeto a la preparación del libro, queremos agradecer a todos quienes mandaron sus ponencias para la publicación. Agradecemos también a las personas que apoyaron con otros capítulos que no estaban incluidos en la conferencia original, por ejemplo el Capítulo 7 de Jane Collins, del cual Lucy Th. Briggs (ya fallecida) hizo posible la versión en castellano, y la Universidad de Georgia Press dio su permiso para publicar la traducción del ensayo. Por las traducciones al castellano de más de la mitad de las ponencias originales de la conferencia damos gracias a Patricia Tellería, Ian Marr y Alison Spedding; por dibujar los diagramas de parentesco a Freddy Taboada, y por algunos trabajos de transcripción a Yolanda Payano. Gracias, en especial, a Norberto Copana G. por haber hecho la diagramación del libro.

Los numerosos trabajos diarios en la organización del libro no hubieron sido posible sin el apoyo de Nadia Ticona y Emma Quisbert de la librería Hisbol, y de José Laura y Juan de Dios Yapita, del Instituto de Lengua y Cultura Aymara en La Paz; ofrecemos gracias a todos ellos.

Acerca del contenido del libro, agradecemos a Alison Spedding por sus acertados comentarios y críticas, a Margarita Tito por su apoyo en algunas traducciones del quechua, y a Elvira Espejo A. de Qaqachaka por sus aclaraciones de algunos términos y conceptos aymaras.

Por las correcciones del texto, damos nuestros agradecimientos a Marcelo Villena Alvarado, y por las correcciones finales de pruebas a don Carlos Urquizo Sossa y Raquel Gutiérrez.

Por su colaboración en la publicación y su valioso cuidado en la impresión, agradecemos a don Alfonso Rocha Millan y Carmen de Rivera de Magenta Industria Gráfica.

Denise Y. Arnold

La Paz, marzo de 1998

INTRODUCCIÓN

DE "CASTAS" A *KASTAS*
ENFOQUES HACIA EL PARENTESCO ANDINO

Denise Y. Arnold

Introducción [1]

El presente libro es el segundo tomo de las publicaciones que resultaron de la Conferencia Internacional sobre Parentesco y Género en los Andes (llevada a cabo en la Universidad de St. Andrews, Escocia en 1993), y forma pareja con el tomo I, *Más allá del silencio: fronteras de género en los Andes* (Arnold, comp. 1997a). En tanto que el primero enfocó las nuevas direcciones en el estudio de "género en los Andes", el segundo enfoca las nuevas direcciones en el estudio de "parentesco en los Andes", pero tratando siempre de entender la relación entre el parentesco y el género propiamente. Las contribuciones abarcan los estudios actuales en estos campos en Ecuador (1), Perú (10), Bolivia (6) y Chile (1), entre los hablantes de quechua, aymara y mapuche, y proceden de un equipo multidisciplinario de estudiosos de la historia, la antropología, la lingüística, la etnomusicología y la literatura.

Los ensayos en este tomo examinan, en sus diferentes maneras, las muchas nuevas direcciones en el estudio que han surgido en las últimas décadas, tanto en los Estudios Andinos como en la disciplina de la antropología. Especialmente, en los estudios de parentesco, después de un período de "indigestión crítica" y luego una ausencia total del escenario, existe ahora un interés renovado en una disciplina reconstituida que entrelaza los estudios de género y parentesco, de las relaciones de poder y autoridad, las políticas culturales y del cuerpo, las nociones de la persona, de la reproducción sexual y las nuevas tecnologías de la reproducción [2]. Todavía hay pocos debates en la literatura andina acerca de estos cambios

---

[1] Gracias a Alison Spedding por sus comentarios y sugerencias acerca de esta Introducción, a Roberto Choque por haberme proporcionado algunas referencias y a Ricardo López G., por sus búsquedas bibliográficas.
[2] Véase por ejemplo Collier y Yanagisako (1987), del Valle (1993), Maynes y otros (1996), etc..

de dirección y los resúmenes recientes o colecciones sobre el parentesco andino son escasos (Salomon 1982; Smith 1984), o parciales en su enfoque (Rivera 1997); el texto clave continúa siendo los ensayos recogidos en *Parentesco y Matrimonio en los Andes* (Mayer y Bolton 1980 [1977]). De este modo, nos pareció el momento apropiado para cuestionar desde dentro de este amplio corpus de nuevos datos acumulados desde 1977 los paradigmas teóricos existentes, y para escudriñar y desarrollar, a partir de una perspectiva interdisciplinaria, nuevos métodos de investigación y análisis. Al proceder de este modo, quisimos atender a los problemas de metáfora y traducción, y a los peligros de materializar a un dominio separado de "parentesco" (o "género", si de esto se trata), sin una confirmación andina de su existencia segregada. Otra de nuestras metas fue la de sonsacar las implicaciones teóricas del material andino para el estudio antropológico de parentesco en América Latina y en todo el mundo.

En estos nuevos enfoques interdisciplinarios de parentesco, los estudios se han apartado de los modelos clasificatorios formales hacia modelos más dinámicos, fundados en procesos y prácticas sociales: fuera del modelo del antropólogo(a) y hacia el modelo de los actores sociales. Una de las tendencias predominantes en los Estudios Andinos actuales, como en otras partes, busca no solamente examinar los varios puntos de vista de los foráneos a la cultura, sino entender también el punto de vista "desde adentro": la teoría y la práctica de parentesco y descendencia como experimenta la gente andina contemporánea.

El hecho de que varias contribuciones al presente volumen (Harvey, Weismantel, Skar, Spedding, etc.) tratan tan convincentemente la relevancia para los Estudios Andinos de estos asuntos nuevos, teóricos y prácticos, hace tanto más fácil mi propia tarea de escribir una introducción editorial.

1. Los retos de la teoría antropológica de las últimas décadas

Históricamente, los estudios de parentesco, como parte de la empresa antropológica, emergieron en los intereses duales de una búsqueda amplia para los orígenes humanos y otra búsqueda más inmediata para los medios de control de ciertos sistemas de parentesco más "primitivos" por otros más "civilizados", dentro de las demandas del colonialismo de los Siglos XIX y XX.

Por ejemplo, el funcionalismo-estructural en la década de los 20 respondió a las demandas coloniales al ofrecer un marco práctico e incomplicado para la administración y educación de la gente "atrasada", que incluyó los vínculos vitales entre las prácticas de parentesco y los derechos a la tierra (por ejemplo en la obra de Radcliffe-Brown).

Sin embargo, ya en las décadas de los 60 y 70, había comenzado un repensar del modelo institucional de la sociedad que fue generado por el funcionalismo-estructural (Malinowski, Radcliffe-Brown, Fortes, Goodenough, etc.). Se planteó que el funcionalismo-estructural estaba limitado por su enfoque sincrónico a la búsqueda de dominios funcionalmente diferenciados que regulaban las instituciones de la sociedad (ritual, política, religiosa, familiar). Como alternativa, los antropólogos (principalmente de las escuelas británicas y angloamericanas: Leach, Needham, Schneider, etc.) comenzaron a buscar las maneras en que estos diferentes dominios estaban constituidos en sociedades determinadas y con cuáles consecuencias sociales. Es así que el parentesco, percibido anteriormente como un dominio separado, ya se percibía como parte de la economía política (Meillassoux) o de los sistemas más amplios de relaciones entre hombres y mujeres, que incluían también las relaciones de género (Collier y Rosaldo, Ortner y Whitehead, etc.).

Otro reto al funcionalismo-estructural fue la crítica de su base en un modelo neo-evolucionista de la sociedad, que planteaba, a un extremo del espectro evolutivo, las funciones más englobantes de las organizaciones fundadas en el parentesco (linajes, clanes, etc.), en las llamadas sociedades "simples" y, en el otro, la limitación del parentesco a la reproducción mediante la unidad reproductora primaria de la familia nuclear, en las sociedades más "complejas". Esta perspectiva ha contribuido a la disociación de los estudios de parentesco en las sociedades occidentales de la economía política o de las relaciones de género. Desde entonces, una nueva generación de estudiosos ha buscado reconstruir los estudios de parentesco para incluir la forma en que las relaciones familiares podrían reproducir las relaciones de poder en otros niveles de la sociedad, incluyendo, como un aspecto de parentesco, los estudios de la economía política y de las relaciones de género.

Como parte de estas nuevas direcciones de investigación, los estudiosos cuestionaron la frontera tradicional existente entre los estudios de parentesco y género como dominios analíticos. Un asunto teórico clave para una nueva generación de estudiosos(as) feministas fue la restricción anterior del rol de la mujer, según los estudios clásicos de parentesco, al del matrimonio y la familia, y algunos(as) adoptaron la distinción (según Meyer

Fortes, entre otros) entre el llamado "dominio doméstico" de las mujeres, en oposición al dominio "político-jurídico" (supuestamente controlado por los hombres), para explicar lo que ellos(as) percibían como la "subordinación universal de las mujeres" (Rosaldo 1974). Pero, a medida de que los estudios feministas avanzaron, las oportunidades de atestiguar la gran variedad de roles y experiencias de las mujeres en diferentes sociedades, juntamente con los estudios comparativos de los diferentes roles de hombres y mujeres, finalmente hicieron desmoronar las suposiciones que subyacían en la teoría clásica del parentesco.

Mediante estos estudios, las feministas se dieron cuenta que la distinción falsa entre un dominio político-jurídico, asociado con los hombres, y un dominio doméstico, asociado con las mujeres y la parturición, y enfocado en el vínculo diádico madre-hijo, estaban en el propio núcleo de las teorías antropológicas de "descendencia" (Fortes, Schneider y Gough, Fox, etc.), de "alianza" (Lévi-Strauss, Leach, Needham, Maybury-Lewis) y de las "transacciones matrimoniales". De este modo, surgió un nuevo enfoque que buscaba retar estas categorías al demostrar que incluso la llamada "esfera doméstica" era en realidad conformada por la organización de la vida política y económica, y por el acceso diferenciado a los recursos por hombres y mujeres, según sus diferentes estrategias, prácticas y metas. Aun los llamados "hechos biológicos" de los lazos de parentesco y género lograron su significación sólo en los términos de sistemas más amplios de significado (Ardener 1975, etc.).

Paralelamente, Goody (1976) examinó la evolución del dominio doméstico, para demostrar cómo los procesos productivos y la transmisión de la propiedad modelan los grupos domésticos en diferentes sociedades, en tanto que Bourdieu (1977) estudió las "estrategias matrimoniales" (antes que las "reglas formales del matrimonio" de Lévi-Strauss) para demostrar de qué modo hombres y mujeres, como grupos, reprodujeron las relaciones de producción y la desigualdad social en diferentes sociedades. Estos dos autores, por su atención a la reproducción de los sistemas sociales y productivos, demostraron implícitamente las debilidades del enfoque funcionalista-estructural que se había limitado a investigar los sistemas de comunicación y intercambio de matrimonio.

A la vez, el "análisis cultural" de parentesco de Schneider (1968, 1972), iba a proveer otra manera de relacionar el parentesco con múltiples dominios. Él y otros han argüido que el parentesco no es un dominio de significado, discreto y aislado, sino los significados atribuidos a las relaciones y acciones de parentesco nacen de toda una gama de dominios culturales, que incluyen a la religión, nacionalidad, género, etnicidad, clase social y los conceptos de "persona" (ver también Strathern 1981; Yanagisako, 1978, 1985, etc.).

Las implicaciones más amplias de estos nuevos estudios han sido las de poner en duda las anteriores categorías y marbetes de los estudios clásicos del parentesco. Por ejemplo, el definir los nuer (del Sudán en África) como caracterizados por la descendencia patrilineal (descendencia por la línea masculina) como lo hizo Evans Pritchard, a estas alturas se consideraba que obscurecía más que iluminaba, en tanto que podría haber sido más cerca a las estrategias reales y prácticas de aquella sociedad, tomar en cuenta las relaciones de género, según los propios nuer, como parte integrante de las alianzas y las transacciones matrimoniales.

De modo parecido, la reformulación de las relaciones trobiand de parentesco según Annette Weiner (1976, 1978, en su crítica de Malinowski) ha demostrado la utilidad de un "modelo reproductivo" en la comprensión de los lazos a largo plazo entre hermano y hermana como una unidad clave en los análisis de parentesco, aun en las llamadas relaciones "de alianza" entre grupos. En este sentido, ella también puso en juicio el status y primacía de la unidad marido-mujer, según Lévi-Strauss, como una "estructura elemental de parentesco". Desde esta nueva perspectiva, Weiner también pudo revelar la importancia de los roles de las mujeres y de los lazos entre hermano y hermana en las relaciones económicas y de intercambio más extensas de las islas Trobriand.

Otro nuevo enfoque antropológico fue el de poner en juicio el anterior sesgo masculino en las prácticas de escritura etnográfica para dar lugar al "punto de vista femenino" y expresar de esta manera las diferencias existentes en cualquier sociedad entre la conciencia masculina y femenina, no solamente para con el quehacer cotidiano sino también para con las instituciones sociales y políticas de aquella sociedad (ver por ejemplo Weiner 1976). Ortner y Whitehead (1981) arguyeron que éstas necesariamente deben incluir el análisis de los "sistemas de prestigio" masculino (y femenino), a fin de llegar a una comprensión de la "construcción cultural de las relaciones de género" en cualquier sociedad.

1.1 Los del Norte Atlántico y los demás

Sobre todo, durante estas últimas décadas, los antropólogos occidentales han debido adquirir una conciencia respecto a la forma en que han aplicado a otras sociedades sus propios prejuicios, basados en los modelos de pensamiento occidentales, como modelos culturales universales, sin tomar en cuenta el uso específico histórico y cambiante de sus implementos analíticos.

Por ejemplo, los historiadores de los estudios de parentesco han demostrado que el "punto de vista nativo", que parecía tan natural para los europeos, estaba en efecto basado en la antigua ley civil romana (que era plenamente patrilineal) y que las actitudes para con el matrimonio, las relaciones de género, la lactancia, el trabajo infantil, la fertilidad y la disciplina para los niños, han variado todos enormemente de una a otra región y de uno a otro período histórico (Maynes y otras 1996).

Al mismo tiempo, los propios antropólogos, por ejemplo McCormack y Strathern (1980), demostraron que la distinción penetrante entre naturaleza y cultura, usada sin crítica en los estudios feministas de las décadas 60 y 70, era más bien parte de un "modelado estructuralista" de la sociedad, fundado en conceptos occidentales de estas ideas. Los estudios etnográficos de Strathern (1981) en Hagen (Papua Nueva Guinea) demostraron que las categorías hagen para estas ideas no eran homólogas con las occidentales, sino tenían diferentes significados simbólicos y consecuencias sociales. Otros estudios mostraron que aun las ideas occidentales estaban sujetas al cambio, según las influencias del momento. Es así que el estudio histórico de los Bloch (1980) del uso cambiante del término "naturaleza" (e implícitamente "cultura"), en la Francia del Siglo XVIII, reveló que cualquier especificidad cultural, como ser las ideas europeas respecto a la naturaleza también incluían una dimensión sincrónica, que permitía este constante proceso de cambio. En la misma década de los 80, se aplicaron semejantes críticas culturales al uso, en los estudios antropológicos, de otros modelos binarios, como son la oposición "doméstica-pública", "producción-reproducción", etc., lo que exigió un nuevo pensar acerca de su marco de aplicación.

Más pertinente al contexto andino, los etnógrafos de la cuenca amazónica, en estas últimas décadas, han hecho avances notables en este campo de la crítica cultural profunda. Además, el peligro de que este reordenamiento de los esquemas conceptuales occidentales, según los descubrimientos etnográficos, resultaría en nada más que una "desiderata etérea post-binaria", ya ha sido superado por el análisis más profundo de categorías como Naturaleza y Cultura, y por la demostración que éstas son determinadas epistemológicamente. Por ejemplo, Viveiros de Castro (1997) afirma que estas categorías necesitan lo que él llama un encaminamiento "perspectivo" hacia el pensar amerindio, que tomaría en cuenta el "punto de vista" amerindio respecto a estos criterios, tanto como el europeo.

Varios estudiosos de lo amazónico han llegado a la misma conclusión, sus estudios de las perspectivas amerindias acerca de la Naturaleza y la Cultura permitiéndoles criticar a los antropólogos occidentales por sus modelos estáticos de parentesco y descendencia, basados en la herencia pasiva de alguna esencia substancial. Como alternativa, ellos ubican las nociones de "parentesco", "persona", "conocimiento", "memoria", y aun de "iniciativa" e "intencionalidad", en el cuerpo y en el compartir dinámicamente las substancias corporales ya sean sexuales o alimentarias [3]. La importancia simbólica "universal" de la comida y la cocina, las reglas alimentarias y de abstinencia, la clasificación de los seres según sus costumbres alimentarias, y la omnipresencia del "canibalismo" (como el horizonte predicativo de todas las relaciones con el Otro, ya sean matrimoniales, alimentarias o belicosas), han demostrado que el conjunto de hábitos y procesos que constituyen a los "cuerpos" es precisamente la ubicación y el origen de la identidad y la diferencia (Viveiros de Castro 1997).

Las implicaciones de estos estudios están empezando a sentirse en los Estudios Andinos, en las nociones de las relaciones de parentesco y descendencia o relaciones de género, más dinámicas y centradas en el cuerpo [4], y una cantidad de ensayos en el presente volumen toman este mismo punto de partida (Harvey, Weismantel, Stobart, etc.).

No obstante, la historia distinta de las sociedades andinas, especialmente el desarrollo intensivo de los estados andinos, con su aparato e ideología social y político, excluye una aplicación literal de las ideas amazónicas. En los Andes, en tanto que estén presentes aspectos similares del pensar amerindio, sin embargo se evidencian a menudo relaciones más formalizadas de parentesco y descendencia que se remontan a estos modelos anteriores del estado, especialmente el incaico. Y, no es para sorprendernos, estos rasgos más globales y ordenamiento mayor son los que han influido en los patrones locales andinos de parentesco, y que han causado tantos debates en los Estudios Andinos.

---

[3] Ver por ejemplo Gow (1991), Descola (1992), Viveiros de Castro (1992), McCallum (1996), etc..

[4] Ver por ejemplo Isbell (1997) y Arnold y Yapita (1996).

2. Los estudios de parentesco andino

Desde la perspectiva de este debate teórico en la antropología global, centrémonos ahora, de manera resumida, en los criterios claves del contexto andino.

Desde un punto de vista histórico, los estudios de parentesco andino han precedido un discurso específicamente antropológico por algunos siglos, si incluimos entre ellos las tentativas coloniales hispanas para categorizar y luego controlar las prácticas andinas nativas de parentesco, centradas en torno a las diferentes directivas de los Concilios Limense (Barnes 1992; Zuidema 1996).

Estos primeros estudios terminológicos y etnográficos, prestaron la información necesaria para poder fiscalizar a las poblaciones andinas, según grupos lingüísticos y sociales, con los fines tributarios y de adoctrinamiento, y los revirtieron en las infames "reducciones", bajo las reformas toledanas de 1572 en adelante. A partir de entonces, las categorías andinas de parentesco, tales como *ayllu*, *marka* o *kuntur-mamani* (cóndor-halcón, la unidad doméstica en aymara), se vio transformadas en las categorías fiscales de la administración hispana (Bouysse 1987), y nace el nexo vital entre el parentesco andino y la cuestión de tierras.

Un fenómeno paralelo fue la resistencia de los andinos a estos procesos colonizantes, y su propia reestructuración de los pleitos por tierras y derechos hereditarios, basados ulteriormente en los grados de parentesco con la sangre real incaica, pero reestructurados según las nuevas reglas hispanas. Assadourian (1994, Capítulo 3) resume en el nivel estatal, estas transiciones graduales hacia un sistema colonial, y Rostworowski (1989) y Dransart (1997), entre otros, demuestran cómo, en efecto, los españoles manipularon estas reglas hereditarias incaicas para sus propios fines, mediante los lazos matrimoniales con la elite incaica.

Desde luego, las reglas hereditarias incaicas también han sido abiertas a debate y, a veces, a una franca competencia, si tomamos en cuenta los asuntos de género en tendencias posiblemente crecientes hacia la heredad patrilineal en el manipuleo de la sanguineidad incaica (Silverblatt 1976), las varias guerras entre "hermanos" (*wawqi*) y, sobre todo, la última y desastrosa guerra entre Atawallpa y Huascar, con todas sus repercusiones (Ziolkowski 1996, etc.).

Aun así, los nuevos criterios fiscales coloniales, y el gradual entendimiento y manipulación de los patrones andinos de parentesco y herencia por la Corona española, irían a formar la base legal de una lucha incesante sobre tierras y derechos hereditarios a todo lo largo del período colonial y posterior, en las nuevas proclamaciones y aparatos legales de la Independencia, en las nuevas repúblicas andinas, y la lucha continua en el período republicano (Pérez Stocco 1995; Platt 1982, 1987 etc.). Las sutilezas interalias de las varias "Leyes de expropiación de tierras" republicanas, y la resistencia contra éstas por un puñado de expertos andinos (los *apoderados*) versados en los procedimientos jurídicos hispanos y sus equivalentes andinos, se deben leer nuevamente en este entendimiento.

En el contexto de esta lucha constante por tierras rurales, el equivalente andino de una actitud victoriana "limpia y decente" hacia las prácticas familiares andinas en un entorno de rápida urbanización, no habría de ocurrir hasta los cambios políticos de las décadas 50 y 60 (en Bolivia, esto ocurrió tras la Revolución de 1952, conducida por el partido MNR), que abrieron el camino para una oleada de estudios antropológicos y sociológicos, orientados al desarrollo, sobre la organización social de los pueblos, por ejemplo el del "mundo de adobe" en busca del progreso de Doughty (1968).

Este último estudio también fue parte de un fenómeno paralelo: la incorporación de la región andina a la esfera de los intereses políticos norteamericanos, con varios estudios que surgieron bajo el auspicio del Departamento del Estado norteamericano, directa o indirectamente (Tschopik, Carter, etc.). De forma similar, en la década de los 70, se podía afirmar que el programa Vicos centrado en torno a las reformas agrarias de Velasco en Perú, y financiado por la Universidad de Cornell en los EE.UU., cayeron en manos de los políticos que manipulaban el acceso del campesino a la tierra.

En el período moderno, se debe entender en el mismo marco del desarrollo y la paulatina alienación de las tierras rurales, las tendencias dominantes en la educación estatal andina, de impulsar la migración fuera de las comunidades hacia los centros urbanos. Pues, como naciones, los países andinos se han orientado desde entonces a borrar las divisiones y prácticas étnicas, con la esperanza de fundar una nueva especie de nacionalidad mestiza-criolla integrada, que incorpore la periferia étnica sólo como un exótico Otro (ver por ejemplo Luykx 1993; Abercrombie 1991, 1998). Muchos estudios modernos de parentesco andino han servido a este propósito, directa o indirectamente.

Por tanto los estudios académicos andinos del mismo período parecían extrañamente alejados de las diferentes influencias políticas que realmente confrontaban los campesinos en su lucha por sobrevivir. Zuidema y sus estudiantes, influidos por la escuela holandesa del estructuralismo, iniciaron una generación de estudios antropológicos y de parentesco centrados en la región del Cusco. Y Murra, originalmente un africanista, inspiró a otro grupo de estudiantes en estudios con una orientación más histórica, pero basada esta vez en el entendimiento de los modelos del uso de la tierra, según la formulación de Murra de la "ecología vertical" andina.

También ocurrió gradualmente un nuevo cuestionamiento de las formaciones andinas de parentesco y descendencia. Algunos estudiosos adoptaron un enfoque *cultural* hacia el parentesco. Alejándose de las posturas culturales extremas de Schneider y Needham, que "negaban la existencia de parentesco" como tal, Ossio (1978, 1992) basó su propio enfoque cultural en la noción de Gellner de "un patrón de relaciones físicas usado para propósitos sociales" (Gellner 1987: 170). Luego Isbell (1978), Bastien (1978) y más tarde Abercrombie (1986, 1998) condujeron estos avances más adelante, al examinar los principios de la organización del parentesco en relación con otras prácticas culturales. También en este marco cultural se hicieron populares los modelos estructuralistas franceses, durante un período en la década de los 70 y los inicios de los 80, por ejemplo en los estudios en Macha por Platt (1976) y en Carangas por Rivière (1983). Todos ellos demostraron que las representaciones del parentesco se ubicaron no solamente en el dominio de los modelos formales de parentesco, sino en los ritos y las prácticas de la vida cotidiana.

Pero, con la excepción de Stein (1961, etc.) y algunos otros, pocos tocaron tierra lo suficiente para apreciar lo que verdaderamente estaba ocurriendo en las comunidades andinas. Quizás se justificaban las acusaciones devastadoras de que los antropólogos (especialmente los gringos) eran inmunes al surgimiento de Sendero Luminoso (Starn 1994). Ciertamente las actividades prácticas de Sendero se iniciaron en las comunidades donde habían estado trabajando asiduamente los antropólogos, dedicados a un análisis de las sociedades andinas que enfocaron la vida diaria de los campesinos pero que excluyó a importantes funcionarios del estado moderno, por ejemplo los maestros rurales. En este sentido, la omisión del análisis antropológico de las relaciones comunidad-Estado fue una equivocación desastrosa y el remedio de esta situación, muchas veces de parte de los mismos antropólogos que han trabajado en la zona, recién está entrando en prensa.

En efecto, la década de violencia y desapariciones dejó casi vacías a las comunidades andinas del Sur del Perú, tanto de comunarios como de antropólogos. Y luego, las consecuencias del fracaso de la guerra civil en Perú (como en el mundo más allá de sus fronteras), marcó cierta pausa en un período violento de lucha en la periferia, y el comienzo de un nuevo orden mundial, más abocado en controlar la periferia por otras vías. Si bien los estudios antropológicos culturales continuaron en la década siguiente, su influencia era cada vez menor.

Así, desde la década de los 80, la antropología aplicada, por lo menos en las naciones andinas, entraba en una nueva onda, bajo los intentos estatales de fiscalizar tierras, animales y personas, y de legalizar la individualización de tierras, según los criterios de la nueva política neo-liberal (para un estudio de las consecuencias políticas de esta tendencia ver Durán en el presente tomo). Además, en Bolivia, es sólo a partir del resultado del censo de 1992, en que se demostró al fin que más bolivianos viven en las ciudades que en el campo, que el estado boliviano ha volcado su atención a otra clase de batalla legal para finalmente usurpar de una vez por todas, las tierras originarias que ahora se encuentran desocupadas.

Desde estos años, se puede identificar *dos* corrientes distintas, la de la antropología oficialista (Molina, etc.), con el intento de reformar los estados andinos "desde dentro", y, paralelamente, la de la investigación (tanto académica como popular) de modelos alternativos, tomando en cuenta los sistemas andinos de poder y autoridad (Rasnake 1989), a veces en el marco del etnodesarrollo (Calla 1989; Ayllu sartañani, 1995; Valderrama y Escalante, THOA, etc.).

En el mismo período, en Bolivia, podemos identificar el nuevo intento del estado de "mapear" precisamente los territorios andinos, mediante la cartografía de los lindes de los ayllus, como consecuencia de la nueva Ley de Participación Popular, intento que exigía una redefinición jurídica y territorial de los ayllus, después de un lapso de siglos. Por un lado, tenemos el programa oficialista dirigido hacia la integración nacional, y por otro, la antropología aplicada dentro del marco de la esperanza de seguir una lucha jurídica en favor de los derechos originarios a estos mismos territorios (Izko 1992, Ayllu sartañani, THOA, etc.).

En el límite entre los estudios de género y de etnicidad, surgieron otros estudios aplicados en el marco del desarrollo. El enfoque antropológico clásico acerca de la "vida sexual de los salvajes" ahora se volcaron a la investigaron de la salud reproductiva, las prácticas andinas de sexualidad, concepción, embarazo y parturición, control de fertilidad y planificación familiar, en una nueva oleada (financiada por USAID y sus dependientes, la Unión Europea, etc.), comenzando con los estudios de la mujer y seguido, unos años después, por los estudios del hombre.

Al mismo tiempo, en el contexto cada vez mayor de la globalización, otros estudios antropológicos aplicados, en lo sucesivo, adoptaron la postura de tocar no solamente las costumbres exóticas de la periferia, de modo tradicional, sino también de entender las consecuencias jurídicas y prácticas para los protagonistas, como una nueva forma de resistencia contra el marco cada vez más penetrante de las políticas internacionales respecto a la salud, educación, etc., en los países en vías de desarrollo. En este contexto, surgió una nueva generación de organizaciones de base, para resistir las nuevas políticas penetrantes del desarrollo globalizante y plantear alternativas locales.

2.1 El debate en torno a la descendencia paralela

Ahora ubicaremos los varios debates sobre el parentesco, del mismo período, dentro de este entorno de asuntos políticos y del género, en la nueva búsqueda para otras metodologías que nos permitirían entender mejor las relaciones andinas de género, las cuestiones de contextualidad regional e histórico y de escala, y las dinámicas y procesos de la organización social que habían sido ignorados aun en la definición de conceptos básicos como "ayllu".

En la Conferencia de 1993 hubo debates acalorados sobre las respectivas ideologías de descendencia en las sociedades andinas, y sus relaciones continuadas a los derechos a tierras y las reglas de herencia. Por ejemplo, Salomon e Isbell han debatido la lectura de los Mitos de Waruchiri del inicio de Siglo XVII, según una perspectiva masculina o femenina, ya sea de individuos, grupos de descendencia o grupos aliados (Salomon 1997; Isbell 1997; Arnold 1997b: 27-8). Y Arnold y Abercrombie han debatido el enfoque diferencial hacia los grupos de descendencia y parentesco, según sea el punto de vista masculino o femenino, en sus propias etnografías de vecinos ayllus (Qaqachaka y K'ulta) en los Andes meridionales, que se caracterizan por la descendencia paralela: esto es el cálculo de ambas líneas de descendencia, la materna y la paterna (Arnold 1988; Abercrombie 1998, Capítulo 8).

Un asunto clave de este último debate era cómo describir, fuera de un marcado sesgo de género, a una organización social caracterizada por un sistema de "descendencia paralela" en que tierras, bienes y animales son transmitidos a través de las generaciones según criterios paralelos. Una división creciente había separado los estudios históricos de los estudios contemporáneos; si bien los primeros han continuado en dar importancia a los aspectos de la descendencia paralela y la organización dual (Zuidema, Rostworowski, Silverblatt, Duviols, etc.), sin embargo, las direcciones recientes en los estudios de parentesco andino han pasado por alto los aspectos culturales y jurídicos de los sistemas de descendencia organizados linealmente.

En los casos de Qaqachaka y K'ulta, estuvimos tratando con los aspectos de género, generados por las ideologías de un sistema de descendencia paralela, con una "línea matrilineal" por un lado y una "línea patrilineal" por otro, pero dentro de un sistema predominantemente patri- virilocal de residencia postmarital, en que una mujer se traslada para vivir con la familia de su marido. *No estamos tratando con la existencia de grupos de descendencia "discretos" y "corporativos", como en los modelos africanos, tampoco estamos tratando con la ausencia de cualesquiera de tales grupos, como en ciertas regiones de la Amazonía.* Aun así, existe un número de prácticas comunes en estas líneas paralelas de descendencia, que pasan de padre a hijo y madre a hija, relacionadas con la acumulación y transmisión de substancia ancestral, conocimientos, habilidades y memoria, de herencia en la propiedad (de tierras, bienes, tejidos y animales), de ritos, etc. que están además centrados frecuentemente en la casa como el meollo de la actividad social, político y ritual [5]. Éstas a menudo tienen una semejanza notable con los ejemplos de las tierras bajas (por ejemplo con los estudios de Whitten sobre los quichua canelo).

Ambos ejemplos etnográficos (Qaqachaka y K'ulta), caracterizados como lo son por las actividades de pastoreo ("impuestas por el Inka") que tienden a separar los dominios de animales machos y hembras, tanto física- como conceptualmente, parecen proveer un extremo en la vida andina (que se encuentra desde la región de Cusco hacia el Sur) tipificado por un énfasis sexuado, un sesgo de las relaciones de parentesco por el género en el cual los hombres son fundamentalmente asociados con los patri-grupos y los animales machos, y las mujeres con los matri-grupos y los animales hembras. Esta tendencia de cada grupo sexuado a generar maneras

---

[5] Esta cuestión de la descendencia paralela y las herencias de las mujeres entre los aymara hablantes de las áreas rurales de Oruro es examinada en el tomo I (Arnold con Yapita 1997).

distintas de experimentar el mundo, apoyada por su punto de vista ideológico distinto, luego se extiende para abarcar otros aspectos de la vida, del pastoreo hacia las actividades agrícolas, hacia las prácticas religiosas, la construcción de la casa, el tejer, los ritos de paso, el interpretar la música, los sistemas políticos y de autoridad, de la memoria, hasta las percepciones de su propia historia (Arnold 1988, 1992, etc.).

Al mismo tiempo, los estudios comparativos han revelado marcadas variaciones regionales en las prácticas agro-pastoriles, y en las ideologías y prácticas locales del parentesco y de la descendencia. Por ejemplo, Ossio (1992) cita el caso de la herencia "uxorilocal" in Andamarca, Perú, y Allen (1988) menciona que en Sonco, Perú, existe una norma según la cual un hermano y una hermana viven cerca después del matrimonio. Aun dentro de los Andes meridionales, si bien en el altiplano central existe la predominancia de la residencia postmarital "patrilocal", sin embargo existe la de residencia "uxorilocal" en Los Yungas de La Paz (Spedding en el presente tomo). Y si bien domina la herencia de tierras por línea paterna en el Norte de Potosí, existe la herencia bilateral en los alrededores del Lago Titicaca, todo dentro del marco de una ley nacional que declara, en la teoría, una "herencia partible". Y si, en los ayllus de Oruro y el Norte de Potosí, la ideología de la descendencia es predominantemente "patrilineal" (Abercrombie 1986; Platt 1976), no obstante en las tierras altas de Chuquisaca, parecería predominantemente "matrilineal" (Torrico, comunicación personal).

Los estudios comparativos a largo plazo también han mostrado que estas reglas postmaritales de residencia no son estáticas. Por ejemplo, en Qaqachaka (en los Andes sureños), la creciente presión demográfica sobre las tierras en el presente siglo ha transformado, en las últimas décadas, un patrón de herencia bilateral de tierras (para ambos hombres y mujeres), y una mezcla de residencia postmarital viri- y uxorilocal, hacia la herencia predominantemente patrilineal de tierras y la residencia predominantemente virilocal (Arnold 1992).

Todavía es muy prematuro preguntar (o responder) si, aparte de estas diferencias fundamentales y procesos de cambio, es posible identificar en estas mismas regiones algunas continuidades en la organización de grupos (por ejemplo la oposición tanto práctico y terminológico como simbólico de afines y consanguíneos, la continuidad de relaciones familiares entre hermanos y hermanas después del matrimonio, etc.). Aparentemente, el patrón subyacente de herencia de tierras es lo que organiza cuál de los grupos de parientes (y afines) viven juntos, llevándonos hacia los hallazgos de Goody, en los años 70, del modelado de los grupos domésticos mediante los procesos productivos y la transmisión de la propiedad. Sin embargo, a más largo plazo, es necesario saber si los hablantes de aymara y quechua se diferencian en el grado en que se aplicarían estas diferencias sexuadas, y qué grado de variación existe, aun dentro de cada grupo lingüístico.

2.2 Enfoques anteriores hacia el parentesco andino

Como parte del presente análisis también es pertinente examinar si es útil o no considerar la descendencia lineal como principio estructural de la organización en las formaciones problemáticas llamadas *ayllu* y *kasta*, que continúan rondando los Estudios Andinos. Comenzaré con algunas investigaciones tempranas del parentesco incaico.

2.2.1 El parentesco incaico

La descripción de la terminología quechua del parentesco incaico en los relatos del Siglo XVI, tomadas de fuentes detalladas (de los cronistas, vocabularios contemporáneos, catecismos, y otras), fue la base de una cantidad de análisis, según un enfoque terminológico, por Lounsbury a partir de 1964 (Scheffler y Lounsbury 1971; Lounsbury 1978, etc.). Concluyó que:

i) El parentesco incaico no era unitario sino un conjunto complejo de principios clasificatorios "Omaha patrilíneos" y "Crow matrilíneos" aparentemente contradictorios.
ii) Que el sistema incaico era un tipo de "estructura social elemental", basado en un sistema de alianza prescriptiva asimétrica.
iii) Que la ecuación de términos entre P.Esa. y Hno.M. expresaba una regla matrimonial preferencial, con cierto grado de incorporación de una regla de matrimonio matrilateral entre primos cruzados.
iv) Ya que existía cierta indicación de ciclos clasificatorios de tres generaciones en ambas líneas de descendencia, agnática y uterina, él sugirió que podía haber existido un arreglo en que el matrimonio matrilateral entre primos cruzados reunía a sólo tres grupos de parientes unilineales y exógamos en el circuito connubio mínimo.

La existencia de tal principio tripartito de organización ha sido observado a menudo en los Andes. Por añadidura a los muchos ejemplos en el imperio incaico y sus mitos de origen, también se ha observado históricamente en la organización del reino Lupaka, y como un principio estructural común en la organización de la cosmología, los mitos y cuentos andinos.

Posteriormente Zuidema (habituado por modelos más complejos que encontró en su formación en la escuela holandesa de estructuralismo de Josselin de Jong), puso en juicio la interpretación que hacía Lounsbury del parentesco incaico, al insistir que en los Andes sureños del Perú contemporáneo, jamás había encontrado este tipo de regla matrimonial prescriptiva y que, por lo contrario, en efecto estaba prohibido explícitamente. En lugar de ello, Zuidema percibió una posible continuidad entre el sistema incaico y las prácticas andinas contemporáneas, que era confirmada por las etnografías modernas (Zuidema 1980: 112-3).

Esto llevó a un debate entre Lounsbury y Zuidema, que inicialmente trató de los modos de alianza en el sistema incaico, según ordenaba el sistema de descendencia, pero también sobre la transferencia de los términos de parentesco a las situaciones empíricas según el enfoque terminológico al parentesco y en "todo el problema de la alianza asimétrica" (Zuidema 1980: 59).

Zuidema, al trabajar con otro tipo de fuente, a saber los sistemas incaicos de mitos y genealogías, ha insistido desde 1964:

i) Que el parentesco andino no es unitario, sino una interrelación compleja entre sistemas opuestos y articulados de descendencia matrilineal y patrilineal pero con un sesgo patrilineal.
ii) Para Zuidema, el ciclaje evidente entre tres líneas, más bien expresaba un concepto de cuatro grados de relaciones en el sistema incaico, e insiste que la terminología de parentescos no se debe tomar (como hizo Lounsbury) como "un hecho estructural aplicado a una situación empírica, sino como un conjunto de posibles términos aplicados en forma distinta en contextos diferentes.
iii) De este modo, los complejos principios de organización, tripartitos y otros, según le apareció, eran determinados inmediatamente por relaciones horizontales entre grupos, pero transformadas ideológicamente por los sistemas opuestos de descendencia vertical.
iv) Para Zuidema, la ecuación de términos para P.Esa y Hno.M. expresó un sistema que reconoció *dos* diferentes *egos* en sus referencias mutuas al mismo *alter*, que dependía del contexto y no era necesaria ninguna forma de matrimonio a una hja.Hno.M. para explicar esta ecuación (Zuidema 1989).

Por tanto, para Zuidema, la sociedad andina no conocía los grupos unilineales corporativos como tales, sino que estaba configurada por unidades estructurales de parentelas de hermano-hermana. Diferenció entre *dos* formas de percibir el mismo grupo de personas. Primera está el *panaka*, que traduce como "el grupo o unidad de hermanos con sus hermanas, descendientes de un ancestro masculino en una línea masculina de hombres y una línea femenina de mujeres por cuatro generaciones", según se considera sólo desde la perspectiva masculina, y que llama una "parentela de orientación". La segunda es el *ayllu*, que se refiere al mismo grupo de gente que la *panaka* pero ahora desde la perspectiva de su genitor masculino y que llama una "parentela de procreación" (Zuidema 1980: 77-78). Para Zuidema, la división tripartita común en el ayllu representa el grupo padre-hijo-hija de sus fundadores, que define así la formación del ayllu como una estructura organizada por el principio *patrilineal* de descendencia. Para reforzar su argumento, sugiere que la palabra "ayllu" deriva etimológicamente de la voz quechua *ullu* por pene (Zuidema 1980: 77).

Como otra fuente de material de parentesco, tanto Lounsbury como Zuidema en sus discusiones de la terminología incaica usaban el conocido dibujo que figura en el *Ritual Formulario* de Pérez Bocanegra de 1631 (ver Fig. 1). Zuidema usó este dibujo de Bocanegra para ilustrar su formación idealizada de la parentela-ayllu, que derivaba de un genitor masculino como "parentela de procreación" mostrando los "cuatro grados de relación". No obstante, en años recientes una cantidad de estudiosos ha señalado los peligros de interpretar este dibujo en forma tal literal. Bocanegra, sacerdote español radicado en el Cusco, creó su dibujo para analizar las varias líneas genealógicas dentro del contexto de un mito de origen incaico que describía al conquistador del Cuzco y el fundador de la dinastía incaica, Manco Capac, y que debemos suponer que tiene cierta parcialidad.

Para fines parecidos, Zuidema también usó sin reservas, como fuente andina de patrones de parentesco, el llamado "dibujo cosmológico" de Santacruz Pachacuti Yamqui (ca. 1613). En este caso (igual que el ejemplo puesto por Bocanegra), la naturaleza específico de su sesgo, según Duviols e Itier (1993), es que el dibujo es derivado de contemporáneos modelos de parentesco, *europeos* y no *andinos*, y por tanto cualesquier suposiciones por parte de Zuidema en cuanto a ideas andinas implícitas en el dibujo resultaron espurios. (Este debate extenso entre Duviols y Zuidema es resumido por Bouysse-Cassagne 1997, y se menciona en el presente volumen en el Capítulo por Asvaldsson).

Zuidema también se valió de varios mitos incaicos como fuentes para reforzar sus análisis de parentesco (1980: 100). Por ejemplo, usó el mito de

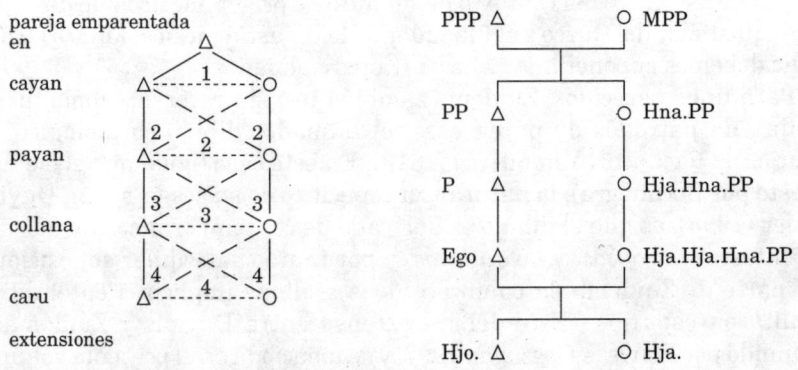

FIG. 1 El dibujo del *Ritual Formulario* de Pérez Bocanegra (1631) (abajo) Las interpretaciones del parentesco incaico según Zuidema (izquierda) y Lounsbury (derecha), basadas en el mismo dibujo

origen descrito por Santacruz Pachacuti Yamqui para reconstruir la familia de Manku Qapaq como *ayllu* o *panaka*, basándose en la descripción de su casa con tres ventanas. Sin embargo, como mostramos en otra parte, este mito también es más ambiguo que lo que permite una explicación plenamente patrilineal (representado por la ventana izquierda), teniendo otro sesgo matrilineal (por la ventana derecha), y un tercero hacia el "tío" materno (Hno.M., quien era también su padre) por la ventana central (Zuidema 1980: 100, ver también Arnold, 1992: 96-99).

Desde entonces, Nathan Wachtel (1973), John Earls y Françoise Héritier, elaboraron sobre los modelos iniciales de Zuidema, y describieron con más precisión los patrones de la organización espacial y social generada por un sistema de organización dual. Earls (1969, 1971), al trabajar con material contemporáneo, tomado de las comunidades de Vicos y Sarhua en Perú, demostró que, si bien existe una variedad de patrones de parentesco en la organización local, sin embargo, existe una estructura subyacente común de cuatro clases o categorías de matrinomio exógamo con un sistema alternante de alianzas que sugieren una organización de tipo Aranda con su ciclo de cinco generaciones. (El Capítulo por Araujo en el presente volumen expresa el mismo rasgo). También menciona un principio importante de descendencia matrilineal para animales y las estancias domiciliares cercanas a los pastizales, y que la organización del pastizal se hace sobre una base matrilocal, aunque el apellido familiar descienda en forma patrilineal.

Earls, igual que Zuidema, sugiere que se puede considerar el mismo sistema como un intercambio matrimonial entre dos patrilinajes o dos matrilinajes a cada dos generaciones. Sin embargo, enfatiza que la apertura y el cierre del ciclo de generación que alterna entre los dos linajes, se expresa en un rito que se presenta cada año al tiempo de marcar los animales, cuando cada estancia rinde su homenaje a su cerro guardián llamado *Wamani*. Opina él que el *Wamani* representa la fusión cíclica de ambas líneas, materna y paterna, de la ascendencia del patrón y su familia, y sugiere que, debido a las características aruntoides del sistema, el *Wamani* une ambos ancestros, matri- y patrilineales, en la generación de tatarabuelo.

Héritier (1981), al trabajar con la interpretación según Zuidema del material incaico, también recalcó el rol importante del equivalente matrilineal del sistema dual. Señaló que, en tanto que el ciclo de cinco generaciones causó una ruptura en la línea uterina (con la fundación de una nueva *panaka* por un ancestor masculino), es también posible que una mujer pertenezca no sólo a una *panaka* sino a cuatro en la línea uterina, si cada una de su M, MM, MMM y MMMM se casó con el fundador de una *panaka*. A la vez, es todavía posible el modelo de matrimonio preferencial con la hja.hja.hja.Hna.P.P.P.. De este modo, ella da una interpretación matrilineal de la organización de parentesco, así sea una estructura de parentesco de tipo Aranda (Héritier 1981). Ver la Fig. 2.

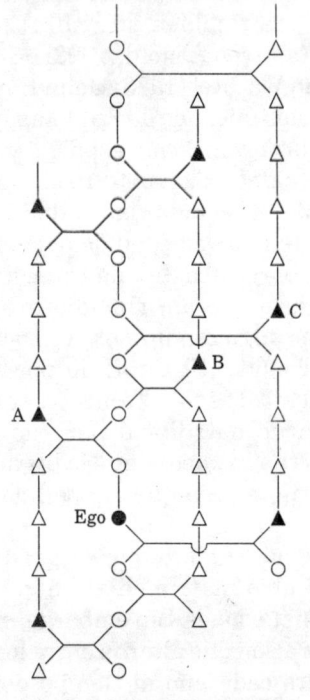

▲ fundador de *panaka*

FIG. 2 La interpretación del parentesco andino según Héritier
que muestra que el ego puede pertenecer a tres *panakas* en línea uterina, fundadas por los varones A, B, y C (según Héritier 1981: 141).

2.2.2 El parentesco aymara

Se hallaron patrones similares en la fuente colonial más temprana de la terminología aymara del parentesco: el *Arte y gramatica muy copiosa de la lengua Aymara* de Ludovico Bertonio, publicado en 1603. Bertonio, un jesuita italiano que vivió por más de 20 años en Juli, sobre la ribera sur del Lago Titicaca, dedica un capítulo al estudio de los términos aymaras de consanguinidad y afinidad en dicha región. Existen definiciones adicionales de parentesco en su *Vocabulario de la Lengua Aymara* (1612), y en otra fuente temprana, el *Arte de la Lengua Aymara* de Diego Torres Rubio (1616)[6].

Bertonio sugiere que el parentesco aymara en la época de sus investigaciones y posiblemente antes de ello, era un sistema de descendencia paralela: las mujeres trazando su descendencia principalmente por línea materna, y los hombres por línea paterna. Jane Collins (1988) llama nuestra atención a este punto, al mostrar cómo introduce Bertonio su capítulo sobre la terminología de parentesco en una forma especialmente curiosa que sugiere que era una aproximación a la forma aymara de considerar el parentesco en ese entonces:

> ...para mayor claridad pone primero el modo con que el varon llama alos varones ʃus parientes, deʃpues como llama alas mugeres; en tercero lugar como ʃe llama las mugeres vnas a otras; y vltimamente como llama la muger alos varones parientes (Bertonio 1603: 201).

El sistema de terminología aymara que describe Bertonio implica lo que se llama técnicamente un "sistema bifurcado fusionante" (*bifurcate merging system*): siendo los términos para los parientes cercanos, extendidos sistemáticamente para incluir los colaterales distantes paralelos, del mismo sexo y generación, de las instancias primarias de estos términos. De este modo, la hermana de la madre se llamaba "madre" (*tayca*) y el hermano del padre se llamaba "padre" (*auqui*), en tanto que el hermano de la madre (*lari*) y la hermana del padre (*ypa*) se llamaban por términos cruzados. Según las líneas paralelas, se reconocían en sentido terminológico a los padres de la madre y del padre de ego, así como lo eran los padres de la madre de la madre, y del padre del padre, de ego. No obstante, según las líneas cruzadas, no eran reconocidos en sentido terminológico los padres del padre de la madre, o la madre del padre, de ego. Este patrón de reconocimiento paralelo de los ancestros retrocedía hasta la quinta generación en ascendencia, hasta la "abuela raíz" y "abuelo raíz": *tunu apachi* y *tunu achachi*, respectivamente.

---

[6] Para un resumen de la terminología colonial de parentesco aymara ver también Wolf (1980).

Según Bertonio, no sólo se reconocían a estos ancestros paralelos sino también a sus descendientes, una vez más las descendientes femeninas a través de mujeres de lado materno y descendientes masculinos a través de varones del lado paterno. Por tanto, se llamaba "madre" a la hja.hja.hja.hja.M.M.M.M. y era implícito que su prole no podía casarse con ego. Asimismo, se llamaba "padre" al hjo.hjo.hjo.hjo.P.P.P.P., y su prole tampoco podía casarse con ego.

Sugiere él que, en generaciones descendientes, una persona no reconocía a todos sus nietos, sólo a las "hijas de sus hijas" y los "hijos de sus hijos" en una sola línea sexuada en generaciones sucesivas. Los niños de un "sibling" eran llamados "hijo" (*yoca*) y "hija" (*pucha*) si el "sibling" era del mismo sexo que ego, y por otros términos en el caso de un sibling cruzado.

Otra de las observaciones de Bertonio fue que existe una cierta confusión en el uso de los términos de afinidad, de modo que un hombre podía llamar a los parientes de su esposa con términos alternativos. Por ejemplo, si bien un hombre generalmente llamaba a su suegro (P. Esa.) *auquichiha*, también podía llamar a todos los parientes masculinos del lado de su esposa *lariha* (Bertonio 1603: 207). Además, su propio hijo podía heredar el trato de *lari* para con las mismas personas. Como vimos, esta ecuación de los términos por Hno. M. y P.Epa. era un aspecto del debate entre Zuidema y Lounsbury, acerca del parentesco incaico.

Sin embargo, estos estudios históricos de los patrones de parentesco incaico y aymara, con su atención a los sistemas paralelos de descendencia con ambas líneas, masculina y femenina, y su ciclaje a través de cinco generaciones, no han inspirado a las tendencias recientes en los estudios andinos de parentesco. Desde luego, los patrones modernos de parentesco andino han cambiado desde los tiempos incaicos. Por lo menos, los estudios históricos han comenzado a desenredar las directivas jurídicas y eclesiásticas precisas desde la colonia (como era el Sancto Concilio de Lima, 1582-4, etc.) que exigían cambios en las costumbre andinas para adecuarse a las leyes españolas (Barnes 1992), así como cambios más recientes en los patrones de tenencia de las tierras, resultantes de las presiones demográficas.

2.3 La tendencia patrilineal versus la bilateralidad

A pesar de la historia y complejidad de la formación del ayllu y los patrones andinos de parentesco, muchos antropólogos continúan resaltando "las

---

[7] Véase por ejemplo Stein (1961), Vásquez y Holmberg (1966), Albó (1974), Hickman y Stuart (1980), Platt (1978) y Harris (1983).

fuertes tendencias hacia la patrilinealidad" en la región, prestando poca si alguna atención a cualquier otra posibilidad [7], y hay muy pocas excepciones a esta posición [8]. Así se habla de "caseríos patrilineales" (en que la descendencia pasa por el lado paterno), y de "linajes", designados por el apellido paterno, en que la esposa está absorta en la parentela de su marido (Albó y Mamani 1974), que a la vez incluye "mujeres del patrilinaje" (Torrico 1989, 1993.). O, en otros casos se habla de "caseríos patrilaterales" (Platt 1978) en que los miembros de los caseríos tendrían lazos por el lado paterno.

En muchos casos, se habla de las preferencias de las reglas matrimoniales según la terminología y los criterios importados, ajenos a la cultura, sin dar la terminología andina por tales reglas. Por ejemplo, Platt (1978) describió el sistema ideal en ayllu Macha como una combinación de *tres* preferencias: endogamia de la mitad (parcialidad), intermatrimonio entre puna y valle, e intercambio de hermanas (a la vez asumiendo la práctica de virilocalidad), sin elaborar la terminología quechua por tales prácticas. Cuando pedimos en aymara las preferencias parecidas en Qaqachaka, no había un sentido de intercambio de hermanas, sino un intercambio recíproco de hermanos, por las hermanas (*ipalas*) como "llevadores de hombres" (*chach irpiri*), y de hermanas por los hermanos (*laritas*), como "dadores de mujeres" (*warm churiri*). (Ver el ensayo de Yapita con Arnold en el presente tomo).

Además, muchas etnografías andinas contemporáneas sugieren que la descendencia —tanto como principio como medio de organización de los patrones de herencia de nombrar, transmitir bienes, animales y propiedad— decididamente tienden a pasar de mujer a mujer, y de varón a varón, en líneas sexuadas paralelas. Además, las descripciones de prácticas distintas de nombrar para hombres y mujeres, se encuentran tanto en documentos históricos como en prácticas contemporáneas. Por ejemplo, Nuñez del Prado (1969), describe las costumbres de nombrar tomadas de los archivos parroquiales en los fines del Siglo XVIII en Q'ero, próximo a Cusco, en que las mujeres tienden a recibir los nombres de la madre y los varones tienden a recibir los nombres del padre, aseverando que esta práctica continúa actualmente en un grado menor. La misma práctica para nombrar fue hallada por Isbell (1978) entre los quechua hablantes de Chuschi en Ayacucho, y por Wolf (1972) en los documentos eclesiales de Juli. También

---

[8] Las excepciones son Collins (1988), Bastien (1978, etc.), Godoy (1986), Caro (1985), Arnold (1988, 1992), etc..

Albó y Mamani (1974) las ha encontrado en las comunidades aymaras de Bolivia, y Collins (1988) en las comunidades aymaras en el Sur de Perú. Un reciente estudio histórico de documentos coloniales en la región de Guaylas en el Perú Central, ha descubierto un caso de descendencia paralela que data tan temprano como 1537 (Nowack 1997: 6), y las etnografías modernas continúan describiendo "elementos de descendencia paralela" (por ejemplo, Belote y Belote, 1980, en una comunidad ecuatoriana).

En otras partes, una creciente literatura exigía una crítica de la teoría de linaje y la manera en que los sistemas lineales han sido conceptualizados, para tomar en cuenta estas otras posibilidades; además, en los mismos lindes difusos de los modelos de linaje (sean éstos en teorías sociales de descendencia o alianza) la articulación de las formaciones matrilineales y patrilineales hace más problemática en los niveles del parentesco y la organización social, como también en los niveles de símbolo, rito y mito. Esto se ve claramente expresado en el ensayo por Torrico sobre banderas (1993) en que ella sostienen que, en los lindes de la Macha patrilineal, la coreografía expresa otras clases de nexo entre ayllus vecinos, que tienen que ver con lazos más matrilineales.

2.3.2 La bilateralidad y el debate sobre la descendencia andina

Sin embargo, en tanto que la publicación de *Parentesco y Matrimonio en los Andes* marcaba un definido punto de giro, la segunda característica de los estudios contemporáneos de parentesco andino fue la de desmentir la teoría de la descendencia en su totalidad, y volcarse hacia el estudio de la "bilateralidad" como el principio efectivo del parentesco andino [9]. A pesar de las tempranas advertencias por el contrario (por ejemplo, Casaverde Rojas 1978, 1979), los antropólogos de los Andes, a partir de entonces, se mostraron renuentes a aplicar elemento alguno de la teoría de descendencia para explicar la organización de los patrones de parentesco, o asimismo a cualquier nivel de organización de la sociedad andina. En lugar de ello, han tropezado con lo que Abercrombie (1986) llamó una década de "controversias y confusiones".

---

[9] A partir de la publicación de la obra de Morgan, *Systems of Consanguinity and Affinity of the Human Family* en April de 1870, el problema central de los estudios de parentesco ha sido el cómo organizar y definir las relaciones creadas mediante lazos *matrimoniales y la familia* y aquellas creadas por lazos de *descendencia y los ancestros*. Esta oposicón teórica caracterizó típicamente la etnografía andina, de modo que la organización social, especialmente la formación ideosincrásica y problemática del ayllu, ha sido analizada precariamente entre estos dos polos.

Casaverde Rojas, un crítico del volumen, arguyó en forma convincente que, si bien el volumen brindaba abundante material sobre los sistemas de parentesco, sin embargo no examinaba adecuadamente las formaciones andinas de descendencia. Resumiendo el debate sobre parentesco y descendencia andina en 1978, formó la conclusión que, con respecto a los sistemas de parentesco, parece existir un consenso que sí existe un sistema de parentescos centrados en el ego, basado en una red de lazos bilaterales con o sin una tendencia patrilineal. Pero, con respecto a un sistema andino de descendencia, se podrían dividir a los autores en *dos* grupos: los que sostenían la existencia de grupos de descendencia y otros que no identificaban ninguna forma semejante de descendencia (Casaverde Rojas 1978: 22).

No debe extrañar que estas dos facetas del debate de parentesco andino, la desaparición de la teoría de descendencia, por una parte, y, por otra, el tomar la "tendencia patrilineal" como punto de referencia, eran características de los debates en la teoría antropológica en otras partes durante la década de los 60 e inicios de los 70 [10]. Las facetas más recientes de esta tendencia del desmentido, han sido las de desmentir los últimos vestigios de la descendencia patrilineal en la organización social andina (Stuart y Hickman 1977) y, en su lugar, de enfocar en los patrones de parentesco bilateral (Isbell 1978; Lambert 1978, etc.). Las únicas excepciones recientes son la obra de Abercrombie, que rotundamente re-aseveró la "tendencia patrilineal", una década más tarde (1986) y Arnold (1988) quien la puso en juicio.

Pero lo que surgió en lugar de la teoría de descendencia se ha convertido en una curiosa paradoja: la aparente ausencia de alguna relación entre las parentelas y formaciones locales de descendencia, y la organización social y política de las comunidades andinas, incluyendo las cuestiones vitales de acceso a la tierras, los pastizales y animales. Según Casaverde Rojas notó en su tercera crítica del volumen *Parentesco y Matrimonio en los Andes*, aun donde las relaciones de parentesco y de descendencia se reconocen a nivel local, no eran reconocidas como algo que constituyera un principio pertinente de organización a nivel de la comunidad a más allá (Casaverde Rojas 1978). Expresada en otra forma, los grupos locales no tenían lazos más inclusivos que integraran a todos los miembros de una comunidad, ni lazos que pudieran hacerlos relacionarse con sistemas de organización de parentesco de un nivel mayor en los estados andinos anteriores,

---

[10] Ver Schneider y Gough (1961), Leach (1971), Douglas (1971), etc..

precisamente los que conformaron la autoridad histórica detrás de las cuestiones contemporáneas de herencias y tierras.

Abercrombie ha sugerido que la renuencia en los Estudios Andinos para proseguir cualquier aspecto de la teoría de descendencia, que podría haber articulado estos grupos locales de descendencia y parentesco con los modelos de organización social y espacial, posiblemente se debe al mayor contexto cultural de la estrategia del desmentido, que también se manifestó en otras partes. Su argumento específico es que el desmentido de la teoría de descendencia se ubica dentro de un intento político contemporáneo para distinguir lo que es "auténticamente andino" de cualesquier estructuras hispanas "importadas", como parte del proyecto de reevaluar el encuentro colonial en los Andes y en otras partes (Abercrombie 1986: 105-106). Dentro de los términos de este aspecto del debate, la sola noción de grupos corporativos de descendencia unilateral en los Andes se considera como una distorsión "española" de un sistema anterior de descendencia paralela, que emergió a través de la alienación, con la conquista, de los derechos femeninos a la tierra y a gobernar.

Pero yo prefiero sostener que estos cambios en la perspectiva teórica también acompañan a los cambios en los países andinos que tienen que ver con la creciente ruptura de los derechos a la tierra y herencia tradicionales, dentro de las agendas estatales mayores para modernizar y desarrollar los territorios andinos.

De todos modos, habían dos resultados de estos cambios de enfoque. El primero es el abandono de la teoría de descendencia e implícitamente de la descendencia paralela provocando una ruptura con los estudios históricos de parentesco andino. Y el segundo, las muchas afirmaciones a favor de un reconocimiento bilateral de las parentelas que quedaron sin los medios teóricos para desarrollar un entendimiento de la relación entre las estructuras contemporáneas de parentesco local y sus supuestos predecesores, o con los lazos sociales y rituales de la comunidad toda.

Ha existido semejante impasse en las décadas recientes con respecto a la etnografía amazónica. Por una parte, los etnógrafos contemporáneos (ejemplo Terence Turner y otros del Proyecto Harvard), consideraban el parentesco amazónico según un enfoque dialéctico y con una tendencia patrilineal. Y, por otra, con su crítica fundamental a la aplicación de cualquier teoría de descendencia alguna, otros (ejemplo Overing y sus estudiantes) enfatizaron la naturaleza igualitaria y no-lineal de las sociedades amazónicas actuales. Entretanto, con el nuevo interés ensayos arqueológico por la Amazonía, una nueva generación de etnógrafos se han mostrado interesados en la historia y las transformaciones de las relaciones sociales en la Amazonía, a través del tiempo y del espacio. Es así que los ensayos de Vanessa Lea (1995) sobre los kayapo, acerca de los ritos de nombramiento y la importancia de la casa como un símbolo femenino, pudieron criticar fuertemente las interpretaciones anteriores de Turner respecto a la parentela kayapo, mientras también insinuaba posibles continuidades con las sociedades amazónicas del pasado organizadas más jerárquicamente.

Una perspectiva similar respecto a la casa como elemento central de la organización social y política en los Andes, con fuertes precedentes históricos, fue desarrollado por diversos estudiosos de los Andes (Gose, Arnold, Astvaldsson, etc.), en tanto que Platt (1987) nos ha dado algunos indicadores de la importancia de la casa como base de autoridad en el período colonial. Juan de Dios Yapita y mi ensayo sobre los indicadores lingüísticos respecto a la importancia de la casa en el presente volumen forma otro punto de partida para un análisis de esta cuestión.

2.4 Estudios sobre el ayllu

Entonces, es tanto más sorprendente que muchas etnografías modernas sobre la región andina han persistido en considerar las formaciones sociales andinas dentro de los términos de la teoría clásica del linaje con un sesgo patrilineal. Por ejemplo, Platt (1978) describió la organización social y política del ayllu Macha en el Norte de Potosí como un "modelo segmentario de parentesco patrilineal" (semejante a lo que usó Evans-Pritchard en sus estudios sobre los nuer en 1929, o Fortes usó para los tallensi de la Costa de Oro, hoy Ghana, en 1934), y muchos otros etnógrafos contemporáneos de la región siguieron su ejemplo sin mayor investigación [11].

Esto no significa que un modelo segmentario en la región andina no exista. Por ejemplo, Godoy afirma que es posiblemente una variante de la formación del ayllu en la región andina:

> A lo largo de los últimos quince años los estudios etnológicos en Perú y Bolivia han conmenzado a desenredar el carácter del ayllu. Actualmente están surgiendo dos conclusiones tentativas. La primera, en las tierras altas del centro y el sur de Perú, especialmente en el departamento de Ayacucho,

---

[11] Tal como Albó y Mamani (1974), Albó (1977), Harris (1982), Abercrombie (1986), Rasnake (1989), etc..

el ayllu se refiere a una parentela de poca profundidad, organizada bilateralmente y no localizada (Isbell 1978: 13, 105; Earls 1971: 69, 73; Zuidema & Quispe 1973: 360). La segunda, en Bolivia, el ayllu se refiere a una organización jerárquica o segmentaria (Platt 1976; Rasnake 1989 [1982]; Albó 1977) Godoy (1986: 723, nuestra traducción).

Es más, el análisis de Godoy es uno de los pocos que tocan la cuestión de las diferencias regionales e implícitamente de los problemas de escala, un punto que también toca Abercrombie (1986: 106), quien observa que debe ser aparente que "ayllu", en un grupo que cuenta con sólo unos pocos centenares o apenas un millar de miembros, tal como el caso Chuschi (Isbell 1978), no puede ser comparado provechosamente con aquellos con varios millares, como Macha (Platt 1976).

Aun dentro de los estudios clásicos de sistemas de linaje, como el caso africano de los tallensi, ya se había llegado a la conclusión que "los tallensi no usan la descendencia agnática como principio básico de la organización local" (Anglin 1979: 85). Más bien, según la descripción de Anglin, existe un principio de "organización dual" con una distinción de género entre los propietarios autóctonos y los inmigrantes invasores, centrada en torno a cuestiones de tierras y un juego entre la descendencia patrilineal y matrilineal. En una forma parecida en los Estudios Andinos, el trabajo de Zuidema y otros ya había sugerido que la oposición entre las formaciones matrilineales y patrilineales en la región andina a veces puede ser presentada como una relación entre los propietarios originarios de la tierra y una elite invasora, en un modelo de organización dual (ver Duviols 1973).

También existe la cuestión importante de las fuentes. Mientras los investigadores de los documentos escritos y las genealogías recitadas a menudo tienden a promocionar la idea de que los pleitos por tierras tienen que ver con los asuntos masculinos (Rappaport 1992, etc.), la investigación de otras prácticas textuales (tejidos, ritos, iconografía, coreografía, etc.) presentan ideas diferentes enfocadas en estrategias más femeninas para acceder a las tierras cultivables y los pastizales, como también patrones hereditarios femeninos de la riqueza móvil en rebaños (Arnold y Yapita, 1997, 1998; Araujo en el presente tomo, etc.).

2.5 El problema de las castas

En el mismo núcleo de la suposición de que la comunidad andina moderna comprende, por una parte, los "grupos de descendencia patrilineal" y, por otra, las "categorías bilaterales de parentesco", yacen las "castas" ubicuas, término cuyo origen preciso aun es vago pero cuya existencia reputada en diversas zonas peruanas [12], y más recientemente en K'ulta y Qaqachaka en el departamento boliviano de Oruro, han llegado a caracterizar los argumentos acerca de la existencia de grupos de descendencia patrilineal en todo los Andes (Abercrombie 1986, etc.).

Aún más paradójico es la opinión de "castas" como se los ven desde una perspectiva andina histórica o contemporánea. Por una parte, la historia de las castas señalan a su rol en las gradaciones de pureza de la prosapia en la temprana mezcla racial en la colonia, y más tarde a su particular valor como categorías fiscales que diferenciaban —hasta 1854— entre Indios (*indígenas*) y no-Indios (*castas*), ya fueran blancos, viracochas o mestizos. Según esta documentación histórica, es sólo en este último período que existe un verdadero intercambio entre las dos categorías, cuando los no-Indios buscaban convertirse en Indios, a fin de obtener acceso al nuevo "repartimiento de tierras" que solamente era accesible a los Indios (Thurner 1997: 21, etc.).

Sin embargo, desde el punto de vista de los campesinos actuales, en los ayllus de K'ulta y Qaqachaka en los Andes meridionales, *kasta* es más bien una categoría étnica que admite la Indianidad, y que tienen que ver específicamente con la transmisión a lo largo de las generaciones de la substancia ancestral en "casta sanguínea" (*wila kasta*) o "casta seminal" (*muju kasta*), según un patrón de descendencia paralela, todo centrado en la casa como cuna común. Además, de acuerdo a la exégesis, la noción de *kasta* tienen que ver con la reproducción de lazos de descendencia que se dice datan del período incaico (Arnold 1988, 1992, etc.)

Que el asunto de las castas ha dado origen a pugnas entre los antropólogos de los Andes desde el original proyecto de Vicos hace especialmente saludable volver a examinar su documentación aquí retrospectivamente, en el contexto del debate sobre la linealidad, y la ruptura final de los vínculos andinos con la tierra. En efecto, los lazos más substanciales de parentesco que se mencionan en los textos, sugieren que las castas pueden haber tenido implicaciones más amplias de parentesco y descendencia en toda su trayectoria. Es más, un examen más íntimo de la

---

[12] Por ejemplo en Hualcán (Stein 1961) y Vicos en Ancash (Vásquez y Holmberg 1966), Puquio Panpan en Huánaco (Burchard 1972), Tangor en Pasco (Mayer 1977), Incawatana en Puno (Bolton 1977), etc.

literatura sobre las castas revela que éstas no son unitarias, y que tienen otras asociaciones además de las patrilineales.

Fuenzalida, en un resumen de las características de la comunidad andina moderna, usa el término "casta" para ambos grupos de parentesco, patrilineal y matrilineal. Así comenta que los ayllus son "compuestos de castas o patrilinajes exógamos, que a la vez son familias extendidas"[13]. Luego añade que "La identificación de filiación a una casta es por el apellido paterno", y que "En la mayor parte de las comunidades contemporáneas, la filiación es bilineal, con un fuerte énfasis en la línea paterna" (Fuenzalida 1976: 237, nota de pie). Nótese que Fuenzalida contrasta este sesgo patrilineal con los lazos más bilaterales. Describe la parentela egocéntrica, en que "además de los lazos con la casta paterna y su familia extendida, un individuo reconoce a su casta materna y afines por el lado materno, incluyendo los miembros de la casta materna de su esposo/a" (Fuenzalida 1976: 239).

Estas definiciones más ambiguas de casta exigen un re-examen de las fuentes originales en la literatura etnográfica contemporánea que usó Fuenzalida, y que han sido citados como los casos clásicos de un supuesto sistema ubicuo de la descendencia patrilineal, en el núcleo de la "tendencia patrilineal". Una de estas fuentes fue la etnografía de William Stein sobre Hualcán (Ancash), escrita en 1961, en que él distingue entre *dos* grupos de parentesco: la "casta" (que él transcribe como un préstamo quechua *kasta*) y los "parientes", su término para los grupos de descendencia patrilineal y la parentela bilateral. La "casta" él define como un "linaje patrilineal", los miembros del cual llevan un patrónimo en común. Mientras los "parientes" "son realmente la parentela", un grupo bilateral con énfasis en la casta de la madre y del padre" (Stein 1961: 119). Pero posteriormente en el mismo volumen Stein también revela el uso del término "casta" para otros tipos de lazo de descendencia. Pues, si bien "la descendencia es patrilineal" y un "individuo pertenece a la casta de su padre"

> ...el individuo también tienen un vínculo especial con la *kasta* de su madre, los miembros de la cual asisten a sus varios ritos de transición. La regla de exogamia tambien se aplica a la *kasta* materna. Los vínculos con la *kasta* de sus abuelas materna y paterna son menos formales, puesto que la tendencia es la de casarse fuera de estos grupos. Todos los parientes cercanos participan en todos los ritos de transición que pertenecen al individuo, y los parientes

---

[13] Puede que estas citas de Fuenzalida no sean exactamente iguales que el original, porque no tengo su ensayo a la mano.

participan en los empeños de la familia en base de la proximidad de residencia, sin considerar la filiación de *kasta*. De este modo, la tendencia en la organización de parentesco hacia el principio bilateral modifica la regla patrilineal (Stein 1961: 121, nuestra traducción).

2.5.1 Las castas y los lazos sanguíneos

Otros estudios sobre las castas indican que los miembros son determinados no solamente por los lazos de descendencia patrilineal (y matrilineal), sino más precisamente por los lazos "sanguíneos". Por ejemplo, en sus investigaciones en Jukumani (ayllu vecino de Qaqachaka y K'ulta), Godoy menciona que, además de la organización segmentaria del ayllu, existe la importancia adicional de los lazos cruzados de la casta, que él define, después de Lambert como una "parentela no corporativa con el ego central" (Lambert 1980: 12-13), y que, según él, relaciona la gente tanto por vía patrilineal como matrilineal (Godoy 1986: 735). Godoy llama a las castas *willa,* pero, desafortunadamente, no define este término indígena. Sin embargo, es muy probable que *willa* es una variante de *wila*, el término aymara por "sangre", de manera que en Jukumani, *willa kasta* sería una variante de *wila kasta* ("casta sanguínea") de sus ayllus vecinos.

Esta asociación entre "lazos sanguíneos" y "castas" aparece en otras etnografías, aun en el caso clásico de Vicos, que sugiere que Vicos no sea un ejemplo tan obvio de grupos de descendencia unilineal y patrilineal, y de la tendencia patrilineal, que al final ha venido a representar. Vásquez y Holmberg, quienes escribieron el ensayo clásico sobre las castas en Vicos, afirma muy claramente que ellos usan el término para decir un "grupo unilineal", aunque notan la definición anterior de Rosenblat (1954: 134) para designar la casta como el "resultado de la mezcla de raza" durante la colonia (Vásquez y Holmberg 1966: 284). Más específicamente, Vásquez y Holmberg usan el término casta para significar los parientes "agnáticos" y "sanguíneos":

> En Vicos, la palabra "casta" es equivalente a los parientes "agnáticos" o "sanguíneos". El término no es limitado a la familia nuclear sino incluye a todas las personas quienes tienen un ancestro paterno en común, un origen común de patrimonio y un apellido en común. El apellido no está relacionado con la posición social en Vicos, a diferencia a la situación entre mestizos en Perú y Colombia... Cada individuo en Vicos, o vicosino, se identifica con una "casta", que en el uso común es sinónimo con la "sangre" heredada en la línea paterna (Ibid.: 284-5, nuestra traducción).

Luego sugieren que la asociación entre la sangre y la línea paterna puede ser una adquisición cultural reciente, resultado de la imposición de haciendas en la región hasta 1956, pero reconocen que estos lazos consanguíneos constituyen un elemento básico en la regulación de la transmisión de tierras y animales en la sociedad andina (Ibid.: 284-5, nuestra traducción).

Luego, unas páginas más tarde, sugieren que las castas en Vicos tienen que ver no solamente con los lazos sanguíneos agnáticos sino también con los lazos sanguíneos maternos:

> En tanto que los vicosinos identifican con la casta paterna y legítima, no desconocen completamente sus lazos consanguíneos con la casta materna, con cuyos miembros ellos también tienen relaciones, pero sin mayor responsabilidad de la de respetar la prohibición de casarse con los miembros de aquella casta hasta después de la cuarta generación. Las relaciones y obligaciones hacia la casta materna son mayores cuando el abuelo materno se convierte en el ancestro del fundador de una nueva casta (Ibid.: 286, nuestra traducción).

Más tarde, se refiere a aun otra casta, aquella de la esposa de un hombre, en un párrafo sobre las dificultades que puede tener un hombre con la casta de su esposa" (Ibid.: 294-295). Pues, en lugar de probar cualquier sesgo patrilineal a las castas de la región, Vásquez y Holmberg implican fundaciones al sistema de castas más paralelas, y sugieren que el énfasis específico en la descendencia patrilineal de las castas en Vicos son más probablemente el resultado del sistema local de hacienda que "requería el trabajo masculino y favorecía la transmisión ordenada en la línea masculina y así de una regla de descendencia en seguida" (Ibid.: 300).

Las alusiones a estos lazos sanguíneos como *willa* o *wila* en aymara, en la constitución de miembros de las castas, recuerda las definiciones históricas de ayllu como una forma de grupo de descendencia. Por ejemplo, Godoy se refiere a la importancia de los vínculos entrelazados de la *kasta* o *willa*, en Jukumani en Bolivia, como una "parentela egocéntrica definida en forma aproximada" (cf. Lambert 1980: 12 y sig.) que relaciona a la gente por vía paterna o materna (Godoy 1986: 735), lo que implica que un modelo patrilineal no es una explicación suficiente para la fundación compleja del ayllu.

También el estudioso boliviano, Bernardo Ellefsen, al escribir sobre el matrimonio incaico ilustra el uso del término *wila* para designar un grupo de descendencia o linaje, aunque hace la distinción implícita entre dos tipos de substancia ancestral: el término *wila*, "sangre", usado en el sentido de "linaje", y *hata* (o *jata*) "semilla" o "semen", usado por el ayllu o unidad familiar. Ellefesen también distingue entre las diferentes clases de "sangre" (*wila*) que dependen del status social de la persona: así observa que el término *hake wila*, como "la sangre de alguien" era el término aymara por el linaje de la persona, en tanto que *kapak wila* (*qapaq wila*), literalmente "sangre real", o *mallku wila*, "sangre señorial", fue el término usado por el linaje real incaico (Ellefsen 1989: 61). Desafortunadamente no aclara las fuentes históricas que usa, pero sí amplía la gama de *wila* como "línea sanguínea" para incluir la gradación jerárquica de los lazos sanguíneos, de comunero a Señor, y sí implica que la sangre pasa en ambas líneas de descendencia, paterna y materna.

Estas varias definiciones del préstamo "casta", nos lleva hacia un dominio de "doble lectura"; si bien las interpretaciones andinas precisas del término castellano "casta" no son claras, sin embargo parecen partir de las nociones de la descendencia jerárquica y la pureza de sangre, que recuerdan un pasado incaico (o por lo menos andino) —y sobre todo a los derechos a tierras y animales—, pero que, en algún momento histórico, volvía a substituir, de modo parecido, para las nociones coloniales de "parentesco sanguíneo" y "raza". Entonces, me parece plausible que una de sus funciones podía haber sido la de articular un sistema andino anterior de descendencia paralela con el nuevo reconocimiento colonial de las líneas sanguíneas privilegiadas ("la vinculación sanguínea directa") como la base de autoridad y herencia, al remontar a los sistemas incaicos anteriores de hipergamia y organización dual. Puesto de otro modo, en la confrontación de prácticas de parentesco en el período colonial, estamos tratando con una "reinterpretación" andina de los modelos coloniales del parentesco español, para fines andinos, y, en paralelo, una interpretación española del parentesco andino para fines españoles. Otros autores han comentado que los sistemas incaicos de reconocimiento de derechos de sangre (incluyendo *collana*, *cayao* y *payán*) eran, en cierta medida, precursores al sistema de castas que los españoles establecieron en las Indias (ver por ejemplo Cahill 1994: 332). De todos modos, la literatura colonial está llena de referencias al estado de pureza de un pretendiente a una estirpe noble ("de buen nacimiento" o "de nacimiento oscuro", "de extracción real", "limpieza de sangre", etc.).

Sabemos, por ejemplo, que los caciques locales en el período colonial pretendían suceder a la nobleza india por medio de ambas líneas de descendencia, específicamente por los "derechos por sangre", heredados igualmente por hombres y mujeres, descendidos de Inkas. Así los nobles de sangre en la colonia pretendían su ascendencia de los "inkas de sangre" por línea directa y, a partir de 1603, recurrían a enviar a España genealogías complejas y dibujos en busto de los inkas para probarla (Espinoza Soriano 1978).

Los estudios de la colonia por Roberto Santos Escobar (1984, 1987, 1989), centrados en Copacabana y en el rol de tres familias de los inkas nobles, apuntan un momento clave en la historia cuando tales diferencias entre conceptos indígenas e hispanos se juntaron. Fue en 1575, cuando las medidas del Virrey Toledo intentaban rebajar el prestigio y los privilegios de la nobleza cusqueña, dejándoles marginados de toda actividad política y de la posibilidad de ocupar cargos de jerarquía en la administración colonial. Como resultado, ellos tuvieron que adaptarse al nuevo modo de reconocimiento de su status por los españoles, al otorgar a las autoridades informaciones de los servicios prestados a la Corona (mayormente en las guerras), y probanzas de filiación como descendientes de los monarcas cuzqueños.

Es muy pertinente notar que, para probar su ascendencia real, ellos recalcaban su descendencia real e incaica a través de la sangre por *dos* vías: paterna y materna [14]. En aquellos años, su descendencia como guerreros por línea paterna [15] fue decisiva cuando tuvieron que detallar sus servicios prestados a la Corona mediante la guerra [16].

El ensayo por Roberto Choque en el presente volumen, detalla casos parecidos en este juego entre interpretaciones andinas y toledanas de los patrones andinos de herencia y autoridad, centrados en la región de Pacajes. La interpretación de Choque de estos casos, afirma la línea paterna (el ayllu *jatha*) como la línea dominante de sucesión y, para él, los vínculos por línea materna eran necesarios como "lazos matrilaterales adicionales" para entroncar las varias líneas cacicales en la región, en la red más amplia de relaciones sociales, económias y políticas, y también como un medio importante de acceso a la dote materna.

Aún hoy, las etnografías contemporáneas entre los hablantes de aymara en K'ulta y Qaqachaka en Oruro, han mostrado cómo la *kasta* paterna,

---

[14] Para casos de la descendencia según los lazos maternos, ver Santos (1987: 11).
[15] Es decir en "línea recta de varón", cf. Santos (1984: 9; 1987: 27).
[16] Por ejemplo, para nombrar sólo dos casos: de los Awqayllis de Copacabana en Santos (1984), y de los Chalku Yupanki en Santos (1987).

como la línea de semilla, reproduce los patrilinajes locales, en tanto que la *kasta* materna, como línea sanguínea, forma una "telaraña" de lazos femeninos horizontales que vinculan los patrilinajes (Arnold 1988, 1992; Arnold y Yapita, 1998). Estos lazos horizontales incluyen la transmisión de animales y bienes parafernales, que se pasa con la dote materna, pues los comentarios de Choque acerca de la colonia todavía son pertinentes para entender las estrategias reproductivas de ambas líneas de descendencia, paterna y materna, a través del tiempo y el espacio.

3. La organización del libro

Tomando en cuenta los varios debates acerca del parentesco y género en los Estudios Andinos, hemos agrupado las contribuciones a este libro según cinco áreas claves. Desafortunadamente, la selección no es nada exhaustiva, y no hemos podido incluir otros temas, igualmente claves, por ejemplo aquel de la "sociología del parentesco": del parentesco de los empresarios (Long 1980), o de las redes extensas del parentesco espiritual entre los pastores y empresarios de Puno dedicados a la comercialización de la fibra de alpaca (Sosa 1992), tampoco de aquel que Spedding llama "el parentesco en acción", lo que se vive aparte de las genealogías o los listados de términos. En este sentido, los estudios son todavía algo "rústicos" en su orientación, sin entrar mucho en el asunto del parentesco del mestizaje o de continuidad y cambio en los lazos de parentesco entre el campo y la ciudad, etc., que dejamos para otra ocasión.

3.1 Parentesco en los Andes: Los debates actuales

Por tanto, la primera parte del libro abre con el "Parentesco en los Andes: Los debates actuales". Aquí, el debate sobre la construcción social de los hechos naturales del parentesco y género, tratando las nociones andinas de la biología, reproducción y regeneración, es examinado por Penny Harvey y Mary Weismantel, en comunidades en Perú y Ecuador respectivamente.

Harvey reconsidera la etnografía andina en el contexto del creciente conocimiento de la especificidad cultural de lo que antes se consideraba como los "hechos naturales" de parentesco y género. Esto exigía el repensar dentro de cada contexto histórico, social y etnográfico específico tales dicotomías occidentales previas como naturaleza/cultura o público/privado, junto con las diferencias sexuales en lo masculino/femenino, más la fusión anterior de sexo y género, según el discurso occidental. En este sentido, ella aplica la obra de Strathern como un instrumento teórico clave con que se puede entender los conceptos de "identidad" "persona", "iniciativa" y subjetividad" en los Andes, en particular su entendimiento de las diferencias entre los llamados "dividuos" melanesios, quienes comienzan la vida como "seres completos", y luego proceden a circular elementos de su ser a través de la sociedad melanesia más extensa, a diferencia de la noción occidental del "individuo" como alguien que sólo gradualmente adquiere la condición de persona.

Weismantel también critica los modelos occidentales de parentesco, por su base, sobre todo, en las suposiciones biológicas falsas, especialmente aquellos que conciernen las nociones de la maternidad y la paternidad. Basando su análisis en un caso específico en Ecuador, ella demuestra la forma en que la gente de Zumabagua experimenta la adopción, no sólo como un lazo jurídico (como en Occidente) sino también como un lazo biológico, fundado en el compartir en común de la substancia (a diferencia del Occidente), todo dentro del contexto de género, alimentación y autoridad en toda la sociedad. Así "Su relación, como aquella del lazo de padre a hijo por nacimiento, será al mismo tiempo jurídica —un lazo entre identidades sociales, experimentado como un destino compartido en la vida y la biología— un lazo entre cuerpos, experimentado como un compartir de substancia".

3.2 Nuevas fronteras: los límites de parentesco en los Andes

La segunda parte del libro enfoca las "Nuevas fronteras: los límites de parentesco en los Andes", y, mediante el uso de modelos más dinámicos, critica los enfoques anteriores a las "vacas sagradas" de los estudios de parentesco: tales como la "endogamia-exogamia", los "límites del compadrazgo" y de "individuo y comunidad".

Primero Sarah Skar cuestiona su propio enfoque hacia la endogamia en una comunidad en Apurímac, Perú, donde ella hizo sus estudios de campo veinte años atrás. Retrospectivamente, ella nota que los lazos comunitarios y las relaciones con los foráneos han cambiado en los años intermedios (especialmente con la extensa emigración en la década de las actividades de Sendero Luminoso), hecho que exigía repensar y expandir su modelo antropológico anterior para incluir las fronteras comunitarias más extensas, y una reconsideración del grado de permeabilidad o exclusividad para ser considerado parte de una comunidad andina. De este modo, su estudio revela la dinámica de interacción a largo plazo entre las fuerzas internas para la estabilidad con las fuerzas externas de cambio.

Luego, en un estudio de compadrazgo en una comunidad aymara de Sud Yungas, Bolivia, Alison Spedding examina un conjunto de categorías fuera de los lazos consanguíneos, aquellos del "parentesco espiritual" o compadrazgo, con sus posibles orígenes en prácticas tanto andinas como españolas. Ella rechaza las formulaciones anteriores de compadrazgo como algo fundado en nada más que los lazos espirituales, y arguye más bien que en Yungas, estos lazos de compadrazgo se deben al alto nivel de inmigración y la necesidad de crear una creciente red de vínculos, que además cruzan las fronteras de clase. Entonces, para Spedding, los lazos de parentesco actúan en "contra de la afinidad", haciendo imposible que los compadres se conviertan en afines por mecanismos tales como la consideración que sean "incestuosas" las relaciones sexuales entre ellos.

Finalmente, en un estudio contemporáneo entre los mapuche del Sur de Chile, Teresa Durán describe las limitaciones de los modelos antropológicos anteriores de capturar las tensiones resultantes entre las ideas acerca del individuo y la comunidad bajo los constreñimientos coloniales y neo-coloniales, tanto "internas" (mapuche) como "externas" (impuestos por el Estado), y exige un enfoque antropologico más dialógico a estas cuestiones.

3.3 Categorías de parentesco y género

La tercera parte del libro examina las "Categorías de parentesco y género", trazando el alejamiento actual fuera de las reglas terminológicas y hacia las definiciones culturales más amplias del parentesco.

Sabine Dedenbach describe el uso de los términos quechuas de parentesco (estudiados originalmente por Lounsbury en 1986 y por Zuidema, en 1980 [1977]), usando ejemplos de las Tradiciones de Huarochirí del Siglo XVII y de los vocabularios y léxicos coloniales. Examina su uso en un sentido más amplio, es decir, entre personas que no son parientes biológicos, y entre seres humanos y sobrenaturales, en lo que ella denomina el "trato social". De esta manera, ella demuestra cómo la gente andina podía haber codificado su terminología de parentesco para perpetuar las relaciones dentro del mundo andino, y diferenciarlas de las relaciones con foráneos, mestizos y españoles.

El siguiente ensayo por Collins (publicado originalmente en 1983) sigue la misma línea, demostrando cómo los hablantes de aymara contemporáneos en una comunidad en el Sur de Perú codifican su terminología afinal, especialmente su uso selectivo de los préstamos del castellano, para perpetuar los criterios matrimoniales entre grupos, que les son importantes. En este enfoque hacia la interpretación andina, mediante la manipulación consciente de las tradiciones de traducción es lo que yo insinué también respecto a la manera en que la gente andina usa el término importado, "casta".

En esta misma sección, Juan de Dios Yapita y yo misma, nos alejamos de los anteriores modelos terminológicos del parentesco, al enfocar categorías que no caben fácilmente en la semántica del análisis formal. Nuestro estudio de las categorías locales aymaras usadas por los agricultores-pastores de Oruro, Bolivia, para describir las nociones de parentesco, afinidad y descendencia, demostrando cómo éstas surgen de las analogías múltiples que vinculan los dominios de la vida humana, animal y vegetal, que son basados a la vez en las descripciones de los modos orgánicos de crecimiento, según el "pensamiento seminal andino". La existencia de estos múltiples lazos entre dominios también nos conducían a criticar, desde una perspectiva antropológica, la aplicación en cualquier circunstancia de los postulados lingüísticos aymaras, que supuestamente distinguen entre las categorías de "lo humano" y "lo no humano", al mostrar algunas excepciones claves a esta norma.

Se cierra esta sección con el examen de las categorías y prácticas andinas de parentesco, percibidas como parte de una jerarquía ritual y de género mucho más extensa, con un ensayo de Valdi Astaldsson, basado en su obra etnográfica y etnohistórica conducida en Jesús de Machaqa (prov. Ingavi), Bolivia. Astvaldsson enfoca su estudio en el sistema de autoridades llamadas *p'iqi*, "cabeza", y señala cómo derivan su poder de los sitios sagrados llamados *wak'a*. Como parte de su metodología, aplica la lectura de Zuidema de algunos dibujos coloniales del universo andino a la cuestión de género en las relaciones de poder en dicha comunidad aymara, y el status relativo de hombres y mujeres en estos roles de autoridad política. Su conclusión que el status diferencial, según el género, tienen que ver en parte con el acceso distinto al poder de la oratoria política es interesante y provocativa, aunque diría yo, como hice en otra parte, que él enfoca casi exclusivamente sobre aspectos de la masculinidad dentro del "sistema de prestigio masculino" en esta comunidad, y también es necesario tomar en cuenta el punto de vista de la mujer, dentro de una jerarquía de prestigio femenino (Arnold y Yapita, 1998). Además, es pertinente señalar que, detrás de las relaciones actuales de género en esta comunidad, percibimos un subestrato anterior de las relaciones según el género, que tienen que ver con la guerra y quizás aun la captura de cabezas como trofeos.

3.4 Matrimonio, alianza y jerarquía

La siguiente sección, sobre "Matrimonio, alianza y jerarquía", escudriña los patrones de matrimonio y alianza en dos comunidades peruanas.

Juan Ossio prefiere un "modelo aliancista" de relaciones de parentesco andino y presupone (a diferencia de Spedding) que los actuales lazos de alianza (y compadrazgo) derivan de las relaciones de matrimonio e intercambio entre comunidades de toda la región en el pasado. Su presente estudio enfoca el "parentesco ceremonial", en que se enfatizan los roles del "yerno" y la "nuera". Sus fuentes de información derivan de sus estudios previos de la comunidad de Andamarca, en una descripción etnográfica de la fiesta *Masha*, del pueblo cajatambino de Mangas en el departamento de Lima (que se realiza en las mismas fechas que las del techado comunal de la iglesia, entre el 15 y 30 de noviembre de cada año). A esto sigue un estudio por Valderrama y Escalante sobre las relaciones matrimoniales en una comunidad quechua hablante próxima a Cusco, enfocada esta vez en las obligaciones de marido y mujer, según lo expresado retóricamente a través de la oratoria y los cantos por diferentes miembros de los grupos familiares en la fiesta de boda. Es una descripción característicamente densa y rica por estos dos etnógrafos peruanos.

Luego, una sección etnohistórica sobre el "Parentesco y la organización del estado", examina el ordenamiento mayor de las relaciones de parentesco por el estado, para sugerir las maneras en que las demandas fiscales externas han impuesto categorías externas de parentesco y descendencia, etnicidad y prestación laboral, sobre las comunidades locales andinas. Éstas son cuestiones que los antropólogos a menudo han descuidado, no solamente en las definiciones de grupos lingüísticos sino también en nociones como la identidad y la etnicidad.

En la misma sección, como mencionamos líneas arriba, Roberto Choque examina las genealogías incaicas y de caciques en la región de Pakasa, a la luz de las ordenazas toledanas y levanta la cuestión de las formas andinas de conservar el status, el privilegio y la jerarquía entre grupos, frente a las nuevas demandas coloniales.

Luego, dos historiadoras francesas, esmeradamente "re-leen" la *Visita de Huánuco* de 1562, en base de un proyecto colectivo en París, con nuevas metodologías de investigación para sacar a luz las estructuras familiares de la época. Carmen Bernand resalta el control por la iglesia y las autoridades españolas de la "poliginia" como una práctica matrimonial anterior en favor de la monogamia, y examina la cuestión de si la poliginia había sido limitada a una elite o si era practicada más extensamente. Demuestra cómo, en el Perú de 1562, no era de ningún modo un tabú mencionar la poliginia y las varias concubinas de un hombre; que era más bien una práctica muy extendida que trata de la base económica del poder, la jerarquía y la sucesión cacical, tendiendo ciertas continuidades con las costumbres incaicas de la "repartición de mujeres" en alianzas estatales entre grupos: mediante el rito del "don" del circuito matrimonial, y quizás con los cambios demográficos en el período inmediato a la conquista, que favorecieron a las mujeres. En su análisis de las diversas estrategias de los caciques coloniales, según expresaban en sus respuestas a las preguntas del visitador a través del documento, ella también pone la interrogante de la terminología quechua contemporánea para las relaciones familiares y concubinales, a diferencia de la terminología eclesiástica por el santo matrimonio. No obstante, una de las desventajas que permanece es de cómo escuchar la voz de las mujeres en estos documentos, como otra que peones en un juego de poder manipulado por los hombres.

Luego, Carmen Salazar-Soler y Françoise Lestage vuelven a leer "los datos del campo" en el mismo documento, escrito como un testimonio de censo, comparando en el mismo, el concepto de "grupos de edad" con aquel de los censos incaicos anteriores (elaborados en *kipus*), según lo documentado por Guaman Poma y otros cronistas. Su "doble lectura" les permite comparar las dos concepciones notoriamente diferentes de las categorías tributarias. Como parte de esta valiosa re-lectura, también reconocen la importancia de la "antroponimia" (los nombres) como un rasgo organizante de los grupos de edad andinos, con nuevas metodologías históricas que refinan los estudios anteriores en este campo (por ejemplo aquel por Teresa Valiente), y que han inspirado a los historiadores bolivianos, como Ximena Medinacelli, en estudios parecidos.

Toda esta sección también enfoca otra omisión común de la literatura antropológica, esto es los patrones de parentesco de las elites andinas. Éstos a menudo tienen una tendencia hacia un patrón de "afinidad múltiple" en que varias hermanas se casan con varios hermanos, para asegurar que la herencia familiar se quede en el mismo lugar (cf. Gilbert 1981). Arnold y Yapita, en el presente tomo, presentan un ejemplo parecido entre los campesinos contemporáneos de Qaqachaka, pero que se actúa en memoria de las relaciones matrimoniales incaicas de antaño en el lugar.

Para cerrar esta sección, un ensayo de Tom Zuidema examina la cuestión de la *panaka* incaica. Esta vez, él pone en duda que las *panaka* fueron grupos de descendencia o parentelas, a modo de ayllus, al enfocar su rol como "grupos de edad" en la organización incaica del espacio y tiempo. Su estudio busca entender el uso del término *panaka* dentro de los conceptos andinos de tiempo y memoria, a diferencia de las interpretaciones europeas posteriores de estas categorías y, una vez más, muestra cómo los modelos genealogógicos europeos (tal como aquello de Isodoro de Sevilla) han sido reinterpretados en un contexto colonial. Su sección sobre los grupos de edad como un rasgo organizante de la organización social andina también relaciona las sociedades andinas más firmemente a aquellas de la Amazonía.

3.5 Parentesco en las prácticas textuales andinas

La parte final del libro trata del "Parentesco en las prácticas textuales andinas".

Claudette Kemper Columbus apela al juego múltiple de palabras, metáforas y asociaciones sonoras —las "afiliaciones dinámicas"— de los actuales hablantes quechuas para sugerir los lazos complejos (o "intertextos") que pueden experimentar entre casa, piedra y cordón umbilical, recurriendo al mismo tiempo a las relaciones parecidas como lo expresaron los etnógrafos que trabajan en la región. De esta manera, ella rechaza una relación más occidental y determinada entre "significante" y "significado" en favor de un enfoque andino hacia la genealogía que relacionaría mejor los dominios humano y no-humano.

Luego, Hilda Araujo recurre a los estudios históricos y contemporáneos y las descripciones de las lenguas visibles andinas (pinturas, kipus, tocapus, etc.), para describir y entender las "tablas pintadas" llamadas *qillqas* que son traídas por ciertos parientes para colocar en el techo de las casas nuevas en la comunidad de Sarhua en Perú. Mediante la comparación de genealogías pintadas sobre un corpus de tablas con un análisis de parentesco de las relaciones de parentesco, afinidad y parentesco espiritual en dicha comunidad, muestra ella cómo estas tablas pintadas en efecto diagraman las relaciones sociales y de trabajo en esta comunidad, a la vez que ofrecen un registro de sucesión a la tierra, y una representación cosmológica general. Su estudio también provee nuevas metodologías para un análisis de parentesco, basado en un corpus más visual.

Luego Arnold y Yapita proceden a desenredar la textualidad en niveles múltiples de algunas canciones de boda de Qaqachaka, para mostrar cómo las relaciones de parentesco y de afinidad de esta comunidad están igualmente saturadas en la tradición oral como en cualquier diagrama de parentesco basado en reglas terminológicas. Nuestro estudio reconoce un trasfondo histórico que ubica las canciones en las relaciones anteriores entre las comunidades locales y los invasores inkas, fundadas tanto en la guerra y la dominación como en el matrimonio, y que se ve reconstruido en un ambiente contemporáneo como una forma de la memoria social que permite a los comunarios afirmar sus derechos "incaicos" a tierras comunales y animales, pastizales y aguas. En este sentido, trajimos al primer plano las múltiples continuidades entre el presente y el pasado, especialmente en las nociones andinas del *mallki* y "florear", metáforas vegetativas las que, según argüimos, estructuran tanto la música como la letra de las canciones, en una práctica fundacional de arte verbal cuyo objetivo es coadyuvar al nutrir y desarrollar el matrimonio mismo y, con ello, la perpetuación de otros lazos andinos de continuidad.

Finalmente, en el contexto de las actuaciones estacionales de la música con su instrumentación distinta en el ayllu Macha en los Andes meridionales, Henry Stobart muestra cómo las nociones andinas de parentesco y descendencia (y aun de masculinidad), están entretejidos con ciclos complejos de reproducción que incluyen a los animales y productos agrícolas así como a los humanos, todo ello expresado mediante la música. Él enfoca especialmente en dos imágenes acústicas claves: "lo recto" y "lo torcido", que expresan el contraste entre un definido estado de ser y la noción de la transformación y regeneración, asociaciones éstas que tienen, indistintamente, resonancias con cuerpos humanos y animales, o plantas, en sus diferentes frases de desarrollo. El estudio de Stobart despeja así nuevos caminos para entender las actitudes andinas respecto a la identidad, la persona y la generación, en estas fluctuaciones entre los estados dinámicos del ser, además de demostrarnos algo de los elementos estructurales de la experiencia andina de estos procesos.

BIBLIOGRAFÍA

ABERCROMBIE, T. A.,
1986 **The Politics of Sacrifice: an Aymara Cosmology in Action.** Tesis de doctorado. Chicago: University of Chicago.
1991 "To be Indian, to be Bolivian". En: Greg Urban y Joel Sherzer (eds.), **Nation-states and Indians in Latin America.** Austin: University of Texas Press.
1998 **Pathways of Memory and Power: Ethnography and History among an Andean People.** Yale: Yale University Press.

ALBÓ, Xavier,
1977 **La paradoja aymara.** La Paz: CIPCA.

ALBÓ, Xavier y Mauricio MAMANI,
1974 **Esposos, suegros y padrinos entre los aymaras.** La Paz: CIPCA.

ALLEN, Catherine,
1988 **The Hold Life Has: Coca and Cultural Identity in an Andean community.** Washington D.C. y Londres: Smithsonian Institution Press.

ANGLIN, A.,
1979 "Analytical models and folk models". En: L. Holy (ed.) **Segmentary Lineage Systems Reconsidered.** The Queens University Belfast, Social Anthropology, Vol. 4: 49-67.

ARDENER, Shirley,
1975 **Perceiving Women.** New York.

ARNOLD, D. Y.,
1988 **Matrilineal practice in a patrilineal setting: rituals and metaphors of kinship in an Andean ayllu.** Tesis doctoral. University of London.
1992 "La casa de adobes y piedras del Inka: género, memoria y cosmos en Qaqachaka". En: Arnold (comp.) **Hacia un orden andino de las cosas: tres pistas de los Andes meridionales,** pp.: 31-108. La Paz: Hisbol e ILCA.
1997a (Comp.) **Más allá del silencio: las fronteras de género en los Andes.** La Paz: CIASE e ILCA.
1997b "Introducción". En: D. Y. Arnold (comp.), **Más allá del silencio: las fronteras de género en los Andes,** pp. 13-52. La Paz: CIASE e ILCA.

ARNOLD, D. Y. y Juan de Dios YAPITA,
1996 "Los caminos de género en un ayllu andino: los saberes femeninos y los discursos textuales alternativos". En: Silvia Rivera (comp.)

Ser mujer indígena, chola, birlocha en la Bolivia (postcolonial) de los 90, pp. 303-392. La Paz: CID.
1997 "La lucha por la dote en un ayllu andino". En: D. Y. Arnold (comp.) **Más allá del silencio: las fronteras de género en los Andes**, pp. 345-383. La Paz: CIASE e ILCA.
1998 **Río de vellón, río de canto. Cantar a los animales, una poética andina de la creación**. La Paz: Hisbol e ILCA.

ASSADOURIAN, Carlos Sempat,
1994 **Transiciones hacia el Sistema Colonial Andino**. Lima: El Colegio de México e IEP.

AYLLU SARTAÑANI,
1995 **Perspectivas de descentralización en Karankas: la visión comunaria**. La Paz: PROADE, ILDIS.

BARNES, Monica,
1992 "Catechisms and Confessionarios: Distorting Mirrors of Andean Societies". En: **Andean Cosmologies Through Time: Persistence and Emergence**, pp. 67-94. R. Dover, K. E. Seibold y J. H. McDowell (eds.). Bloomington, Indianapolis: Indiana University Press.

BASTIEN, Joseph,
1978 **Mountain of the Condor. Metaphor and Ritual in an Andean Ayllu**. St. Paul: West Publishing.

BELOTE, Jim y Linda BELOTE,
1980 "Parentesco y limitación de obligaciones en Saraguro (Ecuador)". En: Mayer y Bolton (eds.) **Parentesco y matrimonio en los Andes**, pp. 463-479. Lima: Pontificia Universidad Católicia, Fondo Editorial.

BERTONIO, Ludovico,
1603 **Arte breve de la lengua aymara y arte y gramatica muy copiosa de la lengua**. 2 vols. Roma: Luis Zannetti.

BOURDIEU, Pierre,
1977 **Outline of a Theory of Practice**. London.

BLOCH, Maurice y Jean H. BLOCH,
1980 "Women and the Dialectics of Nature in Eighteenth Century French Thought". En: McCormack y Strathern (eds.) **Nature, Culture and Gender**. Cambridge: CUP.

BOLTON, Ralph,
1980 "El proceso matrimonial Qolla". En: E. Mayer y R. Bolton (eds.) **Parentesco y matrimonio en los Andes**, pp. 327-361. Lima: Pontificia Universidad Católica, Fondo Editorial.

BOUYSSE CASSAGNE, Thérèse,
1987 **La identidad aymara. Aproximación histórica (Siglo XV, Siglo XVI)**. La Paz: Hisbol.
1997 (Ed.) **Saberes y memorias en los Andes. En memoriam Thierry Saignes**. Lima: Credal-IFEA.

BURCHARD, Roderick R.,
1972 "Village exogamy and strategies of inter-zonal exchange in Central Andean Peru: A case study". Ponencia dada en el Symposium on Andean Kinship and Marriage, 71st Annual Meeting of the American Anthropological Association, Toronto.

CAHILL, David,
1994 "Colour by Numbers: Racial and Ethnic Categories in the Viceroyalty of Peru, 1532-1824". **Journal of Latin American Studies**, 26: 325-346.

CALLA, Ricardo,
1989 **Consideraciones elementales para una política de etnodesarrollo en los Andes bolivianos**. La Paz. Mimeo. Programa de PROANDES de UNICEF-Bolivia.

CASAVERDE ROJAS, Juvenal,
1978 "Comunidad andina y descendencia". **América indígena**, XXXVIII: 15-42.
1979 "La descendencia omnilineal en los Andes". **Antropología andina**, No. 3, junio 1979: 21-31.

COLLIER, Jane Fishburne y Sylvia Junko YANAGISAKO,
1987 **Gender and Kinship. Essays Toward a Unified Analysis**. Stanford: Stanford University Press.

COLLINS, Jane,
1988 **Unseasonal Migrations. The effects of rural labor scarcity in Peru**. Princeton: University Press.

Del VALLE, Terersa (comp.),
1993 **Gendered Anthropology**. London: Routledge.

DESCOLA, Philpe,
1992 "Societies of nature and the nature of society". En: A. Kuper (ed.) **Conceptualizing Society**, pp. 107-126. London: Routledge.

DOUGHTY, Paul L.,
1968 **Huaylas. An Andean District in Search of Progress**. Ithaca, New York: Cornell University Press.

DOUGLAS, Mary,
1971 "Is matriliny doomed in Africa?" En: M. Douglas y P. M. Kaberry (eds.), **Man in Africa**, pp. 123-137. Garden City: Anchor Books.

DRANSART, Penelope,
1997 "Afinidad, descendencia y la política de las representaciones de género: ¿quién fue la Quya de Ataw Wallpa?" En: D. Y. Arnold (comp.) **Más allá del silencio: las fronteras de género en los Andes**, pp. 475-490. La Paz: CIASE e ILCA.

DUVIOLS, Pierre,
1973 "Huari y Llacuaz, agricultores y pastores: dualismo prehispánico de oposición y complementariedad". **Revista del Museo Nacional** (Lima) No. 39 (1973): 153-191.

DUVIOLS, Pierre y César ITIER,
1993 **Relación de Antiguedades desde el Reyno del Piru de Joan de Santa Cruz Pachacuti Yamqui Salcamaygua. Estudio etnohistórico y lingüístico de Pierre Duviols y César Itier**. Cusco: Bartolomé de Las Casas.

EARLS, John,
1969 "The organization of power in Quechua mythology". **Journal of the Steward Anthropological Society**, Vol. 1 No. 1.
1971 "The Structure of Modern Andean Social Categories". **Journal of the Steward Anthropological Society**, 3: 69-106.

ELLEFSEN, Bernardo,
1989 **Matrimonio y sexo en el incario**. Cochabamba y La Paz: Editorial Los Amigos del Libro.

ESPINOZA SORIANO, Waldemar,
1978 "Los productores indirectos del imperio Inca". En: W. Espinoza Soriano (comp.), **Los modos de producción en el imperio de los Incas**, pp. 357-388. Lima: Editorial Mantaro-Grafital.

FUENZALIDA V., F.,
1976 "Estructuras de la comunidad de indígenas tradicionales. Una hipótesis de trabajo". En: Matos Mar, José (comp.), **Hacienda, comunidad y campesinado en el Perú**, pp. 219-263. Lima: Instituto de Estudios Peruanos.

GELLNER, Ernest,
1987 "The Concept of Kinship". En: **The Concept of Kinship and other Essays**, pp. 163-182. Cornwall: Basil Blackwell.

GILBERT, Dennis,
1981 "Cognatic descent in upper-class Lima". **American Ethnologist** 8.

GODOY, Ricardo,
1986 "The fiscal role of the Andean ayllu". **Man** N. S. 21: 723-741.

GOODY, Jack,
1976 **Production and Reproduction: A Comparative Study of the Domestic Domain.** Cambridge: CUP.

GOW, Peter,
1991 **Of Mixed Blood: Kinship and History in Peruvian Amazonia**. Oxford: OUP.

HARRIS, Olivia,
1983 "Los muertos y los diablos entre los laymi de Bolivia". **Chungará**, noviembre 1983, 11: 135-152.
1986 "Complementariedad y conflicto". **Allpanchis Phuturinqa**, Cusco, Instituto de Pastoral Andina, 25.

HÉRITIER, Françoise,
1981 **L'Exercise de la Parenté**, pp. 137-167. París: Editions Gallimard.

HICKMAN, John M. y William T. STUART,
1980 "Descendencia, alianza y mitades en Chucuito (Perú). Un esquema explicativo". En: Mayer y Bolton (eds.) **Parentesco y matrimonio en los Andes**, pp. 247-280. Lima: Pontificia Universidad Católica, Fondo Editorial.

ISBELL, Billie Jean,
1978 **To Defend Ourselves: ecology and ritual in an Andean village**. Austin: Universiy of Texas Press.
1997 "De inmaduro a duro: lo simbólico femenino y los esquemas andinos de género". En: D. Y. Arnold (comp.) **Más allá del silencio: las fronteras de género en los Andes**, pp. 253-300. La Paz: CIASE e ILCA.

IZKO, Javier,
1992 **La doble frontera**. La Paz: Hisbol.

LAMBERT, Berndt,
1980 "Bilateralidad en los Andes". En: Mayer y Bolton (eds.) **Parentesco y matrimonio en los Andes**, pp. 11-54. Lima: Pontificia Universidad Católica, Fondo Editorial.

LEA, Vanessa,
1995 "The houses of the Mebengokre (Kayapo) of Central Brazil - a new door to their social organization". En: **About the House. Lévi-Strauss and Beyond**, (eds.) Janet Carsen y Stephen Hugh-Jones, pp. 206-225. Cambridge: CUP.

LEACH, E.,
1971 [1961] **Replanteamiento de la antropología**. Barcelona: Editorial Seix Barral S. A.

LONG, Norman,
1980 "Empresarios comerciales y parentesco en la sierra peruana". En: Mayer y Bolton (eds.) **Parentesco y matrimonio en los Andes**, pp. 619-655. Lima: Pontificia Universidad Católica, Fondo Editorial.

LOUNSBURY, F. G.,
1986 [1978] "Some aspects of the Inka kinship system". En: Murra, Wachtel y Revel (eds.) **Anthropological History of Andean Polities,** pp. 123-136. CUP y Editions de la Maison del Sciences de l'Homme.

LUYKX, Aurolyn,
1993 **The Citizen Factory, Language, Labor and Identity in Bolivian Rural Teacher Training.** Tesis de doctorado. University of Texas at Austin.

MAYER, Enrique,
1980 [1977] "Repensando "Más allá de la familia nuclear" ". En: **Parentesco y matrimonio en los Andes,** (eds.) E. Mayer y R. Bolton, pp. 427-462. Lima: Pontificia Universidad Católica, Fondo Editorial.

MAYER, Enrique y Ralph BOLTON (eds.),
1980 [1977] **Parentesco y matrimonio en los Andes.** Lima: Pontificia Universidad Católica, Fondo Editorial.

MAYNES, Mary Jo, Ann WALTNER, Birgette SOLAND y Ulrike STRASSER (eds.),
1996 **Gender, Kinship, Power. A comparative and interdisciplinary history.** London y New York: Routledge.

McCALLUM, Cecilia,
1996 "The body that knows: from Cashinahua epistemology to a medical anthropology of lowland South America". **Medical Anthropology Quarterly,** 10 (3): 1-26.

McCORMACK, Carol y Marilyn STRATHERN (eds.)
1980 **Nature, Culture and Gender.** Cambridge: CUP.

NOWACK, Kerstin,
1997 "La ambigüedad de las fuentes: Condorguacho, Ynes Yupanqui y el control de la provincia de Guaylas". Ponencia dada en la Conferencia de Americanistas, Quito, Julio de 1997.

NUÑEZ del PRADO, O.,
1969 "El hombre y la familia: su matrimonio y organización político-social en Q'ero". **Allpanchis phuturinqa** 2: 57-119.

ORTNER, Sherry B. y Harriet WHITEHEAD (eds.),
1981 "Introduction: accounting for sexual meanings". En: Ortner y Whitehead (eds.) **Sexual Meanings.** Cambridge: CUP.

OSSIO, Juan,
1978 **Locality, Kinship and Ceremonial Kinship. A Study of the Social Organization of the Comunidad de Andamarca (Ayacucho-Perú).** Tesis doctorado. University of Oxford.
1992 **Parentesco, Reciprocidad y Jerarquía en los Andes. Una**

aproximación a la organización social de la comunidad de Andamarca. Lima: Pontificia Universidad Católica del Perú.

PÉREZ STOCCO, Sandra B.,
1995 "La tenencia de la tierra en Bolivia a comienzos del período republicano (1824-1880)". En: **Revista de Historia Americana y Argentina**. Año XVII, No. 35-36, Mendoza: 95-119.

PLATT, Tristan,
1976 **Espejos y maíz: temas de la estructura simbólica andina**. La Paz: CIPCA.
1978 "Symétries en miroir: le concept de yanantin chez les Macha de Bolivie". **Annales**, París, E. S. C. 33, Nos. 5-6: 1081-1107.
1982 **Estado boliviano y ayllu andino. Tierra y tributo en el Norte de Potosí**. Lima: IEP.
1987 "Entre *ch'axwa* y *muxsa*. Para una historia del pensamiento político aymara". En: **Tres reflexiones sobre el pensamieno andino** (ed.) Javier Media. La Paz: Hisbol.

RAPPAPORT, Joanne,
1992 "Textos legales e interpretación histórica: una etnografía andina de la lectura". **Iberoamericana**, Frankfurt, con el Ibero-Amerikanisches Institut, Berlin, 16 Jahrgang (1992) Nr 3/4 (47/48): 67-81.

RASNAKE, Roger,
1989 **Autoridad y poder en los Andes: los Kuraqhuna de Yura**. La Paz: Hisbol. (Basado en su tesis doctoral de 1982).

RIVERA, Silvia,
1997 "Mujeres y estructuras de poder en los Andes: de la etnohistoria a la política". **Escarmenar**, No 2, 1997: 16-25.

RIVIÈRE, Gilles,
1983 **Sabaya: structures socio-economiques et reprèsentations symboliques dans le Carangas, Bolivie**. Tesis de doctorado. París: École del Hautes études en Sciences Sociales.

ROSALDO, Michelle Z.,
1974 "Woman, Culture, and Society: a Theoretical Overview". En: Rosaldo y Lamphere (eds.) **Women, Culture and Society**. Stanford, California: Stanford University Press.

ROSENBLAT, Ángel,
1954 **La población indígena y el mestizaje en América**. 2 vols. Buenos Aires.

ROSTWOROWSKI de DIEZ CANSECO, María,
1983 **Estructuras andinas del poder. Ideología religiosa y política**. Lima: IEP.

1989   Doña Francisca Pizarro: una ilustre mestiza 1534-1598. Lima: IEP.

SALOMON, Frank,
1982   "Andean ethnography in the 1970's. A retrospective". **Latin American Research Review**, 1982, 17 (2): 75-128.
1997   " 'Conjunto de nacimiento' y 'línea de esperma' en el manuscrito quechua de Huarochirí (ca. 1608). En: D. Y. Arnold (comp.) **Más allá del silencio: las fronteras de género en los Andes**, pp. 302-322. La Paz: CIASE e ILCA.

SANTOS ESCOBAR, Roberto,
1984   "Probanza de los Incas Aucaylli de Copacabana". **Colección de folletos bolivianos de Hoy**, Vol. II, No. 8, abril 1984.
1987   "La contribución de Apu Chalco Yupanki, gobernador del Kollasuyu en la expedición de Diego de Almagro a Copiapó de Chile. **Colección de folletos bolivianos de Hoy**, Vol. III No. 24, octubre 1987.
1989   "Información y probanza de don Fernando Kollatupaj, Onofre Maskapongo y Juan Pizarro Limachi. Inkas de Copacabana, Siglo XVII". **Historia y Cultura** 16. La Paz: 3-19.

SCHEFFLER, H. W. y F. LOUNSBURY,
1971   **A Study in Structural Semantics. The Sirionó Kinship System**. New Jersey: Prentice Hall.

SCHNEIDER, David,
1968   **American Kinship: a cultural account**. Englewood Cliffs, New Jersey.
1972   "What is kinship all about?" En: Priscilla Reining (ed.) **Kinship Studies in the Morgan Centennial Year**. Washington D. C.

SCHNEIDER, David y Kathleen GOUGH (eds.),
1961   **Matrilineal Kinship**. Berkeley.

SILVERBLATT, Irene,
1976   "Principios de organización femenina en el Tawantinsuyu". **Revista del Museo Nacional** 42: 299-340.

SMITH, Raymond (Ed.),
1984   **Kinship Ideology and Practice in Latin America**. Chapel Hill and London: University of North Carolina Press.

SOSA, Alberto,
1992   "Padrinos y compadres/compadres en Juliaca". **IDEA, Boletín** No. 41, Puno.

STARN, Orin,
1994   "Rethinking the politics of anthropology: the case of the Andes". **Current Anthropology**, Vol. 34, No. 1: 13-38.

STEIN, William,
1961　　　　**Hualcan: life in the highlands of Peru.** Ithaca: Cornell University Press.

STRATHERN, Marilyn,
1981　　　　"Self Interest and the Social Good: some implications of Hagen gender imagery". En: Ortner y Whitehead (eds.) **Sexual Meanings.** Cambridge: CUP.

THURNER, Mark,
1997　　　　**From Two Republics to One Divided. Contradictions of Postcolonial Nationmaking in Andean Peru.** Durham and London: Duke University Press.

TORRICO, Cassandra,
1989　　　　Living weavings: the symbolism of Bolivian herder's sacks. Mimeo.
1993　　　　The Tissue of Silence among the Macha Indians of Northern Potosí, Bolivia. Tesis de maestría. University of Chicago. Manuscrito.

VÁSQUEZ, Mario y Allan HOLMBERG,
1966　　　　"The Castas: Unilineal Kin Groups in Vicos, Peru". **Ethnology,** Vol. V No. 3: 284-304.

VIVEIROS de CASTRO, Eduardo,
1992　　　　**From the Enemy's Point of View: Humanity and Divinity in an Amazonian Society.** Chicago: Chicago University Press.
1997　　　　"Cosmological deixis and Amerindian perspectivism: a view from Amazonia. Ponencia leída en el simposio "Mind, Effect, and the Image of the Self in American Indian Societies", 49th International Congres of Americanists, Quito, julio de 1997.

WACHTEL, Nathan,
1973　　　　**Sociedad e ideología: ensayos de historia y antropología andina.** Lima: IEP.

WEINER, Annette,
1976　　　　**Women of Value, Men of Renown: New Perspectives in Trobriand Exchange.** Austin: University of Texas Press.
1978　　　　"The reproductive model in Trobriand society". **Mankind** II, 3: 175-186.

WOLF, Freda,
1972　　　　"Sixteenth centruy Aymara kinship". Ponencia leída en el 71st Annual Meeting of the American Anthropological Association., Toronto.
1980　　　　"Parentesco aymara en el siglo XVI". En: Mayer y Bolton (eds.) **Parentesco y matrimonio en los Andes,** pp. 115-135. Lima: Pontificia Universidad Católica, Fondo Editorial.

YANIGASAKO, Sylvia Junko,
1978 "Variance in American Kinship: Implications for Cultural Analysis". **American Ethnologist** 5: 15-29.
1985 **Transforming the Past: Tradition and Kinship among Japanese Americans.** Stanford: Stanford UP.
ZIOLKOWSKI, Mariuz S.,
1996 **La guerra de los Wawqi. Los objetivos y los mecanismos de la rivalidad dentro de la élite inka, S. XV-XVI.** Quito: Biblioteca Abya-Yala.
ZUIDEMA, R. T.,
1980 [1977] "Parentesco Inca". En: Mayer y Bolton (eds.) **Parentesco y matrimonio en los Andes**, pp. 57-113. Lima: Pontificia Universidad Católica, Fondo Editorial.
1989 "What does the Equation: Mother's Brother = Wife's Father Mean in Inca Social Organization?" En: **Variant Views: Five Lectures from the Perspective of the Leiden Tradition in Cultural Anthropology,** pp. 132-155, H. J. Claessen (ed.). Leiden: Universiteit van Leiden, etc.
1996 "The Spanish contributions to the study of Amerindian kinship systems". En: **Le Nouveau Monde, Mondes Nouveaus** (dir.) Serge Gruzinski y Nathan Wachtel. París: Éditions Recherche sur les Civilisations. Éditions de l'École des Hautes Études en Sciences Sociales.
ZUIDEMA, R. T. y U. QUISPE,
1973 "A visit to God: the account and interpretation of a religious experience in the Peruvian community of Choque-Huancaya". En: **People and Cultures of Native South America,** (ed.) David Gross. New York: Natural History Press.

Parentesco en los Andes: Los Debates Actuales

Parte I

1

LOS "HECHOS NATURALES" DE PARENTESCO Y GÉNERO EN UN CONTEXTO ANDINO

Penny Harvey

Introducción

Uno de los cambios significativos en la antropología del parentesco y el género desde la publicación de *Parentesco y Matrimonio en los Andes* por Mayer y Bolton (1980), es el creciente conocimiento de la especificidad cultural de lo que anteriormente se tenía por "los hechos naturales" de parentesco y género. En el presente ensayo, deseo explicar por qué me parece que esta revelación ha sido tan importante para la antropología contemporánea y también tratar de los efectos que puede tener sobre nuestro entendimiento del contexto andino.

Los trabajos más relevantes acaso sean aquellos producidos en la década de los 80 que buscaban revelar el etnocentrismo y las premisas esencialistas de estudios otrora influyentes (hechos por autoras como Ortner, Rosaldo, Chodorow, etc.), estudios que, según las nuevas críticas, han fusionado el sexo y el género, en sus intentos de explicar la extensa dominación de las mujeres por los hombres. Según esta nueva olada de estudios, la ecuación de las dicotomías de natura/cultura y público/privado con los opuestos de masculino/femenino, se mostró histórica y culturalmente específica, tanto en las analogías derivadas como en la propia lógica dicotomizada. De este modo, emergió una rica diversidad de posibilidades culturales alternativas.

Por una parte, se ponía a repensar las teorías del parentesco y su relación con el sexo y el género. Así, la próxima etapa en esta historia breve (que de ningún modo era tan lineal y secuencial como la relato en este trabajo) era el poner en debate los aspectos culturales de parentesco, de sexo y género (Schneider 1985; Collier y Yanagisako 1987, etc.).

Aun así, una gran parte de los nuevos trabajos, que buscaban separar el sexo del género y concentrarse en el género como construcción cultural, todavía retuvieron una idea implícita de diferencia sexual fundamental a la que servía esta construcción cultural. Por supuesto, se reconoció que esta diferencia fundamental prestó a las construcciones de género su poder simbólico y explicó el uso extenso de la analogía de género en la naturalización de otras clases de diferencias sociales. Por eso, las autoras feministas señalaron la diferencia entre el sexo y el género a fin de socavar la fuerza de este discurso.

Sin embargo, las intervenciones más recientes en el presente debate han subrayado que es igualmente necesario tener en cuenta la especificidad cultural de la diferencia sexual [1], la cual, en los discursos dominantes occidentales, lleva suposiciones fundamentales muy particulares acerca del "emparentamiento" ("relatedness" en inglés), que son transferidas implícitamente en el "modelo de la construcción cultural". Así Butler (1990) señaló que el sexo y el género no son tan diferentes al cabo de todo, y ciertamente no debemos tratar los conceptos alternativos de parentesco y género como elaboraciones culturales distintas de los hechos naturales (o biológicos) universales, ya que de este modo excluimos la posibilidad de que la gente pueda trabajar con conceptos radicalmente diferentes del emparentamiento.

Según el modelo occidental de la diferencia sexual al que hago referencia, autorizado en los discursos de la ciencia y la medicina, el género y el parentesco se ven como identidades. Son como orígenes de donde y sobre cuya base el individuo empieza a construir las relaciones. Las categorías son discretas y fijas, y en el caso de género son binarias. Asimismo las identidades son percibidas como estables y el género de una persona es percibido como un componente esencial de su ser. En términos antropológicos, se comienza con la suposición de que la gente tiene la condición de actores con estas identidades discretas, y luego se desarrolla, en la descripción de las prácticas del género o del parentesco, un examen del cómo se comportan los hombres y las mujeres o los parientes, y del qué entienden ellos de los asuntos de la vida (la sexualidad, etc.).

Por tanto, en estos discursos occidentales reconocibles, el género está basado en la diferencia genital, y el parentesco en los lazos sanguíneos/ genéticos, es decir sobre la base de hechos supuestamente inmutables que preceden a las actividades y procesos mediante los cuales se elabora su expresión cultural particular. Al mismo tiempo, los individuos son percibidos como los actores que hacen las relaciones y las relaciones son percibidas

---

[1] Véase por ejemplo Strathern (1992), Moore (1988, 1993), Stolcke (1988, 1993), Collier y Yanagisako (1987), Yanagisako (1985), etc.

como el producto cultural que luego la antropología puede describir. De este modo, las disposiciones sociales se acomodan a los 'hechos naturales' y nuestras comparaciones transculturales simplemente intentan enfocar la observación de cómo la gente trata diferentemente con los asuntos de la vida: el parto, la pubertad, la procreación y la muerte.

Desde una perspectiva de más largo plazo, se da cuenta que mientras se establecía el modelo de la construcción cultural como una ortodoxia de las ciencias sociales, paralelamente los historiadores de la medicina y la ciencia —y los antropólogos— estaban documentando el surgimiento y la especifidad cultural de los supuestos 'hechos naturales'. No obstante, la tecnología médica contemporánea está haciendo patente para todos que los 'hechos biológicos' son más bien suceptibles de manipulación humana y que los mismos pueden ser forzados a servir a las disposiciones sociales. Y no son sólo los científicos, sino también los políticos, que pugnan por determinar cuándo comienza y termina la vida en tanto que se trasladan los órganos entre especies o las nuevas tecnologías reproductivas alteran las posibilidades para la reproducción humana y los límites del cuerpo humano.

Además, en términos de la literatura antropológica, sabemos que en muchas regiones no se conceptúa el cuerpo como una entidad discreta (los Andes es una de tales regiones) y que los sujetos no son clasificados según el género simplemente en base de su diferencia sexual biológica [2].

Como Moore ha argumentado recientemente (1993), el reconocimiento de los atributos físicos distintivos y las capacidades de los hombres y las mujeres, no "produce automáticamente una categorización binaria fija y discreta del sexo en la manera del discurso occidental" [3]. Por estas razones, ha habido un cambio de enfoque. Más que tomar las categorías de género como hechos sentados culturalmente, actualmente se presta más atención a entender si la gente piensa de sí misma en términos de identidades singulares o si apelan a modismos más relacionales.

---

[2] Véase el análisis de Moore (1993) de la etnografía de Meigs (1990), la que muestra cómo unas personas genitalmente varones pueden ser clasificadas como hembras, y personas genitalmente hembras, clasificadas como varones, sobre la base del contacto corporal con substancias masculinas o femeninas que se pueden transmitir mediante el comer, el acto heterosexual y el contacto casual cotidiano.

[3] Según relata Diemberger (1993), respeto a los Khumbo de Nepal: "Todos los cuerpos contienen hueso masculino y carne femenina — las diferencias sexuales que conciernen a los Khumbo son aquellos internos a sus cuerpos y no los que tratan de las diferencias en los genitales macho y hembra" (nuestra traducción). Cf. Arnold (1988, etc.) para ideas semejantes en los Andes.

1. La obra de Strathern

La obra de Marilyn Strathern ha sido muy importante en el desarrollo de esta última perspectiva [4]. Sus investigaciones sobre parentesco y género en Melanesia y sobre los conceptos euro-americanos evidentes en los debates sobre la nuevas tecnologías reproductivas, han resultado en una comparación sistemática respeto a parentesco y género entre los discursos dominantes occidentales y melanesios. Para expresar un argumento complejo en términos un tanto sencillos: los melanesios entienden el parentesco y el género como los efectos de relaciones, y no como los orígenes de éstas. Las personas son esencialmente seres andróginos, completos y múltiples. Pero también son "partibles": es decir, los aspectos de su identidad pueden ser desprendidos, circulados y usados en la economía de los dones para extender las relaciones. Las personas objetivan los aspectos de sí mismas en dichas relaciones y su identidad radica en el efecto que esta objetificación produce en otros.

A cambio del individuo occidental, los "dividuos" melanesios (en los términos de Strathern), que producen su identidad relacional a través del reconocimiento de otros, no tienen un punto de arranque autónomo. Así, la noción del individuo en los términos occidentales abarca un concepto de la persona que gradualmente acumula su identidad durante toda la vida, añadiendo experiencias y relaciones a su biografía personal. En cambio, la persona melanesia arranca con una biografía completa (valga la figura), con las relaciones en y mediante las cuales fue constituída y hecha realidad, y pasa la vida contextualmente desprendiendo partes de sí misma a fin de lograr efectos determinados en el mundo, extendiendo la influencia de sus relaciones a otros por la objetivación y circulación de diversos aspectos de sí misma.

Este argumento también tiene implicaciones importantes para nuestro entendimiento de agencia y subjetividad como atributos de la persona. Como dice Strathern:

> La cultura occidental imagina a la gente como personas que existen en un estado permanentemente subjetivo; que tal es su condición natural y normal, y que una persona puede dominar a otra al privarla del correcto ejercicio de esa subjetividad. En términos proprietoriales, la persona claramente pertenece a sí misma. Por tanto, una persona puede ser obligada a actuar en forma tal que

---

[4] Ver especialmente Strathern (1981, 1984, 1988, 1992).

niegue su subjetividad y condición de persona. Un sujeto puede ser convertido en objeto... A diferencia, en la cultura melanesia se imagina a la gente en modalidades distintas: varón y hembra, un mismo sexo y trans-sexual, una persona siempre es una de un par de formas interrelacionadas. Como personas, mujeres y hombres son por igual objeto de la observación de otros y por tanto objetivan sus relaciones. Ya que las personas son las formas objetivas de las relaciones, los resultados de sus actos originar en y, por tanto, pertenecen a aquellas relaciones (Strathern 1988: 338, nuestra traducción).

Así Strathern busca demostrar que los modelos occidentales (y feministas) de explotación y dominación masculina dependen de las nociones del individuo posesivo, de la lógica de las comodidades, y de una determinada relación entre experiencia e identidad que no se puede aplicar transculturalmente.

No es mi intención imponer este modelo melanesio a los Andes; no obstante estoy convencida de que su aplicación a nuestras nociones de los hechos naturales es útil, ya que coadyuva a generar nuevas interrogantes. Antes de preguntar cómo se relacionan hombres y mujeres, o parientes y afines, podríamos preguntarnos ¿cuáles son los hechos naturales de las relaciones de los pueblos andinos?, ¿cómo se producen el género y el parentesco?, ¿cuáles son los procesos que hacen a estos hechos como naturales?, y ¿por qué se estructuran de tal manera?

También me parece interesante y pertinente que la estrategia retórica de Strathern de revelar simultáneamente la especificidad cultural de los modelos melanesios y euro-americanos, engendre dos culturas mútuamente exclusivas. En los Andes, a diferencia de lo señalado en la presente descripción de Melanesia, existen muchas formas paralelas a las nociones occidentales de la persona.

Por ejemplo, existe una gran preocupación con las categorizaciones discretas y binarias, con la biografía personal acumulada y con el establecimiento de identidades originarias. Hasta la fecha, mi interés se ha centrado primariamente en las categorías de "indio" y "mestizo", cuando tales categorizaciones no son tan manifiestamente discretas en la práctica como lo son en el discurso, y quisiera sugerir que lo mismo pasa con las categorías del parentesco y género. Su producción es siempre provisional, contextual y temporal. Y si bien existe un discurso acerca de la noción de ser persona que posee el énfasis cumulativo y autónomo del individualismo occidental, tales categorías discursivas no son necesariamente la base para la práctica social.

2. El sexo y el género en el Perú andino

En el contexto de mi trabajo de campo en Ocongate, en el Perú, cuando estaba examinando la violencia doméstica, se hizo más y más evidente que los hombres y las mujeres no simplemente tienen identidades masculina y femenina; que el atribuir cualquier acción a un factor determinado por el género, no necesariamente aproxima a los entendimientos locales de lo que está sucediendo.

Pues, al enfocar la manera cómo hombres y mujeres "piensan y sienten", tendemos a asignar el todo de la mujer o el todo del hombre a una condición determinada por el género. Pero, al contrario, mi investigación en el Perú parece demostrar que la violencia doméstica (que sucedía con mucha frecuencia en el pueblo donde yo vivía), era motivada más por la naturaleza de las relaciones entre esposos, antes que por el género *per se*. Lo que parece ser un caso directo y simple de dominación de las mujeres por los hombres, en realidad es la dominación (menos conocida) por sus maridos de las esposas que vienen desde fuera; una clase de dominación que, a la vez, transforma según los criterios de género las expresiones de interdependencia, confrontación y dominación entre grupos étnicos y los modismos de confrontación erótica entre amantes jóvenes.

En las próximas secciones del presente ensayo, examinaré este ejemplo más detalladamente:

2.1 El hacer parientes

El dar de comer es una manera principal de crear parientes en los Andes. Los padres y madres crean un vínculo co-substancial con sus hijos/as al darles de comer. Uno/a se hace adulto/a al comenzar a producir y alimentar a otros/as; se hace adulto/a mayor en la comunidad cuando se está comprometido en el sistema del "cargo", al dar de comer a los bailarines y al facilitar la comunicación efectiva entre la comunidad y el mundo espiritual. Pero el dar de comer no tiene que ver necesariamente con el parentesco; más bien es el medio más común para facilitar las relaciones. Los grupos de trabajo y la comunicación con el mundo espiritual y con los muertos se facilitan con el dar de comer, pero no necesariamente comprenden la creación de vínculos de parentesco. En efecto, según lo que Gudeman y Rivera (1990) han recalcado recientemente, el dar de comer, a menudo significa el crear un sentido de separación entre el trabajador y el producto de su trabajo. Al dar de comer a aquellos con quienes uno trabaja, el organizador de un grupo de trabajo puede asegurar su calidad de propietario del producto de aquellos a quienes alimentó.

Parece que una de las diferencias entre estos dos efectos del dar de comer, estriba en el hecho de que las comidas que suceden entre padres e hijos ocurren en una relación uni-direccional. Más precisamente el parentesco es el resultado del haber sido alimentado por otros a quienes uno mismo no alimenta; no implica la reciprocidad. Esta idea del alimentar no excluye otras posibilidades de formar relaciones. Sobre esta base, se reconocen los vínculos consanguíneos y los parientes son categorizados en varias formas. En Ocongate, se distinguía a los *parientes legítimos* de otras clases de parentesco, medios hermanos y padrastros, quienes a su vez son distinguidos de compadres y padrinos. Pero a pesar de las identidades categóricas inconfundibles para los parentescos consanguíneos y espirituales, en todos los casos los vínculos se hacen efectivos por el dar de comer para el cual no se necesita un acto recíproco. Se da de comer a los parientes porque se los cuida y recuerda: son la motivación de la produccion, antes que su medio.

A los niños se les enseña a trabajar en una forma apropiada, lo que comprende el cuidar de las cosas que se necesitan en un hogar para crear las futuras posibilidades de parentesco. Los padres pegan a los niños por no cuidar bien a los animales o a sus hermanos menores, pero tal tratamiento no se considera violento salvo que sea un peligro mortal. Los padres transmiten conocimientos a los niños en esta forma, enseñándoles a respetar. El parentesco exitoso produce parientes co-substanciales que viven en relaciones de una autoridad unidireccional. Las relaciones de parentesco armoniosas, dependen del reconocimiento de esta jerarquía y la suposición de las responsabilidades que lleva en sí la posición de cada cual. Aquellos que no aprenden este respeto, no se convierten en seres humanos sociales, y cuando mueren se convierten en condenados.

La diferencia de género entre "siblings" (hermanos y hermanas) no es de gran importancia. Aquí nos interesa la descripción de Harris (1994) de los conflictos maritales, en que los hermanos actúan sin problemas en lugar de sus hermanas.

2.2 La adolescencia: una desarticulación del parentesco

La experiencia de la adolescencia, una etapa que se espera que todos los hijos deben pasar durante sus años de juventud, parece indicar una noción de personas íntegras que, a diferencia de los "dividuos" melanesios, tienen grandes dificultades de distinguir un tipo de persona de otro. La adolescencia se manifiesta por una obsesión incontrolable con el sexo opuesto. Es un proceso de apartarse de los parientes que se objetiva como algo que nos sucede, algo por lo cual la persona no es responsable al fin de cuentas. La adolescencia femenina, especialmente, es considerada como una enfermedad. No obstante, la gente joven también establece distancias entre sí con las formas en que conducen estas relaciones tempranas.

La estrategia más fuerte posible para las mujeres que se hallan ante la adolescencia, es la de asumir una actitud de obsesivo desdén. Las jovencitas tienden a estar obsesionadas con los hombres en general, pero son extremadamente excluyentes hacia cualquier joven en particular. Son inflexibles en que nunca corresponden a los sentimientos de deseo de los varones y sus relaciones son de resistencia activa. Ellas fastidian y se mofan, insultan e incluso causan heridillas tirando piedrecillas.

Las mujeres mayores se lamentan de que las jovencitas de hoy se entreguen a los varones con demasiada facilidad y se hagan preñar como animales. Una anciana me dijo que, en sus tiempos, las muchachas no permitían que se les acercasen los hombres; aún más, para los hombres no había ni esperanzas, ya que sabían que las mujeres les romperían todos los huesos de su cuerpo, ¡o aun peor! Ellas sugieren que en sus tiempos, la adolescencia, como una expresión erótica de confrontación y de separación era resuelta con menos prontitud. Aún hoy, se habla del inicio de las relaciones sexuales como una decepción, las mujeres dicen que se les hizo una treta. Se espera la resistencia activa y a menudo los hombres la entienden como una expresión de deseo.

Los parientes reaccionan fuertemente al enterarse que los adolescentes están teniendo relaciones sexuales y casi todos con quienes hablé tenían alguna anécdota de cómo ellos, o sus amantes, o con más frecuencia ambos, habían sufrido puñetes a manos de sus respectivos parientes [5]. La formación de relaciones íntimas externas a la familia facilita el alejamiento de la parentela inmediata: pero es un alejamiento por el cual hay que luchar,

---

[5] Harris (1994) también habla de las peleas durante la boda. (Cf. Harris 1978.)

una lucha enfatizada en el ritual del matrimonio, que se realiza en un ánimo de pugna y competición entre los dos hogares. Al alejarse los hijos para formar nuevos hogares, en cierto sentido abandonan a sus parientes más próximos. Cuando las familias ya no viven y comen juntas cotidianamente, es como si la co-substancialidad se extinguiera un tanto. Los ancianos a menudo afirman estar del todo solos cuando ya los hijos han abandonado el hogar, aun cuando tienen hermanos e hijos que viven cerca. Lo que importa es el tiempo que se pasa trabajando y comiendo juntos.

A medida que la pareja va estableciendo sus relaciones, la confrontación física entre los "esposos" se hace más frecuente. En efecto, en esta etapa más avanzada de la consolidación de relaciones, se dice en broma que tal confrontación es una expresión del deseo sexual: el famoso "amor andino". Las mujeres no hacen referencia a su trato en esta forma, pero como Harris (1994) también ha señalado, hay una expectativa y una cualidad de lo convencional en esta clase de confrontación. Es así que el uso de la fuerza física es análogo al dar de comer: simultáneamente un modo de integración y de separación. Los padres retienen a sus hijos y los arrebatan de los esposos potenciales, mientras que los parientes políticos logran una unidad e intensidad interactiva en las mismas condiciones. Asimismo la diferencia yace en el hecho de que la relación del parentesco es uni-direccional, en tanto que la afinidad es recíproca.

2.3 La relación entre esposos

El nacer y la crianza de los niños señalan la formación de una nueva unidad en base de parentesco. Se forman parejas para tener hijos y criarlos como parientes. La condición de padres confiere el status de adultos a la joven pareja y la coloca firmemente en un mundo de diferenciación sexual y actividad complementaria. La complementariedad de las tareas masculinas y femeninas dentro de este contexto se cumplen dentro de una norma de obligaciones y responsabilidades recíprocas. Si a uno de la pareja le parece que el otro no está llevando su parte de la carga, a menudo el primero responde en la misma forma como primer recurso de protesta. La división del trabajo no es absoluta, tampoco parece que se trate primariamente de la creación de identidades individuales coherentes como hombres y mujeres. Lo que importa es revelar y usar la cualidad interior de cada cual, que complementa aquella de la otra parte en la interacción, para así producir el efecto global que conduce a los lazos de parentesco entre padres e hijos. La importancia de la diferencia complementaria es contextual. Por tanto, durante las preparaciones para una ocasión ritual importante, las mujeres no permiten a los hombres estar en la cocina, pero en otras ocasiones los hombres participan en la preparación de la comida familiar.

El nacimiento de los niños lleva a un hombre y a una mujer a una relación de seudo-parentesco en que se reconoce un grado de control uni-direccional. Un esposo puede sentir que tiene el derecho de pegar a su mujer y, en principio, es un derecho que la propia mujer posiblemente reconozca. Se implica este reconocimiento por la manera en que una mujer responda a su propio maltrato de otro hombre, por ejemplo, con la exclamación: "¿Acaso soy tu mujer para que me trates así?" Por tanto las mujeres saben que cuando forman una unión estable con un hombre, entran en una relación basada en el ideal del parentesco, del respeto mutuo, confianza y amor, y de control uni-direccional que tienen los padres sobre los niños. Sin embargo, la complementariedad recíproca de la relación va contra esto. No son parientes legítimos y la legitimidad del uso de la fuerza física entre esposos es, en efecto, muy a menudo discutida.

En Ocongate, la violencia masculina contra las mujeres, comprendía casi exclusivamente confrontaciones entre esposos, en contextos en que el esposo intentaba objetivar su control jerárquico: es decir, la subordinación de su mujer a la parentela de él. En casos de matrimonios uxorilocales, un hombre no se comportaría de esta manera. Mi argumento más general es que la violencia doméstica en Ocongate no es el comportamiento importado de los valores mestizos de la cultura urbana, sino el resultado de los principios antitéticos de afinidad y parentesco que yacen en el centro de las relaciones entre esposos. Los cónyuges son parientes a través de sus niños y están comprometidos en las relaciones uni-direccionales de alimentación y control, pero también son parientes políticos, alimentándose y alimentando el uno al otro, interactuando como cónyuges en la base del valor fundamental del parentesco político: la reciprocidad entre no-parientes, entre gente de otra tanda.

Si la relación ha de ser productiva en la creación de personas nuevas y en el transformar la diferencia en similitud, se debe sostener la diferencia entre los cónyuges originales en la interacción. La mujer no puede asimilarse a la parentela del marido. No obstante viven juntos, trabajan juntos, comen juntos y hacen sexo (a lo que se alude más frecuentemente como una forma de consumo mutuo). A medida que la gente avanza en edad, y que las relaciones se hacen menos confrontativas, ya no buscan producir nuevos parientes, sino sólo sostener las relaciones de parentesco existentes. Las parejas cesarán de dormir juntas, la división de las labores puede conservar sus actividades relativamente separadas y la única actividad co-substancial en que participan es comer. Los parientes políticos más lejanos, aunque producidos como una categoría de persona oposicional y distintiva (a menudo en maneras elaboradas ritualmente), son ocupados en relaciones menos problemáticas, porque hay menos comensalidad. Los parientes políticos cercanos y los parientes lejanos, son compañeros de trabajo ideales. Las relaciones productivas se desempeñan por medio del común comer, trabajar y beber que las tareas exigen, pero los ritmos de las interacciones son tales que las confusiones entre las expresiones de parentesco y de afinidad no ocurren.

Tal como otros han argumentado con referencia a la naturaleza del poder sobrenatural y la práctica de las batallas rituales, la complementariedad andina no sólo es recíproca, sino que también tiende a la asimetría (Platt 1980). No obstante, la conjunción de elementos distintivos para lograr la integridad complementaria es confrontativa, porque la asimetría no es de la jererquía prescrita, respetuosa y confiada del parentesco, sino de la jerarquía conseguida por la conquista.

El poder regenerativo en la integridad complementaria es predicado en esta conjunción de diferencia. La afinidad es necesaria porque no puede haber regeneración sólo por medio del parentesco. Las relaciones sexuales incestuosas son estériles, los culpables no son considerados seres sociales, y sus hijos morirán. Por tanto, la jerarquía dentro del matrimonio debe contener, pero no negar, la diferencia.

Hombres y mujeres han sido y son personas de verdad, con biografías específicas de obligación; sí, importa quién les ha dado de comer y a quiénes han dado de comer, los niños que han criado y los cargos que han pasado. Son los aspectos integrales de la identidad de una persona. Pero esa identidad o biografía personal es pertinente salvo que se logre su efecto potencial en la práctica. Este es un problema para los ancianos que, en tanto se les cuide y respete como parientes, no posean la autoridad que tienen los mayores en otras culturas. Cuando ya no pueden producir lazos de parentesco en forma efectiva, entregan las fuerzas de producción a sus hijos y se convierten en dependientes. El conocimiento ritual es, a menudo, su único medio de alternar efectivamente.

Conclusiones

En el presente ensayo he procurado demostrar que, no obstante la mucha categorización y uso de identidades "cumulativas" en la región andina, precisamos examinar el complejo trabajo cultural implicado en la producción de las entidades oposicionales interdependientes mediante las cuales se sostiene la vida social andina. También habría que tomar en cuenta que el producir las oposiciones es tal complejo en la práctica que el producir la interdependencia. Donde la gente andina produce discursos categóricos, debemos examinar las funciones que tales categorías desempeñan para la gente en sus interacciones cotidianas, los contextos en que son asumidas y otros en los que se vuelven irrelevantes, hasta despreciadas.

He buscado demostrar en otros trabajos que aquellos que toman las dicotomías étnicas andinas a la par para describir interacciones en términos de la oposición campesino/mestizo, dejan gran parte de la práctica cultural andina externa a sí misma. Donde la categorización es entendida como fundamental y fija, todas las ambigüedades quedan como no auténticas o anómalas. Sin embargo, otros tantos han demostrado que tales ambigüedades son a menudo la caracterización distintiva de la práctica cultural andina, la cual se ha trabajado y logrado mediante procesos complejos de separación y articulación social.

Mi argumento es que en muchas áreas de la práctica social que comprende expresiones de parentesco, género y raza, la gente nombra y objetiviza a sí y a otros para crear oposiciones que luego pueden ser reunidas productivamente. Al respecto, es importante recordar la importancia ritual de las figuras ambiguas: el yerno, los travestís, los humanos-espíritus, la gente liminal entremundos, como los mejores facilitadores de la acción social y la transformación.

También a este respecto, a pesar de las categorías, no pueden haber distinciones absolutas entre exogamia y endogamia, debido a las maneras en que estas categorías están constituídas en las relaciones sociales complejas permanentes. De forma parecida, las categorías de género posiblemente aparezcan como absolutas, pero a menudo no tienen significado. La famosa complementariedad andina trata de género, pero —y quizás esto tiene más significado— el género también funciona como una expresión de la reciprocidad entre parientes políticos.

He procurado mostrar las maneras en que las personas individuales acumulan biografías personales, estando también inmersas simultáneamente en los procesos mediante los cuales tales biografías se hacen efectivas en sus interacciones con otros. Por tanto, gran parte de la práctica andina social y cultural concierne a la producción de la diferencia categórica y a la subsiguiente negociación de esta diferencia.

BIBLIOGRAFÍA

BUTLER, J.,
1990 **Gender Trouble: Feminism and the Subversion of Identity**. London: Routledge.

COLLIER, Jane Fishburne y Sylvia Junko YANAGISAKO,
1987 **Gender and Kinship. Essays Toward a Unified Analysis**. Stanford: Stanford University Press.

DIEMBERGER, Hildegard,
1993 "Blood, sperm, soul and the mountain. Gender relations, kinship and cosmovision among the Khumbo (N. E. Nepal)". En Teresa del Valle (ed.) **Gendered Anthropology,** pp. 98-127. London: Routledge.

GUDEMAN, Stephen y Alberto RIVERA,
1990 **Conversations in Columbia. The Domestic Economy in Life and Text.** Cambridge: CUP.

HARRIS, Olivia,
1978 "Complementarity and Conflict: An Andean View of Women and Men." En **Sex and Age as Principles of Differentiation**, Jean S. LaFontaine (ed.), pp. 21-40. London: Academic Press.
1994 "Condor and Bull: The ambiguities of masculinity in Northern Potosí." En: P. Harvey, y P. Gow, (eds.) **Sex and Violence: Issues in Representation and Experience**. Londres: Routledge.

MEIGS, Anna,
1990 "Multiple gender ideologies and statuses". En P. Reeves Sanday y R. Goodenough (eds.) **Beyond the Second Sex**. Philadelphia: University of Pennsylvania Press.

MAYER, E. y R. BOLTON (eds.)
1980 **Parentesco y Matrimonio en los Andes**. Lima: Pontificia Universidad Católica del Perú, Fondo Editorial.

MOORE, Henrietta,
1988 **Feminism and Anthropology**. Cambridge: Polity Press.
1993 "The differences within and the differences between". En Teresa del Valle (ed.) **Gendered Anthropology,** pp. 193-204. London: Routledge.

PLATT, Tristan,
1980 "Espejos y Maíz: El concepto de *yanantin* entre los Macha de Bolivia". En E. Mayer y R. Bolton (eds.) **Parentesco y Matrimonio en los Andes**. Pp. 139-182. Lima: Pontificia Universidad Católica del Perú, Fondo Editorial.

SCHNEIDER, David,
1985 **A Critique of the Study of Kinship**. Ann Arbor: University of Michigan Press.

STOLCKE, Verena,
1988 "New Reproductive Technologies: the old quest for fatherhood." **Reproductive and Genetic Engineering** 1, 1: 5-19.
1993 "Is sex to gender as race is to ethnicity." En Teresa del Valle (ed.) **Gendered Anthropology,** pp. 17-37. London: Routledge.

STRATHERN, Marilyn,
1981 "Self-interest and the social good: some implications of Hagen gender imagery". En S. Ortner y H. Whitehead (eds.) **Sexual Meanings. The Cultural Construction of Gender and Sexuality.** Cambridge: Cambridge University Press.
1984 "Domesticity and the denigration of women". En D. O'Brien y S. Tiffany (eds.) **Rethinking Women's Roles: Perspectives from the Pacific.** Berkeley: University of California Press.
1988 **The Gender of the Gift**. Berkeley: University of California Press.
1992 **After Nature. English Kinship in the Twentieth Century.** Cambridge: Cambridge University Press.

YANAGISAKO, Sylvia Junko,
1985 **Transforming the Past: Tradition and Kinship among Japanese Americans.** Stanfod: Stanford University Press..

2

VIÑACHINA:
HACER GUAGUAS EN ZUMBAGUA, ECUADOR

Mary Weismantel

Introducción

En este ensayo [1], al enfocar un caso contemporáneo de adopción dentro de una comunidad andina ecuatoriana, quisiera apartarme un poco de las teorías clásicas de la antropología acerca del parentesco.

El parentesco, según John Barnes en un ensayo dedicado a Meyer Fortes, es el aspecto de la cultura humana con lazos más estrechos con el mundo natural (1973: 63). Asimismo, en el homenaje que hizo Meyer Fortes a Lewis Henry Morgan, la "importancia trascendental" del "mayor descubrimiento" de Morgan, el estudio científico del parentesco, se atribuye al ímpetu prestado por aquél a las "exploraciones de mayor alcance" en búsqueda del "conocimiento de las fuentes de la vida social del hombre" (Meyer Fortes 1969: 9, nuestra traducción). Luego, en los estudios clásicos del parentesco, se entendía que las "fuentes" de la vida misma eran de naturaleza biológica, convirtiéndose en sociales con el surgimiento de un sistema cultural sobre este fundamento natural. El lugar del parentesco era la unión entre una maternidad natural definida por el acto del nacimento, y una paternidad libre de restricción biológica.

De manera semejante, Malinowski insistía en que las raíces del parentesco estaban en la psicobiología, mientras que Barnes afirmaba simplemente que "Progenitora : Progenitor :: Naturaleza : Cultura" (1973) [2]. Aun análisis más sofisticados, como el de Lévi-Strauss, que da privilegia el matrimonio sobre la descendencia, o el de Fortes que enfatiza la dimensión jurídica sobre la doméstica, descansan sobre suposiciones similares (Schneider 1984: 172; Yanagisako 1979: 187).

---

[1] Una versión más extensa de este ensayo apareció en *American Ethnologist* 1995, 22 (4), con el título "Making Kin: Kinship Theory and Zumbagua Adoptions".
[2] En inglés: Genetrix : Genitor :: Nature : Culture.

Si bien se concibe la maternidad como algo ahistórico e inmutable, en cambio la paternidad, construida socialmente, no sólo varía según el contexto histórico y cultural en que se basa, sino que (incluso en aspectos como el político-jurídico, el extra-doméstico, o la regla exogámica de Lévi-Strauss), se convierte en el instrumento mediante el cual el orden social se constituye inicialmente. Aunque las estudiosas feministas han criticado el aspecto de género en la base de esta formulación, se ha prestado menor atención a un ordenamiento temporal, implícito en los dominios biológico y cultural, al percibir la identidad genealógica fijada de manera inmutable en el nacimiento, en tanto que la identidad social emerge posteriormente.

Superficialmente, la estructura social encontrada en la parroquia ecuatoriana de Zumbagua ofrece pocos retos al análisis convencional. La vida se estructura en torno a unidades familiares nucleares que se dedican a la crianza de los niños; estas unidades se ensamblan a su vez en familias extendidas más grandes y construidas de manera más suelta. El parentesco consanguíneo es de importancia fundamental y se concibe explícitamente no como un sistema de relaciones jurídico, ficticio o cultural, sino como firmemente enraizado en las necesidades biológicas de la existencia humana.

Sin embargo, a pesar de estas características de la vida social en la parroquia, el sistema como un todo no puede ser interpretado fácilmente dentro del marco conceptual de la antropología clásica. El primer indicio de un problema es la omnipresencia, dentro de las familias del pueblo, de la práctica de la adopción.

1. Heloisa consigue una hija

Mi ahijada, una niña de 10 años llamada Nancy de Rocío Chaluisa Quispe, vive con una mujer llamada Heloisa Huanotuña, a quien llama mamá. Pero esto es reciente; antes llamaba a Heloisa "tía". Nacida en una comuna rural, Nancy vino hace algunos años al cercano pueblo de Zumbagua para vivir con Heloisa, quien no tenía hijos. Heloisa ahora tiene niños; ella y Nancy se han convertido en madre e hija.

Al llamar a Heloisa mamá, Nancy se adecúa a los usos locales. La gente en toda la parroquia de Zumbagua usa el idioma de la consanguinidad para hablar acerca de las relaciones originadas por la adopción. En muchas familias, la mayor parte de los términos consanguíneos que las personas usan para dirigirse mutuamente, se refieren a lazos adoptivos

Fue el Padre Toni quien me llevó a conocer al famoso Iza una mañana de 1986. Cuando llegamos a la casa no había ningún indicio de coches, ni de camiones, ni del propio chamán, pero en la cocina encontramos un hombre de unos 30 años que, según Toni, era hijo de Segundo: el joven Iza, que se mostraba muy amable con otra visitante que había llegado antes que nosotros, una mujer joven de Quito. Era una enfermera de la clínica estatal, destacada a la parroquia para el año de servicio rural exigido a todos los profesionales de salud. Completamente fuera de lugar en la cultura indígena de la región, aparentemente pensaba que los Iza eran una de las pocas familias suficientemente civilizadas para merecer una visita puramente social; pero parecía encontrar dificultades para la charla ligera. El joven Iza estaba notoriamente aburrido y se alegró al ver a Toni, con quien compartía una pasión por la religiosidad arcana.

Fue sólo cuando un niñito soñoliento salió de una habitación interior que Iza de veras pareció revivir. El hombre le sirvió al chico sopa caliente y se reclinó sonriente, mirando feliz cómo vaciaba el plato. "Era un huérfano, un pobre niño, así que lo traje aquí para convertirlo en hijo mío", explicó. "Donde estaba viviendo no había suficiente para comer".

La enfermera estaba horrorizada; le hacía señas insistentemente para que bajara la voz. "No hable así delante del niño", murmuró. "Es muy pequeño; quizá si tiene suerte se olvidará de sus propios padres y crecerá creyendo que usted es su verdadero padre". Iza, ofendido y asombrado, respondió elevando la voz en vez de bajarla. "Voy a ser su papá", dijo irritado. "¿No lo estoy alimentando ya ahora mismo?"

La urgente preocupación de la enfermera por esconder el hecho de la adopción se basaba en la suposición de que, en ausencia de un lazo sanguíneo, la relación entre el hombre y el niño era fundamentalmente una ficción. La familia, tal como ella la concibe, igual que la familia de las formulaciones antropológicas clásicas, es tan biológica como social en su origen. Si la reproducción biológica tiene lugar fuera del lazo social del matrimonio, el resultado es un hijo ilegítimo o "natural". Pero en el caso del intento de Iza de establecer un lazo con el niño, cuya madre él no embarazó, es el padre quien es ilegítimo: a los ojos de la enfermera, nunca podrá ser el "padre verdadero" de este niño.

La enfermera usa un lenguaje de "verdad" biológico, común en el hablar acerca de la familia en el mundo europeo y euro-americano, donde el uso de términos consanguíneos para hablar acerca de la adopción se entiende como una ficción. Pues una relación que es puramente social e inventada se describe 'metafóricamente' como biológica y real. Como ha señalado Scheffler (1991: 368-9), este uso no se limita a los sistemas occidentales; él argumenta que, no obstante muchos sistemas usan el mismo término polisémico para referirse tanto a la relación biológica como a la de 'padre' y 'hermano' (y a otras relaciones tales como el 'hermano del padre', o a 'migrantes co-paisanos'), una mayor atención a los usos lingüísticos revela que la referencia biológica es "el sentido lógicamente más básico o estructuralmente primario" del término.

Este argumento se ha presentado muchas veces para refutar enfoques como el de Schneider, que eliminaría las consideraciones biológicas por completo al ver el parentesco como un sistema puramente cultural. Pero los usos en Zumbagua tampoco coinciden con los argumentos de Scheffler. La gente en Zumbagua no habla acerca de la "verdad" en este sentido, cuando se refiere a la paternidad; no existe un aparente privilegio de la relación que un niño tiene con su progenitor, o progenitora, sobre otros que también son llamados padres (*taytamama*); de hecho, a menudo ocurre lo opuesto: es el caso de Alfonso, el papá de Nancy.

3. Alfonso saluda a su hermano

Alfonso Chaluisa, el padre de Nancy, piensa que es afortunado al tener más de una familia. Cuando vivía yo en la parroquia a mediados de los años ochenta, Alfonso vivía ahí con su esposa y sus dos hijas en una casa perteneciente a su padre, Tayta Juanchu Chaluisa, un hombre venerable que irradiaba fuerza y sabiduría. Más recientemente, al decaer la salud de Juanchu, ya no es él quien dirige la casa principal; pasa la mayor parte de su tiempo en la cama en una casita más pequeña detrás de aquella. Alfonso ha heredado tanto la casa como las responsabilidades primarias de cuidar a Juanchu en sus años de declive, en la típica últimogenitura de los Andes.

Pero pese a que la vida de Alfonso está completamente ligada a la de Juanchu y su casa, también tiene otra familia. Ya estaba yo viviendo entre los hijos de Juanchu por más de un año, antes de saber siquiera de la existencia de estos otros lazos. Un día, mientras Alfonso y yo caminábamos juntos hacia el pueblo, nos saludó un hombre joven y nos reprochó por no visitarle con más frecuencia. "No seas un forastero", nos dijo, "te extrañamos". Él me llamó comadre, y me dijo que Alfonso era su hermano (*huauqui*).

Tan pronto se fue, pregunté a Alfonso, asombrada, quién era él: "¿Por qué dice que es tu hermano? Nunca lo había visto antes". Él se rió de mí:

"Tayta Juanchu es mi padre, y por eso es que vivo con él en Yanatoro. Pero antes, cuando yo era pequeño, la hermana de Juanchu era mi madre; ella es quien vive en Saraujsha. Ese joven es mi hermano de Saraujsha. Pero casi nunca lo veo. Él tiene razón, debemos ir a visitarlo".

Cuando empecé a preguntarle más acerca de su vida, y luego hacer genealogías de otras relaciones, los nexos familiares se me revelaron más y más: cada adulto parecía tener varias clases de padres, y varias clases de hijos. Hay un hombre que es padre de un niño, pero otro que "lo crió" mientras crecía; una mujer que dio a luz, otras que le alimentaron y le enseñaron a hablar y a saber. La mayoría de las adopciones son como la de Nancy o la de Alfonso, se hacen dentro de la familia, alterando los lazos consanguíneos ya existentes y, en el proceso, acercando los parentescos aun más, sobre-enfatizando las relaciones. Nancy es hermana de los otros hijos de Alfonso, pero le dice "mamá" a una mujer que ellos llaman "tía". Alfonso es hijo del Tayta Juanchu, pero también de la hermana de Juanchu; el joven que nos saludó en el camino es a la vez su primo y hermano.

Sin embargo, pese a que la población local prefiere que esos nexos de parentesco sean múltiples y entrelazados, el uso de la terminología consanguínea es preciso y nada ambiguo. Cuando Nancy comenzó a llamar públicamente "mamá" a Heloisa, anunció un cambio en su relación que todos podían entender. No obstante, éste no es un sistema en el que un dominio simbólico, o jurídico, simplemente se sobrepone a aquellas realidades materiales, de las que Malinowski habla como "psicobiológicas". Si los Iza continúan alimentando y cuidando al pequeño que han adoptado, ellos habrán creado, literalmente, un lazo consanguíneo. Su relación, como aquella del lazo de padre a hijo por nacimiento, será al mismo tiempo jurídica —un lazo entre identidades sociales, experimentado como un destino compartido en la vida— y biológica —un lazo entre cuerpos, experimentado como un compartir substancias.

Especialmente crítico en este proceso, es el compartir las comidas. Los cuerpos están hechos de comida, y especialmente de diferentes cereales y tubérculos, cada uno de los cuales tiene su propio efecto característico sobre el cuerpo humano. El comer cereales cocidos, sembrados por la propia unidad doméstica en su propia tierra, cosechados y procesados mediante el trabajo de la familia, da como resultado un cuerpo y una persona que son afectados directamente por la calidad del trabajo y las habilidades invertidas en la parcela. Aquellos que comen juntos en la misma casa, comparten la misma carne en un sentido completamente literal: están hechos de la misma substancia. Del mismo modo, el trato con otros miembros de la familia, el sonido de sus voces, el compartir el espacio doméstico que habitan, incluso la mezcla de olores peculiares de su vida doméstica, todo tiene un efecto acumulativo sobre el cuerpo joven.

La gente se relaciona en Zumbagua por una similitud física, pero ese lazo no se establece solamente a través de la inseminación o el nacimiento. La gente andina ha dicho a los antropólogos repetidamente, y de muy diversas maneras, que la sustancia material del cuerpo se construye a través del alimento y la comida; mediante la actividad sexual, mediante toda clase de actividades compartidas que son tanto físicas como sociales (ver por ejemplo Allen 1988); los lazos entre las personas se crean de la misma manera. Este acto físico de trato sexual, del embarazo y del nacimiento, establecen un fuerte vínculo entre dos adultos y un niño. Pero otros adultos, al tomar al niño en su familia y al alimentarlo en sus necesidades físicas y emocionales dentro del contexto del grupo social, pueden hacer de ese niño un hijo o una hija que sea físicamente, así como jurídicamente, suyo.

Iza, al dar al pequeño un plato de sopa que sacó de la olla de la que él mismo ha comido, demuestra que, de hecho, está convirtiéndose en padre del niño. Sus acciones eran deliberadamente sobre-enfatizadas, pero no eran atípicas de las de los hombres de Zumbagua, que así rompen las reglas de género para establecer su identidad social como padres. Mientras que la tarea del diario cocinar y alimentar recae en las mujeres, los hombres toman platos de comida y alimentan a sus hijos con la mano, en pequeños ritos de intimidad. Quienes han presenciado tales actos, luego afirman la relación con estas palabras: "Él es el padre del niño," dicen. Esta clase de reconocimiento es lo que esperaba el joven Iza de nosotros, pero que no recibió.

Las substancias materiales como la comida, son importantes en el proceso de convertir a un niño extraño en uno que tenga nuestra propia carne y sangre, pero para ello se necesita tiempo. En las palabras *tayta* (papá), *mama* (mamá) y *taytamama* (padres), está implícita una relación que es tanto lograda, como en desarrollo. Estas palabras tienen significado para el futuro, porque hablan de la posibilidad de herencia; pero toman ese significado del presente y del pasado.

El joven Iza no es aún padre del niño, pese a lo mucho que él lo desee. Mientras que la enfermera discriminó entre el padre "verdadero" y el parentesco ficticio, para los qhichua-hablantes el factor crucial es el tiempo. El alimentar a un niño por un día, no lo convierte en su padre legítimo;

tampoco lo hace embarazando a una mujer en una sola noche: no ha invertido suficiente tiempo. Es cuando un hombre vive con una mujer durante todo su embarazo y el nacimiento, haciendo sexo con ella repetidas veces, mientras el niño crece en su seno, alimentándola y cuidando de ella y del niño, que él comienza a ser el padre del niño que ha engendrado. Será sólo cuando el niño del joven Iza haya comido suficientes comidas con la familia que su propio cuerpo se habrá hecho de la misma carne que la de ellos; cuando hable, ría y gesticule como los otros niños Iza, el lazo será real e incuestionable.

Decir *"tayta"* en Zumbagua es referirse a la reproducción, pero no solamente como un acto físico singular. La relación entre la biología y la sociedad mediante la cual se establece la identidad de un niño, no está determinada ni es inmutable desde el momento de su concepción, sino que es creada con el tiempo, mediante acciones repetidas, con esfuerzo y trabajo. La reproducción sexual es una especie de trabajo, el trabajo de hacer un niño: así como los anglo-hablantes, la gente en Zumbagua hace bromas en qhichua y castellano acerca de "hacer guaguas", esa forma de trabajo deliciosa y exigente, en la que hombres y mujeres participan con tanta frecuencia. Pero otras clases de trabajo físico implicadas en la reproducción social también son reconocidas: el alimentar, vestir, cuidar y enseñar a un niño. Estas tareas parentales se resumen en el verbo *viñachina*: "hacer crecer", término que también se usa en el sentido de la horticultura para describir la relación entre el campesino y sus cultivos y rebaños.

El pensamiento en Zumbagua acerca de la consanguinidad como una relación que se consuma en el tiempo, a través de la acción humana y sus efectos materiales sobre el cuerpo, ofrece un contraste revelador con las suposiciones acerca de la vida social que sigue subyaciendo a los debates acerca del parentesco. MacCormack y Strathern (1980) demostraron hace más de una década que la oposición entre la naturaleza, o biología, y la cultura no es compartida universalmente. Esta oposición, particularmente occidental, ha impuesto dos limitaciones a la teoría del parentesco que impiden que ésta comprenda el sistema de Zumbagua. Ni la naturaleza de estas limitaciones, ni la falta de adecuación a las concepciones Zumbagua de la vida social, son accidentales. Resultan de los específicos principios ideológicos que conforman la teoría del parentesco.

En primer lugar, se ha impuesto una temporalidad en la que el ser padre o madre en términos biológicos, sólo se puede lograr en el inicio de la relación entre los padres y el hijo, mediante el acto sexual, el nacimiento y la lactancia. Se asume que cualquier otra relación establecida después de este contacto físico inicial, es cultural, jurídica, simbólica o metafórica; por definición, no puede ser física en la naturaleza. Esta suposición está en clara contradicción con los conceptos de Zumbagua, en la que el establecimiento de los lazos paternos exige el paso del tiempo y de la repetición de actos físicos tales como el compartir la comida.

Conclusión

Olivia Harris (1981), Ife Amadiume (1987) y Karen Sacks (1979), están entre los que han documentado la conservadora política sexual enraizada en los estudios tradicionales del parentesco. Al enfatizar el contacto sexual como el único acto en el que se encarna la paternidad, los autores de la teoría clásica del parentesco simplemente universalizan una perspectiva masculina de la familia tradicional burguesa, en la que el contacto físico prolongado con las guaguas se consideraba una actividad femenina y disminuida, siendo definida categóricamente como de menor importancia social. Pero, como demostró Olivia Harris, y como yo he argumentado usando la información recogida en Zumbagua, si bien se atribuye aspectos de género al universo social andino, no es relevante para la diferenciación entre mujeres y hombres andinos y las clases de trabajo que hacen, la oposición que hace el pensamiento burgués entre lo cultural y lo natural, lo mental y lo físico.

En segundo lugar, la limitación del debate a los dos términos opuestos de "natural/biológico" y "cultural/simbólico" es en sí, un artificio que limita el entendimiento. Una lectura cuidadosa de los textos clásicos sobre el parentesco (p. ej. las disertaciones de Meyer Fortes sobre Morgan), muestra claramente que nuestros debates han estado limitados a estas dos oposiciones no porque (como herederos de la tradición europea) estemos condenados a pensar en estas categorías esenciales y atemporales, sino más bien porque se originan en la limitación específica e impuesta históricamente por la Guerra Fría. El debate se expresó en estos términos con el propósito de excluir otras nociones que aquellas derivadas asimismo de la Ilustración europea, pero incluidas en la obra de Marx y Engels (los conceptos de la historia y la temporalidad, y de la materialidad y la producción). Pero éstos son precisamente los términos necesarios para entender los conceptos de Zumbagua respeto a la consanguinidad, en los que la biología y la cultura no son consideradas como categorías separadas, a ser entendidas como "real" y "ficticio" respectivamente, y en las que el significado del cuerpo físico en las relaciones sociales no se restringe al momento del encuentro sexual.

La formulación completamente distinta de la relación intergeneracional que se halla en el pensamiento indígena andino, hace posible un orden social en el que, tanto las mujeres como los varones hacen relaciones con los niños (relaciones que son a la vez físicas y sociales), muy aparte de su capacidad de engendrar descendencia. La institución de la adopción ayuda a crear un sistema que es notoriamente parejo en sus definiciones de maternidad y paternidad. A mujeres como Heloisa Huanotuña no se les niega el placer de la maternidad por no haber concebido o dado a luz; tampoco a otras mujeres, como a la madre que dio a luz a Nancy, se las coloca en una esfera inferior de la vida por su capacidad de hacerlo. Los hombres, como el joven Iza, no sólo son capaces de experimentar el placer de alimentar a un niño y de este modo convertirlo en suyo propio; *tienen* que hacer esto a fin de disfrutar de los derechos y privilegios completos de la adultez social, resumida en la palabra *"Tayta"*. Si las circunstancias económicas lo permiten, tanto varones como mujeres han experimentado tradicionalmente una variedad de formas de paternidad; esta participación en la reproducción social es altamente valorada en su integridad por la comuna, y realza, antes que disminuir, la oportunidad personal del éxito en otras esferas.

A la vez, las relaciones de género y parentesco en Zumbagua no son, de ningún modo, ideales. Como he aclarado en versiones más largas del presente trabajo, los patrones de adopción están formados por las desigualdades de generación y de clase que impregnan la existencia en la parroquia. Mi propósito no es idealizar la sociedad andina, sino sugerir que una mayor atención en la comprensión de la vida social sobre la que se basa, puede brindarnos soluciones a los acertijos que han confundido a la antropología occidental.

El énfasis de los estudios de parentesco sobre la oposición única entre naturaleza y cultura, y su expresión en una estructura temporal en la que lo inicial es prioritario y esencial, lo último secundario e histórico, ha limitado tanto nuestra comprensión de las verdaderas relaciones de parentesco como los términos del debate. Las estudiosas feministas han sido rápidas en criticar las suposiciones subyacentes tras estas definiciones, caracterizándolas correctamente como implícitamente patriarcales. Sin embargo, a menudo hemos fallado en escapar de los términos ulteriormente estériles de esta oposición, más bien impugnando "nuestra asignación tradicional al status de objetos naturales, al convertirnos en anti-naturales mediante nuestra ideología" (Haraway 1983: 125, nuestra traducción); y así recapitulando, antes que reformular, los términos del debate. Esta falla nos ha impedido adoptar la posición teórica necesaria, basada en el entendimiento de que los seres humanos están, y tienen que estar, en una constante y dialéctica interacción entre sí y con el mundo circundante. En esta interración continua, se busca ni negar ni materializar la existencia de las necesidades materiales, sino satisfacerlas mediante las relaciones de mutualidad.

BIBLIOGRAFÍA

ALLEN, Catherine J.,
1978 (as Catherine ALLEN WAGNER) **Coca, Chicha and Trago: private and communal rituals in a Quechua community**. Tesis doctoral. Ann Arbor, Michigan: University Microfilms.
1988 **The Hold Life Has: Coca and Cultural Identity in an Andean Community**. Washington D.C. y Londres: Smithsonian Institution Press.

AMADIUME, Ifi,
1987 **Male Daughters, Female Husbands: gender and sex in an African society.** London: Zed Books.

BARNES, John A.,
1961 "Physical and social kinship". **Philosophy of Social Science** 28: 296-9.
1973 "Genitrix : genitor :: nature : culture". En: **The Character of Kinship**, Jack Goody (ed.), pp. 61-74. Cambridge: Cambridge University Press.

COLLIER, Jane Fishburne, Michelle Z. ROSALDO y
Sylvia Junko YANAGISAKO,
1982 "Is there a family? New anthropological views". En: **Rethinking the Family: some feminist questions**. Barrie Thorne (ed.), con Marilyn Yalom, pp. 25-39. New York: Longman Press.

COLLIER, Jane Fishburne y Sylvia Junko YANAGISAKO,
1987 "Introduction". En: **Gender and Kinship: essays toward a unified analysis**. Collier y Yanagisako (eds.), pp. 1-14. Stanford: Stanford University Press.

FORTES, Meyer,
1969 "Toward the jural dimension". En: **Kinship and the social order:**

the legacy of Lewis Henry Morgan, pp. 60-84. Chicago: Aldine Publishing Co.

HARAWAY, Donna,
1983 "Animal sociology and a natural economy of the body politic, Part I: A political physiology of dominance". En: **The Signs Reader: Women, gender and scholarship**. Elizabeth Abel y Emili K. Abel (eds.), pp. 123-138. Chicago: University of Chicago Press.

HARRIS, Olivia,
1978 "Complementarity and conflict: An Andean view of women and men". En: **Sex and Age as Principles of Social Differentiation**. J. S. LaFontaine (ed.), pp. 21-39. London: Academic Press.
1980 "The power of signs: gender, culture and the wild in the Bolivian Andes". En: **Nature, Culture and Gender**. Carol MacCormack y Marilyn Strathern (eds.), pp. 70-94. Cambridge: Cambridge University Press.
1981 "Households as natural units". En: **Of Marriage and the Market: women's subordination in international perspective**, pp. 49-68. London: SCE Books.

MacCORMACK, Carol y Marilyn STRATHERN (eds.),
1980 Nature, Culture and Gender, Cambridge: Cambridge University Press.

MALINOWSKI, Bronislaw,
1930 "Parenthood — the basis of social structure". En: **The New Generation**, V. Calverton y S. D. Schmalhausen (eds.), pp. 112-168. New York: Macaulay.
1957 "Preface". En: Raymond Firth, **We the Tikopia**. Boston: Beacon Press.

SACKS, Karen,
1979 "Anthropology against women". Capítulo 1 en **Sisters and Wives: the past and future of sexual equality**, pp. 24-64. Urbana: University of Illinois Press.

SCHEFFLER, Harold W.,
1991 "Sexism and naturalism in the study of kinship". En: **Gender at the Crossroads of Knowledge: Feminist anthropology in the postmodern era**. Micaela de Leonardo (ed.), pp. 361-382. Berkeley: University of California Press.

SCHNEIDER, David M.,
1964 "The nature of kinship". **Man** 64: 180-1.
1968 **American Kinship: a cultural account.** Englewood Cliffs: Prentice-Hall.

1984 **A Critique of the Study of Kinship**. Ann Arbor: University of Michigan Press.

YANAGISAKO, Sylvia Junko,
1978a "Introduction". Special section: American kinship. **American Ethnologist** 5 (1): 1-4
1978b "Variance in American kinship: implications for cultural analysis". **American Ethnologist** 5 (1): 15-29.
1979 "Family and Household: The Analysis of Domestic Groups". **Annual Review of Anthropology** 8: 161-205.

Nuevas Fronteras: Los Límites de Parentesco en los Andes

Parte II

3

EL FINAL DE LA ENDOGAMIA:
EL PARENTESCO ANDINO EN TERRENO ABIERTO

Sarah Lund Skar

Introducción [1]

Una razón importante para reunir los ensayos en el presente libro, es que se nos brinda la oportunidad para hacer un recuento de la investigación en curso sobre el parentesco y el género andino desde que se realizó el primer simposio con influencia, hace más de veinte años, en Toronto, y que resultó en el volumen anterior: *Parentesco y Matrimonio en los Andes* (Mayer y Bolton 1980). Así, en esta ocasión, podemos estimar dónde estábamos entonces y dónde estamos ahora. Para las siguientes páginas, tomemos esta re-evaluación como punto de partida. En el transcurso de los últimos veinte años, el parentesco ha sido una de las áreas pioneras de la crítica epistemológica en la antropología, un campo fructífero para considerar las convenciones de representación en la disciplina [2]. El parentesco se ha convertido en algo muy diferente de lo que tratábamos en los primeros años de la década de los '70, cuando se llevó a cabo el mencionado simposio. Era aquella una época en la cual la generación de tipos ideales, basados en principios lógicos de aplicación universal, era todavía el empeño principal. El fervor reflexivo de los últimos años, más bien ha cuestionado la visión del parentesco como algo que se presupone en lo natural y biológico, y lo ha revelado como un producto cultural de sociedades determinadas.

Es necesario examinar estas diferencias analíticas de una manera más explícita, a fin de esclarecer la posterior discusión de lo que yo llamaría

---

[1] El presente ensayo se basa en numerosos viajes de campo que hicieron posibles varias organizaciones a las que quiero agradecer aquí. El Consejo Noruego para la Investigación en Ciencia y Humanidades me brindó la beca inicial. El financiamiento posterior, en 1984 y 1986, me fue brindado por el Consejo Sueco de Investigación; el Instituto de Estudios Culturales Comparativos me dio la posibilidad de regresar al Perú en el verano de 1992. Agradezco a todos ellos por su generoso apoyo.

[2] Ver por ejemplo Barnes (1980), Schneider (1984), Strathern (1987), Kuper (1988), etc.

una 'revolución etnográfica' en la práctica del parentesco. Por tanto, empezaré por establecer algunos puntos generales sobre el estudio del parentesco, antes y en la actualidad. La primera pauta la tomo del ensayo de Lambert, "Bilateralidad en los Andes", en el volumen anterior (1980). El propósito introductorio del ensayo era el de hacer identificaciones y caracterizaciones generalizadas de los sistemas andinos de parentesco. Basándose mayormente en los artículos posteriores, Lambert concluyó que el parentesco en los Andes es fundamentalmente bilateral.

Sin embargo, algo tan sueltamente definido como 'bilateralidad' queda prácticamente sin análisis alguno. ¿Cómo se explica esto? Especialmente cuando diversos ensayos del volumen inicial conciernen, específicamente, a la definición de la dualidad andina en términos de similitudes y diferencias en el marco de la discusión clásica sobre las estructuras elementales.

Estas inconsistencias de lógica entre los sistemas duales que dependen del establecimiento y continuidad de grupos unilineales independientes, y la bilateralidad (a la que esencialmente faltan tales rasgos organizativos), parece haber sido pasada por alto. Empero, hoy, son precisamente estos mismos rasgos paradójicos los que están generando los debates más creativos en las discusiones antropológicas sobre el parentesco [3]. El hecho de que todo parentesco sea esencialmente bilateral en su naturaleza, ya no es un punto de contención que supuestamente empaña los aspectos lógicos de los sistemas comparables. Más bien, actualmente se reconoce la bilateralidad como una dimensión clave en la comprensión del parentesco como algo multifacético y esencialmente ilimitado [4].

Debemos admitir ya que en nuestros primeros intentos nos abocábamos a un paradigma, la teoría de la alianza, que en sí depende de grupos de descendencia unilineales. Una norma definida universalmente habría de ayudarnos a definir el fenómeno del parentesco andino. Pero el equipararse a una norma tiene implicaciones para un análisis etnográfico; entre otras

---

[3] Clásico en esta discusión es el giro de Schneider sobre Yap (1968), que posteriormente inspiró a Strathern en su perspectiva comparativa sobre la construcción de la persona en Elmdon (1980) y en Melanesia (1990). Ver también Lévi-Strauss (1982), Carsten y Hugh-Jones (1995), etc.

[4] La posición feminista crítica sobre el género es para mí una contribución importante para este desarrollo. Por supuesto, es notable que el simposio en el que se basa este libro haya sido titulado *Parentesco y Género en Los Andes*, a diferencia del título anterior *Parentesco y Matrimonio*, que seguramente aludía a nuestra preocupación de entonces por la teoría de la alianza.

cosas (como Schneider ha demostrado tan convincentemente en 1984), esto tiende a llevarnos a subestimar el significado de las observaciones relacionadas con estas ideas establecidas. ¿Cómo se pudo dejar tan poco indagada la discrepancia entre los sistemas duales, que dependen de la descendencia unilineal, y nuestra resonada generalización del parentesco andino como 'bilateral', en la definición (aparentemente irrebatible) que no ha sido cuestionada hasta la fecha?

Desde la perspectiva de los últimos veinte años, la comprensión de las diferencias entre sociedades ha revelado cuán tenues pueden ser las reglas universales de base tan claramente asentadas en la teoría de la descendencia y de la alianza. Las complejidades internas y las inconsistencias no deben ser despejadas con una simple explicación; más bien ahora se las considera esenciales a la dinámica social de los sistemas de parentesco en sí.

Para nuestros propósitos, concentrémonos en las siguientes páginas en las tres áreas en que el estudio del parentesco se ha ido transformando durante el transcurso de los últimos 20 años: 1) un alejamiento de la tipologización, que a la vez implica 2) la preocupación paralela por las particularidades de las diferencias; 3) el reconocimiento de que los paradigmas de los estudios tempranos sobre el parentesco (en especial la articulación de descendencia y alianza) conducían a jugar un papel determinante en la decisión de lo que era, para nosotros, más significativo en la etnografía andina y en el modo de expresión de tal etnografía. Estos cambios fundamentales en la manera en que la antropología contempla al parentesco indudablemente deben tener consecuencias para un proyecto, como el nuestro, que toma la re-evaluación como punto de partida.

Sin embargo, en mi propio caso, la necesidad de re-examinar mi trabajo sobre el parentesco y género a partir de los primeros años de los '80 (1980, 1984), no se debe solamente a la revisión mental exigida por los adelantos en las teorías antropológicas del parentesco. En el curso de los últimos 20 años, he sido lo bastante afortunada como para trabajar, con alguna continuidad, en una comunidad del valle de Pincos, en el norte de Apurímac. Lo acontecido desde entonces en ese lugar me ha obligado a considerar las prácticas de parentesco con otra luz. Así, las que hubieran sido observaciones insignificantes en un momento determinado, ahora son significativas, y no solamente por las nuevas posiciones teóricas en los estudios antropológicos sobre el parentesco. Más bien, los sucesos dramáticos en el propio lugar de Matapuquio, me obligan a examinar de nuevo el problema [5].

De ahí que en el presente ensayo examinaré las interrogantes que se me presentaron debido a las cambiantes prácticas de parentesco en una comunidad determinada. Específicamente, los cambios tienen que ver con las normas y prácticas del matrimonio. Asimismo, las nuevas prácticas se relacionan con cambios en la realidad territorial de una aldea cerrada que recuperó el acceso a tierras vallunas, otrora ocupadas, que fueron abandonadas cuando un grupo de "Sendero Luminoso" demolió las instalaciones cooperativas de la ex-hacienda en Pincos. La naturaleza dramática de estos cambios me ha obligado a encarar aquellos aspectos de mi trabajo anterior en que el parentesco tenía el papel analítico de limitar el objeto del estudio. Me he enterado de esta nueva percepción sólo en los años recientes, al saber por pura casualidad, de la magnitud de la inmigración de foráneos al valle.

En lo general, el papel del parentesco en la antropología ha sido motivo de varios razonamientos en torno a la integración. Los individuos están ligados a los grupos sociales mayores mediante vínculos de parentesco. Mediante el trazado de los perímetros de estos vínculos se pueden delinear las unidades sociales. Así es la metodología legítima en el trabajo etnográfico clásico con el propósito de entallar el objeto estudiado y dejarlo en relieve sobre el campo social más abierto. En el presente, no pongo en duda necesariamente la realidad etnográfica de esas unidades. Lo que sí estoy señalando con el dedo revisionista (por lo menos en el caso de mi propio trabajo), es la suposición de que semejantes unidades basadas en el parentesco sean estables, en lugar de estar constantemente influenciadas por factores contextuales. Mi punto de partida en 1977 fue el hecho de que entonces Matapuquio era abrumadoramente endógamo: es decir, el 97% de los matrimonios de habitantes eran con otros habitantes. Este hecho, que examinaremos más adelante, se convirtió en el fundamento implícito

---

[5] Debido a alteraciones imprevisibles en mis planes de trabajo de campo, mucha de la información empírica, que genera las preguntas que surgen en el presente ensayo, por el momento deberá permanecer provisional. Durante mi visita a Lima, en 1992, pude discutir en detalle los cambios que ocurrían en la aldea. El parentesco y el territorio servían como temas centrales de la conversación entre los migrantes de la aldea cuando se reunían. Mediante estos intercambios, pude penetrar en las transformaciones de la vida de la aldea en las tierras altas durante estos difíciles tiempos (cf. S. Skar 1994a y b). Pese a los aspectos tentativos de este punto de vista, quise acentuar la validez general de las preguntas que surgen de este caso.

para establecer los límites estables de lo que estaba dentro o fuera del campo analítico de mi estudio. Se puede poner en duda la validez de esta suposición, por lo menos a partir de la mitad de la década de los ochenta.

1. La endogamia y la generación de comunidad

En 1977, en el período de nuestro primer trabajo de campo [6], Matapuquio tenía la condición de anexo en el Distrito de Kishuara. Me parece que esto es de importancia crítica para entender la manera en que, en ese tiempo, la endogamia servía para mantener las fronteras en torno a esta clase de entidad política. En Apurímac, un anexo es un caserío de las afueras sujeto a la jurisdicción de un pueblo central designado como capital del distrito. En esta área del Norte de Apurímac, los anexos tienen poca o ninguna infraestructura: ningún transporte que llegue o salga, ninguna iglesia con párroco residente, ningún mercado, sector comercial ni representante burocrático del estado. En ese entonces, había una escuela con profesores de Abancay y Andahuaylas que enseñaban a los niños de la aldea los tres primeros años de la enseñanza básica.

Así, lo que nos ocupaba en ese entonces, era una comunidad agrícola, dispersa y carente de centralización, pero limitada, en su periferia, por los confines de tierras altas (controladas por la hacienda) que por tradición los lugareños usaban para cultivar papas, cereales y para apacentar sus animales. El límite norte de la aldea era contiguo a las tierras cooperativas de Palmira. Había muchos feudatarios de la hacienda —o *haciendaruna*, como se los llamaba— que vivían en estas tierras fronterizas, pero que no tenían títulos de sus parcelas, y eran completamente dependientes de la hacienda para su subsistencia. En el límite sur, la hacienda Pincos se había posesionado en efecto de aproximádamente el 70% de las tierras *laymi* (terrenos en descanso) de Matapuquio, esto en el trancurso de los últimos 100 años. El fondo del valle hacia el oeste, y mucho más abajo de la aldea, era el centro de una intensa producción de la cooperativa y la hacienda, con numerosas familias *haciendaruna* que residían en chozas a lo largo del curso del río, en tierras inundadizas. Las tierras *laymi* libres hacia el este, se encontraban en lo más agreste y escarpado de la montaña, y subían

---

[6] Deseo agradecer aquí la importancia del trabajo de Harald Skar (1982) en mis apreciaciones de muchos de los aspectos estructurales fundamentales del parentesco en Matapuquio. Su trabajo original ha sido crucial para continuar mi esfuerzo.

directamente hasta los límites con un anexo vecino y manifiestamente hostil, llamado Ccalaspuquio.

En ese entonces, llegamos a considerar a Matapuquio como un resquicio de territorio libre ya que aquí los *comuneros* tenían sus propias tierras que les daban una condición especial en el mundo social del valle. Los *comuneros* estaban bajo la jurisdicción legal del estado y no de la hacienda. No eran *haciendaruna,* pese al hecho de que muchos de ellos tenían que trabajar en la hacienda a cambio de derechos de pastoreo en las tierras altas. Sin embargo, se consideraban a sí mismos, y eran considerados por otros, como de una condición elevada en relación a los *haciendaruna* que les rodeaban. Esta distinción definida en términos émicos (de nosotros/ellos), prestaba la base para limitar nuestro estudio. Fue precisamente esa relación, entre aldea independiente y cooperativa recientemente formada, la que buscamos para nuestros propósitos de análisis. A pesar de que trabajamos con todas las haciendas y su pobladores en el valle, era la relación entre la hacienda y el anexo independiente lo que buscábamos esclarar con nuestro trabajo. Así, la construcción de contrastes fue una interacción crítica entre las categorías de diferencia definidas en términos émicos y una construcción analítica más abstracta.

Una de las características que enfatizan los Matapuqueños como una diferencia crítica entre ellos y todos los demás, era la cuestión del matrimonio. "Aquí, en Matapuquio, nos casamos con la tierra", nos dijeron de manera defensiva como si esperaran una respuesta crítica de los antropólogos residentes. De hecho, cuando la gente del pueblo de la cercana Huancarama supo que estábamos viviendo en Matapuquio, expresaron su disgusto por nuestra elección en términos de práctica matrimonial. Recuerdo el tono escandalizado de las señoras que hablaban en voz baja sobre Matapuquio, ese lugar donde las niñas de trece o catorce años eran obligadas a casarse de una manera por demás bárbara. Ellas cuestionaban que ¡Cómo era posible que yo quisiera vivir allí! Se referían, por supuesto, a la práctica en esa aldea, del *warmiurquy,* en la cual el matrimonio se acuerda entre familias y, sobre todo, con la novia completamente excluída de las negociaciones y a menudo del todo ignorante del evento venidero. En estos casos, la captura tramada y la cohabitación forzosa no son únicamente para poner un impacto dramático (S. Skar 1993).

En Matapuquio, el matrimonio se acuerda entre las familias que buscan recombinar sus recursos de tierra dentro de su área "libre" al interior de los límites de la hacienda. Así, la práctica matrimonial no es solamente endógama, sino que muestra fuertes tendencias hacia la endogamia entre el sector alto y el sector bajo del poblado. Así, la endogamia y el territorio eran cruciales en la diferenciación interna de las divisiones *hanan* (alto) y *uray* (bajo) de Matapuquio. Otros aspectos de la endogamia, descritos detalladamente en otras partes (S. Skar 1980, 1984), incluían los matrimonios múltiples entre grupos familiares, la ocurrencia, aparentemente común, de varios hermanos que se casan con un grupo de siblings (hermanas del mismo padre y madre), y la práctica extensiva del matrimonio levirato como del sororato.

Cuando la herencia bilateral en una aldea significa que tanto los hombres como las mujeres, llegan al matrimonio poseyendo tierras, el resultado es el entrecruzamiento de relaciones y la reunión de recursos de tierra en unidades mayores. Durante nuestro primer trabajo de campo, los lazos múltiples entre grupos de siblings (hermanos/hermanas) eran el punto focal de la mayor parte de la actividad política de la aldea, a la vez que estas relaciones agrupadas representaban la cooperación en la producción agrícola. Las constelaciones de grupos de siblings también eran centrales a lo que los aldeanos querían decir cuando hablaban del ayllu ante todo como una idea relacional y basada en la familia, más que la indicación de un lugar.

Como mencionamos anteriormente, los datos de parentesco de Matapuquio mostraron un grado muy elevado de uniones en la aldea con otros aldeanos y, aún más, que esta tendencia se replicaba dentro de la comunidad en las dos secciones de la aldea, la alta y la baja. No obstante, al considerar en retrospectiva, la debilidad de esta información está en la manera en que fue constituida por los límites que ya he descrito.

No realizamos estudios extensivos del parentesco con otras familias en el valle más allá de la comunidad. ¿Quiénes eran todas estas personas y de dónde habían venido? Sabíamos que los migrantes de Matapuquio ocasionalmente se casarían fuera de la villa, pero esto tendría implicaciones dramáticas para aquellos que quisieran retornar a cultivar sus tierras cuando sus padres murieran. Si se casaban con forasteros, su herencia pasaría a otros siblings. ¿Pero qué sucedía con los cuatro hermanos Lloayza que no eran *comuneros*, no tenían tierras en Matapuquio, pero vivían al borde del otro lado de la quebrada que dividía la aldea de la hacienda Palmira? No trabajamos específicamente en sus genealogías. Ellos no eran residentes de la aldea. Sin embargo, dos generaciones antes, su abuelo Lloayza figuraba prominentemente en las genealogías más antiguas de los Allanyas y los Llantoys. Pese a estar relacionados con muchos aldeanos, no eran lugareños y no eran considerados apropiados como posibles parejas matrimoniales para generaciones venideras.

De hecho, cuando uno de los jóvenes Lloayza huyó con una muchacha Llantoy mientras vivíamos en la aldea, obtuvimos una percepción interna de la naturaleza de las sanciones que podían ser impuestas cuando se rompían las reglas de la endogamia. Los hermanos de la muchacha, particularmente el mayor, que era su guardián, se negaron a tener ninguna relación con ella y la sacaron por la fuerza de la casa y de la aldea. Los Lloayza de Mullipampa recibieron inicialmente a la pareja, pero ahí habían cuatro hermanos viviendo en tierra arrendada de Palmira. Al más joven de los cuatro, que estaba comprometido en la fuga de los amantes, no se le iba a recompensar con tierra alguna de la cooperativa por ser considerado todavía muy joven e inexperto. La joven pareja no tenía ningún medio de vida y la continua desaprobación de los Llantoy impuso presión a la familia entera. Poco tiempo después, la pareja se fue a Chanchamayo en la montaña de Junín. Después de todos los cambios en la pasada década, he sabido que ellos han retornado a Pincos, si no a Matapuquio.

También hubieron instancias en las que hombres de la aldea se fueron con mujeres que no eran de Matapuquio. Juana, una mujer que vino de afuera a vivir con su marido, en el transcurso de una larga y difícil vida, se ganó la admiración renuente, si no la aceptación, de los aldeanos. Su esposo, Juan Cansio, fue repudiado por su familia cuando escogió una esposa de San Jerónimo. La pareja tuvo que recurrir al hacendado por ayuda, para poder permanecer en el valle. A través de los años, Juan Cansio se convirtió en un muy respetado y confiable capataz de la hacienda, hecho que muchos resintieron en Matapuquio. A él y a Juana se les dio un lugar para vivir en las afueras de la aldea, en tierras de maíz irrigadas y buenas, ocupando la única construcción de dos pisos en las laderas.

Pese a su residencia en la periferia de la aldea, y pese a la efectiva relación de parentesco en la aldea, los hermanos de Juan Cansio negaron tener cualquier relación con él durante todo el período de nuestro trabajo de campo inicial. Por su parte, Juan Cansio decía no tener ningún pariente en la aldea. En cierto momento esto provocó que casi llegáramos a considerarlo mentiroso, ya que su persistente negación hacía estragos en nuestros intentos iniciales de recoger la genealogía de esta importante familia.

De todas maneras, la casa habitada por Juan Cansio y Juana quedada muy aislada, lo que era muy evidente, especialmente debido a su total carencia de relaciones de trabajo recíproco. Juan Cansio tenía que pagar a otros trabajadores en *minka* a fin de conseguir ayuda para labrar sus tierras. Aun así, no siempre era posible encontrar gente; él mismo pasaba la mayor parte del tiempo trabajando más abajo en la hacienda. Fue entonces que se estableció el renombre de Juana en la aldea, debido a su tremenda capacidad de trabajo. Juana labró su extensa parcela absolutamente sola. Aró con bueyes, un trabajo inaudito para las mujeres. Todavía se contaba, muy a menudo y por muchas personas, cómo Juana trabajaba el campo toda la noche, para luego levantarse temprano por la mañana para ordeñar y llevar las vacas a pastar. Esta demostración de la laboriosidad de Juana adquirió matices sobrenaturales, ya que ningún matapuqueño, de poder evitarlo, permanecía afuera después del anochecer.

De modo que, parecía que el romper la regla de la endogamia conllevaba fuertes sanciones para los matapuqueños y sus esposas forasteras. El dar ese paso implicaba perder los derechos de herencia en la aldea, romper los lazos familiares y, en muchos casos, incluso ser obligados, más o menos forzosamente, a abandonar completamente el valle. Las haciendas en el valle ofrecían un lugar donde ir para aquellas parejas descarriadas que habían optado por semejante proceder. Pero, para la vasta mayoría, tal alternativa era aún más degradante, ya que estaba asociada a lo que era entonces la condición de servidumbre de los *haciendaruna*. El salir al mundo a buscar fortuna se consideraba como un paso mucho más valeroso. Como la mayoría de los lazos familiares quedan cortados, por lo menos en parte, debido a las uniones exógamas, las posibilidades de tener éxito en Lima son muy muy escasas. La alternativa más constructiva que ofrece alguna promesa de conseguir un poco de tierra y continuar cultivándola, es buscar una vida nueva en la montaña. Así, pese a que el 97% de las parejas de la aldea se había casado con otros matapuqueños, otras personas que radicaban en la región tenían lazos de parentesco en la aldea; sin embargo, éstas últimas constituían una parte de aquellos parientes que habían sido repudiados debido a un matrimonio exógamo anterior.

La endogamia que limitaba nuestro objeto de estudio era una incumbencia social para los matapuqueños. No era únicamente una construcción antropológica, tampoco era la endogamia únicamente un tema de discurso moral sobre con quién debía casarse cada cual. El seguir las reglas de la endogamia separaba a las personas; protegía su status con respecto a muchas otras familias residentes que dependían de las haciendas. Un componente importante de este status era la posición que tenían los matapuqueños, como miembros de un anexo, que les colocaba en una relación diferente al estado que tenían los feudatarios, cuyo status político era subrogado por la hacienda.

2. El territorio: una incumbencia más abierta

En tanto que los matapuqueños protegían su condición de *comuneros* al casarse dentro del grupo y así imponer enérgicamente estas prácticas con sanciones negativas, también se imponían enérgicamente al proteger sus derechos territoriales; esto, a menudo, en un contexto que incluía a los *haciendaruna*. En muchas ocasiones, las confrontaciones con forasteros ajenos al valle que buscaban conculcar lo que tanto *comuneros* como *haciendarunas* percibían como su propiedad común, resultaba en batallas campales y muertes.

Hubo dos casos semejantes de los que nosotros estábamos bien enterados. Uno, en la ocasión en que la hacienda estaba siendo entregada al Ministerio de Agricultura, cuando las expropiaciones (en 1974), los Argameños vecinos realizaron una invasión de tierras disputando los derechos tradicionales que los matapuqueños siempre habían tenido en el valle. En una movida retórica, el hacendado "dio" la hacienda a los matapuqueños admitiendo implícitamente que las tierras de la hacienda y gran parte del territorio de la aldea, con la excepción de los maizales irrigados, eran en realidad una y la misma cosa. Los aldeanos se levantaron en masa y corrieron al valle a proteger "su" hacendado-hacienda contra la invasión de los forasteros. Al menos un Argameño murió en encuentros campales con los matapuqueños durante la semana que duró el asedio a Pincos.

Para los aldeanos, la creación de una cooperativa en Pincos no implicaba la expansión territorial. La empresa fue puesta terminantemente bajo una administración separada, y los límites pretéritos de la hacienda —así como muchas de las prácticas del latifundio— permanecieron vigentes (S. Skar 1995). En lo sucesivo, los aldeanos ya no dependían de un hacendado para sus derechos de pastoreo; más bien estaban sujetos a la benevolencia de aquellos primos lejanos que vivían en la periferia de la aldea. Esta generosidad no era gratuita.

Desde mediados de los años 70, la reforma agraria empezó a perder buena parte de su empuje y se aflojó la dedicación administrativa del Ministerio de Agricultura. SINAMOS fue el instrumento que impulsó a muchos anexos como Matapuquio a solicitar la condición de Comunidad Campesina. Esta elevación de la condición legal de las aldeas, las liberó de la sumisión a la capital del distrito, especialmente en lo que respecta a la obligación de cumplir *faenas* allí.

El segundo caso de confrontación violenta contra foresteros ocurrió mientras los matapuqueños preparaban su solicitud para la condición de Comunidad Campesina, cuando se revisaban todos los lindes de Matapuquio, como también los de las haciendas colindantes. Durante el transcurso de este trabajo, se hizo evidente que la comunidad vecina de Ccalaspuquio había invadido las parcelas de papa de Pincos, en las alturas, precisamente donde se pasa de un valle a otro. La titulación resultaba incierta entre Ccalaspuquio y la hacienda, específicamente en esta pampa, y por tanto, la comunidad expansiva había empezado a cultivar. Hubo una pelea entre Matapuquio y Ccalaspuquio por estas tierras, una batalla campal que ganó Matapuquio al costo de varias vidas.

Lo interesante es que, en ambos casos de las luchas campales, los habitantes, tanto hombres como mujeres, arriesgaron su vida al pelear por tierras que, al ser reclamadas por grupos invasores de valles vecinos, eran esencialmente del dominio cooperativo. En ambos casos, los comuneros de la aldea lucharon al lado de los feudatarios con quienes se negaban a casarse. Las tierras cooperativas, pese a ser alienadas por la titulación legal, todavía son consideradas por los habitantes como su dominio esencial, como un legado extraviado de sus antepasados.

Es evidente que, cuando consideramos los ejemplos de la endogamia en los matrimonios de la aldea y la identificación territorial evidenciada por estas batallas, las cuestiones de la inclusión y la exclusión funcionan en niveles diferentes. No cabe duda que, si hubiéramos ampliado nuestras tramas de parentesco más allá de la comunidad, los lazos entrecruzados del parentesco, ajenos a la endogamia habrían sido más claros, en vez de permanecer sin articulación y en gran parte inexplorados, en el contexto de estas batallas [7].

Además, si hubiéramos logrado entender esta perspectiva, los eventos posteriores habrían sido comprendidos más facilmente. Desde 1982, cuando Sendero Luminoso voló todas las instalaciones de la cooperativa de Pincos, ha habido una migración masiva hacia el valle. Esto incluye a gente

---

[7] Aquí debo aclarar. H. Skar (1982) toma estas batallas en su discusión sobre la naturaleza anidada de la filiación del ayllu, y ciertamente sus argumentos no son cuestionados aquí. Lo que quisiera, sin embargo, es que recogiéramos información más detallada sobre el parentesco más allá de la comunidad; la complejidad de la exclusión/incorporación podría haber sido explorada más acuciosamente.

proveniente de zonas tan alejadas como los departamentos de Puno y Cuzco. ¿Quiénes son estos extraños? y ¿Cómo es posible que los matapuqueños que lucharon a muerte por negar sus tierras a los forasteros en los años 70, apenas seis u ocho años más tarde aceptaran y, aparentemente se casaran con forasteros que venían de mucho más lejos que del otro lado de la montaña?

Todos las tierras cercanas a Matapuquio están ahora densamente pobladas. Donde las haciendas y las cooperativas posteriores habían restringido sistemáticamente el asentamiento para sus propia producción, ahora existen extensos maizales. Los patrones de asentamiento y las relaciones de parentesco sólo se entienden parcialmente. Pero desde una perspectiva no muy lejana, parece evidente que muchas familias son de inmigrantes de segunda generación, cuyos padres abandonaron Matapuquio hacia La Convención (otra comunidad en el fondo del valle), a mediados de los años '60. Muchos de los que regresan traen consigo esposas, de Cuzco y Puno, que también vivían en La Convención. Además existen siblings solteros que "se cuelan" al acompañar a las jóvenes parejas asentadas, y han habido matrimonios entre ellos y las familias endógamas de Matapuquio.

La endogamia anterior era parte de una situación cuyo contexto ha cambiado de manera fundamental. Ante todo con la desaparición de las cooperativas, finalmente han sido enterrados los continuos temores de que se permitiría el retorno del hacendado a Pincos. Se diría que la distinción entre *comunero* y *haciendaruna* se ha disuelto. Sin embargo, la advertencia del Ministerio de Agricultura de que las tierras no cultivadas serían reclamadas por el estado, puso cierta presión a una población que, durante generaciones, había sido reprimida. Bajo las nuevas condiciones, no había suficiente gente para mantener y expandir los cultivos en las tierras productivas. En vez de una posición defensiva, en que la endogamia no era sino un aspecto entre tantos, la población del valle en su conjunto adoptó una posición ofensiva mediante las relaciones exógamas de parentesco (que siempre estuvieron ahí, pero no a la vista de los antropólogos): de este modo, se reclutaron forasteros para asentarse en las tierras abandonadas en el fondo del valle, al costo de los tradicionales competidores por tierras que venían de Ccalaspuquio y Argama.

Aún más, se necesitaba más población en el valle para favorecer los continuos intentos de cambiar la condición política de la aldea, de anexo a Comunidad (en 1979), luego a dos Comunidades (en 1984) y finalmente para cumplir los requisitos formales para lograr la condición de Distrito.

La problemática previa de "inclusión/exclusión" ya no tiene vigencia en sostener la distinción entre *comuneros* y *haciendaruna*. La diferencia se ha derrumbado y, con ella, uno de los mecanismos normativos para crear y mantener la oposición, es decir la endogamia.

Conclusiones

En Matapuquio, como en todos los Andes, el parentesco es básicamente bilateral. Así, como en todos los sistemas bilaterales, este campo social es, por su propia naturaleza, sin fronteras y constantemente conduce al observador a círculos de interconexiones cada vez más amplios. La imposición rígida de la endogamia fue lo que hizo posible la definición de los límites de los grupos en una situación como la de Matapuquio. En la comunidad, la replicación sostenida de los matrimonios entre familias dentro de las divisiones alta y baja de la aldea, significaba que la aplicación de la regla general de la endogamia a nivel de la comunidad, ha sido practicada de manera más estrecha de lo que implica la norma. Como sucede tan a menudo en las prácticas matrimoniales, lo que importa es el territorio. A medida que cambian las unidades territoriales, las prácticas matrimoniales se adaptan fácilmente a las nuevas circunstancias, con todas sus implicaciones para la percepción de la comunidad y la diferenciación social dentro de la aldea y el valle.

En el caso de la comunidad "cerrada" que caracterizaba a Matapuquio como anexo, la bilateralidad y la endogamia estricta se articularon para formar límites duales en una situación de severa restricción territorial. La endogamia era el principio crítico que generaba los límites a un campo social de las relaciones de parentesco, que de otro modo carecía de límites. Los recursos de la tierra se recombinaban cuidadosamente mediante las estrategias matrimoniales para contrarrestar la fragmentación implícita en las prácticas de herencia bilaterales. Con la transformación del territorio valluno como terreno esencialmente abierto (un proceso que culminó en la destrucción total de las instalaciones de la hacienda en 1982), muchas de las relaciones de parentesco, que de hecho existían entre *comuneros* y *haciendaruna*, ya no estaban fuera de los límites. Ya no era necesario negarlas, sino más bien estaban legitimadas en un nuevo proyecto político para el futuro.

Como ejemplo etnográfico, para mí Matapuquio recalca la importancia de la información diacrónica en las prácticas matrimoniales. Las preferencias y prácticas matrimoniales, especialmente aquellas que incluyen la endogamia, nunca deben ser consideradas como constantes estructurales. Más bien, adquieren significado solamente en la medida en que se puede definirlas en términos del desarrollo contextual en la situación económica y política de un grupo. Así, la endogamia como un aspecto en la constelación de las prácticas matrimoniales, creó fronteras de autodiferenciación que parecían estables en el tiempo. Al contrarrestar la fragmentación de la tierra y erosionar la independencia de las familias establecidas en la aldea, la endogamia fue un elemento importante para sostener la autonomía de la condición de anexo en relación con los muchos *haciendaruna* que vivían en los perímetros de la aldea. La condición política y la práctica matrimonial coincidían con la autodefinición de los habitantes y la necesidad de los antropólogos de limitar el objeto de estudio.

El contexto en el que floreció la endogamia nunca fue fijo, aunque se le dio tal condición para los propósitos de análisis. Con el desmantelamiento de las cooperativas, repentinamente el valle resultó territorio abierto y, donde antes la sobrepoblación se sentía como un problema, ahora se sentía la subpoblación como una deficiencia grave, que dejaba abierta la posibilidad de invasión por vecinos competitivos. Finalmente, las ansias por lograr la condición de Distrito exigen actitudes más abiertas y expansivas para poder afrontar los retos del futuro.

La bilateralidad y la dualidad son contradictorias en principio: la una es abierta y enfatiza un plano horizontal de relaciones de parentesco, la otra es básicamente constituida por su énfasis en la descendencia. Empero, actualmente debemos aceptar que tales contradicciones son inherentes a todas las prácticas de parentesco: es el flujo constante de dichas inconsistencias lo que brinda una perspectiva importante de proporciones universales. La endogamia era el velo que ocultaba este importante punto, el que me dejó sin preparación para la aceptación fácil de lo que me parecía un cambio de dimensiones revolucionarias en esta determinada etnografía. El mantener la diferencia entre 'nosotros' y 'ellos', que pareció impuesta en forma tan rígida, y a menudo dolorosa, no obstante fue descartada tan fácilmente.

Sólo podemos concluir que el parentesco en los Andes, como en cualquier otro lugar, es una manera de ver la diferencia interna y de aprehender las categorías de comunidad constituidas de manera émica. Sencillamente no basta tratar el parentesco como un conjunto de fenómenos estructurales construidos en forma lógica. Tampoco será este intento particular de reevaluación, de ningún modo, la última palabra: con toda seguridad, esta cuestión nos favorece, o bien puede ser que en el transcurso de los próximos veinte años nos veremos sin ocupación.

BIBLIOGRAFÍA

BARNES, John,
1980 "Kinship Studies: Some Impressions of the Current State of Play". **Man** 15 (2): 293-304.

CARSTEN, J. y S. HUGH-JONES,
1995 **About the House: Lévi-Strauss and Beyond.** Cambridge: CUP.

KUPER, A.,
1988 **The Invention of Primitive Society. Transformations of an Illusion.** London: Routledge.

LAMBERT, Berndt,
1980 "Bilateralidad en los Andes". En: E. Mayer y R. Bolton (eds.), **Parentesco y matrimonio en los Andes**, pp. 11-54. Lima: Pontificia Universidad Católica del Perú, Fondo Editorial.

LÉVI-STRAUSS, C.,
1982 **The Way of the Masks**. University of Washington Press. (Orig. La voie des masques. Editions d'Art Albert Skira, Geneva y Claude Lévi-Strauss, 1975).

LONG, N. (ed.),
1984 **Family and Work in Rural Societies; Perspectives on Non-Wage Labour.** London: Tavistock.

MAYER, E. y R. BOLTON (eds.),
1980 **Parentesco y matrimonio en los Andes**. Lima: Pontificia Universidad Católica del Perú, Fondo Editorial.

SCHNEIDER, D.,
1968 **American Kinship: A Cultural Account.** Englewood Cliffs, J. J.: Prentice Hall.
1984 **A Critique of the Study of Kinship.** Ann Arbor, Michigan: University of Michigan.

SKAR, H,
1982 **Warm Valley People; Land Reform and Duality among the Quechua Indians of Highland Peru.** Oslo: Universitetsforlaget.

SKAR, S. L.,
1980 **Quechua Women and Agrarian Reform in the Pincos Valley: A Case from Peru's Southern Highlands**. Tesis de doctorado, Institute of Social Anthropology, Oslo University.

1984 "Interhousehold Co-operation in Peru's Southern Andes: a Case of Multiple Sibling-Group Marriage". En: Norman Long (ed.), **Family and Work in Rural Societies; Perspectives on Non-Wage Labour**. London: Tavistock.

1993 "Marry the Land, Divorce the Man". En: Virgis Broch-Due et.al. **Carved Flesh/Cast Selves: Gendered Symbols and Social Practices** (Cross-cultural perspectives on women vol. 8). Oxford: Berg.

1994a "Andes". En: S. Howell y M. Melhuu (eds). **Fjern og Nær Sosial antropologiske perspektiver på verdens samfunn og kulturer**. Oslo: Gyldendal.

1994b **Lives Together Worlds Apart: Qhechua Colonization in Jungle and City**. Oslo: Scandinavian University Press.

1995 "Appropriating Pawns: Andean Dominance and the Manipulation of Things". **Journal of the Royal Anthropological Institute** Vol. 1 (4): 787-803.

STRATHERN, M.,

1980 "No Nature, No Culture: the Hagen Case". En: Carol MacCormack y Marilyn Strathern (eds.) **Nature, Culture, and Gender**. Cambridge: Cambridge University Press.

1987 "Out of context: the persuasive fictions of anthropology". **Current Anthropology**, 28 (3): 1-77.

1990 "Negative Strategies in Melanesia". En R. Fardon (ed.) **Localizing Strategies: Regional Traditions of Ethnographic Writing**. Edinburgh: Scottish Academic Press.

4

CONTRA-AFINIDAD: ALGUNOS COMENTARIOS SOBRE EL COMPADRAZGO ANDINO

Alison Spedding P.

"Un compadre es para conocer".
Melecio Ibañez, Parruscato, 1990.

"Todos los bolivianos somos compadres".
Propaganda electoral, CONDEPA (Conciencia de Patria), La Paz, 1993.

Introducción

La proliferación de relaciones de parentesco ritual, o 'compadrazgo', en los Andes, es un tema común en la literatura etnográfica. Igualmente conocida es la diferenciación que hacen Sidney Mintz y Eric Wolf (1950) entre el compadrazgo 'horizontal' (entre personas del mismo status, o de status similar), considerado como mecanismo que refuerza la solidaridad dentro del grupo, y el compadrazgo 'vertical' (entre personas de status diferente), considerado como medio para establecer lazos entre grupos que tienen una relación jerárquica. De este modo, se considera que la institución responde a la falta de organizaciones políticas formales y de 'condiciones mercantiles generalizadas', como una manera de estabilizar relaciones en un contexto de inseguridad política y económica.

Otros estudios, que tratan del contenido de la relación y no de su función, lo han definido como "algo a lo que el parentesco bilateral aspira, sin _poder_ serlo" (Pitt-Rivers 1973, nuestra traducción)[1]. También aseveran que "todas las formas de la institución se basan en la oposición conceptual entre el ser natural y espiritual" (Gudeman 1972, nuestra traducción)[2]. Coincido con estos autores en que se debe analizar el compadrazgo como parte del sistema

---

[1] En el original: "what cognatic kinship aspires to, but _cannot_ be".
[2] En el original: "all forms of the institucion are based on the conceptual opposition of the natural and spiritual being". Ver también Eisenstadt (1956).

de parentesco global de la sociedad estudiada, pero quisiera apartarme de la opinión de Gudeman según la cual su origen se ha de encontrar en la teología católica.

En el presente capítulo seguimos con este debate. Primero esbozaré el estrecho vínculo entre las relaciones de compadrazgo y las relaciones consideradas 'prohibidas' en los Andes, en el pasado y el presente. Segundo, indicaré las relaciones de parentesco, descendencia y afinidad en una comunidad de Sud Yungas en Bolivia, y las compararé con aquellas encontradas en otras partes de los Andes. Luego examinaré las diferencias de terminología y tratamiento social entre consanguíneos y afines (o parientes políticos), ilustrándolas en una ceremonia típica de compadrazgo. Finalmente presentaré mis observaciones acerca de las funciones del compadrazgo en la sociedad de Sud Yungas, y de los lazos de compadrazgo aún más extendidos entre los migrantes a la ciudad de La Paz.

1. Parentesco, ritual y reglas del matrimonio en los Andes

En los Andes, existe evidencia de que habían relaciones de parentesco ritual antes de la Conquista. Por ejemplo, Guaman Poma describe una relación llamada *socna*, que él traduce como "compadres de casamiento". Según Guaman Poma, "el compadre de bautizo se llamaba *uayno*... y con estos nunca pecaban [es decir, nunca tenían relaciones sexuales], ni se casaban con ellos" (1980 [ca. 1613]: f. 848). Otro ejemplo viene de Norman Whitten, quien comenta una institución llamada *gumba* entre los Canelos Quichua del Oriente ecuatoriano. Una pareja escoge a otra pareja, llamada *gumba*, para poner nombre a su hijo; las personas comprometidas en negociar un matrimonio también se convierten mutuamente en *gumba*. Whitten sugiere que el término *gumba*, en sí, parece derivado del castellano "compadre", pero considera que la costumbre tiene un origen indígena. Aquí, se nota que el ser "padrino" de matrimonio tiene un rol tan importante como el apadrinar la ceremonia de puesta de nombre a un niño, o bautizo católico, siendo esto último algo que se considera fundamental en la mayoría de los análisis sobre compadrazgo. Guaman Poma anota también la existencia de tabúes de incesto entre las personas que se emparentan por relaciones de compadrazgo.

No he identificado un término para 'incesto', como tal, entre los bilingües (aymara/castellano) o trilingües (aymara/quechua/castellano) contemporáneos con quienes trabajo en Sud Yungas e Inquisivi (provincias del departamento de La Paz, Bolivia). Más bien, para sacar a luz cuáles eran las parejas prohibidas, había que preguntar sobre el 'condenado' (una especie de 'zombi' andino) quien, por haber cometido ciertas ofensas en vida, está condenado a salir de la tumba y vagar por este mundo con su cuerpo putrescente hasta expiar su pecado. Los pecados en cuestión son variados y no todos son considerados 'pecados' desde el punto de vista católico (por ejemplo, uno se condena si se compromete a casarse y luego muere sin haber podido hacerlo ni haber devuelto formalmente la promesa) [3]. Pero todos están de acuerdo en que el incesto —o, mejor dicho, la transgresión sexual con ciertas categorías de parejas prohibidas— es una causa principal de condena [4]. Cuando citan las relaciones que provocan la condena, siempre mencionan, primero, relaciones entre padres e hijos y, luego, entre compadres, quienes, al menos en Yungas, no suelen ser ni consanguíneos ni afines (parientes políticos). Casos reales de condenados (parecen bastante frecuentes en Sud Yungas) incluyen a padrastros que seducían a sus hijastras: "por eso las viudas no deben buscarse [es decir, buscar un segundo marido]". También hay condena en caso de relaciones entre tío/a y sobrina/o.

No está tan claro qué otros parientes forman una pareja prohibida. En cambio, parece muy claro que no se pueden unir entre primos hermanos (quienes con frecuencia son denominados simplemente 'hermanos') ni tampoco entre hermanos verdaderos. Sin embargo, los diferentes grados de 'primos' están mal definidos, y las personas difieren en sus opiniones sobre el punto hasta donde se extienden los lazos de parentesco con ellos. En 1993, una pareja clasificada como 'tía' y 'sobrino', y también como 'hermanos', se fugó en Sud Yungas. En realidad, el hombre era hijo de la hija del hermano del padre de la mujer [5]. La comunidad, y sobre todo la madre de la mujer, rechazaban la unión; los jóvenes vagaban de lugar en lugar, se separaban formalmente con un acto legal, luego volvían a juntarse; sin embargo, a fines de 1994 se separaron de manera definitiva.

---

[3] Ver Spedding (s.f.) para más detalles sobre el condenado.
[4] Pongo 'incesto' entre comillas para evitar un concepto esencialista del mismo. Aunque bien puede ser que todas las sociedades tengan tabúes sexuales que excluyen a ciertas categorías de pareja, ha sido ampliamente demostrado que estas mismas categorías varían enormemente. Hablo así de las categorías prohibidas andinas porque, aunque sí incluyen a la familia nuclear —considerada paradigma del incesto en la concepción europea—, también incluyen a los compadres quienes, para un europeo, por no ser parientes consanguíneos ni afines, serían parejas adúlteras pero no incestuosas.
[5] En inglés, serían 'first cousins once removed'.

Todos decían que por ser 'familia' (parientes) no debían casarse, sin embargo no tenían razones más contundentes que aseverar "no se anda entre familiares", o "qué feo es hacerse mirar [es decir, criticar, comentar] con la gente". Habría que apuntar que en los Yungas no se practica exogamia de apellidos, como en algunas otras regiones (Abercrombie 1986); si bien tenían un apellido en común (paterno de ella, materno de él), esto no fue mencionado como motivo para romper la unión.

Por otra parte, en los Yungas muy rara vez se intenta casarse entre parientes, pues no se sabe cuáles serían las consecuencias. Los parientes consanguíneos están esparcidos en el espacio, y hay una preferencia por uniones exógamas. Las pruebas para saber si tal unión es permitida, o no, incluyen casos de personas que intentaron realizarla. Si 'vivían bien' (es decir, si no se separaban ni peleaban mucho), se comprueba que sí es permitido; pero si terminan separándose, se concluye que no es permitido. Otras pruebas, que pueden sobrevenir también en casos de adulterio, promiscuidad escandalosa y otras malas conductas sexuales, son desastres climáticos, como sequías o tormentas. La comunidad de Montequilla, por ejemplo, fue devastada por una granizada en 1988, cuando una pareja hermano-hermana (que habían estado viviendo clandestinamente en el altiplano) volvió a su hogar. No obstante, parece que el 'incesto' fraternal es más parecido a la inmoralidad sexual en general —que trae esta clase de consecuencias (desastres, accidentes, etc.)— y distinto de los tipos de 'incesto' que provocan la condena —cuyas consecuencias sólo aparecen después de la muerte de uno o más de los participantes.

La monogamia en serie es frecuente en los Yungas y, si dos personas viudas y/o divorciadas se casan, los hijos de uniones anteriores pueden casarse. Pero si los jóvenes se casan primero, sus padres (los consuegros) ya son parejas prohibidas. Se sugirió que dos consuegros viudos, que convivían durante una temporada después del matrimonio de sus hijos, podrían condenarse por eso (aunque de hecho esto no ocurrió). Es notable que sean pareja prohibida, ya que (como veremos) otros parientes políticos de la misma generación, como cuñados/as, no son cónyuges prohibidos. Aunque es poco frecuente la práctica del levirato, o la del sororato, sin embargo es permitida. En vida, la relación entre cuñado y cuñada es adulterio, no 'incesto' [6].

---

[6] No estoy segura de cómo se clasifican las relaciones entre afines de distintas generaciones. Es cierto que son fuertemente rechazados, y el único caso real de mi conocimiento —un

2. Problemas en el análisis de material sobre parentesco en los Yungas

He encontrado muchos problemas en el análisis de material sobre parentesco en los Yungas. En primer lugar, no he podido aplicar el 'método genealógico' que me enseñaron como estudiante. En la mayoría de los casos no se puede sacar a luz una 'genealogía': la gente no piensa su parentesco en esa forma. Cuando un/a informante muy amigo/a mío/a consintió en darme su 'genealogía', como un favor personal, siempre resultó incompleta. Como lo conocía bien, reconocí las fallas, pero cuando pregunté: "¿Y qué hay de fulano?", respondió con algo como: "Ah, he peleado con esa gente, no quiero hablar de ellos".

Segundo, los métodos basados en terminología tampoco servían mucho, porque la terminología que se usa es parca y confusa. Todos desconocen términos aymaras como *lari* e *ipa* (tío materno y tía paterna respectivamente) y otros términos consanguíneos y afines que usan otros aymara-hablantes. Al mismo tiempo, los términos castellanos, como "tío" y "tía", se aplican a una enorme gama de parientes (y hasta a personas que ni siquiera son parientes), en tanto que se pueden usar, según las circunstancias, términos distintos para el mismo pariente.

La situación se dificulta debido a los niveles elevados de migración en Sud Yungas. En Inquisivi, la población es más estable y uno encuentra parentelas extensas. Pero en el siglo pasado, Sud Yungas era una zona muy insalubre y la población sólo se mantenía debido a un flujo constante de migrantes del altiplano y de los valles. Se despobló casi totalmente de hombres debido al reclutamiento forzoso para la Guerra del Chaco (a principios de los años '30), y los hacendados traían mucha gente del Perú (la región aymara-hablante de la banda nororiental del Titicaca) para trabajar sus propiedades. La migración temporal y permanente desde estos lugares, y desde la orilla oriental del Titicaca y sus valles adyacentes, sigue incluso hoy en día.

---

hombre que se metió con su suegra— se suicidió al ser descubierto. No son objeto ni de los relatos sobre condenados, donde aparece mucho incesto dentro de la familia nuclear, ni de canciones populares, donde es común el tema del hombre enamorado de su cuñada. "Mi cuñada, más bonita que su hermana" aparece incluso como trama de la película "Jonás y la ballena rosada", que ha sido superficialmente purgada de 'bolivianismos' para hacerla más rentable a nivel internacional.

Como consecuencia, casi toda la gente mayor es migrante de primera o segunda generación: ha sido alejada de sus parientes colaterales (descendientes de los hermanos de los abuelos y de los padres). Hay mucho movimiento en el interior de los Yungas. Hay un mercado bastante abierto de la tierra: hasta parece más frecuente encontrar gente que desea y no puede vender sus tierras, que gente que carece de tierra y quiere comprarla. Por tanto, hay muchas tierras disponibles para desmontar, para alquiler o para 'agarrar al partir' si ya se tiene cultivos permanentes.

Entonces, es fácil trasladarse de una comunidad a otra; de allí el esparcimiento geográfico de los parientes que, muchas veces, conduce al desconocimiento y a un reducido interés por la parentela más allá de la familia inmediata. Parece que la situación era similar en el pasado: la gente se trasladaba con facilidad entre las comunidades originarias, entre las haciendas, y entre hacienda y comunidad.

La tasa de endogamia comunal es baja (cerca del 10%, y menos todavía en comunidades pequeñas) y la gente expresa una preferencia por uniones exógamas: "Mis padres dicen que puedo casarme con cualquier, menos uno de aquí". Tampoco hay una 'regla' estricta de residencia virilocal, como se da en algunas regiones de altura. Esto se debe en parte a la migración —siempre hay muchos hombres de otros lugares, sin tierras, que se unen con mujeres del lugar y viven uxorilocalmente en un terreno proporcionado por los padres de ella—, pero los hombres yungueños también van a vivir con la familia de la mujer, si ésta ofrece mejores posibilidades que la suya. Cerca del 30% de los matrimonios son uxorilocales, un porcentaje que parece mantenerse estable a través del tiempo. El resto incluye tanto matrimonios convencionalmente virilocales, como los que se puede llamar 'neolocales' (ambos cónyuges oriundos de otro lugar), además de algunos que pasan por un período de 'ambilocalidad' (intercalando temporadas donde los padres de la mujer con temporadas donde los padres del hombre) antes de establecer una residencia definitiva.

En los Yungas, hombres y mujeres tienen los mismos derechos de herencia de la tierra. Teóricamente, la propiedad de los padres (usualmente en forma de varias parcelas ubicadas en distintas partes de la comunidad, y hasta en varias comunidades) debe ser repartida en 'acciones' iguales entre todos los hijos. En realidad, es evidente que algunos sacan más provecho que otros, pero esto depende de manipulaciones individuales y no del género en sí.

Como resultado, el patrón de residencia no corresponde a los 'caseríos patrilineales' del altiplano. Al contrario, los hermanos/as suelen esparcirse al casarse, lo que es considerado ideal: se dice que es mejor vivir lejos de la familia, porque, si no, ésta se mete en los arreglos domésticos de uno y no le deja vivir en paz con su cónyuge. Rara vez se encuentra más de dos hermanos/as casado(a)s residiendo en la misma comunidad. Si son hermanos varones, generalmente viven en secciones distintas (las comunidades suelen estar divididas en dos o a veces tres secciones geográficas). Los que sí se establecen cerca después de casarse, incluso con casas juntas, son un hermano y una hermana. Si sus hijos quedan en la comunidad, serán primos cruzados (y no paralelos), y llevarán apellidos paternos distintos.

Esto produce un patrón residencial, o de continuidad, basado más en el matrimonio que en la filiación o descendencia. No es nada raro (y probablemente en el pasado, fue más común todavía debido a la elevada mortalidad) encontrar una sucesión residencial como la que se expone a continuación.

Antonio se casó con Lucía; tuvieron una hija, y luego Lucía murió. Antonio se casó con Braulia. Tuvieron otras dos hijas y, entonces, él murió. Braulia contrajo segundas nupcias con Julián (un migrante del valle) y le dio un hijo. Luego ella murió, pero en ese momento su segunda hija, Meri, ya tenía marido, Celestino, que era otro migrante. Se posesionaron de la propiedad, alejando a Julián (quien buscó a una segunda mujer en el valle, aunque sigue viniendo a Yungas para cosechar los cocales que plantó). Ella tenía cinco hijos con él; luego lo expulsó de la casa, quedándose con sus tres hijos mayores y con un amante eventual de un pueblo vecino. Celestino se vio obligado a ir a vivir, junto a los dos hijos menores, como trabajador con otra familia de la comunidad...

En este caso, se ve que la posesión de la casa y del terreno ha sido determinada, básicamente, por la serie de matrimonios y, muy en segundo lugar, por herencia (de madre a hija). Por otra parte, la mayoría de los protagonistas eran migrantes: Antonio era peruano, y Lucia, excepcional en Sud Yungas, vino de una región quechua-hablante. Es notable que, en tanto haya una línea de descendencia, es conformada por mujeres. Existe un sesgo matrilateral en el parentesco yungueño y, en tanto se pueda identificar una 'consciencia genealógica', parece haber una tendencia a empezar con la abuela materna y afincarse más en parientes maternales. Sin duda, es el resultado del número elevado de hombres migrantes que se establecen como 'yernos de tal o cual comunidad'. Esto explica la poca importancia del apellido para calcular o representar el parentesco. Incluso hay varios casos de personas, hombres o mujeres, que llevan el apellido materno en vez del paterno (cuando no lo cambian por otro totalmente diferente).

En consecuencia, en Yungas, es casi imposible identificar parentelas basadas en la descendencia de abuelos u otros antepasados comunes; tampoco en la herencia regular de parcelas familiares, 'tasas', etc. Aun así, dentro de la parentela consanguínea se nota una clara diferencia entre parientes lineales y colaterales: esto sí se relaciona con la herencia. Se espera heredar tierras de los padres y de los abuelos, pero de ninguna otra clase de pariente (excepto de los suegros, a través del matrimonio): se nota que, en los *ijwa* (consejos formales) del matrimonio, se instruye a la joven pareja que deben llamar 'papá', 'mamá' y 'abuelo/a' a los padres y abuelos de su cónyuge.

Según estos criterios, me parece que los casos de grupos de descendencia lineales en los Andes corresponden más bien a lugares donde existe poca migración, y a lugares donde la gente ha heredado las mismas tierras dentro de la misma familia a través de las generaciones (generalmente en línea paterna y, por tanto, dominada por el apellido). Por otra parte, me parece que los casos de descendencia paralela (como los identificados en Qaqachaka por Arnold 1988), corresponden a sistemas en los cuales los hombres y las mujeres heredan distintos tipos de bienes —por ejemplo, los hombres heredan tierras y, las mujeres, animales. En otros casos (como los que Isbell describe en Chuschi 1978), puede haber tierras heredadas en línea matrilineal o patrilineal. Sería interesante saber más sobre la conformación de las parentelas en lugares de más altura, donde la agricultura es insignificante y tanto hombres como mujeres heredan animales y/o derechos de pastoreo.

Por tanto, el poco interés por lazos de descendencia en los Yungas corresponde a una situación en que la gente adquiere tierras tanto de los parientes políticos como de los consanguíneos (y las compra, con igual frecuencia, de personas no-parientes). Actualmente, se considera que es preferible comprar tierras. Se dice: "De pura herencia nada sale". Una persona que se dedica a tratar de acaparar una acción mayor de la herencia es despreciada como 'herenciero'.

Aun la propiedad heredada se transfiere bajo la modalidad de la compra. A veces, esto es sólo una venta 'en papel' —los padres hacen un documento de venta a nombre del hijo, pero en realidad no se paga nada, el documento sólo sirve como garantía legal—, pero en otros casos la venta es real, aunque el precio sea menor que el que se pediría a un no-pariente. Esto proporciona derechos al hijo frente a sus hermanos, que pueden querer quitarle el terreno; también le da derechos plenos durante la vida de los padres [7]. Me parece que estas ventas también corresponden al prestigio superior de la tierra comprada: uno se alaba de haber 'comprado', incluso de sus propios padres, los terrenos que tiene.

3. La diferencia de terminología entre consanguíneos y afines

Como en otras partes de los Andes, los consanguíneos y los afines son totalmente distintos. Ningún cónyuge es absorbido en la 'familia' (parentela) del otro. Hay una ideología de solidaridad entre consanguíneos ('familia') expresada en el concepto de ser "de la misma sangre". Los conflictos que, en la práctica, surgen entre los hermanos, son atribuidos a los afines. Así, cuando los hermanos/as pelean sobre la división de la herencia, siempre se culpa a sus cónyuges como instigadores, no a los mismos hermanos/as. Igualmente, si el matrimonio de mi hermano fracasa, diré que su mujer es la culpable, no importa cuántos errores él haya cometido.

Por lo general, los términos para afines y consanguíneos son distintos; sólo existen dos excepciones. Primero, como se ha visto, se debe tratar a los suegros con los términos que corresponden a los padres. Se dice que esto es 'por respeto', pero también corresponde a la esperanza de heredar de ellos. No se refiere a los suegros con estos términos, sólo se los usa para dirigirse a ellos en persona. La segunda excepción corresponde a los términos 'tía' y 'tío'. Éstos son iguales para consanguíneos y afines, aunque a veces se explica que tal tía es 'tía carnal', es decir, pariente consanguínea. 'Tía' y 'tío' funcionan como términos generales de respeto. Todas las guaguas usan estos términos para dirigirse a todas las personas mayores de la comunidad; y personas de cualquier edad los usan para los ancianos/as respetados. Se puede referir a parientes colaterales de generaciones ascendientes como 'tío/a', no importa la conexión genealógica real. Incluso se los puede aplicar a parientes mayores de la misma generación; por ejemplo, una chica soltera puede decir 'mi tía' para referir a una prima hermana mayor, ya casada, de

---

[7] Se debe entregar la acción en usufructo al hijo/a el momento de 'juntarse' con su conyúge. Pero la división formal de la propiedad familiar suele tardar mucho y, a veces, ambos padres mueren sin haberlo hecho. Esto provoca muchos conflictos entre los hermanos porque carecen de garantías formales sobre las distintas parcelas que les 'tocan'.

quien espera recibir ayuda o favores. A diferencia, 'primo/a' implica igualdad y no deferencia.

Antes del matrimonio, los hermanos/as trabajan juntos en la propiedad familiar. Al casarse [8], reciben algunos terrenos donde trabajar con su cónyuge: la colaboración entre hermanos/as del mismo sexo se reemplaza con la colaboración entre cuñados/as. La colaboración y la ayuda económica entre afines son muy importantes. Se puede decir que, si los consanguíneos representan la herencia y la educación, la base de donde uno empieza, los afines representan la carrera. Se aconseja a la gente joven considerar las características económicas del cónyuge potencial (en la sociedad campesina, esto remite a su capacidad laboral más que a los bienes que posee) como algo más importante que el atractivo personal. Entonces, se puede culpar también a los afines en casos de fracaso económico. Muchas acusaciones de brujería se tejen alrededor de la afinidad defectuosa: personas quienes son, o han sido, afines, y se desea que dejen de serlo; o personas de quienes se busca vengarse (en los casos de la brujería maléfica [9]); o personas a quienes se desea como afines, y no lo son todavía (en los casos de la brujería amorosa). Nunca he encontrado acusaciones de brujería entre consanguíneos, salvo un caso aberrante donde se dijo que la abuela embrujó a su nieto porque él había abusado del lazo familiar, robándole.

El lazo matrimonial en los Yungas es frágil. Pocas personas son casadas por ley; viven en matrimonios de hecho (lo que en el siglo XIX se denominaba 'casados detrás de la iglesia'). Carecen de ceremonias para establecer la unión consensual. Casarse es tener relaciones sexuales dentro de una casa (los solteros y los adúlteros lo hacen en la maleza o en el cafetal). La única ocasión formal se da cuando los padres del novio van donde los padres de la novia con regalos de bebida alcohólica y coca para 'pedir la mano' (*sart'a* en aymara). Pero, a veces, hasta esto es descartado. El hecho de que las mujeres generalmente poseen terrenos independientemente del marido, juntamente con la demanda elevada de mano de obra femenina, incluso asalariada, en el cultivo de coca (la actividad económica predominante en Sud Yungas), y la disponibilidad del trabajo masculino necesario en el

---

[8] Esto debe entenderse como el acto de 'juntarse', es decir, empezar a cohabitar con el conyúge. En los Yungas esto es considerado como 'casarse'. El matrimonio legal (civil, y raras veces religioso) viene o varios años después, o nunca.

[9] Un ejemplo típico: el ex-yerno de la unión incestuosa ya referida, luego se preocupó porque se decía que su ex-suegra andaba buscando fotografías de él para usarlas en ritos de brujería en su contra.

mercado laboral fuera del contexto doméstico, hacen que sea fácil para una mujer expulsar o abandonar al marido. Pocas personas pueden alabarse diciendo: "Nadie en mi familia se ha casado más que una vez". En otras palabras, los afines no son necesariamente afines durante mucho tiempo.

4. Las diferentes ceremonias de padrinazgo

En este contexto hay que analizar el compadrazgo en los Yungas. En cierto sentido, cualquier análisis del compadrazgo andino debe empezar con los padrinos del matrimonio, y no del bautismo, porque —al menos en el caso ideal— el matrimonio debe anteceder a los bautismos de los hijos. En el altiplano, tomado como referencia para la buena conducta en los Yungas, suele haber cuatro padrinos de matrimonio organizados en dos parejas: *jach'a padrinu/madrina*: "padrino/madrina grande", los padrinos principales; y *t'aqa padrinu/madrina*. La raíz *t'aqa* refiere a "romper un hilo" y "destetar a un bebé", y esta pareja cambia la ropa a la novia como parte de la ceremonia religiosa.

En otra variante, tiene una pareja de padrinos para el matrimonio civil y otra para el religioso. En los Yungas, si la gente llega a casarse, suele ser únicamente de civil, con el notario del pueblo: hay sólo una pareja de padrinos. Los padrinos deben ser casados por ley y, aunque no lo sean, deben tener un matrimonio estable sin una historia de peleas o adulterio. Esto, porque los padrinos deben guiar a los ahijados, aconsejarles, e intervenir cuando tengan problemas (un acto que puede llegar hasta el castigo físico si, por ejemplo, el marido abusa exageradamente de la mujer). Los familiares no ayudan en las disputas conyugales porque siempre apoyan a su consanguíneo, sin atenerse a los hechos. En los Yungas, muchas veces tratan de provocar la ruptura en vez de buscar la reconciliación. Entonces, la ausencia de padrinos de matrimonio es parte de la elevada frecuencia de separaciones [10].

Otro aspecto aberrante del padrinazgo de matrimonio es que, en este caso, la relación central es la que se da entre padrinos y ahijados (una relación jerárquica) y no la relación horizontal entre compadres. En este

---

[10] Se habla de 'separación', y no de 'divorcio', porque el proceso legal del divorcio en Bolivia es costoso. Por lo general sólo la clase media se ocupa de realizarlo. Los demás, si son casados por ley y se separan, simplemente establecen una unión consensual con el próximo conyúge y no se preocupan por realizar un divorcio legal.

caso, los padres de la pareja y los padrinos se convierten en compadres. Sin embargo, rara vez desarrolla una relación duradera entre ellos; frecuentemente, son los propios ahijados los que escogen a los padrinos.

La forma de padrinazgo más importante en los Yungas es la de los hijos, en el bautismo y en el primer recorte de cabello (llamado *muruchico* o *murucha*, del aymara *muru*: "rapado", y también conocido bajo su nombre quechua de *rutucha*). Si el bautismo es un rito católico, y la *murucha* es de origen indígena, ambos son considerados de igual valor e importancia. A veces se los celebra con los mismos padrinos, y hasta en un mismo día.

Aquí sólo trataré del compadrazgo de recorte porque es más amplio que el bautismo [11]. Su origen es anterior al bautismo en los Andes. Su persistencia es incluso posterior, ya que no acarrea una participación religiosa católica: puede ser asumido por personas quienes, siendo miembros de iglesias evangelistas o incluso (como en mi caso) ni siquiera bautizadas, no pueden participar en el rito católico. Se puede celebrar en cualquier momento, en tanto que, para el bautismo, se requiere la presencia de un cura y, frecuentemente, peores molestias (como la obligación de participar en cursillos sobre el significado religioso del bautismo y los deberes de los padrinos). El padrino y/o la madrina pueden ser una pareja casada, o una persona sola.

El grado de elaboración del rito es muy variable. Va desde acontecimientos domésticos, que sólo agrupan a los padres, los padrinos y el ahijado, hasta borracheras de dos días de duración con participación de toda la comunidad. Al igual que el bautismo, suele celebrarse cuando la guagua tiene entre dos y tres años de edad (aunque, también puede posponerse hasta los cinco o seis años): corresponde a un rito de paso que convierte a una *wawa* dependiente y asexuada en una *imilla* (niña) o *yuqalla* (niño) que camina, habla, obedece ordenes y empieza a tomar parte de la actividad económica. Antes del recorte, mujeres y varones tienen el mismo peinado; después, empezarán a usar el peinado apropiado de su género. Tradicionalmente (aunque, en Yungas, esto ya se observa rara vez), antes

---

[11] Hay muchos otros padrinazgos: de primera comunión, de promoción, de pelota o camisetas para el equipo de fútbol, para cambiar la ropa a la imagen del santo patronal en la fiesta, etc. Los de acontecimientos puntuales no crean lazos más allá de la celebración inmediata. Otra forma de padrinazgo difundida en Yungas es la 'de rosario': el padrino coloca un rosario en el cuello del ahijado, preferiblemente en el cumpleaños de éste. Se debe repetir esto durante tres años y, en el tercero, regalarle un traje completo. Sin embargo, los lazos establecidos por este rito pueden ser desechos sin preocupación, mientras una conducta similar en casos de matrimonio o recorte/bautismo es reprobada.

del recorte se lava el cabello de la guagua, pero no se la peina. Entonces se forman mechones greñudos (*qulti*): su tamaño indica la riqueza futura. Hoy es más común que se peine a la guagua y se recoja su cabello largo con ligas.

El rito empieza con una comida festiva: pollo, en Sud Yungas, excepto en un rito muy prestigioso donde se había conseguido una oveja y se sirvió *thimpu* [12]. Todos comen, y luego se trae a la guagua, se la hace sentar en una mesa que lleva un aguayo (tela cuadrada para cargar bultos, con diseños rayados de colores vistosos). También suele haber un vaso con flores (símbolo de la fertilidad), una tela con coca, quizás algunas botellas de bebida alcohólica y, sobre todo, un plato con un pañuelo (proporcionado por los padrinos) y tijeras. La guagua ya ha sido cambiada con un traje entero ("hay que vestirle de pie a cabeza") proveído por los padrinos. Se le da galletas para que se mantenga tranquila. Los padres ofrecen las tijeras a los padrinos. Ellos las reciben, cortan un mechón de cabello, lo envuelven en billetes (de moneda nacional o, si quieren alabarse de su generosidad, dólares norteamericanos) y lo depositan en el plato. Los padres abrazan a los padrinos, se saludan como 'compadre' y 'comadre', y ponen mistura en sus cabezas (en el pasado, en vez de mistura se usaba pétalos de flores; se pone en la cabeza de los participantes en cualquier rito de celebración). Luego, les sirven bebida alcohólica (su *t'inka* en Inquisivi). En un rito prestigioso y formal, esto viene en una bandeja con un 'chop' de cerveza que se ha de tomar en un solo trago (si no, le dan una 'multa' de más cerveza) y un mínimo de dos preparados de distintos tipos (alcohol de caña mezclado con jugo de fruta o refresco comercial). Se incluye además chicha, si la hay, y guarapo (bebida hecha filtrando agua hervida por caña tostada y machucada). En Sud Yungas, se debe presentar a cada uno de los padrinos un bañador lleno de panes caseros, presas de carne, choclos y otros productos preciados.

Luego, los demás participantes —empezando por otros familiares del ahijado y pasando por todos los demás presentes— se acercan uno por uno para recortar. Los padrinos les pasan las tijeras y alzan un mechón de

---

[12] Un plato tradicional del altiplano paceño, favorecido en varios ritos de crisis vital (matrimonios, cabos de año, etc.). Consiste en carne de oveja, hervida, servida con arroz, papa, chuño y un ahogado de cebolla con ají amarillo; le sigue su caldo puro. Las crisis vitales yungueñas siempre se acompañan con un caldo de pollo con sémola, papa y zanahoria; seguido por el mismo pollo con arroz, papa, tunta, ahogado, salsa de cebolla y tomate picado, todo con los indispensables *phuti* de plátano.

cabello: el invitado dice: "Con su permiso", lo corta y lo deposita en el plato con su billete o moneda. Luego, recibe su mistura —ahora colocada por los padrinos, a quienes el cabello 'pertenece' durante el rito— y su bandeja de *t'inka*. A veces prometen dar un animal en lugar de dinero. En el altiplano, frecuentemente se dan ovejas; en los Yungas, se promete dar una o dos gallinas, o un gallo con su gallina. Se considera que los padrinos deben dar unos 100 Bs. (bolivianos) como mínimo (US$ 20-25, 1992-4). En 1986, en Sud Yungas, un invitado no-emparentado debía dar 5 Bs. (10 Bs., en 1992), sumas que entonces equivalían, más o menos, a un jornal de hombre. En Inquisivi, donde hay menos circulación monetaria y la gente es más pobre, se acepta hasta 1 ó 2 Bs. Una persona que sepa leer y escribir es nombrada para anotar, en un cuaderno, los nombres de los participantes y las sumas que dan: estas sumas son *ayni* (ayuda mutua) y cuando ellos realicen un recorte, los padres deben ir y recortar con la misma suma. Los *aynis* pueden incluir cajones de cerveza u otras contribuciones al festejo.

Los participantes no se apuran en asomar a la mesa, y la actividad de recortar puede durar hasta tarde e, incluso, continuar el día siguiente. Cuando se ha bajado todo el cabello, entre los presentes se nombra a un padrino de contar. Antes de contar, el plato puede recibir *ch'alla* (libación) con bebida, mistura y hojas de coca. Puede, inclusive, ser objeto de un sahumerio con incienso y azúcar, con invocaciones a los espíritus terrenales, dueños del oro y de la plata, y a los bancos para que el ahijado tenga dinero en el futuro. El padrino de contar tiene que ser alguien que tenga plata, porque debe contar el dinero en el plato y, si es *q'asa* ("con una brecha": una abra entre dos cerros, una persona a quien le faltan unos dientes, etc.), aumentar dinero hasta que se alcance una suma redonda, como 250 Bs., 600 Bs., etc. En Inquisivi, a veces se piden contribuciones a toda la concurrencia para llegar a la suma deseada. Como la contribución de los padrinos, esto no es *ayni*. Se lleva el ahijado a jugar o a descansar y todos se ponen a tomar y, si hay música, a bailar. Se amarra el plato, el dinero, el cabello y las tijeras en el pañuelo, y la madre del niño lo carga en su espalda en el aguayo. En Sud Yungas, se carga según el estilo 'cruzado' (encima de un hombro, debajo del otro) y no el 'paralelo' (encima de ambos hombros, usado para cargar guaguas y otras cosas pesadas) [13].

---

[13] No conzco muy bien el contenido simbólico de este acto. En el rito yungueño de 'reservista' (para un joven que acaba de completar su servicio militar: es el rito de paso que lo convierte

Si han de bailar, el padrino saca primero a la madre, junto con la madrina y el padre [14].

En un rito prestigioso, se pueden acumular sumas considerables de dinero. En la *murucha* más elaborada que he presenciado en Sud Yungas (24.6.93), se juntó 1000 Bs. (US$ 200-250). Este dinero pertenece al ahijado. Se suele pedir a los padres que hagan un discurso a los invitados indicando en qué se lo ha de gastar. Debe ser en algo duradero y, si es posible, productivo: los animales son el regalo tradicional. En las regiones cocaleras, se puede proponer plantar un cocal en nombre del ahijado. Otras posibilidades son una radio-grabadora, un catre, calaminas (para uso en una construcción futura) u otro bien duradero. Por tanto, el rito representa la primera entrada de la guagua a la producción y a la propiedad de bienes de valor.

En principio, la relación que se establece mediante este rito debe durar toda la vida. En el valle y el altiplano, se puede solicitar a forasteros como compadres, después de un conocimiento muy corto. Yo no adquirí compadres en Sud Yungas sino después de frecuentar la región durante varios años y plantar mi propio cocal. Esto implica una relación duradera, porque el cocal durará veinte años, o más; además, "aquí, si no tienes cocal, no eres nada" (según Pastuco Belez). Los padres escogen y solicitan a los padrinos; el padrino nunca puede solicitar por su parte. Personas solicitadas como compadres incluyen miembros respetados y acomodados de la misma

---

en hombre apto para casarse), él recibe billetes cosidos en sus solapas. Luego se baja este dinero para envolverlo en un aguayo que él se carga de la misma manera que la madre del recortado. Se carga a las guaguas (aparte de todas las demás cosas) en aguayo. Soñar con guagua indica que uno va recibir plata (Spedding 1992), pero no se carga el aguayo de la manera que se usa para cargar guaguas, sino de la manera usada por hombres, mujeres solteras y los que viajan a pie. Quizás exista una referencia a la separación (o etapas del alejamiento de los padres) mediante las metáforas de solterío y viaje. Algo parecido aparece en el recorte inquisiveño. Después de contar, todos deben bailar en ronda alrededor de las dos parejas de padres y padrinos. La persona cargada del aguayo tiene que tratar de romper el círculo de bailarines e ir a dejar el aguayo en casa, mientras ellos tratan de impedir su salida. Es mejor suerte si logran retenerla durante más tiempo. Aquí, sin embargo, la madre se carga según el estilo 'femenino' porque en Inquisivi el aguayo en estilo masculino es usado como prenda, símbolo, de prestigio por dirigentes campesinos y otras personas que asumen un rol público, p.ej. cuando reciben el presterío de la fiesta patronal.

14 Los padres se llevan el cabello cortado. No he podido descubrir qué destino o uso se le da (además de ser guardado en el techo de la casa o algún otro rincón) ni hasta cuándo es guardado.

comunidad, dueños de camiones en la misma comunidad o en las comunidades vecinas y, con menos frecuencia, personas acomodadas del pueblo. Intentos de establecer un verdadero compadrazgo vertical, es decir, con personas de status elevado (militares durante la época de las dictaduras; el subprefecto u otra autoridad, etc.) rara vez logran una relación duradera. Sin embargo, los padres generalmente buscan a alguien que tenga por lo menos algo más que ellos. También consideran la personalidad del padrino, ya que se piensa que el ahijado va a adquirir rasgos de su carácter [15].

Los padrinos deben dar regalos ocasionales a su ahijado y, sobre todo, ayudar con los gastos educacionales (porque, hasta en las escuelas fiscales, el 'estudio' está lejos de ser gratuito). Si la relación se mantiene hasta la adolescencia del ahijado, se espera que los padrinos le ayuden a encontrar trabajo. Esto puede beneficiar a los padrinos, quienes adquieren empleadas domésticas u otros trabajadores de esta manera. Sin embargo, lo que cobra más importancia es la relación entre los compadres. Deben visitarse mutuamente, sobre todo en las fiestas, e intercambiar regalos. Se puede viajar para visitar a los compadres en cualquier momento, simplemente para mantener o desarrollar la amistad. Tienen, además, deberes rituales mutuos.

En Sud Yungas, estos deberes aparecen mayormente en los ritos mortuorios. Los parientes consanguíneos cercanos (padres, hermanos, hijos) y el cónyuge están prohibidos de trabajar entre el momento de la muerte y el rito purificador de *jayriya* u "ocho días". De este modo, todas las tareas de preparación de la comida, la bebida y los demás atuendos funerarios (como lavar al difunto, al que los dolientes no deben ni siquiera acercarse, ni mucho menos tocar) durante el velorio y el entierro, deben ser realizados por los no-consanguíneos. Los afines realizan algunas de estas tareas. Si hay yerno, él debe hacer de 'servicio' pasando los tragos; pero con más frecuencia es un compadre, y no el yerno, el que pasa tragos, ayuda a fabricar el ataúd, etc. Las comadres cocinan y preparan bebidas. Se nota que los afines que participan son de la generación descendiente (yernos y nueras); los de la misma generación no tienen deberes definidos y, a veces, ni siquiera se presentan. De manera parecida, en Todos Santos, los compadres vienen a amasar y formar los panes de la ofrenda, una tarea mayor porque una familia decente tiene que amasar un mínimo de un quintal de harina en

---

[15] Esto independientemente del género, ya que personas solteras pueden apadrinar, indiferentemente, a ahijados del mismo género o del otro.

los tres años que siguen a la defunción. También pueden realizar el despacho, el rito de desatar, cortar las ofrendas y distribuirlas a los familiares y demás presentes; este rito nunca es realizado por afines o consanguíneos del difunto. Cuando alguien muere sin parientes, los compadres pueden asumir toda la serie de ritos funerales [16].

Además, los compadres tienen un deber mutuo de proveer alojamiento y 'atención' (comida y bebida) en sus casas. Deben respetarse, conversar con cortesía, no pelear nunca y, sobre todo, no tener relaciones sexuales. Esto es muy importante en un contexto donde los celos sexuales brotan como la mala hierba y se extienden a los afines de la misma generación. Por ejemplo, se dice que es preferible no recibir a los hermanos menores del mismo sexo en la casa (algo que a veces no se puede evitar, si es que los padres mueren jóvenes) porque existe el peligro de que el cónyuge vaya a tener relaciones con el (la) joven cuñado/a. En cambio, un compadre puede llegar a la casa, emborracharse y bailar con la comadre sin provocar sospecha alguna; asimismo, una comadre puede buscar alojamiento, a cualquier hora, sin miedo de ser molestada. Como soltera, sería escandaloso ser vista tomando con hombres en el pueblo de Chulumani. Pero es perfectamente correcto tomar con mi compadre hasta las cuatro de la mañana. El tabú del incesto también existe entre padrino y ahijado, pero es menos importante porque, siendo de generaciones distintas, rara vez pueden considerarse parejas potenciales.

La interacción económica entre compadres también se opone a la relación entre afines. Los cuñados/as suelen trabajar juntos, pero siempre en un *ayni* que es estrictamente calculado y tiene que ser devuelto.

En los Yungas, los compadres rara vez ayudan en el trabajo, excepto en caso de personas que tengan pocos o ningún pariente cerca (afín o consanguíneo); en este caso, el parentesco ritual sustituye las faltas. El compadre puede trabajar para su compadre como *mink'a* (jornalero con pago en dinero o especies), algo que rara vez ocurre entre afines: la persona que paga tiene derecho a exigir el cumplimiento del trabajo, lo que contradice la igualdad formal entre afines de la misma generación; en cambio, el trabajar para los suegros es 'ayuda', sin devolución exacta, como sucede entre padres e hijos. Parece que el respeto que se debe obtener

---

[16] Creo que reciben alguna compensación en forma de tierras o bienes para hacer esto; la serie entera de ritos dura un mínimo de tres años y es costosa. En otros casos, una persona anciana, sin familia, llega a un acuerdo con una pareja más joven y, a cambio de heredar sus tierras, ellos harán enterrar y rezar en Todos Santos.

entre compadres, amén de su status diferente fuera de la relación, obstaculiza su colaboración en el trabajo. Algunas personas piensan que sería un insulto el sólo pedir al compadre que le ayude en el trabajo [17].

Los intercambios que deben realizarse entre compadres se hacen en el lenguaje del don (el 'don puro', sobre todo al ahijado) y en el intercambio de alojamiento, comida cocida, bebida alcohólica y productos escogidos, sin calcular lo que se da o se recibe. El compadrazgo funciona también para facilitar el intercambio entre distintos pisos ecológicos. Si uno tiene un compadre en una comunidad lejana, tiene su comida y alojamiento garantizado: los compadres se favorecen en cantidades y cualidades de productos que trocan. Los compadres deben ayudarse en dificultades y problemas excepcionales, sobre todo cuando están lejos de la casa; por ejemplo, visitar, traer comida y quizás garantizar la salida del compadre rural que se encuentra arrestado en la comisaría del pueblo. Entre afines y consanguíneos se busca con más frecuencia causar, activamente, el arresto del pariente.

Se puede extender el compadrazgo más allá de la pareja que solicitaba el lazo. A veces se extiende hacia el grupo de hermanos/as; los que no participan en el rito inicial tratan a los padrinos de compadre. Otras veces se incluye a los padres de los solicitantes. Esto es más común en los casos de compadrazgo vertical; reclamar compadrazgo permite acercarse a alguien que, en condiciones ordinarias, sería apartado por las barreras de clase. Esto es enteramente voluntario y no ocurre necesariamente con todos los parientes. También se puede heredar el compadrazgo, de padres a hijos. Un hijo de los padres del ahijado original (claro, nunca el mismo ahijado) dice "compadre" al compadre de sus padres. Parece que sólo un hijo hereda de esta manera; puede ser el menor (quien también hereda la casa de los padres) o el que queda en la comunidad cuando los demás se han ido; es una forma de sucesión posicional. De esta manera, la igualdad oficial entre compadres permite al compadrazgo borrar las generaciones; la afinidad, en cambio, se distingue estrictamente según la generación. La suegra de una generación, que debe ser respetada y obedecida, se convierte en la abuela de la próxima generación, que es amada, pero no respetada. Una

---

[17] Riviére (1983) propone una oposición similar entre afinidad y compadrazgo en Carangas, en el altiplano occidental. Aquí, el matrimonio no sirve para establecer la complementaridad ecológica; la gente más bien escoge cónyuges con recursos similares a los que ellos tienen (ganado y tierras de pastoreo, acceso a los salares...). Entonces, buscan a un compadre que tenga acceso a recursos distintos; un ganadero busca a un compadre agricultor, etc.

mujer comentó, como muestra del respeto que mantenía hacia su suegro, que hasta el fin de su vida ella siempre le decía "papá" y no "abuelo" (término no muy cortés para dirigirse a los ancianos). La señal de respeto se cambia en dirección inversa cuando la esposa y cuñada de una generación se convierte en la madre y tía de la próxima.

En este sentido, me parece que el compadrazgo en Yungas no es "algo a lo que el parentesco bilateral aspira sin <u>poder</u> serlo", sino lo que la afinidad nunca puede ser (pero tampoco aspira a serlo). Fundamento en este núcleo de ideas el origen del tabú del 'incesto' entre parientes rituales, y no en algún concepto de 'sustancia compartida' o 'conexión espiritual'. Si el compadrazgo tiene que ser contra-afinidad, entonces tiene que ser imposible que los compadres se convirtieran en afines. La afinidad es única (en principio, uno se casa una vez y de por vida) o, por lo menos, limitada; el compadrazgo es múltiple y se puede extender indefinidamente. Donde existen reglas positivas del matrimonio en los Andes, siempre favorecen la endogamia: endogamia de ayllu, de parcialidad, de comunidad en algunas regiones y, en todas partes, la endogamia de clase social. El compadrazgo permite la formación de lazos duraderos entre personas de diferentes clases sociales y comunidades de origen que nunca podrían convertirse en afines.

5. El compadrazgo político

Aquí conviene destacar el uso del compadrazgo por parte del partido populista CONDEPA (Conciencia de Patria), encabezado originalmente por Carlos Palenque y su esposa, Mónica Medina de Palenque. Habría que notar que 'la comadre Mónica' no actuaba sólo como 'primera dama' del partido —como es el caso de las esposas de líderes de los partidos políticos criollos (incluso de los de orientación 'indianista', como el Movimiento Revolucionario Tupaj Katari)—, sino que también ejercía cargos políticos (en 1994 llegó a ser Alcaldesa de la ciudad de La Paz). Carlos Palenque era dueño de un canal de televisión y de una emisora de radio donde presentaba, cada día, un programa llamado 'Tribuna Libre del Pueblo'. La gente acudía al programa para quejarse de toda clase de desgracias y maltratos. Palenque trataba de compadre y comadre a todos los mayores que se presentan; ellos usaban los mismos términos para dirigirse a él y a otros/as militantes del partido. Resulta obvio qué tipo de relación se quiere representar mediante este trato. Todos los militantes de CONDEPA se tratan de compadres, y su propaganda política dice "todos los bolivianos somos compadres". Es interesante el uso del potencial del compadrazgo para extender a partir de Ego hasta llenar todo el universo social, para crear lazos entre militantes y simpatizantes de un partido político que aspira al liderazgo nacional.

CONDEPA encuentra su mayor apoyo entre la pequeña burguesía comercial urbana y entre los migrantes urbanos de primera generación, sobre todo en la ciudad de El Alto. Se comprende por qué sobre todo estos últimos —quienes han salido de un universo rural todavía ordenado, básicamente, por el parentesco, para hundirse en un medio urbano caótico y desconocido— encuentran un atractivo en un partido político que, al menos de fachada, intenta recrear una especie de parentesco entre todos los que acuden a él. Lo mismo se puede decir de los simpatizantes que funcionan dentro de la llamada 'economía informal', la que mantiene muchos rasgos de la 'economía doméstica' basada en el parentesco.

Otro elemento notable es la participación de mujeres de base en CONDEPA. El trato de compadres entre los militantes indica que ir a una reunión, o a una marcha, de CONDEPA no debe provocar los celos sexuales del marido. Asimismo, la participación de mujeres en la jerarquía partidaria (el líder actual es 'la cholita' Remedios Loza, primera mujer de pollera que ha llegado a ser diputada nacional) también atrae a simpatizantes femeninas, incluso de clases populares: los demás partidos bolivianos, en cambio, se destacan por la ausencia casi total de mujeres en sus capas superiores (aunque, al observar los beneficios electorales de esta estrategia, últimamente han empezado a buscar a candidatas femeninas).

Algunos observadores atribuyeron el éxito electoral de CONDEPA a otro tipo de simbolismo de parentesco: que la pareja Palenque-Medina supuestamente represtaban el ideal andino de *chachawarmi*. Pero este símbolo se deshizo en 1996 cuando la pareja inició un juicio de divorcio y Mónica, saliendo de CONDEPA, intentó formar un partido político propio. Luego Palenque murió inesperadamente y el partido quedó en manos de Remedios Loza, candidata a la Presidencia en 1997 y actual integrante de la coalición gobernante. Esto llevó a espectáculos incongruentes, como el de Verónica, la hija de Palenque, también diputada nacional, dirigiéndose al nuevo Presidente, el ex-dictador Hugo Banzer, como 'Compadre Banzer'; pero de todos modos presenta otra oposición entre afinidad y compadrazgo donde el compadrazgo resulta más duradero.

Conclusión

Se concluye que predomina (al menos entre el campesinado yungueño y las capas urbano-populares de La Paz y el altiplano circundante, quienes comparten el idioma aymara y el mismo complejo ritual y cultural) un modelo del universo social donde toda relación duradera se conforma con uno de los siguientes tipos de relación [18]:

<pre>
                    no hay matrimonio
                    no hay brujería
                    heredar, compartir
                        solidaridad
                        familiaridad
                        no se escoge
                      CONSANGUÍNEOS

  no hay matrimonio   matrimonio
  no hay brujería   brujería
      regalos   ayuda mutua (ayni)
  ayuda desde lejos   ⟷   conflicto, división
      respeto   respeto o familiaridad [19]
      se escoge   se escoge
     COMPADRES   AFINES
</pre>

En este esquema, los parientes rituales tienen más en común con los consanguíneos que con los parientes políticos. No obstante, en vez de interpretar esto como una forma 'espiritualizada' del parentesco consanguíneo, concibo el compadrazgo como 'contra-afinidad': el aspecto común es la elección (tanto de compadres como de afines) que puede remediar las distintas fallas de la parentela consanguínea. Se escoge a los compadres con más libertad que a los afines pues, aunque uno escoja al cónyuge, hay que aguantar nomás a todos los afines que trae consigo. El compadrazgo es también una relación que se puede desarrollar o descartar,

---

[18] En el campo tambien se trazan relaciones de vecindad, de amistad, de caseros (entre vendedores y compradores de productos agrícolas) y otras; sin embargo, todas muestran una tendencia a reforzarse mediante el compadrazgo. En el medio urbano, las relaciones de vecindad y de caseros se esfuman, las de amistad se vuelven más circunstanciales (se basan en el trabajo, etc.).

[19] Respeto entre afines de generaciones distintas, familiaridad entre los de la misma generación.

pero es, en principio, tan duradera como las otras dos. Esforzarse por relacionarse con los compadres es digno de alabanza, porque indica que uno está tratando de dar a la relación la permanencia debida.

En este ensayo, he argumentado que se pueden interpretar las extensas variaciones regionales entre tipos y formas de compadrazgo según la manera en que se estructura la consanguinidad y la afinidad en tal región. Si se escoge a los parientes consanguíneos o afines como compadres, esto suele ocurrir donde la endogamia local es elevada y, por lo tanto, casi todos los miembros de la comunidad ya son o consanguíneos o afines en algún grado. En los Yungas, donde los afines no son permanentes y los consanguíneos suelen irse lejos, uno busca compadres que parece que sí van a durar; en cambio, en una comunidad cerrada y de población más estable, es posible solicitar compadres menos 'serios' como una especie de juego, o especulación, contrastante con la estabilidad férrea de las demás relaciones de parentesco.

BIBLIOGRAFÍA

ABERCROMBIE, Thomas,
1986   **The Politics of Sacrifice: an Aymara Cosmology in Action.** Tesis de doctorado inédita, Universidad de Chicago.

ARNOLD, Denise Y.,
1988   **Matrilineal Practice in a Patrilineal Setting: Rituals and Metaphors of Kinship in an Andean Ayllu.** Tesis de doctorado inédita, Universidad de Londres.

BLOCH, Maurice y S. GUGGENHEIM,
1981   "*Compadrazgo*, haptism and the symbolism of a second birth". **Man** n.s. 16.

EISENSTADT, S. N.,
1956   "Ritualized personal relations. Blood brotherhood, best friends, *compadre*, etc.; some comparative hypotheses and suggestions". **Man** 96.

GUDEMAN, Stephen,
1972   "The *compadrazgo* as a reflection of the natural and spiritual person". **Proc. of the Royal Anthropological Institute** 1971.

ISBELL, Billie Jean,
1978   **To Defend Ourselves. Ecology and Ritual in an Andean Village.** Austin: University of Texas Press.

MINTZ, Sidney y Eric WOLF,
1950   "An analysis of ritual co-parenthood (compadrazgo)". **Southwestern Journal of Anthropology**, 6 (4).

PITT-RIVERS, Julian,
1973 "The kith and the kin". En: Jack Goody (comp.) **The Character of Kinship**. Cambridge: Cambridge University Press.

RIVIÉRE, Gilles,
1983 "Quelques notes sur les stratégies matrimoniales dans une communauté aymara en Bolivie". Paris: Document de recherche 2, Centre de Recherche et Documentacion sur l'Amérique Latine.

SPEDDING, Alison,
1992 "Un diccionario de los sueños (esquema para una investigación)". **Textos antropológicos** 3, UMSA, La Paz.
s.f. El condenado. Manuscrito inédito.

GUAMAN POMA DE AYALA, Felipe,
1980 [ca. 1613] **Nueva coronica y buen gobierno**. México: Siglo XXI.

WHITTEN, Norman E.,
1991 [1976] **Sacha runa: etnicidad y adaptación de los Quichua del Oriente Ecuatoriano**. Quito: Abya-yala.

5

COMUNIDAD MAPUCHE Y REDUCCIÓN: FACTORES DE CONTINUIDAD Y CAMBIO

Teresa Durán P.

Introducción

El tema de este capítulo indaga acerca de las relaciones sociales al interior de los sectores mapuches y de los principios que estructuran su vida social. ¿Cómo conciben los propios mapuche su organización social y cómo ha sido concebida por la sociedad nacional y por los antropólogos? Esta preocupación se vincula con tres ámbitos diferentes, hoy cada vez más relacionados: el que concierne a la Antropología aplicable en la región de mayor concentración indígena del país, el que tiene que ver con las políticas estatales hacia las etnias y el que se refiere a la posición que mapuches jóvenes e ilustrados están elaborando sobre su propia sociedad y cultura.

1. La reducción y comunidad indígena en la legislación indígena

Entre 1860 y 1920, el gobierno chileno somete a su jurisdicción administrativa el territorio del centro-sur, siendo las medidas más sobresalientes la colonización interna (ley de 1853), y la radicación de los mapuches en terrenos delimitados, bajo un régimen de "reserva indígena" (leyes de 1866 y 1883). Entre 1883 y 1920 se estableció un número considerable de "reducciones" —alrededor de 3000—, si bien cerca de un tercio de familias mapuches no fueron objeto de la acción de la Comisión Radicadora. Estas familias continuaron viviendo al estilo tradicional, como las cordilleranas, por ejemplo, y han sobrellevado dificultades diferentes —por problemas de tenencia de tierras— a las de familias radicadas [1].

Si bien los mapuche del valle venían diezmándose de modo progresivo, física y económicamente, especialmente en los sectores que el ejército elegía para su avance, se trataba de una sociedad con gran movilidad geográfica,

---

[1] La autora, junto a profesionales del Derecho, investigó la situación sociocultural y legal de una comunidad de este sector entre 1992 y 1993.

que practicaba el sistema de intercambio económico entre costa y cordillera. Por otra parte, y pese a las dificultades propias del período bélico, en lo que al sistema sociopolítico se refiere, se había reforzado la conformación de núcleos sociales basados en el sistema de parentesco, pero complementado con fuerzas de servicio bajo un régimen de patronazgo y clientela. Entre estos núcleos se daban las alianzas y los enfrentamientos, al parecer bajo el principio de que debía primar una especie de igualdad económica y social (Guevara 1912). Se destaca en Guevara el carácter de sociedad autónoma de estos núcleos, el poder y riqueza de los liderazgos, y el sistema de usar en forma rotativa amplios terrenos adyacentes, para recolección y siembras, cuando las condiciones sociales lo permitían. En esta movilidad relativa tan propia de su estilo de vida, conformando núcleos sociales ampliados que incluían las familias extensas, más allegados o parientes de visita, les sorprende la Comisión Radicadora, entidad representativa de la sociedad dominante. En los primeros años, la ley prohibía la enajenación y/o venta de los terrenos, pero ya en los años 30 valida la división del terreno [2] y luego, bajo modalidades cada vez más sofisticadas, favorece su traspaso a manos no indígenas. La última modalidad, practicada durante el régimen militar (1973-1990), el "arrendamiento a 90 años", se extendió considerablemente.

Al período de la radicación los grupos asentados eran relativamente pequeños (entre 50 y 100 personas más o menos). Se les asignó un promedio de entre 4 y 5 hectáreas por miembro registrado. Hemos constatado que este sistema reconoció sólo el espacio que el grupo estaba usando en el momento de pasar la Comisión, sin considerar aquellos territorios estacionales utilizados para la sobrevivencia u otros propósitos. Por otra parte, dado el ambiente de desorganización social que reinaba después de la derrota, se habían ya reducido los espacios de transhumancia estacional de los grupos de parentesco a fines del siglo [3]. A ello hay que agregar la presencia muy débil todavía de la noción de propiedad privada entre los mapuches y la falta de visión de los líderes respecto al problema de la relación hombre-espacio, producto de la explosión demográfica. Como nos han dicho en el campo, "los viejos no se dieron cuenta de que cada uno de los radicados iba a tener hijos que a su vez iban a requerir tierra para sus respectivas

---

[2] La misma ley de 1886 establecía las condiciones para esa división.
[3] En este período se constatan los últimos levantamientos bélicos, los remates de tierras, los malones, etc. En Bengoa (1985: 317-374).

familias... vieron la ley como solución a la inestabilidad del momento provocada por el cerco cada vez más estrecho que les ponían los chilenos..." [4].

Los antecedentes que provienen de distintas fuentes contemporáneas hacen prevalecer la convicción de que las reducciones debieron provocar un cambio muy importante en el estilo de vida de los mapuches, que difícilmente los grupos localizados podrían, en primer lugar, advertir y luego revertir. Hemos registrado que el sistema reduccional, afectó al sistema de los nombres personales al obligar a los mapuches a adoptar el sistema occidental de nombre tan diferente del tradicional mapuche (Catriquir y Durán 1990). Ello implicó consignar los apodos como nombres oficiales o el registro de los propiamente mapuches, diferentes de los de los padres, lo que se interpretó como ausencia de lazos de parentesco y afectó las herencias. En otras palabras, al mismo tiempo que en cada reducción se incluyó gente que no conformaba el grupo tradicional de parentesco, se otorgó terreno escaso y de mala calidad. Ya en la primera década del siglo, los Protectores de Indígenas de Cautín y Arauco consignan reclamos entre los radicados. Uno de ellos se permite opinar que "tiene graves inconvenientes la radicación de indígenas por reducciones, pues en la práctica se ha visto que el ideal de la radicación sería por familias, pues, el régimen de comunidad tiene el inconveniente de que se suscitan de continuo querellas más o menos agrias entre los comuneros, provenientes ya sea porque uno considera que tiene menos extensión de terreno que su vecino o de inferior calidad y desearía quitarle un pedazo, ya sea porque estima que el terreno que posee está cansado y desearía cambiarlo por otro: o porque traspasando los deslindes de su posesión se introduce en los del vecino, en el campo, haciendo siembras o pastando animales, etc." (en Guevara 1912: 881).

Es conveniente advertir así que los conceptos de "comunidad" y "reducción" son introducidos aquí por la ley y la sociedad chilena, imponiéndose el uso colectivo de un espacio delimitado, probablemente bajo la suposición de que con ello se estaba reconociendo la diferenciación cultural mapuche. Hemos visto que el uso pautado de los terrenos, era en efecto, un rasgo sociocultural propio de la etnia, pero en el marco del patrón de transhumancia estacional o de asentamiento relativo. Por otra parte, el sistema de parentesco basado en el sistema patrilineal y el matrimonio

---

[4] Visión interpretativa expuesta por don E. P., antiguo dirigente mapuche del sector Chol-Chol, Julio 1993.

polígamo no fue considerado cuando se decidió el régimen de la reducción. Las leyes consuetudinarias de herencia mapuche, cuando existía el recurso tierra, se vieron fuertemente constreñidas frente al sistema reduccional, que no previó la herencia para los hijos de todos los matrimonios.

Aunque de un modo muy influido quizás por el ambiente civilizatorio imperante, un dirigente mapuche que alcanzó un puesto en el sistema político chileno criticaba del siguiente modo el sistema reduccional: "es un conglomerado de familias obligadas a vivir contra su voluntad en un suelo estrecho, mal deslindado y sin que exista una costumbre o ley que fije la cuota que les corresponde a cada familia"... "La comunidad es el factor principal que ha retardado en cien años la evolución natural, el progreso de la raza araucana" (en Foerster y Montecinos 1988).

El ciclo vital parece cerrarse con la actual ley indígena recientemente promulgada. En ella se sanciona de modo definitivo el concepto de "comunidad" concebida como "toda agrupación de personas pertenecientes a una misma etnia indígena" ya sea porque proviene de un mismo tronco familiar, porque reconocen una jefatura tradicional, posean o hayan poseído tierras indígenas en común y/o provengan de un poblado antiguo (Art. 9, Ley N° 19.253). La base sociocultural del concepto se pone al servicio de la visión legal vigente cuando se estipula, a continuación, que "la constitución de las comunidades será acordada en asambleas que se celebrarán con la presencia del correspondiente Notario, Oficial del Registro Civil o Secretario Municipal. En la Asamblea se aprobarán los estatutos de la organización y se elegirá su directiva... La Comunidad se entenderá constituida si concurre, a lo menos, un tercio de los indígenas mayores de edad con derecho a afiliarse a ella... (Art. 10). Esta concepción de comunidad, en tanto organización, intenta ver en cada reducción la conformación de una agrupación estable, capaz de proyectar su desarrollo futuro [5].

2. La comunidad indígena y la reducción en la perspectiva antropológica

Hay que partir reconociendo que el grueso del trabajo antropológico en Chile se concentra en el estudio de los pueblos indígenas y, especialmente, en el pueblo mapuche, la etnia más numerosa del país (aproximadamente 900.000 personas, según el censo de 1992). Cuestiones relativas al pasado,

---

[5] La aplicación de la ley a este respecto, que ya se ha iniciado ameritará un estudio complementario.

a las fases evolutivas previas a su incorporación al sistema nacional, así como diversas manifestaciones sociales y culturales del presente, justifican el quehacer de la mayoría de los antropólogos nacionales y de un buen número de extranjeros. Cuál es el origen de los mapuches, cuáles sus sistemas adaptativos prehispanos, en el marco de la compleja cultura andina conforman hoy, con fuerza, los quehaceres de etnólogos, etnógrafos, arqueólogos y etnohistoriadores. La constatación de los patrones lingüísticos prehispánicos, así como las formas que adopta la competencia lingüística contemporánea, también constituyen áreas de gran interés. Otra área importante, aunque quizás menos difundida, es la que se focaliza en torno a las formas de la estructura social y económica. En las últimas décadas los estudios de la llamada etnoliteratura mapuche, así como de diversos aspectos del simbolismo e ideología, han acaparado la atención de especialistas y legos. Las referencias bibliográficas principales acerca de la sociedad y cultura mapuche en las tres décadas previas a la penúltima (1950-1970) revelan cuan difícil puede llegar a ser el trabajo acumulativo en Antropología, ya que los autores discrepan entre sí en cuestiones fundamentales. Tomando en cuenta los aspectos controversiales, que conciernen al sistema de parentesco mapuche y a la influencia del sistema reduccional, permanece la sensación de que la perspectiva individual de los antropólogos, basada en sus respectivas escuelas de formación y en su modalidad propia de registros, es la que prevalece. En lo que sigue, tratamos de identificar aquellas principales áreas controvertidas, derivadas de las interpretaciones de los autores, traspasando la información complementaria sobre el estilo de vida mapuche observado en la época del trabajo de campo.

El primer antropólogo americano profesional, que permaneció en la zona de la Araucanía en 1948, obtuvo la visión de que la cultura araucana estaba en transición desde sus rasgos indígenas tradicionales a un modo de vida campesino y que esta transformación vendría ya durante el presente siglo. Titiev registra antecedentes históricos amplios y locales y, además, incluye bastantes observaciones de campo, pese al escaso tiempo que permaneció en el país (seis meses). Tomando como base esta data, él también formula sistematizaciones sólidas. Sostiene que el sistema de reducciones termina con el viejo sistema patrilocal y propicia los asentamientos individuales neolocales, pero también afirma que los grupos domésticos unilocales pueden corresponderse a los linajes o a los clanes. En otras palabras, se inclina a pensar que el sistema Omaha no se reproduce en la reducción, si bien la terminología tiende a persistir pese a que drásticos cambios en el matrimonio, en la descendencia y en las prácticas de residencia son posibles de detectar (Titiev 1951: 53). Por otra parte, sostiene la desintegración de la estructura política, la pérdida de la cultura material y del prestigio que otorgaba la pertenencia a la etnia, especialmente por parte de los hombres. Pero si bien estas globalizaciones pudieran ser verificables, así como también lo sean aquellas referidas a los patrones de conservación de la cultura, llama la atención el que concluya afirmando que los mapuches, con excepción del lenguaje, sean virtualmente indistinguibles de los agricultores pobres que viven en la vecindad (Titiev 1951: 36). O que vaticine que, aunque los araucanos puedan retener algunos modos tradicionales de vida por unas pocas generaciones, llegará el tiempo en que, inevitablemente, los usos anteriores persistirán sólo en sus memorias.

Faron, por su parte, plantea que la familia mapuche elemental en el período post-reduccional está unida a la "gran comunidad", es decir a los niveles del sistema de linaje. Estos constituyen núcleos de unidades en los sistemas de matrimonio matrilaterales, los que se aprecian también en el congregacionismo ritual (Faron 1961: 75). En otras palabras, en la reducción prevalecen y aún se han fortalecido las unidades básicas de la estructura social mapuche, lo que determinará su continuidad en el tiempo. El "equilibrio relativo" que Faron detecta en la estructura contemporánea lo atribuye a "la matriz" de la vida de reducción, fundamentalmente porque a través de ella la sociedad mapuche está diferenciada de la sociedad chilena (op. cit. p.224). Se ve condicionada a conservar los símbolos de la cultura en un estilo propio y como consecuencia de todo ello, la sociedad y cultura mapuche se ha integrado (op. cit. p.225, 73). En lo específico, entonces, Faron ve que no han sido afectados los principios básicos de integración mapuche: la descendencia patrilineal y la residencia patrilocal. Estos principios se activan en las normas de herencia, en las reglas matrimoniales, y en las crisis vitales, mayormente las muertes. Desde que se inmovilizaron, dice, han aumentado los miembros del linaje patrilineal y se han estabilizado. En sus palabras "se ha cristalizado el principio de unidad de los linajes (op. cit. p.86).

Stuchlik (1967-70) se sitúa en una posición totalmente diferente a los autores anteriores. Plantea que la reducción no permite ver el modelo segmentario patrilineal. Aunque en las reducciones pueda distinguirse un núcleo patrilineal compuesto de hombres relacionados agnáticamente, dice, se trata de grupos localizados de parentesco donde ambas líneas de descendencia —la patrilineal y la matrilineal— son importantes (Stuchlik

1976). Lo anterior permite a este autor sostener que la sociedad mapuche contemporánea está en un proceso de reestructuración, enfrentando complejos cambios derivados del sistema reduccional. Algunos de estos cambios los considera irreversibles. Por ejemplo, que tiendan a aumentar los hogares con familias elementales, que el grupo reduccional en general, haya perdido su carácter de grupo corporado, y en relación a ello, que la población refiera su conducta en lo político- administrativo más a la sociedad chilena que a la estructura de poder tradicional, etc. Quizás, si la mayor línea de continuidad a este respecto la identifique en el nivel de la "comunidad" como grupo local y no de la reducción, tomando en cuenta el patrón de intercambio de mujeres, la elección de "partners" económicos y los eventos rituales.

Lo anteriormente expuesto exige otorgar algunos antecedentes socio-históricos sobre los mapuches, de modo de comprender mejor las unidades sociales —comunidad y reducción— en el ámbito especializado.

El único antropólogo contemporáneo que ha intentado configurar una perspectiva histórica fundada en datos arqueológicos y etnohistóricos es Tom Dillehay (1990). La mayoría de los autores reconstruye la historia mapuche en base a escritores precientíficos o etnólogos de la primera mitad del siglo, ignorando así la memoria histórica de habitantes contemporáneos. Siguiendo a Dillehay, diremos que en el centro-sur del territorio chileno, entre los paralelos 37° - 39° Lat. S, se reconoce la presencia temprana de sociedades étnicas adaptadas a la variedad de ecosistemas propios de una geografía que provee ríos, bosques de altura y de llanos y costa. Más allá de las diferenciaciones locales, compartían —hasta la llegada del europeo (Siglo XVI de nuestra era)— ciertos rasgos etnológicos comunes: disponían de "una economía mixta basada en una agricultura incipiente, recolección de plantas y pesca... (Dillehay 1976: 26).

El sistema adaptativo condicionó un asentamiento disperso, así como pautas de residencia y relaciones semi permanentes y un uso pautado de recursos según tipo y cantidad de ellos. En lo sociopolítico, se destacaban unidades igualitarias basadas en el parentesco, que se transformaban en unidades mayores si las circunstancias lo exigían. Tomando en cuenta la evidencia arqueológica, los especialistas refuerzan la coexistencia de patrones culturales homogéneos respecto de otros diferenciadores. Junto a la homogeneidad lingüística registrada por el europeo, acompañada de esta base económico-adaptativa mixta, distinguen núcleos de crecimiento cultural que atribuyen a enclaves de residencia más permanente en ciertas áreas que lo permitían por sus condiciones geoecológicas. En estos núcleos se aprecia también una diferenciación sociocultural manifiesta en la cultura material, probablemente influida por las culturas andinas. Estas diferenciaciones por crecimiento o evolución cultural habrían florecido por ausencia de ambientes bélicos significativos (200 A.C. - 1000 D.C.), pero fueron arrasados una vez que se instalan las huestes españolas. Sin embargo, durante este período que se prolonga por tres siglos, la sociedad mapuche no tan sólo refuerza su base adaptativa cazadora-recolectora primera, sino que transforma la semi-agrícola, e incorpora la ganadera y posteriormente la metalúrgica, por ser más apropiada a sus condiciones de vida y necesidades de sobrevivencia. A raíz del contacto bélico forzado, entonces, la sociedad mapuche a través de su estructura social basada en grupos móviles, y sus adaptaciones geoecológicas diferenciadas, se defiende de la invasión y dominio total de un modo altamente creativo y funcional. En este período los especialistas destacan las adopciones culturales europeas como el caballo, y la metalurgia que intervienen en la transformación de sus estructuras sociales igualitarias [6].

Por lo expuesto, prevalece la existencia de enfoques antropológicos y sociales diferenciados para abordar el tema de la comunidad y reducción mapuche. La base de estas diferencias para el caso de los antropólogos pareciera arrancar de los tipos de datos o áreas de la realidad que estudian y los sectores geográficos en los que desarrollan sus estudios. Para efectos del estudio del sistema de parentesco y el sociopolítico, compartimos con Stuchlik la propuesta que "reducción" y "comunidad" representan niveles diferentes de la estructura social mapuche contemporánea, donde la primera alude a la unidad de tierra concedida en posesión común a un grupo de gente o patrigrupo pequeño y, la segunda, al espacio central de las relaciones actuales, económicas, rituales y sociales. En la reducción, lo que une a la gente es su vínculo con el Título de Merced y la potencialidad de la herencia. En la comunidad —nivel derivado del régimen reduccional—, lo que impera son vínculos de parentesco, amistad y vecindad. Dentro de esta perspectiva, el surgimiento del nivel de la comunidad representa el espacio mínimo en el que puede expresarse el sistema cultural mapuche, aun cuando la propiedad colectiva de la tierra reduccional ya haya sido dividida en la mayoría de las reducciones. En efecto, esta dimensión colectiva, donde no se comprometen los bienes materiales, se advierte con

---

[6] Visión obtenida de Informe del arqueólogo chileno Carlos Aldunate del Solar (julio de 1993) en Temuco.

claridad en los eventos ceremoniales cíclicos, como el *nguillatún* y en los rituales funerarios. Este tipo de información la detecta Stuchlik observando la ocurrencia y estructura de estos eventos, dentro del marco de la zona que el denomina vital.

Compartimos también los resultados del análisis del antropólogo Vidal, dos décadas más tarde, que le permiten afirmar que la ley de reducciones desarticuló a tal punto el sistema social, que redujo las posibilidad de reproducción de la sociedad mapuche. Dillehay, en cambio, siguiendo a Faron, entra directamente en el proceso del cambio cultural en los espacios ceremoniales. En estos espacios, observa cómo la congregación religiosa continúa uniendo a múltiples grupos de linajes con sus antepasados míticos. Dentro de este enfoque el espacio ritual "permite ubicar el hacer en ese continuar que es la historia" (Dillehay 1990: 85). En 17 canchas del centro-sur de Chile, el autor observa que las unidades de anfitriones conservan la distribución de los multilinajes en el campo ceremonial del *nguillatun*, según la posición de éstos en la estructura social. Dillehay aclara que este análisis permite ver que el espacio cultural, constreñido en "la cancha", refleja simbólicamente la manera en que los mapuches utilizan, transmiten, perciben su lugar histórico y su papel dentro del universo natural en que habitan (op. cit. p.109). En esta visión cultural Dillehay distingue un patrón andino temprano en la estructura ecológica simbólica que él interpreta como un estado de transición entre una fase recolectora móvil y una estacionaria (op. cit. p.114). Simultáneamente con ello, el autor reconoce que estos patrones están desapareciendo o son poco constantes por el proceso de aculturación.

Foerster, por su parte, —que también sigue la teoría de Faron— declara haber identificado 14 linajes patrilineales en un sector cordillerano de la octava región. A propósito del estudio de los nombres propios mapuche afirma que por la exigencia del sistema reduccional predomina el sistema que incluye el patronímico, el matronímico y el individualizador, donde el primero es el clasificador de linaje heredado del padre y refuerza la importancia creciente de éste. En otras palabras, Foerster no identificaría la estructura matrilateral, que señala Stuchlik, en las reducciones del valle, sino más bien un afianzamiento de la patrilateral. Todo este sistema se expresaría en los ritos *lakutun* y *katan kawin* (Foerster y Gunderman 1993).

Los antecedentes expuestos permiten ver, entonces, que la vida de los mapuche, en los sectores que de su territorio originario conservan, oscila entre formas socioculturales que ellos hacen prevalecer en el tiempo, más allá de los límites impuestos por la reducción y otras que han sido desvirtuadas por ésta. En este sentido, cada autor aporta en el aspecto que estudia y enfatiza, observándose menos vacíos metodológicos en los trabajos de las tres últimas décadas. Por ejemplo, advertimos que Faron llamó tempranamente la atención sobre el ámbito ritual mapuche, en tanto foco cultural, pero definitivamente usa de modo confuso los términos "comunidad" y "reducción" llegando incluso a distinguir "componentes de la comunidad en la reducción", refiriéndose a los principios del sistema de parentesco, que el concibe de integración, los que, al menos en el valle, no operan. Stuchlik, por su parte, presenta una visión empírica realista, acorde con su enfoque epistemológico, pero deja de considerar en su análisis cuestiones relativas al sistema ideológico de los mapuches, y a cómo opera éste en la base de su etnicidad. Al revés, Dillehay ahonda en este campo despreocupándose un tanto del problema del contacto y de cómo opera la reducción en el sistema ideológico. Siguiendo a Faron detecta el rol político que están adoptando las *machis*, a causa del debilitamiento del papel de los *lonkos* (Faron 1992), dando por sentada la continuidad del sistema de parentesco y de los linajes.

Como ya se desprende de lo expuesto, en este trabajo se asume que los antropólogos logran visiones parciales, derivadas de sus enfoques o teorías específicas, justificables en el plano de la disciplina, pero no respecto de las sociedades que esperan que su integralidad sea captada. Frente a cuestiones como la pervivencia de la cultura mapuche vemos imprescindible obtener visiones integradoras, que consideren las distintas dimensiones de la realidad social y cultural, especialmente si creemos que el conocimiento logrado no debe quedar dormido en las bibliotecas, sino que debe participar en la vida social, en la toma de decisiones de los sectores que adopten posiciones de conducción y búsqueda de mejores canales de continuidad del pueblo mapuche y de su cultura. Para el logro de estos fines, en este trabajo se asume la teoría de la estructura y del comportamiento individual expuesta por Stuchlik y Holy (1981, 1983), bajo el entendido de que ésta debiera complementarse con los componentes sociorituales que representan los actores. Además, de aquéllos propios de la etnicidad en el contexto interétnico. En otras palabras, dentro de la teoría general del actor tal como la conciben Sharrok y Button (1991), se debe ir al encuentro tanto del mundo metafórico indígena, como una dimensión obligada de comportamiento (Galaty 1981), como de aquellas acciones programadas para el contacto interétnico.

3. Visión mapuche de su sociedad y organización social

En la última década y a partir de la preocupación más sostenida de los organismos internacionales acerca del estado actual y futuro de las etnias en el mundo, grupos cada vez más amplios de dirigentes indígenas acceden a estas esferas de análisis y refuerzan sus liderazgos locales. Por otra parte, un grupo también destacado de profesionales indígenas formados en las universidades orientan su etnicidad a la discusión de cuestiones relativas a sus sociedades y culturas de origen, al punto de conformar centros de estudios e investigaciones. Mientras los primeros dedican gran parte de su esfuerzo a denunciar las imágenes que mayormente los antropólogos, a su juicio, han divulgado de sus sociedades y culturas; los segundos, en cambio, utilizan estos aportes disciplinarios para desarrollar sus propias líneas de indagación. Un genuino interés por "desenredar la madeja" en la que hoy se sienten envueltos en el contexto de sus agrupaciones propias y por tratar de prevenir o contrarrestar la influencia que creen nefasta por parte de las instancias directivas nacionales, orienta a estos profesionales.

Una de las visiones más compartidas por ambos sectores mapuches acerca de la historia contemporánea de su pueblo es la que expone el dirigente Mauricio Huenchulaf (1992: 29-31) [7]. "Hasta inmediatamente antes de la llegada del invasor, el pueblo mapuche vivía en un territorio bastante amplio, de unos 31 millones de hectáreas. Ello le daba una holgura muy grande, pues la población estimada era de dos millones de personas, que extraían lo necesario para poder desenvolverse. Las crónicas de los primeros españoles revelan que en donde vivía el pueblo mapuche no había mayores alteraciones del medio natural. Hacia el año 1640, el pueblo mapuche ya se concentra en no más de 10 millones de hectáreas: todo el territorio del Bío-Bío al norte fue incorporado a lo que es el Chile colonial. La población disminuye por los regímenes de esclavitud a que fue sometida, por las enfermedades y las pestes de la época y por la guerra misma: algunos autores plantean que no más de 180 a 200 mil mapuche sobrevivían por esa época"... "Esos 10 millones de hectáreas, ya durante el proceso de erradicación —la mal llamada Pacificación de la Araucanía—, disminuyeron mucho más todavía. Unas 545 mil habrían sido repartidas entonces a la población mapuche, radicando en ella a cerca de 30 mil personas. Aproximadamente 40 mil mapuche quedaron fuera de ese proceso y, por lo

---

[7] Hoy día este dirigente ha sido nombrado Director de la Corporación Nacional de Desarrollo Indígena, uno de los principales instrumentos burocráticos creados por la Ley Indígena.

tanto, sin tierra. Los 9 y medio millones de hectáreas restantes fueron repartidas por el Estado entre sus soldados, funcionarios y los colonos traídos desde Europa"... "En el primer proceso de división de sus tierras —desde los años 30 hasta el 70—, el número de propiedades mapuche aumenta en forma explosiva, tanto en Cautín como en Malleco. Los títulos de merced entregados en esta última provincia durante la primera etapa, cuando se divide aproximadamente el 50% de las reservas, suben desde unos 160 a alrededor de 3 mil 800. En el caso de Cautín la situación es aún más drástica: solamente en su parte norte, en Galvarino y norte de Imperial, más algunas comunidades aisladas, el número de propiedades sobrepasa las 7 mil. La atomización se expresa, pues, ya en ese primer proceso. Y aunque la promulgación de la Ley Indígena de 1969 logra recuperar aproximadamente 70 mil hectáreas de tierra, ello es insuficiente y el problema continúa; además, más tarde, gran parte de éstas fueron devueltas a quienes se les había expropiado. Desde 1973 viene el segundo proceso de división, con lo que el número total de propiedades aumenta alrededor de 86 mil... Así, esa atomización que se inicia a comienzos de siglo y tiene tan explosivo desarrollo, ha atentado contra las posibilidades de hacer un uso racional de los terrenos: el último proceso de división concede títulos desde 0,25 hasta 1 hectárea por familia, ó 1,5 hectáreas por persona. Y en las condiciones cómo se vive y se explotan estas propiedades, es imposible desarrollar allí una agricultura que dé lo necesario para subsistir y menos para impedir que esta explotación destruya su recurso fundamental, la tierra". Los profesionales mapuches ligados a las universidades, por su parte, no desconocen la importancia del discurso de los dirigentes, en el sentido de explicar la deteriorada situación actual del pueblo por la acción del Estado y de la sociedad nacional. Se muestran, sin embargo, igualmente interesados en reconstruir el estilo de vida pre-reduccional, de modo de explicar ciertos tipos de relaciones que observan hoy en el entorno reduccional. Esto fue lo que ocurrió con los participantes mapuche del equipo que llevó a cabo la investigación antes señalada en la comuna de Imperial [8]. Mediante un contacto sistemático entre este equipo y los líderes y residentes de una reducción, logró reconstruirse gran parte de la historia de este sector y aún apoyar sus planes de revitalización étnica. En efecto, el estudio contribuyó por sí mismo a revelar el propósito y participación

---

[8] Los miembros mapuche del equipo son: Mariano Meliqueo, Técnico Agrícola; José Quidel, Profesor Básico; Galvarino Painemal, Profesor de Educación Media y Desiderio Catriquir, profesor universitario.

étnicas en el marco de las necesidades actuales del sector, asociándose a planes actuales de reactivación cultural [9].

4. Antecedentes actuales acerca de una reducción mapuche en la Araucanía [10]

4.1 Establecimiento de la reducción

El 30 de octubre de 1900 se concede el Título de Merced N° 734 a la "comunidad" C.R. integrada por 49 personas, cinco meses después de que la solicitud fuera presentada a la Comisión Radicadora. El documento oficial se refiere a una "hijuela" de 182 hectáreas, ubicada en la comuna de Imperial, región de la Araucanía. Los documentos de los Títulos adoptaron una forma común, destacando la persona de un miembro principal que solicita las tierras para sí y sus "parientes", en este caso, don C. R. denominado "cacique". Las familias asentadas fueron seis, en grupos de 12, 8, 7, 9, 9 y 4 miembros, siendo la más numerosa la del cacique R .

Se trata de tres familias extendidas, de dos matrimonios y sus respectivos hijos y de tres familias compuestas que incluyen miembros de troncos distintos. Según las fuentes, el cacique habría pedido la tierra que se le asignó sin demostrar interés por aumentarla. El lugar de asentamiento era ribereño, el grupo se adaptó al área ecológica diferenciando una zona de altura, donde se localizaron los grupos domésticos en invierno y otra del bajo que ocupaban en verano. Los grupos domésticos ocuparon un espacio definido y, al parecer, construyeron una fosa protectora contra extraños o enemigos. El resto del terreno asignado se utilizaba para el pastoreo común de los animales. En el terreno de verano cada grupo familiar desarrollaba sus labores agrícolas y en las cosechas, se ayudaban unos a otros. Se dice que allí se daba muy bonito el maíz, gracias a la fertilidad del terreno y a la protección contra los animales que brindaba la laguna que lo circundaba. Ese fue el predio que el cacique prefirió, despreocupándose de un terreno agrícola y de un pajonal (50 a 80 hectáreas).

¿Cuál era la estructura social de este grupo? ¿Conformaban un linaje, o segmento de varios linajes? ¿un *lof che*, un *Kiñel che* o un *Kiñe lof*?

---

[9] Sólo una organización mapuche habría planificado su acción en base al estudio de los principios organizativos tradicionales de la etnia.
[10] Denominación oficial del ex principal territorio mapuche.

La actual agrupación bajo estudio se habría conformado por emigraciones sucesivas y cuando fue radicada no constituía un grupo unívoco de patriparientes. Los primeros ocupantes fueron los R, mestizados con los L. y acompañados de los H. entre los cuales había parentesco cercano; los segundos habrían sido los C., invitados al lugar por la condición de *witafe* [11] de su líder. La labor de este habría sido tal, que fue convocado a quedarse, cumpliendo su descendencia un importante rol en los acontecimientos posteriores. Luego estaba la gente que había venido a hacer *wufkitu*, pues en R. había *wüñelketrán* o cosecha temprana. Los primeros ocupantes los dejaron vivir con ellos, "porque había como para darles..."

En este sentido amplio, entonces, podrían distinguirse varios factores para dar cuenta de la existencia del grupo: el ambiente bélico, el mestizaje chileno mapuche derivado; los patrones migratorios típicos, con asentamientos semi permanentes, el contar con territorio disponible y apto que permitía el desmembramiento natural del grupo y el resguardo de los nichos ecológicos.

Este grupo de parientes y no parientes que aceptó la condición de unirse representa, en la memoria de sus descendientes, el concepto de comunidad como estilo de vida asentado en la ideología propiamente mapuche de la época. Se habría conformado así un *Kiñeelunche* (*kiñelü wünche* o *lof che*) un grupo que hoy se entiende como "el que dejó Ngenechen..." "los que quedaron así..." [12]. La conformación voluntaria del *Kiñeeluwunche* y la modalidad de localizar los grupos domésticos en el espacio más fértil para destinar a pastoreo común el resto en la reducción instituida, podría interpretarse como réplica del modelo vivido en la época precedente. Ocurre algo similar con el hecho de reconocer al primer ocupante como jefe, ya que la norma consuetudinaria otorga propiedad usufructuaria sobre un terreno cuando el que ocupa no encuentra predecesores. Si esa primera ocupación, que habría significado lograr seguridad para el grupo, va acompañada de un liderazgo que responde al modelo *Kimché* de hombre [13], ello tuvo que haber constituido otro factor importante de aglutinamiento y cohesión.

---

[11] Sabio indígena capaz de detectar las brujerías.
[12] Concepto propuesto por el V. C. , registrado por José Quidel, miembro del equipo de investigación, y valorado por el equipo de investigación como el más adecuado para representar el fenómeno.
[13] Los modelos de hombre mapuche fueron estudiados por la autora junto a Desiderio Catriquir (1990) y presentados en el Encuentro sobre Educación Intercultural Bilingüe, en Santiago, en Septiembre de 1993.

Aplicar ese modelo significaba, a su vez, orientar la reciprocidad ritual hacia los antepasados y parientes vivos. De hecho, el tronco originario reconoce lazos de parentesco con la gente de Alchao, con la de Cardal, Loncopulli y especialmente de Mañío, grupos de la ruta de emigración. Así se explica que hasta las dos primeras décadas del siglo los rituales se hicieron con esos parientes.

La primera segmentación de este grupo ocurre en la segunda década del siglo. Un grupo parental no tan sólo se establece con un sistema familiar distinto —el nuclear cercado—, sino además mediante la modalidad de ocupar tierra común y en mayor cantidad a la necesaria. Esta última conducta genera un litigio que se traduce en la división interna de la reducción en tres áreas, cada una a cargo de un tronco parental. Según las fuentes en esta re-mensura, la reducción pierde alrededor de 20 há. Sin embargo, el estilo de uso común de los terrenos no varió sino hacia la mitad del siglo, cuando algunos de los descendientes de los primeros asentados (nietos) hicieron cursos de agricultura y aprendieron las nociones de rotación por medio de cercos. Aquel era el tiempo cuando en R. se practicaba el rito del *wetripantu,* o del inicio del año (en junio), en el cual los jóvenes dialogaban con los árboles para que dieran frutos. Eran los tiempos de la abundancia, en los que las familias disponían de animales, de recursos obtenidos mediante la recolección, la caza y la pesca, al mismo tiempo que de pequeños cultivos en medias, chacras y huertas.

El patrón de concertación de matrimonios revela, hacia 1930, escasos cambios respecto de principios de siglo: los hombres de un tronco parental se casaban con mujeres de troncos distantes. Hasta la mitad del siglo, entonces, el *kiñe lof* R. intentó reproducir en el terreno de la reserva el modelo de vida tradicional mapuche: mantuvieron su cementerio privado, celebraban ritos del *eluwun* y organizaban en las primeras décadas del siglo algunos *ngillatunes*.

En estos rituales los invitados principales eran la gente de Alchao, de Mañío, de Cardal y Loncopulli, con quienes bailaban *purrun* o compartían, los deberes propios de los entierros. Aun hoy don M. H. dice: "Cuando había *purrun*, cuando muere gente, se juntan los de R. con toda esa otra gente...Yo alcancé allá, cuando murió tres gentes allá, llegamos en carretón llevando vino y carne para participar ahí... Agrega que en ese tiempo "el *lof* era con toda esa gente"... "cuando aquí se unen con L... cuando se ayuda uno y otro así, entonces ese es un *lof*, porque *lof* quiere decir unión"... De esa época se registran también contactos del jefe del grupo con dirigentes regionales —

que iniciaron las demandas reivindicativas del pueblo mapuche y que basaban éstas en la fuerza simbólica de la cultura— así como la institución del arriendo de niños, especialmente por la familia del cacique.

Al mismo tiempo allí se practicó y sancionó la brujería, así como la magia simpática, especialmente en relación con los cambios del curso del río. Sin embargo, el *kiñe lof* se habría visto imposibilitado de continuar haciendo *ngillatunes*, pese a las medidas sanatorias impulsadas por el cacique. En realidad, el grupo reconoce durante mucho tiempo la influencia "dañina" de la reducción vecina, a cuyo principal actor se le atribuían poderes mágicos malignos principal fuente de su enriquecimiento. Esta influencia, en lo económico, penetraría hasta la familia descendiente del cacique de Relmul, la que a mediados de siglo ya contaba con maquinaria agrícola, y comenzaba a ascender en la escala social y económica.

4.4 Situación contemporánea de la reducción

En la actualidad y como consecuencia de la última ley de división de las reducciones (DEL. 2568-82) los tres troncos originarios principales: Q. - C. y P., concentran el 95,64% del terreno, que asciende a 162,53 hás. Según el criterio de residencia, los adjudicatarios 28 residentes poseen el 78,87% del terreno de la reserva. Entre ellos, un miembro del tronco P. dispone de la hijuela mayor (19,55 hás) el que posee la menor (0,40 hás.) es de otro tronco. En el presente, entonces, cada individuo descendiente de alguno de los troncos originarios posee en herencia por padre o madre alguna porción de tierra. Algunos han agregado nuevas tierras, ya sea por la línea paterna o materna, de lo que heredaron incluso terrenos comprados previamente en otras áreas. El descendiente del primer cacique, por ejemplo, posee 65 hás. en otro sector dejadas en herencia por su padre y 20 hás. más por compras, en tanto en R. su propiedad sólo asciende a 6,25 hás. Los adjudicatarios residentes conforman 23 grupos domésticos: en los que se distinguen un 35% de familias nucleares, es decir, donde residen los padres y sus hijos y 35% de familias, donde residen miembros de tres generaciones. El 30% de familias restantes están integradas por parientes de distintas líneas de filiación. Entre los residentes actuales, el 57% reconoce tener parientes en la reducción, por filiación patri- y matrilineal, predominando los primeros respecto de los segundos. Por otra parte, el 75% de las mujeres casadas residentes, —sólo adultas y jóvenes— provienen de un radio de unos 15 kilómetros a la redonda, que en su distancia máxima corresponde a lugares considerados alejados.

En relación a las edades, el monto mayor de población está entre 1 año y los 20 años (49,1%), seguido del grupo de 30 a 59 años (35,8%). El grupo menor es el de los ancianos (15,1%). Los menores de 9 años representan el 14,2%.

En cuanto a la escolaridad, la tendencia se concentra en el primer ciclo de la básica (23,9%) seguida del segundo ciclo (21%) y del tercero (16%). Cabe hacer notar que aun cuando un 14,2% de la población no ha accedido a la escolaridad, en esta educación todos los niveles se encuentran representados. El nivel universitario (3,8%) ha sido logrado por los descendientes del tronco del cacique y una del tronco Q., en profesiones de la educación y de las ciencias agrarias.

En lo económico y tomando en cuenta el monto de la propiedad de la tierra en la reducción y fuera de ella, el tipo y cantidad de los aperos, la posesión de los animales, la cantidad de tierra cultivable, la destinada a bosques, quintas y otros usos, así como el tipo de vivienda y el modo de cultivar la tierra, podrían distinguirse tres formas de economía en R.: las de sobrevivencia, las de sustentabilidad y las de acumulación. Estas formas son mayormente de orientación y no son estáticas, especialmente las dos últimas. En la reducción observada, el 52% se adscribe a la primera forma de economía. Esto significa que la mayoría de las familias logran una satisfacción mínima a sus necesidades, poseen de 1 a 6 hás. de mala calidad, con suelos delgados, repartidos al interior de la reducción y en algunos casos en otras reducciones. Los grupos domésticos ocupan viviendas del tipo "mediaguas" chilenas, acompañada de una *ruka* cocina; no todos incluyen galpones para enseres o animales.

La agricultura se ha caracterizado como tradicional y de bajos rindes (Durán y Meliqueo 1990), con una horticultura estacional. La posesión de animales es mínima o no existe, especialmente animales de labranza. En este sentido, son familias que requieren vincularse a otras para ejecutar los trabajos agrícolas, a través del préstamo de animales, medierías, sistema de *mingaco* y/o a través de su asociación a organismos de origen externo, de los que obtienen los insumos mínimos para producir sus alimentos. Las familias que pueden clasificarse en una economía sustentable y que ascienden al 26%, se caracterizan por disponer de suelos e infraestructura de mediana calidad y pueden organizar por sí mismas su sistema de producción, sin que por ello se sustraigan a formas de trabajo colectivo como *mingacos* o medierías. Por otra parte, estas familias incursionan en distintas actividades productivas, como caza, pesca, comercio menor y han introducido tecnologías que mejoran las tradicionales en su agricultura, o están dispuestos a hacerlo, si se da la ocasión. En suma, optimizan sus recursos para lograr "un buen pasar" y proyectarlo al futuro. En el extremo se identifican aquellas familias que se orientan abiertamente por la economía de mercado. Cinco familias de R. (22%) provenientes de tres de los troncos principales, asumen conductas económicas del tipo agroganadero y forestal de ciertas proporciones. Son familias que vienen acumulando capital desde mitad de siglo, el que han invertido en la compra de maquinaria agrícola o de tierras, disponiendo, a excepción de un caso, de un promedio entre 10 y 20 hás., con pequeños bosques para aserrar y quintas. Sus viviendas son de madera, de mayor tamaño que la de sus vecinos y con elementos urbanos de construcción: tejas, zinc, etc. Algunos poseen vehículos motorizados.

En cuanto a la distribución del poder se distinguen dos tipos de liderazgo: uno formal e histórico y otro cultural. El primero se origina en el cacicazgo impuesto por la reducción; el segundo continúa la línea pre-reduccional. Mientras el primero representa la eficaz incorporación a la sociedad nacional, el segundo liderazgo se resiste a este proceso. Sostiene una crítica permanente a lo que denomina "abandono de la cultura" por parte del sector integracionista y procura mantener los rasgos objetivos y subjetivos del ser mapuche: el apego a la historia como fuente de verdad, la distinción y valoración de los troncos familiares y especialmente, el análisis y evaluación del comportamiento moral de sus integrantes. Dentro de esta crítica, la acumulación de bienes, así como la práctica del idioma constituyen materia de constante preocupación para el liderazgo tradicional y, en general, la actitud de desoímiento de la cultura de la mayoría de la gente de la reducción. El líder oficial —nieto del primer cacique— reconoce también que R. "no es una comunidad muy unida". Recuerda hechos relativos a la tenencia de la tierra que considera graves respecto a esta condición, como cuando estuvieron a punto de recuperar 4 ó 5 hás. del fundo Suárez que los colinda y no "pudieron llegar a un entendimiento" acerca de qué hacer o cómo repartir ese terreno entre 14 familias. Retrocediendo en el tiempo, señala cómo hubo que aceptar que el causante del litigio del año 17, habiendo tenido la oportunidad de recuperar parte de la tierra perdida en la remensura que se hizo en los años 70, no lo hizo. Y no se ha hecho justicia de estos comportamientos y aunque él intervino en esos asuntos, no se lograron los mejores resultados.

Como puede advertirse de los antecedentes expuestos, R. ha experimentado cambios profundos durante el presente siglo. Además de haberse dividido la tierra e individualizado su posesión, han surgido diferencias socioeconómicas y han dejado de practicarse la mayoría de las costumbres propias del *ad mapu* mapuche. Ya no se acostumbra el *elwun* o entierro, sino sólo el velorio, donde participa mayormente el grupo doméstico y los familiares más cercanos. Las tendencias controvertidas entre la conservación de la cultura y el "awinkamiento" lograron su máxima expresión en la preparación del *nguillatún* de fines de Diciembre del 93, proceso que fuera definiéndose a partir de los Encuentros Culturales Interescolares iniciados en 1992 [14]. Aunque las posibilidades y condiciones en general no eran propicias, ya que no contaban con una *machi* en la reducción, el líder tradicional —elegido para dirigir la organización del evento— fue sorteando paulatinamente las dificultades. Así entre el 24 y 25 de diciembre de 1993 tuvo lugar el esperado *nguillatún*, actuando las veintidós familias de la reducción "como si" fueran una comunidad [15]. El diagnóstico de la *machi*, sin embargo, fue drástico: si no controlaban las malas influencias, el awinkamiento, la comunidad continuaría recibiendo lo que merecía: malas cosechas, inundaciones, desgracias. Por el contrario, si volvían a los ciclos rituales, dejaban las maquinarias, criaban caballos y plantaban árboles autóctonos, tendrían el apoyo de *chao ngenechen* [16]. En el campo sociopolítico y cultural, el *nguillatún* constituyó un valioso escenario: la *machi* comunicó la información trascendente a los líderes tradicionales, quienes la recibieron dentro de la norma habitual y solicitó también la participación de los hijos del cacique. Estos últimos abordaron sólo cuestiones relativas al contacto interétnico y se expresaron mayormente en castellano. Es evidente, entonces que la confrontación socioétnica concierne a las prácticas sociales y por otro, al conocimiento, a la norma y a las relaciones de parentesco. Hoy día, es unánime el desconocimiento de las relaciones precisas entre los tres troncos originarios, si bien la coexistencia obligada pugna por encontrar un cauce hacia el replanteamiento del estilo *Kiñelüwunche* o del *lof che*.

---

[14] Estos Encuentros fueron activados por el Director de la que fuera la 1° escuela, don José Quidel, de la reducción y miembro del proyecto.
[15] Este evento será analizado en el trabajo: Salud, Género y Desarrollo entre los mapuches, que se presentará en el Workshop en: Salud, género y desarrollo, organizado por el Centro de Investigación para el Desarrollo.
[16] *Chao Ngenechen*, término mapuche que identifica a la entidad sobre natural superior. Abril, 1994.

5. Síntesis

5.1. En una proyección comparativa, la reducción Relmul es representativa de los conglomerados mapuches notoriamente aculturados del centro-sur de la Araucanía, condición que se ha visto favorecida por la facilidad de acceso de zonas urbanas. Pero se han detectado también ámbitos de resistencia cultural.

La revisión de los conceptos Reducción y Comunidad ha significado ir al proceso histórico vivido y con ello al encuentro de varios importantes problemas que se asocian al sistema reduccional, a otros que se viven en el presente y se proyectan hacia el futuro. Hemos comprendido cuán importante es la historia para los mapuche, pese a que la dinámica contemporánea los subsume y los sustrae. También, cómo subyace la oposición mapuche-*winka*, no tan sólo a nivel general o en el marco del contacto, sino incluso a nivel de cada individuo. En un trasfondo de etnicidad, se revela que los mapuches han adoptado un estilo de vida contemporáneo, consciente a veces, reactivo otras. En este plano usan, de modo indistinto, "comunidad" y "reducción" en el sentido *winka*, es decir, como instancias localizadas de vida para representar lo unívoco mapuche.

Cuando se dan las condiciones necesarias para la reflexión, sin embargo, establecen claramente las diferencias entre estos conceptos. En este contexto, emerge el concepto de comunidad como *Kiñe lüwünche* o *lof che* en el que los lazos de parentesco, o de amistad, el liderazgo y las normas ideológicas o la moral mapuche son los criterios principales. La reducción como espacio delimitado asignado por el *winka*, al parecer permitió la práctica del modelo *Kiñe lüwiunche*, y por sí mismo ya constituye una adaptación mapuche al hecho de que el grupo "que quedó" permaneció como tal en el tiempo. No obstante, la ideología del sistema tuvo que enfrentarse a la ideología del sistema nacional que penetró cambiando las expectativas y las prácticas en el campo económico, en el campo ritual en el educacional, en el organizativo y en el social. Ha sido importante volver a preguntarse, si estas diferenciaciones socioétnicas han sido provocadas por la reducción y si podrían diferenciarse áreas definidas de cambio derivadas de este sistema y otras derivadas desde las distintas esferas de condicionamiento de la sociedad nacional. ¿Hasta qué punto la reducción influyó en el quiebre de la etnicidad? ¿Ha podido la identidad mapuche sobrellevarse en el sistema reduccional?.

Los datos muestran que los mapuches de hoy, especialmente los del valle, enfrentan las dificultades propias de su condición de tener que vivir bajo el marco de una economía cuyas leyes desconocen y en la que participan marginalmente. Al mismo tiempo, ellos sufren la falta de unión y el haber perdido el buen pensamiento mapuche, imperando el descrédito de las prácticas culturales actuales y la desconfianza mutua. Creemos que estos problemas sí derivan del sistema reduccional y su ideología, de la división sucesiva de la tierra, y de las distintas influencias del sistema nacional. Los mapuches hoy enfrentan la lucha étnica al interior de las reducciones no para cambiar el sistema reduccional, sino para resolver algunos de los problemas que viven y sienten como los más decisivos para la vida espiritual y material. Demandan aportes económicos para sobrevivir de acuerdo a las condiciones impuestas (más tierra, más caminos, etc.), pero no detectan problemas derivados del asentamiento forzado en lo que respecta al cambio en el ritmo de crecimiento demográfico, ni al cambio en el sistema de parentesco. Por otra parte, se ve allí decisivo resolver el problema del liderazgo tradicional, función que se asocia a la recuperación de sentido de congregación ritual y no al enfrentamiento con la sociedad nacional.

En reducciones donde el liderazgo ritual ha sobrevivido y el nivel de "comunidad" planteado por Stuchlik opera, la vida social mapuche transcurre con mayor normalidad (sectores pre-cordilleranos). Aunque no podría decirse que la vida de abundancia de la época pre-reduccional sea lo característico, dada la pervivencia de instituciones rituales (como el *eluwun* y el *ngillatunes*) se hace posible aún vivir la reciprocidad y solidaridad. Esto demuestra que para estos sectores el sistema reduccional afectó su etnicidad en el marco de la sociedad nacional y probablemente su vida económica, pero en tanto han logrado replicar los ciclos ceremoniales, la identidad sociocultural local ha prevalecido. ¿Por qué en esos sectores pudo ocurrir eso? La hipótesis antropológica que podría aflorar aquí apunta a la conformación misma del *Kiñe lüwünche*: probablemente se trató de un grupo en el que los troncos familiares o *Küña* permanecieron o permanecen unidos por más tiempo [17]. En otras palabras, el caso de R. ha permitido detectar que de las dos variables principales que intervienen en la dinámica social, esto es parentesco y etnicidad, se valora más esta última cuando la aculturación ha sido acentuada.

---

[17] El concepto *küña* fue estudiado por la autora junto a Desiderio Catriquir en otro sector de la región y constituyó la base de la ponencia "Construcción del *küña* o nombre mapuche", presentada en el Congreso de Antropología de México, en Septiembre de 1993.

5.2. Lo expuesto hasta aquí revela que no hay una correspondencia entre el discurso de los mapuche y el de los antropólogos. Las diferencias afectan a los objetivos, a las áreas de interés seleccionadas y las estrategias metodológicas propuestas para enfrentar los problemas que se detectan. Este hecho dificulta hoy no tan sólo la comunicación entre los antropólogos e indígenas que desean trabajar juntos y perciben posibilidades de comunicación, sino también a los líderes indígenas, políticos o no, que actúan en la arena política de las sociedades nacionales. Derivado de este estudio, se ve prioritario continuar avanzando en la línea de los estudios compartidos, donde la investigación permite la participación de los actores indígenas. Ha resultado un hecho constatable que las reservas culturales indígenas, en este caso mapuche, realmente sorprenden si se toma en cuenta la información que pueden proporcionar. Esta información es cualitativamente relevante, es decir, se refiere a eventos, a instituciones y al conocimiento o a la epistemología indígena. En el caso concreto de R. por ejemplo, que cuenta con una base de datos significativa, sería promisorio para el futuro precisar los niveles de la estructura social y cultural desde la perspectiva propiamente mapuche, conocimiento que suponemos debiera reforzar los procesos de re-identificación étnica que se están dando en la reducción, y en los cuales la escuela ha comenzado a jugar un papel relevante. La propuesta que parece razonable es que esta institución, dispuesta a revertir su enfoque, no "enseñe" la historia local sino que oriente su diseño y su análisis con los actores involucrados. En lo específico, interesa avanzar desde la identificación de la unidad *küña* como grupo doméstico, del *kiñe lüwün* como comunidad o asociación comunitaria, que moviliza mayormente la ceremonia del *nguillatún*, al nivel de las diversidades étnicas geográfico-ecológicas (*nagpanche, lafkenche, huilliche*, etc.) hasta llegar al nivel mayor, al mapuche propiamente tal, es decir, al de la sociedad étnica en el marco de la sociedad nacional. En tanto esta sociedad se ha revelado capaz de adaptarse a diversos cambios a través de su historia, en los que se incluyen adopciones y re-articulaciones de rasgos externos mientras ha mantenido la base ideológica, se comprende que esta dimensión de la cultura es la que podría favorecer la rearticulación que hoy se precisa.

Apoyar estos procesos es tarea de lo que estamos denominando Antropología Necesaria. Una tarea de este tipo, que se inserta dentro de los planteamientos de Salomón Nahmad en México, supone identificar áreas problemáticas de relevancia para le gente. Esto significará hacer un esfuerzo para evitar mantener la dicotomía sujeto-objeto que prevalece (Arnold y otros 1992).

5.3. Lo anterior no debe entenderse como que el trabajo antropológico mismo no sea importante y no haya que cultivarlo. Para efectos formativos, se deben aclarar los argumentos controversiales entre los antropólogos, pero en los ámbitos regionales donde se trabaja con los pueblos indígenas, estas cuestiones debieran formar parte del ámbito privado de la disciplina. Ello podrá ocurrir si el esfuerzo se centra más en estos pueblos que en los antropólogos y en sus visiones personales de los sectores que estudian.

Como se ha planteado con anterioridad, la identidad sociocultural mapuche se ha visto y se está viendo en serio peligro en las reducciones. Sin embargo, prevalece la etnicidad o el conjunto de mecanismos socioculturales a través de los cuales los grupos adscriben pertenencias y definen sus límites a nivel intragrupo y con respecto a otros. En este sentido, concebimos a la reducción como un contexto sociopolítico en que la sociedad mapuche no ha podido reproducir plenamente los rasgos de la cultura que generó cuando era una nación autónoma, pero el cual genera niveles de autoconciencia y responsabilidad en el proceso. Los conceptos de cambio sociocultural y de cultura deben superar, por otra parte, la concepción expuesta por Titiev, por ejemplo, quien veía a la cultura mas bien a través de expresiones observables estáticas y concebía al cambio como oscilando entre fuerzas de flujo e inercia. Hoy día ya constituye un acervo el reconocer la relación entre la interacción y la integración simbólica en sociedades donde se comparten universos simbólicos y al mismo tiempo se viven sistemas prácticos diversos (Hylland 1992: 5-31). En esta tendencia teórica se reconceptualiza sociedad, entendiéndola precisamente como "una condición para la interacción significativa" y cultura, concibiéndola como idioma compartido, modos de comunicación y maneras de resolver problemas; se la ve también como una capacidad creadora, transmitida y distribuida para la comunicación y la acción. Esta concepción admite que la propia gente concretiza y aun elige aquellos universos simbólicos que le son más útiles en la fase histórica que vive. Conceptualizaciones de esta naturaleza creemos que no impedirían el diálogo y el inter-aprendizaje entre los sectores indígenas ilustrados y los antropólogos.

BIBLIOGRAFIA

ARNOLD, D. Y. (comp.),
1992 Hacia un orden andino de las cosas: tres pistas de los Andes meridionales. La Paz: Hisbol e ILCA.

BENGOA, J.,
1990 Historia del pueblo mapuche Siglo XIX. Edit. Sur. Santiago de Chile.

CATRIQUIR, D. y T. Durán,
1990 "El nombre personal en la sociedad y cultura mapuche. Implicancias étnicas y educacionales". Actas de lengua y literatura mapuche, pp. 257-275. Temuco: Universidad de la Frontera.

DILLEHAY, T.,
1976 "Observaciones y consideraciones sobre la prehistoria y la temprana época histórica de la región centro-sur". En: Estudios antropológicos mapuches en Chile sur-central. Pp. 1-48. Temuco: Universidad Católica.
1990-92 Araucanía. Presente y pasado. Santiago de Chile: Ed. Andrés Bello.
1992 "Un comentario sobre los grupos femeninos dispersos y la persistencia cultural de los mapuches". En: Cultura- Hombre - Sociedad. Revista de ciencias sociales y humanas. Temuco: Universida Católica: 97-110.

FARON, L.,
1961 Mapuche Social Structure: institucional reintegration in a patrilineal society of Central Chile. Illinois Studies in Anthropology N°1, Urbana: Illinois University Press.

FOERSTER, R. y H. GUNDERMAN,
1993 Acerca del nombre propio mapuche, en Nütram. Santiago de Chile: Editorial Rehue Ltda.

FOERSTER, R. y S. MONTECINOS S.,
1988 Organizaciones, líderes y contiendas mapuches, 1900- 1970. Edición CEN.

GALATY, J. C.,
1981 "Models and Metaphors on the Semiotic Exploration of Segmentary Systems". En: The Structure of Folk Models, pp. 63-92. London: Academic Press.

GUEVARA, T.,
1913 "Las últimas familias i costumbres araucanas". Historia de la civilización de la Araucanía. Vol. 7. Santiago.

HUENCHULAF, M.,
1991 "Los Mapuche y la Tierra. El mundo es uno solo". En: **Pueblo mapuche, medio ambiente y organizaciones no gubernamentales.** Pp 27-34.

HYLLAND, Tl.,
1992 "Multiple Traditions and the question of cultural integration". **Ethnos**, pp. 4-15. Folkens Museum Stockholm.

SHARROCK y BUTTON,
1991 "The social actor: social actions in real time." En: **Ethnomethodology and the Human Sciences**, pp. 137-175. Cambridge: Cambridge University Press.

STUCHLIK, M.,
1976 **Life on a half share. Mechanisms of social recruitment among the mapuches of Southern Chile.** London: C. Hurst and Company.

STUCHLIK, M. y L. HOLY,
1981 **The Structure of Folk Models**, pp. 1-34. London: Academic Press.

1983 **Actions, Norms and Representations. Foundations of Anthropological Enquiry.** Cambridge: Cambridge Studies in Social Anthropology.

TITIEV, M.,
1951 **Araucanian Culture in Transition.** Ann Arbor: University of Michigan Press.

VIDAL, A.,
1992 "Indicadores sociodemográficos de la población mapuche rural. ¿Crisis de la reproducción societal?". En: **Sociedad y cultura mapuche actual.** Pp. 207-257. C.I.I.D. Soc. Mapuche Lonko Kilapán.

Categorías de Parentesco y Género

Parte III

6

TERMINOLOGÍA DE PARENTESCO Y TRATO SOCIAL ANDINO:
DATOS LINGÜÍSTICO-ETNOHISTÓRICOS DE HUAROCHIRÍ

Sabine Dedenbach-Salazar Sáenz

Introducción

Las fuentes lingüísticas andinas para la época colonial temprana muestran la existencia de un vocabulario extendido con referencia al parentesco [1]. Lounsbury y Zuidema han realizado estudios sobre la terminología quechua del parentesco de la época incaica, y Wolf para la terminología aymara de la época colonial [2]. En este capítulo, no voy a entrar en una discusión sobre el parentesco sanguíneo y de afinidad, sino más bien voy a estudiar el uso de la misma terminología en un sentido más amplio, es decir, entre personas que no son parientes biológicos y entre seres humanos y sobrenaturales. Esto se puede denominar el "trato social".

Como el trato social se refleja más claramente en la interacción verbal de las personas, he consultado las fuentes quechuas que contienen este contexto, sobre todo los textos quechuas de Huarochirí (las llamadas *Tradiciones de Huarochirí*) y de Guaman Poma, Molina y Pachacuti. Analizo los campos siguientes:

1. El trato social entre los miembros de la sociedad andina prehispánica.
2. El trato entre seres humanos y sobrenaturales en la época prehispánica.
3. El trato social entre la población andina y los españoles en la época colonial.

---

[1] Así por ejemplo la gramática de González Holguín trae más de siete páginas sobre el tema.
[2] Ver por ejemplo Lounsbury (1986), Zuidema (1977, 1980 y el presente volumen) y Wolf (1980).

1. El trato social entre los miembros de la sociedad andina prehispánica

Los datos para esta parte del estudio provienen sobre todo del manuscrito de Huarochirí y de los vocabularios quechuas [3]. González Holguín explica en su *Vocabulario* los términos **wawqi** (ibid.: 190/2), **ñaña** (ibid.: 256/1), **pana** (ibid.: 277/1) y **tura** (ibid.: 544/1) en el sistema de parentesco. Según él, las personas designadas por ellos pertenecen al mismo ayllu, al mismo linaje, como *hermano / -a* y *primo / -a* [4], pero estas palabras también incluyen los significados siguientes: *conocido / -a*, *amigo / -a* y *los de su tierra*. Este uso de los términos de parentesco entre la misma generación sugiere que los corresponsales se ven como de un status igual. En alusión al estudio que Foster llevó a cabo en México (1967: 217), quisiera ver estas relaciones como relaciones "colegiales" que implican un contacto horizontal y simétrico.

El uso de estos términos en los Andes en la temprana época colonial se puede ver en su contexto cultural en los textos de Huarochirí.

Los Colli se entienden como hermanos de los Checa: **chaymanta kay Checakunaktam kanan "wawqi" ñispataq kawsanki**, *entonces vas (van) a vivir diciendo ahora "hermano" a los Checa* (*Tradiciones de Huarochirí* [ca. 1608] cap. 11, fol. 77v).

Otro indicio de que los miembros de distintos grupos —en este caso del ayllu Cacasica de Checa y un Quinti— se hablan entre ellos usando el término **wawqi** se encuentra en el cap. 17 (fol. 82v): **"wawqi, ñam hapinki"**, *"hermano, ya lo has capturado"*.

Los hombres que se encargan de servir a Pariacaca (que son denominados **Pariacacap yanan**, *siervo de Pariacaca*), al ver las entrañas de una llama, se hablan mutuamente de *hermano*: **"a, atac, manam allichu pacha, wawqi; qipanpiqa kay Pariacaca yayanchik purumanqataqmi"**, *"ay, no es un tiempo bueno, hermano(s); y después*

---

[3] Los términos quechuas y las citas literales de las fuentes se escriben con negrilla, las traducciones con letra cursiva. Las comillas indican que se trata de una cita de habla directa dentro de la fuente citada.
Para facilitar la lectura he adaptado el quechua del manuscrito de Huarochirí, de Guaman Poma y de las otras fuentes a una ortografía moderna semejante a la del quechua ayacuchano (parecida al sistema fonológico de la lengua general colonial) e introducido una puntuación. Las traducciones al castellano son mías. Para una evaluación del carácter del manuscrito de Huarochirí véase Dedenbach-Salazar Sáenz (1997).

[4] Cf. Santo Tomás, *Lexicón*: 92, 289.

este Pariacaca nuestro padre va a ser abandonado", pero a Pariacaca le dicen **yaya**, *padre*. (cap. 18, fol. 83r).

Anchicara, el cuidador del agua, y Huayllama, que quiere obtener agua para sus acequias, se encuentran en una fuente. Los dos son de distintos lugares (pueblos, ayllus) y se dicen **tura**, *hermano* (ella a él) y **pani**, *hermana* (él a ella) (cap. 30).

Aquí las personas que son de la misma generación emplean los términos de hermanos, también cuando provienen de otros ayllus, lo cual significa que los miembros de distintos ayllus se ven como corresponsales simétricos y colegiales.

En su *Vocabulario*, González Holguín muestra cómo se usaban estos términos en los mismos saludos [5]:

Hola dize el varón a otro Yao yau [yaw].
[**wawqi**, *hermano*]
Hola dize el varon a la muger. Pao pau [paw].
[**pana**, *hermana*]
Hola dize la muger al varon. Tu, o tuy.
[**tura**, *hermano*]
Hola dize la muger a otra. Ña, o nay [sic].
[**ñaña**, *hermana*]

(González Holguín, *Vocabulario*: 546/1.)

Estas fórmulas se anteponían o posponían al nombre o término usado en el trato (ibid.: 608/1). Es interesante observar que por lo menos tres de las fórmulas de saludo contienen cada una la primera sílaba del término de parentesco entre hermanos; esto refuerza la hipótesis que especialmente estos términos de parentesco también se refieren al trato social entre amigos y conocidos.

Una relación desigual y asimétrica se desarrolla entre distintas generaciones y es representada por el uso de los términos **yaya/mama**, *padre/madre*, para denominar a la generación mayor y **churi/wawa**, *hijo/a (de hombre)/hijo/a (de mujer)*, para la generación menor.

Yaya y **mama**, aparte de tener el significado de padre y madre biológicos [6], también implican una posición de respeto y poder: *amo/ama* [7],

---

[5]   Cf. también González Holguín, *Vocabulario*: 255/1, 281/2, 349/1, 365/2, 608/1.
[6]   Ver González Holguín, *Vocabulario*: 225/1, 366/1; Santo Tomás, *Lexicón*: 298.
[7]   Ver González Holguín, *Vocabulario*: 405/2, 366/1; Santo Tomás *Lexicón*: 298.

señor/señora [8]. Otro término de parentesco, **apu** (plural **apuskikuna** o **apusquicuna**), se refiere según González Holguín a *los antepassados, o los mayores, o antiguos, o ancianos* [9]. En este sentido, **apu** denomina a los que criaron a los pueblos y que son considerados ancestros comunes de grupos sociales (Doyle 1989: 52). En su *Vocabulario*, González Holguín pone el énfasis en sus entradas para **apu** en el aspecto semántico de *juez*; su entrada general reza: *Señor grande o juez superior, o curaca principal,* **sapay apu,** *Rey* (ibid.: 31/2)

El rol de los ancianos en la sociedad incaica fue estudiado por Baumgart (1987) en base a las fuentes lexicográficas quechuas y etnohistóricas. Según este trabajo, las personas viejas, aparte de participar en las tareas de la casa y otras económicamente relevantes (por ejemplo en el tejer), fueron las encargadas de las huacas (ibid: 53), de rituales religiosos (ibid.: 53-55), de los quipus (ibid.: 58), de la transmisión de las tradiciones orales (ibid.: 67) y también aconsejaban a los curacas (ibid.: 66). Esto refleja la posición honrada y respetada que tenían las personas mayores en la sociedad. Un ejemplo del trato entre las diferentes generaciones se encuentra en Guaman Poma en el contexto del sacrificio de una llama:

> Le abrian del corason que es la ley de los hechiseros ydulatras porque decia el moso el biejo - suncus caynam yaya uanun - allim churi casun - yauar zancucta chaua yauarta micunquichic churi
>
> ...sunqus kayman, **yaya**, wañun - allin, **churi**, kasun - yawar sankukta chawa yawarta mikunkichik, **churi**
>
> [el joven:] *parece que el corazón es así, padre, ha muerto;* [el viejo:] *bien, hijo, vamos a estar; Uds. comerán pan de sangre, la sangre cruda, hijo*
>
> (Guaman Poma 1980 [ca. 1615]: 881 [895] [10].)

Este uso se refleja también en los textos de Huarochirí. Don Cristóbal, después de vencer al demonio Llucllayhuancupa, dice a la gente: **tukuy runakunakta ñispa, willarqan: "wawqikuna yayakuna"**, *habló a todos los hombres diciendo: "hermanos, padres"* (*Tradiciones de Huarochirí*

---

[8] Ver González Holguín, *Vocabulario*: 225/1, 405/2, 366/1; Santo Tomás *Lexicón*: 315, 298.
[9] Ver su *Gramática* (f. 96v), en que Holguín escribe: **apusquicuna**.
[10] Cf. también Guaman Poma (1980 [ca.1615]: 199 [201]).

cap. 20, fol. 87v). El mismo don Cristóbal vuelve a tener un encuentro con el demonio: una mujer Yunga, Chacuas, le habla y le riñe por no reconocer a Llucllayhuancupa, el hijo de Pachacamac; ella se dirige a él usando la palabra **wawa**, *hijo (de mujer)*, y don Cristóbal le responde con **mama**: "**chayqa mana alli supaymi <u>mamay</u>**", "*ése es un demonio malo, madre*" (ibid. cap. 21, fol. 87v).

Mediante las palabras y los gestos que expresaban saludos, Santo Tomás en su *Gramática* nos provee con un contexto situacional, que por su carácter único merece ser citado aquí:

De los terminos que vsauan en sus salutaciones.

...Y assi los indios quando vienen a visitarse vnos a otros, o tractar otros negocios, si el vno es persona muy principal y el otro persona muy baxa y comun la persona comun, quando llega, o se encuentra con la otra, nada habla mas de hazer cierta señal con la mano derecha abierta la palma, y dedos, meneandola quatro, o cinco vezes hacia la persona a quien habla, abaxando los ojos al principio con humildad y luego levantandolos a mirarla con reuerencia, y meneando los labios y lengua, muy pasito proferiendo con ella ciertas palabras no significatiuas ni que se puedan, escreuir, mas de que haze señal de reuerencia, y subjection. Y si la persona que viene a hablar es mancebo, y hijo de algun señor principal se llega al señor a quien viene a hablar y le besa la mano, y algunas vezes el mayor a el en el carrillo, y esta es señal de gran familiaridad y amor. Y luego el que viene si la persona a quien viene a hablar esta assentada se assienta en el suelo delante della, y de alli aun poquito ya que el que viene a descansado el principal le manda dar a beuer, y si es persona cognoscida dize (*imanangui? allichu cangui? ymanam?*) que es dezir, Como estas? has estado bueno? como vienes? que quieres? Y luego tracta de las demas cosas. Si la tal persona, no es cognoscida le dize (*imanam?*) que es dezirle que quieres? a que vienes?

Si las personas que se visitan, son principales pero no son yguales, sino la vna es cognoscidamente mas principal que la otra, se guarda la misma forma en el hablarse. Excepto que la menor, ni habla con tanta reuerencia, ni haze los meneos dichos con tanta subjection.

Si las personas que se encuentran, o resciben son yguales, o quasi, ambas a dos, la vna a la otra hazen la reuerencia con la mano y la lengua, como esta dicho. Y pregunta la mayor, o mas anciana a la otra (*ymanam cangui? allichu cangui? yamanam?*) que es dezir, Como vienes? Como estas? Estas bueno? y si son parientes, o amigos tocan las manos, y muchas vezes se dan paz en el carrillo. No usan de muchas ceremonias, ni hablar en el plural por singular, como vos, por tu &. Sino que llanamente se tractan preguntando, y respondiendo con toda sinceridad y vrbanidad.

(Santo Tomás, *Gramática*: 152-154.)

2. El trato entre seres humanos y sobrenaturales en la época prehispánica

Hay varias fuentes que nos dan información sobre cómo interactuaban los seres humanos con los sobrenaturales. Se encuentran advocaciones que se hacían a los dioses (Guaman Poma), fórmulas para dirigirse a los dioses en las oraciones (Guaman Poma, Molina, Pachacuti) y el habla de los que interactúan (*Tradiciones de Huarochirí*). La comunicación con los dioses se veía como una comunicación en las dos direcciones, y para describirla se usaban términos que también se empleaban para la comunicación entre los humanos, p. ej. **willa-**, *relatar, contar, comunicarse* [11].

Los dioses son denominados **yaya**, *padre* (Inti, Punchaw, Pachacamac), y **mama**, *madre* (Killa, Machay, Illamama). En las oraciones se usa con frecuencia **apu** o **qapaq apu** que posiblemente implicaban una actitud respetuosa así como también una supuesta relación de descendencia [12]. El Inca y su familia se encontraban integrados en estas relaciones de ascendencia sobrenatural, como se muestra cuando se le llama al Inca **intip churin**, *hijo del sol*, y **killap wawan**, *hijo de la luna* (Guaman Poma 81 [81] [13]). También en las Oraciones 8 y 9 de Molina ([ca. 1575]) el Inca se ve como hijo de Viracocha: **qapaq inka churiyki warmaykipas**, *poderoso Inca, tu hijo y también tu muchacho* (Oración 8), y como hijo de Pachamama: **Pachamama... qapaq inka wawaykita...**, *Pachamama ... el poderoso Inca tu hijo* (Oración 9).

En los textos de Huarochirí hay numerosos ejemplos de este trato social asimétrico.

Los Cupara adoran a Chuquisuso denominándola **mama**: **"mamanchikpaq aswan"**, *"la chicha de nuestra madre"* (*Tradiciones de Huarochirí* cap. 7, fol. 71v).

---

[11] Cf. Dedenbach-Salazar Sáenz (1990: 200-201; 1996).
[12] Por ejemplo en Guaman Poma (1980 [ca.1615]: 78 [78]).
[13] Cf. Garcilaso (1960 [1606]: l. I, cap. XXVI: 39).

Una hermana de Chuquisuso se dirige a Tutayquiri usando **yaya**, *padre*, queriendo seducirlo (ibid. cap. 12, fol. 107r).

Chaupiñamca, que supuestamente es la hermana de Pariacaca (**"Pariacacam turay"**, *"Pariacaca es mi hermano"*), es adorada como **mama**: kay Chaupiñamcaktas kanan tukuy hinantin runakuna **"mama"** ñispa ñirqanku, *ahora todas las personas le decían "madre" a Chaupiñamca*, y ella ha dado su nombre al pueblo: **chaymantam kanan San Pedropas mama ñisqa**, *entonces pues San Pedro también se llama Mama (madre)* (ibid. cap. 10, fol. 76v). También en el cap. 13 (fol. 78r) se habla de ella como **mama**: **"mamanchikpa fiestanmi"**, *"es la fiesta de nuestra madre"*. Igual que ella, las hermanas de Chaupiñamca eran consideradas **mama**: **"Llacsahuatu Mirahuato mamanchikta"**, *"a nuestras madres Llacsahuatu y Mirahuato"* (ibid. cap. 13, fol. 78v).

Pariacaca se encuentra con un hombre que tiene un hijo. Pariacaca se dirige al hombre, diciendo: **"churi, maymanmi hina waqakuspa rinki?"**, *"hijo, ¿a dónde vas llorando así?"* A esto le responde el hombre usando **yaya**, y Pariacaca le ordena que diga una frase en su honor que tiene que ser: **"yayanchikmi atipan"**, *"nuestro padre ha triunfado"* (ibid. cap. 8, fol. 72v).

También en el cap. 17 (fol. 82v) se encuentra el trato de Pariacaca como **yaya**, por parte de un miembro del grupo de los Quinti: **"ñuqam, yaya, hapimuni"**, *"yo, padre, lo he capturado"*.

Tutayquiri (el hijo de Pariacaca) quiere ayudar a los Checa para que tengan más prestancia. Se dirige a ellos diciéndoles **churi**, *hijo*. El también va a respetar a los otros grupos si ellos reconocen a su padre: **"yayaytam riqsinkitaq"**, *"y tú reconoces a mi padre"*. Entonces los Colli se entienden como hermanos de los Checa: **"chaymanta kay Checakunaktam kanan 'wawqi' ñispataq kawsanki"**, *"entonces vas (van) a vivir diciendo ahora 'hermano' a los Checa".*) (ibid. cap. 11, fol. 77v). Esta relación padre-hijos se encuentra también entre Pariacaca y los Cacasica-Yauyo, pues le piden ayuda a Pariacaca (cap. 24, fol. 92v):

> Chaysi huk mitaqa Pariacacakta willarqan ñispa: "Yaya kayqa, kaykunapas Checakunapas ancham chiqñiwan, qampa kamasqaykitaqmi pana yauyo runapas kayku" ñispas, ancha waqaspa willarqan. Chay pachas Pariacaca: "Churi, ama llakiychu; kay quri chuncullayta apakuy; kayta hatallispa Llacçatampopi Pococaya ñisqapi takinki. Chay pacham ima runam, 'Kayqa chika Pariacacap kuyasqan' ñispam, anchapuni mancharinqa;

chaymantaqa mana ñam anchachu chiqñisunki" ñispas kamachimurqan.

Así, una vez le contaron a Pariacaca, llorando mucho diciéndole: "Padre, esto: éstos [nuestros cuñados] y también los Checas nos tratan con mucho desprecio; somos creados por tí aunque seamos Yauyos". Entonces Pariacaca les ordenó allí diciendo: "Hijos, no estén tristes; lleven este chunculla de oro; llevándolo en las manos bailarán en el lugar llamado Pococaya en Llacsatambo. Entonces cualquier persona, diciendo: 'Estos son de verdad amados por Pariacaca', les va a respetar; entonces ya no les depreciarán tanto".

El Inca se dirige a las deidades para conseguir su ayuda contra los rebeldes: **"yayakuna waka willkakuna"**, es decir, los huacas y villcas para él son personas de respeto y dioses, pues los llama **yaya**, *padre* (ibid. cap. 23, 90v). Los villcas y huacas se dirigen al Inca: **"Inka, Intiya"**, *"Inca, oh Sol"*, y el sufijo de vocativo **-ya** refleja cierto respeto que le tienen (ibid. cap. 23, fol. 91r).

Una mujer que busca al padre de su hijo, se dirige a los huacas y villcas con el título que expresa respeto: **apu**, pero al mismo tiempo les dice **qari**, *varón*, con lo cual establece entre ellos la relación hombre-mujer, siendo supuestamente uno de ellos el padre de su hijo que ella presenta (ibid. cap. 2, 65r).

Analizando algunos de los verbos relacionados con los seres sobrenaturales, se nota que estos seres también en sus acciones revelan poder: **kamachiku-**, *ordenar*, **atipa-**, *vencer*, al que corresponde el ser humano *adorando*: **mucha-**, *escuchando*: **uyari-**, *cumpliendo*: **puchuka-** (ibid. cap. 13, fol. 78v). Estas relaciones entre los seres sobrenaturales y los humanos recuerdan lo que Foster describe sobre México como contratos entre los humanos en términos de patrón y cliente (1967: 233).

En la interacción entre dioses y personas se encuentra el uso de estos términos de trato social a veces incluso manipulado por los mismos dioses:

Chuquisuso, una mujer de los Cupara, se encuentra con Pariacaca. El le dice: **pani**, *hermana*, ella a él **yaya**, *padre*. Después de cohabitar ella se convierte en piedra (*Tradiciones de Huarochirí* cap. 6). La petrificación parece hacerla pasar a un estado sagrado. Mientras que antes era una mujer (**warmi**), después se la adora, denominándola **mama**: **"mamanchikpaq aswan"**, *"la chicha de nuestra madre"* (ibid. cap. 7, fol. 71v).

Pariacaca, disfrazado de mendigo, en el pueblo Huayquihusa de los Yungas se dirige a una mujer que le ofrece bebida, diciéndole **pani**, *hermana* (ibid. cap. 6, fol. 70r). Es interesante que Pariacaca le dice **pani**, *hermana*, a una mujer aunque ella le diga **yaya**, *padre*. Aquí aparentemente el dios quiere establecer una relación de igualdad con ella. En otra ocasión, el mismo Pariacaca, igualmente vestido de mendigo en el pueblo Yarutini de los Colli, habla a un hombre que le ofrece bebida, usando **wawqi**, *hermano* (ibid. cap. 25, fol. 96r). Se nota que no solamente la ropa lo encubre, sino que también la manera de hablar —en este caso el dios que habla al hombre como si fueran iguales— le sirve de disfraz.

Las personas humanas se consideran hijos de los seres sobrenaturales, como lo muestra el uso de **churi**, *hijo*, al dirigirse al dios en las oraciones (Molina Oración 8, 9). También se encuentra en Guaman Poma el término **wamra** (ibid: 190 [192], 255 [257], 1161 [1171]), que se refiere a niños de 12 años o menos, según el mismo (ibid: 207 [209]). De otro campo semántico se emplea **wakcha**, *huérfano*, que implica una falta de recursos y de poder por falta de familia, una clara contraposición al dios que es **qapaq apu**, *poderoso*:

"yaco unolayquita cacharimouay uacchallayquiman capac apo dios runa camac"

"yaku unullaykita kacharimuway wakchallaykiman qapaq apu dios runa kamaq"

"mándame tu agua nomás, a tu pobrecito, gran señor, Dios, creador de los hombres" (Guaman Poma 1980 [ca.1615]: 1161 [1171].)

El uso de **runa** como **runayki**, *tu hombre*, por Guaman Poma en el contexto de cómo se ve el hombre frente a los seres sobrenaturales, evoca una situación no solamente desigual en términos de parentesco y edad, sino también de sometimiento (ibid: 285 [287], 191 [193], 255 [257]). González Holguín, en su *Vocabulario* (320/2) tiene un verbo derivado de **runa** en este sentido: **Runachani. Conquistar hombres sujetar rendirlos**.

También la relación establecida en las oraciones de Pachacuti ([ca. 1613]) refleja una estructura entre señor y siervo, p. ej. en la primera oración, en la que Viracocha es tratado de **apu**, y los hombres se llaman a sí mismos siervos: "**yanaykikuna**", *"tus siervos"* [14] (Itier 1988: 572-573); esta relación es algo diferente de la que se presenta en las otras crónicas; en general aquí se hace referencia más al dios como ser poderoso y peligroso a cuya merced se encuentra el hombre. Esta imagen no me parece necesariamente ser influenciada por el cristianismo cómo lo insinúa Itier (1988: 575), pero podría representar un mundo religioso algo distinto del que se encuentra en los otros textos. Habría que preguntarse si la religión colla era diferente y con eso muestra un aspecto particular [15].

Este trato entre los dioses y los seres humanos que refleja relaciones de parentesco que al mismo tiempo son relaciones asimétricas en la red social, también se encuentra en el mismo panteón de los seres sobrenaturales, como lo mostró Gareis refiriéndose a Pachacamac (1987: 147). La representación de Illapa como representando tres personas, con **yayan Illapa**, *Illapa su padre*, **chawpi churin Illapa**, *Illapa su hijo de mediana edad*, y **sullka churin Illapa**, *Illapa su hijo menor* [16], que ofrece Guaman Poma (56 [56]), parece estar influenciada en su afán por mostrar elementos cristianos ya en la época de los **wari runa** [17]. También los dioses de Huarochirí están mutuamente relacionados en términos de parentesco, por ejemplo Huatyacuri es el hijo de Pariacaca (cap. 5), Pariacaca tiene hermanos (cap. 8). Pero a veces llegan a ser confusas estas relaciones y difíciles de explicar hasta para el narrador (del cual en este y en otros casos parecidos no sabemos si se trataba de una persona integrada en las creencias andinas o de un comentarista cristianizado):

Hukinmi Chaupiñamcakta "Pariacacap paninsi" ñinku. Hukmi "Tamtañamcap churinsi karqa" ñinku. ...Wakinmi kanan "Intip

---

[14] González Holguín (Vocabulario: 363/2): **Yana, o pachaka.** *Criado moço de seruicio.*
[15] En el último tiempo ha surgido nuevamente el debate sobre lo que es andino y lo que es europeo en las obras de los cronistas andinos (cf. por ejemplo la edición que han hecho Duviols e Itier de Pachacuti Yamqui Salcamaygua, 1993); en mi opinión no se puede saber definitivamente si se trata de una influencia europea o tal vez una convergencia de elementos religiosos parecidos.
[16] González Holguín (Vocabulario 99/2) explica **chawpi**, *medio, mitad* en este contexto como: **Chawpimita wiñaq o chawpiruna.** *Hombre hecho, ni moço ni viejo de mediana edad*, y **sullka**, *menor*, como: **Sullka.** *El minimo, o menor hijo, o hermano* (Vocabulario 331/2).
[17] Esta trinidad también se encuentra en cuentos actuales (Ortiz Rescaniere 1980: 81-82). Garcilaso de la Vega (l. II, cap. XXVII: 79-80), basándose en Blas Valera, menciona una fábula en la cual un hombre es responsable de los truenos, relámpagos y rayos, mientras que su hermana lo es del granizo, lluvia y nieve.

<u>churin</u>si" ñinku. Chay hinam mana unanchaypaqchu. (*Tradiciones de Huarochirí* cap. 13, fol. 79v.)

Algunos dicen: "Chaupiñamca es la hermana de Pariacaca"; otros dicen: "Era la hija de Tamtañamca". ...Ahora, otros dicen: "Era hija del Sol". Así es que no hay nada para creer.

3. El trato social entre la población andina y los españoles en la época colonial [18]

Guaman Poma, quien en su crónica nos presenta un amplio panorama sociolingüístico, es una fuente importante para analizar el trato social entre los españoles y los indios [19]. Obviamente hay que ser consciente de la limitación que representa el servirse de sólo un autor; sin embargo, sus datos son consistentes, y es poco probable que la situación que refleja la descripción de Guaman Poma esté exclusivamente determinada por su uso idiolectal.

Veamos primero con qué términos se dirigían los indios a los españoles y mestizos [20]. Con frecuencia usaban la palabra castellana *señor*, a veces adaptada a la pronunciación quechua como *cino* (Guaman Poma 408 [410], 505 [509], 709 [723], 516 [520], 519 [523]). También se encuentra **apu**, por ejemplo cuando Rumiñahui habla con Pizarro, dice: **kaymi apu** (ibid.: 379 [382] [21]).

Aparte de esto también se encuentra **wiraqucha** —que antes había sido el nombre de un dios [22]— usado por indios *ladinos* (que se quieren adaptar a los españoles) en el trato con los españoles (Guaman Poma 395 [397]). Al usar estos términos los indios parecen reconocer el poder de los españoles, y en el caso de los indios que traban amistad con ellos y que

---

[18] Cf. el análisis de las formas de tratamiento en el discurso de Guaman Poma que hace Godenzzi (1991) llegando a conclusiones muy parecidas a las mías.
[19] Por el uso peyorativo de la palabra "indio" en nuestros días conviene aclarar que en este trabajo se usa la palabra sin la menor intención de menospreciar a las "personas históricas". Pienso que es legítimo para el siglo XVI/XVII hablar de "indios" (sin olvidar que no es ninguna auto-denominación) como personas pertenecientes a una determinada cultura, en este caso la andina, en contraposición a los "españoles" nacidos en Europa y los "criollos", personas de ascendencia española, nacidos en América.
[20] Para Guaman Poma, españoles, criollos, mestizos y mulatos de cierta manera forman un grupo opuesto al de los indios andinos.
[21] Cf. Guaman Poma: 505 [509], 709 [723].
[22] Para Guaman Poma (787 [802]) el término **wiraqucha** (él escribe **uiracocha**) parece implicar sobre todo que el así denominado tiene una barba.

Guaman Poma despectivamente llama *ladinos*, estos términos pretenden adular a la otra persona.

Aquí cabe mencionar un uso parecido el cual Guaman Poma probablemente denominaría de *ladinos*: es el de las personas que se presentan como nietos de Huayna Capac y en una carta al rey —que precede a sus pedidos por algunos derechos antiguos— ellos se despiden con la fórmula siguiente:

> **chunca chunca muchai coscaiqui capac apo sulca chariqui yanaiqui chaquiqui maquiqui muchai cuqui yngacuna nietos de guaina capac**
> [siguen los nombres]
> (AGI Patronato: Legajo 191, R. 21, 1601.) [23]

> **chunka chunka muchaykusqayki, qapaq apu,**
> **sullka churiyki yanayki**
> **chakiyki makiyki muchayku[y]ki**
> **inkakuna...**

> *diez [y] diez [veces] te besaré con atención, poderoso señor,*
> *tu hijo menor, tu siervo,*
> *tus pies, tus manos te beso con atención -*
> *[nosotros] los incas...*

Estos incas se comunican con el rey implicando no solamente la relación normal de siervo-señor cómo se encuentra en muchos documentos de españoles, sino también se ponen en una relación asimétrica de parentesco con él haciéndonos recordar la que se usaba frente a los dioses en la época prehispánica.

El mismo Guaman Poma sugiere al rey que él se presente como **apu** e hijo de **apu** y que se dirija a los indios empleando el término **churi**, *hijo* (ibid.: 724 [738]).

Los españoles y mestizos hacen uso frecuente de los términos andinos de trato social, autodenominándose **yaya**, *padre* (ibid.: 712 [726]), y **apu**, *(gran) señor* (ibid.: 530 [544]). Especialmente los padres de la doctrina se

---

[23] Según Catherine Julien se trata de una copia lo que podría explicar algunos posibles errores. Formas de despedida muy parecidas encontró Peter Gose en otros documentos del AGI (Audiencia de Lima, Legajo 311): **yanaiqui chaquiqui maquiqui mucchaicuiqui yngacona - yanayki chakiyki makiyki muchaykuyki inkakuna**. (Quedo agradecida a los dos colegas por sus informaciones sobre estos documentos.)

sirven del vocabulario de parentesco / trato social andino casi inflacionariamente, como se ve en los sermones que Guaman Poma presenta: el padre se llama **yaya**, *padre*, y se dirige a los indios como a sus hijos: **churi**, *hijo* (ibid.: 612 [626], 627 [641], 713 [727]). Solamente Molina usa los términos de parentesco en un contexto benévolo en su sermón (Guaman Poma 612 [626]), mientras que el mismo texto de los otros sermones pone en ridículo el significado andino de las relaciones entre los mayores y los jóvenes: ¡así Murúa y también Loayza, según Guaman Poma, amenazan a sus 'hijos' con colgarlos! Esto muestra la falta de respeto y comprensión para con la cultura andina por parte de algunos representantes de la iglesia; al mismo tiempo refleja el genio satírico de Guaman Poma al describir esta situación [24].

Con mucha frecuencia los españoles —religiosos y civiles— usan términos que insultan a los indios, como *indio* en combinación con *pleitista, borracho, perro*, etc. (Guaman Poma 868 [882] s., 591 [605], 612 [626]). Algunos españoles se ven como propietarios de los indios (ibid.: 713 [727]) y hacen uso de la palabra **runa** con el significado de sujeto de un amo, añadiéndole los sufijos posesivos: **yayaypa conquistadorpa runanmi kanki**, *eres el hombre de mi padre el conquistador*, dice un encomendero a un curaca (ibid: 712 [726]), una forma que hemos encontrado en el vocabulario de los indios frente a sus dioses.

Por último quisiera anotar brevemente la terminología usada por parte del indio para dirigirse al nuevo dios de los españoles: aparte de la palabra castellana *dios* se usa **yaya**, *padre*, y **apu**, *(gran) señor* (p. ej. Guaman Poma 835 [849]), así como **mama**, *madre*, por la Virgen María (*Tradiciones de Huarochirí* cap. 20, fol. 86v); estos términos son empleados en la Doctrina Christiana quechua creada por el III Concilio de Lima a fines del siglo XVI. Quisiera observar que, aparte de ser un uso cristiano el dirigirse a Dios y a la Virgen con estos términos de parentesco, su traducción al quechua puede ser al mismo tiempo el intento por parte de los sacerdotes españoles para ubicar los conceptos cristianos en el sistema andino de relaciones sociales y rituales.

---

[24] Para un análisis más detallado del trato social cómo lo presenta Guaman Poma entre los sacerdotes y la población andina véase Dedenbach-Salazar Sáenz (1994).

Conclusión

A manera de resumen se puede decir que mientras los españoles pretenden usar el código andino en el trato social, los indios por su parte parecen preferir términos españoles para tratar con ellos (*padre* [al clérigo], *señor*), y aunque emplean la palabra **apu** que contiene el componente semántico de 'poderoso', nunca se dirigen a un español empleando otros términos de parentesco, sean de status igual (hermano) o desigual (padre/hijo). Se me ofrece como hipótesis que los indios no querían o no podían integrar a los mestizos y a los españoles en su grupo cultural, y que mediante la conservación de su código de trato social construyeron y fortalecieron su "mundo andino". Este mundo antes de la llegada de los españoles estaba organizado en relaciones simétricas y asimétricas, en el nivel de parentesco físico así como también en el de parentesco social y ritual. Con la llegada de los españoles no se introdujo un nuevo elemento en este mundo, sino — al menos en el primer siglo después del "encuentro"— parece haberse creado otro mundo aparte del de la mayoría de la población andina, y la relación entre estas dos esferas socio-culturales como tal fue una relación asimétrica en la que el trato entre parientes y parientes "sociales" ya no tenía lugar.

Ciertamente, en el caso de Guaman Poma, al usar esta terminología se trata de "estrategias al servicio de los propósitos del autor" (Godenzzi 1991: 189) cuyo motivo es "la protección y la preservación del pueblo andino" (Adorno 1989: 44). Pero pienso que de hecho este uso refleja actitudes no solamente de un solo individuo, sino también un uso más generalizado de la época, lo cual es apoyado por el estudio de Isbell (1978: 61) en el que ella presenta para nuestros días una división del mundo en "comuneros" y "qalas". (¡Una ironía de la historia es que ahora los andinos se autodenominan con una palabra española y la palabra quechua se usa para denominar a los no-andinos!) Este punto de vista, que ha sido criticado recientemente (Starn 1991: 70), también a mí me parecía correr el riesgo de representar más la idea de la antropóloga que la realidad andina. Sin embargo, al analizar los datos coloniales (aunque sólo de un número restringido de fuentes), la imagen que presenta Isbell parece mostrar una continuidad que sigue reflejando estructuras sociales que se remontan a la época del gran trastorno de la sociedad andina que fue causado por la llegada de los europeos y que interfirió con el sistema de relaciones sociales basado en el parentesco (biológico y social).

Queda la pregunta de si había pueblos sojuzgados por los incas que también marcaran su no-pertenencia al grupo dominante por su rechazo a esta terminología, o si este fenómeno de delimitación fuera creado recién con el "pachacuti" de la conquista.

BIBLIOGRAFÍA

ADORNO, Rolena,
1989   **Cronista y príncipe. La obra de don Felipe Guaman Poma de Ayala.** Lima: Pontificia Universidad Católica del Perú, Fondo Editorial.

ARCHIVO GENERAL DE INDIAS,
1601   Patronato: Legajo 191, R. 21
1601   Audiencia de Lima: Legajo 311

BAUMGART, Ute,
1987   **Zum Leben alter Menschen im Inkareich.** (Mundus Reihe Ethnologie, Band 16.) Bonn: Mundus.

DEDENBACH-SALAZAR SAENZ, Sabine,
1990   **Inka pachaq llamanpa willaynin - Uso y crianza de los camélidos en la época incaica. Estudio lingüístico y etnohistórico basado en las fuentes lexicográficas y textuales del primer siglo después de la conquista.** (Estudios Americanistas de Bonn / Bonner Amerikanistische Studien 16.) Bonn.
1994   "Sermon and satire: Christian and Andean instances of a religious discourse genre in 16th and 17th century Peru". Ponencia presentada en el "11th International Symposium of Latin American Indian Literatures", State University of Pennsylvania at McKeesport, Junio 1994. Ms.
1997   "Point of View and Evidentiality in the Huarochirí Texts (Peru, 17th Century)". En: Rosaleen Howard-Malverde (ed.), **Creating Context in Andean Cultures**. Pp. 149-167. Oxford and New York: Oxford Studies in Anthropological Linguistics Series, Oxford University Press.
1996   "La comunicación con los dioses: sacrificios y danzas en la época prehispánica según las "Tradiciones de Huarochirí". En: Max Peter Baumann (ed.): **Cosmología y Música en los Andes.** Pp. 175-196. (Bibliotheca Ibero-Americana, vol. 55.) Frankfurt am Main: Vervuert y Madrid: Iberoamericana.

Diccionario de Autoridades,
1976 [1726-1737] **Diccionario de la lengua castellana**... por la Real Academia Española. 3 vols. (Facsímile.) (Biblioteca Rómanica Hispánica, 5. Diccionarios, 3.) Madrid: Gredos.

Doctrina Christiana,
[1584/85]   **Doctrina Christiana y catecismo para instrvccion indios...** (Facsímile.) Consejo Superior de Investigaciones Científicas, Madrid.

DOYLE, Mary Eileen,
1989　　　　　**The Ancestor Cult and Burial Ritual in Seventeenth and Eighteenth Century Central Peru.** PhD, University of California, Los Angeles, 1988. (Ann Arbor: University Microfilms International.)

FOSTER, George M.,
1967　　　　　**Tzintzuntzan: Mexican Peasants in a Changing World.** Boston: Little, Brown.

GARCILASO de la VEGA, Inca,
1960 [1606]　　"De los comentarios reales de los incas". En: Carmelo Sáenz de Santa María (ed.): **Obras completas del Inca Garcilaso de la Vega.** Tomo II. (BAE 133.) Madrid: Atlas.

GAREIS, Iris,
1987　　　　　**Religiöse Spezialisten des zentralen Andengebietes zur Zeit der Inka und während der spanischen Kolonialzeit.** (Münchner Beiträge zur Amerikanistik, Bd. 19). Hohenschäftlarn: Klaus Renner Verlag.

GODENZZI, Juan Carlos,
1991　　　　　"Formas de tratamiento en el discurso de Guaman Poma". **Lexis**, vol. XV, no. 2: 179-193. Lima.

GONZALEZ HOLGUIN, Diego,
1975 [1607]　　**Gramatica y arte nveva de la lengva general de todo el Peru, llamada lengua Qquichua, o lengua del Inca.** [Ciudad de los Reyes (Lima)]. [Reprint, Vaduz - Georgetown.] (Citado como González Holguín, *Gramática*.)

1989 [1608]　　**Vocabvlario de la lengva general de todo el Perv llamada lengua Qquichua o del Inca.** [Ciudad de los Reyes (Lima)]. Prólogo Raúl Porras Barrenechea. Presentación Ramiro Matos Mendieta. Universidad Nacional Mayor de San Marcos. (Edición facsímile de la versión de 1952. Incluye addenda.) Lima.
(Citado como González Holguín, *Vocabulario*.)

GUAMAN POMA DE AYALA, Felipe,
1936 [ca. 1615]　**Nueva corónica y buen gobierno.** (Codex péruvien illustré.) Ed. por Paul Rivet. (Travaux et Mémoires de l'Institut d'Ethnologie, 23.) Université de Paris, Paris.

1980 [ca. 1615]　**El primer nueva corónica y buen gobierno por Felipe Guaman Poma de Ayala [Waman Puma].** 3 tomos. Edición crítica de John V. Murra y Rolena Adorno. Traducción y análisis textual del quechua por Jorge L. Urioste. (Colección América Nuestra, América Antigua, 31.) México: Siglo XXI.

ISBELL, Billie Jean,
1978   **To Defend Ourselves: Ecology and Ritual in an Andean Village.** Institute of Latin American Studies. (Latin American Monographs, No. 47.) Austin: University of Texas Press.

ITIER, César,
1988   "Las oraciones en quechua de la *Relación* de Joan de Santa Cruz Pachacuti Yamqui Salcamaygua". **Revista Andina** 12, Cusco, año 6, no. 2: 555-580.

LOUNSBURY, Floyd G.,
1986   "Some aspects of the Inka kinship system". En: John V. Murra, Nathan Wachtel, Jacques Revel (eds.): **Anthropological History of Andean Polities.** Pp. 121-136. Cambridge/New York: Cambridge University Press y Paris: Editions de la Maison des Sciences de l'Homme. [1ª ed. en francés en 1977.]

MOLINA, Cristóbal de,
[ca. 1575]   **Relacion de las fabulas i ritos de los Ingas.** Ms. 3169. Biblioteca Nacional, Madrid.
1943 [ca. 1575]   Fábulas y ritos de los Incas... 1574. En: Cristóbal de Molina: **Las crónicas de los Molinas.** Prólogo bio-bibliográfico por Carlos A. Romero. Epílogo crítico-bibliográfico por Raúl Porras Barrenechea. Anotaciones y brevísimos comentarios por Francisco A. Loayza. (Los Pequeños Grandes Libros de Historia Americana, serie 1, tomo 4.) Lima.
1989 [ca. 1575]   Relacion de la fabulas y ritos de los ingas... En: Cristóbal de Molina y Cristóbal de Albornoz: **Fábulas y mitos de los Incas.** Eds. Henrique Urbano y Pierre Duviols. (Crónicas de América, vol. 48.) Madrid: Historia 16.

Veáse también Rowe 1953.

ORTIZ RESCANIERE, Alejandro,
1980   **Huarochirí: 400 años después.** Lima: Pontificia Universidad Católica del Perú, Fondo Editorial.

PACHACUTI YAMQUI SALCAMAYGUA, Juan de Santacruz,
[ca. 1613]   **Relacion de antiguedades deste reyno del Piru.** Ms. 3169. Biblioteca Nacional, Madrid.
1950 [ca. 1613]   Relación de antigüedades deste reyno del Piru. En: Marcos Jiménez de la Espada (ed.): **Tres relaciones de antigüedades peruanas.** Asunción del Paraguay. (Nueva edición de la de Madrid de 1879.)
1993 [ca. 1613]   **Relación de antigüedades deste reyno del Piru.** Edición facsimilar y transcripción paleográfica del códice de Madrid. Estudio etnohistórico y lingüístico de Pierre Duviols (11-126) y

César Itier (127-178). (Travaux de l'IFEA/74; Archivos de Historia Andina/17.) Institut Français d'Etudes Andines, Lima y Centro de Estudios Regionales Andinos "Bartolomé de Las Casas", Cusco.

Véase también Itier 1988.

ROWE, John H.,
1953   "Eleven Inca prayers from the Zithuwa ritual". En: **The Kroeber Anthropological Society Papers**, nos. 8 and 9: 82-99. [Reimpresión.] Berkeley, California.

SANTO TOMÁS, Domingo de,
1951a [1560]   **Lexicon, o vocabulario de la lengua general del Perú llamada Quichua.** [Valladolid.] Ed. Raúl Porras Barrenechea. Instituto de Historia, Universidad Nacional Mayor de San Marcos. (Facsímile.) Lima.

(Citado como Santo Tomás, *Lexicón*.)

1951b [1560]   **Grammatica o arte de la lengua general de los indios de los reynos del Peru.** [Valladolid.] Ed. Raúl Porras Barrenechea. Instituto de Historia, Universidad Nacional Mayor de San Marcos. (Facsímile.) Lima.

(Citado como Santo Tomás, *Gramática*.)

STARN, Orin,
1991   "Missing the revolution: anthropologists and the war in Peru". **Cultural Anthropology** 6/1: 63-91. Washington, D.C.

TRADICIONES DE HUAROCHIRÍ,
[ca. 1608]   **Runa yndio ñiscap machoncuna ñaupa pacha...** Ms. 3169. Biblioteca Nacional, Madrid.

1967 [ca. 1608]   **Francisco de Avila.** Ed. por Hermann Trimborn y Antje Kelm. (Quellenwerke zur alten Geschichte Amerikas aufgezeichnet in den Sprachen der Eingeborenen, 8.) Pp. 1-198. Berlín.

1983 [ca. 1608]   **Hijos de Pariya Qaqa: La tradición oral de Waru Chiri (Mitología, ritual y costumbres).** 2 tomos. Edición, traducción y notas por George L. Urioste. (Latin American Series, no. 6, vol. I.) Foreign and Comparative Studies Program, Maxwell School of Citizenship and Public Affairs, Syracuse, New York.

1987 [ca. 1608]   **Ritos y tradiciones de Huarochirí. Manuscrito quechua de comienzos del siglo XVII.** Versión paleográfica, interpretación fonológica y traducción al castellano: Gerald Taylor. (Historia Andina/12; Travaux de l'Institut Français d'Etudes Andines, tome XXXV.) Instituto de Estudios Peruanos y Instituto Francés de Estudios Andinos, Lima.

1991 [ca. 1608] **The Huarochirí Manuscript. A Testament of Ancient and Colonial Andean Religion.** Translation from the Quechua by Frank Salomon and George L. Urioste. Annotations and introductory essay by Frank Salomon. Transcription by George L. Urioste. Austin: University of Texas Press.

WOLF, Freda,
1980 "Parentesco aymara en el siglo XVI". En: Enrique Mayer y Ralph Bolton (eds.): **Parentesco y matrimonio en los Andes.** Pp. 115-135. Lima: Pontificia Universidad Católica del Perú, Fondo Editorial.

ZUIDEMA, R. Tom,
1977 [En inglés:] "The Inca kinship system: a new theoretical view". En: Ralph Bolton y Enrique Mayer (eds.): **Andean Kinship and Marriage.** (A Special Publication of the American Anthropological Association, no. 7.) Pp. 240-281. Washington D.C.

1980 [En castellano:] "Parentesco inca". En: Enrique Mayer y Ralph Bolton (eds.): **Parentesco y Matrimonio en los Andes.** Pp. 57-113. Lima: Pontificia Universidad Católica del Perú, Fondo Editorial.

7

TRADICIONES DE TRADUCCIÓN Y LA ORGANIZACIÓN DE LA ACTIVIDAD PRODUCTIVA: EL CASO DE LOS TÉRMINOS DE PARENTESCO POLÍTICO EN EL AYMARA

Jane Collins

Introducción

La gente aymara del distrito de Moho, departamento de Puno, en el sur del Perú, cuenta con una compleja terminología para marcar el parentesco político. Esta terminología revela las muchas relaciones de alianza que se tejen entre sus familias cuyos miembros contraen matrimonio. Estas relaciones se cuentan entre las más altamente valoradas en la sociedad aymara; delinean obligaciones de respeto y colaboración y, además, organizan actividades laborales e intercambio de trabajo y de productos.

En los últimos años, los términos de parentesco político nativos han sido reemplazados cada vez más por terminología del castellano. Los términos del castellano se originan en un sistema de parentesco político cuyas características estructurales difieren grandemente de aquellas del sistema aymara. De este modo, la forma en que los hablantes nativos de aymara emplean estos términos es diferente de la manera en que son usadas por hablantes nativos de castellano peruano costeño [1]. Su uso no refleja el sistema español de parentesco político, sino un intento por preservar las relaciones sociales y económicas del sistema de parentesco político aymara, bajo diferentes nombres.

Este trabajo investiga el modo en que funcionan las tradiciones de traducción para representar los conceptos aymara en castellano [2]. Examina

---

[1] Para una explicación de las diferentes variedades del castellano hablado en Perú, ver Escobar (1978).
[2] El trabajo de campo, en el que se basó este artículo, fue financiado por la Inter-American Foundation Learning Fellowship for Social Change, y se llevó a cabo entre diciembre de 1979 y diciembre de 1980 en Moho, Puno, Perú. La Universidad Nacional Técnica del

también cómo estas tradiciones permiten la mantención de las categorías de conducta del sistema de parentesco del aymara nativo. En primer lugar, se describirá el sistema aymara y sus términos. Luego, se hará una breve presentación del sistema del castellano y sus términos. Finalmente, se discutirá la forma en que se usan los términos del castellano para expresar conceptos aymara.

1. El sistema de parentesco político aymara

Según Edmund Leach, "Hay dos tipos de matrimonio. El primero es el resultado del capricho de dos personas que actúan de forma privada; el segundo es un asunto organizado sistemáticamente que forma parte de un conjunto de obligaciones contractuales entre dos grupos sociales" (1971: 92). El matrimonio aymara es casi siempre del segundo tipo. Es una unión de tipo económico entre tres unidades familiares en que la familia del hombre y la familia de la mujer incurren en obligaciones mutuas, al mismo tiempo que la pareja de recién casados incurre en obligaciones hacia ambos grupos de padres y hermanos.

Se ha descrito a la estructura familiar de núcleo como la unidad básica de parentesco andino y aymara. Es cierto que prácticamente cada pareja establece una unidad productiva independiente a los pocos años de matrimonio. Pero, aun cuando la nueva familia es responsable de la toma de decisiones productivas y de la distribución de sus propios recursos, están todavía ligada por numerosas ataduras y obligaciones a las familias de las cuales proviene.

La larga serie de ceremonias de matrimonio descritas por Carter (1980) liga en forma simbólica a los recién casados con las familias de sus cónyuges. Además, genera obligaciones muy reales a través de la provisión de la tierra, la semilla, los animales y otros recursos. Una pareja aymara inicia su vida productiva rodeada de una red de compromisos y de responsabilidades. Como señala Carter: "Una vez que se ha completado la secuencia de las ceremonias, la pareja ha contraído tantas obligaciones sociales con los parientes de la novia, del novio y de los padrinos que se ven

---

Altiplano proporcionó la afiliación institucional. Este ensayo fue publicado originalmente en inglés en el libro **Bilingualism. Social Issues and Policy Implications**, (ed.) A. W. Miracle, Jr.. Athens, Georgia: The University of Georgia Press, 1983. Agradezco a Cecilia Robledo por haber hecho la traducción del inglés al castellano y recuerdo con afecto a Lucy Therina Briggs (ahora fallecida) por haber organizado la traducción al castellano.

envueltos en el préstamo y entrega de bienes y servicios por el resto de sus vidas" (1980: 419).

A causa de la complejidad y del carácter de largo plazo de las obligaciones en que incurren, los matrimonios aymara no se disuelven fácilmente. Los divorcios en las comunidades son hechos raros y, a menudo, son sancionados negativamente por las familias de la pareja que disuelve su matrimonio. Puesto que los compromisos formados en el proceso del matrimonio involucran a varios grupos familiares y a un gran número de personas, solamente una negativa muy definida en cuanto al cumplimiento de esos compromisos, y no los caprichos o deseos de los individuos, constituye razón suficiente para poner fin a la relación. Es también por esta causa que, en caso de muerte del cónyuge, a menudo se practica el casamiento con la hermana o hermano del cónyuge fallecido.

En el nivel más elemental, las obligaciones en que se incurre por medio del acto del matrimonio en la sociedad aymara tienen su origen en la remoción de un miembro productivo de la familia de él o de ella. Las apreciadas capacidades de trabajo de este individuo dejan de estar disponibles para la familia que los ha criado. Por tanto, esta familia debe exigir reciprocidad por la inversión que han hecho sus miembros. A menudo, se ha reconocido este aspecto de sistemas de alianza en la literatura antropológica [3], pero el análisis muy a menudo se ha limitado al intercambio, por los varones, de las capacidades laborales de las mujeres.

Para la gente aymara, las capacidades productivas de los sexos son igualmente valoradas. Aún más, el control del trabajo de una familia no reside en las manos de sus miembros varones. Las decisiones que afectan a la producción son el resultado del consenso entre todos los miembros de la familia. Así, una unidad doméstica que entrega a un hijo o a un hermano para la formación de una nueva familia es estructuralmente equivalente a una unidad doméstica que entrega a una hija o hermana. En ambos casos, el grupo que entrega al trabajador potencial tiene el derecho a recibir un tratamiento deferente, además de bienes y servicios de parte de la nueva familia.

Obviamente, este acuerdo crea redes de obligaciones que son tanto simétricas como asimétricas. Un yerno se encuentra siempre subordinado a los parientes de su esposa, de la misma manera que una nuera está subordinada a los de su esposo. Sin embargo, a nivel de las familias de los

---

[3] Ver por ejemplo Lévi-Strauss (1969), Leach (1951), Goody (1976) y Meillassoux (1975).

padres, las obligaciones son equilibradas y recíprocas, ya que ambos grupos de padres han contribuido con un miembro productivo para la formación de la nueva familia. Son estas simetrías y asimetrías en las obligaciones contraidas por el matrimonio las que se marcan a través de la terminología de parentesco político en la lengua aymara.

El término *yuqch'a*, por ejemplo, puede interpretarse como "esposa del hijo", o "esposa del hermano". Ambas personas toman maridos en relación a la familia que crió al hombre en cuestión. Las relaciones de la *yuqch'a* con esa familia se organiza en torno al reconocimiento de que su hijo o hermano está produciendo ahora para ella. El reflejo exacto de este término es *tullqa*. Un *tullqa* es el esposo de una hija o de una hermana. Se le considera como el que toma mujer, y debe el correspondiente respeto a la familia de la mujer con que se casa. Para visualizar las relaciones desde un ángulo diferente, se le da el nombre de *ipala* a la hermana del marido. La *ipala* es una persona que da marido a su *yuqch'a*. El hermano de la esposa de alguien es un *lari*, o alguien que da esposa a su respectivo *tullqa* (ver Fig. 1).

Parece ser que estas categorías tienen estructuras equivalentes en otras partes de los Andes. Mayer (1980) e Isbell (1974) describieron la relación *masa/llumchuy (masha/llumtschuy)* para la lengua tangor en Pasco y Chuschi en Ayacucho. Aparentemente, estas categorías son similares a aquellas de *tullqa y yuqch'a* en la lengua aymara. Webster (1980) y Zuidema (1980) descubrieron combinaciones de parentesco político en el Cuzco estructuradas de manera similar. En todos estos casos, se considera a las categorías de *tullqa* y *yuqch'a* como extrañas al grupo familiar nuclear de sus *lari* e *ipala*. Este también es el caso entre la gente aymara de Moho. Aún más, al igual que sucede en Moho, las categorías *tullqa* y *yuqch'a*, tienen importantes obligaciones hacia las familias de sus cónyuges.

Otra característica que la terminología de parentesco político en aymara tiene en común con los sistemas similares observados en áreas quechua hablantes es el hecho de que una vez que se han establecido las categorías de parentesco político, éstas se extienden a los parientes consanguíneos involucrados. De este modo, el *tullqa* adquiere su status al casarse con la hija o la hermana de alguien, pero la mujer al casarse con él se convierte también en *tullqa* en relación a la familia de ella, al igual que ocurre con su descendencia. Un hombre adquiere el status de *yuqch'a* a la estructura familiar. Es importante resaltar que solamente en estos tipos de extensiones a parientes consaguíneos, lo que ocurre en un número limitado de

Fig. 1 Diagramas de las relaciones de parentesco político en aymara

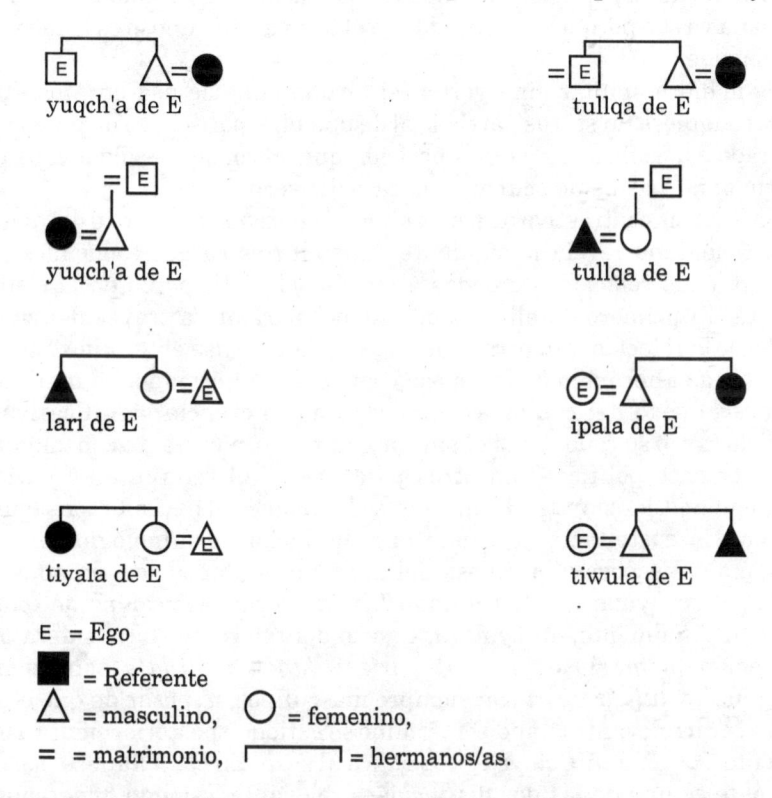

yuqch'a de E

tullqa de E

yuqch'a de E

tullqa de E

lari de E

ipala de E

tiyala de E

tiwula de E

E = Ego
■ = Referente
△ = masculino, ○ = femenino,
= = matrimonio, ⌐⌐ = hermanos/as.

situaciones, pueden los términos de parentesco político, los que regularmente son específicos al sexo, cruzar las barreras del sexo.

2. El sistema de parentesco político en castellano

El sistema en castellano para la categorización de parentesco político es mucho menos complejo que el recién descrito para el aymara. En vez de preocuparse de especificar quién debe qué cosa a quién en un contrato matrimonial, el sistema en castellano se preocupa de separar a los parientes consanguíneos de aquellos que adquieren su status únicamente por medio del matrimonio. Así, entonces, un cuñado es alguien que ha adquirido un status similar al de un hermano al casarse con la hermana de uno, o al ser el hermano de la persona con quien uno se casa. Una cuñada es como una hermana ya sea porque está casada con el hermano de uno, o es la hermana del cónyuge.

De manera similar, una yerna (el término que se usa en Moho para nuera) adquiere un status parecido al de una hija, pero el uso de un término separado especifica que es una posición que se consigue sólo a causa del matrimonio. Lo mismo ocurre en el caso del yerno.

Un análisis contrastivo de los términos de parentesco político del aymara y del castellano revela lo siguiente. Existen *tres* rasgos esenciales para distinguir las relaciones creadas a través del matrimonio en el sistema aymara. El primero de ellos es el sexo del pariente a través del cual se establece la relación. Mientras que en castellano se usa el término "cuñado" tanto para el hermano de la esposa como para el hermano del marido, en aymara el sexo del cónyuge establece una diferencia significativa. El segundo rasgo se refiere a si el pariente nexo es un pariente consanguíneo o un pariente político —en otras palabras, si el referente es pariente consanguíneo del cónyuge de uno o si es el cónyuge del pariente consaguíneo de uno. En castellano, no existe una distinción terminológica entre la hermana del esposo y la esposa del hermano —ambas son cuñadas. Sin embargo, en aymara, éstas forman las categorías separadas de *ipala* y *yuqch'a*. Finalmente, en aymara, el sexo del referente se considera en la aplicación primaria de las categorías. *Yuqch'a* e *ipala* son siempre femeninos, y *tullqa* y *lari* son siempre masculinos. A pesar de que el sexo pasa a ser irrelevante cuando el término se extiende posteriormente a otros parientes, el referente clave es específico al sexo. En castellano, el sexo del referente es una de las dos distinciones relevantes, siendo femeninos los términos yerna y cuñada, y masculinos los términos yerno y cuñado. El otro rango que distingue a los términos en castellano es la generación del referente.

Es evidente que en el sistema del castellano el énfasis principal no reside en la categorización de parientes políticos, sino en el establecimiento de estos parientes como un grupo separado con derechos y obligaciones diferentes de las que tienen los parientes consanguíneos. Esto difiere fuertemente del sistema aymara, en que lo que se distingue es la relación de donante o receptor de un miembro productivo con la casa de los padres. De hecho, en el sistema aymara, una vez que se establece la relación y las responsabilidades concomitantes como las señaladas por *yuqch'a* o *tullqa*, o por *lari* o *ipala*, desaparece la distinción entre parientes consanguíneos y parientes políticos a través de la extensión de los términos al parentesco consanguíneo asociado.

En este punto, es posible resumir en forma mucho más sucinta las definiciones apropiadas de las categorías de parentesco político en aymara basándose en el análisis de sus rasgos distintivos. Una *yuqch'a* es una mujer que se casa con un hombre que es pariente consanguíneo de uno. Un *tullqa* es un hombre que se casa con una mujer que es pariente consanguíneo de uno. Un *lari* es un hombre que es pariente consanguíneo de la esposa de uno. *Ipala* es una mujer que es el pariente consanguíneo del marido de uno. En Moho, ya no se usan los términos aymara para los parientes consanguíneos femeninos de una esposa o los parientes consanguíneos de un esposo. Estas categorías se señalan utilizando términos del castellano que se describirán en breve. En castellano yerna y yerno indican cónyuges de hijos, femenino y masculino, respectivamente, mientras que cuñada y cuñado pueden referirise a cónyuges de hermanos(as) o a hermanos(as) de cónyuges, usando el término cuñada para referirse a una mujer y cuñado para un varón. Se presenta un análisis de estas relaciones en la Fig. 2.

3. Las tradiciones de traducción

De las descripciones anteriormente expuestas, debiera resultar obvio que el léxico del castellano para designar a los parientes políticos no está equipado para expresar las distinciones relevantes a la estructura social aymara. Por supuesto, esto no quiere decir que el sistema del castellano sea pobremente diferenciado, de la misma manera que no significa que el sistema sea confuso. Las categorías que son significativas en los dos idiomas son el resultado de dos procesos cultural e históricamente diferentes.

El hecho inevitable, sin embargo, es que mientras el castellano no es la primera lengua para la mayoría de los peruanos, sí es la lengua de las clases dominantes en esa nación. Los hablantes nativos de aymara y quechua han encontrado cada vez más necesario aprender castellano para lograr sus objetivos económicos, sociales y educacionales para facilitar la movilidad social. La adopción del idioma español, en ciertos contextos y para ciertos propósitos, no implica, sin embargo, una aceptación o adopción de categorías culturales hispanas. En aquellos casos donde la gramática o el léxico del castellano no expresan en forma adecuada concepciones del mundo, se lo puede usar de manera creativa para expresar tales ideas. Hardman (1978: 129) ha descrito la manera en que las equivalencias de

Términos Aymara	a través del pariente masculino que sirve de nexo.	a través del pariente femenino que sirve de nexo.	a través de un pariente consanguíneo.	a través de un pariente por matrimonio.	es masculino.	es femenino.
Yuqch'a	+		+			+
Ipala	+			+		+
Tiwula	+			+	+	
Tullqa		+	+		+	
Lari		+		+	+	
Tiyala		+		+		+

Términos del Castellano	La generación de uno mismo	1ra. generación	es masculino	es femenino
Yerno		+	+	
Yerna (nuera)		+		+
Cuñada	+			+
Cuñado	+		+	

Fig. 2 Análisis de los términos de parentesco político en aymara y castellano

traducción surgen en el habla de los bilingües y a la larga se convierten en tradiciones de traducción para expresar los conceptos de una cultura en la lengua de otra. Este proceso ha ocurrido con la aplicación de términos de parentesco político del castellano a categorías aymaras.

Si se aplicaran a los parientes políticos aymaras los términos de parentesco del castellano de acuerdo con las reglas del castellano costeño, tanto *yuqch'a* en el sentido de esposa del hermano, como *ipala* se expresarían como "cuñada". Esta equivalencia de los dos términos oculta el hecho de que ellos desempeñan dos papeles muy diferentes en una relación recíproca con diferentes clases de deberes entre sí. A su vez, la *yuqch'a*, o la esposa del hermano, debería recibir el nombre de "cuñada", en tanto que la *yuqch'a*, o a la esposa del hijo, se le debería llamar "yerna", basándose en la diferencia generacional. Esto es así a pesar de que son estructuralmente equivalentes en aymara, lengua que ignora el aspecto generacional. El uso de términos del castellano en la manera ya descrita echaría por tierra los intentos de explicar claramente las relaciones sociales y económicas de los aymaras.

Por esta razón, en algún momento del pasado, se adoptó la aplicación de terminología representada en la Figura 3 como una manera adecuada de expresar la obligación y respeto inherente a las categorías sociales aymaras cuando éstas se discuten en castellano.

Lari (HNO.ESA. hermano de la esposa) → hermano
Ipala (HNA.ESO. hermana del esposo) → hermana
Tiyala (HNA.ESA. hermana de la esposa) → tía
Tiwula (HNO.ESO. hermano del esposo) → tío
Tullqa (ESO.HJA. esposo de la hija) → yerno
(ESO.HNA. esposo de la hermana) → cuñado — para hablantes bilingües
yerno — para hablantes monolingües
Yuqch'a (ESA.HJO. esposa del hijo) → yerna — para hablantes bilingües
cuñada — para hablantes monolingües
(ESA.HNO. esposa del hermano) → cuñada

Fig. 3: Tradiciones de traducción: aymara y castellano

En uso actual, la categoría aymara de *lari* (el hermano de la esposa) no se traduce al castellano como cuñado sino como hermano. Los aymara de Moho aparentemente no poseen un término nativo para designar a la hermana de la esposa, a quien se le puede nombrar como *tiyala* (una aymarización del castellano "tía"), o a veces simplemente como "hermana". Los aymara conciben a estos términos como una forma de atraer al referente hacia el círculo de parientes y como una manera de expresar respeto y afecto. De manera similar, a una *ipala* (hermana del marido) no se le designa con el término del castellano para cuñada sino con el usado para hermana. Se usa *tiwula* para referirse al hermano del marido de uno, término que viene del castellano "tío", o como "hermano". Sin embargo, *tullqa* y *yuqch'a* reciben un trato muy diferente. *Tullqa* se compara con la categoría "cuñado" del castellano si él es el marido de la hermana, o con "yerno" si es el marido de la hija, a pesar que, como podría esperarse, a veces se presenta una confusión accidental con respecto a la generación. Los hablantes monolingües de aymara, al hablar con gente cuyo idioma nativo es el castellano, usan a menudo las tradiciones de traducción para parentesco político. En este caso, la traducción más frecuente que se da para *tullqa* es "yerno", tanto para el esposo de la hija y el esposo de la hermana. También se compara a *yuqch'a* con los términos "cuñada" y "yerna" del castellano. En contraste con el significado del término *tullqa* en su acepción de primera generación, la traducción que los monolingües hacen de *yuqch'a* es casi siempre "cuñada".

El uso de la terminología hermano/hermana o tío/tía para referirse a aquellos que entregan esposa o esposo (*lari* e *ipala*) y el uso de términos de parentesco político para los que toman esposa o esposo (*yuqch'a* y *tullqa*) entrega una clara visión del sistema social aymara. En aymara, *wali munañaniwa* significa, o bien "Todos nosotros amaremos o desearemos mucho a él, ella, o ellos", o bien "Tiene mucho poder". Muchos observadores han notado la equivalencia entre ser amado o respetado por mucha gente y tener poder (ver por ejemplo Isbell 1974). Esto constituye la base para la aplicación de términos de parentesco más íntimos a aquellos parientes que uno respeta más.

A su vez, se distancia a las personas de las cuales uno espera respeto usando los términos de parentesco político del castellano puesto que se les considera menos íntimo. Los términos del castellano no se perciben correctamente con el significado de "uno que no es pariente consanguíneo" —un extraño. Precisamente, "extraño" es la connotación que Isbell (1974), Mayer (1980), Webster (1980) y otros dan a las categorías *tullqa* / *yuqch'a*, y describe con precisión su posición estructural respecto de la familia del cónyuge, de acuerdo al uso que se le da a este término en Moho.

Conclusión

La forma cómo se usan las tradiciones de traducción refuerza las categorías estructurales sociales y de conducta del sistema de parentesco político aymara. Las relaciones que exhiben intercambios organizados de trabajo y productos entre familias vinculadas por el matrimonio continúan su papel en la cultura aymara, a pesar de que cada día se usan más nombres del castellano para referirise a ellas. Existen pruebas de que ha estado operando un proceso similar en la aplicación de términos del castellano a parientes consanguíneos; sin embargo, el análisis de este tema está fuera del ámbito del presente trabajo.

No obstante, no siempre se reconoce la utilidad de la manera en que se traducen estos términos. Mucha gente, al escuchar que a la hermana del marido se le llama "hermana", o que a la esposa del hijo se le llama "cuñada", concluye que el hablante está actuando con conocimiento insuficiente del sistema del castellano. Los bilingües, aun cuando comprenden y usan las tradiciones de traducción, pueden clasificarlas en forma equivocada para un extraño. Los hablantes de castellano costeño que no entienden nada acerca de cómo se usan estos términos, pueden atribuir tal uso a ignorancia, o incluso peor, a algún grado de incapacidad para distinguir categorías complejas de parte de los hablantes del altiplano.

Hemos visto, sin embargo, que los términos de parentesco político del castellano, lejos de emplearse al azar o equivocadamente, se usan sistemáticamente para expresar una parte del sistema cultural aymara. la asociación establecida a través de términos de afecto y respeto para referirse a aquellos que nos entregan un cónyuge (*ipala, lari*), y el uso de términos que indican mayor distancia para señalar a alguien, a quien uno entrega un pariente como cónyuge (*tullqa, yuqch'a*) no es indicativo solamente de un uso cuidadosamente ordenado del idioma, sino una manipulación creativa de éste.

La implicancia que este ejemplo tiene para otros contextos bilingües es simple pero importante. Sabemos que los errores que cometen las personas que aprenden un nuevo idioma no son casuales, sino que están estructurados según su lengua nativa (Haugen 1956). Debiéramos darnos cuenta que en aquellos contextos sociales donde la lengua de una clase dominante se impone sobre otro grupo sociolingüístico, lo que aparentemente puede considerarse como errores, son en verdad intentos imaginativos y organizados para preservar aspectos importantes de la cultura de ese grupo.

BIBLIOGRAFÍA

CARTER, William E.,
1980   "El matrimonio de prueba en los Andes". En: **Parentesco y matrimonio en los Andes.** (Eds.) E. Mayer y R. Bolton, pp. 363-423. Lima: Pontificia Universidad Católica del Perú, Fondo Editorial.

ESCOBAR, Alberto,
1978   **Variaciones Sociolingüísticas de Castellano en el Perú.** Lima: Instituto de Estudios Peruanos.

GOODY, Jack,
1976   **Production and Reproduction: A Comparative Study of the Domestic Domain.** Cambridge Studies in Social Anthropology, no. 17. New York: Cambridge University Press.

HAUGEN, Einar,
1956   **Bilingualism in the Americas: A Bibliography and Research Guide.** Alabama: University of Alabama Press.

HARDMAN DE BAUTISTA, Martha J.,
1978 "Linguistic Postulates and Applied Anthropological Linguistics". En: **Papers on Linguistics and Child Language**, Ruth Hirsch Weir Memorial Volume, (eds.) Vladimir Honsa y M. J. Hardman de Bautista, pp. 117-136. The Hague, París, New York: Editorial Mouton Publishers.

ISBELL, Billie Jean,
1974 "Parentesco andino y reciprocidad. *Kuyax*: los que nos aman". En: **Reciprocidad e Intercambio en los Andes Peruanos**, (eds.) Giorgio Alberti y Enrique Mayer, pp. 110-152. Lima: Instituto de Estudios Peruanos.

1978 **To Defend Ourselves: Ecology and Ritual in an Andean Village**. Austin: University of Texas Press.

LEACH, Edmund,
1971 "Las implicaciones estructurales del matrimonio matrilateral entre primos cruzados". En: **Replanteamiento de la antropología**. Barcelona: Editorial Seix Barral. (Original en inglés, 1951.)

LÉVI-STRAUSS, Claude,
1969 **The Elementary Structures of Kinship**. Boston: Beacon.

MAYER, Enrique,
1980 "Repensando "Más allá de la familia nuclear" ". En: **Parentesco y matrimonio en los Andes**, (eds.) E. Mayer y R. Bolton, pp. 427-462. Lima: Pontificia Universidad Católica del Perú, Fondo Editorial.

MEILLASSOUX, Claude,
1975 **Femmes, Greniers et Capitaux**. París: Librairie François Maspero.

WEBSTER, Stephen,
1980 "Parentesco y afinidad en una comunidad indígena quechua". En: **Parentesco y matrimonio en los Andes**. (Eds.) E. Mayer y R. Bolton, pp. 183-245. Lima: Pontificia Universidad Católica del Perú, Fondo Editorial.

ZUIDEMA, R. T.,
1980 "Parentesco Inca". En: **Parentesco y matrimonio en los Andes**, (eds.) E. Mayer y R. Bolton, pp. 57-113. Lima: Pontificia Universidad Católica del Perú, Fondo Editorial.

8

LO HUMANO Y LO NO HUMANO EN QAQACHAKA: CATEGORÍAS AYMARAS DE PARENTESCO Y AFINIDAD

Juan de Dios Yapita con Denise Y. Arnold

Introducción [1]

En la antropología de los últimos años se ha dado cierta desconfianza con respecto al enfoque terminológico y al análisis formal que se usaba anteriormente en los estudios de parentesco. Sus limitaciones resultaron más evidentes en el análisis semántico de la terminología de parentesco en el que muchas veces se encontraron relaciones codificadas cuyos significados implicaban mucho más de lo que se podía definir simplemente como "relaciones de parentesco"; esto es, en circunstancias que los lingüistas Bloomfieldianos llamaron significados "transferidos", "marginales" o "extensiones metafóricas". Resulta que el análisis formal no podía acercar todos los valores semánticos de los elementos en estudio; siendo éstos, precisamente, los indicadores de las formas más significativas de los patrones semánticos del pensamiento "nativo" (Leach 1961; Lounsbury 1964, etc.).

De manera alternativa, en las décadas siguientes se planteó la idea de que las diferentes formas de parentesco construyen los sistemas sociales, en primer lugar, según reglas culturales; y que éstas encajonan los sistemas de terminología sólo en una segunda instancia (Schneider 1968; Poewe 1981). Juntamente con estos cambios, se prestó más atención a la búsqueda de los términos y conceptos de parentesco que usa la gente del lugar, en su lengua materna, en vez de acudir a los términos y conceptos más abstractos que se imponía desde fuera de la cultura. Así se ha llegado a practicar el

---

[1] Gracias a la gente de Qaqachaka por habernos facilitado la posibilidad de realizar este estudio, especialmente a don Enrique Espejo S. y Elvira Espejo A. Gracias también a don Domingo Jiménez A., de los valles de Aymaya, por sus comentarios comparativos, y a Marcelo Villena A. por haber hecho las correcciones al estilo de este ensayo.

análisis semántico con la atención enfocada en el uso lingüístico local y, además, con una actitud más abierta a sus usos en múltiples contextos.

Como un ejemplo de estos cambios de enfoque, trataremos en este ensayo la terminología de parentesco y afinidad que usa la gente del ayllu Qaqachaka —aymara-hablantes de la provincia Avaroa en el departamento de Oruro, Bolivia— y del ayllu vecino de Jukumani, en el Norte de Potosí. En estos ayllus (como en toda la región de Oruro y Norte de Potosí), la gente recurre cotidianamente a verbos especiales y expresiones idiomáticas que se relacionan con el asentamiento y la reproducción de las familias del lugar; son expresiones que definen las diferentes categorías que los antropólogos llaman "descendencia", "parentesco" y "afinidad", pero, esta vez, partiendo de los propios conceptos aymaras. Por tanto, hemos querido asomarnos al aspecto más "émico" del parentesco aymara y, así, complementar otros estudios lexicales del parentesco andino más "éticos" realizados hasta la fecha [2].

Asimismo, los conceptos aymaras de parentesco que encontramos en esta región se basan en un sistema de pensamiento andino acorde con la asociación y la metáfora, la similitud y la analogía, que analizamos más detenidamente en otro ensayo (Arnold y Yapita con Apaza 1996). Más específicamente, las relaciones sociales humanas se integran, por medio de estas analogías, en su entorno ambiental mucho más amplio: por ejemplo, con los procesos analógicos ligados a la reproducción y regeneración de las aves, los animales y las plantas, tanto domésticos como silvestres, con los que la gente está interrelacionada en lo cotidiano. A la vez, estas analogías no implican relaciones meramente estáticas, sino más bien refieren a procesos dinámicos que vinculan los diferentes niveles de la vida (Urton 1985): no es pues una coincidencia que se encuentren en los Andes, sistemas de clasificación de parentesco repletos de indicadores botánicos y zoológicos parecidos a los de otras partes del mundo [3].

Este punto nos interesa porque desafía los estudios actuales de la lingüística aymara en lo que se identifica como uno de los llamados "postulados lingüísticos" la distinción lexical entre categorías de lo 'humano' y 'no-humano' (Hardman y otros 1988, capítulo 2). El presente estudio exige por tanto, en el futuro, un mayor análisis de esta distinción; análisis que también deberá tomar en cuenta sus aspectos sociales y culturales.

---

[2] Ver por ejemplo Wolf (1980), Zuidema (1980), Abercrombie (1986), etc.
[3] Ver por ejemplo el ensayo clásico de J. J. Fox: "Sister's Child as Plant, Metaphors in an Idiom of Consanguinity" (1971).

1. EL LÉXICO AYMARA DE PARENTESCO, DESCENDENCIA Y AFINIDAD

1.1 El brotamiento de la raíz y el crecimiento de un filamento

Una característica de las analogías claves en el fondo de los sistemas andinos de relacionamiento es un aspecto dinámico de crecimiento según un modo "vegetal". En efecto, tal como la lengua aymara se basa en un sistema de raíces (verbales y nominales) a las que se agrega sufijos, así también los sistemas aymaras de relacionamiento parecen basarse en una imagen germinal, de "raíz", "tronco" o "matriz", que luego se desarrolla y se expande por medio de otros elementos, como si fueran filamentos: todo a semejanza de una semilla que brota.

Según nuestros estudios preliminares en este campo, nos parece que, dentro de la semántica aymara, se marca la dinámica de este proceso según la agregación de diferentes sufijos a la raíz léxico original. De esta manera, se indica la acumulación original de una masa (en personas, animales, sustancia vegetal, etc.), dentro de ciertos límites (definidos o no definidos), que se concentra a través del tiempo hasta llegar a un punto de ruptura, cuando los límites originales no pueden soportar más expansión. Por esto, en un momento crítico de transformación, se retrae, la acumulación original se derrama, se reagrupa y se origina en otras formaciones. Luego, las nuevas formaciones comienzan a desarrollarse y el mismo proceso puede ocurrir de nuevo.

Por otra parte, se encuentran homólogos con este proceso de crecimiento vegetativo no solamente en el léxico de parentesco andino, sino también en el mismo modo de pensarlo. Por ejemplo, el pensamiento aymara parece caracterizarse por un proceso inicial de plantear una idea y luego, según un modo expansivo —por la dinámica de agregar a la idea original otros elementos que llaman la atención—, llegar a otras agrupaciones de pensamientos más complejos, todo mediante procesos de crecimiento que se basan en secuencias lógicas de expansión, inferencia, deducción, etc. Por tanto, son específicamente estos procesos dinámicos de crecimiento los que engloban, dentro de su esfera de influencia, otros dominios fuera de lo humano (lo vegetal y lo animal).

Esta naturaleza "orgánica" que caracteriza la dinámica de los sistemas andinos de parentesco y descendencia ha sido comentada por varios autores en las últimas décadas. Duviols (1976-78), por ejemplo, ha llamado nuestra atención sobre el aspecto vegetal de las relaciones genealógicas, e Isbell (1997) sobre el ciclo vital, en tanto que Kusch (1973) habló, hace tiempo, de la naturaleza "seminal" del pensamiento andino.

A continuación enfocamos algunos términos aymaras claves que se relacionan con el parentesco en la región de Qaqachaka.

1.1 Casa y familia: *uta*

Comenzaremos con algunas observaciones acerca del uso de la raíz nominal *uta:* término aymara que se traduce como "casa". Sin embargo, es muy evidente que *uta* en aymara se refiere no sólo a la casa como una simple construcción física de adobes y paja, sino también a la familia que reside dentro. Por otra parte, por un proceso de extensión lógica, la palabra *uta* no sólo se refiere a cada casa como la habitación y hogar de cada familia "nuclear", sino a toda la agrupación de casas que están construidas alrededor de un patio en común, allí donde vive una familia más "extendida".

Por ejemplo, se llama *uta* a toda la familia extendida con el apellido Choque, en el linaje patrilineal, que incluye a los abuelos, padres y hermanos; además de las esposas de otras familias extendidas que se han casado dentro del mismo patio. En este sentido, la palabra *uta* se extiende para abarcar desde el tejido físico de una habitación hasta una agrupación de casas dentro de un patio en común y, a la vez, desde la familia nuclear hasta la familia extendida, como grupos sociales que viven dentro de sus límites. De este modo, la palabra *uta* constituye, para la gente de Qaqachaka, la base o "matriz" de un grupo familiar de descendientes (cf. Astvaldsson 1994).

Luego, se expande las posibilidades del pensamiento analógico para poder incluir otras dimensiones de significado. Por ejemplo, la importancia germinal de la casa es evidente en la agregación, al elemento original, de diferentes niveles de terminología. En efecto, se enfocan las unidades básicas de parentesco en el ayllu con expresiones que abarcan desde lo cotidiano *uta*, "casa o familia", hasta lo ritual y simbólico, *Kuntur Maman tapa* ("el nido del cóndor y del halcón") u otro término ritual relacionado con lo mismo (el nombre de brindar de la casa, *Tapa mamala*: "la Señora nido"). Así, otra analogía clave en el pensamiento aymara es la comparación de la casa con el nido de estas aves grandes (Arnold 1992). Sin embargo, cuando se habla de la dinámica del crecimiento de la casa, es muy pertinente el modo de expresar que padre y madre juntos originan la existencia del "nido del cóndor y halcón"; que ellos, en su condición de pareja, actúan como la "sujetadora", la que "agarra al nido del cóndor y halcón" (*kuntur mamanix katxasiri*) en sentido de "lo que se asienta", o "el lugar donde se agarra la semilla" (*jat"a katusi*). Luego, la pareja comienza a multiplicarse y después cada hijo comienza a construir su propio nido: *Kuntur Maman tapa*. A esta acción de formar un nuevo asentamiento se llama *sap"iqaña*: "formar otra raíz". En este caso, el sufijo de separación *-qa-* indica la secesión de una porción de la masa original en la derivación de otra raíz.

Dentro de la misma terminología para la casa, se llega a entender también el vínculo jerárquico entre cada casa familiar y las unidades de organización social, cultural y política fuera de sus límites inmediatos. Así, se llega a definir los límites entre la casa local y la unidad de organización más extensa: el estado (y sus órganos, como la iglesia) que la incluye dentro de su esfera de influencia. Por tanto, refiriéndose a la casa, don Domingo Jiménez Aruquipa, oriundo de los valles de Aymaya del ayllu vecino de Jukumani, utiliza términos rituales que abarcan desde la casa local —como *uta payru* ("patio de la casa", en sentido de un conjunto de habitaciones cercado por una pared) o *chuqi payru* ("patio de oro")— hasta llegar a otro límite: el *istraru kawiltu* ("cabildo del estado") que recurre al término eclesiástico colonial, "cabildo". Para don Domingo, *uta payru*, *chuqi payru* y *istraru kawiltu* son los que mandan la integridad, como si fuera una gran autoridad, mucho más allá de sus límites inmediatos:

> *Ukapix intirur mantixa*   Esos pues son los que mandan al sistema entero,
> *jach'a autoridadakaspas uk"ama.* como si fueran grandes autoridades, así.

Típicamente, el significado más amplio de la casa tiene que ver con su función en la agrupación inicial del tronco familiar y, luego, con el proceso expansivo del brotamiento de sus varias raíces, según el modo de crecimiento vegetal. Por tanto, don Domingo, hablando de la casa, dice *qutuntatätanwa*: "estamos agrupados dentro". Aquí el fonema /q/ marca la agrupación o concentración de substancia: por ejemplo, el sustantivo *qutu* quiere decir "montón" y, del mismo modo, *qulu* quiere decir "protuberancia o abultamiento"; *qullu* quiere decir "cerro", en sentido de una masa de pura roca, y *quta* quiere decir "lago", en sentido de una concentración de agua. Verbalizado con la prolongación vocálica, el sustantivo original, *qutu*, se vuelve *qutüña*: "ser un grupo". Luego, por un proceso de agregación, la derivación verbal *qutuntatäña* significa "estar en grupo dentro", por la adición del sufijo -nta- que marca la acción de "introducir el grupo dentro". En este sentido, *uta*, como "casa", define el límite mínimo dentro del cual se acumula la masa familiar de la pareja con sus descendientes. Luego, por un proceso de expansión, marca también el límite más amplio del conjunto de habitaciones cercado en un patio en el cual cada unidad (en su condición del nido llamado *Kuntur Mamani tapa*) está ocupada por una familia vinculada, a la vez, por lazos orgánicos de parentesco con las demás.

Por tanto, en el uso lingüístico se puede aplicar el término *uta* (vivienda) al grupo humano mínimo: la familia nuclear de padre, madre, hijos y nietos. Es muy común escuchar decir frases como:

Jaqï ut utatanwa: Cada familia somos diferentes.

O, por un proceso de extensión, se puede aplicar el mismo término a las agrupaciones mayores, como la "familia extendida". La extensión semántica desde la raíz *uta*, que abarca a estos otros niveles de significado, se demuestra en las siguientes derivaciones verbales:

Uta	= casa, habitación, vivienda, familia nuclear, familia extendida
Utachaña	= la acción de construir o techar una casa
Utjaña	= haber, existir, morar, vivir
	= una casa del campo, como cercado pequeño con corrales
Utt'aña	= tomar un asiento en un lugar
Utt'asiña	= asentarse, sentarse, casarse
Utt"apiña	= concubinarse, juntarse

1.1.1 La casa como un lugar de nacimiento y generación

Otro conjunto de analogías claves se desarrolla a partir de la imagen orgánica de la casa como un lugar de nacimiento, en sentido de una matriz germinal o una placenta que envuelve a la familia en su interior.

En realidad, cuando nace una criatura, esto se produce por lo general dentro de una habitación caliente, bajo el cuidado de la familia inmediata. Por esto, para don Domingo, *uta* también tiene un aspecto corporal de envoltura, siendo la matriz o canal de parto (*jaqiwa*) donde el feto se aloja durante su desarrollo.

En la región, la unidad de descendencia que nace de una sola casa, en este caso como una barriga en común, se llama *kasta* (de "casta"). Pero, como señalamos en otros trabajos, a diferencia del uso del término "casta" en castellano, existe una distinción paralela según el género; distinción que caracteriza las ideas aymaras acerca de la descendencia de la sustancia ancestral de una persona a otra en el transcurso de las generaciones nacidas en una casa. En efecto, se usan los términos *warmi kasta*, "casta de la mujer", o *wila kasta*, "casta de sangre", para la línea de descendencia que emerge de una casa en común por el lado de la mujer; en tanto que se usa más los términos *chacha casta*, "casta del hombre" o *muju kasta*, "casta de semen o semilla", para la línea de descendencia que emerge de la casa por el lado del varón. Por tanto, *kasta*, aunque sea un préstamo del castellano, se refiere en aymara más específicamente al tronco familiar nacido en una misma casa. Se diría en aymara *Espej kasta*, "familia Espejo", o *Quispe kasta*, "familia Quispe". Por otra parte, el uso aymara de *kasta*, a diferencia del castellano, abarca también una diferencia de género entre la casta de sangre en común y la casta de semen en común.

Enfocada en este dominio de significados, la casa en su condición de "nido" se convierte en un foco de muchas expresiones acerca del nacimiento de un grupo humano, puede ser de una casta común o linaje común. Por ejemplo, todavía se habla del "nido grande" (*jach'a tap"a*) cuando se refiere a la casa de una familia antigua y de mucho prestigio en el ayllu; en tanto que se habla del "nido pequeño" (*jisk'a tap"a*) cuando se refiere a una familia más reciente y de menos prestigio, de la llamada "gente menuda" (*t'una jaqi*). Por la ambigüedad de la casa como la fuente de las dos castas ancestrales, diferenciadas según el género y la substancia ancestral, se articula las distinciones entre el grupo descendiente por el lado paterno y el grupo descendiente por el lado materno, los cuales surgen de la misma (cf. Lévi-Strauss 1975).

Luego, por la extensión lógica, se juega a nivel de vocablos entre los términos de descendencia y el simbolismo de la casa como un nido. Por ejemplo, en las canciones de la boda, se hace rimas entre el préstamo *kasta* y otro préstamo, *kanasta* ("canasta"), para incluir así en los versos el importante dominio del significado de la casa como el "nido del cóndor y del halcón" que da a luz a las castas del novio y de la novia.

1.1.2 Las castas de semilla y de sangre

Por tanto, se piensa que, por el lado de las mujeres, la descendencia pasa por la sangre, *wila* en aymara; mientras que, por el lado de los varones, ésta pasa por la semilla o semen, *muju* en aymara (Arnold 1992). Por ejemplo, las mujeres manifiestan:

«*Taykñat nä uka wiläjt*» *sasa.*   "De mi madre yo soy esa sangre", diciendo.

En tanto que los hombres dirán, según don Enrique Espejo de Qaqachaka:

«*Awkñat nä uka mujuraki*» *sapxi*   "De mi padre yo soy esa semilla también", dicen.
Ukämapï uka.   Así es pues eso.

Luego, según el pensamiento andino analógico, se extiende estas ideas acerca de la transmisión ancestral para incluir, en el mismo dominio semántico, las plantas y los animales conocidos en el ayllu. En efecto, según don Domingo, la mujer tiene sangre como también un árbol tiene sangre. Para llegar a esta conclusión, él clasifica los arbustos en "hombre" y "mujer"; por ejemplo, para él, el árbol molle es como mujer, en tanto que la tipa es hombre. La diferencia, para él, e igualmente para la gente de Qaqachaka, depende del color de la "sangre" (o "savia") de cada arbusto, pues "la sangre de molle es roja" mientras "la sangre de la tipa es blanca" (ver también el Capítulo 18 en el presente libro). Por tanto, es común escuchar decir en aymara que la mujer tiene sangre, en tanto que las plantas tienen sangre y la propia Pachamama tiene sangre. Por la misma lógica, don Domingo sostiene que las plantas se asemejan a las personas humanas y que el líquido denominado "sangre" sólo difiere de color: del rojo o del blanco.

1.1.3 La casa como un corral de animales y una barriga humana

Otras expresiones para el grupo de descendencia que nace de la misma casa giran en torno del verbo básico pastoril *aywiña*: "ir en grupo en forma desorganizada, como un rebaño de animales". La característica de este verbo es que el sujeto arreado no va en fila. En este caso, se enfoca la casa como un "corral de animales", pues los descendientes salen de un corral en común como si fueran animales.

Por ejemplo, al referirse a la casa como la fuente de una familia, se puede usar la derivación verbal *aywitataña*, "desparramarse como animales", para describir la salida de los descendientes de su matriz en común (que en este caso tiene agregado el sufijo de expansión *-tata-*, marcando el desparramamiento del grupo). O, más específicamente, la expresión que se dice de un grupo de hermanos que nacieron en la misma casa es *mä utat aywsuta*: "salidos de una casa". Aquí se agrega al verbo básico el sufijo completivo *-su-*, que indica la acción de "salir desde adentro hacia afuera de" la casa.

La naturaleza corporal de la casa es también evidente aquí, puesto que, para don Domingo, *Mä utat aywsuta* quiere decir también: "salidos de una misma matriz". Para llegar a esta suposición, la lógica de don Domingo interrelaciona a la vez los múltiples niveles de significado de la casa con un nido ave, un corral animal y una barriga humana. Se encuentra las mismas ideas en Qaqachaka, por ejemplo, para los hermanos que nacieron de una sola madre. Se dice de manera parecida *Mä purakat aywsuta*: "Salidos como rebaño de un sólo vientre". Igualmente se puede decir *Mä tap"at aywsuta*, "Salidos de un mismo nido", pues aquí, implícitamente, el vientre (*puraka*) es considerado al mismo tiempo como la casa humana, como un nido o como un corral animal; el verbo pastoril *aywsuña* refuerza este sentido de nacer un grupo de descendientes de un lugar en común. Al respecto, don Enrique enfatiza que las crías (o "siblings") de una misma familia salen de un mismo vientre:

Mä awkini, mä taykani,	Que tiene un padre y una madre,
mä purakat aywsuta uka,	salido de un mismo vientre,
yast uka chachäkirisa, warmïkirisa,	eso, ya sea un varón o una mujer,
uka yast nanaka uk"am	pues nosotros (hombre y mujer) así
pä purakat aywsutäptw yasta.	somos salidos de dos vientres.

En este ejemplo, don Enrique se esmera en llamar nuestra atención sobre la diferencia que existe para él entre "parentesco y descendencia". Por una parte, los "siblings" nacidos del mismo vientre representan el grupo de descendencia; por la otra, la pareja de hombre y mujer (*chachawarmi*) "salidos de dos vientres (*pä purakat mistuta*) y de madres y padres diferentes, representa el grupo de "afinidad o parentesco político".

Alternativamente, se diría que un grupo de "siblings" ha chupado del mismo pecho, puesto que la madre siempre cría a sus wawas con el mismo pecho. Por tanto, según don Enrique:

Taykpapini jilachaski,	Su madre siempre está criando,
ukat uka pachp ñuñpin ñuñuskarakchi.	y luego está mamando siempre también del mismo pecho.

Sólo cuando la madre muere, se le puede hacer mamar con otra persona:

Yaq"ipa taykas jiwxi,	Algunas veces la madre muere,
ukat yaq"aruw ñuñuyaspaxa.	entonces haría mamar a otra persona.

En el contexto de las relaciones políticas entre familias se escucha también la misma clase de expresión con el uso de los mismos verbos tanto "humano" como "no humano". Enfocamos ahora algunos ejemplos con referencia a la práctica común de matrimonio en Qaqachaka, cuando un par de hermanos(as) de una familia decide casarse con un par de hermanas(os) de otra familia. En ambos casos se diría que los hermanos (o las hermanas) han entrado en la misma casa: *mä utar aywintata*, "ingresados(as) en una casa". (Aquí se agrega el sufijo *-nta-* que indica el movimiento "hacia adentro"). O, en el caso de las hermanas, se diría la expresión referida pero ampliada; aquella que se refiere a ellas como "de mayor a menor" en edad (la que se usa también cuando se alude a las diosas o a los espíritus-vírgenes de los productos alimenticios [4]):

Mä utar aywintat kullak jisk'a:	Las hermanas de mayor a menor que entraron a una casa, o
	Las hermanas de mayor a menor entradas en una misma casa.

Por otra parte, cuando dos hermanos se casan con dos hermanas de otra familia se diría *jila sullkar mantata*, que quiere decir literalmente "los hermanos entrados de mayor a menor". (Ver también el ensayo nuestro sobre las canciones de boda en el presente tomo).

---

[4] Ver por ejemplo Arnold, Jiménez y Yapita (1992).

En el contexto de la descendencia de la familia, el uso metafórico del verbo pastoril *aywitataña*, "desparramarse como animales", para describir la acción de "poblarse", funciona en un sentido expansivo; es decir, para desarrollar de modo orgánico otras analogías claves relacionadas con otros dominios de vida. Por ejemplo, cuando se usa el mismo verbo para referirse a las plantas, se indica la acción de brotar del suelo. O, en el caso de los cereales como la cebada, se refiere a la acción de brotar por aquí y por allá. Los siguientes ejemplos de don Domingo ilustran mejor esta secuencia de extensiones metafóricas basadas en el mismo verbo:

Jaqi aywitati   La gente se esparce
Uywa aywitati   Los animales se esparcen
Siwära akachiqar ukachiqar aywitati.   La cebada brota por aquí y por allá.

Otras derivaciones verbales basadas en el verbo básico *aywiña* son las siguientes:

Aywiña   = caminar en grupo en forma desorganizada
Aywintaña   = entrar en grupo hacia dentro
Aywsuña   = salir en grupo fuera del corral
Aywiqaña   = desprenderse en grupo de otro grupo
Aywitataña   = desparramarse
Aywiraña   = salir en serie un grupo, p. ej. de una cueva
Aywkataña   = subir en grupo una cuesta
Aywtaña   = levantarse en grupo para una acción

1.1.4 Las relaciones andinas entre las "casas"

Todos estos ejemplos recalcan la importancia actual de la propia casa (en lugar del patrilinaje u otro grupo social) como foco principal tanto de la descendencia de un grupo como de las relaciones matrimoniales entre grupos, y también como la raíz de un amplio dominio simbólico. Por otra parte, se muestra muchas similitudes con las nociones históricas acerca de la casa, no sólo como fuente de la línea de descendencia, sino también como fuente de la línea de autoridad del ayllu.

Por ejemplo, Platt cita algunos documentos del siglo XVII en que se habla de las grandes "familias", "todos descendientes de una misma cassa y sepa", que eran responsables para proveer a los señores que gobernaban antaño al grupo étnico Macha (vecino de Qaqachaka): en este caso, los caciques de *pachacas* (de centenas de familias) procedían de la "casa prensipal" y la segunda "cassa" tuvo que proveer el "compañero" o "segunda persona" según un patrón de autoridad dual (Platt 1987: 69-71). Habría que ver, en otro estudio, hasta qué punto las sociedades andinas, como Qaqachaka, organizaban sus relaciones sociales y matrimoniales (incluso las relaciones de guerra) entre "casas" como lo hacen todavía en partes de la Amazonía [5].

Además de las referencias a la casa-habitación como foco del movimiento e intercambio entre grupos matrimoniales, es común referirse al patio de la casa como un corral de animales. Por ejemplo, cuando varios matrimonios viven dentro de un mismo patio se dice *mä uyun utji*: "viven en un corral"; o *mä patyun utji*: "viven en un patio", en sentido de un lugar cercado.

Otro ejemplo del uso de la terminología aymara de parentesco y descendencia que se basa en la casa, *uta*, se refiere al asentamiento, después del matrimonio, de una familia en un lugar extraño. En este caso, se dice *utt'asiña,* que se traduciría literalmente como "sentarse". Aquí el verbo *utt'asiña* incluye además el sentido de que la pareja tiene que "construir su propia casa" (*utachasiña)* y tener sus parcelas para sembrar y cultivar los productos. Se alude al esfuerzo de trabajo manual de la nueva pareja que es necesario para cumplir las obligaciones de construir la nueva casa y cultivar sus tierras, con otra metáfora: ésta tiene que ver esta vez con la producción del sudor y su derramamiento a través del espacio. Por ejemplo, para don Domingo, el verbo *utt'asiña* incluye el sentido de "casarse" y así convertirse en gente adulta. Cuando se construye su propia vivienda, a esto lo llama *ch'illch'iqayaña*: literalmente "dejar que el sudor se haga gotear o se extienda". Debido a su asentamiento en el lugar, y su posesión y usufructo de esas tierras, la nueva familia tiene que cumplir todas las obligaciones exigidas por la comunidad. El paso siguiente es lograr poco a poco los elementos de servicio de la familia, y esta acción de conseguir para la familia los bienes se llama *armasiña,* préstamo del castellano "armarse" o "equiparse". Por ejemplo en la frase *taqikun armasi:* "de todo se equipa".

---

[5] Ver por ejemplo Lea (1995).

2. EL CRECIMIENTO DEL GRUPO HUMANO SEGÚN EL MODO VEGETAL

2.1 La cepa: *tunu*

Ahora examinemos con más detalle una analogía entre el crecimiento del grupo humano y el crecimiento de las plantas. Un término aymara que es muy usado dentro de la familia para referirse a su cepa ancestral es *tunu*: "la cepa de una planta o arbusto" (comparable al "stock", en inglés).

No obstante, habría que subrayar las diferencias entre esta analogía andina —que enfoca el tronco vegetal y el siguiente brotamiento orgánico de las raíces dentro de la tierra como parte de una continuidad lógica— y el uso europeo de las analogías vegetales que, en cambio, resaltan las nociones de jerarquía y discontinuidad. En efecto, las analogías vegetales europeas tienden a enfocar más el crecimiento del tronco y de las ramitas en la superficie del suelo, para llegar al punto del máximo desarrollo, en una representación abiertamente jerárquica. Por ejemplo, Bouquet (1996) demuestra el uso jerárquico del modelo del árbol en los diagramas de las genealogías europeas; por otra parte, Deleuze y Guattari (1996 [1980]) señalan la aplicación del modelo vegetal europeo, según un "pensamiento arbóreo", de modo jerárquico, a las nociones de evolución, a diferencia del "pensamiento rizómico o tuberculoso" que caracteriza otras culturas (como la de los Andes).

Por eso, en Qaqachaka, nuestro colega don Enrique Espejo nos decía:

Aksan uka tunutpin parli:	Aquí se habla siempre de esa cepa.

La pregunta que le hace a uno es:

«*Kawki tunütasti*»:	¿Cuál cepa eres?

Y la respuesta es:

«*Nä Espej tunüt» sirist"a*:	Yo diría: "Soy la cepa de Espejo".

Según don Enrique:

Layra achilan uka apanuqata uka tunu.	Esa cepa fue puesta por nuestros ancestros.
Uka tunu janiw armt'asipktti, sapt"ay.	Esa cepa no olvidamos, decimos.

Y él aclaraba otro punto acerca de la descendencia: "Si dos o más hermanos tuvieran diferentes familias, todavía seguiríamos siendo una cepa (*mä tunu*)".

A esta línea ancestral se la puede llamar "raíz", *sap"i* en aymara, pero según don Enrique, es más bien *tunu:* "la cepa". En efecto, aunque en Qaqachaka se usa el término "raíz" (*sap"i*) para las raíces de los árboles y arbustos, y el verbo *sap"intaña* para el proceso orgánico de "enraizar dentro", se usa siempre el término "cepa" (*tunu*) para referirse al tronco de la familia. Como dice él: *Tunutakpin apapxi*, que quiere decir literalmente "Siempre llevan de la cepa", por decir siempre se menciona la cepa. En términos antropológicos, *tunu* se refiere ambiguamente a la descendencia y la ascendencia pues se alude a un tronco familiar de descendientes que surgen de un abuelo ancestral común, por una línea vertical de descendencia enfocada al ancestro. Pero, al mismo tiempo, la analogía botánica andina implica la noción de "ascender de un lugar común", como un ancestro distante que había sido enraizado en la tierra de su hogar.

Otras observaciones acerca de la cepa familiar andina vienen de don Domingo. Para él, la cepa o tronco familiar (*tunu* o el préstamo *turunku*), es comparable con un árbol; pero es más fuerte, pues un árbol se puede caer, pero la cepa no se cae, sino se mantiene de generación a generación:

Quqas tinkurikiw piru,	Hasta el árbol se puede caer nomás,
turunkupini wirtatiruxa.	pero el tronco es de veras real.

Y según él, es común preguntar a una persona los detalles de su tronco familiar, por ejemplo en las uniones de parejas cuando la gente mayor averigua si son parientes cercanos o no:

Qawq"a turunkütasa, sas,	¿Cuántos troncos son ustedes?,
chacha wawanak sapta.	diciendo les preguntamos a los jóvenes.

Por tanto, para don Domingo, el "tronco" del árbol (*turunku*) y el tronco familiar (*tunu* o *turunku*) son comparables; además, para él, el *tunu* familiar tiene relación siempre con el apellido por el lado paterno.

Dentro del mismo dominio semántico, se encuentran también analogías que comparan la salida de un solo corral en común de un rebaño de llamas (u ovejas) con un grupo de descendientes de una familia. Por ejemplo, doña Asunta Arias, refiriéndose a la descendencia de la familia Choque de su marido, nos dijo: *mä sap"it aywitatata*; que quiere decir "expandida de una raíz", como un rebaño.

2.2 La descendencia como el "derramar semillas"

Otra gama de analogías claves que se refiere a los descendientes de una familia gira en torno de otro proceso botánico: el de "derramar semillas". Por ejemplo, don Enrique, al describir la expansión demográfica de la gente de Qaqachaka, nos decía:

«*Uka taqichiqaru willimuchuta.*	"La (gente) está derramada a todas partes.
Jaqi ak"anakar willimuchuta» stanjay:	La gente está derramada por estos lugares", decimos.

En este contexto, el verbo básico aymara que describe la descendencia es *willina*, que indica la acción de "derramar granos". En la oración de don Enrique, la agregación del sufijo verbal distanciador, *-muchu-*, describe generalmente la acción de "dejar caer sin dirección cosas menudas", como la cebada en grano. Nos dio otro ejemplo para entender mejor la comparación:

Kuna jamp's willimuchtan akaru jäll uk"ama.	Es como si dejaramos caer granos tostados.
Uka lant jiwasa willimuchatätan.	Pero, en lugar de esos, estamos derramados nosotros.

El mismo uso del verbo es evidente en toda la región, pues don Domingo de Aymaya, compara en los siguientes ejemplos el derramar de granos o semillas con la distribución de las casas a través del ayllu y con la distribución demográfica de la gente a través del tiempo:

Utanaka willitar utachataw.	Las casas están construidas en forma dispersa.
Jiwasa willitätanwa.	Nosotros estamos dispersos.

2.3 Las relaciones de anti-parentesco y las cabezas trofeos como semillas

Esta manera andina de describir la descendencia y extensión fecunda de una familia, casta, linaje o ayllu, en términos del derramamiento de granos o semillas, se encuentra también en el discurso acerca de la guerra. En este caso, las relaciones matrimoniales y las del intercambio entre grupos, fracasaron y tomaron otra naturaleza más desastrosa. Aquí, en vez de enfocar el crecimiento de las unidades sociales desde el interior de sus límites, se enfoca más bien la necesidad de traer "semillas renovadoras" desde fuera de los límites para refertilizar el grupo original. De este modo, esta vez enfocamos las relaciones andinas de la guerra, especialmente las ideas acerca de la naturaleza fecunda de las cabezas trofeos (ver también Arnold y Yapita 1996).

Por ejemplo, es común comparar el seso dentro de la cabeza trofeo con algún aspecto de la sustancia ancestral en términos de su cualidad germinal. También se dice que la cabeza de un enemigo la traen "como si fuese semilla", y que las mujeres las deben guardar "como wawas", envueltas en trapos negros y fajas anchas, a modo de pañales (*t'isnu*), para así hacerlas fértiles. Las mujeres son encargadas para el cuidado de las cabezas trofeos por el hecho de tener cabellos largos, a modo de "alas", por tener mucha suerte (*surti*) y por su capacidad de "envolver bien las cosas".

En este caso, se refiere a la cabeza trofeo como "semilla" (usando el término *jat"a*): se la envuelve, se la guarda y se la cría "como si fuera una wawa" (*uk"ama wawämxay uywapxchixa*). Para la gente de la región, las cabezas trofeos que se guardan en la casa, tienen además la cualidad adicional de actuar "como si fueran *illas*", en sentido de amuletos de fertilidad:

Ukaru jat"a sapxiw.   A esa (la cabeza trofeo) llama semilla.
Illaspas uk"amapï.   Es como si fuera una illa pues.

Luego, se piensa que las cabezas trofeos mandarán su aliento para apoyar en la reproducción y regeneración de los animales, las plantas y la gente bajo su vigilancia, si las recuerdan, y les ofrecerán en los momentos oportunos, por ejemplo los días lunes, cuando es costumbre recordar los ancestros de una casa. En este sentido, las cabezas trofeos son también "las que hacen gente" (*jaqichiri*), apoyando a la familia de la casa a tener hijos o hijas, cuando se les pide.

2.4 Los yernos que "se enraizan como semillas" en un lugar

Una variante de la misma analogía botánica de derramar semillas se encuentra en las expresiones que se usa para describir un yerno que viene a vivir a la casa de su esposa, según un patrón de residencia posmarital uxorilocal. Aunque fue más común en el pasado, actualmente se practica esta norma pocas veces en Qaqachaka (Arnold 1992: 84-5).

En esta circunstancia, se alude a la acción del yerno, o *tullqa*, de ubicarse en su nuevo lugar matrimonial con el verbo *iranuqaña*, que se refiere a la acción de colocar algo como semilla en un lugar. Implícitamente se compara su acción de asentarse uxorilocalmente con el colocar de la primera semilla en un trabajo agrícola. Aquí, la derivación verbal se fundamenta en el verbo básico *iraña*, que quiere decir literalmente "llevar alguna cosa pequeña y sólida con los dedos". Por ejemplo, *qala iraña* quiere decir "llevar una piedra" y *t'ant' iraña* "llevar un pan". El sufijo verbal que se agrega en este caso, -*nuqa*-, indica la acción de colocar esta cosa sólida en la superficie.

Luego, por la extensión lógica, se aplica el mismo verbo, en el caso de la siembra, a la acción de "poner la semilla en el surco", o, en el caso de la familia humana, a la denominación del principio familiar, en sentido del asentamiento de un nuevo grupo de ascendientes. Por tanto, el verbo *iranuqaña* se refiere a la fijación de un sitio para una persona humana y, en el caso del asentamiento del yerno, se describe la acción de comenzar a cimentar su tronco familiar y vivir en ese lugar. En este ejemplo, el verbo básico *iraña* tiene las siguientes derivaciones que indican en cada caso la dirección del movimiento y sus consecuencias:

Iraña	= llevar con los dedos un objeto pequeño
Iranuqaña	= colocar o poner algún objeto pequeño en algún sitio, tal como una semilla
Iraraña	= despojar, quitar
Irsuña	= sacar desde adentro
Irkataña	= colocar algún objeto contra alguna otra cosa

De modo similar, se usa el verbo *alinuqaña*, "germinar en un lugar", al hablar de un antepasado masculino que haya "plantado su semilla en un lugar" para luego crecer allí y producir varios descendientes a través de las generaciones. En este ejemplo, la raíz *ali* alude aún más específicamente al "tallo" botánico, y el sufijo locativo -*nuqa*- marca la acción de "arraigar y germinar" la semilla en una sementera.

Cuando se habla acerca del yerno que entra en la casa de su esposa, y de la familia que ha descendido de las criaturas de la pareja, es común escuchar en Qaqachaka (y en el Norte de Potosí) de la importancia de la "casta de la mujer, *warmi kasta*, y de la "casta de la hija", *imill wawa kasta*. En este caso, al referirse al yerno de la generación ascendiente que ha fundado la nueva familia, se diría *Kawki jach'a iranuqpa achilana*; que quiere decir literalmente: "Dónde el abuelo ha puesto su gran semilla".

Al hablar del siguiente crecimiento de la familia en ese lugar, se usaría el verbo *miraña*, "procrease", con la expresión *mirxaspa* que se traduce como "puede procrearse" [6]. El uso de este verbo se caracteriza por su descripción de la acción de procreación, tanto humana como no humana, pues engloba el dominio humano, animal y vegetal. La amplitud de su aplicación está ilustrada en el discurso de don Domingo, cuando él dice:

Taqikunaw mirixa.   Todo se procrea.
Jan miraspa tukusxaspawa. Si no se procreara, se puede exterminar.

En este ejemplo, las derivaciones verbales son las siguientes, que en cada caso indica el modo de procrearse:

Miraña   = procrearse
Mirantaña   = procrearse en cantidad
Miratataña = procrearse en sentido horizontal
Mirxaña   = procrearse en sentido progresivo
Mirayaña   = hacer procrear
Mirtaña   = comenzar a procrearse

3. LAS RELACIONES ZOOLÓGICAS Y ORNITOLÓGICAS ENTRE HUMANOS

3.1 Yernos y nueras como cóndores y llamas

En otros contextos, los apodos de los parientes políticos tienen que ver más con su naturaleza sexual y animal; por juegos analógicos, se recurre a los dominios botánicos, ornitológicos y zoológicos.

---

[6] Puede que el verbo aymara *miraña* sea un préstamo del castellano "medrar".

Por ejemplo, según don Domingo, en los valles de Aymara, al yerno o *tullqa* se le llama *pululu*, como el instrumento musical de los valles que se fabrica de una calabaza con un cuello bastante largo. Las insinuaciones de esta comparación derivan del hecho de que él ha conseguido la hija de otra familia con su "compañero" (su órgano sexual o *allu*), pues según don Domingo "hasta le llaman *allpululu cajajo*", un nombre de cariño. En efecto, le dicen:

Ukat ukax asta pulumpiw	De eso, hasta con el pololo,
jumax intirpach jamilla	tú vas a atender a la familia entera
jayp'uchät q"alt'ichätaxa.	por la noche y el día siguiente.

En los valles, el yerno recibe también otros apodos de sus suegros. Por ejemplo, si él ha venido de lejos, se le llama *yaq"atuq wawa*: "hijo de otro lado". Y se le llama *jaya tullqa*, "yerno lejano", si ha venido cruzando dos o tres lomas.

No obstante, su apodo más común es *kuntur chuku*, "cóndor sentado", por la comparación que se hace entre el nuevo yerno y el "cóndor" que va a fundar un nuevo linaje en el nido de la casa. El rol del yerno como "cóndor sentado" se ilustra en la siguiente canción dirigida a él (del género denominado *warart'aña*: "canturrear" que se canta en la boda):

Kuntur chuku,	Cóndor sentado
«sir chalala, sir chalala»	"Sir chalala, sir chalala"
sasaw jumax kupir ch'iqarux	haciendo sonar, tú darás vueltas
jumax wiltart'asïtax	a la derecha y a la izquierda
jurkit kayumampiw	con tus pies de cinco dedos
«p'atx p'atx» sayätaxa	harás sonar "p'atx p'atx"

o en los siguientes versos:

Tullqa, alluluyu	Yerno, ¡qué alegría!
jich"axa, uk"amaw	ahora, así,
juma kupir ch'iqartú,	vas a dar vueltas
wiltart'asït tullqa	a la derecha y a la izquierda,
jurkit kayumampi.	con tus patas de cinco garras.

Jich"aw anch"ichax	Ahora, en este momento
jach'a arustataña	se habla fuerte
jisk'a arustatañaxa	se habla despacio
uk"amaw jich"ax qalltaskixa	así, ahora comienza
Jumatix simintu t"axsita tukt'ayxäta	Si tú acabas desde el cimiento
kunämatix ut jiksuraktan	¿cómo es que terminamos la casa?
Jäll uk"amaw tukt'ayxätax	Pues así vas a terminarlo
aka qama surti	esta suerte de bienes
surti asirtu.	suerte de acierto.
Uk"amaraki anch"ita	Asimismo, en este momento
taqi tilantiruni.	que tiene todos los delanteros.
Uk"amarak juyrani	Así también con productos
uk"amarak aratiruni	Así también con bueyes
Uk"amarak taqikunanxay	Pues, así con todo
qulqini, uruni	con dinero, con oro.
Suma surtinïyatax juk'ampiw	Si vas a tener suerte, más
akax patar sartanixa	va a ir este hacia arriba
Uk"amaw aymart'iri.	Así, suele cantar en aymara.

Luego su esposa le acompaña, tocando el pequeño tambor llamado *chinki* o *wankara*, "la caja del Rey Inka", y haciéndolo sonar "tin tan, tin tan". Llaman al instrumento *chinki* "por el hecho que es la hija (*warmi wawa*) de la casa", y le dice a la nuera: "Igualmente tú vas a atender a la familia de la mujer y también a la familia del hombre", y así recíprocamente.

Existen también palabras de cariño con las que se dirige a la nuera, *yuqch'a*, que la relacionan con el depósito doméstico de los productos alimenticios: la *pirwa*. Pues se le dice:

Pirwaw jit"intanxi:	Pues ya entró el depósito de productos.

Recurriendo a la misma analogía, le dicen también:

Jumaw quri pirwäta, chuqi pirwäta:	Tú eres el depósito de oro blanco y de oro amarillo.

En el manejo de los quehaceres cotidianos de la casa, se considera a la mujer como dueña de los productos, la persona responsable de proveer los víveres para la cocina, y la que tiene que calcular si la provisión del año alcazará o no. Por tanto, la nuera, desde el momento que comienza a sentirse parte de la familia de su marido, tiene que aprender las normas de la casa y los ritos domésticos que realizan los suegros en diversas ocasiones.

Por la riqueza de la nuera al casarse, con su dote de bienes, animales y tejidos, y además por su suerte de llenar los depósitos de la casa, se le llama en Qaqachaka *mallku mama*, "mama cóndor", paralelamente al *tullqa*, quien es el "cóndor macho", *mallku tala*.

Pero otra gama de símbolos que se aplica al yerno y a la nuera tiene que ver con la comparación entre ellos y los rebaños de animales que ellos mismos traen al matrimonio [7]. Se dice que la nuera trae a la casa al "delantero" (*tilantiru*), el macho guía de las llamas, quien es el marido-yerno, o *tullqa*, y él es conocido por este apodo por sus nuevos suegros. Paralelamente, se dice que el delantero ha traído a su casa a la nueva nuera, como la riqueza en productos que él ha traído desde los valles. Pero, de igual modo, la nuera es conocida por sus nuevos suegros como la "llama madre-hembra", o *piñama*: el símbolo potente de las riquezas en lana y crías. Por eso, en los valles de Aymaya, la nuera es dedicada con la siguiente canción:

Uta jaqixay mantanxiw jich"axa	Ahora ya entró la dueña de casa
Nayaxa, gustñakitwa. K"aya patanakarus	Yo estoy contento. Si yo quiero irme
mistxañas gustñakiwa.	a las alturas, eso depende de mí.
Uta jaqix, pirwax jit"intanxiwa	La dueña, el depósito, ya entró.
Jupäxiw qulqini, jupäxiw uruni	Ella es dueña de plata y de oro,
taqi juyrani.	tiene todos los productos.
Tilantiru kampan jawq'antasaw	El delantero entró sonando
mantanxi, irpantanxiwa.	la campana, ya la trajo.
Uk"amarak aymart'araki.	Así también le canta en aymara.

3.2 La descendencia del grupo a modo de un rebaño de animales

Hemos mencionado líneas arriba la comparación entre los descendientes humanos de una casa y un rebaño de animales que salen del mismo corral según el uso del verbo *aywiña*: "ir en grupo como animales". Este ejemplo no

---

[7] Ver por ejemplo Arnold con Yapita (en el presente tomo).

es el único, pues se expresa también la misma analogía por el uso del verbo básico *anaña*, "arrear", que se refiere aún más específicamente a animales.

Una derivación de este verbo es *antaña*, "poner dentro de un corral un rebaño" (al agregar el sufijo *-nta-*: "dentro"), y otra es *ananuqaña*, "poner el rebaño en un lugar" (al agregar el sufijo *-nuqa-*: "colocar en su sitio"), y ambos verbos se pueden aplicar a grupos humanos. Por ejemplo, cuando todo el ayllu se reúne en grupo como "cabildo", en el patio del jefe (*jilanqu*) para pagar sus tasas en común al estado, se dice:

Kawiltu ananuqaña.	Arrear juntos en un lugar el grupo del cabildo.

Y, al referirse a la descendencia humana, se dice:

Achachilanakan ananuqatätan	Estamos puestos (como un rebaño) por los abuelos,
yast uk"am nanaka utt'atäp"ta akaru si	pues así estamos asentados aquí, dicen.

O, en otro ejemplo, se usa los dos verbos "animales", *ananuqaña* y *aywintaña*:

Ananuqata yast uk"am aywitatxtan yast mä achilata, ukat ast, ananuqata uywäm mirxapt, sasa. Mawjtar ananuqatapt"ay.	Una vez así puesta como un rebaño nos desparramamos de un abuelo; una vez puesta, nos procreamos como animales domesticados, diciendo. Estamos puestos en rebaño en un lugar.

Las derivaciones verbales del verbo básico *anaña*, "arrear", son las siguientes:

Anaña	= arrear
Antaña	= comenzar a arrear
Anakiña	= llevar arreando los animales
Ankataña	= arrear el rebaño hacia la ladera
Anantaña	= arrear hacia dentro del corral

Ansuña	= arrear hacia fuera del corral
Anatataña	= dispersar el ganado en el pastizal
Ananuqaña	= poner los animales en el pastizal
Anaraña	= despojar los animales
Ant"apiña	= juntar el rebaño de los animales
Anxataña	= alcanzar el rebaño a otro rebaño
Anakipaña	= traspasar el rebaño fuera del linde

Otros ejemplos de la misma idea usan el verbo *anakiña,* que se refiere en un sentido general a la acción de arrear animales en grupo, cuando la persona que arrea va detrás de ellos. Se puede aplicar el mismo verbo a la acción de arrear un grupo de personas que va desorganizadamente, pero, en el contexto de la descendencia humana, el sentido implícito de este verbo es que el abuelo ancestral está arreando al grupo de descendientes desde atrás. Por extensión lógica, se puede aplicar el mismo verbo al dominio botánico, pero, en el caso de una planta, el sujeto que arrea a las ramas, a las hojas y flores, es el tallo. Los ejemplos que nos proporciona don Domingo a continuación nos pueden ilustrar mejor la aplicación del mismo verbo a los diferentes dominios; animal, humano y vegetal:

Uywa anakiña.	Arrear los animales.
Jilanqu jaq anaki.	El jefe del ayllu arrea la gente.
P"aqaranx aliw wawanakp anaki.	En una flor, el tallo arrea sus crías.

Otros aspectos de la analogía clave entre el grupo humano y el rebaño de animales se encuentra en el habla acerca de la familia y las generaciones, cuando se usa la misma palabra, *anta*: "rebaño", para describir las personas de una misma generación. El siguiente ejemplo nos ilustrará mejor:

Mä anta snaka, mä anta	Diríamos un rebaño, un rebaño es
mä achachit anch"it aywitatat	la que se ha poblado de un abuelo,
antata, jäll uk"ama.	de un rebaño, así.

Por tanto, para expresar la generación anterior y posterior de una persona, se dice:

q"ipa anta	generación posterior
layra anta.	generación anterior.

4. Las envolturas del pensamiento andino

Mencionamos de paso un punto final. Hemos descrito en otro estudio el proceso dinámico de parentesco que está ligado, a su vez, con niveles de significación diferenciados por el género (Arnold 1988). Este proceso, que se vincula también con la dualidad andina y la mediación entre los aspectos paternos y maternos, está caracterizado por el crecimiento de las unidades sociales según un patrón de "envolturas" (a modo de capas textiles) diferenciadas por el género. En el nudo de las envolturas está la casa, con su simbolismo eminentemente femenino del nido del cóndor y el halcón. Luego, en otro nivel, la casa y la familia nuclear dentro, están envueltas dentro del patio de la familia patrilineal extendida. En este caso, es como si la familia paterna estuviera envolviendo a la casa materna. Luego, en otros niveles más amplios, se encuentran otras envolturas de género distinto. Por ejemplo, si un yerno se establece en la casa de la mujer, se burlan de él diciendo *chinqi chaleco*, que quiere decir literalmente "chaleco de vagina", en una expresión de mofa por el hecho de que él está dominado por una envoltura femenina: la casa de su esposa. Y, finalmente, a nivel de la comunidad, se encuentra la unidad llamada *kumuna tayka*, "comuna madre", como si en este caso la comunidad de género femenino más amplio estuviera envolviendo a las familias patrilineales que moran en el lugar.

Nos parece que el pensamiento andino sigue también este mismo patrón lógico. Por tanto, cada elemento, con sus verbos de descripción y aplicación inmediata, y su dominio de significado específico, luego se desarrolla y se extiende, según un proceso dinámico de extensión orgánica, para poder englobar en su interior otros dominios de significado mucho más extensos. Así, la descripción de un elemento humano se expande para incluir los otros dominios no humanos.

Conclusión

Es evidente que las categorías aymaras de parentesco, descendencia y afinidad que tocamos en este ensayo, requieren un análisis más profundo; especialmente por su característica de desafiar el supuesto postulado lingüístico aymara que distingue entre "lo humano" y "lo no humano".

En vez de basar nuestro estudio en categorías lingüísticas tan fijas como éstas, hemos querido mostrar más bien, por medio de varios ejemplos, la complejidad y los múltiples niveles de significado de las categorías aymaras, que engloban a la vez los varios dominios de vida, tanto humano como animal, vegetal, espiritual, etc. Al mismo tiempo, hemos sugerido algunas maneras de analizar el pensamiento aymara que llega a tales vínculos entre dominios. Hemos planteado que cualquier análisis de este tipo debería enfocar los procesos dinámicos de la reproducción y regeneración de los elementos en su contexto social, cultural y ambiental. Un proceso clave en el pensamiento andino resaltado en este estudio fue el crecimiento orgánico, a la vez humano, animal y vegetal. Por tanto, en el futuro desarrollo del análisis semántico de parentesco no será suficiente enfocar sólo el aspecto lingüístico, como se hacía antes en los estudios de parentesco, sino tratar también los aspectos lingüísticos en su propio entorno ambiental, social y cultural.

Por supuesto, el impulso para la gente rural de recurrir a tales modos de pensar no es simplemente materia para pensar, sino forma parte de sus obligaciones de participar en la dinámica de la vida misma. Por eso, para una persona como don Domingo, es transparente que las plantas, animales y humanos se reproducen constantemente, de lo contrario se exterminarían. El pensamiento aymara parece seguir el mismo camino.

BIBLIOGRAFÍA

ABERCROMBIE, T. A.,
1986 **The Politics of Sacrifice: an Aymara cosmology in action.** Tesis de doctorado, University of Chicago.

ARNOLD, D. Y.,
1988 **Matrilineal Practice in a Patrilineal Setting: Metaphors and rituals of kinship in an Andean ayllu.** Tesis de doctorado, University of London.
1992 "La casa de adobes y piedras del Inka: género, memoria y cosmos en Qaqachaka". En: **Hacia un orden andino de las cosas: tres pistas de los Andes meridionales,** D. Y. Arnold (comp.), pp. 31- 108. La Paz: Hisbol e ILCA, Biblioteca Andina No. 12.

ARNOLD, D. Y. y Juan de Dios YAPITA,
1996 "La papa, el amor y la violencia: la crisis ecológica y las batallas rituales en el linde entre Oruro y Norte de Potosí". En: **Mama Melliza y sus crías: antología de la Papa** (comps.) D. Y. Arnold y Juan de Dios Yapita, pp. 311-371. La Paz: Hisbol e ILCA.

ARNOLD, D. Y., Domingo JIMÉNEZ y Juan de Dios YAPITA,
1992 "*Simillt'aña*: pensamientos compartidos acerca de algunas canciones a los productos en un ayllu andino". En: **Hacia un**

orden andino de las cosas: tres pistas de los Andes meridionales**, D. Y. Arnold (comp.), pp. 109-173. La Paz: Hisbol e ILCA, Biblioteca Andina No. 12.

ARNOLD, D. Y. y Juan de Dios YAPITA con C. APAZA,
1996 "Mama Trama y sus crías: analogías de la producción de la papa en los textiles de Chukiñapi, Bolivia". En: **Mama Melliza y sus crías: antología de la Papa** (comps.) D. Y. Arnold y Juan de Dios Yapita, pp. 373-411. La Paz: Hisbol e ILCA.

ASTVALDSSON, A.,
1994 ***Wak'a*: an Andean religious concept in the context of Aymara social and political life**. Tesis de doctorado inédita, University of London.

BOUQUET, M.,
1996 "Family trees and their affinities: the visual imperative opf the genealogical diagram". **The Journal of the Royal Anthropological Institute** 2 (1): 43-66.

DELEUZE, G. y F. GUATTARI,
1996 [1980] **A Thousand Plateaus. Capitalism and Schizophrenia. 1. Introduction. Rhizome.** Trad. Brian Massumi. London: The Athlone Press.

DUVIOLS, Pierre,
1976-8 "Un simbolisme andin du double: la lithomorphose de l'ancestre". **Actes du XIII Congres International des Américanistes. Tomo 4**: 359-364. París.

FOX, J. J.,
1971 "Sister's Child as Plant, Metaphors in an Idiom of Consanguinity". En: (ed.) R. Needham, **Rethinking Kinship and Marriage**, pp. 219-252. London: Tavistock publications.

HARDMAN, M. J., y otros,
1988 **Aymara: Compendio de estructura fonológica y gramatical**. La Paz: ILCA y Gramma.

ISBELL, Billie-Jean,
1997 "De inmaduro a duro: lo simbólico femenino y los esquemas andinos de género". En (comp.) D. Y. Arnold, **Más allás del silencio: las fronteras de género en los Andes**, pp. 253-300. La Paz: CIASE e ILCA.

KUSCH, Rodolfo,
1973 **El pensamiento indígena y popular en América**. Buenos Aires: Editorial ICA.

LEA, V.,
1995 "The Houses of the Mẽbengokre (Kayapó) of Central Brazil - a

New Door to their Social Organization". En (eds.) J. Carsten y S. Hugh-Jones, **About the House. Lévi-Strauss and Beyond,** pp. 206-225. Cambridge: CUP.

LEACH, E.,
1961   "Rethinking Anthropology". En **Rethinking Anthropology**, pp. 1-27. London: The Athlone Press.

LÉVI-STRAUSS, C.,
1975   **La voie del masques**. Geneva y París: Editions d'Art, Albert Skira.

LOUNSBURY, F. G.,
1964   "The Structural Analysis of Kinship Semantics". En **Proceedings of the Ninth International Congress of Linguistics**, pp. 1073-90. The Hague: Mouton.

PLATT, T.,
1987   "Entre *ch'axwa* y *muxsa*. Para una historia del pensamiento político aymara". En T. Bouysse-Cassagne y otros, **Tres reflexiones sobre el pensamiento andino,** pp. 61-132. La Paz: Hisbol.

POEWE, K.,
1981   **Matrilineal Ideology: Male-Female Dynamics in Luapula, Zambia**. London: Academic Press.

SCHNEIDER, D. M.,
1968   **American Kinship. A Cultural Account.** Englewood Cliffs: Prentice Hall.

URTON, G.,
1985   "Animal myths and the life cycle in an Andean community". En (ed.) G. Urton, **Animal Myths and Metaphors**. Salt Lake City: University of Utah Press.

WOLF, Freda,
1980   "Parentesco aymara en el siglo XVI". En (eds.) E. Mayer y R. Bolton, **Parentesco y matrimonio en los Andes**, pp. 115-138. Lima: Pontificia Universidad Católica el Perú, Fondo Editorial.

ZUIDEMA, R. T.,
1980   "Parentesco Inca". En (eds.) E. Mayer y R. Bolton, **Parentesco y matrimonio en los Andes**, pp. 57-113. Lima: Pontificia Universidad Católica el Perú, Fondo Editorial.

9

LAS CABEZAS QUE HABLAN: AUTORIDAD, GÉNERO Y PARENTESCO EN UNA COMUNIDAD ANDINA

Astvaldur Astvaldsson

Introducción [1]

Si bien el uso relevante de las categorías de parentesco y de los modelos genealógicos en el contexto de la organización sociopolítica de las sociedades andinas, precolombinas y modernas, ha sido bien establecido por historiadores y antropólogos [2], es aún necesario desarrollar el conocimiento en este campo. El propósito de este capítulo es contribuir al debate actual al presentar los resultados de recientes investigaciones de campo.

Por tanto el presente ensayo describe el uso de un modelo jerárquico de parentesco y de las categorías de género, en el contexto de la organización sociopolítica de una comunidad aymara en el altiplano boliviano. Por una parte, se mostrará cómo este modelo se amplía para incluir las deidades locales y regionales, los *wak'a achachila*, de los cuales aparentemente deriva el poder político y la autoridad. Y, por otra, se destacarán semejanzas interesantes entre los sistemas simbólicos, precolombinos y modernos, especialmente las relacionadas con los llamados *wak'a*. Así, el ensayo enfoca la relación clave entre *wak'a*, dios, antepasado y la gente del lugar. Argumentará que, si bien la gente aymara generalmente no reconoce a sus deidades como antepasados en el contexto de la vida cotidiana, no obstante estas deidades son percibidas, explícitamente, como portadoras de atributos humanos importantes. Aún más, en el contexto de las ofrendas rituales que todavía se tributan a los *wak'a achachila* y la *Pachamama*, se muestra el uso explícito de las categorías de parentesco para aludir a la relación recíproca que la comunidad presume haber establecido con sus deidades.

---

[1] El presente ensayo es una versión resumida de lo publicado con el título: *Sociopolitical Organization, Authority, Gender and Kinship in the Bolivian Andes*, Research Paper 19 (1996), Institute of Latin American Studies, Universidad de Liverpool.

[2] Véase, por ejemplo, Mayer y Bolton (1980) y Zuidema (1989, 1990).

La información etnográfica presentada aquí fue recogida en el curso de un año de trabajo de campo, centrado en la neocomunidad de Sullka Titi Titiri (cantón de Jesús de Machaca, en el departamento de La Paz, Bolivia) [3], y en investigaciones comparativas en otras comunidades de la región [4]. La descripción se basa, en gran parte, en los relatos verbales de cómo eran las cosas antaño, aunque señala, cuando es pertinente, la forma en que la estructura sociopolítica ha cambiado en el transcurso de este siglo, en especial a partir del momento en que se descartaron las principales obligaciones rituales a los *wak'a achachila*.

PARTE 1: EL CONTEXTO SOCIOPOLÍTICO

1. La comunidad de Sullka Titi Titiri

La situación actual de la comunidad proporciona el contexto sociopolítico más amplio dentro del cual el argumento principal del ensayo (que trata de un conjunto de valores que parece ser objeto de un cambio rápido, si no de una desaparición absoluta) debe ser evaluado [5].

La neocomunidad —o 'estancia' (*istansya*), como sus propios habitantes la llaman con más frecuencia— de Sullka Titi Titiri, está formada hoy por los terrenos y la gente de una de tres o cuatro secciones (según cómo se las cuente) del antiguo *ayllu* de Sullka Titi. Éste era una de las doce comunidades que antiguamente pertenecían al *ayllu* máximo, y posteriormente cantón, de Jesús de Machaca [6]. Sullka Titi Titiri se encuentra en el corazón de la región de Jesús de Machaca, a unos 100 kilómetros de la ciudad de La Paz; sin embargo, el viaje en 'flota' (bus), entre la ciudad y la comunidad, dura unas 3 a 4 horas debido al mal estado de los caminos, que pueden volverse intransitables en la estación de lluvias.

---

[3] Se refiere a una 'comunidad' que, aunque de establecimiento antiguo como lugar de residencia, ha adquirido recientemente su condición política independiente, separándose de otra unidad política mayor. [Nota de traductora.]

[4] El presente ensayo trata mayormente de estructuras intra-comunales y no inter-comunales en Jesús de Machaca. Para un tratamiento más detallado de las estructuras inter-comunales, véase Albó (1972) y Astvaldsson (1995). Para otro estudio pertinente sobre Jesús de Machaca ver también Bonilla M. y Fonseca M. (1963).

[5] Para otros estudios pertinentes sobre la organización sociopolítica en los Andes, y las cuestiones de autoridad y poder, véase Rasnake (1989) y Rostworowski (1983).

[6] Ahora la región ha sido dividida en varios cantones y los doce *ayllu* han sido fragmentados (Astvaldsson 1995).

Al norte, la comunidad colinda con el cantón de Tiwanaku y su centro está a unos 25 kilómetros al sur de las afamadas ruinas. Un viaje a pie al pueblo de Tiwanaku (viaje que los campesinos realizaban con bastante frecuencia en el pasado reciente) dura unas diez horas. La senda pasa por una cordillera, que se extiende hacia el este desde la frontera con el Perú.

La comunidad de Sullka Titi Titiri es una franja de tierra, larga y angosta, que se extiende desde el *Jach'a Jawira*, o Río Grande (un afluyente del Desaguadero) en el sur, pasa por una pampa extensa a 3,800 m.s.n.m., va al norte hacia las colinas, y cruza la serranía. Finalmente baja a los valles abrigados, al otro lado. En total, la comunidad cubre una extensión de casi 4,500,000 hectáreas, de las cuales sólo unas 200,000 se consideran cultivables. El resto, en su mayor parte, sirve como tierras de pastoreo.

Los cambios en la organización inter-comunal de Jesús de Machaca han tenido una influencia importante, no sólo en la estructura de las viejas comunidades, o *ayllu* menores, sino también en las relaciones entre comunidades colindantes (esto es, entre las neocomunidades establecidas por la división de las comunidades antiguas). Así, por ejemplo, mientras Sullka Titi Titiri se ha vuelto totalmente independiente de sus antiguos aliados, Sullka Titi Lawa Qullu y Sullka Titi Arriba, se han desarrollado nuevas relaciones entre Sullka Titi Titiri y Qhunqhu Milluni: neocomunidades que comparten el viejo lindero entre las dos mitades de Jesús de Machaca. Ahora las dos son las únicas comunidades que comparten la antigua escuela indígena [7] y se han hecho responsables de su manutención y conducción. Este contexto nuevo ha producido un acercamiento de las comunidades: en cierto momento conformaron un sólo sindicato campesino y, aunque el sindicato ahora se ha dividido en dos, a veces la gente todavía habla de la comunidad de Sullka Titi Qhunqhu [8]. Esta nueva relación está marcada por problemas y querellas que muchas veces parecen amenazar su propia existencia. Sin embargo, se trata de un desarrollo nuevo y prometedor. Será interesante seguir el progreso de estos nuevos lazos en los años venideros.

---

[7] En realidad, esta relación está centrada en una antigua escuela cantonal, "Germán Busch", y un colegio más reciente, "Franz Tamayo", que las dos comunidades administran conjuntamente. Éstas han tenido que re-crear sus relaciones ya que sus vínculos con las otras secciones de sus otrora comunidades (y con otras comunidades y neocomunidades) han estado disgregándose o cambiando.

[8] Agradezco a Andy Orta por haber llamado mi atención este último aspecto.

Los terrenos de Sullka Titi Titiri se dividen en tres áreas principales: 'abajo' (la pampa), 'arriba' (el centro y las colinas) y 'cordillera' (la serranía y los valles del norte). La mayoría de las familias poseen dos, a veces tres, conjuntos de vivienda en la comunidad. El primero se ubica generalmente en la parte baja, en el sur de la comunidad, ya sea 'abajo' o 'arriba', donde se halla la mayor parte de la tierra cultivable y donde las familias suelen vivir durante la última parte de la temporada lluviosa, en el verano, y la primera parte de la temporada seca, en el invierno, mientras siembran y cosechan, y mientras hay suficiente pasto para los animales. Una de estas viviendas, con algunos campos propios, se llama *sayaña*, término que indica el lugar donde uno vive y que constituye la parte más importante de los terrenos propios de cada familia. Algunas familias pueden poseer dos *sayaña* [9].

La segunda morada está en la 'cordillera', donde se llevan los animales a pastear durante los meses secos del invierno, cuando el pasto escasea más abajo. Muchas veces, las mujeres y/o los niños se quedan allí con los animales durante largas temporadas. Los hombres, por su parte, se ocupan de tareas que se han de realizar en la *sayaña*, o cumplen sus obligaciones de trabajo comunal junto con otros miembros de su zona. Se puede sostener entonces que una gran parte de la población migra dentro de los límites de su comunidad en el curso de cada año. En algunos casos, los hombres dejan la comunidad durante parte del año y van a trabajar a La Paz, a los Yungas o aún más lejos. También hay casos en que los hombres trabajan lejos de la comunidad y de sus familias de manera casi permanente; en tales circunstancias, a menudo la familia tiene una casa en El Alto de La Paz [10].

Los campos y casas en la 'cordillera' no se llaman *sayaña*, sino *anaqa*, un término que indica terrenos de pastoreo lejanos al lugar donde el pastor reside. Para muchos, estos lugares se han convertido ahora en algo más que un segundo hogar. Pero, como sugiere el nombre y según las tradiciones

---

[9] *Sayaña* viene de la raíz *saya* (como en *hanansaya*) y significa la acción de pararse y asentarse en algún lugar.

[10] El Alto es una área urbana en el altiplano, arriba de la ciudad de La Paz que, de ser un mero barrio, se ha desarrollado hasta convertirse en una ciudad independiente y de rápida expansión. Actualmente, con un alcalde y consejo municipal propios, El Alto está poblado, mayormente, por gente de origen indígena. En muchos casos, algunos de los hijos mayores viven en El Alto con su padre, ya sea porque están trabajando en la ciudad, o porque prosiguen con su educación superior en un colegio o en la universidad. Se ofrece educación secundaria en el colegio Franz Tamayo de la comunidad, donde también asisten estudiantes de muchas otras comunidades de Jesús de Machaca. De allí salen bachilleres habilitados para entrar a la universidad.

locales, la 'cordillera' otrora fue de tierras de pastoreo, que gradualmente fueron habitadas a medida que creció la población. En muchos casos, la gente considera su *anaqa* como si fuera su *sayaña*, incluso sembrando allí, de ser posible; en algunos casos se puede afirmar que la *anaqa* es el hogar principal de la familia. Por tanto, no se trata de una mera migración estacional, sino una colonización intra-regional permanente. Es interesante el que, al examinar este tópico, mis informantes lo comentaran en relación directa con la cuestión de la migración inter-regional a Sullka Titi Arriba, en tiempos coloniales (ver Astvaldsson 1995).

Además de la *sayaña* y la *anaqa*, que son pequeñas parcelas de cultivo familiar, hay terrenos de uso común que cubren la mayor parte del territorio de la comunidad. Este terreno está dividido en tierras de pastoreo y campos comunales llamados *aynuqa*. Sullka Titi Titiri posee ocho *aynuqa*, cuatro 'abajo' y cuatro 'arriba': en cualquier período determinado, se cultiva una *aynuqa* en cada división, mientras las otras seis descansan.

Se debe subrayar que la antigua división de la comunidad en mitades de arriba y de abajo se está perdiendo. Esto se debe no sólo a la importancia creciente de la 'cordillera', sino también al impacto de un nuevo centralismo en la comunidad. En este contexto, es la 'mitad de arriba' de la comunidad que afirma ser, y de hecho se está convirtiendo en el centro de la comunidad. Aquí encontramos la escuela y el colegio y, en relación con ellos, una pequeña aldea con una plaza donde se realiza una feria cada sábado. La aldea ha crecido en los últimos años y se está consolidando con la construcción de varios edificios administrativos. La iglesia de la mitad de arriba también ha cobrado más importancia que la de la mitad de abajo: no obstante, la gente de la mitad de abajo afirma que su virgen es realmente milagrosa, mientras que la de la otra iglesia es simplemente una hechura humana. Ahora hay planes para construir una iglesia nueva en la plaza central, iglesia que asumiría el rol de las dos capillas antiguas para consolidar así la tendencia hacia el centralismo en la comunidad.

1.1 Las autoridades de la comunidad

Sociopolíticamente, la comunidad de Sullka Titi Titiri se divide en diez 'zonas' (se usa el término castellano) llamadas zona 1, 2, 3, etc. Cada una de ellas es habitada por un promedio de catorce familias. Las zonas se dividen de manera igualitaria entre las áreas de 'arriba' (zonas 1 a 5), y 'abajo' (zonas 6 a 10); no obstante, la región de 'cordillera' no está incluida en esta estructura. Por tanto, en todo el antiguo cantón, el principio básico de la dualidad funciona en términos de la organización del espacio (Albó 1972; Astvaldsson 1995). En lo ideal, la primera zona está ubicada en la parte más alta de división 'arriba', y la décima es la más alejada en 'abajo', colindante con el Río Grande. Pero como sucede tan a menudo, las ideas e ideales no coinciden necesariamente con la función verdadera. Según supimos después de algun tiempo, las zonas no indican meras divisiones territoriales (aunque esto es lo ideal), sino también están ligadas con ciertas familias. Pues aunque se pueda pensar de estas zonas como extensiones territoriales (lo que es verdad hasta cierto punto), al mismo tiempo muchas zonas incluyen a familias que tienen sus *sayaña* en un territorio que forma parte de otra zona. Debido a ciertas relaciones sociales (un segundo matrimonio, por ejemplo), se puede considerar que una familia y su *sayaña* pertenecen a una zona cuyo territorio principal, en realidad, se encuentra muy lejos. Para citar un ejemplo concreto, una viuda que en 1993 vivía con sus hijos en una de las zonas de 'abajo' era miembro de la zona 3 de 'arriba'.

La división ideal de la comunidad en zonas territoriales es importante y la gente insiste en su autenticidad, aunque admitan que hay excepciones a la regla general. Lo mismo vale para otras estructuras, en que las ideas e ideales juegan un rol importante en los principios organizativos, aunque para hacer operativa la estructura, habría que admitir excepciones.

1.1.1 El *p'iqi*: 'cabeza'

La unidad elemental de autoridad dentro de la comunidad de Sullka Titi Titiri es el *p'iqi*: 'cabeza'. La gente del lugar usa ambos términos indistintamente, igual que el término castellano 'dirigente'. Este último es una influencia del sindicato campesino, y refleja hasta cierto punto la condición 'nueva' de los *p'iqi* como oficiales del sindicato (aunque, en efecto, la estructura 'tradicional' y la del 'sindicato campesino' ya se han fusionado casi por completo) [11]. Según Albó (1993: 54), se usa el término *wayna*: 'hombre joven', juntamente con *p'iqi*, para describir a las autoridades básicas de Sullka Titi Titiri. Sin embargo, nuestra información sugiere que la combinación *wayna p'iqi* se usaba sólo con referencia a los *p'iqi* elegidos para el cargo, pero antes de ser iniciados. Después de la iniciación se refería a ellos como *p'iqi*: 'cabeza'. (Véase más adelante para detalles de esta iniciación.)

---

[11] Agradezco a Xavier Albó por haberme indicado esto (comunicación personal).

Ahora los *p'iqi* son diez, el mismo número que había cuando los procesos rituales de su iniciación (ahora descartados) se realizaron por última vez. Cada *p'iqi* representa una de las diez zonas en que la comunidad ha estado dividida desde hace algún tiempo. No obstante, la cantidad de los *p'iqi* (y es de suponer que también las zonas) era menos: su número ha incrementado con el crecimiento demográfico en el transcurso de este siglo, aparentemente en proporción de cuatro a diez. Es más, se debe recalcar que, según la mayoría de las personas con quienes conversábamos, la división de la comunidad en zonas es un fenómeno relativamente reciente. Es más probable que ocurrió con, o después de, la introducción en la región del 'sindicato campesino' y la Reforma Agraria (en las décadas de los '50 y sus prolegómenos). Está claro que estas instituciones han ejercido una influencia crítica en la organización sociopolítica de Jesús de Machaca en su totalidad, tal como en las comunidades individuales. La mayoría de la gente echa la culpa de estos cambios al hecho de que las antiguas comunidades, o *ayllu* menores, fueron divididos en dos o más comunidades y luego en zonas. También les culpa por la división del cantón de Jesús de Machaca. Me parece que ambos procesos están actualmente en plena vigencia [12].

Sin embargo, es muy evidente que, en un período tan reciente como mediados de este siglo, la comunidad no estaba dividida en zonas, sino en familias extensas: es decir, en grandes unidades domésticas patrilineales llamadas en aymara *jaqi* o *uta* [13]. Pero aunque se usan todavía estos términos respecto a una división parecida, se refieren más a las familias extensas actuales, que son unidades sociales mucho más pequeñas que las zonas y, probablemente, unidades de menor tamaño que las familias extensas de antes. Además, estas familias también juegan un rol sociopolítico de menor importancia que antes. El significado básico del

---

[12] La cuestión de las influencias del movimiento sindical y de la Reforma Agraria en la región de Jesús de Machaca aún no ha sido estudiada en pleno detalle y no habría espacio para tratarla aquí. Pero, había poca o ninguna distribución de tierras en la región y parece que el impacto fue mayormente político. Por supuesto, el sindicalismo y la Reforma Agraria tenían una relación estrecha y una agenda izquierdista. Un hecho importante es que uno de los fines principales de este movimiento fue el de llevar a los campesinos al lado del Estado y de la economía nacional, que implicaba que sus modos de vida, organización y autoridades 'tradicionales' tenían que cambiar.

[13] La concentración de apellidos en ciertas áreas parece apoyar a esta sugerencia. Por ejemplo, una de las zonas en Sullka Titi Lawa Qullu se llama 'zona Sánchez' (Albó, comunicación personal).

término *jaqi* es persona o gente, y hombre o varón. Es interesante que la traducción castellana de *jaqi*: 'persona', sea usada en la misma manera que *jaqi* y *uta* por muchos aymarahablantes bilingües para referirse a familias extensas, así como a las antiguas unidades comunales. El significado básico de *uta* es 'casa', pero por implicación *uta* también significa unidad doméstica, y se usa además para referirse a las familias extensas y a las antiguas unidades comunales. Cuando pregunté al Notario Civil del lugar cuántas 'personas' vivían en la comunidad, me dijo que eran 145. Dado que no estaba dispuesto a creer que eran tan pocos, le pregunté si eso incluía a los niños. Entonces resultó que él había entendido 'personas' como 'familias', o más bien 'padres de familia', jefes de unidad doméstica, y me dijo que podría multiplicar el número por cinco para obtener un número aproximado de la población total.

La información que pudimos recoger sugiere que, en el pasado, las familias extensas incluían muchas familias 'pequeñas' que compartían el mismo apellido familiar y, probablemente, también un antepasado común. No obstante, hoy se entiende con más frecuencia que la familia, en un sentido mucho más limitado, incluye sólo a antepasados y descendientes en línea directa, aunque, cuando la gente habla de su familia, en algunos contextos se incluye a los parientes colaterales.

Uno de mis colaboradores, citando a su padre como fuente de información, insistió que hace mucho tiempo la comunidad sólo consistía de tres *jaqi*: 'familias' (*kimsa jaqikiriw, siway*) y, como consecuencia, afirmó que sólo había tres *p'iqi*. Otro colaborador explicó el aumento en el número de *p'iqi*, de seis a diez, por el hecho de que en el pasado, cuando sólo había seis *p'iqi*, la gente no estaba organizada (en un sindicato campesino) sino dividida en grupos (unidades domésticas patrilineales). Este hombre también sostuvo que la gente sólo estaba junta y que la comunidad sólo era un 'lugar'. Parecía señalar que no formaban parte de una organización nacional (la Confederación Sindical Única de Trabajadores Campesinos de Bolivia), sino una comunidad aislada que tenía que tratar directamente con las instituciones estatales (por supuesto, eran parte de un *ayllu* máximo, según demuestran los documentos antiguos [14]). Dijo que los *p'iqi* eran diez, después de que se organizó la comunidad.

Este hombre, y muchos otros, culpa a la Reforma Agraria y al sindicalismo por el hecho de que los ritos más importantes de la comunidad

---

[14] Ver Astvaldsson (1995).

hayan sido descartados. El sentimiento de la mayoría de los mayores es que estos cambios han debilitado internamente a la comunidad (Astvaldsson 1995); la misma gente también atribuye la culpa de las malas cosechas y de la falta de unidad social (p.ej. la división de la comunidad en zonas y filiaciones religiosas diferentes) al hecho de haber abandonado a los *wak'a achachila*. No obstante, algunos de la generación joven son de otro parecer.

Mis colaboradores me decían que, en los años '40, la comunidad tenía sólo cuatro *p'iqi* y un *jilaqata* (ahora hay tres); y que hasta 1976 el *p'iqi* servía durante tres años continuos. Hoy los diez *p'iqi* sirven como autoridades comunales durante un solo año. Ahora, como en el pasado, los *p'iqi* son colocados en un orden jerárquico que pasa en rotación por las zonas; sin embargo, se ha tenido que modificar esta organización para afrontar los cambios en el espectro sociopolítico. Así, mientras que anteriormente cada zona ostentaba la condición de primer *p'iqi*, segundo *p'iqi*, etc., durante tres años, hoy un conjunto de tres *p'iqi* ostenta una condición especial cada año: luego esta condición pasa por turno a las tres próximas zonas el año siguiente, y así sucesivamente. Este sistema de rotación se establece para decidir quién va a asumir la responsabilidad de ciertos papeles de funcionario a nivel comunal. Pero estos roles han aumentado en número en las últimas décadas. Así, mientras en principio los *jilaqata* son responsables para asuntos comunales y relaciones externas, tres papeles de funcionario tocan a los primeros tres *p'iqi* de cada año. Estos roles son los de los llamados 'secretarios': 'secretario de relaciones', 'secretario de actas' y 'secretario de vialidad'. Es así que los *p'iqi* ya son activos, en condición de oficiales de toda la comunidad, pero parece que tal no era el caso anteriormente, cuando cada *p'iqi* sólo representaba a su zona. Estos roles funcionales de *p'iqi* y *jilaqata*, que tradicionalmente contrastaban, se hacen evidentes en el simbolismo del rito de iniciación del *p'iqi*, que ya ha sido desechado.

Hoy, los diez *p'iqi* asumen su período de cargo sin cumplir algún ritual (por lo menos a nivel comunal) aunque es muy posible —la opción es de ellos— que algunos *p'iqi* 'entrantes' encomienden y participen en ritos privados, ya sea individualmente, o como grupo: la opción de revivir el patrón ritual anterior es todavía considerada por la comunidad una posibilidad, y ésta ha sido discutida repetidas veces en las reuniones formales de los líderes comunales.

Un aspecto importante de los cambios que rodean el cargo de *p'iqi* se debe a que muchos de los jóvenes de la comunidad se están yendo a la ciudad de La Paz después de graduarse del colegio, por tanto hay una verdadera escasez de gente capaz o dispuesta a asumir esta responsabilidad. Por eso, actualmente vemos que los hombres que cumplieron con esta obligación hace mucho tiempo, y de hecho han servido también como *jilaqata*, están sirviendo otra vez como *p'iqi*, ya porque no hay nadie disponible para esto o porque están reemplazando a sus hijos. Incluso hay ejemplos de zonas que pasan un año sin *p'iqi*.

1.1.2 El *sullka p'iqi:* 'cabeza menor'

Hasta 1976, el asumir el cargo de *p'iqi* comprendía un proceso de aprendizaje prolongado que incluía una serie de ritos comunales formalmente organizados, necesarios para legitimizar el ascenso del grupo 'entrante' al poder [15]. Una parte esencial del proceso era que los que pugnaban por el cargo, tenían que servir como *sullka p'iqi*, o 'cabezas menores' a las autoridades en función, durante tres años continuos (un período que abarca el mismo lapso que el del cargo), antes que pudieran ser aceptados como candidatos viables, capacitados para convertirse en autoridades reales y responsables de los asuntos comunales. Por tanto, esta posición debe ser considerada como parte de la estructura jerárquica de la autoridad dentro de la comunidad, ya que los *sullka p'iqi* son considerados como servidores activos de la comunidad, como autoridades menores o aprendices. Los aspectos rituales y sociales e implicaciones de este largo período de servicio, llamado *chhiphiña*, quedan fuera del alcance de este ensayo. No obstante, podemos notar que han sido descartadas la posición de *sullka p'iqi* juntamente con las varias obligaciones rituales y sociales que estaban vinculadas con esta condición, y la subsecuente promoción a otra posición que implica la autoridad verdadera.

1.1.3 El *jilaqata - mallku*

Superiores a los *p'iqi* son los *jilaqata*, o *mallku*, quienes ahora son tres; éstos sirven como los representantes oficiales de la comunidad. Su cargo dura un año y parece haber sido así durante mucho tiempo. Antes, cada individuo habría servido como *jilaqata* sólo una vez en su vida, pero ahora es del todo normal que los hombres sirvan dos veces como *jilaqata* (por la

---

[15] Estos ritos son tratados en pleno detalle en Asvaldsson (1995, capítulo VI).

hecho de que tenían enorme experiencia: se habían vuelto muy respetados como líderes competentes al servir como *p'iqi* y *jilaqata*. Así, para acceder al status prestigioso de *jach'a jilïri p'iqi*, un individuo tenía que haber asumido anteriormente todos los procedimientos rituales y sociales ya mencionados; no sólo cumpliendo con las obligaciones formales que esto comprendía, sino además ganando el honor, la admiración y el respeto de otros miembros de la comunidad al mostrarse como un gobernante sabio, justo y humilde, pero con autoridad. Esto implicaba ser considerado en una buena relación con las deidades. Es así que, al sólo servir como *p'iqi* y *jilaqata*, y llegar a cierta edad, no se aseguraba la condición de *jach'a jilïri p'iqi* para nadie.

Los *jach'a jiliri p'iqi* solían jugar un papel importante en los procedimientos rituales que se realizaba cuando los *p'iqi* eran formalmente posesionados de sus cargos. En principio, su rol como asesores reconocidos, tanto de la comunidad como de sus líderes formales, copaba el mismo mandato de tres años del cargo de *p'iqi*: aunque mis datos indican que este periodo habría durado mucho más. No obstante, ahora que no se celebran los ritos elaborados ni las ceremonias de iniciación, el reconocimiento oficial de estas autoridades informales también ha sido abolido. De hecho, muchos de mis colaboradores adoptaron la posición fuerte según la cual el prestigio de los *p'iqi* mismos así como el de su rol había disminuido en un grado mayor porque el status reconocido, pero informal del *jach'a jiliri p'iqi* ya no existía, y porque ya no se realizaban los ritos.

1.2 La autoridad y la jerarquía

Ya hemos visto que en la comunidad de Sullka Titi Titiri existían cuatro niveles de autoridad. Se ha indicado, además, que la estructura de autoridad en la comunidad correspondía a un sistema jerárquico. Esta estructura básica de autoridad puede ser presentada, gráficamente, como una línea recta con el *sullka p'iqi* al fondo y el *jach'a jiliri p'iqi* a la cabeza (véase la Fig. 1). Como lo demuestra nuestra información, en principio cada varón miembro de la comunidad estaba destinado a ascender por esta jerarquía hasta llegar a la posición superior.

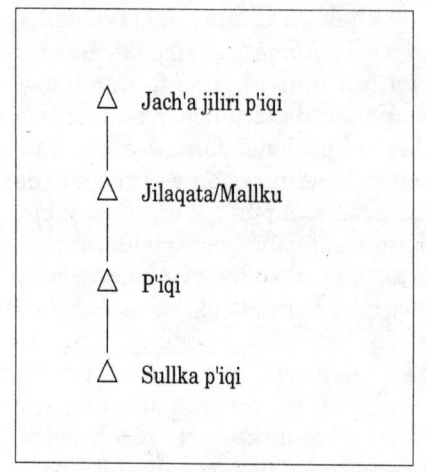

FIG. 1 Estructura jerárquica de autoridad en Sullka Titi Titiri

△ Jach'a jiliri p'iqi

△ Jilaqata/Mallku

△ P'iqi

△ Sullka p'iqi

También hemos mencionado que el convertirse en autoridad en cada nivel de la jerarquía comunal exigía el cumplimiento de una serie de obligaciones rituales y sociales; que en muchas ocasiones los individuos indicados tenían que pasar por ceremonias y ritos especiales de inauguración. De hecho, la autoridad, el derecho y el poder de gobernar la comunidad eran tenidos por derivados de las deidades masculinas de la comunidad: los *wak'a achachila*. Para representar plenamente la estructura de autoridad dentro de la comunidad, por tanto es necesario añadir el *wak'a achachila* en la parte superior del gráfico en la Fig. 1.

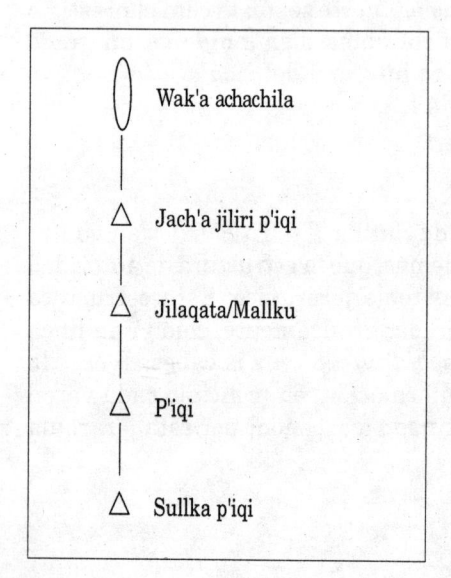

FIG. 2 Estructura jerárquica de la autoridad masculina en Sullka Titi Titiri

◯ Wak'a achachila

△ Jach'a jiliri p'iqi

△ Jilaqata/Mallku

△ P'iqi

△ Sullka p'iqi

No obstante, aunque el gráfico nuevo (véase Fig. 2) presenta un cuadro más completo de la estructura de autoridad dentro de la comunidad, todavía muestra un modelo parcial. Pues no toma en cuenta los roles políticos potenciales y la autoridad de las mujeres, que tendrían que ser acomodadas en cualquier modelo que presente una imagen completa de la estructura jerárquica total dentro de la comunidad.

hecho de que tenían enorme experiencia: se habían vuelto muy respetados como líderes competentes al servir como *p'iqi* y *jilaqata*. Así, para acceder al status prestigioso de *jach'a jiliri p'iqi*, un individuo tenía que haber asumido anteriormente todos los procedimientos rituales y sociales ya mencionados; no sólo cumpliendo con las obligaciones formales que esto comprendía, sino además ganando el honor, la admiración y el respeto de otros miembros de la comunidad al mostrarse como un gobernante sabio, justo y humilde, pero con autoridad. Esto implicaba ser considerado en una buena relación con las deidades. Es así que, al sólo servir como *p'iqi* y *jilaqata*, y llegar a cierta edad, no se aseguraba la condición de *jach'a jiliri p'iqi* para nadie.

Los *jach'a jiliri p'iqi* solían jugar un papel importante en los procedimientos rituales que se realizaba cuando los *p'iqi* eran formalmente posesionados de sus cargos. En principio, su rol como asesores reconocidos, tanto de la comunidad como de sus líderes formales, copaba el mismo mandato de tres años del cargo de *p'iqi*: aunque mis datos indican que este periodo habría durado mucho más. No obstante, ahora que no se celebran los ritos elaborados ni las ceremonias de iniciación, el reconocimiento oficial de estas autoridades informales también ha sido abolido. De hecho, muchos de mis colaboradores adoptaron la posición fuerte según la cual el prestigio de los *p'iqi* mismos así como el de su rol había disminuido en un grado mayor porque el status reconocido, pero informal del *jach'a jiliri p'iqi* ya no existía, y porque ya no se realizaban los ritos.

1.2 La autoridad y la jerarquía

Ya hemos visto que en la comunidad de Sullka Titi Titiri existían cuatro niveles de autoridad. Se ha indicado, además, que la estructura de autoridad en la comunidad correspondía a un sistema jerárquico. Esta estructura básica de autoridad puede ser presentada, gráficamente, como una línea recta con el *sullka p'iqi* al fondo y el *jach'a jiliri p'iqi* a la cabeza (véase la Fig. 1). Como lo demuestra nuestra información, en principio cada varón miembro de la comunidad estaba destinado a ascender por esta jerarquía hasta llegar a la posición superior.

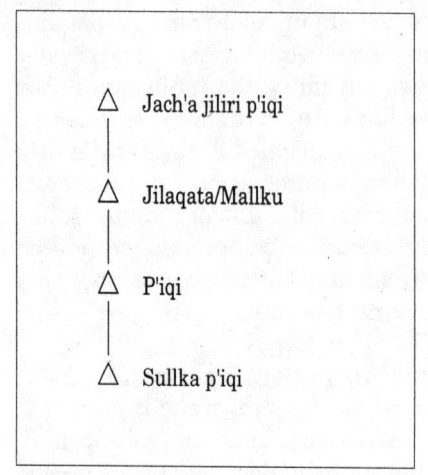

```
△ Jach'a jiliri p'iqi

△ Jilaqata/Mallku

△ P'iqi

△ Sullka p'iqi
```

FIG. 1 Estructura jerárquica de autoridad en Sullka Titi Titiri

También hemos mencionado que el convertirse en autoridad en cada nivel de la jerarquía comunal exigía el cumplimiento de una serie de obligaciones rituales y sociales; que en muchas ocasiones los individuos indicados tenían que pasar por ceremonias y ritos especiales de inauguración. De hecho, la autoridad, el derecho y el poder de gobernar la comunidad eran tenidos por derivados de las deidades masculinas de la comunidad: los *wak'a achachila*. Para representar plenamente la estructura de autoridad dentro de la comunidad, por tanto es necesario añadir el *wak'a achachila* en la parte superior del gráfico en la Fig. 1.

```
◯ Wak'a achachila

△ Jach'a jiliri p'iqi

△ Jilaqata/Mallku

△ P'iqi

△ Sullka p'iqi
```

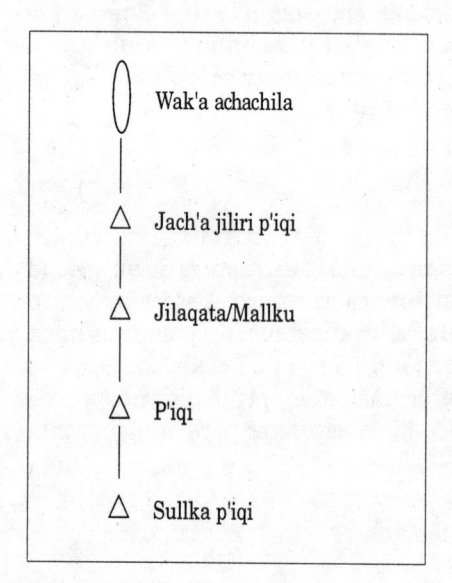

FIG. 2 Estructura jerárquica de la autoridad masculina en Sullka Titi Titiri

No obstante, aunque el gráfico nuevo (véase Fig. 2) presenta un cuadro más completo de la estructura de autoridad dentro de la comunidad, todavía muestra un modelo parcial. Pues no toma en cuenta los roles políticos potenciales y la autoridad de las mujeres, que tendrían que ser acomodadas en cualquier modelo que presente una imagen completa de la estructura jerárquica total dentro de la comunidad.

PARTE 2: LA AUTORIDAD, LAS CABEZAS Y EL PODER DE LA VOZ

2. La autoridad, la jerarquía y el género

Nuestra investigación ha enfocado, en primer lugar, los asuntos relacionados con las deidades nativas que la gente de Sullka Titi Titiri denomina *wak'a*, *achachila* o *achila*, y quizás con más frecuencia *wak'a achachila*. Debido al carácter predominantemente masculino de estas deidades y su relevancia especial en las cuestiones referentes al poder político y a la autoridad formales (es decir, masculinos), el tratamiento de los conceptos e ideas asociados con los *wak'a achachila*, ha adquirido un sesgo de género referente a los asuntos relacionados con la posición de los hombres en la sociedad. Este mismo sesgo masculino se nota en la organización sociopolítica de la comunidad, en los complejos procesos rituales que intervienen en la designación de las autoridades de base en la comunidad, y en los principios religiosos y cosmológicos en su totalidad.

Pero estos asuntos relacionados con varones no pueden ser comprendidos cabalmente sin tomar en consideración el papel importante que juegan las mujeres en esta misma sociedad; tampoco se pueden dejar de lado los conceptos y deidades fundamentales que explican y apoyan su status y sus roles, que generalmente complementan y a veces contrastan con los roles equivalentes de los varones. De ahí que hemos intentado tomar en cuenta estos puntos comparativos importantes donde sentíamos que era necesario (y donde nuestros datos lo permitían) en todo nuestro trabajo, no obstante que las limitaciones del tiempo no nos han permitido explorarlos tan profundamente como lo merecen. Por eso, con fines de ilustrar mejor la posición de las mujeres dentro del sistema sociopolítico de Sullka Titi Titiri, dedicaremos el resto del ensayo a resolver algunas interrogativas importantes que tienen una referencia especial con los roles y la autoridad, complementarios y contrastados, de los hombres y las mujeres [18].

2.1 Las mujeres y la autoridad

Ante todo, es necesario tener en cuenta una premisa esencial para convertirse en autoridad en cualquier nivel de la jerarquía comunal: esto es que cualquier varón que aspire a convertirse en autoridad dentro de la

---

[18] Para más detalles sobre las mujeres y la cuestión de autoridad en los Andes, ver Arnold con Yapita (1996 y en prensa).

comunidad, sea casado. En efecto, si bien siempre fue el hombre quien era formalmente iniciado en procedimientos rituales para llegar al cargo público, sin embargo la autoridad radicaba, y todavía radica, en la pareja.

Pues, si bien siempre son hombres las figuras políticas más importantes y sobresalientes —porque ellos, casi sin excepción, se encuentran en la vanguardia como líderes de la comunidad—, la gente del lugar claramente concibe a las mujeres como parte esencial de la unidad básica de autoridad dentro de la comunidad. En tanto que no cabe duda de que existen diferencias importantes entre la autoridad masculina y la femenina, estas diferencias se deben por igual a su esencia y a su grado en la jerarquía. De hecho, hay mucha evidencia para apoyar la opinión de que la autoridad femenina, aunque con menos representación formal y no tan explícitamente política, es tan importante como la autoridad masculina. Pero el hecho es que cubre una esfera diferente de la vida social; es decir, que hay asuntos controlados en su mayoría por mujeres: cosas importantes como la supervisión del suministro de la comida y del sector femenino de la población.

La toma de decisiones en la comunidad puede ser un proceso algo complicado; algo que, además, se da en diferentes niveles de la jerarquía política de la comunidad según su importancia y según el grado en que afecten a toda la población. Algunos asuntos se resuelven al nivel de las zonas; otros al nivel de las reuniones regulares de los *p'iqi* y los *jilaqata*; y los asuntos comunales más importantes se deciden en la asamblea comunal, donde todos tienen derecho de expresar su opinión, y donde todos los varones adultos de la comunidad tienen derecho de voto. La asamblea comunal tiene reuniones estacionales, pero también se puede llamar a asamblea en cualquier rato, cuandoquiera sea preciso. Es el cuerpo político de mayor instancia de la comunidad y puede anular decisiones tomadas por las autoridades. También controla a las autoridades hasta cierto punto, y puede imponer multas o exigir la dimisión de oficiales incompetentes que no hayan cumplido con sus deberes o hayan ofendido a su comunidad (por ejemplo, al tener una pelea, una de las peores ofensas que un oficial, el supuesto protector de la armonía social, puede cometer).

Aunque las mujeres no tienen derecho formal de votar, ya sea en la asamblea comunal o en otros niveles, en todas las etapas de la toma de decisiones las esposas de los *p'iqi* y *jilaqata* hacen consultas informales con sus electores femeninos sobre todos los asuntos controlados o influenciados por las mujeres. Luego, ellas informan a sus maridos. Por otro lado, el *p'iqi* y el *jilaqata* tienen el deber de asistir a las reuniones formales donde se ve a los hombres tomando las decisiones finales sobre asuntos comunales. Aunque es bien sabido que las verdaderas decisiones sobre ciertos asuntos sólo pueden ser tomadas por las mujeres: se sabe, entonces, que estos asuntos han sido decididos de antemano por las propias mujeres. Las mujeres también hablan con frecuencia en reuniones comunales y, aunque no puedan votar, habría que tomar en cuenta sus opiniones.

Harris describe una división similar en la toma de decisiones entre los laymi del Norte de Potosí donde la toma de decisiones (formalmente en manos de los varones) se organiza de tal manera que las opiniones de las mujeres también se escuchan y son tomadas en cuenta. La diferencia parece estar en los procesos básicos de toma de decisiones, pues entre los laymi:

> Cualquier decisión exige dos asambleas distintas: una para plantear el asunto, y una segunda unos días o hasta semanas más tarde, cuando se llega a una decisión después de considerar la opinión de todos (Harris 1980: 71, nuestra traducción).

El llegar a decisiones también puede ser un proceso prolongado en Sullka Titi Titiri, ya que se debe escuchar la opinión de cada cual, y a menudo puede ser necesario pasar por complicadas negociaciones para llegar a un entendimiento que reconcilie los puntos de vista de todos los interesados. Pero que yo sepa, no existe una asamblea comunal aparte donde se puedan plantear asuntos que considerar. Lo que parece ocurrir es que, cuando se aproxima una asamblea comunal ya sea ordinaria o convocada en emergencia, se hace saber a la gente qué asuntos van a ser debatidos y se da un plazo para que se consulte informalmente antes de la asamblea. De manera parecida, los asuntos que son resueltos en cualquier otro nivel son planteados informalmente antes de convocar a las reuniones, lo que permite a las mujeres, y a la gente en general, el tiempo para debatir los asuntos y hacer conocer sus opiniones a sus representantes respectivos.

Para lograr un mayor sentido de integridad, el modelo gráfico de la estructura de la autoridad dentro de la comunidad de Sullka Titi Titiri tendría que tomar en cuenta los roles políticos y la autoridad de las mujeres. Tal modelo puede ser representado por la Fig. 3 que considera la complementariedad de la estructura jerárquica de la autoridad en Sullka Titi Titiri, según el género. Sin embargo, el problema con este modelo es que todavía no toma en cuenta el rol importante de los *wak'a achachila* dentro de la estructura jerárquica de autoridad en la comunidad. La forma más simple y directa de superar esta discrepancia en el modelo presentado en la Fig. 3 (que toma en cuenta la premisa fundamental de parejas casadas actuando como autoridades) parece, a primera vista, juntar este dibujo con el modelo en la Fig. 2 (el modelo unilateral de la estructura jerárquica de la autoridad masculina que toma en cuenta el rol que juegan los *wak'a achachila*, expresado en la Fig. 4).

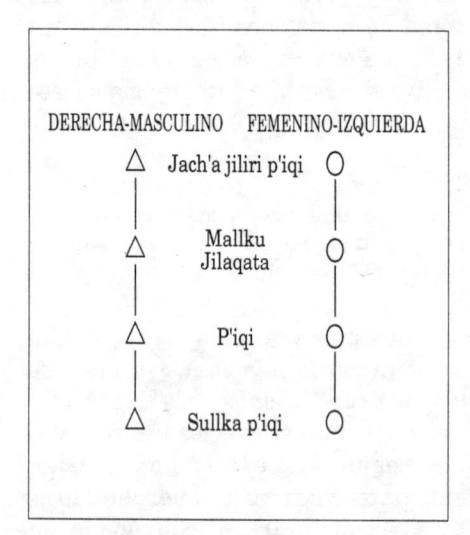

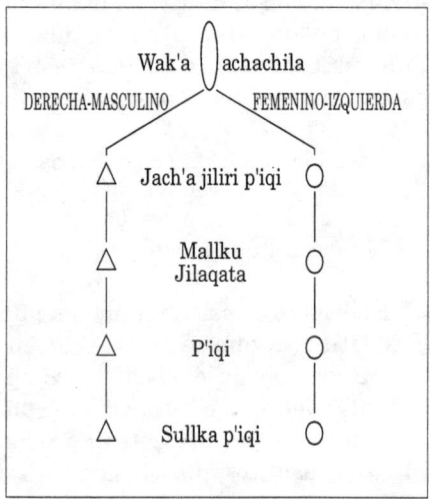

FIG. 3 Estructura jerárquica de la autoridad complementaria

FIG. 4 Descendencia de autoridad de los *Wak'a Achachila*

Si examinamos de cerca este nuevo modelo, se lo podría interpretar además como una expresión de la descendencia de la autoridad a través de los rangos jerárquicos y generacionales de la comunidad. De hecho, el modelo es consistente con un modelo bien conocido del parentesco andino, usado para demostrar algunos de sus principios básicos, así como los sistemas cosmológicos y religiosos incaicos, y la organización administrativa de la sociedad incaica. Sin embargo, aunque estamos convencidos de la utilidad de este modelo, algunos de nuestros datos de campo nos han conducido a cuestionar su eficacia (en la forma aquí presentada) para justificar la autoridad femenina en tanto que, en Sullka Titi Titiri, ésta parece ser construída y contrastada con la autoridad masculina. Surgen dos preguntas claves en la comparación de mis datos con el modelo presentado en la Fig. 4. La primera es si la autoridad femenina es realmente derivada de los *wak'a achachila*. Si la respuesta a esta pregunta es negativa, habría que plantear una segunda pregunta: cómo se justifica la autoridad femenina y, cuál es la fuente alternativa de la que podría surgir.

2.2 La autoridad, la descendencia y el parentesco

Es evidente que la gente de Sullka Titi Titiri concibe el poder político y la autoridad, es decir, el derecho de gobernar la comunidad, como algo procedente de los *wak'a achachila*, los antepasados lejanos representados, por una parte, por los grandes nevados de la región y, por otra, por los *wak'a achachila* locales de la comunidad (piedras, cerros, morros, lugares etc., escogidos y ubicados en los linderos de la comunidad y sus proximidades). En ciertos períodos, este poder fue transferido, temporalmente, a los líderes varones periódicamente elegidos por la comunidad quienes, al pasar por ritos elaborados, eran considerados como infundidos de los poderes y las fuerzas de las deidades: así, eran investidos con la autoridad para gobernar a su gente según un conjunto de prácticas y reglas comunales estrictamente definidas. Éstas eran diseñadas o imaginadas, según el caso, para asegurar la continuidad y para proteger a la comunidad y a sus intereses fundamentales. La autoridad política formal en la comunidad se definía jerárquicamente en términos de categorías de edad, experiencia y género. Un modelo de esta estructura es notablemente consistente con el modelo de parentesco Inca, presentado por primera vez por Zuidema y Quispe en 1967 [19].

2.2.1 El model de parentesco de Zuidema

Este modelo surgió del estudio de los dos autores de las obras de Joan de Santa Cruz Pachacuti Yamqui y Perez Bocanegra. Desde que apareció por primera vez, el modelo ha sido usado y desarrollado extensamente por Zuidema (p. ej. en 1989: 43 y 90).

---

[19] Véase Zuidema (1989: 33-53).

En su propio dibujo, Bocanegra representa un modelo gráfico del parentesco Inca. El extensivo uso que Zuidema hace de estos dos dibujos para explicar el parentesco Inca ha recibido muchas críticas en los años recientes [20], y él mismo reconoce que cuando escribió su ensayo original sobre el parentesco andino (Zuidema 1977), no sabía que el modelo usado por Bocanegra en su dibujo era en realidad de origen europeo. Pero aunque se ha enterado del hecho, sostiene que "existían modelos andinos prehispánicos muy parecidos a lo que él [Bocanegra] presentó" (Zuidema 1990: 24, nuestra traducción).

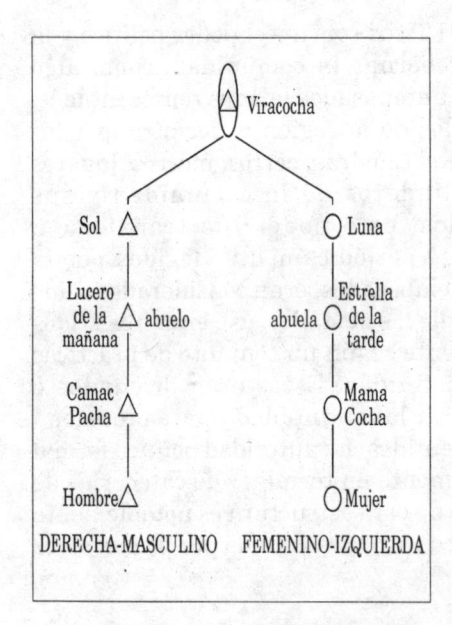

FIG. 5 Descendencia del hombre y mujer de Viracocha, basado en el dibujo de Pachacuti

El dibujo de Pachacuti representa el sistema religioso incaico, y además parece que fue diseñado por su autor para explicar la cosmología compleja del mundo andino. En otro nivel, este dibujo puede ser interpretado, como lo hizo Zuidema, en términos genealógicos. En este caso, el dibujo de Pachacuti puede ser interpretado como la descendencia del hombre y la mujer del dios Viracocha (véase Fig. 5) o, en un sentido general, como un modelo de las relaciones básicas del parentesco andino [21]. Por otra parte, Zuidema ha demostrado que este modelo general es "igualmente válido para la organización administrativa de la sociedad incaica" (Zuidema 1990: 23). Es este aspecto que lo hace pertinente para nuestro análisis de la organización sociopolítica y la estructura de la autoridad en Sullka Titi Titiri.

---

[20] Véase por ejemplo Duviols y Itier (1993).
[21] El modelo original, en base del gráfico de la Fig. 5, es presentado en Zuidema (1989: 43 y 90).

2.2.2 La autoridad y el parentesco

Ahora examinaremos el modelo de Zuidema para considerar algunos de los problemas que, según me parece, presentó en el contexto de Sullka Titi Titiri. No obstante, antes de comparar este modelo directamente con el modelo de la organización sociopolítica y religiosa de Sullka Titi Titiri (que seguía intacta hace unos veinte años), quisiera indicar muy brevemente cómo la estructura jerárquica de la autoridad dentro de la comunidad en efecto es consistente con la racional genealógica básica del modelo de Zuidema.

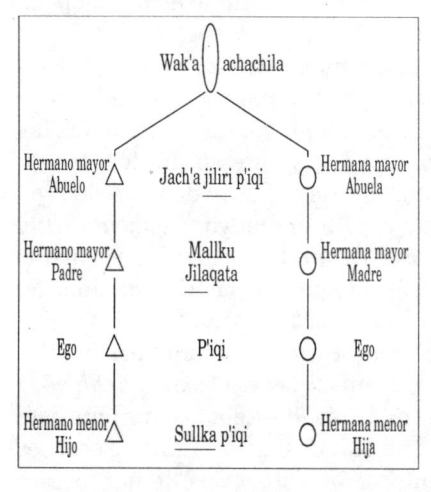

FIG. 6 Estructura jerárquica de autoridad en Sullka Titi Titiri consistente con las categorías básicas del parentesco aymara

El modelo gráfico en la Fig. 6 fue obtenido combinando los principios del modelo de Zuidema (1989: 43, 90 y 122) con el modelo de la estructura jerárquica en Sullka Titi Titiri (Fig. 4). Es evidente que esta estructura se ciñe a los principios fundamentales de las relaciones de parentesco presentados por Zuidema; y, es más, que algunos de los términos claves que denominan a las autoridades en esta estructura son, de hecho, términos de parentesco.

Zuidema enfatiza la naturaleza egocéntrica de la terminología quechua del parentesco (la que puede estar centrada en el antepasado del grupo con que Ego se identifica en el momento de usar cierto término, o centrada en el líder del grupo, o en el caso de la nobleza cuzqueña, en el Inca). Un término egocéntrico no sólo indica las relaciones genealógicas concretas entre Ego y Alter, sino se usa también para señalar sus lugares en el contexto social donde se relacionan (Zuidema 1989: 55). En el caso de las estructuras sociopolíticas basadas en las categorías de parentesco, este hecho se vuelve del todo evidente. Los individuos generalmente no ocupan una posición fija dentro de tales estructuras, sino más bien cambian de condición al madurar y progresar por los rangos jerárquicos, mientras las estructuras abstractas pueden permanecer iguales. Sin embargo, la terminología usada nos puede decir cosas importantes sobre las ideas subyacentes en tales sistemas.

En el caso de Sullka Titi Titiri, es el *p'iqi* que asume la posición central de Ego dentro de la jerarquía comunal. De hecho, existen dos maneras de explicar la estructura de autoridad en términos del parentesco aymara. En el primer caso, el *p'iqi* ocupa la posición de Ego y el *sullka p'iqi* es su hijo. Luego, el *jilaqata* y el *jach'a jiliri p'iqi* son su padre y su abuelo, respectivamente. Finalmente, el *wak'a achachila* ocupa la posición de bisabuelo.

En el segundo caso, se enfatizan las relaciones entre hermanos. Así, en relación a Ego, el *sullka p'iqi* ocupa la posición de hermano menor, el *jilaqata* la de hermano mayor y el *jach'a jiliri p'iqi* la del mayor de todos. Todas las posiciones, menos la de Ego, usan los términos de parentesco que denominan las relaciones verdaderas entre hermanos, desde el punto de vista de Ego. Por tanto, *sullka* significa 'menor', *jilata* 'hermano mayor', y *jach'a jiliri* refiere al 'mayor de todos' o primogénito. En ambos ejemplos lo mismo puede valer respecto a las relaciones básicas por la parte femenina del modelo. Empero, en el caso de las relaciones entre hermanos/as, el término *kullaka*, 'hermana', tendrá que acompañar los términos citados arriba, que parecen tener un sesgo más masculino. En ambos casos, el *wak'a achachila* evidentemente asume la posición de los antepasados lejanos, aunque esto es menos obvio en el último caso. Pero al cabo de todo, a mi parecer, es necesario tomar en cuenta ambos conjuntos de categorías de parentesco para comprender la estructura jerárquica representada en los modelos. Volveremos a este tópico en el siguiente acápite, pero primero trataremos la pregunta clave: ¿de donde surge la autoridad femenina?

2.3 La autoridad y la voz de las *wak'as*

Estamos convencidos de que el modelo de parentesco andino ideado por Zuidema puede ser un implemento útil para estudiar diferentes aspectos de las sociedades andinas. Sin embargo, habría que revisarlo en cada caso. Arnold, por ejemplo, ha mostrado que los principios del modelo pueden ser aplicados a la estructura de la casa en Qaqachaka para lograr una mayor comprensión de algunas de sus cualidades simbólicas. Desde esta perspectiva la casa es un modelo cosmológico, o microcosmos. Arnold demuestra que los elementos materiales e ideológicos de la casa en Qaqachaka son coherentes con un modelo cosmológico parecido a lo que ella llama la narrativa arquitectónica abierta del dibujo de Pachacuti (Arnold 1992: 72, 88).

En el caso de la autoridad en Sullka Titi Titiri, hemos visto que el modelo básico de parentesco andino coadyuva a elucidar la manera en que la estructura de autoridad se basa en categorías de parentesco. Por otra parte, también se ha demostrado que el modelo puede fallar por no tomar muy en cuenta el rol de las mujeres entre las autoridades comunales. Por tanto, quisiéramos sugerir cómo se puede modificar o mejorarlo para acomodar una fuente alternativa de donde en efecto procede la autoridad femenina.

Harris (1980: 73) señala que entre los laymi hay poca diferenciación entre los sexos hasta la adolescencia, "pero en la vida adulta existen dos campos importantes donde *se presenta la participación en términos de la capacidad de hablar*". En ambos campos "*se dice que las mujeres tienen una relación diferente con el lenguaje, que la de los hombres*" (nuestro énfasis). En primer lugar, la actividad política y la toma de decisiones se centran en el contexto formal de la asamblea local, en la cual sólo participan hombres adultos, mientras que las mujeres son rigurosamente excluidas. Una razón dada a Harris para explicar la ausencia de las mujeres fue "*precisamente su incapacidad de hablar*". Harris además señala que "*los hombres dominan el habla formal*" (ibid., nuestro énfasis). El segundo campo se refiere a relaciones con el mundo de los espíritus, en que se excluye a las mujeres del rango más elevado en la jerarquía de especialistas rituales, rango que supone el aprender a comunicarse, verbal y directamente con los espíritus. Aquí la incapacidad de hablar es también uno de los factores principales para determinar la exclusión de las mujeres. Los temas centrales del artículo de Harris refieren al modo en que el poder se asocia con el lenguaje y con representaciones de lo social, lo no-social y lo salvaje. Una de sus conclusiones principales es:

> ...el lenguaje del poder es uno al cual los hombres tienen un acceso privilegiado, y quizás este aspecto puede ser escogido con más facilidad como un rasgo universal de las relaciones de género (ibid.: 92, nuestra traducción).

Los datos que hemos recogido en Bolivia apoyan con fuerza esta última aseveración. Además, ayudan a explicar cómo los dos campos, el de la toma de decisiones políticas y el referente al mundo de los espíritus, se relacionan estrechamente, y muestra cómo se juntan en el rito de iniciación del *p'iqi* en Sullka Titi Titiri.

Un aspecto importante de la división de autoridad entre hombres y mujeres es el hecho de que se piensa que los hombres derivan su autoridad, esto es su derecho formal y poder para gobernar, de los *wak'a achachila*, considerados en primer lugar como deidades masculinas muy poderosas. Se piensa que controlan poderes y fuerzas que poseen características inconfundiblemente masculinas: es decir 1) el poder de hablar y mandar la obediencia civil mediante el lenguaje, y 2) el control sobre las fuerzas naturales que, se entiende, fertilizan o afectan la tierra femenina, las plantas, etc. (Astvaldsson 1995).

Es interesante notar que no sólo se refiere a las autoridades básicas de la comunidad como *p'iqi*, 'cabeza', sino que las deidades de las cuales reciben sus poderes se asocian estrechamente con la 'cabeza'. En efecto, de las cinco deidades que recibían ofrendas durante el rito de iniciación de las autoridades entrantes, cuatro son, o tienen 'cabezas'. Turiturini, el más poderoso de las deidades locales, es una pequeña cabeza hermosamente tallada en piedra (probablemente de origen pre-incaico) que recuerda la importancia de las cabezas y cabezas-trofeos en el pasado, por ejemplo las cabezas de piedra encontradas en lugares como Tiwanaku (a escasos 25 km.). De ahí que la expresión principal del poder masculino se ejercita mediante el hablar en público; asimismo, el foco del poder masculino queda, claramente, en la cabeza y el cuello (la parte superior del cuerpo) [22].

Al analizar el rito de iniciación, la ubicación de la expresión del poder masculino en la cabeza y el cuello se vuelve aún más evidente. El momento culminante de este rito complejo (de dos días de duración), llegaba cuando las autoridades entrantes finalmente recibían los poderes ancestrales de los hombres que han sido enviados a los lugares de las distintas deidades para ofrecerles sacrificios, y para luego volver trayendo sus 'almas' o 'espíritus'. Estos hombres, llamados 'soldados' (se usa el término castellano), después de quemar los sacrificios y realizar varias libaciones con alcohol, empezaban a gritar y agitar chalinas blancas tejidas, traidas con este fin, llamando a los 'espíritus' ancestrales y 'envolviéndolos' en las chalinas. Repitiendo sus palabras y gestos incesantemente, los soldados

---

[22] En una publicación reciente, Arnold y Yapita (1996) argumentan que, en cambio, el poder femenino en los Andes se expresa en la sangre y tiene su sede en el corazón.

emprendían el viaje de regreso, trayendo consigo los poderes de sus antepasados lejanos, ya envueltos en las chalinas blancas. Llegando a cierta distancia del *wak'a*, amarraban las chalinas en sus propios cuellos, asumiendo así la imagen de los seres y poderes ancestrales que habían venido a capturar. Los 'soldados', que venían de diferentes direcciones, luego se dirigían al lugar de reunión, a unos centenares de metros cuesta arriba del sitio donde esperaban los *p'iqi* entrantes.

A eso de las ocho de la mañana, en el segundo día del rito, los 'soldados' se reunían todos y estaban listos para el acto más importante, la transferencia de los poderes del *wak'a achachila* a las autoridades entrantes. Este acto siempre me fue descrito en términos de un asalto guerrero por parte de los 'soldados' (deidades) a las autoridades entrantes. Se dice que los 'soldados' se lanzaban en un ataque enérgico contra los *p'iqi*, evocando los espíritus y poderes de los antepasados:

Tata!	¡Señor!
Jawill, jawill, jawilla	Bienvenido, bienvenido, bienvenido
Jutam ajayus, animus, kurajis...	Vegan almas, ánimos, corajes...

y gritando en voces graves, borrosas y temblantes frases mandonas como:

Achilatwa karaju,	Soy el abuelo, carajo,
Achilatwa T'ukuri, Turiturini...	Soy el abuelo, T'ukuri, Turiturini...

Repitiendo con frecuencia estas y otras expresiones similares, los 'soldados' se acercaban a los *p'iqi* entrantes, corriendo con toda la prisa que podían, agitando las chalinas blancas y llamando a los espíritus de los *wak'a achachila* de todas las partes de la comunidad. Al llegar los 'soldados' donde estaban los *p'iqi*, hacían girar las chalinas por encima de sus cabezas produciendo un zumbido ("como si fueran chicotes", dice la gente), y luego envolvían las chalinas en sus cuellos, empapándolos así con los poderes de los *wak'a achachila*, es decir, otorgándoles el don del habla pública. Se dice que las acciones de los 'soldados' asustaban a los *p'iqi*, lo que en la cosmología aymara corresponde a la pérdida del *ajayu* (una de las almas; las personas poseen varias). Esto parece haber sido el pre-requisito esencial para que el alma ancestral pudiese entrar luego en sus cuerpos. A partir de ese momento las deidades iban a ayudar a las nuevas autoridades a gobernar y proteger a la comunidad durante los tres próximos años. El análisis cuidadoso de nuestros datos muestra que los hombres sólo adquirían el 'poder-sonido' de los *wak'a* después de un aprendizaje prolongado. Luego este poder les capacitaba y obligaba a hablar la verdad y con sabiduría ante el público. El incumplimiento de las reglas estrictas para la conducta y el comportamiento de las autoridades, les traería con toda seguridad un castigo severo de parte de las deidades.

Si bien las mujeres también poseen una autoridad genuina (ningún hombre puede convertirse en autoridad formal sin casarse), queda el hecho de que las mujeres no son iniciadas en el cargo de *p'iqi* de la misma manera que los hombres. En efecto, se excluye a las mujeres de la parte más crítica de la ceremonia, cuando los poderes y las fuerzas de los *wak'a achachila*, denominados *munañani* y *ch'amani*, son confiados a los *p'iqi*. La gente nos explicó repetidas veces el significado del más importante de estos dos conceptos, *munañani*: se refiere a los poderes de mandar a la gente y ganarse su respeto mediante el uso del lenguaje. Estos poderes, derivados de las deidades con características predominantemente masculinas, nunca son disponibles para las mujeres. El segundo término, *ch'amani*, refiere a la fuerza física y, por implicación, a la buena salud y la prosperidad en general.

2.4 El status social de las mujeres

Existe una regla inquebrantable según la cual si un hombre pierde a su mujer durante su mandato comunal, su hermana, su madre, o algun otro miembro femenino disponible y aceptable de su familia debe asumir su lugar. Sin embargo, esto no se aplica si el hombre fallece, y sería equivocado imaginar que las divisiones de poder y autoridad entre hombres y mujeres fueran simétricas e igualitarias.

Esto se evidenció durante el año de mi trabajo de campo, cuando uno de los *jilaqata* de Sullka Titi Titiri falleció en la ciudad de La Paz. Posteriormente, el primer *p'iqi* asumió todas sus funciones, y no la viuda con uno de sus parientes masculinos, como sería de esperar si la regla citada funcionara en ambos sentidos. Me parece que esto se puede explicar mejor en términos de familias patrilocales y la regla postmarital de la residencia virilocal. Es decir, que cuando una pareja se casa, la mujer debe abandonar la casa de sus padres y su familia natal e irse a vivir con la familia de su suegro. Muchas veces la pareja ocupa uno de los cuartos o casas que rodean el patio del suegro hasta que terminan su propia casa [23]. Por eso, virtualmente se considera a las mujeres como ajenas a la comunidad de su marido (por lo menos en los primeros años del matrimonio): por supuesto, no están en condiciones de asumir la autoridad con uno de sus parientes varones, quienes generalmente viven en otro lugar. Esta condición ajena de las mujeres también ayuda a explicar su exclusión del acceso a los poderes importantes de los *wak'a achachila* del lugar, espíritus ancestrales que protegen a la comunidad de peligros, tanto naturales como sociales, procedentes de afuera. Entonces, si aceptamos que las mujeres todavía poseen autoridad y si suponemos que esta autoridad tiene una fuente 'divina', pues la fuente de su autoridad debe ser diferente a la de las deidades masculinas [24].

2.4.1 La naturaleza de la autoridad de las mujeres

En su trabajo seminal, Arnold ha demostrado que, en el caso del *ayllu* Qaqachaka (ubicado en el linde entre los departamentos de Oruro y Norte de Potosí, Bolivia), la naturaleza virilocal de la casa es complementada por la centralidad, aparentemente paradójica, de las *mujeres* dentro y en los alrededores de la casa. Aunque por lo general las mujeres se trasladan al hogar de sus maridos después de casarse, no obstante la casa simboliza, en primer lugar, los valores y campos femeninos. Simbólicamente, se considera que los hombres están 'fuera de la casa', y que ellos son 'ajenos' a la casa (Arnold 1992: 46-7). Este concepto de los diferentes campos reales y simbólicos de los sexos, también válido para Sullka Titi Titiri, ayuda a elucidar la división de poder y autoridad entre hombres y mujeres.

Harris (1980) reflexiona sobre los postulados de las teorías occidentales, antropológicas y feministas, que utilizan los conceptos de cultura y

---

[23] Para una descripción detallada del complejo doméstico aymara y del simbolismo de la casa, véase Arnold (1992), y también mi descripción del importante proceso ritual de *chhiphiña*: Astvaldsson (1995, capítulo VI).

[24] Debo señalar que supe del caso de una mujer en Qhunqhu Milluni, la comunidad vecina de Sullka Titi Titiri, que actuaba como *p'iqi* en ausencia de su marido, quien se encontraba trabajando fuera de la comunidad y por tanto estaba impedido de cumplir con sus deberes formales como autoridad (Andy Orta, comunicación personal). Así, es obviamente importante que la ausencia del marido fue temporal, y su mujer le reemplazaba en vez de asumir su lugar como autoridad. No obstante, habría que enfatizar que todas las estructuras son más que todo ideales, y muchas veces se tiene que hacer componendas para que puedan funcionar en el mundo real.

naturaleza como categorías opuestas para describir los campos de hombres y mujeres dentro de la sociedad. Dentro del marco de esta oposición, la cultura se asocia con el orden simbólico, el dominio del discurso, lo social y, por último con la masculinidad, en tanto que la naturaleza se asocia con lo no-social, con lo salvaje y por último con las mujeres. Pero en su ensayo, Harris demuestra que, en el caso particular de los laymi y en las culturas andinas en general, estas categorías opuestas y los significados que se les otorgó, no son aplicables. Harris argumenta que "ni la sexualidad de las mujeres (...) ni sus poderes procreativos producen directamente una ideología que las categoriza como más cercanas a la naturaleza que los hombres, ni aun como anti-sociales". Aún más, "en términos prácticos la organización laymi de la sexualidad presta poco apoyo a cualquier clasificación de las mujeres como ajenas a la cultura". De hecho, las diferencias que existen entre hombres y mujeres demuestran que si habría algo en esta oposición, pues los hombres son más cercanos a lo salvaje que las mujeres (Harris 1980: 78, nuestras traducciones). Decidamente, lo mismo es cierto en el caso de Sullka Titi Titiri.

Los *wak'a achachila* de los cuales los hombres derivan su poder y derecho a gobernar mediate el uso de lenguaje, están asociados intrínsecamente con lo salvaje y lo no-domesticado, y con fuerzas y poderes que, de una u otra manera, residen fuera de la sociedad humana. Sólo a través de los sacrificios rituales se puede reubicar estos poderes bajo el control relativo del campo doméstico y la sociedad humana. Las mujeres se asocian específicamente con el complejo doméstico, que incluye a las chacras donde se cultivan las plantas domésticas y los corrales donde se guardan los animales en la noche. Este dominio doméstico se asocia también con la *Pachamama* y con otras deidades importantes, pero menos poderosas, todas de características predominantemente femeninas y consideradas correspondientes a las deidades masculinas. Lo que todas las deidades femeninas tienen en común es que se relacionan directamente con el crecimiento y la producción; producen y alimentan a sus guaguas como las mujeres mismas [25]. *Pachamama*, y los terrenos o chacras individuales conocidas como *wirjinas*, producen cosechas; asimismo, el complejo de la casa y el patio es visto como un 'nido', donde seres humanos y animales son criados y maduran. Los roles y la autoridad de las mujeres se asocian estrechamente con el dominio doméstico y con asuntos considerados

---

[25] Véase por ejemplo Arnold (1987) y Isbell (1997).

adherentes a este dominio. Las mujeres juegan un rol importante en la producción de comida, al lado de sus maridos, y ellas están a cargo del suministro de comida. También tienen mayor responsabilidad en criar a los niños y vigilan por el bienestar de sus familias, incluso de su marido. Muchas veces los mismos hombres me decían que, aunque podrían lograr una que otra comida a solas, los hombres no podrían medrar, ni siquiera sobrevivir, si tuvieran que cuidar de sí mismos. Un ejemplo fue el de cierto hombre que se encogió y murió porque tenía una esposa 'mala' que no le cuidaba.

2.5 La estructura de autoridad en Sullka Titi Titiri

Esto nos trae de vuelta al modelo gráfico de la autoridad (véase la Fig. 4). Ahora quisiera eliminar las discrepancias con este modelo tomando en cuenta la evidencia ya expresada referente al campo y la autoridad de las mujeres, y al rol de la *Pachamama* y de otras deidades femeninas como las fuerzas vitales complementarias que componen la totalidad de la cosmología andina. Por tanto, presentamos un modelo nuevo (véase la Fig. 7).

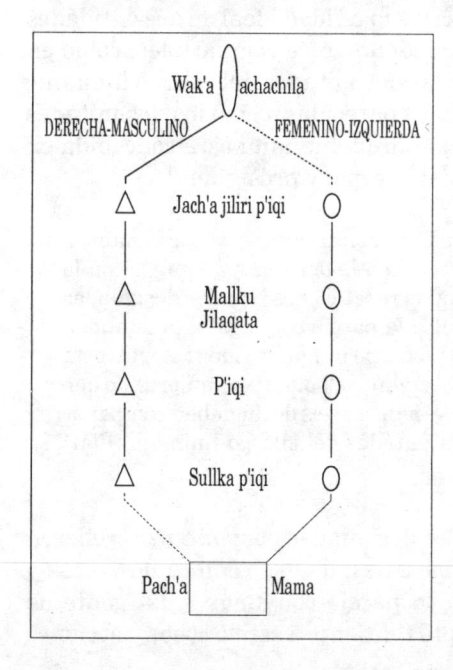

FIG. 7 Estructura jerárquica de autoridad, tomando en cuenta el carárter especial de la autoridad femenina

Habría que concluir que la autoridad de las mujeres deriva de las deidades asociadas con la esfera doméstica. Todas éstas tienen características predominantemente femeninas y se puede argumentar, con razón, que son representadas colectivamente por la *Pachamama*. Las deidades femeninas reciben ofrendas regulares, al igual que las deidades masculinas, pero en fechas propias y con ofrendas diferentes a las dedicadas a los *wak'a achachila*. Sin embargo, no se considera a las deidades femeninas y masculinas como totalmente opuestas, y los límites entre sus dominios están lejos de ser bien definidos. Hasta sus atributos simbólicos, que generalmente nos permiten decidir si son predominantemente machos o hembras, son a veces del todo ambiguos. El hecho es que las deidades masculinas y femeninas representan poderes y fuerzas complementarios que deben ser juntadas para que la sociedad humana pueda funcionar y sobrevivir. En lo general, se puede decir que las deidades masculinas se asocian con lo salvaje, el poder político y la autoridad, mientras las deidades femeninas se asocian con el campo doméstico, la fertilidad y el crecimiento. Incluso allí los límites entre lo social, lo no-social y lo salvaje también se vuelven ambiguos e impenetrables. Por ejemplo, la fertilidad de la deidades masculinas es primordial para asegurar el crecimiento; la cosecha alimentada y proporcionada por las deidades femeninas es también necesaria para mantener a las deidades masculinas y para mantener la importante relación entre ellos y la sociedad.

A la luz de esta realidad ambigua de roles complementarios y contrastantes, debemos razonar la estructura del modelo de la Fig. 7. El concepto andino de *yanantin*, analizado por Tristan Platt, nos ayudará a elucidar las oscuridades. *Yanantin* describe la unidad ideal de dos entidades en una sola categoría. Las dos cosas pueden parece compatibles, como en el caso de dos ojos, un par de manos, o las dos mitades del cuerpo humano, pero también pueden ser dos cosas menos parecidas, como los dos mitades de la pareja casada. Platt señala que la pareja humana está concebida en los mismos términos que la simetría del cuerpo, y prosigue:

> Izquierda-derecha es una de las dualidades básicas cubiertas por yanantin, y ya que sabemos que el hombre se asocia con la derecha y la mujer con la izquierda (...) parece posible interpretar las repeticiones rituales designadas por yanantin como un intento de asimilar la pareja conyugal a la dualidad perfecta proporcionada por el modelo del cuerpo humano. Luego, según esta interpretación, no es tanto que yanantin *significa* 'hombre-y-mujer' sino que los hombres y las mujeres *deberían* ser yanantin —es decir, deben compartir esa unión perfecta lograda por las dos mitades del cuerpo humano (Platt 1986: 245-6, nuestra traducción).

Según Platt, "las repeticiones rituales designadas por *yanantin*" refieren a tales actos rituales como *ch'alla*, libaciones, que se repiten dos veces y son "explicados como *yanantin*, 'para tu pareja conyugal' ". La gente de Sullka Titi Titiri tiene el mismo concepto referente a seres, cosas y acciones que ocurren por pares. Por ejemplo, se dice que la *Pachamama*, en otras palabras el suelo o la tierra (*uraqi* o *wirjina*), es la esposa del *wak'a achachila*. Por eso, si aplicamos el concepto de *yanantin* al modelo de la Fig. 7, vemos que, efectivamente, nos muestra cinco parejas: cuatro son representadas por las parejas humanas de autoridades y una, la quinta, por la totalidad de las deidades masculinas y femeninas. En todos los casos, la pareja humana representa la unidad ideal entre dos aparentes opuestos que los constituyen como unidades sociales capaces de actuar en sus posiciones y cumplir con los roles asumidos. En cada caso, si se rompiera el lazo designado por el concepto de *yanantin*, los actores dejarían de funcionar y se conviertirían en un lastre para el bienestar y supervivencia de su comunidad. El *wak'a achachila* y la tierra femenina son unidos en una especie de matrimonio por medio de los procesos de algunos de los ritos mayores realizados por la comunidad (Astvalddson 1995). Para interpretar la Fig. 7 es claro que, aunque los poderes políticos y la autoridad poseen características mayormente masculinas, a la vez derivadas de las deidades masculinas, éstas solas no bastan para asegurar el equilibrio necesario para garantizar la prosperidad y el bienestar social. Por tanto, las deidades femeninas de la tierra presentan el complemento, colectivamente representado por *Pachamama*, que garantiza el crecimiento y la producción requeridos para asegurar la continuidad social.

3. Conclusiones y una nota final sobre el uso de las categorías de parentesco

Considerando todo lo anterior, debemos ver los roles, poderes y autoridad complementarios de hombres y mujeres juntamente con el principio básico del concepto de *yanantin*. No obstante, existe otro aspecto muy importante de *yanantin*, reiterado por Platt en la conclusión de su artículo; esto es que "yanantin puede incluir una pareja de simetría perfecta e igualdad; pero puede servir también como un disfraz ideológico para una relación que en realidad es desigual, como la que existe hombre y mujer" (ibid.: 256). Habría que tener esto en cuenta al examinar la estructura jerárquica de la autoridad en Sullka Titi Titiri.

Por tanto, el modelo de la Fig. 7, que en un nivel simboliza una complementariedad ideal de status igual, de hecho muestra tres clases de jerarquía. El primero, y más obvio, se da entre los de más 'arriba' y más 'abajo' en el modelo. El segundo es entre 'derecho' e 'izquierdo' del modelo, en que una relación asimétrica entre hombres y mujeres es disfrazada por una simetría aparente: los hombres controlan la autoridad política y esto les otorga poderes concretos fuera del alcance de las mujeres. Además, el modelo implica una tercera relación, también en gran medida asimétrica: la 'reciprocidad imaginada' entre la sociedad humana y sus deidades, en la cual las deidades evidentemente asumen una precedencia jerárquica frente a sus correspondientes humanos. Todas estas asimetrías se tornan más aparentes cuando ocurren cambios radicales en la sociedad: por ejemplo, cuando los hombres dejan sus hogares para ir a trabajar fuera de la comunidad, mientras las mujeres están obligadas a quedarse en casa, cuidando a los hijos y la mayor parte del trabajo agrícola, solas. En tales momentos difíciles es muy probable, casi predecible, que las estructuras ideales se descomponen; pues se destaca la desigualdad de la relación, y se trastorna el equilibrio relativamente estable que permitía la operación del disfraz ideológico, muchas veces sin poder repararlo. En el curso de tal cambio social y cultural, también es muy probable que los procesos de sacralización adoptados por la comunidad y por los individuos experimenten transformaciones radicales.

3.1 El uso de las categorías de parentesco en el contexto de los ritos

Los términos *achila* y *achachila* son usados indistintamente por la gente de Sullka Titi Titiri para aludir a los ancestros masculinos y a los seres de poder 'más elevado' (los llamados *wak'a*, que por lo general no son reconocidos como antepasados reales en el contexto de la vida cotidiana). No obstante, el término *wak'a* sólo se usa para los seres de 'poderes elevados', nunca para los ancestros reales. Las deidades a menudo se llaman también *wak'a achachila*.

De ahí que el significado de *achachila* y *achila* es algo ambiguo. ¿Es que realmente quieren decir, por una parte, espíritu ancestral y, por otra, antepasado? ¿O es que, quizás, los aymaras no quieren reconocer abiertamente que consideran a los 'espíritus' de piedras y cerros como sus verdaderos antepasados? Se considera que muchos de los *wak'a achachila* poseen atributos humanos importantes, y Turiturini, el *wak'a achachila* más poderoso de la comunidad, se relaciona estrechamente en la historia oral con antepasados verdaderos que vivían en los siglos XVI y XVII (Astvaldsson 1995). Esta *wak'a*, una pequeña cabeza tallada, es comparada muchas veces con un ser humano, es decir, se dice que es como un hombre y hasta que es un hombre. En muchos otros casos se decía que los *wak'a achachila* son como nosotros, y aunque todos están de acuerdo en que no se puede verlos, se los retrata en términos humanos. Hablan, se ríen, sonríen, mascan hojas de coca, toman, sienten hambre y tienen que comer. Exigen respeto y si no reciben el trato apropiado, se vuelven vengativos. Sin embargo, si son bien tratados, muestran amor y cariño, y aseguran el bienestar y la prosperidad.

En los ritos que presenciamos, se usaba indistintamente *achachila* y *achila* para referir a los *wak'a*, aunque la segunda palabra (que aparentemente expresa un grado mayor de cariño y es, según los diccionarios y la gente del lugar, usada por niños para referir a sus abuelos) fue usada con más frecuencia por los especialistas rituales. Los especialistas rituales también a menudo se referían a sí mismos y a los presentes como *allch"i wawa*: 'nietos' de las deidades, tanto de los *wak'a achachila* como de la *Pachamama* y las *wirjina*. Durante una conversación en un rito, se decía que los *wak'a achachila* eran como 'padres' (*tata*), de los *p'iqi* entrantes, quienes a la vez eran descritos como sus *yuqalla*, un término que refiere a los jóvenes aún no reconocidos como plenamente adultos. De hecho, sólo se consideraba que los *p'iqi* eran plenamente adultos después de su iniciación. De la misma manera, se describe la relación entre la *Pachamama* y los miembros de la comunidad en términos de la relación entre una madre y sus guaguas.

Se puede explicar, en parte, la razón por la que en el contexto de la vida cotidiana, la gente por lo general no reconoce a los *achachila* como ancestros verdaderos de la comunidad, por el hecho que éstos están demasiado alejados en el tiempo de la gente viva para ser vinculados con cualquier familia determinada. Sin embargo, esto no impide que se refiera a ellos como los abuelos o bisabuelos colectivos de la comunidad en los ritos, en que generalmente se les hace ofrendas para que protejan a sus nietos y la comunidad.

BIBLIOGRAFÍA

ALBÓ, Xavier y el equipo de CIPCA,
1972 "Dinámica en la estructura inter-comunitaria de Jesús de Machaca". **América Indígena**, XXXII: 773-816.
1993 "El thakhi o "camino" en Jesús de Machaca". En: Thiercelin, Raquel (ed.), **Cultures et sociétés Andes et Méso-Amérique. Mélanges en hommage à Pierre Duviols**, Vol. I, pp. 51-65. Publications de l'Université de Provence.

ARNOLD, Denise Y.,
1987 "Kinship as Cosmology: Potatoes as Offspring among the Aymara of Highland Bolivia". En: **Amerindian Cosmology,** (ed.) Don McCaskill, una co-publicación de **Cosmos,** 4, y **Canadian Journal of Native Studies,** 7: 2, pp. 323-37.
1992 "La casa de adobes y piedras del Inka: género, memoria y cosmos en Qaqachaca." En: Arnold et al., **Hacia un orden andino de las cosas,** pp. 31-108. La Paz: Hisbol e ILCA.

ARNOLD, Denise Y. con Juan de Dios YAPITA,
1996 "Los caminos del género en ayllu Qaqachaka: los saberes femeninos y los discursos textuales alternativos". Capítulo en Silvia Rivera (ed.) **Ser mujer indígena, chola o birlocha en la Bolivia (postcolonial) de los 90,** pp. 303-392. La Paz: Subsecretaría de Género/CID.
En prensa **Río de vellón, río de canto. Cantar a los animales, una poética andina de la creación.** La Paz: Hisbol e ILCA.

ASTVALDSSON, Astvaldur,
1995 **Wak'a: An Andean Religious Concept in the Context of Aymara Social and Political Life,** Tesis de doctorado. Londres: King's College London, University of London.

BONILLA MAYTA, Heraclio y César FONSECA MARTELL,
1963 **Tradición y conservadurismo en el área cultural del lago Titicaca. Jesús de Machaca: comunidad aymara del altiplano andino.** Lima: Departamento de Antropología, Facultad de Letras, Universidad Nacional Mayor de San Marcos.

DUVIOLS, Pierre y César ITIER,
1993 **Joan de Santa Cruz Pachacuti Yamqui Salcamaygua. Relación de Antigüedades desde Reyno del Piru. Estudio Etnohistórico y Lingüístico de Pierre Duviols y César Itier.** Cusco: Centro de Estudios Regionales Andinos "Bartolomé de Las Casas" y Institut Français D'Études Andines.

HARRIS, Olivia,
1980 "The Power of Signs: Gender, Culture and the Wild in the Bolivian Andes". En: C. MacCormack y M. Strathern (eds.) **Nature, Culture and Gender,** pp. 70-94. Cambridge: Cambridge University Press.

ISBELL, Billie Jean,
1997 "De inmaduro a duro: lo simólico femenino y los esquemas andinos de género". En: Denise Y. Arnold (comp.) **Más allá del silencio: las fronteras de género en los Andes,** pp. 253-300. La Paz: CIASE e ILCA.

MAYER, E. y R. BOLTON (eds.),
1980 **Parentesco y matrimonio en los Andes.** Lima: Pontificia Universidad Católica, Fondo Editorial.

PLATT, Tristan,
1986 "Mirrors and Maize: The Concept of *Yanantin* among the Macha of Bolivia". En: J. V. Murra, N. Wachtel y J. Revel (eds.), **Anthropological History of Andean Polities.** Cambridge: Cambridge University Press.

RASNAKE, Roger,
1989 **Autoridad y poder en los Andes: los kuraqkuna de Yura.** La Paz: Hisbol.

ROSTWOROWSKI de DIEZ CANSECO, María,
1983 **Estructuras andinas de poder: ideología religiosa y política.** Lima: Instituto de Estudios Peruanos.

ZUIDEMA, R. T.,
1977 "The Inca Kinship System: A New Theoretical View". En: R. Bolton, y E. Mayer (eds.) **Andean Kinship and Marriage,** pp. 240-81. Washington D. C.: American Anthropological Association.
1989 **Reyes y guerreros: ensayos de cultura andina,** compilado por Manuel Burga. Lima: Fomciencias.
1990 **Inca Civilization in Cuzco.** Austin: University of Texas Press.

ZUIDEMA, R. T. y Ulpiano QUISPE,
1968 "A Visit to God. The Account and Interpretation of a Religious Experience in the Peruvian Community of Choque-Huarkaya". **Bijdragen** 124, Leiden.

Matrimonio, Alianza y Jerarquía

Parte IV

10

OBLIGACIONES RITUALES PRESCRITAS EN EL PARENTESCO ANDINO POR AFINIDAD

Juan M. Ossio

Introducción

La conferencia sobre parentesco y matrimonio en los Andes de 1973 tuvo la virtud de sentar un conjunto de hitos sobre esta temática; hitos que mantienen su validez y que han servido de mucho estímulo a otras investigaciones. Sin embargo, es mi impresión que un énfasis muy marcado por definir la corporatividad de determinadas formas grupales soslayó un tanto una perspectiva aliancista que, usada de modo complementario, hubiese ayudado a comprender mejor el valor de la descendencia, de las relaciones por afinidad y del compadrazgo en dicha área cultural.

Partiendo de un estudio que realicé entre 1972 y 1975 sobre la organización social de la comunidad de Andamarca (Lucanas - Ayacucho), me propongo suplir dicho vacío tratando de analizar el valor que encierran las relaciones de afinidad y de parentesco ceremonial en esta comunidad y su continuidad en el conjunto de la sociedad andina.

La razón del título de este capítulo es que el punto de partida para este análisis será el estudio de las obligaciones rituales prescritas, asociadas particularmente con los afines y los parientes ceremoniales. Hemos escogido este tema porque se trata de una costumbre muy significativa para contrastar estas relaciones con las de consanguinidad, y así descubrir los valores con los cuales se asocian y determinar el grado de continuidad de dichos valores tanto en el tiempo como en el espacio.

1. El parentesco ceremonial andino

Entre las distintas relaciones sociales que se basan en el parentesco en las comunidades andinas, existen dos que figuran prominentemente por la formalidad que asume el comportamiento entre las partes involucradas y por el hecho de asociarse con determinadas obligaciones rituales que les están prescritas. Estas son las relaciones por parentesco ceremonial, como las de padrinazgo y compadrazgo, y aquellas que, según el quechua ayacuchano, tienen como una de sus partes interactuantes al *masa* (yerno) o a la *llumchuy* (nuera); según el dialecto cuzqueño, al *qatay* (yerno) y a la *cachun*(nuera); o según el ancashino y el huanuqueño al *masha*(yerno) y a la *lumtsuy*(nuera).

Es tal la prominencia que tienen estas relaciones en la sociedad andina que, inclusive, han ingresado al folklore asociándose con determinados personajes festivos que hacen su aparición en algunas celebraciones comunales. Es el caso de la fiesta *Masha*, del pueblo cajatambino de Mangas en el departamento de Lima, que se realiza en asociación con el techado comunal de la iglesia entre el 15 y 30 de noviembre de cada año. Según Manuel Burga, en su libro *Nacimiento de una Utopía* (1988), en esta ocasión cada uno de los dos barrios en que se divide el pueblo (Cotos y Allaucay) saca unas comparsas con ocho bailarines, ataviados ceremonialmente, de los cuales dos varones reciben el apelativo de *mashas* y cuatro damas aquel de *lumtsuys*. Los eventos más importantes durante estos 15 días son 5 y se inician y concluyen con dos rituales que son análogos porque centran su énfasis en el intercambio de bebidas y comidas entre los dos barrios, en el primer caso, y entre *mashas* y *lumtsuyes*, en el último. Así, por un lado, en la "conjunción inicial", como denomina Burga al primer evento, los del barrio Cotos reciben con comidas a un personaje, el Rucu, asociado con la vejez, la puna y el barrio Allaucay, que baja de las alturas; los de Allaucay, a su vez, reciben con bebidas a otro personaje festivo llamado Huachano o Yanash, asociado con los negros, el valle y el barrio Cotos, que asciende de las quebradas. De otro lado, en el quinto evento, llamado "*Masharaccay*", "...*lumtsuyes* dan de comer abundantemente a los *mashas* y éstos recíprocamente dan de beber licor a las *lumtsuyes*. Este es el momento final de la fiesta *masha*" (Burga 1988: 19).

De acuerdo a esta descripción, en términos de barrio, Cotos sería el equivalente de las *lumtsuyes* y Allauca de los *mashas*. Esto querría decir que las *lumtsuyes* estarían asociadas, al igual que Cotos, con la agricultura, y los *mashas* con la puna, que es el ámbito de la ganadería. Siendo este último el ámbito de la foraneidad, es explicable que en el segundo evento los *mashas* traten de escaparse y sean traídos de regreso por las *lumtsuyes,* y que en el tercer evento, conocido como "La Ronda", los *mashas* de las comparsas de cada barrio "roben" objetos a la comparsa del barrio opuesto para pedirles un rescate simbólico. Esto último es exactamente lo mismo que hacen los *masas* de la comunidad de Andamarca, con respecto a sus suegros, durante el festejo que realizan en las casas de éstos últimos luego de la siembra ceremonial del maíz en las *lucri chacras* (Ossio 1992: 110).

Otros atributos que se asocian con los *mashas* en esta fiesta es el vestirse con "...trajes ordinarios, pero usando sombreros, penachos, anteojos oscuros, adornos en las piernas y una serie de objetos estrambóticos. En general, la indumentaria de los *mashas* nos hace recordar la que usan el capitán y los acompañantes durante las fiestas patronales... Las *lumtsuyes* usan vistosos trajes locales, pero sin las remangas blancas que usan las *pallas* del inca y más bien parecen trajes elegantes, típicos del lugar, con hermosas *llicllas* sobre los hombros y usando pañuelos bordados que parecen ser las distinciones de cada uno de los barrios" (Burga 1988: 14). En lo concerniente a sus desplazamientos rítmicos "...los *mashas* rotan repitiendo incesantemente los mismo pasos, las *lumtsuyes* bailan en círculo alrededor de sus respectivos *mashas*" (op. cit., p. 17).

1.1 El parentesco por afinidad en la esfera pública

En la localidad de Coishco ubicada en la provincia del Santa, departamento de Ancash, el Sr. Felipe Díaz Ramírez, alumno de la especialidad de antropología de la Pontificia Universidad Católica del Perú, me informa (en una monografía para el curso sobre Parentesco y Organización social) que en la fiesta de la Cruz de Motupe, que se celebra entre el 4 y 6 de agosto, también se da el caso que algunas relaciones de parentesco por afinidad han adquirido una proyección en la esfera pública. Una vez más, aquella que se asocia con el término *masha* aparece relacionada con un personaje festivo que nuevamente guarda estrechos vínculos con la bebida, pues en forma de broma da de beber a un toro sobre el cual se sube para brindar con la concurrencia. Adicionalmente vemos figurar otros que tienen que ver con las relaciones de reciprocidad que la "Priosta", o auspiciadora principal de la fiesta, establece con algunas personalidades.

Mientras que en la fiesta de Mangas la actividad que la motivaba era la reparación anual de cada uno de los ocho sectores de cada lado del techo de la iglesia por los barrios de Cotos y Allaucay, en la fiesta de Coishco el motivo central es la velación de la Cruz de Motupe, pero los actos festivos giran alrededor de la figura del toro. Es así que el acto central del primer día es el juego del toreo y el reparto de la cabeza y las extremidades de este animal por la Priosta. Es en esta ocasión que el *masha* se muestra de modo más notorio: subido al lomo de un toro que es jalado al ruedo para ser toreado, ofrece de beber a la concurrencia en medio de risas y sacudones. Luego del juego, el animal es degollado. La cabeza es enviada por la Priosta a quien deberá asumir ese rol al año siguiente. Este obsequio es cimentado con un vínculo de compadrazgo si las partes involucradas se consideran jóvenes, y de consuegros si son mayores. Vínculos semejantes se consolidan con los que reciben la cola, las patas y los brazuelos. No obstante, la mayor jerarquía de la cabeza es realzada por el hecho de no ser llevada en una fuente de metal, como ocurre con las otras extremidades, sino en un palo de escoba. Todas estas partes son devueltas a la Priosta al día siguiente, pero acompañadas de dinero.

Otros ejemplos donde estos roles alcanzan una proyección en rituales públicos se pueden ver en marcaciones de ganado que corresponden a cofradías y, de modo un poco más indirecto, en algunas celebraciones asociadas con ritos de limpieza de las acequias. Todos estos casos son estrechamente análogos a los que acontecen a nivel privado, reproduciéndose casi los mismos roles que aparecen en esta esfera. No obstante, no siempre los términos de afinidad se proyectan a esta dimensión con la facilidad que ocurre en Mangas. Por lo general, lo que sucede es que estos roles aparecen encubiertos por funcionarios públicos de la comunidad cuya posición jerárquica con respecto a otros funcionarios es similar a la de suegro y yernos.

Según Ulpiano Quispe, en la comunidad de Choquehuarcaya el que hace de "Patrón" a nivel de la marcación de ganados vacunos de la cofradía es el Ecónomo de la iglesia y los que cumplen las funciones de yernos son los cuatro alguaciles de la jerarquía civil y el sacristán (Quispe 1969: 41). Por mi parte también he tenido oportunidad de comprobar que en una libación ritual que tiene lugar durante la fiesta del agua en la comunidad ayacuchana de Andamarca, el comportamiento de los "previstes" y "muñidoras" hacia los "mayordomos" es absolutamente análoga a la que tienen los yernos y las nueras en relación a sus suegros durante la siembra del maíz.

1.2 Las relaciones por la afinidad en la esfera privada en la ceremonia del techado de la casa

Si bien para la esfera pública todavía contamos con pocas referencias sobre la ritualización festiva de estas relaciones por afinidad, en la esfera privada las alusiones son innumerables, tanto para el presente como para el pasado prehispánico. Los contextos en que esto ocurre son numerosos destacando principalmente el techado de las casas, la marcación de los animales, la siembra del maíz, algunos ritos de pasaje como el corte de pelo, el matrimonio y los funerales, entre otros.

Uno de los documentos más antiguos que da cuenta de la presencia de estos roles en el techado de una casa es aquel publicado por el historidor Pierre Duviols bajo el título de "Une Petite Chronique Retrouveé: Errores, ritos, supersticiones y ceremonias de los yndios de la provincia de Chinchaycocha y otras del Piru" que data de 1603. Según este documento:

> Quando hazian casas nueuas los primeros palos que en ellas ponían que llamaban macssas que quiere decir cuñados o yernos eran pintados con figuras de culebras, leones y osos y unas cosas que ellos mismos manifestauan no ser cosas buenas. Estos palos trayan los yernos o cuñados del que hazia la casa y de alli tomaua; el nombre los palos y eran los primeros estos yernos o cuñados que a porfia subian a asentar la demas madera y para qualquier casa que se auia de hazer se juntaua todo el pueblo porque era fiesta de beber que es la desta gente miserable y el fin a que reduzen todas las suyas. Cubriase hasta el techo y solo quedaua un poco para el dia siguiente que era el concho ques el assiento de la chicha que hazían tanta para la fiesta de la casa que auia para todo el pueblo y auia de sobrar para el dia siguiente. En esta tierra fria hazian luego muy grande lumbre en medio de la casa nueua y comencaua la tamborillada tocando los tamborillos y cantando las yndias sus ynuocaciones y baylando los yndios y asi se gastaua la tarde y toda la noche y lo que restaua de la casa por cubrir lo cubrian los macssas y parientes (Duviols 1974, 1976: 284).

Cerca de 360 años más tarde, Enrique Mayer nos describe una ceremonia similar que tiene lugar en la comunidad de Tangor (Cerro de Pasco), en que estas mismas categorías de afines y sus equivalentes femeninos (*lumtshuys* o nueras) cumplen roles y dan obsequios similares: *palos lumtshuys* y otras vigas en forma de A. Pero uno de los datos más interesantes que aporta esta descripción es que *mashas* y *lumtshuys* transmiten su condición a sus cónyuges, de modo que los parientes consanguíneos masculinos del dueño de la casa asumen una connotación femenina, convirtiéndose en *lumtshuys,* y los femeninos una connotación masculina, transformándose en *mashas*. Adicionalmente, también se precisa lo que cada uno de estos participantes aporta:

1. Contribuciones de los propietarios. Paja (ogsha) ...soguilla de chogo (...para amarrar la paja a las vigas); soga de cabuya, para amarrar las vigas entre sí y a los postes; las chaclas (manta o chagla). Chicha, carne, mote, papas especialmente seleccionadas y otras vituallas; aguardiente, cigarrillos, coca; cuyes, para los masha y lumtshuy principales, como cumplimiento.
2. Contribuciones de los mashas. La viguería completa, por ejemplo la estructura completa en forma de A, de madera, para hacer el techo a dos aguas. Una bandera peruana el primer día y una cruz, el segundo (una cruz de metal decorada, que se puede comprar en el mercado). La bandera es quitada, mientras que la cruz permanece.
3. Contribuciones de los lumtshuys. Estos traen la cumbrera y dos palos (palos lumtshuy) de madera de aliso, labrados en ambos extremos y decorados en formas de serpiente con pintura. El nombre del lumtshuy que los aportó es grabado en el palo, así como también la fecha de la fiesta. Los lumtshuys también aportan varias wawas (niños), que son colgados del palo lumtshuy. Las wawas son tradicionalmente muñecas hechas de papas y ataviadas con ropas hechas especialmente... Asimismo, los lumtshuy cuelgan una wayunka del palo lumtshuy. La wayunka son dos grandes mazorcas de maíz coloreadas, amarradas por sus hojas... El término wayunka se refiere a las más codiciablemente grandes y coloreadas mazorcas de maíz... (Mayer 1977: 448).

Trasladándonos al departamento de Lima, Brígido Varillas (1965: 117-126) nos refiere que en la comunidad de Laraos, provincia de Yauyos, el techado de una casa también supone un ritual elaborado donde algunos personajes también tienen roles prescritos semejantes a los que ya hemos visto para los *mashas* y los *lumtshuys*. En este caso los nombres que se les otorga derivan del aymara. Uno, que sólo ostentan las mujeres es el de *Chinquis*, que según Ludovico Bertonio significa hermana menor. El otro es *Lare*, que de acuerdo a esta misma fuente alude a los parientes de la esposa y al tío materno.

Según Varillas, quienes desempeñan estos roles son parientes consanguíneos de los dueños de la casa, concretamente hermanos o primos. Estas posiciones guardarían pues correspondencia con el significado de *chinqui* más no con el de *lare*, que se inscribe en la afinidad, salvo que se produjese la inversión de roles, que menciona Mayer para Tangor, o que Varillas no haya sido muy acucioso en sus observaciones.

Que aquí las cosas no son como las describe Mayer para la comunidad que estudió, se desprende del hecho que en este caso no se juega con dos categorías de afinidad sino con una de este tipo que se asocia con el sexo masculino y otra de consanguinidad que se vincula con el sexo femenino. Por otro lado, si bien el énfasis esta puesto en estas categorías de origen aymara, las categorías quechuas de afinidad no están ausentes del todo en la prescripción de obligaciones. Por ejemplo, según Varillas, los *mashas* o esposos jóvenes de las *chinquis* deben servir las viandas que llevan sus mujeres y uno de ellos, designado en el momento, hace de director de un baile denominado "*aylombí*".

La relación que se destaca entre *chinquis* y *lares* en este contexto ritual es una de competencia donde cada cual asume rasgos complementarios. Las primeras al irrumpir bailando en el patio de la casa nueva "...derraman en nutridas puñadas *huaccas*, consistentes en caramelos y galletas... (que) llueven hacia el techo e interior de la casa" (op. cit., p. 123). A su vez, valiéndose de "Dos corpulentos jóvenes, conducen sosteniendo sobre sus hombros, una pesada "*huarquina*", en cuyo palo horizontal van colgados... sombreros, ternos de ropa, camisas, zapatos, fustanes, mantas, gorras, cuna, pañales, platos, frutas, chancaca, anillos, prendedores, ollas, etc." (op. cit., p. 123). Se trata del regalo que ofrecen a la pareja conyugal que habitará la casa. "Todo el conjunto llamado *huarqui*, en medio de ceremoniosos cantos y yaravíes, es cuidadosamente levantado asegurándose, entre los tijerales del techo" (op. cit., p. 123). Los *lares*, buscando superar a sus predecesoras, se presentan a continuación, en compañía de sus "*huahuas*" (nombre dado a sus esposas) portando un obsequio semejante y una cruz de hierro o madera. Una vez más, su llegada está acompañada de cantos y bailes que buscan opacar a los de sus rivales. "Luego de la fraternal ceremonia de saludos, cántico, baile y abrazos... los *lares* con demostraciones de consentida prepotencia, en bullicio colectivo pugnan ingresar y hacerse dueños del nuevo recinto, ocupado por las *chinquis*" (op. cit., p. 124). Ambos bandos se enfrentan en una larga discusión donde menudean chistes y bromas que producen la hilaridad de la concurrencia. Finalmente triunfan los *lares* obligando a las *chinques* a abandonar el patio el cual es ocupado con la comitiva que los acompaña. Posesionados del recinto, y luego de amarrar los obsequios en los tijerales, invitan una cena a toda la concurrencia que es presidida por los dueños de la casa. Aproximadamente a las once de la noche, regresan las *chinquis* llevando a sus espaldas una carguita de leña de magüey que se conoce como la *chinqui-yanta*. Es en estas circunstancias que ejecutan el baile del *aylombí*, ya mencionado. Una vez que lo concluyen ingresan a la casa. Allí prenderán una fogata con la leña que traen y bailando en círculo a su alrededor buscarán apagarla hasta extinguirla. Todo esto se hace ante la acuciosa mirada de los *lares* que sancionan o multan cualquier falla que cometan.

En Jauja, departamento de Junín, Efraín Morote Best encontró que en los rituales de techar la casa, llamados en quechua *wasi-qatay* (zafa-casa) o *wasi-ispiy* (cubrir la casa), el dueño nombra un padrino, conocido con el nombre de *"masha"*, que debe aportar una cruz de hierro para la cumbrera y una orquesta para el festejo. Asimismo, también con anterioridad es designada una madrina, llamada *"lumchuy"*, quien obsequia una chocita hecha de paja denominada *ujsha* adornada de cadenillas de papel (Morote Best 1956: 15).

En la comunidad de Andamarca (Lucanas - Ayacucho), techar la casa también supone un ritual elaboradísimo que encierra un conjunto de obligaciones prescritas para determinados parientes. No obstante, en esta oportunidad estas obligaciones no sólo recaen en los parientes por afinidad sino además en los unidos por un vínculo de compadrazgo. A diferencia de lo que ocurre en Jauja, donde los parientes por afinidad hacen las veces de parientes ceremoniales, en este caso estos vínculos figuran relacionados con distintas personas, aunque la esfera donde se proyectan sus obligaciones sea muy semejante. Así, mientras los compadres obsequian cruces y cintas que engalanarán al techo por fuera y dentro, respectivamente, los *masas* son los que fijan estos obsequios en los lugares que les corresponde. Además, aquel que es el menor de estos últimos es el que debe amarrar las ofrendas llamadas *"qoqao"* en uno de los rincones del techo.

Esta misma comunidad descubre, a su vez, una variedad de contextos rituales donde no sólo *masas* cumplen con obligaciones prescritas sino también las *llumchuys* o nueras. La siembra del maíz que se hace en unas chacras privilegiadas conocidas como *lucri* (Ossio 1988: 560; Ossio 1992: 292), muestra a los *masas* sembrando al borde de los andenes, al igual que los compadres; de pie y tocando el *pururo* (cornetín hecho de la cola del toro) mientras se sirve el almuerzo; cargando a sus suegros en estado de embriaguez de retorno a la casa; escondiendo y enterrando, a continuación, diferentes instrumentos de labranza entre los que destaca una barreta; y cobrándose con gallinas u otros animales que degüellan la revelación del escondite. Además se los ve, al igual que los compadres y consuegros, obsequiando flores que adornan el sombrero de sus suegros, trago bajo el nombre de *"limita"* y, en el caso de las *llumchuy* (como también de las ahijadas de los dueños de la chacra), el *"chuco"* (o pila de platos que deben sumar un número par) que llevan delicados potajes.

Como sucede en Huancasancos, Choquerhuarcaya, Chuschi y muchas otras comunidades ayacuchanas, así como posiblemente de otras partes del Perú, en Andamarca también vemos que, con ocasión de la marcación de vacunos y lanares, los *masas* cumplen un conjunto de obligaciones en relación a algunas gramíneas, como el circe y el *waylla ichu*, que alcanzan un gran relieve ritual. Con estos materiales los *masas* confeccionan unas cruces que presiden casi todos los actos solemnes, igualmente ellos son los encargados de repartir porciones de espigas a cada concurrente para que se las acomoden en sus sombreros y, además, desparramarlas en el suelo para alfombrar algunos eventos.

2. Las relaciones por afinidad en el matrimonio y el funeral

También en ritos de pasaje como el matrimonio y el funeral contamos con referencias sobre obligaciones estipuladas para los *masas* y las *llumchuys*. Por ejemplo, Billie Jean Isbell (1978) nos refiere que en Chuschi una de las etapas del ritual matrimonial supone el obsequio de dinero a los novios por parte de los concurrentes. Este se deposita en dos canastas que corresponden a cada contrayente, las cuales son obsequiadas por los *masas* respectivos de cada cual. Además de cumplir con este rol, en medio de un comportamiento burlón, ellos solicitan a los miembros de los ayllus de cada cónyuge su aporte pecunario. Las *llumchuys*, por su parte, tienen la obligación de preparar la comida ritual. Continuando con este tipo de comportamiento, en otra etapa de este rito de pasaje, los *masas* obligan a los concurrentes, en tono aparentemente de amenaza, a removerse los zapatos a fin de repartir a los presentes seis corontas de maíz obsequiadas por los parientes uterinos de cada cónyuge. Seguidamente, también supervisan, siempre con su tono ficticio de amenaza y, ahora, blandiendo un látigo, que los concurrentes reverentemente devuelvan desgranado aquel maíz depositándolo, proporcionalmente, en dos canastas traídas por los parientes de los novios. Finalmente, son los *masas* los que proveen las flores del *ramo apay* con que se simboliza a los futuros hijos de la pareja conyugal y que consolida todo el ceremonial.

En los funerales, a la par de ofrecer sus últimos servicios al difunto los *masas* son también los encargados de poner la nota de humor en medio de la tristeza que embarga. Así, además de estar obligados a cargar el cuerpo del suegro al cementerio, de ahorcar al perro que lo acompañará en el más allá, de degollar la res con que se agasajará a los concurrentes, ellos deben de mantener despiertos a los presentes durante el velorio valiéndose de bromas de todo tipo, entre las que figuran prominentemente quemar el pelo con una vela encendida de aquellos que cabecean.

3. El ambíguo rol del yerno

Tal es la importancia del yerno en la cultura andina que, inclusive en uno de los dibujos de *El Primer Nueva Coronica y Buen Gobierno* de Felipe Guaman Poma de Ayala, aparece representado. Se trata de aquél que figura en la p. 847 y que tiene por título "Indios Pulicia y Cristiandad". Como se puede apreciar en la copia que adjuntamos (Fig. 1) la forma como se le ha caracterizado encierra un conjunto de razgos que están presentes en los rituales que hemos descrito. Por ejemplo, al igual que lo que sucede durante el almuerzo de la siembra del maíz, la posición que asume frente a sus suegros, que están sentados en la puerta de una casa, es la de estar parado. Además, de modo semejante a la marcación de ganado, lo vemos suministrando paja a la par que, como sucede hoy en día como aporte para cocinar, carga un atado de leña. A su lado, una mujer, posiblemente su futura esposa, remarca que estamos ante un contexto ceremonial porque figura tocando una tinya o tambor. En el texto que acompaña al dibujo se dice lo siguiente: "...obedecimiento del cunado al suegro dotarse entre ellos y casarse virgenes y donzellas y concierto de entre padre y madre y repartille haziendas y bienes y serville en vida y en muerte y en fiestas que ellos dize masatucuna mazamcani (hagamos cuñados; cuñado soy)" (traducción de Jorge Urioste en Guaman Poma 1980: 838). A continuación los suegros parecen decirle al *masa*, "Capac mazallay" (mi cuñado próspero) y "Aya maza" (el cuñado del velorio) y el *masa* responde "cayllacta caca mazay cupuuay" que según Urioste significaría "Esto no más, tío materno y cuñado mío, denme".

Es muy posible que esta escena represente un pedimento de mano pues Cristóbal de Molina el Cuzqueño menciona que "Quando el Ynga les dava mugeres, las quales recevían, aunque hera por mandado de Ynga, el varón yba a casa del padre de la moza a decirle que el Ynga se la avía dado, pero que él le quería servir, y así se juntavan los parientes (...) della, y procuravan ganarse las boluntades, y el mozo yba en casa del suegro y suegra por espacio de quatro o cinco días; les llevava paja y leña, y así quedavan concertados y la tomava por muger..." (Molina 1988: 120) (Lo subrayado es mío). Mostrándose más específico el Padre Fray Martín de Murúa menciona que la leña era:

> ...de unas raizes que llaman Urutne y, sino hallaban desta, de aliso, hechas rajas, y el que no la tenía de suio, la pedía a su cacique. Y llebaban cuyes, charqui y coca y un haz de paja y algunos, que eran ricos, ropa... iban a casa

OBLIGACIONES RITUALES PRESCRITAS
EN EL PARENTESCO ANDINO POR AFINIDAD **275**

FIG. 1 Indios Pulicia y Cristiandad.
Dibujo de Guaman Poma (1980 [ca. 1613]: 847).

dela nobia a los padres, o parientes de ella, y selo presentaban y pedían a su hija por muger, y ellos se la daban y, concertado, hacían su acatamiento y derramaban paja por la casa donde se sentaban todos; y dela leña que llebaban encendían fuego y comían y bebían la chicha que abía traido... El suegro, padre de la moza, o su hermano o deudos, si no tenían padres, publicamemte hacían junta de su familia, parientes y mugeres y los ponía junto a sí y, estando de pie, llamaba al hierno y puesto delante dél, en pie, hacía que la desposada se pusiese junto al marido y le tejiese ropa para sus vestidos; y acabada la plática el yerno, con toda su parentela, le daban gracias al suegro, prometiendolo que su hija sería muy bien tratada y amada y, con esto, le hacía una gran humillación, en reconocimiento de ello, y tomaba a su muger de la mano, y la pasaba consigo al puesto donde estaba asentado, y la madre y padre y parientes de el desposado la abrazaban, haziendo la mocha que dizen, y embijaban la cara con una vija colorada... que llamaban canchuncay... (Murúa 1964, T. II: 70, 71).

El Padre Bernabé Cobo, por su parte, señala que la obligación de llevarle al suegro paja y leña duraba un "espacio de cuatro o cinco años" (Cobo 1964, T. II: 249).

Aunque no estamos muy seguros sobre el valor de las traducciones en el diálogo que cita Guaman Poma, al menos, tomadas en relación al texto que lo precede, sugieren que la jerarquía que encierra esta relación está acompañada de mucho respeto y de obligaciones recíprocas en las que el suegro debe dar bienes al yerno mientras que este último, fundamentalmente, debe corresponder con servicios.

En cuanto a la terminología por afinidad utilizada por Guaman Poma es evidente que en este contexto el significado de *caca* es el de suegro y no la de "tío materno", como contrariamente señala Urioste. El término *masa*, en cambio, si bien claramente alude a yerno, Guaman Poma lo ha traducido como cuñado. La explicación para esto último radica en una peculiaridad de la terminología quechua de parentesco, conservada hasta la actualidad en algunas comunidades ayacuchanas, en la cual el esposo de la hermana así como el esposo de la hija son identificados bajo un mismo término. Es decir, padre y hermanos de la esposa se dirigen al marido de esta última usando un término en común, mientras que este cónyuge usa, a su vez otro término en común, para tratar a ambos parientes por afinidad. En consecuencia, si bien en español el marido trata al hermano de la esposa con el término recíproco de "cuñado", en quechua esto no sucede así, exceptuando algunas comunidades contemporáneas donde pudiera ser que han adoptado esta costumbre hispánica. Sin embargo, aún en comunidades modernas donde el término *"caca"* ya no se usa, como sucede en Andamarca, hemos notado que con respecto a los hermanos de la esposa éste ha sido sustituído por el de "tío" conservándose todavía aquel de *"masa"* para designar a esposo de la hija, esposo de la hermana y esposo de la nieta (ver Fig. 2).

En última instancia, lo que parece traducir esta terminología es una asimetría entre dadores y recibidores de cónyuge que se cimenta en una relación grupo/individuo. Esta relación asimétrica es común para el varón como para la mujer pues ella otorga y obtiene un tratamiento semejante de los parientes de su marido. La única diferencia que se da es que en vez de ser llamada *"masa"* se le dice *"llumchuy"*, en quechua ayacuchano, y *"cachun"*, en quechua cuzqueño.

4. La asimetría entre afines y consanguíneos

La presencia en Andamarca del término "tío" en la esfera de la afinidad, teniendo en español un valor de consanguinidad, constituye un respaldo bastante contundente a la hipótesis de Zuidema de que el término *caca*, que es su equivalente quechua, se inscribió más en el lado de la afinidad que en el de la consanguinidad. Más aún, se podría suponer que en la actualidad se llama al hermano de la madre "tío" porque el hijo se identifica con su padre en la relación de afinidad que guarda con éste último por ser hermano de su esposa. No obstante, lo que no emerge de manera muy clara del material ayacuchano es por qué las relaciones entre los consuegros no asumen una configuración asimétrica si lo que está en juego es una relación de grupos dadores con grupos recibidores.

En la terminología de parentesco del quechua cuzqueño, que es en la que se apoya Zuidema, la asimetría sí se proyecta a este nivel. Según el Anónimo de 1586:

...Caca dize el consuegro padre del hijo a su consuegro, y el a el, Catay. Aque, dize el consuegro padre del hijo a su consuegra y ella a el Catay. Caca, dize la consuegra madre del hijo a su consuegro, y el a ella Quihuach. Aque dize la consuegra madre del hijo a su consuegra, y ella a ella Quihuach... (Anónimo 1951 [1586]: 98).

En la actualidad, Webster ha encontrado que los Q'eros de la región de Paucartambo parecen conservar una tradición semejante. No obstante, existen evidencias de otras partes que los consuegros, en tanto que

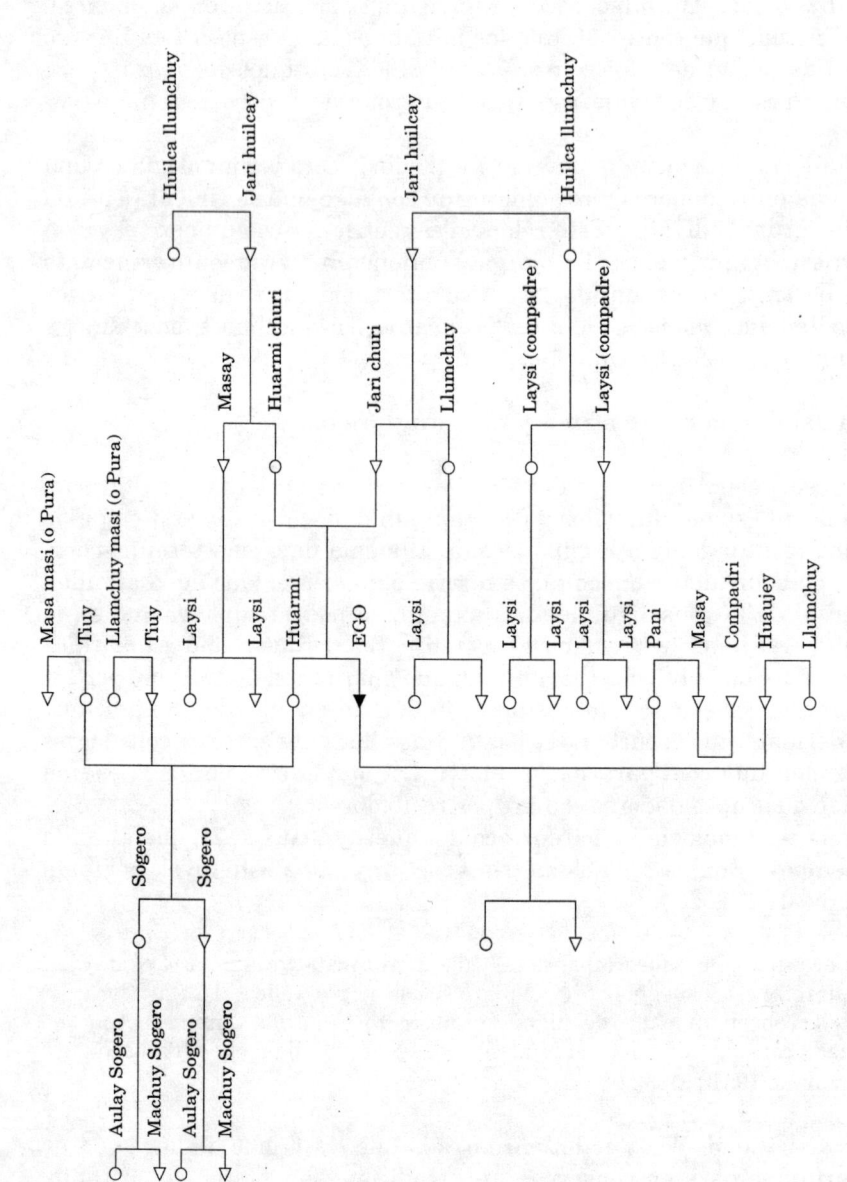

FIG. 2 Terminología de parentesco por afinidad desde el punto de vista masculino (Andamarca, Ayacucho)

miembros de las parentelas respectivas de los cónyuges, se denominan recíprocamente o *yamasi* o *yanamasi* o, también, *caca*.

Para el caso de la nuera, hoy se dice que los términos que utiliza son muy semejantes al del yerno, sin embargo, el patrón que permanece parece que es muy distinto al que se dio en el pasado de la región cuzqueña. Según el vocabulario ánónimo de 1586, González Holguín, Diego de Torres Rubio, Pérez Bocanegra y otros más, el yerno se refirió al suegro con el término *caca* y éste al yerno con aquel de *catay*. A la suegra, a su vez, lo hizo con aquel de *aque* y ella a él con el mismo término que usó su marido. La nuera fue designada con el término *cachun* por sus dos suegros pero, a diferencia de lo que ocurrió con el yerno, ella se refirió a ambos no con términos distintos sino con uno común: aquel de *quihuach*. Pasando a la generación de los cónyuges vemos que también se dan diferencias. Mientras el marido llama a los hermanos de su esposa con el término *caca* y a las hermanas con aquel de *pana*, en unos casos (Anónimo 1951: 98), o de *aque*, en otros (Pérez Bocanegra), la esposa se refiere al hermano de su marido con el término *massani* y a la hermana, con aquel de *ipa*. Desde el punto de vista de estos parientes también se pueden observar diferencias en el tratamiento que dan al cónyuge si es varón o mujer. Si es varón, lo común es que sea tratado de *catay* tanto por los hermanos y hermanas de su esposa; pero si es mujer, algunas veces se dice que es tratada de *cachun* por lo hermanos y hermanas de su esposo pero otras, como sucede con Pérez Bocanegra, de *pana*, por aquel a quien ella llama *massani* (el hermano del marido) y de *carurunamacij* por aquella a quien ella llama *ypa* (la hermana del marido) (ver Fig. 3).

4.1 Los parientes cruzados

Otra esfera donde volvemos a encontrar asimetrías semejantes, originadas en la diferencia de los sexos, es en el plano de las relaciones entre parientes cruzados. Ya hemos visto que el hermano de la madre es designado con el término *caca*, que es el mismo que para suegro. La hermana del padre también es designada con un término que aparece consignado en el ámbito de la afinidad. Se trata de *ypa*, que es el que utiliza la esposa para referirse a la hermana de su marido. Los recíprocos para estos términos son *concha*, término que solo es usado por varones para referirse a los hijos de ambos sexos de la hermana y *mullu*, que sólo es usado por mujeres para referirse a los hijos de ambos sexos del hermano. Para el caso de los primos cruzados

280 JUAN M. OSSIO

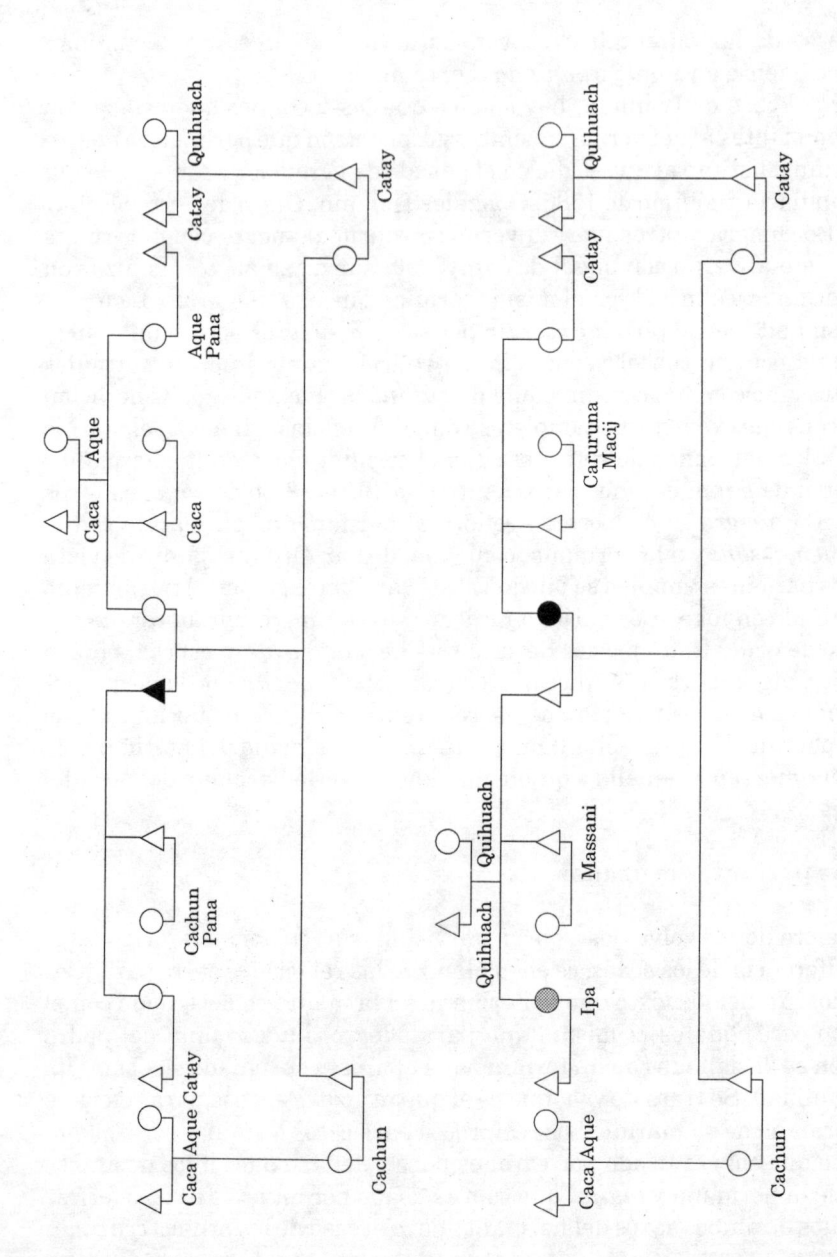

FIG. 3 Terminología quechua para parientes afines (Ego masculino y femenino. Siglos XVI y XVII)

las asimetrías entre los sexos se mantuvieron adoptando la terminología de un patrón que parece convalidar aquella sugerencia de Zuidema, que veremos con más detalle a continuación, sobre las diferencias entre los términos *caca* e *ypa*. Así, según Torres Rubio (1603), el término *concha*, empleado por el hermano de la madre para referirse a los hijos de su hermana, también fue usado por sus hijos varones para referirse a sus primos cruzados patrilaterales. Recíprocamente, los primos cruzados patrilaterales trataron a los hijos de su tío materno con el mismo término con que lo designaron a él, es decir, *caca*. La hija del tío materno, por el contrario, se refirió a los hijos de la hermana de su padre como *huahua* y dichos primos cruzados patrilaterales se dirigieron a ella como *mama*. En la medida que en este último caso los términos de *ypa* y, su recíproco, *mulla* han sido substituídos por aquellos de *mama* y *huahua*, parece sugerir que efectivamente *ypa* y *caca* no fueron equivalentes sino que encerraron profundas diferencias estructurales como veremos a continuación.

Según Zuidema estas asimetrías se explican por la presencia de un principio de descendencia paralela que lleva a los hijos varones a identificarse con su padre y, a la madre, con sus hijas mujeres. Además, por el hecho de que el antepasado común de ambas líneas, de acuerdo a la estructura que encierra el *ayllu*, es varón y no mujer. Por consiguiente, según esta hipótesis *caca* e *ypa* no serían términos equivalentes. El primero se inscribiría más en la afinidad que en la consanguinidad, en la medida que encierra una connotación de foraneidad, mientras que el segundo, en la consanguinidad y no tanto en la afinidad, ya que encierra una connotación endógena. La razón por la cual *caca* se inscribe en la foraneidad es que son varones los pivotes de un grupo social. Ellos, al distinguir terminológicamente entre sus hijos y sus hijas (*churi* y *ususi*), se convierten en antepasados de dos líneas de descendencia y le otorgan una configuración tripartita al *ayllu*. Las mujeres, por el contrario, que no hacen tal distinción terminológica entre sus hijos (los cuales son llamados en común *huahua*), son parte de este grupo sólo como descendientes y no antepasadas. *Ypa*, por lo tanto, designa a hermana del padre y hermana del esposo no porque una hija se identifica con su madre en su relación de afinidad con la hermana del padre, sino porque la madre se identifica con su hija en su relación de consanguinidad con la hermana del padre. Esto explicaría, a la vez, que la hermana del padre trate a la esposa de su hermano con el término *pana* que se inscribe en la consanguinidad y que es el que utiliza un varón para referirse a hermana.

Siguiendo con estas diferencias terminológicas, vemos que *caca* denomina a los hijos de su hermana, sin distinción de sexo, con el término de *concha* e *ypa* a los hijos de su hermano, también sin aquella distinción, con aquel de *mulla*. La presencia de estos términos comprueba que no se dio una prescripción matrimonial con los primos cruzados primarios. De haber sido este el caso, *caca* hubiese llamado al hijo de su hermana *catay*. Igualmente, la *ypa* hubiese denominado, al menos, a la hija de su hermano *cachuni*. Pero si bien no se dio esta prescripción, estos términos también sugieren que la condición de afinidad y consanguinidad que Zuidema le adjudica a *caca* e *ypa*, respectivamente, tampoco funcionó en todos los contextos. Quizá la respuesta para esta ambigüedad haya que encontrarla en dos características adicionales del parentesco quechua: el ser clasificatorio y el encerrar matices de intercambio directo entre primos cruzados secundarios.

Si esto último fue el caso, ego designaría con el término *caca* al P de su esposa y al PP de su esposa el cual, a su vez, sería hermano de la madre de la madre de ego, es decir, un tío materno clasificatorio. Por, otro lado, también designaría con este término al hermano de la madre, el cual sería hijo de aquel hermano de la madre de la madre de ego. En lo concerniente a *ypa*, aparte de ser la hermana del padre de ego, ella sería la hija de la hermana del padre del padre de la esposa de ego. Por otro lado, la hermana del padre de la esposa sería la hija de la hermana del padre del padre de ego.

Si bien es cierto que *ypas* y *cacas* no distinguieron terminológicamente a sus sobrinos por sexo, es indudable que, siguiendo las pautas de la descendencia paralela, las primeras debieron haber tenido más afinidad con las hijas de sus hermanos, y los segundos con los hijos de sus hermanas. Esto se comprueba de un conjunto de descripciones sobre ritos de iniciación donde, para el caso de los varones, el auspiciador es un hermano de la madre o *caca* y, para las mujeres, una *ypa*.

En este sentido, *ypas* y *cacas* cumplieron roles análogos y simétricos que recuerdan los que actualmente desempeñan los padrinos en las distintas ceremonias del ciclo vital. Tan semejantes fueron estos roles que da la impresión que, a medida que el parentesco ceremonial de origen cristiano se fue cimentando y la poligamia cedió a la monogamia, poco a poco los roles de estos parientes cruzados fueron reemplazados por el de los padrinos. Es muy posible, además, que en este proceso comenzaran a extinguirse los términos para parientes cruzados, pues los términos de *caca* e *ypa* casi han quedado completamente relegados para el ámbito de la afinidad, y *concha* y *mulla* ya no se les oye mentar casi en ningún lado.

A las finales, el parentesco ceremonial triunfó externamente sobre los parientes cruzados pero este último ámbito lo capturó y lo pasó a su dominio. Hoy, esto se traduce en que los parientes ceremoniales cumplen las mismas funciones que los parientes cruzados, y que la configuración que adopta es muy semejante al de los parientes por afinidad. Una muestra de ello es, como hemos visto anteriormente, que afines y compadres cumplen con obligaciones similares en distintos contextos rituales. Otra evidencia se deriva del hecho que, en algunas comunidades ayacuchanas, como Andamarca y Chuschi, los compadres tienen una posición en el seno de las relaciones de parentesco y esta posición se inscribe en el ámbito de la afinidad. Coincidiendo con esto último también se puede observar que el compadrazgo de bautismo, que actúa de paradigma de las distintas formas de parentesco ceremonial, se forja al momento de la ceremonia matrimonial y, adicionalmente, que la estructura de la terminología bajo la cual se tratan reproduce aquella que usan los afines.

La posición donde se ubican los compadres es en el seno de las parentelas respectivas de una pareja conyugal. En Chuschi, estas parentelas respectivas son los aura que incluye a los consuegros y sus descendientes. En Andamarca, estas parentelas no aparecen explícitamente referidas con este término, sino como el ámbito perteneciente a los vínculos de compadrazgo. Esto se ve confirmado por el hecho que los consuegros, que autorecíprocamente se tratan de *laysi*, para respetarse más cimentan sus vínculos con una relación de compadrazgo y, además, porque los hermanos respectivos de una pareja conyugal usan el término de compadre como tratamiento mutuo.

5. El compradazgo como una dimensión colectiva de las relaciones de parentesco

De esta circunstancia emerge claramento que el compadrazgo andino no es meramente un contrato diádico, sino que se proyecta a una dimensión colectiva que se sustenta en el conjunto de las relaciones de parentesco. El compadrazgo de esta parte del mundo no es pues un sustituto del parentesco, como podría decir un seguidor de Foster. Muy por el contrario, lo necesita, pues es bajo sus cauces que lo modela y revigoriza. Una comprobación adicional al respecto la podemos observar en la semejanza asombrosa que existe entre el trato que se dan los afines y los parientes ceremoniales. En Cuzco y Puno, al igual que en algunas zonas de Bolivia, así como el hermano de la esposa y su padre asumen el tratamiento de *caca* con respecto al marido y su padre, el tratamiento de padrino no sólo se circunscribe a quien cumple esta función sino también a sus hijos con respecto al ahijado. En Ayacucho, en cambio, así como los consuegros se tratan recíprocamente de *laysi* también los compadres dadores y recibidores se tratan recíprocamente de "compadres" y sus hijos de "hermanos".

Una prueba adicional de la conexión entre afinidad y parentesco ceremonial que, a su vez, tiene el mérito de mostrar la continuidad de la dimensión colectiva del compadrazgo andino contemporáneo hasta la época prehispánica, se puede apreciar en el texto de la página adyacente al dibujo de Guaman Poma que representa las relaciones por afinidad. Allí se dice:

> La pulicia y ley del cazamiento y buena horden al cunado le llama maza y el cunado le llama caca antiguamente cin meter ydulatras se casauan y se hacían compadres del casamiento le llamauan socna - al compadre del bautismo le llamaua uayno a los hombres parientescos - les llamauan uauquicona y a las mugeres - panicona - y con estos nunca pecauan ni se casauan con ellas porque dezian que ya tenia hecho compadres - socna comadre uayno uauqui - pani estos compadres ayudauan en el trabajar y en otras necesidades y quando estan enfermos y en el comer y ueuer y en la fiesta y en la sementera y en la muerte a llorar y despues de muerto y en todos los tiempos mientras que ellos biuieren y despues sus hijos y descendientes nietos y bisnietos... (Guaman Poma 1968: 848)

Como lo hemos podido mostrar, sobre la base de datos empíricos en nuestro estudio sobre la organización de la comunidad de Andamarca (Ossio 1992), a pesar de que la bilateralidad es un factor importante del parentesco, efectivamente las relaciones entre parientes ceremoniales se pueden heredar hasta por cuatro generaciones. Ello se deriva de una orientación endogámica que lleva a reiterar vínculos de matrimonio o de parentesco ceremonial entre dos parentelas. Una consecuencia de ello es que las parentelas pueden ser dadoras o recibidores entre sí de mujeres o parientes ceremoniales. De aquí que a nivel de parentelas se enfatice una relación simétrica, pero no sabemos bien si data de tiempos modernos o pasados. Una gran desventaja para confirmarlo es que los antiguos vocabularios y gramáticas no se basaron en el quechua hablado en Ayacucho. El único indicio de que esta manera de concebir las relaciones data de épocas antiguas es la evidencia de estar acompañada de términos quechuas que se usan de modo autorecíproco como son los de *aura* y *laysi*.

Para el Cuzco, la evidencia que nos viene del pasado es más abundante gracias a que su quechua fue recogido en aquellos documentos mencionados. Como lo hemos señalado anteriormente, tanto por la terminología por afinidad como por el modo como se tratan los parientes ceremoniales, pareciera que, contrastando radicalmente con lo que ocurre en Ayacucho, aquí las relaciones entre las parentelas fue concebida como eminentemente asimétrica. ¿Estamos pues ante un importante rasgo estructural que nos permitiría deslindar diferencias entre dos áreas culturales? Podría ser, pero algunos datos adicionales que se derivan de estudios hechos por antropólogos cuzqueños como Percy Paz, sugieren que en algunas comunidades del Cuzco ocurre algo semejante a Ayacucho. Una de estas evidencias es el término *yamasi* o *yanamasi* que es usado de una manera muy semejante a cómo en Chuschi se usa *aura*. Otro es aquel de *masano*.

Entre las comunidades ayacuchanas que he venido aludiendo, la dimensión colectiva presiona tan intensamente en la relación entre compadres que incluso hace que se niegue cualquier configuración asimétrica que pueda adoptar. No obstante, ella existe y no puede ocultarse del todo. Basta observar algunos contextos rituales en que concurren diferentes compadres de un ego para darse cuenta de que unos compadres son más privilegiados que otros. Por ejemplo, son sentados a la diestra del dueño de casa, se les sirve las mayores porciones de carne, etc. Por lo general estos compadres favorecidos son los que han auspiciado el bautismo del hijo del dueño. Es decir, se trata de compadres dadores y no tanto de aquellos cuyos hijos fueron apadrinados por el dueño de casa. No obstante, hasta aquí llega la asimetría porque sus hijos respectivos se tratan recíprocamente de "hermanos".

En consecuencia, las relaciones asimétricas que afloran en relación al parentesco ceremonial sólo se exhiben a nivel individuo/individuo. Esto contrasta con lo que sucede con la asimetría entre cónyuge y dadores de cónyuge, cuyo fundamento en una relación individuo/grupo la torna en paradigma de los principios jerárquicos que sustentan el orden comunal.

Conclusiones

De lo expuesto se puede decir que el parentesco ceremonial se contamina de la afinidad en la medida en que se superpone a la relación de los consuegros y sus respectivos descendientes, pero no se identifica plenamente con ella en la medida en que soslaya las obligaciones entre dadores y recibidores que son exaltadas muy particularmente por el cónyuge y su dador de cónyuge.

Preferimos hablar de cónyuge, sin especificar si se trata de varón o mujer, pues pareciera que el énfasis simétrico ha llevado en Ayacucho a obliterar las asimetrías que se daban entre los sexos quedando, estas últimas, en niveles casi imperceptibles: sean los *masas*, a diferencia de las *llumchuy*, los que tienen un mayor número de obligaciones prescritas y se presenten como herederos potenciales de los bienes inmuebles de sus suegros.

La obligación de los yernos de servir al suegro les está tan íntimamente asociada que, como se puede ver en los antiguos vocabularios, el término *cacay* a la par de ser traducido como suegro también significó alcabala o tributo o contribución. Asimismo *cacay camayoc*, designó al recaudador de tributos (Santo Tomás 1951: 240).

Hoy esto permanece. Además, las obligaciones ritualizadas de los yernos son más numerosas que las de las nueras y, si uno observa cualquier contexto donde se da la cooperación de parientes, pareciera que son los yernos y sus familiares los que concurren en mayor número. Si bien es difícil determinar si siempre las parentelas de los yernos concurren en mayor número que las de las nueras (porque depende del número de hijos varones y mujeres, o de hermanos y hermanas, que pueda tener el patrocinador de un ceremonial, y porque hay mucha superposición en las redes sociales dada una marcada tendencia a reiterar matrimonios entre familias), no obstante, en algunos contextos ceremoniales que he tenido la oportunidad de observar en la comunidad de Andamarca, da la impresión de que éste fue el caso. Así, en una marcación de ganados que pudimos presenciar en la comunidad de Andamarca, de las 47 personas que participaban 35 habían sido reclutados por yernos. De estas 35, 22 provenían de la parentela del marido de la menor de las hijas de la patrona, que recién había contraído matrimonio; 9 se derivaban de la parentela del marido de la mayor de las hijas; finalmente, 4 habían sido reclutados a través de una prima hermana de la patrona. En un ritual de techamiento de casa donde el patrón figuraba con un hermano varón y otra mujer, fue la parentela del esposo de esta última la que concurrió en mayor número al evento. Así, sucesivamente, los parientes que más concurren son las parentelas de los afines y entre éstos aquellos que provienen de una hermana o una hija.

Dada esta responsabilidad compartida por los miembros de la parentela, en Ayacucho también se daría algo semejante a lo que ocurre en el Cuzco: la parentela del yerno estaría en una situación de asimetría con respecto a la del suegro. Una confirmación de que esto es posible pude comprabarla en un funeral cuando, por ausencia del mismo *masa*, su padre, es decir el consuegro del finado, a pesar de su posición simétrica, asumió las obligaciones rituales del hijo. Pero si bien es posible que, por solidaridad con el yerno, una parentela asuma una posición asimétrica con respecto a la parentela de la pareja, sin embargo su naturaleza es ser simétrica por ser dos colectividades las que se relacionan. En consecuencia el paradigma de la asimetría es la relación individuo/grupo.

La presencia simultánea de relaciones simétricas y asimétricas y las posibles permutaciones que se pueden dar entre ellas traducen, a su vez, la coexistencia de principios igualitarios y jerárquicos que son el fundamento de la organización social andina. No es casualidad, por lo tanto, que en rituales comunales, como los que hemos mencionado anteriormente, las autoridades de menor jerarquía en relación a los de mayor modelen sus comportamientos a semejanza de aquellos entre yernos y suegros, ni que *caca* tenga la connotación de recaudador de tributos. Tampoco lo es que estas relaciones se representen bajo un modelo de dualismo concéntrico que opone al centro con la periferia o a lo local en contrapsición a lo foráneo. Esto último se puede ver en las connotaciones de foraneidad asociadas con el término *lare*, en el hecho que *catay* a la par de aludir a yerno también se refiere a techo de la casa y, a las obligaciones que tienen los afines y los compadres de cultivar el borde de los andenes y asumir otros roles que se asocian con la periferia.

A mi modo de ver, la razón por la cual las relaciones entre los afines son tan ritualizadas es precisamente por la posición periférica y de transición que ocupan. En la sociedad andina, las veces que los grupos sociales desarrollan límites definidos es cuando se sustentan sobre bases territoriales, como es el caso de las unidades espaciales empezando por las comunidades y terminando con la unidad doméstica, o cuando dependen de consideraciones simbólicas como los ayllus que compiten entre sí en las faenas públicas. En el caso de las castas, que asumen la apariencia de grupos unilineales, su duración está muy vinculada al territorio y a la interacción de las parentelas o grupos cognáticos, también llamados ayllus, cuyos límites se precisan por pautas matrimoniales. Es pues en relación a estos últimos grupos, que forman la materia prima para las otras unidades sociales, que los yernos y compadres adquieren especial relevancia pues, por un lado, ayudan a delimitar los perfiles de las parentelas a través de sus obligaciones recíprocas y, por otro lado, ponen de manifiesto la presencia de un ordenamiento jerárquico donde si bien el individuo aparece subordinado a lo colectivo no niega sus posibilidades de ascenso por medio de la acumulación de bienes y relaciones sociales a lo largo del ciclo vital.

BIBLIOGRAFÍA

ANÓNINO,
1951   Vocabulario y Phrasis en la Lengua General de los Indios del Perú llamada Quichua y en la lengua española. El más copioso y eleqante que hasta agora se ha impresso. Lima: Universidad Nacional Mayor de San Marcos.

BERTONIO, Ludovico,
1897   Vocabulario de la Lengua Aymara, Leipzig.

BURGA, Manuel,
1988   Nacimiento de una utopía. Muerte y resurreción de los inca. Lima: Instituto de Apoyo Agrario.

COBO, Bernabé,
1964   Historia del Nuevo Mundo, en Biblioteca de Autores Españoles, Madrid.

DUVIOLS, Pierre,
1977   "Une Petite Chronique Retrouveé: Errores, ritos, supersticiones y ceremonias de los yndios de la provincia de Chinchaycocha y otras del Piru". Journal de la Societé des Américanistes, No. 63: 275-297.

GUAMAN POMA de Ayala, Felipe,
1968   El primer nueva coronica y buen gobierno, París: Institut d'Etnologie.
1980   Nueva Coronica y Buen Gobierno. México: Siglo XXI.

MAYER, Enrique,
1980   "Más allá de la familia nuclear". En: E. Mayer y R. Bolton (eds.) Parentesco y Matrimonio en los Andes. Lima: Pontificia Universidad Católica del Perú, Fondo Editorial.

MOLINA, Cristóbal de y Albornoz, C. de,
1988   Fábulas y mitos de los incas, en Crónicas de América, 48, Historia 16, Madrid.

MOROTE BEST, Efraín,
1956   "La zafa-casa". Cultura, N° 1, pp. 13-30. Lima.

OSSIO A., Juan M.,
1992 **Parentesco, Reciprocidad y Jerarquía en los Andes. Una aproximación a la organización social de la comunidad de Andamarca.** Lima: Pontificia Universidad Católica del Perú.

TORRES RUBIO, Diego de,
1603 **Gramática y vocabulario en la lengua general del Perú llamada quichua, y en la lengua española.** Sevilla: Casa Clemente Hidalgo.

VARILLAS G., Brígido,
1965 **Apuntes para el folklore de Yauyos.** Lima: Litografía Huscarán.

ZUIDEMA, R. T.,
1977 "The Inca Kinship System: A new theoretical view". En: R. Bolton y E. Mayer (eds.) **Andean Kinship and Marriage,** pp. 240-281, Washington D. C.: A.A.A.

11

MATRIMONIO EN LAS COMUNIDADES QUECHUAS ANDINAS

ISKAYCHAKUY
WARMICHAKUY, WARMI URQUY, WARMI TAPUKUY
VOLVERSE PAREJA
HACERSE DE MUJER, PEDIR LA MANO
PREGUNTAR A LA MUJER

Ricardo Valderrama Fernández y Carmen Escalante Gutiérrez

Introducción

Durante muchos años, y en forma espontánea, fuimos acumulando material sobre las ceremonias de matrimonio y los conceptos éticos acerca de la vida de casados. Nosotros mismos aprendimos largos discursos que pronunciar durante las ceremonias, o bien palabras de "recomendación" que dar a los novios. Nos vimos en esta situación por ser una pareja de antropólogos que realizamos trabajo de campo en distintas comunidades de la sierra del Perú: al ser, la mayoría de veces, la única pareja de mestizos viviendo en la comunidad, venían algunos campesinos a solicitar que fuésemos padrinos; a lo que, por supuesto, nosotros no nos negábamos. Fuimos padrinos de matrimonio religioso católico, testigos de matrimonios civiles, padrinos en las ceremonias del *warmi tapukuy*, del *warmichakuy, rimanakuy, warmi urquy*, etc. La información que hemos acumulado proviene de comunidades campesinas de Cusco, Apurímac, Huancavelica, Junín y Arequipa.

Empezaremos presentando la información sobre los rituales de matrimonio en la comunidad campesina de Pachacolla (Huancavelica). Pachacolla es una comunidad de economía mixta, agrícola ganadera, con predominancia de la ganadería. Sus tierras están divididas entre las de uso agrícola y las de pastizales. A su vez, las tierras de uso agrícola están divididas entre las de la comunidad y las de uso de cada unidad doméstica (sean de cultivo temporal o anual). Igualmente, hay pastos reservados para el ganado comunal y otros a los que acceden los comuneros de acuerdo a la estancia en que radican. Los actuales comuneros tienen derecho al acceso y uso de estos recursos siempre que cumplan con sus obligaciones de comunero: principalmente, cumplir con sus trabajos colectivos y participar activamente en la defensa de la integridad comunal. Ciertamente, para ser considerado comunero, es necesario haber nacido ahí, siendo hijo de comuneros. Pero uno también puede llegar a ser admitido como comunero vía matrimonio, porque su cónyuge es comunero o porque uno de sus hijos o hermanos se ha casado con un comunero.

En el caso de Pachacolla, cuando un joven toma esposa, lo acostumbrado es que la lleve a casa de sus padres; así se suma otro miembro a la unidad doméstica (U.D.), uniéndose para participar en las tareas de producción. De acuerdo a los recursos de cada una de las familias de los cónyuges, se les otorga una base económica sobre la cual empezar, tanto en semilla como en tierras. La tierra puede ser dada por los padres, así como puede ser pedida directamente a la comunidad (aunque no todos los años hay repartos), esto con la finalidad de que la pareja pueda participar en la campaña agrícola. Así comienzan a producir para formar su propia despensa.

En cuanto al ganado que ambos pueden tener, el del varón continúa en la tropa de su padre, así como el de la mujer. Recién cuando los padres de la mujer ven que la nueva pareja se lleva bien, le entregan la parte de ganado que ellos tienen de su hija. Esta entrega se llama "dote" y se realiza en una ceremonia para la cual los recién casados deben haber acumulado la suficiente comida y bebida para poder brindar a los padres de la mujer, así como para agasajar a los presentes. El ganado es entropado en el rebaño donde está el del marido.

Los primeros años de matrimonio son de intenso trabajo en la medida en que deben acumular los recursos y bienes suficientes para construir su nueva vivienda; tener sus herramientas, sus utensilios de cocina, ropa de cama, acumular lana y tejidos para su vestimenta. Para poder construir su vivienda, tienen que hacer *ayni* (trabajo recíproco: es decir ayudar en el trabajo de construcción de casas de otras unidades domésticas), de tal forma que cuando ellos logran acumular palos para el techo, *ichhu*: paja, piedras para la cimentación, comida, los elementos para la chicha, así como dinero para poder comprar coca y trago (alcohol hidratado), señalan el día en que empezarán a construir su casa y avisan personalmente a aquellas parejas a quienes ellos ayudaron en la construcción de sus casas: cuentan así con mano de obra.

Durante el tiempo que han acumulado materiales para construir su casa, también han tenido ya uno o más hijos, así como una despensa suficiente que les permite tener fogón separado. El momento de separación de la nueva unidad doméstica depende también de la dinámica de la unidad matriz, sobre todo en lo que toca a la cantidad de miembros de la unidad económica matriz que ya no hace viable el que continúen compartiendo el mismo fogón. Si la unidad madre tiene suficientes miembros para continuar realizando sus trabajos sin que la separación de la nueva unidad los afecte mucho, dejan o incluso alientan esta separación. Pero si está escasa de miembros, o éstos son muy niños y no pueden aún asumir las responsabilidades de los que están saliendo, entonces los padres piden a la pareja que se quede un poco más tiempo compartiendo el mismo fogón.

La nueva pareja usa su casa solamente para dormir y guardar sus pertenencias. Señalemos que, por lo general, la nueva residencia que construyen está dentro de la estancia del padre del varón. Está hecha usualmente a un costado de la cancha que guarda el rebaño común que tienen, de tal forma que cuando separan su vivienda y su cocina, continúan compartiendo los trabajos, cocinando juntos en ocasiones rituales y celebraciones familiares, así como juntando las cocinas en las etapas de intenso trabajo agrícola (siembra-cosecha) o ganadera (trasquila, empadre). Después de muchos años, de acuerdo al crecimiento de su rebaño, ellos separan su parte y la manejan independientemente del de sus padres. Hasta que llegue esa fecha, la nueva pareja participa en los turnos de pastoreo y de vigilancia nocturna. Si la nueva pareja vive en la misma estancia que el padre, participan en el cuidado nocturno.

1. LA FORMACIÓN DE UNA NUEVA UNIDAD DOMÉSTICA

1.1 Los recursos que aporta cada miembro a la Unidad Doméstica

En Pachacolla, tanto un hombre como una mujer participan desde niños en las tareas agrícolas y ganaderas; sobre todo en las ganaderas, encargándose del pastoreo (aun cuando la edad del niño sea corta, se lo considera trabajo porque si lo hiciera otra persona no integrante de la unidad doméstica recibiría un pago, sea en especie, como es generalmente, o en trabajo). De acuerdo a la cantidad y la diversidad del rebaño, pastan uno o más niños. El rebaño tiene varios propietarios, y cada uno de los miembros de la unidad doméstica matriz posee, dentro del rebaño, sus ganados conocidos. También a los niños se les va señalando, entre las crías que nacen mientras ellos trabajan como pastores, las que serán destinadas para cada uno de los pastores: así es como inician la formación de su propio rebaño.

Este señalamiento se realiza en los rituales de marcación del ganado, en Carnavales y Santiago. A las crías señaladas de esta manera se las denomina *suña*. La *suña* siempre es una cría hembra, de tal forma que los padres observan si esta cría crece bien y se reproduce. Si es así, es buena señal y el destino del niño/a será tener ganado, entonces ellos dicen que su hijo tiene suerte para los ganados.

No solamente son los padres los que entregan *suña* a sus hijos; también otros parientes realizan esta entrega de ganado (pueden ser los abuelos, los hermanos de los padres, los padrinos); esto puede ser ya porque el niño/a les ayude a pastar el ganado, o simplemente por lazos de parentesco real o ceremonial.

En este caso, el niño, con sus padres, espera el tiempo suficiente para que la cría pueda ser destetada. Los padres del niño tienen que ir a recoger el ganado llevando una botella de trago y una porción de coca, así como panes, para dar al dueño de dicho ganado. De este modo un individuo acumula ganado en el rebaño de su padre. A parte de la *suña* que poseen, tienen derecho también a una parte del ganado del rebaño del padre; puede ser dado como dote, tiempo después que se hayan casado, o como herencia a la muerte de los padres.

En Pachacolla, las nuevas unidades domésticas reciben una pequeña cantidad de tierra de parte de la chacra del padre del varón. En los casos en los que el yerno no es de la misma comunidad, reciben una cantidad de tierra de la chacra del padre de la mujer. Cada cierto número de años, la comunidad acuerda hacer reparto de tierras: esto por presión de los campesinos que después de migrar regresan, y también por la presión de las nuevas unidades domésticas. En estos repartos, también reciben un octavo o un cuarto de yunta —de acuerdo a la proporción de la tierra que sea repartida y la cantidad de solicitantes— así como la situación de las autoridades que hacen el reparto. (Si las autoridades tienen poca tierra, ellos también entran en la relación de los que solicitan tierra; acuerdan dar una cantidad mayor de tierra, en comparación a la de otros años, de tal modo que al beneficiarse, ellos también beneficien a los demás puesto que dan a todos los solicitantes de ese año por igual.)

No todas las unidades domésticas empiezan igual, esto depende de sus redes sociales: el tener un padrino u otro pariente pudiente que les preste tierra, durante uno o dos años, para que ellos al sembrar y cosechar se beneficien con dicha producción; o bien, si la nueva unidad tiene ganado, ellos pueden alquilar tierra y pagar con una oveja, o en lana, o bien trasladando en sus llamas la producción que el dueño de la chacra no puede trasladar (esto es en la época de cosecha, así se hacen de productos).

En cuanto a instrumentos y otros bienes, un joven soltero, de los actuales Pachacollinos, busca adquirir ya no solamente sus propias herramientas de labranza, su cuchillo para beneficiar ganado, ropa y un buen poncho, como es lo tradicional, sino busca adquirir —ya sea cambiando con sus ganados o yendo a las minas vecinas a trabajar por un salario— radio, tocadiscos y grabadora.

Una mujer soltera va acumulando la mayor cantidad posible de vestidos: polleras, chaquetas, lliqllas, chumpis, también lana ya hilada y mantas; así como phullus y qipirinas y también enseres de cocina. Al juntarse con su pareja, ella sale de su casa llevando estas pertenencias; en cambio su ganado se queda aún durante buen tiempo en el rebaño de sus padres. Así como la salida de la mujer de la casa paterna motiva un ceremonial, la salida o entrega de su ganado y dote es motivo de otro ceremonial.

La distribución total de la herencia (sea en ganado, casa y terrenos), así como la de otros bienes es ya a la muerte de los padres. El reparto no es totalmente igual para todos. Se hace de acuerdo a la participación de cada uno de los hijos, ya sea en la agricultura (dar tierra a los varones, porque les demanda mayor esfuerzo físico) o en la ganadería (mayor cantidad de ganado a las mujeres, en la medida en que estas ocupan más tiempo en el pastoreo). Igualmente con las herramientas: los varones reclaman aquellas herramientas del padre que ellos ayudaron a hacer, y las mujeres reclaman aquellos tejidos que ellas confeccionaron para sus padres. A heredar la casa tiene derecho el hijo que se haya quedado viviendo más tiempo con los padres; normalmente es el último hijo.

1.2 El cambio o crecimiento de la nueva unidad doméstica

El crecimiento de la unidad doméstica es de acuerdo a la cantidad de hijos y de los recursos que pueda manejar. Los hijos al casarse y seguir radicando en su unidad doméstica matriz, tienen hijos a su vez: éstos pueden seguir viviendo juntos si el rebaño y las tierras los pueden sostener. Si el rebaño se incrementa, la nueva unidad puede separarse. Pero si son tan pobres que sus recursos no alcanzan para sostenerlos a todos, entregan los niños a otros comuneros que, teniendo mucho ganado, carecen de mano de obra, es decir de pastores. Del mismo modo, si el padre tiene que migrar a las minas o a los valles, deja a su mujer e hijos pequeños en la casa paterna. Por esto, cuando ya no es viable que sigan compartiendo el mismo fogón se separan. Normalmente la separación es de mutuo acuerdo y los padres ayudan y dan facilidades a sus hijos para que éstos puedan establecerse aparte; aunque también se dan casos de separación para evitar que se agudicen conflictos entre miembros de ambas unidades.

En Pachacolla existe el término "servicio de la nuera", que significa que los dos primeros años de matrimonio, o al menos uno, la nuera debe de vivir en casa de los padres de su esposo, participar y ayudar a la madre de éste en la cocina y en el pastoreo. A la vez que está normada esta costumbre, también existen sanciones sociales para quienes tengan a su nuera a su servicio por más años. Por ello, los padres del novio se preocupan para que sus hijos acumulen los bienes necesarios para poder independizarse. La sanción social se expresa por comentarios: "se están haciendo servir por mucho tiempo". Pero si pasan muchos años, los padres de la novia van a reclamar a los padres del novio y les dicen que ya es tiempo de que vivan aparte, porque así "sabrán adquirir las cosas que les faltan".

Los padres de la mujer esperan que su hija y su yerno radiquen cuanto antes de forma independiente a la de los padres del yerno. Ellos también reclaman ayuda por parte de ambos. Sin embargo, aunque no existe el "servicio del yerno", también está pautado que el novio deba ayudar a los padres de su mujer en los trabajos agrícolas que requieren mayor mano de obra y esfuerzo físico, así como en la trasquila del ganado.

Los conflictos son fuertes cuando ambos cónyuges son de familias de *uywayuq* (ricos poseedores de ganado) ya que, tanto los padres del varón como los de la mujer, exigen a ambos que participen y dediquen más tiempo a sus respectivas unidades domésticas. Un rebaño más grande requiere de más mano de obra y absorbe más tiempo. Por ejemplo, un rebaño grande que la nuera debe pastar reemplazando a la suegra, lo que demanda tiempo (desde el amanecer hasta el anochecer); aún en los días que se queda en casa tiene que despellejar animales (hay más crías que mueren) o cortando lana (tienen más cueros para hilar la lana). Asimismo, el varón se encarga de pastar parte del rebaño, se encarga de la vigilancia nocturna y también de buscar a los animales perdidos, lo que en un rebaño más grande demanda más tiempo. Por otra parte, la familia de la mujer quiere que ellos le ayuden: piden, al menos, que de vez en cuando su hija vaya a reemplazar a la madre en el pastoreo. Algunas veces, la hacen quedar más días, lo que genera conflictos que incluso solucionan ante autoridades mestizas de la capital del distrito (Yauli).

1.3 El sistema de alianzas matrimoniales

En Pachacolla, durante la época de la hacienda, las redes de matrimonio eran más exogámicas que ahora:
a) Por las primeras décadas de este siglo, la hacienda Pachacolla era más extensa. Tenía además otras propiedades, y el hacendado ordenaba a los pongos ir a trabajar a sus otras propiedades: así los jóvenes se conocían y se casaban con mujeres de otros lugares.
b) Como Pachacolla era propiedad del hacendado, cuando al hacendado le convenía, o cuando algún pongo dejaba de ser servicial para con su familia, el hacendado los echaba de Pachacolla: esta familia tenía que buscar dónde establecerse, sea en las haciendas vecinas o en las pocas comunidades que lograron supervivir a esta etapa. Sus hijos se casaban con gente del lugar, ésta era una forma de tener acceso a dichas comunidades.
c) Los *hacienda runas* (hombres trabajadores de la hacienda) de Pachacolla conformaban pocas familias que, por las prohibiciones de incesto, tenían que buscar mujer fuera de Pachacolla.

Después de la Reforma Agraria comenzaron a regresar a Pachacolla aquellos que habían sido expulsados por la hacienda. Los hijos que se casaron con mujeres de las comunidades que los acogieron en aquellas fechas, aún por los años 82, 83 iban regresando a la comunidad.

Los regresos que se producen son de los hijos varones de pachacollinos, esto se explica porque un hombre en la comunidad de su mujer está destinado a ser siempre pobre, porque no tiene derecho a reclamar tierras. De tal modo que al regresar a Pachacolla mejora su situación.

Mayormente, los matrimonios de la década del 70 (en plena aplicación de la Reforma Agraria) han sido entre campesinos de la misma Pachacolla; se han producido pocos matrimonios de mujeres de Pachacolla con hombres de fuera y viceversa. Esto, porque durante la Reforma Agraria un comunero debía ser empadronado y tener derecho a tierras en una sola comunidad, o anexo, y no podía pertenecer a varias. Por otra parte, había muchos que, habiendo nacido en Pachacolla, crecieron en otras comunidades: no les querían reconocer su legitimidad en Pachacolla, por ello reforzaron sus derechos a través de matrimonios. Por otra, cuidaron que hombres de otros lugares no tuvieran acceso a reclamar derechos en su comunidad. Esto para conservar y tener ellos más recursos. Además de la tierra que se les devolvió, recuperaron también ganado que se volvió comunal. Aún por los años 82 y 83, tenían ganado vacuno, equino, ovino, que pertenecía a la comunidad en su conjunto y esporádicamente producía queso.

Es norma, y parte del ritual del matrimonio, que el hombre saque a la mujer de su casa y la lleve a la de sus padres. Por lo que se considera normal que los hombres se casen con mujeres de fuera y las traigan a su casa a Pachacolla. En cambio, se burlan y critican a los hombres de otras comunidades que, al casarse con pachacollinas, se hayan establecido en Pachacolla. En los repartos les dan un pedazo de tierra, como a todo recién casado, y en el intercambio de trabajo también son igualitarios. Sin embargo, su problema es el mismo que el de los pachacollinos que estuvieron fuera, en las respectivas comunidades de sus mujeres, y ahora —ya viejos— están regresando. Pues ven que, aún ahora, la situación de sus hijos es la misma que la de ellos en la comunidad: su calidad de foráneos hace que accedan a poca cantidad de tierra en los repartos comunales que existen, les dan sólo un pedazo de tierra, poca para su mantenimiento. En caso de que su suegro les dé tierra, es poca o sólo en préstamo pues no es costumbre que las mujeres hereden tierra. Por otra parte, no tienen parientes que les puedan dejar tierras. Cumplen con hacer los cargos de obligación y voluntariado, pero difícilmente acceden a ser nombrados autoridad.

1.4 El ritual del matrimonio

Una vez que los novios deciden, el varón solicita la compañía de sus padres y todos van a hablar a los padres de la chica. Normalmente, éstos no aceptan ni en la primera ni en la segunda visita, las que se denominan *warmi tapukuy*. Es recién en la tercera reunión que los padres de la mujer aceptan entregar a su hija. El matrimonio, civil y religioso, puede hacerse semanas después, o bien tardar aún varios años.

Siempre son los padres de la mujer los que tienen derecho a elegir quienes deben de ser los padrinos de matrimonio; los padres del varón se encargan de conseguir, a cómo de lugar, la aceptación de los padrinos designados por los padres de la novia. Para entregar a la novia, muchas veces los padres de la novia ponen como condición que los padres del novio consigan la aceptación de los padrinos. Estos padrinos deben ser siempre personas mayores que gozen de la aceptación y respeto de la comunidad.

Nunca los padrinos de matrimonio pueden ser los padres biológicos de la pareja, ya que en el ritual del matrimonio debe haber una pareja: los padres de la nueva unidad familiar los padres tanto del varón como de la mujer. Se conceptúa que éstos nacen a la vida de casados, por lo tanto deben de tener padres nuevos.

Los padrinos deben ser de la misma comunidad o de una comunidad cercana, ya que entre sus obligaciones está la de velar por la consolidación de la nueva unidad familiar. Deben preocuparse también para que sus ahijados construyan cuanto antes su propia casa y siembren chacras independientes a la de sus padres. Tan es así que, cuando la pareja ha decidido construir su casa, los padrinos de matrimonio tienen como obligación hacer gastos en la cimentación y en el techado de la casa del ahijado; gastos en trago, coca y cigarros, aparte de colaborar con mano de obra.

La retribución del ahijado es asistir a todo trabajo del padrino, así como a los cargos que éste pase. En los rituales de marcación del ganado del padrino, la obligación del ahijado es servir trago en el papel de "servicio". En los rituales del entierro de los padrinos, los ahijados hacen el papel de los hijos ceremoniales, deben participar en el ritual cavando la fosa, cargando el muerto, llevan luto por él. Los únicos que pueden cavar la fosa son los ahijados y los yernos, de tal modo que, en vida, su padrino, o su suegro, los trata bien, ya que su deseo es que una vez muerto caven la fosa con voluntad, con esmero, que sea profunda para que nunca lleguen a aflorar los huesos. Ninguno de sus parientes biológicos puede llegar a tocar al muerto; la creencia es que esa persona también muere.

Los padrinos de matrimonio son los que eligen a la pareja de *anka* padrinos ("padrinos aguilas"), que deben ser dos hombres mayores de edad, casados y que conocen todos los pasos del ritual de la entrega de la novia; son ellos los que los dirigen y ejecutan. Deben saber pasajes bíblicos en relación al matrimonio, así como mitos de origen del hombre y del matrimonio. Deben saber y entonar las canciones alusivas, ya que al día siguiente, después de la entrega de la novia, ellos son los que se encargan de simular el rapto de la novia, haciendo el papel de dos águilas que están raptando polluelos. Los *anka* padrinos conducen a los novios entonando canciones, anunciando a gritos que han logrado sacar a un polluelo de su nido. También hay un coro de mujeres que acompaña la canción de los *anka* padrinos.

Las obligaciones que contraen para con sus ahijados son similares a la de los padrinos de matrimonio. Pero su papel se refuerza durante la ausencia o muerte de los padrinos de matrimonio. En ese caso, el primer *anka* padrino lo reemplaza en sus obligaciones así como en sus derechos.

A continuación presentamos la traducción de la transcripción de los discursos grabados en el ritual de *warmi urquy* de la comunidad campesina de Pachacolla (Distrito Yauli, Provincia Huancavelica), grabación que se hizo en 1981, durante nuestro trabajo de campo en dicha comunidad. En esta ocasión, seguimos todos los pasos del ritual del *Warmi urquy*, o matrimonio, realizando las grabaciones por el elevado contenido ético y moral que revestían dichos discursos, los que están presentados en el mismo orden en que se dieron.

2. El RITUAL MATRIMONIO GRABADO

2.1 LAS RECOMENDACIONES

Primero vienen las recomendaciones a los "Novios", comenzando con aquellas del primer "*suspichu*", después de la aceptación.

2.1.1 De la abuela de la novia
—Si quieres salir te habrás tanteado bien, de ahora en adelante vas a servir a otras gentes, ahora tienes que servir a ellos, sin hastiarte, dando paciencia a tu corazón. Cortando tu paciencia tienes que pasar la vida. Con este hombre, con tu suegro, con tu suegra, con toda la casta del hombre, con ellos tienes que tener buena palabra, portarte con moderación.

2.1.2 Del hermano mayor de la madre de la novia
—Si no vas a ser como dice la abuela, harás que nos miren, dirán los de ese ayllu, no tiene moderación, no tiene atención, no tienen palabra, así nos dirán: esto, aquello.

Tienen que vivir mirando la vida de los "señores" (casados). Y ninguno de ustedes, ni el hombre ni la mujer, debe ser dejado nunca. El hombre debe decir que haga ella, ni nunca la mujer debe de decir que haga él, porque para eso, Uds. dos están haciendo uno. Sólo así harán vida; si van a ser dejados, no habrá vida. Si tu marido es dejado, tú debes darle pensamiento: esto, aquello haremos y todo depende en saber escucharse, en hacer caso; lo mismo el hombre, tanteando debe de citar: esto, aquello, tienes que hacer; así vivirán con buen gusto la vida.

Ahora ustedes dos son todavía muy jóvenes, y cuidado mañana, otro día, cuando completen vuestro juicio, se resientan, se arrepientan. "Para qué hice esto, en vano me metí a este camino", cuidado que digan así, tanto hombre como mujer. (Terminadas las recomendaciones, el novio besa de rodillas las manos de la abuela.)

2.1.3 Del acompañante mayor
—Tayta Damián, diré sólo una palabra, aunque son compañeros por haber pasado la vara junto con el Tayta Don Macario, ya estaban destinados para que sean familias. Tu *wayta* ya está en su camino y ante nuestro Dios Señor de los cielos, ya son compadres (consuegros), así Tayta ya no podemos quebrar el camino.

2.1.4 Intervención del padre del novio
—Disculpen Taytas, yo también diré mi palabra a este mi hijo. Rudecindo, hijo, oye lo que nos está diciendo la abuela mamá. Amancia está en la razón, que Dios se lo pague. Eso pon en tu entendimiento, pon en tu corazón, son cosas que sólo se ven y se sienten sólo con el corazón. Porque esta señora ha existido, te has comprometido con su fruto que es su hija. Aún vive vuestro abuelo, vuestra abuela. Tienes que servirle, tienes que atenderle hasta el momento de su atardecer, hasta el momento de su partida. Abuelo, abuela que hay para hacer, iré a pastar tus ganados, esto o aquello haré. Tus palabras tienen que ser dulces, salidas del corazón, nunca la palabra torpe debe destruir aquello que está marcado con el entendimiento en el corazón. Así tienes que corresponder a las palabras que nos está dando. Porque ella no nos dice cómo nos dirían otros; con el corazón ladeado, esto, aquello. De acuerdo a esto, tienes que hacerte querer con la familia, con la casta de tu mujer. Así tienes que hacerte querer, con tu buena palabra, amanzando el genio de tu palabra, amanzando el genio de tu corazón en el camino recto, con buena voluntad, así nos querrán a todos y cuidado que me pongas en vergüenza, si no vas a tener corazón y voluntad, nos dirán esa familia es tal, cual. Así estaré en vergüenza, nuestra casta será deshonrada. Así no has de ser hijo; mirando tu frente, mirando a los hombres, como nosotros, mirando a los señores casados tenemos que pasar la vida Tayta hijo. Tanteándote bien me habrás traído a esta mujer. Cuidado mañana, otro día, me alcances pesares, escuche cuentos. Así mamay, taytay, ya no podemos quebrantar a los que juntan, ya no podemos romper lo que está junto. Sólo así es mi palabra, mamay.

2.1.5 Intervención del hermano mayor de la madre de la novia
—Alcanzando bien a la razón, se habrán tanteado para juntarse. Cuidado mañana, otro día, el hombre guste otra mujer, o la mujer guste otro hombre, sabrán bien que vuestros corazones están bien asentados.

2.1.6 Intervención de la madre de la novia
—Escucha Caledonia, escucha Rudecindo, te habrás tanteado bien, de hoy para adelante han terminado con vuestra mocedad, de ahora para adelante serán dichos señor, señora. Ha terminado lo que eran mozuelos. Ya no se manejarán como cuando eran mozuelos, que por ser pichones podrían dormir tranquilos hasta que amanezca. Que por tu padre, por tu madre, no reparabas en tu tranquilidad ni tu ropa, ni tu comida. De ahora en adelante, levantándose muy temprano, Uds. solos aprenderán a armar la vida, sólo así vuestro troje estará lleno, sólo así vuestro fogón podrá arder cualquier rato.

Caledonia, recuerda que cuando eras hija, dormías hasta que el sol esté alto o las veces que querías, de noche te levantabas. Así ya no has de ser, eso ha terminado para ti, de ahora en adelante tienen que aventajar, el rayar del alba, el amanecer del mundo, al canto del gallo tienes que dar tu palabra; tu saludo a tu suegro, a tu suegra, cuando el alba esté rayando; tu casa ya debe estar barrida, después debes de cocinar, cuidado que esto no sea así. Porque te habrás tanteado bien, para que hayas ido a la casa de este señor, de esta señora. Nosotros no te dijimos nada, ni te hicimos resentir, por tu gusto has llegado a este camino, tu gusto será recorrer este camino. Si alguna vez algo te dije, ha sido para tu viveza, para tu bien. Para que talles tu genio, te dije:

— Has apurado, has vivido, ha sido para que pienses bien despejando la maraña en el camino de la vida.

— ¿O cuándo hablé algo de lo que comías, de lo que vestías, de las cosas que tenías que hacer? !Sí¡, te dije.

— ¡Ja esto! — !ja aquello¡

Jamás por ninguna de tus faltas, mi cara estuvo en uno y otro lado, nunca te mostré cara de extreñido.

Nunca dije: Esto, aquello, de lo que comías, de lo que te vestías. ¿O te dije algo?

Pero ya habrás terminado de preguntar a tu corazón, tu tanteo estará firme. Ya tu corazón sabrá bien lo que quieres y cuidado mañana, otro día, tu corazón desvaríe, confundiendo el camino. Te habrás tanteado bien, para haber ido a la casa de este señor. Mirando a tus mayores vas a pasar la vida. Tienes que hacerte querer con tu suegro, con tu suegra, con todo el ayllu y la casta del hombre.

Si no has de ser así, nos odiarán, te deshonrarán; te dirán esto me hace, aquello me hace. Si no haces las cosas en sus cabales, si no haces las cosas para su gusto, siempre te deshonrarán. Tienes que obedecer midiendo tu boca, cortando tu palabra. Con tu padre, con tu madre, puedes ser respondona, pero para tu suegro, para tu suegra, tu boca debe de ser aldaba, candado con siete llaves.

Ellos te dirán siempre algo, si tu viveza es pacienzuda y si eres viva, ellos te querrán. Tu suegra, te dirá: haz aquello, haz esto, haz las cosas limpio. Te pondrán en su corazón de acuerdo a la vida que pasó, y siempre tienen que mandarte y tu tienes que contestar sí madre, sí padre, saber contestar como quien tiene madre y padre. Si no sabes contestar, serás una liza, una malcriada; esto, aquello diciendo; te odiará su familia: esa casta, ese ayllu había sido así, había criado así, me harás mirar a mí. Tienes que ser viva. Lavar tu cuerpo, lavar tu ropa; cuidado que laves sólo por fuera, sólo la cara. Lavar por dentro y por fuera. Levantarte temprano, apenas te levantes tienes que mirar y reconocer tu ganado, el ganado de tus suegros, así sean uno o dos. Tienes que mirar con cariño. Lo mismo con tus cuñados, así sean chicos, aún niños, tienes que atenderles. Tienes que hacerte querer con ellos. Tienes que respetarlos, porque ellos te pueden acusar: está amontonado, está sentada, no hace nada. Así, de todo tienes que cuidarte, de todo tienes que agarrar experiencia. Sólo así tus suegros te querrán, porque si no, como al perro que no tiene servicio te deshonrarán a cada instante. Todo esto entiendes, todo esto sabes, todas tus cosas has con esmero, has limpio, has contenta. Si así es tu mandamiento, te estimarán, te cuidarán, te engreirán, serás vida para ellos. Acuérdate que la mujer es el cimiento de la casa, y no olvides que tu casa, será caliente cuando tu fogón siempre esté prendido.

De ahora para adelante, con tus camaradas ya no te juntarás, ya no te sentarás armando conversación, por ahí puedes perder los ganados. Si vas con el ganado, no debes de juntarte ni con solteras, ni con casadas. Como "señora" debes atender tus cosas, hilando al canto del ganado. Porque con tu camarada, pueden aparecer cuentos, pueden aparecer odios, o puede distraerte para que el ganado se pierda y puedas aparecer mal, puedes aparecer en bajo.

—¿Y qué van a decir tus suegros si esto ocurre?

Te dirán, en vez de que el ganado aumente en tus manos, desaparece más.

—Y, ¿qué van a decir de nosotros?

Dirán sus abuelos tienen ganado, su madre tiene ganado y cómo siendo gente con el ganado han manejado así a esta su hija. Así nos mirarán. Así, de todo tienes que cuidarte, de todo tienes que juntar experiencia para que tus suegros te quieran, te engrían estando tú. Si tu suegra quiere ir por agua, tú debes comedirte de inmediato para traer. Así, en todo momento, tienes que hacerte querer, con el suegro y la suegra, con el cuñado, con la cuñada. Ahora, así que esté... suficiente la coca de tu suegro, de tu suegra, tú debes ofrecer para compartir tu coca y nunca jamás estando con tus suegros debes de chakchar coca tú sola; tu coca, tus *llipt'a* debes de partir; el mío también taytay, mamay prueba. Así vas a compartir tu corazón, con tu casta, con tu ayllu, y te van a querer. Esta mi hija quiere que coma, quiere que tome. Así van a decir.

Sino haces rápido, con ganas, lo que te manda tu suegra, va a rabiar. Hasta le puede entrar a sus adentros la enfermedad de la melancolía y te puede odiar y aborrecer. Ahora que vas a comenzar la vida en casa de tu suegra, tu suegra tiene que ser tu mejor camarada, a ella debes; tienes que avisarte consultar, y ella como mujer mayor va a poner en tu cabeza, su palabra, la experiencia de la vida. Así tienes que aprender el camino de la vida.

Y tú, Tayta Macario, esta nuestra hija no ha completado aún sus años, es aún demasiado mosuela y ustedes también en buena palabra tendrán que hacerle entender. ¿Acaso es fácil llegar al camino de la vida? A la vida de casado, es otra la vida de mocedad y es otra la vida de casado.

2.1.7 Intervención del hermano mayor de la madre de la novia
—A ver, en qué pensamos cuando somos pichones, sólo pensamos en la ropa, en la comida; pero en el camino de la vida, en la vida de casado, se

tiene que pensar en todo: en armar las herramientas del hombre, en armar las herramientas de la mujer. Ya no puedes estar pensando o mirando en las cosas de tu padre. Uno mismo tiene que hacer sus herramientas, su arma. A ver Rudecindo, ¿con qué arma trabajarías, con qué arma caminarías? Uno no va a caminar sólo con el arma que se cuelga (pene), eso es aparte. Así entre los dos; hombre y mujer tienen que armar vuestras herramientas, desde ollas, sogas, así, todo lo que se necesita para pasar la vida. Para todo esto, sólo se necesita cuidar, mirar el ganado, porque todo está sólo para hacer. Todo lo que necesitamos para el trabajo está en nuestras manos para hacer. Sólo la plata no podemos fabricar y si queremos plata, podemos conseguir con nuestro ganado, con la chacra.

2.1.8 Interviene la abuela de la novia
—Si sólo uno de ustedes hace, y el otro sólo mira, ahí no habrá nada. Estarán en miramiento. Si el hombre es dejado o la mujer es dejada, despertando a media noche, deben de darse palabras y pensamientos, esto, aquello haremos; si hacen esto, hasta el ladrón que viene a media noche a robar el ganado regresa; ya están despiertos, diciendo. Así tienen que quererse, amarse juntos. Cuidado, Celedonia, tú digas para eso es hombre, que trabaje, que se arme, como sea. Ni tú Rudecindo debes decir, eso es cosa de mujer, que haga como sea, sólo sujetándose entre ambos tienen que empujarse, para ir derecho, ni por encima, ni por debajo del camino de la vida.

Tú, como mujer, sea en Poqoy, los meses de lluvia, o en Chirau, debes levantarte antes que tu marido. Cuidado que alguna vez duermas junto a tu marido hasta que el sol esté alto. Antes que el sol llegue a la puerta de tu casa, el almuerzo debe estar listo, para que tu marido vaya temprano en su hora a donde debe de ir, lo mismo cuando regrese del trabajo, la cena debe estar lista. Sólo así, durmiendo temprano, se despierta a media noche para rondar el ganado, sólo cuando sientas así por tu ganado; tu ganado siempre va a estar en tu corral reproduciéndose. Así tiene que ser.

2.1.9 Intervención del padre del novio
—Bien papacitos, bien mamacita, les agradezco en el corazón, por los pensamientos que le alcanzan a mi hijo. Está bien todo, está en la razón, yo ya también estoy pensando así. Ahora ya también hablaremos entre nosotros dos. Que ya vamos a hacer al par que completa el destino, ya no podemos separar.

Como ya sabemos, ya nos hemos dado palabras que estén aquí (casa de los padres de la novia) y que estén allá (casa de los padres del novio), porque en estas cosas mamay, tatay, uno que no es buena tentación, el malero camina. Porque como dices madre, la camarada u otras amistades pueden ser boca de víbora, y todas estas cosas malas pueden llegar fácilmente a nuestro corazón. Acaso no estamos escuchando lo que ha sucedido esto. Ya estando par, se van hacer uno. Se van a dejar y se desacreditarán, no sólo uno de ellos, sino los dos por igual y qué les dirán después. Les dirán:

—Bota hombre, bota mujer.

Todo esto no vale. Por eso ya no les solté a los dos, mientras que arreglemos, que estén juntos, dije.

2.1.10 Interviene la abuela cortando
—Pero mira, esto es la única.

2.1.11 Interviene el padre del novio
—Cabalaré mis palabras mamacita, bueno que sea conocido en nuestro ayllu. Ahora viene la cosecha, todos estamos tejiendo y yo también a esta hora no tengo nada en la mano, todo me falta. Pero después de la cosecha, tranquilo me voy a disponer y ahí arreglaremos mamacita; hasta mientras que sea sabido, porque mamay ya es difícil que separemos el destino. Todos sabemos que el Señor que nos alumbra ha dejado poder para que todo en esta vida sea emparejado, desde el ganado más pequeño que se arrastra, hasta los espíritus (ave) que vuelan, cuando encuentran su hora se emparejan. Así es, como todos sabemos.

2.1.12 Tío hermano del padre del novio
—Por eso ya, ninguno de ustedes puede separar. Aquello que ha sido creado para ser pareja, que estén juntos aquí, allá, ayudándonos a cada uno de nosotros en el trabajo, para eso queremos a un familiar. O qué dices tayta Damián, hasta mientras que sea sabido por nosotros, todos hemos sido así, o estos nuestros familiares han hecho lo que no debe hacerse. Para espanto de todos, él solito no ha creado, no ha inventado; todos vamos por ese camino. Así, con todo, alcanzamos el estado de nuestro Dios; ocultándonos, robándonos, perdiéndonos así, con todo alcanzamos al estado de Dios, respetando y temiendo a nuestros padres. Así ocultándonos buscamos nuestro estado.

Así, esto pienso, aquí está mamacita, hablaremos, nos daremos palabras, pensamientos entre todos a nuestra familia, empujaremos, tayta Laureano, mamá Justa, Tayta Damián, para esto están. Sólo les digo que sean así. Estarán juntos aquí y allá, mientras arreglaremos.

2.1.13 Acompañante mayor
—Como es Tayta Damián, todos hemos alcanzado la vida así.

2.1.14 Tío hermano de la madre de la novia
—Sí, tienes que hacer su *kintu*.

2.1.15 Padre del novio
—Tenemos que hacer, ahora que haga un *kintu*, ya después regresaremos para los otros. Es pues así nuestra costumbre; ya en una segunda vez que vengamos, ahí pensaremos para los mamataytas (padrinos), ahí pensaremos como ahora por nuestra familia. Así estará nuestra familia: ya conocido lo que están juntos, puede ser que se vayan, dónde está que nos arreglaron, diciendo. Eso es más pena y a la fuerza, hasta Uds. me pueden decir, tu familia diciendo, y también pueden decir por qué Uds. no convinieron. Pero gracias por las palabras de Uds. dialogando en buena armonía está bien, está conocido para que estén con todos nosotros, con las familias, hasta mientras que arreglemos.

—Murmuración.

2.1.16 Madre de la novia
—Tayta Macario, desde un principio te dije, mis hijos no son suficientes. Si mis hijos menores ya estarían racionales, o este mi criado Eleuterio sería mi hijo legítimo, podría decir éste va a ser todo para mí, con él de sus menores tantearé esto, aquello, o cuando muera él será mi doliente. Así puedo decir estas cosas, pero sólo esta mi hija es corazón. Por eso, desde un principio dije, mientras arreglemos, estarán aquí, estarán allá, pero no puedo soltar a mi hija; siempre tiene que estar a mi lado, eso dije que con tu señora tantearán, tú también Rudecindo tantéate eso. Si tuviera hijos suficientes, o serían suficientes sus hermanos, diría, ellos serán hasta cuando muera.

—(Murmuran) Así es mamacita.

Hasta que arreglemos estarán en tu casa, estarán en mi casa y después de dos cosechas diremos, haremos su casa. Porque tampoco puedo decir que toda la vida, para siempre, esté en mis manos, que toda la vida estaremos en un solo fogón. Tendré que apartarles, hacerles su casa, para que ahí pasen la vida; ahí les veremos la vida que van a hacer, la vida que van a pasar, ahí cavarán su destino.

—Rumor.

2.1.16 Padre del novio
—Gracias mamá, yo no voy a decir, siempre mi hijo va a estar en mis manos; para eso mamá arreglaremos, haremos alcanzar su estado. Entonces ellos, poniéndose de acuerdo, marido y mujer a su gusto, donde sea que hagan su nido. También es un poco difícil estar junto a los padres. Después de servirnos la obligación que vivan aparte, donde sea. Para eso somos casados mamay. Porque como dice la boca del que habla, ahí ya aprendemos hasta a barrer nuestra casa, hasta "pensionarnos" de la sal, del ají. Al estar en las manos del padre, la madre, aún no tanteamos la sal, el ají, hasta dicen "casado aparte, que hacer aparte" sean ricos, sean pobres. Si luego nuestro Dios va a querer, pedimos por la familia, para que pase bien la vida. Así será mamay, yo no voy a decir mamacita, mi descendiente, mi hijo solo que esté conmigo. Que esté arreglando nuestra familia, que sean dichos runa persona como nosotros, señores como nosotros. Así cabalaremos su estado.

2.1.16 Madre de la novia
—Ni yo tampoco les voy a decir, estaremos sólo en un granero, en un solo fogón —*tulpa*—, no voy a decir así. Pero todavía es sonsa, todavía no ha alcanzado la razón, sólo es su porte, difícil aún hay que hacerle entender. Ella sólo es de ordenar, el que aún recibe órdenes de sus padres, aún no piensa llanamente en la casa.

Vida de casados es difícil, es difícil apartarse, armarse de todos modos, armarse de todas formas. Conversando esto, haremos así, haremos aquello, haremos así, esto, aquello que sea así. Si tenemos ganaditos, sólo de 2 ó 3 nos hacemos sentir, sólo de 2 ó 3 juntamos; si quiere tayta Dios, de 2 ó 3 se procreen, juntando de 2 ó 3 sea del hombre o sea de la mujer, cuidamos haciendo sentir con el ganado. Entonces si hay, si lo dejamos, se pierde, si lo dejamos sin que el ganado, nos sienta, el zorro lo coge, o el zorro desaparece. Así no se procrea, juntos, de marido y mujer tienen que ver porque ahora para el gasto, para el rato de tu necesidad sólo es el ganado.

La bondad de la Pachamama sólo es para que regrese el estómago. Entonces Tayta, ahora y después de que salgan de tatacura, estarán una semana en mi casa y otra semana en tu casa. Así estarán, tayta, ya después viendo el camino haremos su casa aparte. Porque si tuviera hijos suficientes diría que esté donde sea. Por ahora sólo con ella cuento.

Por eso Tayta Marcelo, desde un principio te dije para que con tu señora conversaran, porque no vaya a decirme mañana, otro día:
— Yo quiero a una Llunchuy, para que en la casa de mi hijo viva como mujer, sintiendo sus cosas. No dirá, yo quiero a una Llunchuy para que viviendo como mujer en la casa de mi hijo, me sirva. Una Llunchuy que me atienda, una que me alcance algo, y cuidado que diga: —Yo no quiero a una que llega como visita, cuidado que diga esto. Tú señora, a tu suegra, por eso Tayta Macario, tantéense bien.

(Espacio de ruego al padrastro para que haga el *kintu*)

2.1.17 Acompañante mayor
—Perdóname tayta Laureano, aunque tu no eres el procreador. Pero de ser tu hija, es tu hija, porque ella ha abierto sus ojos al mundo bajo el manejo de tus manos y es tu derecho para que tú, como su padre, hagas el *kintu*.

2.1.18 Intervención del padrastro
—De arreglar, arreglaríamos, pero pasada la cosecha, muy pronto no podemos. (Rumor).

2.1.19 Padre del novio (dirigido a los novios)
—Desde ahora estense tranquilos, sin tener vergüenza, sin miedo a la gente, así somos. Uds. no están clandestinos. Siempre a la fuerza la gente se está enterándose, les está mirando. Tienen que estar sin miedo, de frente. Ya hemos dialogado y está bien. Donde sea tienen que estar sin miedo. Tranquilos. Los que nos critican, los que hablan, hablarán. Este ya está así, esa, diciendo. Incluso los de nuestra edad, al fin, ellos también mañana, otro día, van a estar con la misma cara, igual que nosotros. Así es, todos los hombres del mundo, robándonos, ocultándonos, alcanzamos nuestro estado. Así tienen que ser porque ya es público. Tienen que estar donde todas las familias, aquí, allá, donde esta tu abuela, en la cosecha, en todos los quehaceres, tienen que andar juntos.

2.1.20 Intervención de la abuela
—Ésta ha sido la única que hacía de todo, si te la llevas, qué vamos a hacer.

2.1.21 Intervención del padre del novio
—Qué más mamay, ayer tenía uno, ahora van a tener dos y te ayudarán más.

2.1.22 Intervención de la abuela
—Si fuese así, qué bien estaría uno. Desde que estamos enfermos no podemos ni lavarnos. Sólo a esta nuestra hija le arreábamos en buena forma y en mala forma, tras de todo el ganado, de mí y el de mi hija.

2.1.23 Intervención de la madre de la novia
—Así es tayta, para los quehaceres no alcanza tiempo. Sólo ella iba con el ganado mezclado de mi madre y el de nosotros; con ésta mi hija pasé la vida comiendo, no comiendo, con ésta mi hija caminé tras el ganado de la hacienda en todo el tiempo del mayordomo Quispe; sólo con ésta mi hija caminé de loma en loma con el ganado de la hacienda, en la lluvia, en la nevada, en el granizo, hasta perdernos en la neblina espesa (llora) —con ésta mi hija pasé la triste vida en tiempo de la hacienda, por eso lloro.

Acaso tengo muchos hijos, acaso tengo suficientes hijas mujeres para que mañana entre masas (yerno) choquen, para que se reprochen, para que estén compitiendo, el solito será mi masa. Quizás mañana me olvide, quizás mañana me odie, quizás mañana no me vea. Por eso mi corazón llora.

2.1.24 Increpando el padre del novio
—¡Carajo! di, no llores, madre, no te voy a olvidar. Habla. Cómo eres así opacado.

2.1.25 Intervención del novio
—Ya no llores, madre, en tu lado voy a estar, no te voy a dejar.

2.1.26 Intervención de la madre de la novia
—No me vas a dejar, Tayta Rudecindo, no me vas a olvidar, Tayta, todo va a depender de Uds. Si sólo somos pasajeros, todo va a ser para Uds.; si fueran tantos, si fueran hartos, el uno con el otro chocarían, y para mí

diciendo. Sólo van a ser Uds. dos solitos, pero cuando muera no se olviden de vuestros menores; cuando muera, tú eres el que tienes que hacerte querer con nuestro ganado. Tú tienes que hacerte querer con nuestras cosas, con nuestra casa, con nuestras chacras. Pero no te olvides que tienes que darle un poco a tus dos menores. Tú vas a ser, tú sólito.

2.1.27 Esposo de la madre de la novia
—Basta de palabras, hay que hablar una sóla palabra.

2.1.28 Intervención de la abuela
—Acaso va a tener *masa-masi* (concuñado), él tiene que estar a nuestro lado, ahí veremos cómo va a hacer procrear el ganado.

2.1.29 Intervención del servicio
— Perdonen, Taytas, perdonen mamás, ya el Lucero viejo guiñó su ojo y falta una hora y media para que el día achique cortando la noche.

2.1.30 Intervención de la abuela
—Entonces tayta Macario, nuestro hijo va a quedar aquí.
Todo hemos hablado bien, no hemos dicho cosas que nos resientan. Así en esa forma hasta que termine los "elementos" hablaremos los pensamientos. Hasta arreglar todo. Ya cuando regreses hablaremos quienes van a ser los "Tayta-mama". Recién eso va a ser difícil.

   Continúan hablando, ya está antes del amanecer, chacchando coca, sobre las dificultades de conseguir un padrino de matrimonio. Macario dice que él ha hecho casar a sus 3 hermanos menores y que sabe de esas dificultades y que es trabajo de palabra y que podrá conseguir el padrino que elijan poniéndose de acuerdo.
   Terminan de tomar la botella y antes de salir, el padre del novio de rodillas le hace besar las manos de sus suegros y de la abuela de su novia. Hecho esto le llamó afuera el padre y le entregó media botella de trago, una cajetilla de cigarro y 2 ceras —ya que las ceras deben seguir ardiendo hasta que el día sea claro— para que tomen en la casa y visiten al abuelo.
   Se fueron a su casa haciendo siempre los tres descansos y llegaron ya de día.

3. LAS CANCIONES DE LA BODA

Cassette N° 030, Lado A, Pachacolla, Agosto 1981.

(Voceo de los *Ankas*)

Señor testigo,
Señor Taytamama.
Señores padres (señor Mamatayta)
de ser tú eres
de ser él es.
Alégrate
haz que se alegren
a este par de águilas
si son conformados
si son bautizados.
Aha ha hay Aha ha hay
no te vuelvas niño
no te humilles.
Padre de la novia
Madre de la novia
todo el Tawantinsuyo acompáñense
vayan jalados (en ronda)
de alegría
de esparcimiento por su gloria
porque este tu hijo
porque este tu descendiente
ha alcanzado su santo estado de esposo
Aha ha hay Aja ha hay.

Canción cantada por coro de mujeres en tres voces

Ayawa ayawa
señor testigo,
señor testigo Tayta,
no estés sin moverte, muévete
señor testigo eres en toda hora
Tayta, acaso siempre fuiste wawa.
Señor testigo;
testigo eres en toda hora
acaso siempre fuiste no maduro
águila, águilas, bailan (*anka*)
bailan rodando

gavilán, gavilanes
bailen dando vueltas.
Águilas, águilas
bailen rondando
aquí allá
águila, águilas,
abre espacio, Tayta, en el viento
abre espacio, Tayta, en la neblina
águila, águilas,
corre la hora,
amarra la hora,
águila, águilas
corre el tiempo
amarra la hora
águila, águilas,
gavilán, gavilanes,
con quién vas a volar por el alto
gavilán, gavilanes
con quién vas a conversar.

Ayawa y ayawa
anima, anima
¿A quién, a quiénes llamaste, Tayta?
¿A quién a quiénes pediste, Tayta?
¿Dónde te cogió el castigo de Dios, Tayta?
¿Dónde te cogió la orden de Dios, Tayta?
¿Dónde te cogió?
¿Dónde te agarró?
¿Tú eres tu tayta?
¿A quién dejó el poder?
¿A quién dio el poder?

¿Tú eres tu tayta o es otro?
¿A quién San Gabriel Ángel dio el poder?
¿A quién y dónde, Tayta, preguntarás?
¿A quién y dónde, Tayta, llamarás?
¿De dónde, Tayta, saliste?

Gavilán, gavilanes
Águila, águilas
¿De dónde, Tayta, salieron?
¿De dónde, Tayta, volaron?
¿Dónde te cogió, Tayta, el castigo de Dios?
¿Donde te cogió, Tayta, la orden de Dios?

(Voceo de los *Ankas*)

La señora Luciérnaga
me cogió cuando la conducía a
su santa posada, a su santa casa,
a su casa santa cadena.
Ahí conduje a este par de ángeles.
Ahí me sorprendió la mitad de la noche.
Ahí me partió la noche.
Ahora buscaré
su jaula de oro
su jaula de plata.
Ajajay Ajajay
Ahí buscaré sus cinco estrellas.
Sus siete estrellas
Señor testigo,
Señora testigo,
ya es hora
ya es tiempo
ya es hora
ya es tiempo
recuerda y saca tu memoria
con el "mercurio" del anochecer
con la "cabrilla" del primer canto del gallo
con el "saturno" del segundo canto del gallo
con el "machu Lucero" que corta la noche.
Ahí apostaremos
por la *wayta* confortada [1]
por la *wayta* bendecida
Ujujuy Ujujuy.

Señor testigo,
Señora testiga,
piensa y recuerda
dice ha podido ser mi vecino
este ángel
esta wawa
ahora pórtate de tercio en tercio
Ajujuy ujujuy.

---

[1] Es la flor que simboliza al primer signo de vida, después de que el mundo se cuaguló, de lo que era masa gelatinosa (probablemente la sapotácea, en latín *Bumelia obtusifolia*). Nota de la editora.

2.2 LA BENDICIÓN

Luego se hicieron la "bendición": las recomendaciones a media noche, antes del Puñuchiy, por todos los acompañantes casados, en el discurso que se da del casado menor.

2.2.1 Bendición de la tía de la novia
—De ahora en adelante, aunque sea tienen que tomar juntos agua fría, Celedonia. Cuidado mañana, otro tiempo, a este mi compadre hagas mirar, "así es esta familia", diciendo. Tanteando te habrás metido con este señor. Tienes que atenderle, es tu esposo, es tu señor. Este señor y tú, donde vengas, no tienes que ajocharle ni de borracho, ni de sano. Tú eres "señor de la casa" (señalando al esposo). Si algo pasa, hija, tienes que avisarme, voy a existir para ti. Soy tu familia hija, para dar mi palabra. Discúlpenme señor testigo, señora testiga.

2.2.2 Bendición del tío, segundo hermano del padre del novio
—Maxi mi hermano no tiene porque estar en vergüenza, desde ahora eres dicho señor, y tu Celedonia desde ahora eres dicha señora, no van a hacer mirar a vuestro padre. Todo lo que te decimos entiende. Nosotros también somos señores para respetar a otro señor; cuidado que a mi hermano pongas en miramiento. Y tú, Celedonia cuidado, yo tengo esto, yo tengo aquello, diciendo, te corras de este tu señor. Porque es difícil vivir la vida de casados, ya se terminó lo que decías en casa de tus padres, esto es frío, esto es caliente. Esto rápido tienes que entender. Cuando entiendas esto, nosotros te respetaremos, te temeremos. Cuidado que digas a este mi hermano, a esta tu suegra en vano entre a esta familia con muchos hijos; tienes que entender que todos nosotros, hemos alcanzado este estado, todos estamos siguiendo sólo un camino.

2.2.3 Bendición del tío, tercer hermano del padre del novio
—Yo, tu tío, hijo voy a decirte esto, que lo tengas en cuenta o para que no lo tomes en cuenta. Mamá señora Celedonia, yo vuestro tío, les voy a decir que escuchen o para que no oigan. Les voy a avisar la vida de casado que paso. No van a andar, hijos, como estamos a otros casados como nosotros. Al encontrarnos con otros señores, tienen que saludar, tienen que hablar, mirando a esos casados, como nosotros, tienen que caminar, hijo; yo, por ser tu tío, esto te digo. Tienen que vivir la vida sin falsear, el camino de la vida de casados, así sean como nosotros.

Canto a las *Ankas*, el momento de la bendición

—Santa Wayta
Wayta comporado
Wayta de la iglesia
Wayta comporado.

Wayta bendecido por San José
Wayta bendecido por el Sacerdote
Wayta del padrino
Wayta de la madrina
Wayta conducido
Wayta recogido por el Anka
Wayta conducido por mí
Wayta traído por mí en "palio"
Wayta mirado por mí
Wayta comporado
Wayta que hice intercambiar anillos
Wayta que hice agarrar
anillos y aros en ambas manos
Wayta que traigo cabalado
Wayta que traigo adelante como padrino
Wayta que traigo como madrina
madrina, padrino
suelta tu cincha
suelta tu memoria.

Coro de mujeres

Señor, padrino Tayta,
que sólo vienes para sentarte
Señora, madrina mamá,
que sólo sirves para sentarte
El minka del waman (águila) ha de jalar
El minka del anka (gavilán) ha de conducir
Ellos han de buscar los tres nidos
Ellos han de buscar la leña difícil
Ayawa, ayawa
El minka del águila ha de jalar
hasta medio camino, Tayta,
El minka del gavilán ha de conducir

hasta medio camino tayta
Tayta, del mal camino
Tayta, del falso camino
Tayta, que hace correr las tres estrellas
Tayta, del camino de las estrellas
Tayta, del medio camino
Tayta, del camino del "estado"
Tayta, de medio camino
el que "palio" en contraste
¿en qué hora encontraste
a este par de waytas cabalados?
Waman minkado
¿Dónde te encontraste, Tayta
con la ordenanza de Dios?
¿Dónde te encontraste, Tayta
con la tristeza que es pura
con la tristeza que es pesante?
Te cogió novel, Tayta,
Te cogió inútil, Tayta,
¿lloraste sangre, Tayta?
¿te apenaste sangre, Tayta?
Tayta, de ojos blancos que ve todo
¿en qué hora te cogió, Tayta?
¿en qué hora condujiste, Tayta?

Coro de Mujeres

El señor testigo, Tayta,
sólo recuenta la hora
la señora testigo, Tayta,
sólo cuenta la hora
el señor testigo
es sólo para pararse, Tayta,
la señora testigo
es sólo para sentarse, Tayta,
ya es hora, Tayta,
ya es tiempo, Tayta,
suelta tu cincha.

Bendición de una visita, casado de otra comunidad

—Yo cristiano inútil
te tengo esta bendición,
Dios ya ya
Dios chiuri
Dios Espíritu Santo.

2.2.4 Bendición de una tía. (Hna. del padre del novio)
—Ustedes no han casado, para traer tristezas y pesares a la casa de tu suegro, de tu suegra. Tú eres hijo de mi hermano, tú también (refiriéndose a la mujer) eres hija de mi hermano. Tienes que entender, de hoy en adelante están conformados, cuidado mañana, otro día, traigan cualquiera rabia para el "ayllu". Tienen que entender porque son waytas bendecidos, puestos al camino de la vida de casados.

Dentro de cuatro paredes tienen que hacerse despertar a media noche; ahí hablarán esto nos falta, aquello nos falta, esto haremos, tú hila, yo iré por esto, y tú iras por aquello, así ambos siempre juntos tienen que vivir; (refiriéndose a la mujer) tú tienes que despertar al canto del gallo. Me estás escuchando, señora Celedonia. Ahora eres casada, mirando la vida de los casados como tú, tienes que atardecer la vida. Cuidado mañana, otro día, lleves al "ayllu" de tu padre, al "ayllu" de tu madre, rabia y pesares. Así había sido el hijo de esta familia, así es esa familia diciendo. Cuidado que hagan fama a mis hermanos.

Dios ya ya. Dios churi. Dios Espíritu Santo.

2.2.5 Bendición de una tía. (Ha.Hno.P.Eso y Esa.Ho.Hno.P.M.Esa)
—Desde ahora son dichos, señor, señora. Tú, señor Rudecindo, o eres mi misma carne; y también, señora Celedonia, eres mi misma carne, de mi misma casta. Nunca a tu madre pondrás en miramiento; tú también, señor Rudecindo, nunca a tu madre pondrás en miramiento. A tu suegro, a tu suegra, yendo en su hora tienes que ir a saludar. Cuando tenga o cuando no tenga, cuando tengas o cuando no tengas, o cuando encuentres algo, yendo tienes que invitarle; —mamay come esto, mamay, toma esto. Donde sea que te encuentres, tienes que invitarle tu bolsa de coca. Así tienes que ser, señor Rudecindo, tú eres señor. Si no, te puede decir el hijo de éste es así, es asá. Así te pueden decir. A tu madre, a tu padre, no pondrás en miramiento. Así como tú, así como ella, son de la misma carne de mi ayllu. Tú, señora Celedonia, nunca dirás esa familia es así, esa casta es así; a tu

suegro, a tu suegra, así que hable cualquier cosa, así que "parle" cualquiera cosa. Tienes que servirle, tienes que atenderle, así cuando te esté diciendo ¡esto!, ¡aquello!, levantándote en su hora tienes que ir a saludar. Así, cuando te diga cualquier cosa, cuando encuentres algo tienes que decirle "Madre (suegra) come esto —Madre comparte mi coca". Nunca te hagas murmurar, como a otros que estamos viendo. Nunca te hagas atolondrar, Señor Rudecindo, señora Celedonia, todo esto tienen que entender. Dios ya ya. Dios churi, Dios Espíritu Santo.

Canto en coro por las mujeres

Wischucuy, wischucuy
si es su *Parloqmasi*
si es su *Rimaqmasi*
bótenle una wawa de trapo
arrójenle, arrójenle
una wawa de hilos.
Si es su *rimaysimi*
arrojen a un catre de plata,
si es su *parlaqsimi*
arrojen a una sola "chalan" (reluciente),
si es de la faldita
entre el corral de chanchos
— arrójenle una wawa de hilos
— bótenle una wawa de hilos,
cargate, cargate con bayeta azul
cargate con manto azul
ayni nay nay nay nay
ayni nay nay nay nay
arrójenle, arrójenle una wawa de hilos
bótenle, bótenle una wawa de hilos.
Si es de su *rimaymasi*
a un catre de plata
si es de su *parlaqmasi*
a una sala "chalán" reluciente.

Si es de su faldita
entra a un gallinero,
Si es de su faldita
entra al corral de chanchos.

Tiene que dormir con bendición
tiene que levantarse con bendición.

Coro del *Puñuchiy*

Cantan las mujeres al salir los padrinos cargados de la ropa de los novios

Cargate, cargate con "usu" manto
cargate, cargate con manto azul
cargate con "Liji Lliqlla"
cargate con "Usu Lliqlla".
Yo dije será el ladrón de casa
Yo dije será el zorro a la casa
Yo dije será el ladrón de la casa
Yo dije será el zorro a la casa.
Cargate, cargate con "Usu Lliqlla"
Cargate, cargate con "Liji Lliqlla"
uju yawa awayay
ayaway uyu yawa
ayawa ayaway
away ayaway ayawa.
Cargate, cargate con "Usu Lliqlla"
Cargate, cargate con "Liji lliqlla"
Cargate con "Liji Lliqlla"
cargate con "Usu Lliqlla"
cargate con "Liji Lliqlla"
Cargate con "Usu Lliqlla"
cargate, cargate con "Liji Lliqlla"
cargate, cargate con "Usu Lliqlla".
Yo te dije será el ladrón de casa
Yo te dije será el zorro a la casa
Yo dije será el ladrón de casa
Yo dije será el zorro a la casa
Cargate, cargate con "Usu Lliqlla"
Cargate, cargate con "Liji Lliqlla"
uju ayawa ayaway
Ayawa, ayawa, ayaway
Ayawa, ayaway, ayaway
Cargate, cargate con "Usu Lliqlla"
Cargate, cargate con "Liji Lliqlla"
Yo dije será el ladrón de casa
Yo dije será el "wasi tusu"
Pero había sido atado de plata
pero había sido atado de oro.

Coro durante el *Puñuchiy*, que cantan las mujeres

Yo dije, yo dije, será el ladrón de casa
Pero había sido
pero había sido
atado de pedo,
pero había sido
pero había sido
atado de pedo.
Yo dije, yo dije será el ladrón de casa
yo dije, yo dije será el "wasi robo"
pero había sido
pero había sido
atado de pedo.
Yo dije, será el ladrón de casa
yo dije, será el ladrón
Yo dije, yo dije, será el ladrón de casa
Yo dije, yo dije será el "wasi robo"
pero había sido
pero había sido
atado de pedo,
pero había sido
pero había sido
atado de pedo.

Coro de Mujeres

Ay ni nanay nay nay
ay ni nanay nay nay
Anka minkaylla huaman
Anka minkaylla anka
Anka minkaylla huaman
Anka minkaylla anka
Tienes que dar vueltas anka
Tienes que rodar huamán
Anka minkaylla huamán
Anka minkaylla huamán.

Conclusión

La unidad marido-mujer es fundamental en la cultura andina. El varón y la mujer se complementan, no se concibe que un adulto no pueda tener su pareja, y prácticamente no existen adultos solteros. De ahí que el ritual del matrimonio es uno de los más importantes entre los rituales practicados en las comunidades andinas. Se celebra durante muchos más días que los matrimonios de los mestizos y significa un fuerte desembolso económico. Por otra parte, en el caso que presentamos, se trata de un matrimonio por concierto; matrimonio que aún existe en los Andes en un grupo numeroso de comunidades campesinas de puna. Esto nos muestra un sistema de organización social muy diferente al occidental, donde las muchachas de un mismo ayllu, grupo de edad y generación, son bastante intercambiables entre sí, así como los muchachos, es por esto que estos matrimonios funcionan. Por otra parte, esta nueva unidad funciona dentro de la unidad madre, de tal modo que es muy importante que ambas parentelas se lleven bien y que haya un mayor control social sobre la nueva pareja.

Parentesco y la Organización del Estado

Parte V

12
EL PARENTESCO ENTRE LOS CACIQUES DE PAKASA

Roberto Choque Canqui

Introducción

A partir de la llegada de los españoles al mundo andino, el concepto de familia adquirió indudablemente más fuerza con el matrimonio, la dote y la reciprocidad interfamiliar. El concepto de herencia de los bienes y la sucesión cacical durante el coloniaje estaba muy arraigado entre los caciques. Así, el concepto de cacicazgo estaba relacionado estrechamente a la sucesion hereditaria. Por consiguiente, el concepto de parentesco entre los caciques adquirió su importancia en las relaciones familiares, sociales, económicas y políticas. Tratamos de las implicaciones de estos cambios en el presente capítulo (ver también Choque 1997).

A partir de la visita del virrey Toledo se plantearon *dos* posiciones de interpretación sobre la sucesión o elección de los kuraka o caciques en los Andes. Una fue sostenida por Toledo: según su percepción, los kuraka durante el inkario fueron elegidos por el inka de acuerdo a su capacidad o mérito. Sin embargo, no todos los kuraka eran elegidos por el inka. En este caso, según Franklin Pease, *puede afirmarse que sólo determinados curacas fueron nombrados por el inka* (1992: 23). La otra tendencia, sustentada por las autoridades españolas, de acuerdo a las conveniencias políticas coloniales, era más bien la de la sucesión hereditaria de los kuraka. Esta tendencia sin duda fue predominante durante el coloniaje, aunque con algunas variantes de poco peso. La elección de cacique entre los descendientes cacicales no siempre fue realizada en base a la primogenitura, o en casos extremos se elegía entre los indígenas tributarios, pero en forma interina.

Revisando la documentación generada durante el coloniaje, se puede percibir claramente que los caciques, como consecuencia de la presentación de sus probanzas ante las autoridades de la Audiencia de Charcas para legalizar o reclamar su cacicazgo, procuraban mantenerse en el grupo de élite indígena (Rasnake 1989: 113). El cacicazgo de Pakaxi, al igual que en otros lugares del mundo andino, ha generado una serie de parentescos entre los caciques. La elección de caciques generalmente se basaba en la sucesión hereditaria, tomando en cuenta para ello la ascendencia paterna y materna. Esto no quiere decir, precisamente, una concepción de linajes paralelos: patrilineal para los hombres y matrilineal para las mujeres (Zuidema 1989: 51), sino más bien era conveniente tomar esas dos líneas con la perspectiva de no interrumpir la continuidad del cacicazgo, aunque en el tronco genealógico de una familia cacical falte una ascendencia de la línea paternal. En Pakaxi, la línea paternal fue importante en toda su magnitud para la sucesión y, en este sentido, el elemento femenino fue básico para el entronque entre los caciques, especialmente para ampliar y reforzar el parentesco cacical entre los caciques de diferentes troncos o cacicazgos.

1. Relación de parentesco

El concepto de relación de parentesco en el mundo andino fue concebido indudablemente como una forma de mantener la continuidad de familias o grupos de parentesco en el ayllu, en una marka o en una región o provincia. Su objetivo fue hermanar tanto a los grupos de parentesco del ayllu y a los ayllus de la marka, o las marka de una región o provincia, permitiendo de esta manera el funcionamiento de sus relaciones sociales, económicas y políticas. Desde luego el ayllu *jatha* fue el génesis de relaciones de parentesco para el proceso socio-económico y político de la sociedad andina. La estrecha relación de parentesco entre los miembros del ayllu con una tendencia endógena, y la relación política de los jilaqata-mallku en una marka con la jerarquización en la dimensión horizontal, debió permitir el desarrollo de las relaciones socio-económicas y políticas a través de las relaciones de complementariedad, reciprocidad y solidaridad. En este sentido, el cacicazgo permitió el mayor afianzamiento de las relaciones de parentesco, ante todo entre los caciques de una comunidad de ayllus y de diferentes comunidades o repartimientos, principalmente durante el siglo XVIII, a través de entronques matrimoniales. Por consiguiente, las relaciones de parentesco permitieron mantener la continuidad de la familia extendida de los caciques.

El parentesco y la cuestión económica estaban estrechamente ligados a la vida cotidiana de los caciques, pues la relación de parentesco permitía a los caciques consolidar su prestigio familiar y económico, reforzado con el otorgamiento de ciertos privilegios coloniales en base a los mecanismos de parentesco con sus antepasados prehispánicos. Así, tener alguna ascendencia inkaica era importante porque ésta estaba muy ligada al cacicazgo. En este sentido el parentesco entre los descendientes de los caciques de hecho estaba vinculado a la sucesión cacical. Es cierto, no todos los descendientes de los caciques podían llegar a ser caciques de importancia, sino solamente lograban cargos de menor jerarquía como segunda persona o simplemente indio principal. Pero la relación de parentesco entre las familias vinculadas al cacicazgo de cualquier condición económica fue importante por su distinción con relación a la población tributaria. Entonces se puede percibir la cuidadosa observación que tenían los caciques en cuanto a la importancia de su ascendencia familiar que indudablemente tuvo sus variantes, especialmente como consecuencia de entronques matrimoniales. El parentesco de los caciques estaba relacionado generalmente al control del poder cacical o privilegio familiar. Así, los Guarachi de Jesús de Machaqa han sostenido permanentemente ser descendientes de Apu Guarachi, uno de los Mallku de los Pakaxi y de Killaka.

Este Apu poco antes de la conquista inkaica señoreaba "todo Charcas" *desde el Desaguadero hasta los contornos de Potosí y Chuquisaca* (BCUMSA, Manuscrito 191, f. 12). Pero más tarde, una parte de los Guarachi sentía tener ascendencia inka por la línea materna, puesto que uno de ellos, a mediados del siglo XVII, se emparentó con uno de los troncos cacicales de Kupakawana (de ascendencia inka), es decir a través del matrimonio. Esto, indudablemente, con el objeto de fortalecer e incrementar sus bienes con la dote materna.

Otros caciques de Pakaxi también sostenían que eran descendientes de uno de los inka que conquistó a los Pakaxi. Así los del pueblo de Qalaqutu afirmaban ser "descendientes de los ingas nobles" del Perú, es decir *del Gran Tupa Yupanqui* (ALP. EC. 1779-1783). En 1545, los hermanos Felipe Túpak Yupanki y Gonzalo Pucho Guallpa Inga habrían conseguido de la Corona de España la declaratoria de nobleza inka y un escudo de armas. Felipe Túpak Yupanki sirvió de ascendencia inka a los Cusicanqui de Qalaqutu y, mientras Gonzalo Pucho Guallpa Inga fijó su residencia en Lambayaque (Perú), no sabemos acerca de su descendencia. La relación de parentesco de los Cusicanqui no solamente estaba circunscrita a Qalaqutu, sino también era extensiva a Tiwanaku con los Canqui. En el pueblo de Waqi, uno de los cacicazgos de apellido Choque Mamani (o Guamani), según los documentos republicanos del presente siglo, tendría la ascendencia del último inka del Tawantinsuyu. De acuerdo a los datos que consigna el expediente moderno, Pedro Chuquiguamani (indio principal en 1647) pertenecería a la sangre noble del pueblo de Waqi de la Provincia de Pakaxi, puesto que sus antepasados "desde la gentilidad" fueron descendientes de *Apu Inka Atahuallpa según acreditan los documentos* de su abuelo *don Felipe Chuquiguamani Inca, hijo natural del rey Inca Atahuallpa* (ALP.EP. 1929. Testimonio).

El análisis de la relación de parentesco entre los caciques de Pakaxi no solamente está vinculado a la ascendencia de sus antepasados que podían ser los inka (Túpak Inka Yupanki, Sincharoca y Atawallpa), sino también a otros aspectos de la sociedad colonial. Así, la relación de parentesco estaba vinculada a los intereses de la sucesión cacical, la cual es más importante entre los caciques. Al mismo tiempo, ésta servía igualmente para gozar los privilegios facilitados por el sistema colonial, especialmente para poseer y acumular los bienes, puesto que los entronques a través de matrimonios entre los hijos e hijas de diferentes caciques, tanto de un mismo pueblo como de diferentes pueblos, les daban la posibilidad de acceder al derecho de la dote.

2. Formas de generar el parentesco

Se percibe, desde luego, dos formas de generar el parentesco. Una forma que era común, o general, de generar el parentesco entre los caciques de Pakaxi fue sencillamente la sucesión cacical por la línea paterna. Pero para generar el parentesco no solamente servía la línea paterna sino también la materna. En este sentido todos los candidatos a caciques por su filiación paterna tenían la seguridad de ser elegidos, lo cual estaba garantizado por el apellido paterno, pero de acuerdo a la importancia del ascendiente que podía ser varón o mujer. Si el descendiente era mestizo, el apellido podía ser cambiado por el de español o sencillamente se introducía como una variante para resaltar probablemente la distinción de nobleza, por ejemplo, el apellido Fernández en el caso de los Guarachi. De todas maneras, el ascendiente servía de base para legitimar no solamente el parentesco sino también el cacicazgo.

La otra forma de generar el parentesco entre los caciques fue a través de los entronques matrimoniales de un pueblo o distintos pueblos. Los hijos de estos matrimonios no perdían su derecho al cacicazgo de su pueblo por la línea paterna, además el parentesco se ampliaba por la línea materna con derecho al cacicazgo y a los bienes maternos. En este caso, en Pakaxi, algunos caciques estaban casados en sucesivas nupcias con distintas mujeres de diferentes familias cacicales, ellas en su mayoría eran hijas de caciques de prestigio. Esta situación, evidentemente, no solamente significaba emparentar por cuestiones cacicales, sino también por razones económicas, sociales, políticas y familiares. En este entendido, el parentesco como resultado de matrimonios fue sin duda el mecanismo de entroncamiento importante para mantener el poder cacical, o de grupo, a nivel local y regional de caciques emparentados. Así, el parentesco entre los caciques de Jesús de Machaqa, Tiwanaku, Qalaqutu, Laja y Pukarani fue el resultado del matrimonio de sus descendientes, incluyendo a Chukuitu con Kupakawana. Por otra parte, generaban nuevas genealogías como consecuencia de la crisis de algunos troncos cacicales y, de esta manera, se permitía el surgimiento de nuevos troncos de cacicazgo pero sin ascendencia inka o indígena noble. En este caso, aunque se perdieran los troncos antiguos, el emparentamiento a través de matrimonios entre los caciques, permitía orientar el parentesco hacia las cuestiones sociales y económicas. En las postrimerías del coloniaje, incluso se reforzaba el emparentaniento con gente criolla.

Hemos dicho que el ascendiente de los Guarachi era Apu Guarachi. No se sabe sobre la relación de parentesco de los descendientes inmediatos de Apu Guarachi que fueron dos: Copatiti y Llanquititi. Este último fue considerado como gobernador de Jatunqulla y fundador de Machaqa la Chica. Hacia 1548 Fernando Ajata Camaqui aparece como cacique de Machaqa la Chica. Este tuvo un hijo nombrado Fernando Cayo Guarachi que aparece en 1588 como cacique del mismo pueblo. A éste sucedió su hijo nombrado Pedro Fernández Guarachi como cacique principal y gobernador de su pueblo, casado con María Cassisa. De este matrimonio nacieron dos varones nombrados Gabriel y Diego Fernández Guarachi. Entre los caciques Guarachi de Jesús de Machaqa, los que sobresalieron fueron Gabriel y Joseph Fernández Guarachi. El primero de ellos era, sin duda, el cacique más importante del pueblo de Jesús de Machaqa entre 1644 y 1673, más que todo, por su reiterada actuación como capitán general de mitayos de la Provincia de Pakaxi. Este estuvo casado con María Hachama. Este matrimonio tuvo solamente dos hijas legítimas: Lucrecia y Maria Fernández Guarachi, de manera que se produjo el caso de sucesión cacical de tío a sobrino. Por tanto no tuvo un sucesor legítimo a pesar de tener hijos naturales (varones) que no tenían derecho a la sucesión cacical. Por causa de esta situación el cacicazgo pasa al hijo de su hermano, nombrado Pedro Fernández Guarachi, que se casó con Juana Quispe Sissa, hija del prestigioso cacique de Kupakawana, Juan Maita Qhapaq Atauchi y de María Quispe Sissa. Pedro Fernández Guarachi figura como cacique principal y gobernador de su pueblo entre 1667 y 1676 y también ejerció el cargo de capitán general de la mita de Potosí en representación de la Provincia de Pakaxi. El matrimonio Fernández Guarachi-Quispe Sisa tuvo dos hijos varones: Joseph y Miguel Fernández Guarachi. Por consiguiente, Joseph, como hijo primogénito, llegó a ser cacique principal y gobernador del pueblo de Jesús de Machaqa (1721-1733), mientras que Miguel Fernández Guarachi aparece como segunda persona. A Pedro Fernández Guarachi tampoco le escapa tener algún hijo fuera del matrimonio; por tanto, tuvo una hija natural nombrada Bárbara Fernández Guarachi que se casó con Bonifacio Fernández Guarachi, hijo natural de Gabriel Fernández Guarachi (ver Fig. 1).

Ahora veamos el parentesco de un tronco cacical del pueblo de Qaqayawiri (Caquiaviri). Es interesante ver la disputa del cacicazgo por los descendientes de dos ramas de un tronco genealógico de apellido Sirpa. En este caso Francisco Sirpa, ascendiente de los demás Sirpa, aparece casi a finales del siglo XVII como cacique principal y gobernador del pueblo de Qaqayawiri. Este tuvo un hijo legítimo para su sucesor nombrado Diego Sirpa que logró obtener el cargo de cacique-gobernador de ese pueblo y éste a su vez tuvo un hijo (Francisco Sirpa), quien evidentemente fue cacique y gobernador (1705-1727) del mismo pueblo. Este estuvo casado con Rosa Paxsipati (hija de Tomás Paxsipati de Tiwanaku). De esta manera, los descendientes de Sirpa y Paxsipati se emparentaron. Francisco Sirpa también tuvo un hijo legítimo, quien le sucedió como cacique principal y gobernador de la parcialidad de Urinsaya "Chacos y Collanas" de Caquiaviri. Según el documento consultado, el parentesco de este cacique es el siguiente:

> Don Fernando Sirpa cacique principal de este pueblo de Caquiaviri de la parcialidad de Urinsaya hijo lexítimo de Don Francisco Sirpa mi padre ya difunto a poco murió en la ciudad de La Paz... obtuvo dicho mi padre el dicho gobierno y cacicazgo como hijo legítimo y heredero de don Diego Sirpa mi abuelo que fue cacique y gobernador de dicha parcialidad hijo primogénito lexítimo de Francisco Sirpa mi bisabuelo que también fue gobernador y cacique de ella... (ANB. EC. 1745, N° 42).

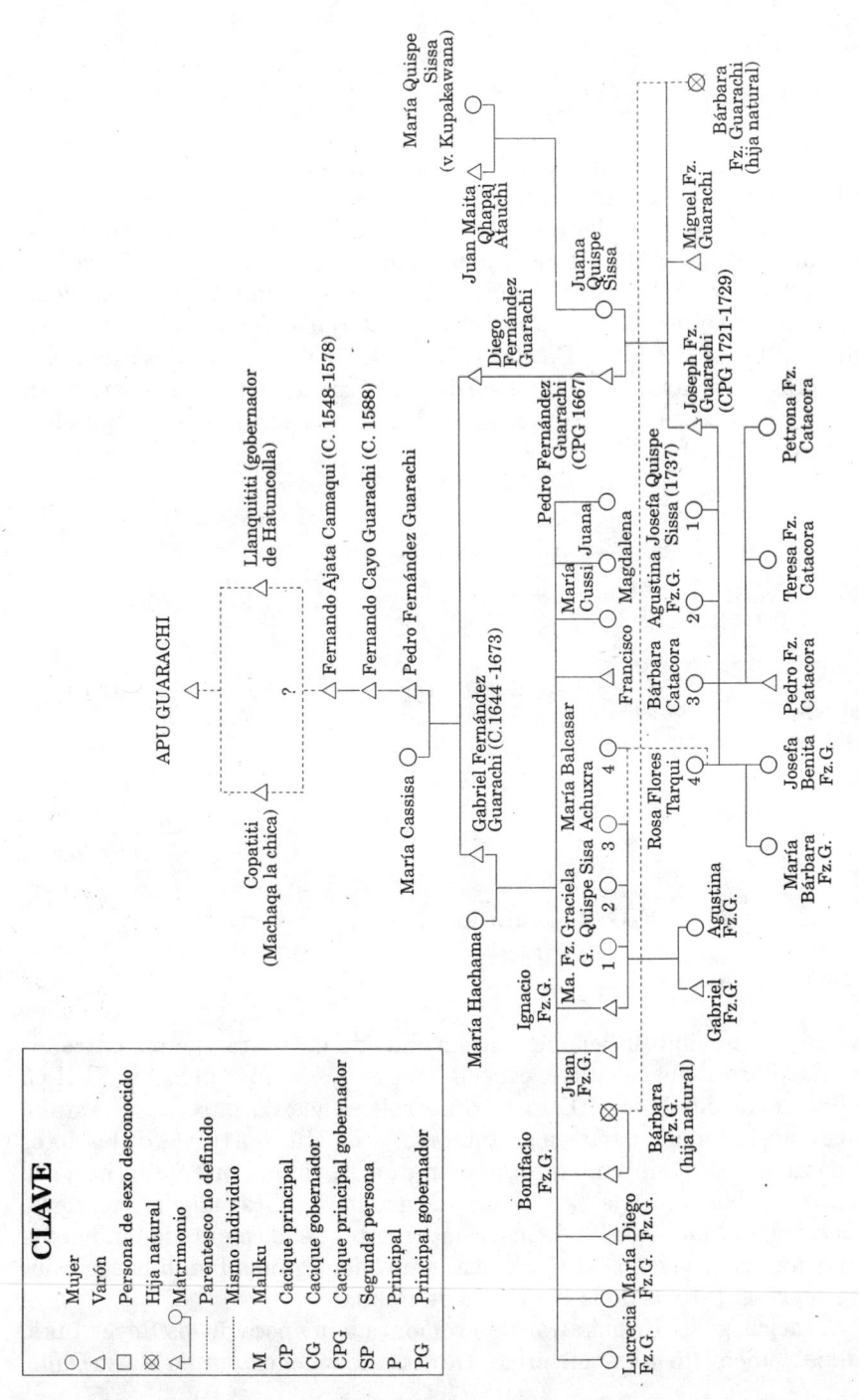

FIG. 1 Caciques de Jesús de Machaqa

Entre tanto la otra parte del mismo tronco estaba representada por Andrés Sirpa (indio principal), hijo de Antonio Sirpa (cacique principal) también de la parcialidad de Urinsaya. Hacia 1749, Andrés Sirpa fue confirmado como *hijo lexítimo y primogénito de don Anthonio Zirpa, ya difunto cacique principal de Urinsaya Chacos y Collana de la Provincia de los Pacaxes* y su "abuelo" era *don Francisco Zirpa, asimismo finado* (ANB. Minas, T. 127, 1752, N° 1). En este caso los descendientes de dos ramas del tronco Sirpa reclamaban el derecho de cacicazgo de la misma parcialidad, y de esta manera el parentesco de los Sirpa estaba perfectamente confirmado (ver Fig. 2).

```
                                             △ Francisco Sirpa (CPG)
                                             │
            Pascuala ○──△ Antonio Sirpa (CP)   △ Diego Sirpa (CG)
            Josefa        p. Urinsaya (1705)   │
        ○         Andrés △      Rosa Paxsipati ○──△ Francisco Sirpa (CPG)
    Magdalena     Sirpa                             (1705, 1711, 1719, 1727)
    Sirpa         (1752)                       │
                  ind. pl.                     △ Fernando
                                                 Sirpa Paxsipati (CPG)
                                                 p. Urinsaya Chacos y Collanas
```

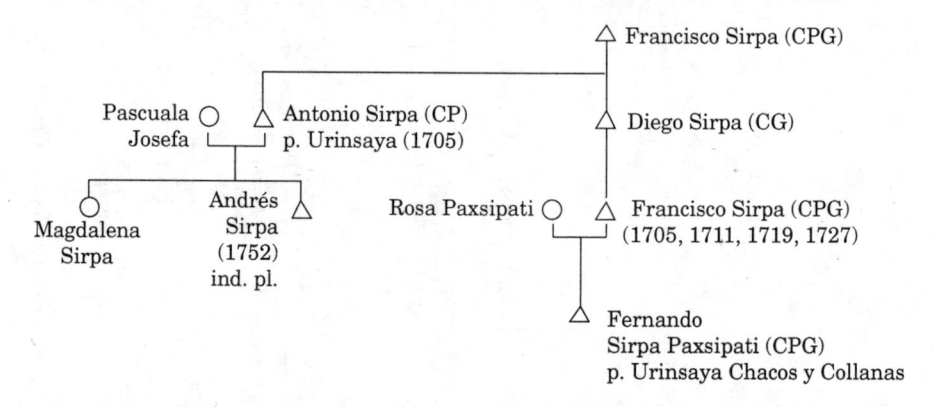

FIG. 2 Caciques de Qaqayawiri

3. Los entronques

Es notable percibir el fenómeno acentuado de entroncamientos entre las familias durante el coloniaje, especialmente desde fines del siglo XVII en la Provincia de Pakaxi. Este tipo de relaciones de parentesco estaba vinculado, indudablemente, a los intereses económicos a través de las dotes matrimoniales; y sin embargo, por una parte estaba orientado hacia el cacicazgo y, por otra, a la constitución de grupos de élite indígena con cierto poder de dominio sobre los demás componentes de la comunidad indígena. A continuación veamos el entroncamiento de algunas familias cacicales más representativas de la Provincia de Pakaxi.

El cacicazgo de Kupakawana se remonta a la época de los Reyes Inka, indudablemente al inka Sinchiroca. De esta ascendencia surgió María Ogllo, que se identificó como nieta del inka Sinchiroca. Posteriormente, como descendiente de este inka, aparece Baltasar Chuquimia casado con Ana Tia Llanki Choque, hija de Alonso Llanki Choque (cacique principal de ese pueblo), éste se consideraba como nieto de Martín Llanki Choque (segunda persona) casado con María Anaya, descendiente por línea recta por ser hija de García Vaca Maita, su ascendiente fue Apoma Qhapaq Inka Gentil. De esta manera se produjo el entroncamiento entre las familias cacicales de Baltasar Chuquimia y Llanki Choque. Con este entronque parecen desaparecer los Llanki, pero los Chuquimia continuan en el cacicazgo de Kupakawana hasta 1740 aproximadamente. Antes de esa fecha, Juan Crisóstomo Chuquimia Inga, a través de su matrimonio con Francisca Cari Asiro Pacca, hija de Sebastián Cari Asiro, entronca su parentesco con los Pacca que como ascendiente tenían a Francisco Nina Chambilla (1573?) (Ver Fig. 3).

En este caso el entronque se puede considerar como una afirmación de la relación de parentesco en función del concepto de reciprocidad y solidaridad a nivel local, entonces no necesariamente en función del cacicazgo porque los Pacca parecen no estar interesados en la sucesión cacical. En Kupakawana existe otro grupo de caciques Atauchi. Indudablemente era un grupo familiar muy importante por su ascendencia inka. En este caso su ascendencia se remonta a Cristóbal Pallotopa Inga. Los Titu Atauchi del siglo XVII, en el siguiente siglo, se identificaron como descendientes de Guillermo Titu Atauchi, pero posteriomente se amestizaron llevando los apellidos Fernández Chuy. Uno de ellos fue Alonso que llegó a ser cacique gobernador, no solamente de Kupakawana sino también de los pueblos de Laja y Pukarani, ubicados cerca a la ciudad de La Paz. También es interesante conocer que una de las hijas de Carlos Fernández se casó con el cacique de Karawuku, Agustín Siñani, pueblo que está ubicado en el Noroeste del lago Titikaka. De esta manera se produjo el entroncamiento entre los Fernández Chuy de Kupakawana y Siñani de Karawuku, ampliando no solamente la red de parentesco, sino orientándose indudablemente al dominio regional. Entonces, quiere decir que los caciques Fernández Chuy a partir de Ildefonso probablemente trataron de dominar la región comprendida entre los pueblos de Kupakawana, Laja y Pukarani, incluso hasta las proximidades de la ciudad de La Paz. A fines del siglo XVIII, la hija del cacique Pedro Titu Atauchi, María Michaela, estaba casada con Manuel Antonio Chuquimia; de esta manera, indudablemente se reforzaba el parentesco de ambos troncos (ver Fig. 4).

334 Roberto Choque Canqui

Reyes Incas

- Inka Sinchiroca
  - María Ogllo
    - Baltasar Chuquimia
      - Gerónimo Chuiquimia (P. 1687) PG del estrecho de Tiquina
      - Juan Pascual Chuquitopa (o Chuquimia)
      - Juan Crisostomo Chuquimia Inga
        - Joseph Chuquimia
        - Manuel Antonio Chuquimia (1784)

- **Aporno Qhapaq Inka Gentil Garcia**
- **Vaca Maita**
  - María Anaya
    - Martín Llanque Choqui (SP)
      - Baltasar Choratopa
    - Ana Tía Llanqui Choque
      - Ignacio Chuquimia (CP. 1679)

- Martín Chorotopa (CP)

Gobernadores

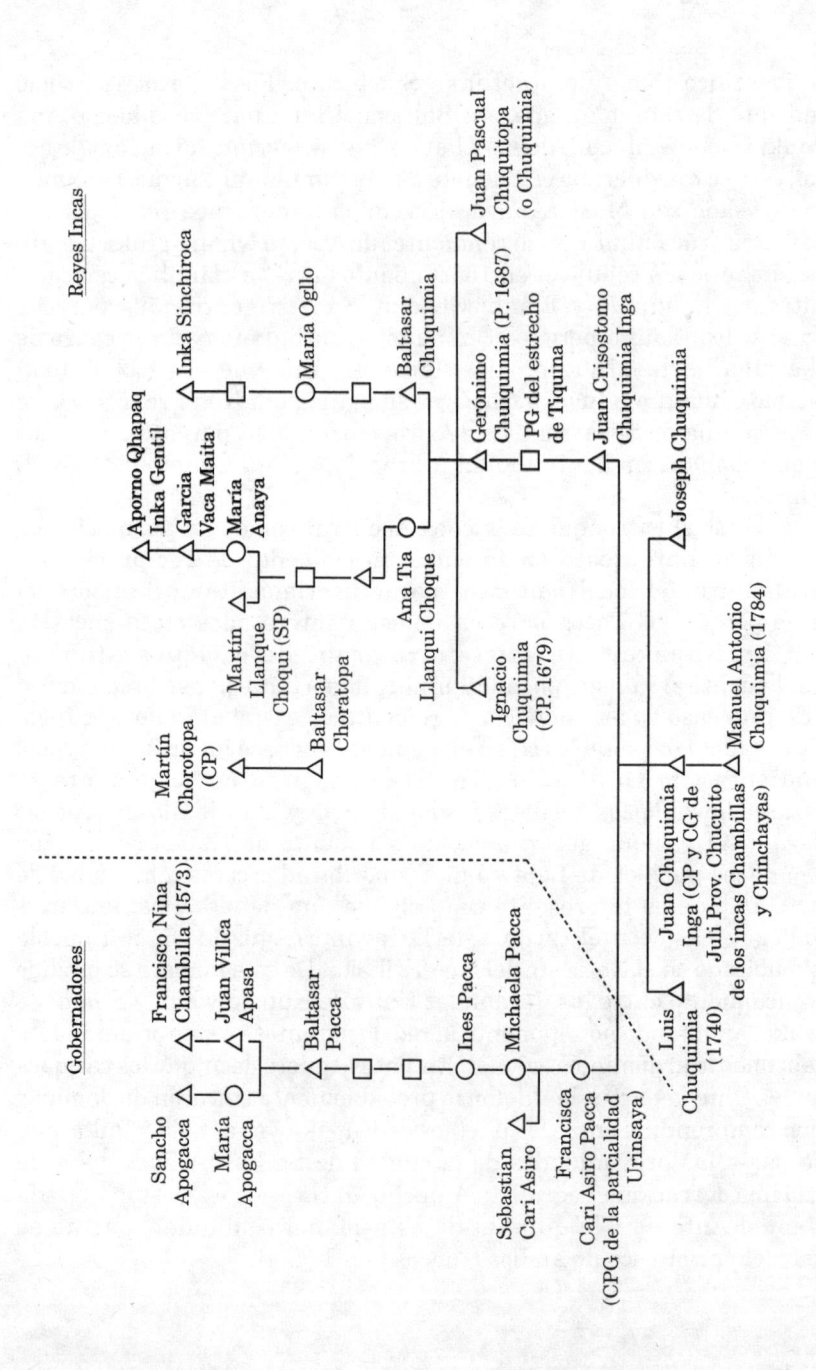

- Sancho Apogacca
- María Apogacca
- Francisco Nina Chambilla (1573)
- Juan Villca Apasa
  - Baltasar Pacca
    - Ines Pacca
    - Michaela Pacca
      - Sebastian Cari Asiro
      - Francisca Cari Asiro Pacca (CPG de la parcialidad Urinsaya)
        - Luis Chuquimia (1740)
        - Juan Chuquimia Inga (CP y CG de Juli Prov. Chucuito de los incas Chambillas y Chinchayas)

FIG. 3 Caciques de Kupakawana (Urinsaya)

PARENTESCO ENTRE LOS CACIQUES DE PAKASA 335

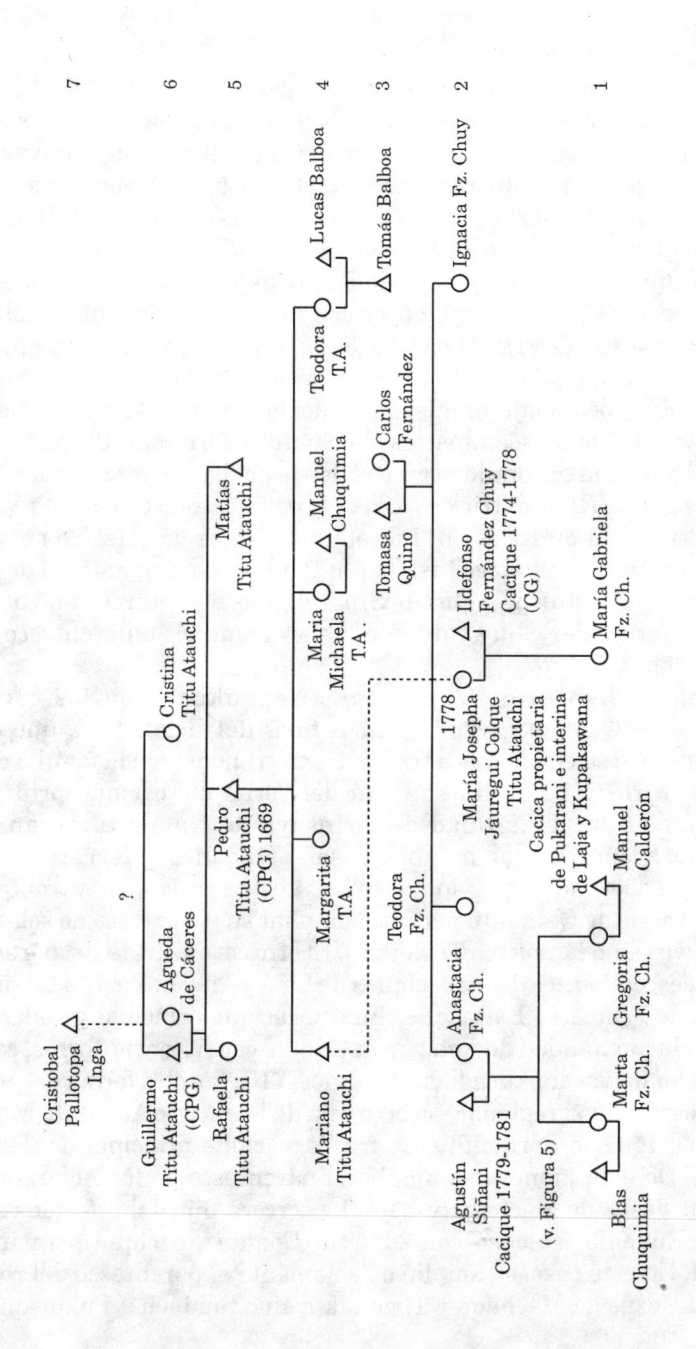

FIG. 4 **Caciques de Kupakawana, Laja y Pukarani**

Hacia 1740, Juan Chuquimia Inga, cacique principal del pueblo de Kupakawana, también fue cacique principal y gobernador de Juli, Provincia de Chukuitu, en la parcialidad de los inka Chambillas y Chinchayas. Este cacique resulta ser el quinto nieto de María Ogllo, nieta del inka Sinchiroca, *Rey y señor que fue natural de estos reinos*. Esto quiere decir que los Chuquimia tenían dominio el suroeste del lago Titikaka.

Los caciques Siñani del pueblo de Karawuku parecen pertenecer a un solo tronco genealógico que dominaron con su cacicazgo durante el coloniaje hasta fines del siglo XVIII. Hacia 1538, Siñani y Choqueguanca aparecen como hijos de Huayhua y éste había servido a Wayna Qhapaq (Paredes 1968: 18). Este personaje prehispánico debió ser seguramente el mallku de Karawuku. Los descendientes de Siñani (Fernando después de su bautismo) tenían la continuidad cacical de ese pueblo sin interrupción hasta fines del siglo XVIII. A partir de Andrés Siñani, casado con Josefa Vargas, parece entrar a la mestización. La referida Vargas después de su viudez (sin duda de Andrés) aparece casada con Paulino Ramos, natural de Ilave, Provincia de Chukuitu. Agustín Siñani (hijo de Andrés) se casó con Anastacia Fernández Chuy y de esta manera amplió su parentesco hacia Kupakawana (ver Fig. 5).

Los descendientes de Túpak Inka Yupanki fueron los caciques Cusicanqui de Qalaqutu (ver Fig. 6). A fines del siglo XVIII, uno de los Cusicanqui tuvo su entronque a través del matrimonio con la familia cacical de Qaqayawiri (Caquiaviri), se trata del yerno del cacique principal y gobernador de la parcialidad de Urinsaya de Qalaqutu, Juan Josef Cusicanqui, conocido por nombre Josef Esteban de Herrara, cacique principal y gobernador de Qaqayawiri. En este sentido, el entronque del referido cacique de Qalaqutu permitía ampliar su parentesco no solamente a Qaqayawiri sino también a Tiwanaku. El otro caso se trata del parentesco entre los descendientes de los caciques de Laja y Tiwanaku. El matrimonio de la hija de Francisco Baltasar Achuxra, cacique principal y gobernador de Laja de la parcialidad de Anansaya, Cecilia, con Ascencio Torres, cacique y gobernador de Tiwanaku, a fines del siglo XVIII, fue otra forma de vincular el parentesco a nivel regional. La otra hija de Francisco Achuxra, Mariana se casó con Ignacio Fernández Guarachi, cacique principal de Jesús de Machaqa. De esta manera se amplió el parentesco de los Achuxra a los pueblos de Jesús de Machaqa y Laja. La tercera hija del referido cacique se llama Eugenia: se casó con Agustín Condori, cacique principal de Pukarani. En este caso, se amplió no solamente el parentesco del referido Achuxra a Jesús de Machaqa y Tiwanaku, sino también a Pukarani. Esto

PARENTESCO ENTRE LOS CACIQUES DE PAKASA 337

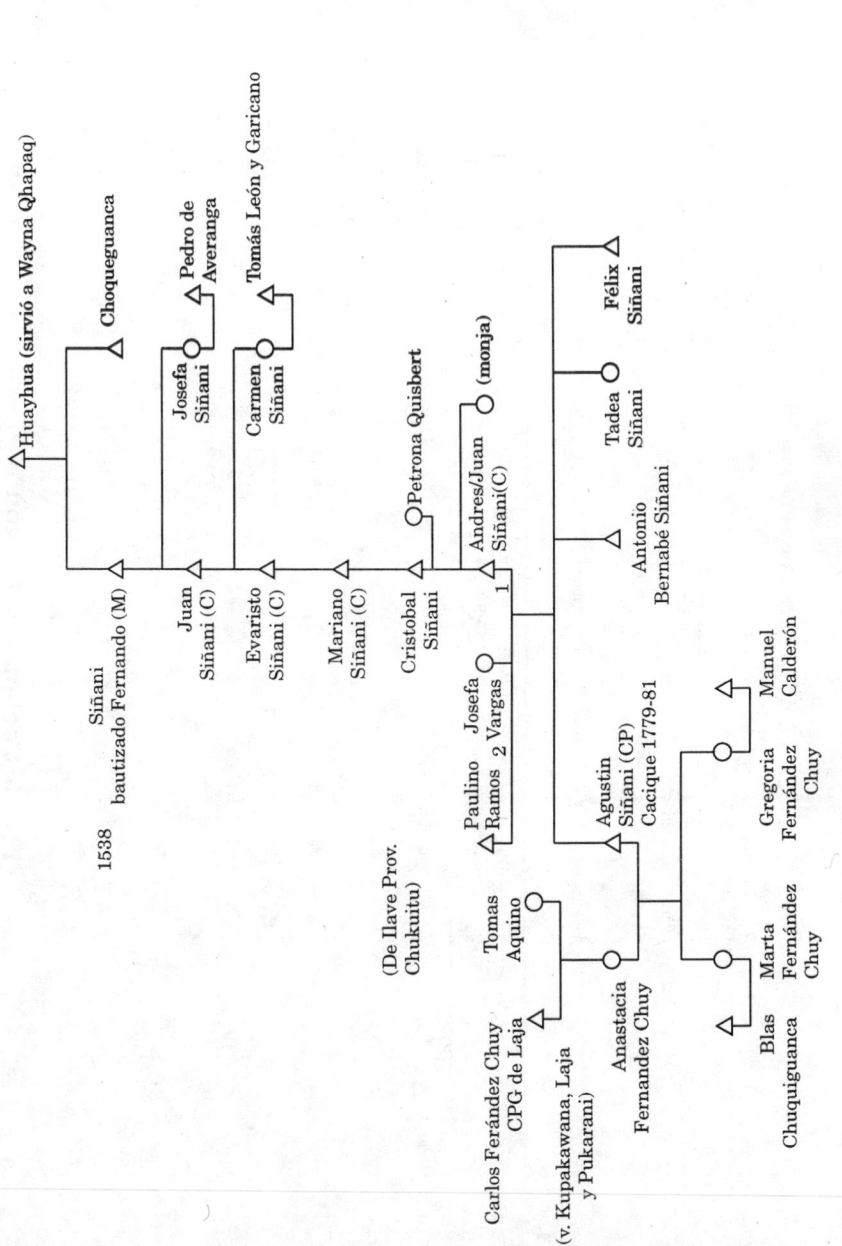

FIG. 5 Caciques de Karawuku

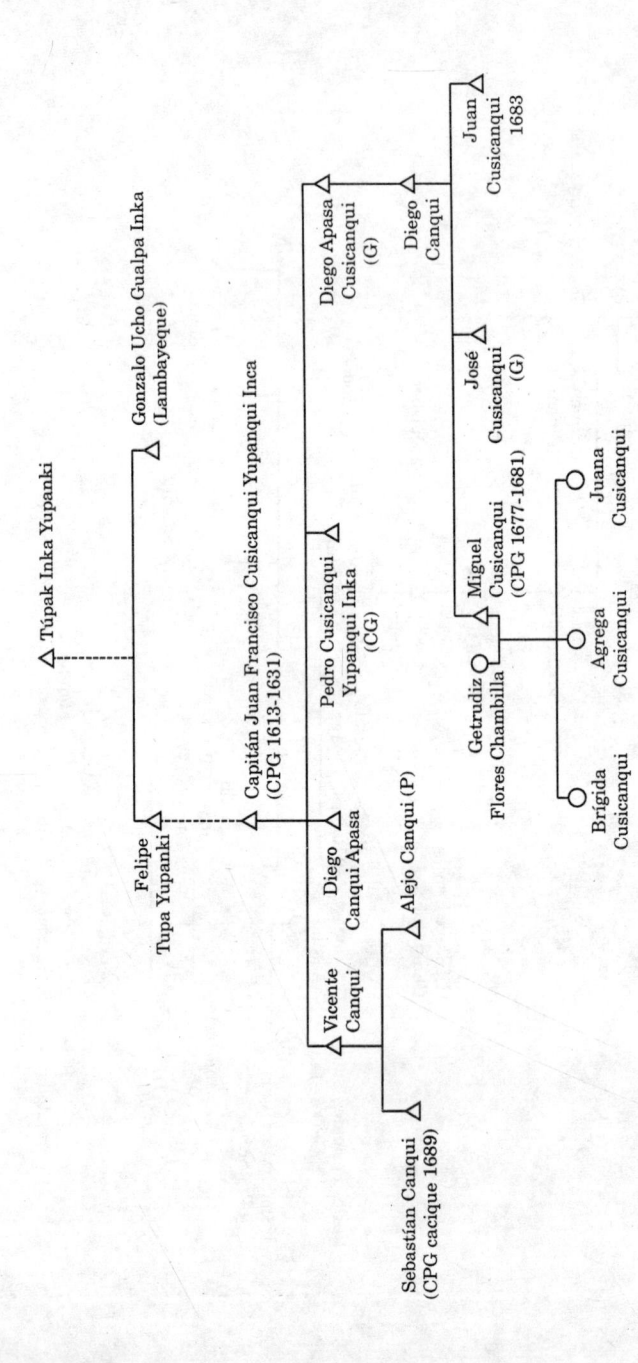

FIG. 6 Caciques de Qalaqutu

supone que hay una idea de dominio de los Achuxra sobre los referidos pueblos e, indudablemente, con posibilidades de acceso al cacicazgo de cada parcialidad o pueblo.

Conclusión

Es muy evidente que el parentesco entre los caciques de Pakaxi, al igual que entre los demás grupos cacicales del mundo andino, indudablemente estaba relacionado con la ascendencia de un *apu* o *inka* prehispánico y la distribución de los bienes dotales o herencias entre los descendientes. Esta situación estaba garantizada durante el coloniaje a través de la misma legislación indiana. El orgullo de ser descendiente de algún *inka* o *indio noble* era muy notable, lo cual permitió a los caciques mantener su dominio económico y político sobre los demás de la población tributaria. Esto quiere decir que los diferentes grupos cacicales por descender de "los reyes o señores" prehispánicos se distinguían de los demás indígenas de categoría de tributarios.

Por otra parte, en relación con el aspecto del género de este estudio, es también evidente que la mujer ha sido uno de los componentes de *chachawarmi* (pareja) para formar *jaqi* (persona), cuya importancia social jugaba su rol a partir del matrimonio para la relación de parentesco entre los miembros del ayllu andino; en el caso que nos ocupa, entre los caciques no solamente a nivel local, sino también incluso a nivel de una región, especialmente a través de entronques matrimoniales. La mujer que se casa significaba el aporte de la dote y la reproducción de descendencia. También la mujer ha servido para la mestización de algunos caciques, principalmente en las postrimerías del coloniaje. Es decir, los caciques de buena posición económica y de prestigio se casaron con criollas y mestizas.

BIBLIOGRAFÍA

FUENTES PRIMARIAS:

Archivo Nacional de Bolivia (ANB).
Colección Rosendo Gutiérrez en la BCUMSA.
Archivo de La Paz (ALP).

FUENTES SECUNDARIAS:
CHOQUE CANQUI, Roberto,
1979 "Las haciendas de los caciques Guarachi en el Alto Perú (1673-1734)". **América Indígena**. Vol. XXXIX. Nº 4. México: Instituto Indigenista Interamericano.

1997 "Cacicazgo aymara de Pakaxa". **Estudios Bolivianos 4**. Historia. La Paz: Instituto de Estudios Bolivianos, UMSA: 5-75.

MÖRNER, Magnus,
1990 "Etnicidad, movilidad social y mestizaje en la historia colonial hispanoamericano". En: **Ethnicity in Latin America.** University/Uppsala Universitet. Centre for Latin American Studies, CELAS.

MURRA, John V.,
1975 **Formaciones económicas y políticas del mundo andino**. Lima: Instituto de Estudios Peruanos.

PAREDES, M. Rigoberto,
1968 **Los Siñani**. La Paz: Ediciones ISLA.

PEASE, Franklin,
1992 **Curacas, reciprocidad y riqueza**. Lima: Pontificia Universidad Católica del Perú, Fondo Editorial.

RASNAKE, Roger,
1989 **Autoridad y poder en los Andes: Los kuraqkuna de Yura**. La Paz: HISBOL.

RIVERA C., Silvia y Tristan PLATT,
1978 "El impacto colonial sobre un pueblo Pakaxa: la crisis del cacicazgo en Caquingora (Urinsaya), durante el siglo XVI". **Avances** 1. La Paz.

ROSTWOROWSKI de DIEZ CANSECO, María,
1961 **Curacas y sucesiones**. Costa Norte. Lima.

ROWE, John Howland,
1986 "Probanza de los incas nietos de conquistadores". **Histórica**, Vol. IX. N° 2. Lima: Pontificia Universidad Católica del Perú.

SANTOS ESCÓBAR, Roberto,
1987 **La contribución de Apu Chalco Yupanki, gobernador de Kollasuyu en la expedición de Diego de Almagro a Copiapo, principio de Chile**. Colección de Folletos Bolivianos. HOY. Vol. III. N° 24. La Paz, 1987.

SPALDING, Karen,
1974 **De indio a campesino**. Lima: Instituto de Estudios Peruanos.

ZUIDEMA, R. Tom,
1989 **Reyes y guerreros. Ensayos de cultura andina**. Lima: FOMOCIENCIAS.

13

¿POLIGINIA CACICAL O POLIGINIA GENERALIZADA? EL CASO DE HUÁNUCO PAMPA, PERU (1562)

Carmen Bernand

Introducción

Uno de los problemas más complejos que los primeros misioneros tuvieron que resolver en América fue el de la poliginia practicada por los miembros de las élites y el de su legitimidad dentro de la sociedad indígena. Esta costumbre, considerada como un obstáculo para la conversión de los naturales, obedecía a causas económicas y sociales, ya que el hecho de poseer numerosas esposas era una de las bases del poder cacical. El desarraigo de esta práctica, inconciliable con la monogamia preconizada por la Iglesia, desmantelaba las casas señoriales y quitaba a sus jefes una fuente de prestigio y de autoridad. Sin embargo, durante los primeros decenios que siguieron a la conquista, se invocó el derecho natural de los pueblos a contraer matrimonio según pautas que les eran propias y se reconocía en muchos casos la legitimidad de los descendientes de un mismo príncipe o jerarca, habidos en distintas mujeres. Tal fue el caso expuesto en las probanzas de los hijos del Inca Atahualpa [1]. Naturalmente hubo que encontrar criterios para definir nuevas formas de legitimidad, compatibles con el derecho hispánico. En México, los franciscanos distinguieron dos tipos de uniones conyugales: las que eran selladas mediante ciertos ritos (y que sólo una decisión jurídica podía deshacer) y las que no se acompañaban de ceremonia alguna y se asemejaban a las uniones libres. La imposición de la monogamia, una de las estrategias de la evangelización, dio lugar a un debate jurídico que el papa Pío V zanjó en 1571, seis años después de la clausura del Concilio de Trento. Los indígenas polígamos fueron obligados a casarse con la primera mujer, que era también por regla general la de mayor edad [2].

---

[1] U. Oberem (1976): "Dos provanzas hechas, la una en Lima y la otra en el Cuzco, a pedimento de don Diego y de don Francisco, hijos naturales que dicen ser del emperador Atabalipa".
[2] Ricard (1933: 137-139).

En el Perú, encontramos referencias concretas a la poligamia más allá del año 1571, fecha que coincide con la caída de Vilcabamba y con la ejecución de Tupac Amaru I. En 1575, el virrey Toledo promulga una serie de ordenanzas para reprimir el amancebamiento de los indígenas bajo todas las formas. Estas reglas suponen una definición clara de lo que se entendía por incesto. Refiriéndose a la jurisdicción que debían tener los alcaldes, Toledo ordena que se impida toda relación carnal "con su madre o con su hija o con su hermana o con la mujer de su padre o con la mujer de su hermano o con su tía, prima o comadre, o hija, o con dos hermanas o dos parientas" [3]. Si bien todas las sociedades prohiben de una manera u otra el incesto, las categorías del derecho canónico no son universales. Sabemos, por ejemplo, que en tiempos prehispánicos un hijo podía heredar las concubinas de su padre difunto y tener relaciones sexuales con ellas, exceptuando aquellas que "habían parido de padre" así como la esposa legítima. Pero sí se podía heredar todas las mujeres de un hermano, fueran legítimas o no. Es evidente que estas reglas son el reflejo de concepciones propias al mundo andino sobre la identidad y los ancestros. De ahí que la redefinición del incesto operada por el cristianismo constituya uno de los cambios más radicales operados en esas poblaciones [4]. A pesar de las ordenanzas toledanas, la poliginia cacical siguió siendo practicada durante varios años, como lo confirman numerosos textos, en la mayoría pleitos entablados por los descendientes de un cacique para hacer valer sus privilegios. Esta costumbre fue suprimida oficialmente en 1584, como consecuencia de la represión del movimiento nativista del Taqui Onqoy. Los caciques se vieron obligados a desprenderse de sus mancebas pero muchos de ellos continuaron teniendo concubinas aunque éstas no fueran consideradas legalmente como esposas legítimas [5].

El texto de *La Visita de Huánuco*, efectuada por Iñigo Ortiz de Zúñiga en la provincia de León de Huánuco, Perú, en 1562 y publicado en 1967 por John Murra, contiene un material excepcional para el estudio de los pueblos

---

[3] Francisco de Toledo en Sarabia Viejo (1989, T. II: 226).
[4] Cobo (T. II, libro 14, cap. 7: 250). El vínculo que une el incesto, el parentesco y las concepciones autóctonas del cuerpo humano y de las substancias que lo componen ha sido desarrollado por Françoise Héritier. En lo que respecta al mundo andino, es necesario retomar con suma atención las crónicas del siglo XVI y los testamentos de los primeros decenios de la conquista para no dejarse llevar por el célebre texto de Juan Pérez Bocanegra, publicado en 1631, y que "andiniza" los impedimentos canónicos.
[5] Waldemar Espinoza Soriano (1979). Millones (comp., 1990: 257 y sig.).

andinos pertenecientes a las encomiendas de Gómez Arias y de Juan Sánchez Falcón. Se trata efectivamente de una visita muy detallada en la que están consignadas, casa por casa, las familias y los individuos, con sus nombres, edades, ocupaciones y obligaciones tributarias. Varios especialistas han estudiado diversos aspectos que aparecen en esta fuente y el mismo John Murra ha efectuado una evaluación etnológica de la misma. Sin embargo ninguno de ellos ha analizado exhaustivamente las estructuras familiares. El trabajo que presentamos en este capítulo forma parte de una investigación colectiva sobre el parentesco, la antroponimia y las clases de edad a partir de la cuantificación de los datos de la *Visita* [6]. Nos proponemos ilustrar, sobre la base del material recogido por Ortiz de Zúñiga, la extensión de la poligamia y las consecuencias de la generalización de esta institución.

El corpus de datos ha sido sacado del tomo I de la *Visita*, que corresponde únicamente a los pueblos encomendados en Gómez Arias Dávila. Como toda información de esta índole, la que nos brinda Ortiz de Zúñiga no puede ser tomada al pie de la letra sin un análisis crítico. Sabemos que en estas averiguaciones, los informantes ocultaban el número exacto de tributarios por razones obvias. Por regla general las cifras que presentan estas visitas son siempre inferiores a la realidad y estas precauciones valen también para el texto que examinamos. Sin embargo pensamos que a pesar de las distorsiones inevitables, la *Visita* constituye un conjunto significativo, revelador de las tendencias de la sociedad. Es muy probable que el número de casas poligínicas haya sido mayor al que hemos hallado en el documento, pero lo esencial es que, a pesar de la desconfianza que pudieran sentir los caciques de Huánuco hacia los visitadores, ninguno de ellos haya tratado de negar la existencia de ese tipo de grupo doméstico. Lo cierto es que en el Perú de 1562, la poliginia cacical no es un tema tabú; los informantes la mencionan explícitamente y precisan la categoría de las distintas mujeres, sin pensar, aparentemente, que tal costumbre es contraria a los valores cristianos. Este hecho de por sí es curioso, pues indica que la política de evangelización era en el Perú menos sistemática que en México, y que la

---

[6] Esta investigación, dirigida por Carmen Bernand en la EHESS (París), es el resultado de un trabajo de equipo cuyos participantes principales son: Annabel Arnoux, Olinda Celestino, Didier Lahon, Françoise Lestage, Alessandra Louessard y Carmen Salazar.

Iglesia toleraba una costumbre claramente pagana, aunque otras explicaciones, demográficas y sociológicas, pueden intervenir también [7].

La descripción más minuciosa de la poligamia andina se encuentra en la *Historia* de Bernabé Cobo. El cronista señala *"que solo la gente noble tenía esta multiplicidad de mujeres [...] que la plebeya y común solamente tenían cada uno lo suyo"* [8]. Más adelante, el jesuita explica de qué distintas maneras se procuraban estas mujeres. Una de ellas era que los padres daban a sus hijos, cuando eran pequeños, *"una mujer que los limpiase y sirviese hasta que tenían edad; y antes que los casasen, estas amas les enseñaban vicios y dormían con ellos [...] y esta tal siempre se les quedaba en casa por manceba después que se casaban"*. Otra manera consistía en entregar un huérfano a una viuda, que *"se amancebaba con él, hasta que el gobernador le daba mujer y se casaba"*. También se podía adquirir mancebas en la guerra o por vía de herencia [9]. Pero estas reglas relativas a las alianzas matrimoniales expresan normas de conducta y no comportamientos concretos. De ahí el interés excepcional del documento de Ortiz de Zúñiga, que nos permite cotejar el ideal con la realidad; sólo, nos dicen con los datos empíricos que se pueden recoger en el texto. ¿Qué características concretas presentan las familias poligínicas? ¿Quiénes son los jefes de estas familias extensas? ¿Se trata de una costumbre específica y ocasional, o por el contrario, de una pauta relativamente frecuente? ¿Cuál es su función principal? ¿Existe una alternativa a la poligamia?

El texto de la *Visita* contiene esos dos aspectos, el normativo y el empírico. En efecto los caciques convocados por Ortiz de Zúñiga ofrecen al visitador el paradigma ideal del matrimonio bajo sus diferentes formas. Las respuestas que estos principales dan al visitador pueden ser comparadas con las que nos brindan los cronistas, pues se refieren a lo que "se debe hacer" en materia de matrimonios. Estas normas constituyen lo que Claude Lévi-Strauss, y posteriormente Hugo Nutini, han llamado "modelo mecánico" de la alianza. ¿Qué pasa cuando se compara el ideal matrimonial andino con lo que sucede en la realidad y en un lugar determinado? Los

---

[7] Las referencias a la poliginia resultan tanto más sorprendentes cuanto, por cédula del 17 de diciembre de 1551, la Corona se propuso limitar el poder de los caciques regionales prohibiéndoles la poligamia y el excesivo número de mujeres sirvientas que tenían en sus casas: W. Espinoza Soriano (1960: 201).
[8] Cobo (T. II, 1964, libro 14, cap. VII: 247).
[9] Cobo (T. II, 1964, libro 14, cap. VII: 249-250).

datos que nos permiten establecer esas pautas constituyen el "modelo estadístico" [10]. En algunos casos ambos modelos pueden superponerse; en otros, contradecirse.

Antes de responder a estas preguntas es necesario esclarecer los términos utilizados en el documento. La *Visita* está redactada únicamente en castellano y debemos por lo tanto inferir, a partir de las palabras utilizadas por el transcriptor, cuáles podían ser los equivalentes quechuas. En todos los casos se distingue a la pareja casada de la pareja amancebada. La manceba puede ser la mujer en una unión monógama o bien la concubina, dentro de una familia poligínica. Las expresiones quechuas que se traducen por manceba, *puñuk maci* o *tiyak maci* según González Holguín, indican claramente que ésta es la compañera con la cual se vive y con la cual se duerme. El término quechua para "concubinarios, amancebados, amigados" es *tiyakmacik* y *tiapayani*: "asistir a otro como criado, hacer pressencia", siendo la raíz de todos estos vocablos *Tiyani, tiyacuni* = estar sentado, estar en algún lugar, morar. Es interesante destacar que "manceba" conlleva en quechua la idea de "servir", tanto es así que en muchos casos las concubinas son llamadas "indias de servicio", como veremos más adelante. El casamiento, en el sentido cristiano, está designado por el neologismo *casaracuni*. ¿Cuáles son los criterios utilizados por los informantes y el traductor Gaspar de Rodas para distinguir la esposa casada de la manceba? Si bien es posible que algunas uniones hayan sido santificadas por un sacerdote y que se trate efectivamente de un *casaracuni*, la frecuencia de nombres no cristianos y la situación particular de Huánuco cuyo territorio fue sacudido por las guerras civiles pone en duda la extensión del matrimonio religioso en una fecha tan temprana y parece más verosímil que muchas de estas parejas de "casados" fueran uniones "legítimas" según los antiguos cánones. Varios cronistas, y Cobo en particular, insisten en la distinción que prevalecía en tiempos incaicos entre la mujer legítima y las concubinas: "Entre las muchas mujeres que uno tenía era una sola la principal y que tenía nombre de mujer legítima, con la cual se casaba con consentimiento de ambos y con alguna solemnidad; y ésta era obedecida de las otras y tenía grandes preeminencias y nombre diferente que ellas como mujer propia y legítima, y las demás eran tenidas por concubinas" [11].

---

[10] C. Lévi-Strauss (1958: 311-317). Nutini (1965) presenta en forma crítica la especificidad de estos modelos.
[11] Cobo (T.II, 1964, libro 14: 248).

Esta solemnidad consistía en un ritual mediante el cual el Inca o su representante entregaba una mujer a cada hombre soltero. La unión legítima no se disolvía hasta la muerte de uno de los cónyuges. Cuando fallecía la esposa, el marido debía esperar por lo menos un año antes de recibir otra: "y por esto los pobres tenían la muerte en gran adversidad, porque no tenían medio para adquirir otra hasta que se la daban; y en el interin padecían notable necesidad" [12].

1. El "modelo mecánico" de la poliginia, según los caciques de Huánuco

El extenso cuestionario de la *Instrucción*, que un intérprete griego, Gaspar de Rodas, lee a los caciques de Huánuco, contiene varias preguntas sobre el parentesco y la familia. Esto no es sorprendente ya que uno de los temas de mayor interés para las autoridades y para los interesados era la reglamentación de la sucesión del cacicazgo. Después de la conquista del Perú, las familias de alto rango intentaron conservar sus privilegios y adaptarse al sistema de herencia de los españoles. Numerosas fueron las tentativas de modificar las genealogías en conformidad con los nuevos criterios, siendo la legitimidad uno de los puntos cruciales. No es de extrañar que los descendientes del Inca Huayna Capac, habidos de sus distintas esposas, se consideraran respectivamente como los herederos legítimos del señorío. El caso de don Diego Tito Cusi Yupanqui ilustra la tendencia a la mistificación: en su relación, él mismo se presenta como "el hijo legítimo, digo, el primero y mayorazgo que mi padre Mango Inga Yupanqui dexó entre otros muchos...", siendo en realidad un hijo bastardo del soberano [13].

¿Según qué criterios podían distinguirse las ramas legítimas de las bastardas? En la visita de Huánuco se sigue el esquema general que se aplica a los casos de poligamia y por lo tanto, una de las preguntas que más nos interesan trata de las costumbres matrimoniales de los caciques y de los indígenas en general, pues: *Item sabréis qué costumbre tenían entre ellos en tomar mujeres y qué palabras y ceremonias pasaban y había y pasaba en ésto y cuáles de los hijos sucedían a los padres y la orden que en esto había y guardaban* [14]. Los caciques de Huánuco coinciden en presentar

---

[12] Cobo (ibid.: 249).
[13] Titu Cussi (1916: 4-5).
[14] Ortiz de Zúñiga (1967, I: 16, pregunta N° 22).

la institución del matrimonio como una forma de reciprocidad asimétrica, entre individuos de distinto rango: el que "da" la mujer y el que la recibe. Encontramos aquí la ideología incaica del matrimonio, según la cual ningún casamiento podía realizarse sin el consentimiento del Inca o de su representante, puesto que él era quien "daba" a cada hombre soltero una mujer. El control de las alianzas matrimoniales —directo o ficticio— por el Inca era un aspecto fundamental del poder central, que transformaba las relaciones de subordinación en vínculos de parentesco. Los "dones" de mujeres entraban dentro de la lógica de la redistribución tan típica del mundo andino, y que John Murra ha analizado a través de múltiples ejemplos. En efecto, el Inca recibía un número importante de jóvenes por parte de cada comunidad, como tributo humano. Las muchachas, escogidas entre las más bellas, residían en un palacio concebido especialmente para ello y aprendían entre otras cosas el arte del tejido y la elaboración de la chicha. El Inca elegía para sí algunas de estas muchachas; otras, las entregaba a los principales y a los capitanes en recompensa por los servicios que le habían prestado y las restantes eran consagradas al culto o bien sacrificadas [15]. Esta redistribución femenina se hacía a cada nivel de la organización social. La importancia política de esta acción de repartir mujeres aparece inclusive en el momento de la conquista, cuando el Inca Atahualpa "da" a Pizarro su media hermana Inés Yupanqui. Como ella misma lo afirma, en la defensa de los derechos de don Diego Ilaquita, uno de los hijos del Inca: éste la tenía "en su poder e guarda e de su mano la dió al marqués don Francisco Pizarro" [16].

Los caciques que responden a la *Instrucción* de la visita se refieren explícitamente a este tipo de reciprocidad, ya que emplean para describir este tipo de matrimonios el verbo "dar", corroborando lo que al respecto

---

[15] Guaman Poma de Ayala (1936) fol. 257: "en este mes de noviembre mandó el ynga visitar y contar la gente de la visita general deste reyno y ensayar los capitanes y soldados a la guerra y repartir mujeres y cazallos (?) y en este mes cubrían casas y alzaban paredes en este mes se besitaua ganados de la comunidad y de sapci y de yndios particulares y de hinchir mugeres en los depósitos que llaman aclla uasi mugeres virgenes para que trabajen y sepan hilar tejer rropa para el ynga y de los demas señores..."

[16] Oberem (op. cit.: 22). Hernando de Santillán (1968: 108): "La forma que tenían acerca del matrimonio era que, en cada pueblo, en viniendo el visitador, ponían en la plaza por su orden todos los indios que no tenían mujeres, los de cada edad por si y las mujeres solteras a otra banda, y de allí iban escogiendo y dando a los caciques y luego a los demás por su orden y cada uno tomaba lo que le daban sin poner en ello resistencia, y no podía tener otra ni ella conocer otro so pena de muerte, salvo los caciques principales que podían tener mas mujeres con licencia del ynga."

dicen otras fuentes. Diego Xagua, cacique principal de los Chupachos declara que *"ninguno se casaba sino era por mandado del ynga el cual repartía las mujeres a los indios como a él le parecía y que era orden entre ellos de dar a cada uno una mujer y que después si iban acrecentando mas mujeres era por hechos y servicios que hacían al ynga y que la primera era la que era tenida por mujer... Don Francisco Nina Paucar, de Auquimarca, indicó que si algun indio tenía necesidad de mujer antes de venir el ynga que se las venía a dar cuando los visitaba cada año lo decía al cacique el cual lo enviaba al dicho ynga gobernador donde estaba y allá el dicho ynga le daba mujer vista la necesidad"*. Su testimonio indica claramente que el "don" de mujeres es una práctica general a la cual se suma la posibilidad de recibir más esposas según los méritos de cada uno. Otro cacique, llamado Xulcacondor, describe la ceremonia (las "solemnidades" según Cobo) por la cual se sellaban las alianzas matrimoniales, insistiendo también en la equivalencia de este acto con el don: *"a ciertos tiempos del año venía uno de los yngas señores principales y que en el pueblo principal de estas tres pachacas ponían en la plaza los mozos e indias solteras allí daba a cada uno una por mujer como a él le parecía..."* [17].

Esta interpretación de la alianza como don del Inca es válida para el primer matrimonio, el "legítimo", que en muchos casos era el único hasta la muerte de uno de los cónyuges. Las mujeres secundarias provenían de otros cauces. Diego Xagua añade: *algunas veces los hermanos trocaban sus hermanas con otros por otras mujeres y otras veces daban su hija a otro indio que le diese su hija o hermana por mujer y que cuando el dicho ynga les daba las mujeres no les decía mas que al indio tomase aquella por su mujer y la tratase bien y a ella que lo tuviese por su marido y lo sirviese bien y que no se huyese ni se echase con otro y que el primero varón y de la primera mujer era el que sucedía en el cacicazgo si lo había y no habiendo mas de tierras las repartían entre todos los hermanos* [18]. Se trata de alianzas de tipo binario basadas en el trueque de hermanas o de hijas. Los datos concretos que podemos recoger en el documento de Ortiz de Zúñiga —cuando el texto especifica de alguna manera el origen de las esposas— nos permiten suponer que en los casos de poliginia coexistían por lo menos dos estrategias complementarias: la primera pasaba por el cauce ideológico del "don" y vinculaba al cacique o al principal con el Inca, responsable del matrimonio;

---

[17] Ortiz de Zúñiga (1967, I: 31, 74 y 43).
[18] Ortiz de Zúñiga (1967, I: 31).

la segunda tendía a reforzar vínculos de parentesco o de proximidad mediante el trueque de mujeres. Es posible que otras formas hayan coexistido con estas dos fundamentales. Lo esencial era el obtener a cada nivel jerárquico, el control de redes de parentesco —conllevando obligaciones y deberes. La práctica del levirato es mencionada por los caciques de Huánuco: a la muerte del marido, la viuda o las viudas eran recuperadas por el hermano del muerto o por el deudo más cercano, lo cual corrobora las afirmaciones de Cobo. Pero ninguno de ellos declara la costumbre de heredar las mujeres del padre, costumbre que encontramos varias veces en las descripciones de los grupos domésticos de Huánuco y que, por otra parte, está mencionada en las fuentes [19].

El poder central representado por el Inca y su linaje se derrumba después de la conquista; con él desaparece el "donante" supremo de mujeres, pero los caciques regionales asumen esta función y reorganizan la reciprocidad en las alianzas matrimoniales. Tal es el caso de Paucar Guaman, cacique legitimado por Pedro Puelles, y también el del rebelde Ylla Topa, que lucha contra los españoles en los primeros años de la conquista. El cacique don Juan Xulca de Auquimarca *"dijo que después que los españoles entraron en este valle no le han dado los indios ninguna india para su servicio y cuatro indias que tiene se las dió Yllatopa y la mujer con que se ha casado, que son cinco"* [20]. Varios testimonios confirman la existencia de una categoría de mancebas, las "indias de servicio", que provienen también de un "don" organizado por los caciques más poderosos de la región. Estas muchachas son concubinas, y muchas de ellas tienen descendencia. En la *Visita* se las considera empero como solteras aunque tuviesen hijos. Por ejemplo, don Pablo Guaman Naupa de Ichu dijo *"que don Gomez cacique principal le dió dos indias de servicio y la mujer que tiene y que la una es moza por casar y la otra vieja y que si la india moza se quisiere casar la casará"*; Juan Bautista Yupachaui de Collagoa: *"tiene su mujer y otras tres indias de servicio que se las dio el cacique don Gomez difunto antes que fuesen cristianos las cuales dichas indias no son casadas y que si se quisiesen casar no se lo defenderá"*. Don Diego Masco de Chupa: *"preguntado cuantas indias tiene de su servicio dijo que una india que le sirve y su mujer y que a la india de servicio la sustenta y que si se quisiese casar no se lo embarazaría"*; don Felipe Masco

---

[19] "Cuando moría algún cacique, era costumbre quel hermano heredaba las mujeres del difunto y el hijo las del padre y tenían acceso con ellas" Santillán (1968: 108).
[20] Ortiz de Zúñiga (1967, I: 33, 44, 54, 90).

de la guaranga de Cochaguanca: *"tiene tres indias de servicio para casar que no ha hecho concierto con ellas en lo que se les ha de dar y les da algodon para que hilen para su vestir y que si se quisieren casar les dará licencia y también a estas indias de su servicio les cabe de hilar parte de la ropa del tributo"* [21].

Estos testimonios muestran claramente que la poligamia permitía a los beneficiarios utilizar estas "indias de servicio" (probablemente mujeres de rango inferior) no sólo para aumentar su propia descendencia sino también para crear nuevas redes de reciprocidad y de parentesco, introduciéndolas, mediante el ritual del "don" en el circuito matrimonial. La función económica de estas mujeres (extendida a las otras categorías de mancebas) es evidente, puesto que desempeñan un papel fundamental en la producción (y en la reproducción, obviamente) del grupo doméstico, especialmente en el tejido, cuya importancia ha sido destacada por John Murra [22]. Las quejas del cacique Nina Paucar de Auquimarca no dejan lugar a dudas sobre la explotación de la mano de obra femenina *"el dho. cacique don Gomez los agravió en darles por mujeres muchachas que no eran para trabajar ni les ayudaban"* [23]. No es de extrañar que el hecho de disponer de hilanderas y de tejedoras dentro del grupo familiar era un factor de prestigio y de poder. Años más tarde, Bernabé Cobo da una interpretación similar de la poliginia: *"eran tan sujetas las mujeres y tan hechas al servicio de sus maridos, y a seguir su voluntad, que aunque fuesen muchas no había diferencias [..] y no sólo servían en los oficios caseros, sino también en el campo [...] Finalmente en nada ponían los maridos las manos, en que no les ayudasen sus mujeres. Por lo cual, quien tenía acopio de ellas, se tenía por rico y de hecho lo era"* [24].

¿Cómo se llamaban en quechua estas "indias de servicio"? Se trataba probablemente de una categoría comparable a la de los servidores *yanaconas*, en cuyo caso el servicio sexual formaba parte de los otros servicios que se les exigían; las dichas mujeres eran relevadas del tributo según ciertos testimonios, en épocas prehispánicas [25]. Es posible que a estas mujeres se las haya considerado como criadas, *uiñachicuy,* término

---

[21] Ortiz de Zúñiga (1967, I: 59, 65, 69, 87).
[22] John Murra (1978: 107-130).
[23] Ortiz de Zúñiga (1967, I: 73).
[24] Ortiz de Zúñiga (1967, I: 73). Cobo (T. II, libro XIV, cap 7: 247).
[25] Ortiz de Zúñiga (1967, I: 80, 84, 87).

empleado por Murúa para describir a las "indias de recogimiento" encargadas de hilar y de tejer. Podría también tratarse de las "huérfanas" mencionadas por Cobo y dadas a "criar" en una casa. En la actualidad, en los Andes del Ecuador se llama *huiñachisca* a la persona criada en casa ajena. La *huiñachisca* es "dada" por una familia pobre a otra de mayores recursos; se trata de un tipo de adopción que se concibe como un acto de reciprocidad y la muchacha "criada" tiene que servir en la casa de sus nuevos padres. Nos parece verosímil que esta situación implique también relaciones sexuales con el jefe de familia [26].

En síntesis, según el modelo presentado por la mayoría de los caciques, la poliginia es una recompensa otorgada por el Inca o por señores de alto rango. Los declarantes insisten en este punto pues tienen interés en fundamentar sus privilegios (ya que los que reciben esposas son a su vez donantes respecto a otros grupos) y sólo uno de ellos menciona la existencia de circuitos restringidos, que no implican necesariamente relaciones de subordinación, como lo es el trueque de hermanas. Ninguno de ellos aclara el número preciso de esposas que cada uno, según el rango, debería recibir.

2. La realidad estadística de la poliginia

Dejemos las declaraciones de los caciques y procedamos al recuento de todas las unidades poligínicas que aparecen en la *Visita*. Hemos calculado el número y la proporción de las casas poligínicas, es decir de los grupos domésticos, basándonos en las informaciones contenidas en el documento, que mencionan los nombres de cada uno de los miembros del grupo, la edad y en muchos casos, el status y la función que desempeñan. Los resultados obtenidos, repartidos por pueblos y unidades políticas, son los siguientes:

1) **Los pueblos Queros,** compuestos de tres *pachaca*, unidad que teóricamente incluye cien tributarios:

a) *Pachaca* de Rondo bajo las órdenes de don Cristóbal Xulcacondor.

Pueblos que la componen: Chaulla, Guancayo, Rondo, Pecta y Achinga.

---

[26] Murúa (1986, cap. 40: 255). Las suposiciones, que no podemos demostrar, sobre las relaciones sexuales entre el padre adoptivo y la *huiñachisca* se basan en observaciones etnográficas hechas por C. Bernand en el Ecuador (Cañar y Cotopaxi).

Total de casas = 82
Total de casas poligínicas = 18 (21,9 %).
   b) *Pachaca* de los Queros de Juan Bautista Caxachagua.
Pueblos: Guaoya, Auchi, Guayan Queros, y Guacas.
Total de casas = 37
Total de casas poligínicas = 6 (16,2%).
   c) *Pachaca* de los Queros de Tomay
Pueblos: Atcor, Queros.
Total de casas = 40
Total de casas poligínicas = 12 (30%).

Para el conjunto de pueblos de los Queros tenemos las cifras siguientes:

Total de casas = 159
Total de casas poligínicas = 36 (22,6 %).

2) **Los Chupachos** de don Rodrigo Chinchay Poma.
Pueblos: Oxpa, Atax, Quinoas, Rumar, Allauca Rumar.
Total de casas = 121
Total de casas poligínicas = 25 (20,6 %).

3) **Los Chupachos y mitimaes** de Mazco
Pueblos: Marcaguaci, Mantacocha, Cayan, mitimaes de Cayan, Marac (Uchec), Marac (Canhiagua).
Total de casas = 64
Total de casas poligínicas = 12 (18,7 %).

    La proporción de las uniones poligínicas alcanza, en algunas zonas, el 20% de los matrimonios recensados. Estas cifras elevadas corresponden a lo que Murdock y White, a partir de una amplia documentación etnológica comparativa, llaman "poliginia generalizada" [27]. Estos resultados no corresponden exactamente a las declaraciones de los caciques, que dan a entender que sólo aquellos que han hecho méritos poseen varias esposas, pero sí coinciden con las afirmaciones de Guaman Poma de Ayala, para quien la poliginia es la regla matrimonial por excelencia de todos los peruanos: *"yten mandamos que los caciques y principales tengan cincuenta mugeres para sus servicios y aumento de gente en el rreyno hunocuca treynta mujeres guamantin apo tenga beynte mujeres uarango curaca que tenga quinze mujeres piscapachaca tubiese doze mujeres pachaca camachicoc tubiese ocho mujeres piscachunga camachicoc tubiese siete mujeres chunca*

---

[27] White (1988: 529-572).

camachicoc tubiese cinco mujeres pichica camachicoc tubiese tres mugeres y un yndio pobre tubiese dos mujeres y los otros que tenía puesto por mitimaes tenia dos mujeres y los soldados de guerra conforme de la uitoria le daua muger para el aumento " [28].

La práctica generalizada de la poliginia plantea problemas diversos. Desde un punto de vista demográfico la proporción de matrimonios poligínicos sorprende. La *Visita* trae casos de individuos solteros o aislados, cuyo número no es suficientemente elevado para compensar el acaparamiento de las mujeres por ciertos hombres del grupo. Claro está que los datos son probablemente incompletos y no tienen en cuenta a las personas aisladas, vagabundos o individuos separados de la comunidad de origen, que pueden hallarse en la ciudad próxima de Huánuco o en otros lados. Hay que señalar que, en la mayoría de los ejemplos, las esposas pertenecen a generaciones diferentes, siendo la legítima netamente mayor que las demás, e inclusive que su marido. Si consideramos las cifras dadas para las edades "en sí", sin tener cuenta de los errores ni de las aproximaciones, advertimos en la mayoría de los casos una diferencia de más de diez años entre la mujer legítima (con la cual el informante dice que "está casado") y su esposo. El desequilibrio de la *sex ratio* puede ser también una consecuencia de las guerras civiles que asolaron a la región de Huánuco; la poliginia generalizada que caracteriza a los pueblos mencionados sería entonces el resultado del desmoronamiento del imperio incaico y de la anarquía social consecutiva. Se podría igualmente imputar el exceso de mujeres a un supuesto origen extranjero. Las esposas y concubinas podrían proceder de otras comarcas; sin embargo, el examen de los antropónimos muestra una coherencia onomástica con muy pocas excepciones.

La poliginia es un indicador de rango y los personajes más importantes son también los que poseen el mayor número de mujeres. Sin embargo no todos los hombres que aparecen como jefes de familia poligámica son presentados ni como caciques ni como principales. En realidad la poliginia generalizada de Huánuco presenta dos aspectos: una forma mínima, que es la más frecuente, y que supone dos o tres mujeres por jefe de familia; una forma máxima —cuatro esposas declaradas (entre las cuales contamos las indias de servicio) como mínimo— y que constituye una pauta excepcional. Efectivamente se registran sólo dos casos de hogares poligínicos de cinco mujeres y uno solo, respectivamente, de seis, de ocho y de diez

---

[28] Guaman Poma de Ayala (1936, fol. 189).

esposas. Todos ellos corresponden a los personajes de mayor alcurnia mencionados en la *Visita*.

No siempre la poliginia mínima caracteriza a las personalidades designadas por el documento como "principales" o "caciques" y citadas al comienzo de la numeración. En algunos casos los declarantes, es decir, los *quipucamayoc* encargados de leer en las cuerdas el número de tributarios y cuyo nombre aparece al comienzo de la lista comparten también con los principales este privilegio. Curiosamente, y sin que podamos explicar esta anomalía, algunos polígamos de este tipo "mínimo" son citados al final de la numeración, como si dicha posición postrera no fuera casual sino que marcase un cierto rango [29]. Se observa también que los nombres de estos jefes de familia poligámica son análogos a los de los principales y caciques, lo cuál podría revelar un parentesco entre ambos. El estudio de los antropónimos de la *Visita* demuestra que los nombres propios varían según el sexo, la edad, el rango, la función y ciertas características personales o genéricas. Varios individuos que practican una poliginia mínima llevan el nombre de Ingache, derivado de Inga, y por lo tanto, de status prestigioso, o de Rima, "el que habla", función que caracteriza probablemente al intermediario entre la comunidad y las huacas, entidades telúricas que eran objeto de veneración [30]. Oficiales y artesanos pueden también beneficiar de una segunda esposa: olleros, tamberos, molineros, carpinteros, alpargateros y coqueros; encontramos además en el mismo caso un hechicero, un cojo, un *yanacona*, y varios *mitimaes* [31]. Pero prácticamente en la mitad de los casos del repertorio no se señala ninguna vinculación entre poliginia y un status preciso. Por lo general, los hombres que poseen tres mujeres tienen 50 años de edad pero también se da el caso de un principal de 35 años que se halla en la misma situación, lo cuál muestra la vigencia de esta costumbre en la nueva generación. Varios de estos

---

[29] La enumeración de las casas parece seguir un cierto orden: las primeras son las del principal, luego siguen varias menos importantes y por último se mencionan, en varios casos, personajes de mayor rango.

[30] El estudio de los antropónimos que aparecen en la *Visita* está siendo tratado por Carmen Bernand y Carmen Salazar-Soler.

[31] El término de *yanacona* se refiere a aquellos individuos que servían en las casas del Inca o de los caciques y que estaban separados de la comunidad de origen. En épocas prehispánicas los yanaconas tenían un status subordinado pero gozaban de ciertos privilegios; los *mitimaes* o *mitmaqkuna* eran grupos desplazados del territorio original, que controlaban el acceso a ciertos recursos económicos o que constituían núcleos militares instalados en puntos estratégicos.

polígamos son principales; otros no parecen ejercer ningún tipo de mando pero llevan un nombre prestigioso: Ingacha, Inga ; hallamos igualmente un hombre enfermo y un cojo, con tres esposas respectivamente. Ningún indicio nos permite afirmar que pertenecen a la familia del cacique [32].

En los casos más importantes de poligamia encontramos únicamente a caciques principales, y las descripciones distinguen tres categorías distintas de mujeres: una esposa legítima, mancebas e indias de servicio. De vez en cuando, el texto nos hace vislumbrar los conflictos que agitaban estos hogares poligámicos como el parco comentario que se halla al inicio de la visita de Guancayo sobre una de las mancebas del cacique principal don Cristóbal Xulcacondor: *"se ahorcó riñendo con otras indias del dho. don Cristóbal [...] y no sabe si la maltrató"* [33]. Si bien la regla más frecuente es la de la cohabitación de las esposas, encontramos algunos casos (generalmente de *mitimaes*) de repartición de las mujeres en varios pueblos diferentes. Algunos datos hacen suponer que esta poliginia "dispersa" estaba en vías de desaparecer porque entraba en contradicción con el sistema de la encomienda: don Andrés Antaguaman, mitimae de Coni, "no es casado porque las mancebas que ha tenido se las han quitado por ser de otros ayllos" [34].

El análisis concreto de los grupos domésticos muestra además la tendencia del jefe de familia a incluir dentro de su grupo doméstico a sus hermanas, a las hermanas de las mancebas, así como a las mancebas del padre. Un jefe de familia puede convivir con una hermana "soltera" o "por casar", de 20 años o mayor, o con una hermana viuda y con hijos. Esta costumbre puede ciertamente interpretarse como una protección de la hermana desamparada por el hermano, aunque más acertado sería pensar en un grupo doméstico que utiliza el trabajo, el "servicio" de la hermana y de su descendencia, de tal modo que la capturación de la hermana y de su descendencia sería una opción a la poliginia. El caso de don Hernando Pecutax, principal de Guaoya (Casa 275) es significativo: el cacique vive

---

[32] ¿Por qué razones los cojos gozan del privilegio de la poliginia? Podemos avanzar como hipótesis que estas personas eran consideradas como "señaladas" y que su invalidez era la marca de un contacto particular con las fuerzas telúricas (huacas, arcos, tierra, manantiales). En efecto en nuestros días los campesinos del Ecuador creen que los *suchos* (los cojos) han sido tocados y penetrados por esas fuerzas, lo cual les da el don de clarividencia.

[33] Ortiz de Zúñiga (1967, I: 165).

[34] Ibid.: 157. El término de ayllo aparece muy raras veces en la Visita y siempre en relación con los mitimaes.

con su esposa légítima de la cual tiene dos hijos, con una manceba, con la cual tiene tres hijos y con su hermana y sus dos hijos (el padre es carpintero en Coni y vive allá). Preguntado por el tributo que paga, dijo que su manceba había ido a rescatar algodón y que ésta y *"la mujer del dicho carpintero* (su propia hermana) *dan hilado para una pieza de ropa de algodón y otras lo tejen* ("otras" podría aludir a otras mujeres de servicio) *y no dan otra cosa, el dicho carpintero entiende en su oficio de las cosas de su tasa"* [35]. Algunas ordenanzas del virrey Toledo confirman el status ambiguo de estas mujeres dentro del grupo doméstico. La XVII pide *"Que se aplique una pena al indio que tuviese en su casa parienta que no pasase de 50 años"*, referencia implícita a la represión de la poligamia; *"mando que ningún cacique ni indio tenga en su casa y posada hermana suya, ni cuñada, tía, ni prima hermana ni manceba de su padre siendo las tales de menos edad de 50 años abajo..."* [36]; ordenanza XVIII: *"Indias que no pasen de cincuenta años no sirvan a sus hermanos": que ninguna india moza, ni viuda sirva ni de beber a su hermano, ni cuñado, tío, primo, siendo de 50 años para abajo, atento a que me consta que de haberse llevado entre ellos esta costumbre adelante se han hecho y hacen grandes ofensas a Dios..."* [37]. Si bien no tenemos referencias explícitas al levirato en la *Visita*, se dan varios casos de cohabitación de un hombre con las esposas de su padre difunto, que generalmente aparecen dentro de la categoría de "viejas". Todas estas estrategias tienden a aumentar el número de mujeres consideradas bajo la triple función de madres, de dispensadoras de servicios y de eslabones de la cadena de reciprocidad que une a los hombres de distinto rango.

Las numerosas referencias a las "viudas" merecen ser tomadas en cuenta. Gordon J. Hadden, al estudiar la demografía de Huánuco, indicó que ciertas categorías como la de "viudas", "viejas" y "solteras" mostraban que existía una diferencia tajante entre ambos sexos. Por ejemplo, el número de indias "solteras" para todos los pueblos de la Visita es de 167, sensiblemente superior al de "solteros", 93. Según este autor, esas disparidades pueden explicarse también porque el visitador incluyó a las esposas plurales en alguna de estas categorías [38]. Pensamos efectivamente que estas clases de mujeres entraban en la lógica poligínica de los grupos domésticos, basada en la utilización de la mano de obra femenina y en el

---

[35] Ibid.: 211.
[36] Ibid.: 227.
[37] Ibid.: 227.
[38] Hadden (1967: 377-378), en Ortiz de Zúñiga (1967).

control de la descendencia. Las viudas y las solteras, como las huérfanas, son mujeres solas y como tal marginadas; de ahí que en ciertas circunstancias puedan ser dedicadas al servicio del hermano o del cacique. Sin poder establecer una regla general, notamos que el nombre de Guaccha que aparece con cierta frecuencia en el documento no sólo designa a los huérfanos, niños de ambos sexos, sino también a las hermanas viudas o repudiadas y, en el caso de hombres jóvenes y casados, a aquellos que no tienen hijos. Por ejemplo, Domingo Tomari, de Cochatama, casado y sin hijos, cohabita en la Casa N° 27 con su hermana Inés Guaccha, manceba del cacique Francisco Yupari. Pero Inés no es "huérfana" como el nombre de Guaccha lo haría suponer sino abandonada o cedida a su hermano por el cacique. Leonor Guaccha, de 30 años, cohabita con su hermano en el pueblo de Cayan con sus hijos, que no tienen padre; Catalina Guaccha es viuda de 20 años, vive con su hermano en Nauça, Casa N° 17 y está "por casar"; Francisco Huaccho, soltero de 24 años y sin hijos, vive solo en Uchec [39]. La Ordenanza XVI del virrey Toledo había tomado en cuenta la manipulación de las viudas y de las solteras por parte de los caciques: *"porque los caciques suelen impedir que las indias viudas o solteras no se casen con los indios hatunrunas de sus pueblos, ni los indios con las indias, por aprovecharse de las dichas indias para sus servicios y torpezas..."* [40].

Encontramos en la *Visita* numerosos ejemplos de control de la descendencia de una concubina que a su vez, se "da" como mujer a otro individuo. El cacique Felipe Mazco guarda al hijo que tuvo de una india de servicio que a su vez es casada, el principal Martin Arcay se queda con los dos hijos de una india de servicio que casó con otro [41]. El acaparamiento de los hijos por parte del padre explica la ordenanza XXXI del virrey Toledo prohibiendo que se quiten los hijos ilegítimos a sus madres *"porque acaece muchas veces tener los hijos o hijas en mancebas que han tenido y tienen, los cuales después de haberlos criado las susodichas, se los quitan sin hacerles paga alguna por la dha crianza..."* [42]. Que el control de la descendencia por parte del cacique o de los parientes masculinos sea primordial, lo demuestra otra ordenanza toledana sobre la filiación de los hijos, pidiendo que éstos *"sigan y reconozcan el ayllu o parcialidad de sus padres y no el de la madre porque entre los indios se acostumbra que cuando*

---

[39] Ortiz de Zúñiga (1967, I: 108, 247, 104 y 243).
[40] Ibid.: 243.
[41] Ibid.: 233 y 240.
[42] Ibid.: 232.

la india de un ayllu o repartimiento se casa con indio de otro repartimiento o ayllu, y el marido se muere dejando hijos o hijas, los caciques principales cuya era la india antes que se casase, la compelen a volver al repartimiento y ayllu de donde era antes y llevar los hijos que hubo del marido..." [43].

Aunque la importancia económica de la poliginia aparece claramente en el documento, no podemos afirmar con certeza que esta institución estuviese, en tiempos prehispánicos, tan extendida como en la época de la redacción de la *Visita de Huánuco*. Es muy posible que por razones demográficas que quedan por estudiar concretamente, el desequilibrio de la *sex ratio* a favor de las mujeres haya favorecido este tipo de uniones. En todo caso la poliginia como consecuencia eventual de la mortalidad masculina permitió a su vez el ascenso social de individuos que no gozaban quizás de un rango particularmente elevado antes de la conquista. La contrapartida de la extensión de la poliginia tuvo que ser necesariamente la monogamia generalizada para los más desfavorecidos y en muchos casos, la imposibilidad de encontrar cónyuge para formar un hogar y asegurar la descendencia. Tal es en todo caso lo que afirma, varios años más tarde, un cronista tan autorizado como Bernabé Cobo: *"la gente pobre no tenía cada uno mas de una mujer, pero aún muchos dellos estaban sin ellas largo tiempo después que tenían edad para ello, y aún después que enviudaban, lo cual tenían los pobres por extrema pérdida, por la gran necesidad que padecían"* [44].

Conclusión

La antropología del siglo XX ha enfatizado la complementariedad de los sexos en el mundo andino, dentro de una perspectiva estructuralista. Esta imagen, que no pretendemos negar, corresponde a un contexto histórico y sociológico particular, el del campesinado andino en la época moderna. La *Visita de Huánuco*, y la documentación de los siglos XVI y XVII nos brindan un cuadro muy diferente de las relaciones entre los sexos y muestran la manipulación de la población femenina por parte del poder cacical. Desconocemos de dónde provenían las mujeres de los grupos domésticos poligínicos, y cómo transcurría la vida cotidiana en esos hogares, aunque gracias a otras fuentes se podría reconstruir en parte esa red de servicios

---

[43] Ibid.: 255.
[44] Cobo (1964, T. II, libro 14, cap. VII: 247).

entre los cuales uno de los más importantes era el "dar de beber" al señor, acto vinculado con la reproducción de la energía de la tierra [45].

Si bien los testimonios directos de esas mujeres han quedado sumidos en el olvido, sabemos que la cohabitación no fue siempre armoniosa y que, aprovechando los desórdenes provocados por la llegada de los españoles, muchas de ellas "se huyeron", como lo señala secamente el cronista de la *Visita*. De ahí que resulte necesario, a la luz de estos datos, estudiar el comportamiento de las mujeres pertenecientes a las élites en los primeros decenios que siguieron la conquista y la implantación del poder colonial, así como el papel que desempeñaron en el proceso de mestizaje y en el de la transferencia de la propiedad de la tierra [46]. Por otra parte un enfoque de las relaciones de género que haga hincapié en las relaciones de subordinación más que en las de complementariedad (aunque ésta exista en el plano religioso e ideológico) permitirá entender mejor la naturaleza del poder cacical y la transformación del parentesco en un medio de control político.

---

[45] La importancia de los vasos en los testamentos indígenas de los caciques ha sido destacada por Caillavet (1983). El libro compilado por Thierry Saignes (1993) reúne mucha información sobre el carácter ritual de la bebida. Ver también Zuidema (1989).

[46] Como lo ha estudiado en particular Christiana Borchart-Moreno (1980) para el Ecuador.

Fig. 1 Distribución de las casas poligámicas por pueblos

N° de esposas por casa	2	3	4	5	6	7	8	9	10
pueblos									
Chaulla	2								
Guancayo	2								1
Rondo		3		1		1			
Pecta	2	1							
Achinga	3	1							
Guaoya		2							
Auchi									
G. Queros	1	1							
Guacas		1							
Atcor	1	3	1						
Queros		5	1						
Oxpa	2	2							
Quinoas	4	3	1		1				
Atax	3	1							
Rumar All.	2								
Rumar		4							
Marcaguaci	1						1		
Mantacocha	2		1						
Cayan		1							
Cayan mitim.		2							
Uchec		1	1						
Canhiagua	2								

Se entiende por casa un grupo doméstico presidido por ego: en Guancayo, p. ej. hay 3 casas poligámicas: 2 de 2 esposas y una de 10.

BIBLIOGRAFÍA

BORCHART DE MORENO, Christiana,
1980 "Traspaso de la propiedad agraria indígena en el corregimiento de Quito, hasta finales del siglo XVII", **Caravelle, Cahiers du Monde Hispanique et Luso-Brésilien,** N° 34: 1-19.

CAILLAVET, Chantal,
1983 "Ethnohistoire équatorienne: un testament indien inédit du XVIe siècle", **Caravelle, Cahiers du Monde Hispanique et Luso-Brésilien,** N° 41: 5-23.

COBO, Bernabé,
1964 [1640-52] **Historia del Nuevo Mundo.** Madrid: Biblioteca de Autores Españoles, XCII.

ESPINOZA SORIANO, Waldemar,
1960 "El Alcalde Mayor Indígena en el Virreinato del Perú". **Anuario de Estudios Americanos,** XVII, Sevilla: 183-300.
1979 "La poliginia señorial en el reino de Caxamarca, siglos XV y XVI". **Revista del Museo Nacional de Lima,** 43: 399-455.

HADDEN, Gordon J.,
1967 **Un ensayo de demografía histórica y etnológica.** En Ortiz de Zúñiga, pp. 369-380.

HERETIER, Françoise,
1994 **Les deux soeurs et leur mère.** París: Editions Odile Jacob.

LÉVI-STRAUSS, Claude,
1958 **Anthropologie Structurale.** París: Plon.

MILLONES, Luis (comp.),
1990 **El retorno de las huacas. Estudios y documentos del siglo XVI.** Lima: Instituto de Estudios Peruanos.

MURRA, John,
1967 **La visita de los Chupachu como fuente etnológica.** En Ortiz de Zúñiga, pp. 381-406.
1978 **La organización económica del estado inca.** México: Siglo XXI.

MURUA, Martín de,
1987 [ca. 1600] **Historia General del Perú.** Madrid: Historia 16.

NUTINI, Hugo,
1965 "Some considerations on the nature of social structure and model building: a critique of Claude Lévi-Strauss and Edmund Leach". **American Anthropologist,** vol. 67, 3: 707-731.

OBEREM, Udo,
1976   Estudios etnohistóricos del Ecuador. Guayaquil: Casa de la Cultura Ecuatoriana.

ORTIZ de ZUÑIGA, Iñigo,
1967 [1541-62]   Visita de la provincia de León de Huánuco en 1562. Edición a cargo de John V. Murra. Huánaco: Universidad Nacional Hermilio Valdizán, Tomo I.

PÉREZ BOCANEGRA, Juan,
1631   Ritual formulario e institución de cura para administrar a los naturales deste reyno, Lima.

POMA DE AYALA, Guaman,
1936 [ca. 1613]   Nueva Corónica y Buen Gobierno. París: Institut d'Ethnologie.

RICARD, Robert,
1933   La conquête spirituelle du Mexique. París: Institut d'Ethnologie.

SAIGNES, Thierry (compilador),
1993   Borrachera y memoria. La experiencia de lo sagrado en los Andes. La Paz: Hisbol/IFEA.

SANTILLÁN, Hernando,
1968 [1563]   Relación del origen, descendencia y política de los Incas. Madrid: Biblioteca de Autores Españoles, CCIX, pp. 99-149.

SARABIA VIEJO, María Justina,
1989   Francisco de Toledo. Disposiciones Gubernativas para el virreinato del Perú (1575-1580). Sevilla: Escuela de Estudios Hispano- Americanos, C.S.I.C., 2 Tomos.

TITU CUSSI YAPANQUI, Diego,
1916 [1570]   Relación de la conquista del Perú. En H. Urtega, Colección de libros referentes a la historia del Perú, T. II, Lima.

WHITE, Douglas,
1988   "Rethinking polygyny: co-wives, codes and cultural systems". Current Anthropology, vol. 29, N°4: 529-572.

ZUIDEMA, Tom,
1989   "At the King's table. Inca concepts of sacred Kingship in Cuzco". History and Anthropology, vol. 4: 249-274.

14

GRUPOS DE EDAD EN LA VISITA DE HUÁNUCO

Carmen Salazar-Soler y Françoise Lestage

Introducción: Estado actual de la cuestión

Durante el Imperio Incaico las autoridades practicaban con fines tributarios censos regulares de la población. Estos censos agrupaban a los individuos en categorías que parecen corresponder a períodos del ciclo vital o a grupos de edad. El problema reside en la definición de las categorías, sus funciones precisas, así como en la articulación con la organización social incaica.

La mayoría de cronistas mencionan la existencia de esta repartición en categorías de tributarios en el sistema de censos Inca; algunos (como Cobo, 1968, T. II: 111-112 o Garcilaso T. II: 26-27 y 30-31) apenas las mencionan mientras otros (como Murua 1986, cap. 44: 324-325 y Guaman Poma 1980: 167-209) dan una descripción detallada de esas categorías que las llaman "calles" [1].

Los términos referentes a las categorías utilizadas en los censos incas (*machu, huayna, huahua, paya, sipa, warma,* etc.) corresponden a los términos que encontramos en el vocabulario de González Holguín y que designan diferentes etapas del ciclo vital: *machu* = viejo en personas, o animales o plantas; *huayna* = Moço, mancebo; *Huahua* o *huahuallay*: dize la madre a su hijo, o hija y la tía, *huahua* = todo hijo de animal hembra, o macho; *paya* = vieja de qualquier animal, abuela; *sipa* = joven soltera, *huarma* = muchacho (de entre 3 y 7 años según algunos autores).

En un artículo muy documentado y muy completo: "The age-grades of the Inca census", John Rowe retomó los elementos proporcionados por los cronistas sobre las categorías tributarias así como los términos del vocabulario de González Holguín sobre los grupos de edad e intentó

---

[1] La utilización de este término es debida a la manera como contaban a las personas censadas haciéndolas colocar en filas según su sexo y edad: "y en una pampa si la había hacían estos gobernadores... señalar diez calles para los indios y otras diez para las indias, con mucho orden y concierto, en que por las edades ponían a dichos indios" (Murua, cap. 43: 322-23).

determinar el número de grupos de edad utilizados en el censo, su definición y su relación con la estructura social incaica (Rowe 1958).

Por otro lado, Tom Zuidema en la *Civilisation inca au Cuzco* (1986) estudió los grupos de edad desde una perspectiva diferente; se interesó en la organización interna del grupo de los adultos casados, desde el nacimiento del primer hijo hasta el del primer nieto, utilizando particularmente los datos proporcionados por Guaman Poma.

En este capítulo, nosotras nos proponemos completar el trabajo realizado por Rowe a partir del análisis de diferentes crónicas y utilizando otro tipo de documento, la *Visita de Huánuco*. Se trata de un censo realizado por Iñigo Ortiz a comienzos de la colonización (1562) con el propósito de recolectar el tributo para la corona española. Este documento brinda una información valiosa, en él aparecen anotados los nombres y edades de los individuos que están agrupados en unidades domésticas.

1. DOS CONCEPCIONES DIFERENTES DE GRUPO DE EDAD

De la lectura de la Visita se desprenden dos concepciones diferentes de categorías tributarias, una "prehispánica" y la otra "española". La primera aparece a través de las respuestas de los caciques y principales a las preguntas planteadas por los españoles al inicio de la Visita, de sus comentarios sobre los tributos, los muertos y, sobre todo, a través del orden en el cual citaban a los individuos al interior de un pueblo y de una casa, particularmente cuando utilizaban quipu; este es el caso de Cristóbal XULCA CONDOR, del pueblo de Guancayo (p. 35), de Martín RUME de Atcor (p. 191) y de Felipe MASCO de Marcaguaci (p. 229). La carta del Rey (p. 9) y sus instrucciones al Visitador Iñigo Ortiz (p. 13), así como sus comentarios y anotaciones sobre las visitas a las casas, la edad de las personas y sus nombres, permiten cernir la concepción española sobre las categorías tributarias.

1.1 La concepción española

En la carta (Tomo I, p. 9) el rey hace recomendaciones a Iñigo Ortiz: "Y haréis padrón de los indios e indias que en cada uno de ellos hubiera los niños y muchachos de siete años hasta doce y de quince hasta cuarenta y de cuarenta y cinco y de cincuenta y de ahí arriba así hombres como mujeres distinguiendo y diferenciando a los unos de los otros...".

Sería inapropiado hablar en este caso de "grupo de edad", se trata más bien de categorías de tributarios o no tributarios, como lo subraya el rey en su "Instrucción" (p. 13): "...y de qué edad hasta cuánta edad tributan..." (p. 13).

La edad como podemos notarlo aquí, es esencial para el pago de tributos lo que explica la importancia acordada por Iñigo Ortiz a este dato, a pesar de que esto no corresponde a las preocupaciones de las personas censadas. Iñigo Ortiz da sistemáticamente una edad a las personas censadas incluso si el principal del pueblo o los individuos mismos son incapaces de darla: la mención "X años al parecer" la encontramos a lo largo de toda la Visita para tratar de reparar la "ignorancia" de las personas censadas.

El rey distingue entonces tres categorías:

- los niños grandes: de entre 7 y 12 años
- los adolescentes y adultos: de entre 15 y 40 años
- los viejos: de 40, 50 y más años

Estas categorías son en realidad seis, dado que el rey de España toma en cuenta la distinción entre los sexos como lo precisa en su "Instrucción" (p. 13): "...poniendo muy especificadamente los varones y las mujeres y las edades de cada uno...", o en su carta que ya hemos citado (p. 13).

De acuerdo a las órdenes reales, Iñigo Ortiz debía reagrupar a los individuos en seis categorías (o grupos de edad) que encontramos detalladamente al final de cada pueblo, siempre según el orden del rey (p. 13): "... sumando después en fin de cada pueblo todos en junto de cada edad cuantos son..." A pesar de que existen pequeñas diferencias entre un pueblo y otro, los cuadros recapitulativos muestran los datos en el siguiente orden:

1- los adultos:	hombres casados con una esposa
	hombres en concubinaje con una mujer
	viudos
	viudas
2- los adolescentes:	hombres solteros "mancebos" que pagan tributo
	mujeres solteras "mozas" que pagan tributo
	hombres solteros que no pagan tributo
	mujeres solteras que no pagan tributo
3- los niños	niños y niñas de entre 7 y 12 años
	niños y niñas de entre 3 y 7 años
	niños y niñas de menos de 3 años

4- los viejos
    hombres que trabajan
    mujeres que trabajan
    hombres que no trabajan
    mujeres que no trabajan

Si agrupamos estas categorías en un cuadro, tenemos 6 (es decir 12 si distinguimos por sexo) y si reunimos a todos los niños de menos de 12 años en una sola categoría:

EDAD	PAGAN TRIBUTO	NO PAGAN TRIBUTO
niños	—	menos de 3 años
niños	—	entre 3 y 7 años
y niñas	—	entre 7 y 12 años
Adolescentes hombres y mujeres	solteros "mancebos" solteras "mozas"	solteros "mancebos" solteras "mozas"
Adultos hombres y mujeres	casados concubinos viudas	— — —
Ancianos hombres y mujeres	que trabajan	que no trabajan

1.2 La concepción incaica

"Los cuales dichos principales dieron por sus quipos y memorias. Otros principales juntamente con el dicho don Diego y todos de un acuerdo dijeron ser así y no haber más pueblos y principales y que no se acuerdan cuantos indios hay en cada pueblo los cuales darán por su quipo y memoria al tiempo que se visitasen sin encubrir ni falta de ellos alguno ni los encubrir" (p. 24).

Como lo indica la cita, los caciques y principales convocados por Iñigo Ortiz y Diego Chagua, daban la información correspondiente de su pueblo utilizando quipo. Pero como lo señala el testimonio se basaban también en su memoria.

El quipo fue utilizado en la Visita para registrar todos los datos, ya sea a nivel de guarangas (unidades de 1000 tributarios): "preguntando cuántos indios oficiales de todos oficios habrá en las dichas cuatro guarangas dijo que no lo puede decir sino es mirado de quipo porque podría ser errarse"

(p. 33); sea a nivel de pachacas (unidades de 100 tributarios) y de pueblos: "Dijo (don Diego Chuchupaucar) que en el dicho pueblo hay dos parcialidades la una se llama Queros que es la de este principal y la otra se llama de Guayan Queros de que es principal Juan Bautista y todos sujetos al dicho don Cristóbal Chuchupaucar y cada uno de ellos tiene quipo de por sí" (p. 201).

A pesar de los quipo, los caciques o principales no siempre citan en el mismo orden a los habitantes del pueblo, contrariamente a los Españoles que siempre dan el mismo orden.

Por ejemplo, en el caso del pueblo de Atcor, se dice que Martin Rume, principal "dio cuenta por quipo de los indios que en él (pueblo) hay..." (p. 191). Este último enumera:

- los hombres casados
- los hombres concubinos
- los hombres solteros
- las mujeres solteras
- "indias amancebadas con algunos de los casados"
- viudos y viudas
- niños de entre 5 y 9 años (de la doctrina)
- "muchachos de menos de 5 años"
- niños de pecho durante la última Visita
- los niños nacidos después de la Visita
- niñas de pecho durante la última Visita
- niñas nacidas después de la última Visita
- viejos que trabajan
- viejos que no trabajan
- muy viejas

Don Diego Chuchupaucar que, como lo hemos señalado, habla utilizando un quipo da un orden diferente:

- hombres casados
- hombres concubinos
- los viejos que trabajan
- los enfermos que trabajan (un manco)
- los niños de la doctrina
- niños de pecho durante la última Visita
- niñas nacidas después de la última Visita
- solteros
- "mancebas de los casados"

- solteras
- las mujeres que vinieron a vivir al pueblo después de última Visita
- niñas de la doctrina
- niñas muy jóvenes (menos de 5 años)
- viejas muy viejas
- los niños nacidos después de la última Visita.

En los casos en que el quipo no está mencionado el orden dado por el principal es también diferente. Por ejemplo, Francisco Yupari, principal del pueblo de Quinoas enumera los habitantes de su pueblo según el orden siguiente:

- hombres casados
- hombres solteros en edad de casarse de entre 15 y 20 años
- viudas
- solteras en edad de casarse
- enfermas
- viejos que trabajan
- viejos que no trabajan
- viejas muy viejas.

Viendo estas diferencias en el orden de enumeración dado por los diferentes caciques surge una pregunta: ¿el orden dado por el principal está en función de su quipu? ¿o sigue las preguntas de los españoles? Pensamos que el orden dado por los caciques no está solamente en relación a su quipo, sino que está también en función de su memoria como lo señala la cita que hemos presentado al comienzo del texto; de ahí sin duda las diferencias en el orden de enumeración.

A pesar de esas diferencias, notamos siempre en la contabilidad de los caciques las categorías siguientes:

- Hombres: casados, concubinos, solteros, viudos, viejos.
- Mujeres: concubinas, solteras, viudas.
- niños: de la doctrina, de entre 3 y 6 años, "que maman"
- los enfermos

Contrariamente a los españoles, los principales de la Visita consideran:

a) la poligamia: fijémonos en la categoría "indias amancebadas con algunos casados" (declaración de Martín Rume de Atcor), y "mancebas de los casados" (declaración de Diego Chuchupaucar de los Queros).

Los españoles por el contrario ocultan la realidad de la poligamia, para ellos no puede existir sino una mujer por hombre. Las mancebas son consideradas como "solteras" o "viudas".

b) los enfermos y lisiados, que son contabilizados aparte:
"nueve muchachos de 6 años abajo un mudo entre ellos que con él son 10" (p. 154).
c) finalmente ellos consideran tres categorías de niños:
- muchacho de la doctrina de entre 5 y 9 años
- los menores de 5 años
- los niños que maman.

1.3 Los datos de la Visita

De la lectura de la Visita de Huánuco, se constata una convergencia entre las categorías tributarias de los españoles y los "grupos de edad" definidos por los caciques y principales. Pero habría que subrayar que las categorías "andinas" utilizadas, por una parte, para censar a la población, por otra, estructuran la sociedad y delimitan las diferentes etapas del ciclo vital.

A continuación trataremos de analizar lo que llamamos "los datos de campo" de la Visita estudiando en un primer momento cómo los españoles y sus interlocutores andinos contabilizaban la edad, y en un segundo tiempo, la categoría "aparte" que conforman los enfermos y lisiados y que resulta de las declaraciones de los caciques y principales.

1.3.1 La edad en la Visita

En primer lugar debemos tener en cuenta las inexactitudes, sin duda numerosas, debidas al hecho que tradicionalmente los Incas acordaban poca importancia a la edad cronológica de sus sujetos; como lo subraya Cobo (op. cit., libro 12, cap. 24, p: 111-112): "En el número de tributarios entraban solamente los varones de la gente común desde veinticinco hasta cincuenta años, poco más o menos, porque como entre ellos no se contaban por años las edades ni sabía ninguno lo que tenía, sólo por el sujeto y disposición de cada uno se gobernaban para este efecto, poniendo en la minuta tanto número de muchachos, tanto de mancebos y tanto de varones, y por el mismo estilo las mujeres, ...".

Clasificaban a los individuos en función de una parte de su status social y de otra, de su capacidad de trabajo (cf. Murúa, Cobo, Guaman Poma).

Su status social: en la Visita de Huánuco, lo que parece esencial para una mujer, por ejemplo, no es su edad sino su condición de soltera o casada. María Ambas está citada, por ejemplo, dos veces por dos principales, una en la casa 284 (p. 215), en Auchi, donde su padre (el principal) dice que es de 18 años, y otra en la casa 281, en Guaoya, en donde se señala que tiene 25 años. Los dos principales, si bien están en desacuerdo sobre la edad, precisan que ella es casada y que vive con su esposo y no con su padre. Es entonces el estado de mujer casada de la joven lo que importa aquí y no su edad biológica. Cobo (op. cit., libro 12, cap. XXIV, p: 112) hace una anotación en este sentido: "Y así en la lengua general llaman a la muchacha que no ha llegado en edad de casarse tasque, y desde que entre en ella hasta que se casa, sipas; y suelen llamar con este nombre a mujeres de muy diferentes edades, como sean por casar, desde los quince años hasta que pasan de los treinta, más en casándose, aunque sean de quince a veinte años, pierden el nombre de sipas y se llaman huarmi, que significa mujer,...".

Su capacidad de trabajo, es decir la condición física para los adultos, y la edad biológica en lo que concierne a los niños y adolescentes. Notamos en efecto que los caciques y principales detallan la edad de los niños desde el nacimiento hasta los 25 años, mes por mes para el primer año de vida, y luego año por año. Mientras que un niño no puede ser tributario para los españoles, para los Incas un niño es productivo desde la más temprana edad. Guaman Poma, en sus "calles" precisa que se les confiaba a los niños de cinco años pequeños trabajos: "Estos servían a sus madres y a sus padres en lo que podían y (...) servían de hazer jugar a las crías de meneales y de miralle (op. cit. p. 185), y les daban trabajos más complejos en función de su desarrollo:

- de edad de nueve años: niño cazador tocllacoc uamra que fueron cazadores de paxaritos menudos que los toman con lasos y ligas ..." (p. 183)
- de edad de doze años "joven" macta a estos dichos les embiava a los ganados y alli coxian con lasos y ligas a los pajaros llamados uachiua (ganso), yuto (perdiz)..." (p. 181).
- panan pallac (que recoge flores) de edad de nueve años "muchachos que coxen flores, y coxían (...) yervas de comida..." (p. 203).
- Coro tasque (de cabello corto) de edad de 12 años "serbían a sus padres y madres y aguelas y entrauan a servir a las señoras principales de pastoras de ganado y de sementeras, chacaras, y de hazer chicha para su padre y madre" (p. 201).

Esta edad anotada escrupulosamente (mes por mes para los bebés), es obtenida de dos maneras:

- ya sea el principal o cacique del lugar enumera las casas con ayuda de un quipu (como en las páginas 191-229) y precisa él mismo la edad de los individuos en base a criterios que podemos suponer incaicos,
- sea el grupo de españoles visita el lugar sin mediación del principal y la edad es dada por la persona misma, o un miembro de la familia, o por los españoles; en ese caso el escribano anota "x años al parecer" o una fórmula similar.

A pesar de las imprecisiones e inexactitudes, surgen "grupos de edad" de un examen atento del documento. Notamos en primer lugar un detalle extremo en las edades desde el nacimiento hasta los 25 años, pues como ya lo hemos señalado, cada edad y, en el caso de los bebés, cada mes es anotado. Luego el cálculo se vuelve más aproximativo y a partir de los 25 años hasta los 60 años se los calcula en grupos de 5 en 5 años, y finalmente de 10 en 10 años para los más viejos (60, 70, 80). Hay pequeñas excepciones a esta regla, pero éstas son muy limitadas; por ejemplo, existen 87 personas de 35 años, 1 de 38 años, 96 de 40 años, 1 de 42 años, y luego pasamos a 45 años.

Esta división por edades coincide con lo que escribe Zuidema en *El sistema de ceques del Cuzco. La organización social de la capital de los Incas* (1995), cuando distingue tres grandes grupos: los enfermos, los jóvenes y los adultos o hatun runa, que él hace comenzar a los 25 años. Zuidema supone que al interior de este grupo de edad, existe una división en subgrupos de 25 a 30, de 30 a 35 y de 35 a 50. Los datos de la Visita tienden a corroborar sus afirmaciones, al menos en lo que concierne a la división en tres grandes grupos y quizás en sub-grupos pues la edad es efectivamente contabilizada de 5 en 5 años. (Ver Cuadro N° 1 al final del capítulo.)

1.3.2 Una categoría aparte: los enfermos

Los caciques y principales insisten sobre el estado físico de las personas, citan defectos físicos, enfermedades, y subrayan a través de su discurso la pertenencia de los enfermos a un grupo particular.

Guaman Poma cita a los enfermos, quienes por lo general son en realidad lisiados, en la cuarta "calle" tanto en el caso de los hombres como en el de las mujeres. Sitúa esta "calle" entre la de los muy ancianos que cierra los grupos de edad de los adultos, y la de los jóvenes de 18 años que cierra los grupos de edad de los jóvenes; es decir, en el medio, entre dos grandes grupos, lo que refuerza la distinción hecha por Zuidema y la que nos ha parecido totalmente pertinente a través de nuestro estudio de la Visita.

El cacique o principal cuenta frecuentemente (aunque no sistemáticamente) a los lisiados aparte. Un niño mudo, será nombrado independientemente de su edad o sexo, al último, después de sus hermanos y hermanas, mientras que lo usual es nombrar primero a los hombres en orden decreciente (del de más edad al más joven) y luego las niñas siguiendo el mismo procedimiento. Por ejemplo, en la p. 164, en la cuenta general del principal, tenemos "...nueve muchachos de seis años abajo un mudo entre ellos que con él son diez..."

En Guancayo, en la Casa 163 (p. 167), se dice: "tienen tres hijas y un hijo mudo que se llaman Isabel Tonso de 10 años otra Juana Huicxa de 4 años, otra se llama Juana Guacao de 3 años y el hijo se llama Juan Caçay mudo de ocho años".

"tiene dos hijos que se llaman Juanico Churco de 4 años otro también se llama Checnes de edad de un mes (...) y otro que se llama Quisquima mudo..." (p. 107).

Por el contrario los Españoles no los consideraban en sus cuentas finales ni en el pago de tributo salvo en una excepción: casa 90 (p. 137): "...la dicha Ynés Yacoguato cuando está sana da dos ovillos de hilo de algodón...".

Tipo de enfermedades

Las enfermedades y lesiones declaradas son poco numerosas y las hemos agrupado en el Cuadro N° 2.

Hay que diferenciar entre los lisiados y los enfermos provisionales, lo que no es siempre posible. Los tipos de lisiados que aparecen en el documento son:

- mudos, es el caso más frecuente: 12
- cojos: dos hombres y una mujer
- mancos: dos hombres
- tullidos o quebrantados: 4 hombres
- con papo: tres mujeres
- un enano

Hemos encontrado también tres ciegas y una sorda, que se dice que son "muy viejas"; estos defectos físicos pueden ser considerados como consecuencia de la vejez.

En total existen 6 categorías de lisiados.

En la Visita hemos encontrado 13 enfermos, pero ignoramos cuál era su enfermedad. A menudo, el escribano sólo ha anotado "está enfermo/a", salvo en dos casos: uno en la casa 247 (p. 199) en que se dice que el individuo "sufre de cámaras de sangre": "Juan Bautista Ingache de 50 años enfermo de cámaras de sangre". Lo que no le impide llevar una vida normal y gozar de un cierto prestigio pues posee tres mujeres: una esposa de 30 años, y dos mancebas de 30 años y 7 hijos. El otro, Diego Huaricapcha está "enfermo de un pie" (casa 391, p. 256). Tiene también una sola esposa y un hijo: Francisco Ysmay de 2 años.

Finalmente, hemos colocado aparte el caso de Catalina Yaro, viuda de 35 años (casa 158, p. 163) quien probablemente sufría de una enfermedad mental —"recibe mucho trabajo por ser enferma"— y fue censada sola en una casa a la salida del pueblo.

Las lesiones y las enfermedades no son hereditarias. En un solo caso, en la casa 188 (p. 176), el padre y el hijo son dos tullidos: Gonzalo Maricapa (padre) y Gomez Chinchay Macta (hijo).

Como resumen, podemos decir que si en el caso de los enfermos todos tienen más de 25 años, los lisiados (con excepción del cojo y de las dos ancianas) tienen menos de 30 años. ¿Dónde se encuentran entonces los lisiados de más edad? ¿Viven fuera del pueblo? ¿Viven agrupados en algún lugar particular en donde se casan y residen juntos?

1.3.3 Matrimonio

Según Guaman Poma, el Inca casaba a los enfermos entre ellos, es decir que el matrimonio se ejecutaba dentro de esta categoría específica: "Le casavan al ciego con otra ciega, al cojo con otra coja, al mudo con otra muda, al enano con enano, al corcobado con corcobada, al naris hendido con otra de naris hendido, para el multiplico del mundo" (p. 1777).

No menciona ninguna exogamia entre la categoría de enfermos y las de las personas sanas. Sin embargo, en la Visita no encontramos esos matrimonios endógamos al interior del grupo de los lisiados. En la mayoría de los casos estos lisiados no están casados ni son concubinos, y esto es a causa de sus lesiones, como se precisa a veces en la Visita: "Ynés Yacoguato de 25 años por casar por estar enferma" (Casa 90, p. 137); o "Catalina Yumba de 25 años por casar por estar enferma de un gran papo que se ahoga" (Casa 92, p. 137).

Los enfermos que están casados en la Visita lo están con personas sanas y es curioso, además, comprobar que todos pertenecen al mismo tipo de lisiados: todos son cojos, por ejemplo, Domingo Condor, Casa 55 (p. 122) "cojo y no puede trabajar en otra cosa" (alpargatero) casado con una mujer de quien tiene dos hijos, tiene además dos concubinas, en una de las cuales tiene tres hijos y en la otra uno. En ningún momento se menciona la enfermedad de sus mujeres.

Podemos observar lo mismo en la Casa 261 (p. 204), en donde reside Nicolás Guaynapaucar, de 30 años, que es "cojo" y quien es casado y que además tiene una india de servicio.

Estos lisiados muy particulares no solamente no tienen mujeres cojas sino que además son poliginios, rasgos que comparten con caciques, principales, Yngas, y gente que por una u otra razón tienen prestigio (cf. comunicación de Carmen Bernand).

Esta excepción (del matrimonio de los cojos) nos parece poco conforme a la regla que se desprende del conjunto de la Visita y es posible pensar que estos cojos excepcionales hayan quedado así como resultado de una acontecimiento que los ha convertido en poderosos, lo que explicaría su poligamia; como por ejemplo una herida de guerra o una herida causada por el rayo...

A propósito de matrimonio, hay que diferenciar entre los lisiados y los enfermos provisionales, dado que si bien los lisiados a excepción de los cojos, son solteros, todos los enfermos, salvo uno (10 de un total de 11) son casados, convivientes o viudos. Ver el Cuadro N° 3.

1.3.4 Residencia

Los lisiados y enfermos solteros están bajo el cuidado de un miembro de su familia y sólo excepcionalmente viven solos; por ejemplo, en la Visita solamente Catalina Yaro (Casa 158, p.163), que es enferma mental, vive sola.

Los niños y adolescentes viven con sus padres o con sus madres que en algunos casos pueden ellas mismas residir con un hermano, o con su concubino, un esquema muy común en la Visita.

En cuanto a los adultos, están integrados en casa de uno de los miembros de la familia: hermano, hermano de la madre o padrastro.

Hemos encontrado un caso en el cual dos lisiados residen bajo el mismo techo, como si hubiera una voluntad de parte del principal quien tiene pocos hijos, de recuperación de todas las personas capaces de trabajar: Casa 142, p. 160. (Ver el cuadro N° 4).

FIG. 1 Casa 142 p. 160

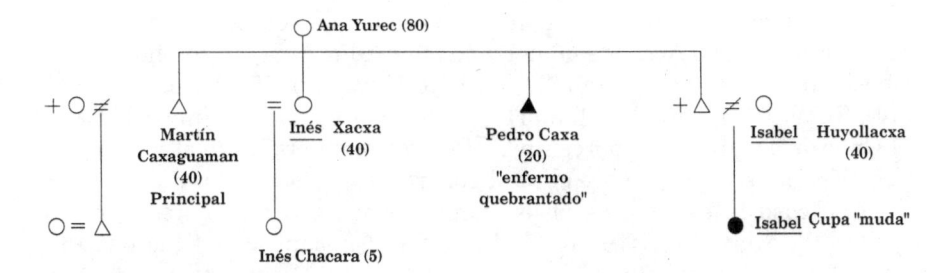

```
                    ○ Ana Yurec (80)
        ┌───────────┼───────────────┬─────────────┐
+ ○ ≠  △     =    ○       ▲           + △ ≠ ○
   Martín       Inés Xacxa   Pedro Caxa        Isabel  Huyollacxa
 Caxaguaman       (40)         (20)                     (40)
    (40)                     "enfermo
  Principal                 quebrantado"
○ = △           ○                              ● Isabel Çupa "muda"
           Inés Chacara (5)
```

1.3.5 Trabajo

Los lisiados y los enfermos desempeñan un trabajo en función de su mal y del grado de éste, como lo subraya Guaman Poma para el caso de los hombres (p. 177): "Estos servían de pasatiempo, hablar y chocarrear, como son enanos, corcobado, nariz partida. Cada uno los que podían trabajar y ayudar, los que tenían ojos servían de mirar, los que tenían pies andavan, los que tenían manos texían y servían de despenseros y quipo camayos, mayordomos".

En el caso de las mujeres este autor señala: "Y las demás que pudían travajar hacían hilar y texer" (op. cit.: p. 197).

El sexo de un lisiado o enfermo parece carecer de importancia y un hombre o una mujer pueden indiferenciadamente tejer o hilar: "Pedro Caxa, 20 años, soltero, enfermo quebrantado (...) el mozo enfermo hila cada quatro meses cinco ovillos" (Casa 142, p. 150). "Diego Huaricapcha de 30 años casado (...) y él está enfermo de un pie que no hace otra cosa más de tejer".

Esta indiferencia en cuanto al sexo de un lisiado o enfermo refuerza todavía más la idea de una categoría muy particular. Quizás esto podría explicar por qué, contrariamente a lo que escribe Guaman Poma, los lisiados de la Visita no están casados.

2. ¿EXISTE UNA CORRESPONDENCIA ENTRE LOS NOMBRES Y LOS GRUPOS DE EDAD?

Antes de contestar a esta pregunta es necesario presentar ciertas evidencias: en el primer tomo de la Visita hemos recensado 1743 personas, de las cuales 766 son hombres (44%) y 977 son mujeres (56%). Hemos observado que los nombres de las mujeres y de los hombres difieren. Existen nombres exclusivamente masculinos o femeninos.

Así, entre los nombres de hombres encontrados en el documento los más corrientes son Acra (de 46 personas llamadas Acra, 44 son hombres), Checne (9), Coro (17), Guano (8), Mallqui (5), Masco (15), Pocori (5), Pori (14), Rume (7), Tacori (18), Tomari (9), Utcachi (7), Yali (5), Yupari (7). Ver el Cuadro N° 5 para los porcentajes de estos nombres sobre el total de la población masculina y sobre el total general.

En el caso de las mujeres, encontramos los nombres siguientes: Acme (o Acmo) (9), Allay (6), Carua (o Carhua) (23), Chacara (34), Chiquiay (8), Chuccho (8), Chumbi (13), Colque (14), Guato (10), Misaguato (6), Mochuy (14), Nani (7), Opiay (8), Pazna (36), Pecta (9), Poco (o Pocoy) (14), Ruray (12), Suyo (12) Tarpoy (10), Yacha (16).... Ver el Cuadro N° 6 para los porcentajes de estos nombres sobre el total de la población femenina y sobre el total general.

En raras ocasiones aparecen nombres comunes a los dos sexos. Este es el caso de los siguientes nombres: Capcha (con tendencia masculina, de un total de 10 personas, 7 son hombres y 3 mujeres); Guaccha (que es contrariamente un nombre femenino, de un total de 11 personas 4 son hombres y 7 son mujeres), y Pilco (de un total de 11 personas 5 son hombres y 6 son mujeres).

No somos las primeras en habernos interesado en la problemática de los nombres de la Visita de Huánuco. Teresa Valiente ha tratado anteriormente el problema en su artículo: "Universo Andino en el siglo XVI: detrás de los nombres personales quechuas" (s.f.)

No se trata aquí de hacer una exégesis de este artículo, sin embargo podemos esbozar ciertas críticas, en particular concernientes a la metodología utilizada por esta autora. Ella constata, como nosotras lo hemos hecho, que las mujeres en la Visita no llevan el mismo nombre que los hombres. Ella divide los hombres y las mujeres en tres grupos de edad: de 0 a 3 años, de 4 a 13 años y de 14 años a más. Valiente muestra que los nombres son diferentes según el sexo y el grupo de edad. Ella afirma, por ejemplo, que los nombres de las niñas de entre 0 y 3 años son nombres de plantas comestibles, mientras que los de los hombres corresponden a nombres de plantas medicinales. Ella utiliza diferentes categorías tales como especies animales y vegetales, pisos ecológicos, etc. para explicar las diferencias entre los nombres.

El procedimiento metodológico de Valiente nos parece incorrecto. En primer lugar porque para defender su tesis, ella se apoya en nombres que muy pocos individuos portan, a excepción de los nombres "Coros" y "Vilca". Por otra parte, ella escoge arbitrariamente el significado del nombre que corresponde mejor a su tesis, además de utilizar diccionarios contemporáneos para el análisis de una Visita del siglo XVI.

Otro rasgo que se desprende del estudio de la Visita es que los padres y los hijos no llevan el mismo apellido, salvo raras excepciones. Hemos encontrado tres excepciones a esta regla:

- En Guaoya, una madre y su hija llevan el mismo nombre: Pazna (cf. p. 212-213):

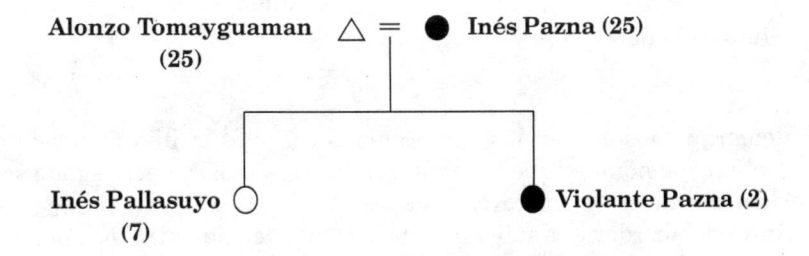

      Alonzo Tomayguaman △ = ● Inés Pazna (25)
             (25)

   Inés Pallasuyo ○   ● Violante Pazna (2)
      (7)

FIG. 2 Nombre "Pazña"

- En Rondo, tenemos un caso citado por el principal en donde la madre y la hija llevan el mismo nombre: Colque (p. 180):

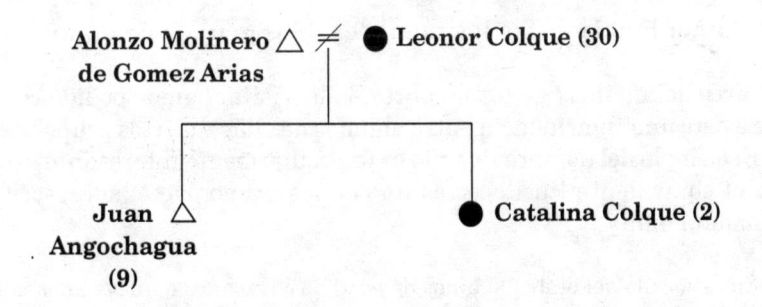

   Alonzo Molinero △ ≠ ● Leonor Colque (30)
   de Gomez Arias

   Juan △   ● Catalina Colque (2)
  Angochagua
    (9)

FIG. 3 Nombre "Colque"

- En la casa 305 en Oxpa, el padre y uno de sus hijos llevan el mismo nombre: Guano:

FIG. 4 Nombre "Guano"

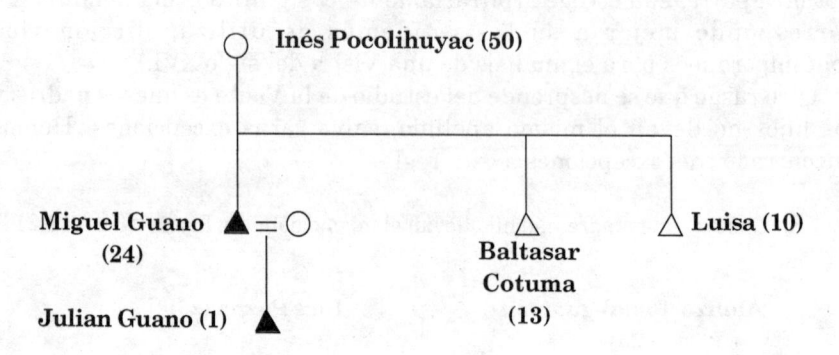

```
                    ○ Inés Pocolihuyac (50)
                    │
        ┌───────────┼───────────┐
        │           │           │
Miguel Guano ▲=○   △          △ Luisa (10)
    (24)         Baltasar
                 Cotuma
Julian Guano (1) ▲  (13)
```

Remarquemos que en los dos primeros casos es la hija menor la que lleva el mismo nombre que la madre. Sería sin embargo arriesgado sacar conclusiones de estos dos casos aislados.

Antes de abordar el análisis de la correspondencia entre los nombres y las grupos de edad es necesario hacer una última anotación de orden general. En la Visita existen nombres simples y compuestos. En esta ponencia analizaremos tan sólo los simples. Los nombres compuestos sin duda no tendrían el mismo significado, pero los dejaremos por el momento de lado.

2.1 Coincidencia entre los nombres y los grupos de edad

A través del análisis de los nombres de la Visita, hemos podido constatar que existe una coincidencia entre algunos de ellos y ciertos grupos de edad.

El ejemplo del nombre Puculla es particularmente interesante. Notemos que el equivalente Pucllacoc es uno de los grupos de edad descritos por Guaman Poma:

> En esta calle del otabo de niños de edad de cinco años o nueve años, niños que juegan que se dize *pucllalloc uamracona* (niños juguetones).
>
> Estos servian a sus madres y a sus padres en lo que podían llevaban muchos azotes y cascarrones y servian de hazer jugar a las crías que gateavan y a los questán en las cunas de menealle y de miralle.
>
> Estos dichos niños digamos agora niños de la doctrina y la esquela, que fueron recensados en la visita general para la ayuda de su casa cria de sus

ermanos, niños de quna y niños que gatean y que jueguen con ellos o ayude a criar guérfanos y otras uqupaciones de casa y mirar la casa, se le uqupavan estos dichos niños que les llamava *pucllalloc uamr*a, niños que juegan, niños de la doctrina y de la esqüela (Guaman Poma 1981: 185).

En la Visita hemos encontrado dos personas que llevan el nombre Puculla, en los dos casos se trata de niños de 4 años (Alejo Puculla de Uchec, casa 356) y de 5 años (Martin Puculla de Marac, casa 383). Es decir son niños que corresponden al grupo Pucllalloc de Guaman Poma.

Antes de continuar y porque el ejemplo de Puculla nos lleva a reflexionar sobre el nombre de los niños, podemos preguntarnos si una persona llevaba el mismo nombre a lo largo de su vida y ¿cuándo le era éste atribuido?.

A partir del análisis de diferentes fuentes, Crónicas, documentos de Archivo, Visitas y textos mitológicos (el de Huarochirí por ejemplo), trataremos de determinar a qué edad se le daba un nombre a los niños. De hecho, todos los testimonios no concuerdan y podemos distinguir dos tendencias:

a) Ciertos cronistas dicen que se le daba un nombre al niño cuando nacía o algunos días después. Cieza de León por ejemplo, y ciertos documentos del Arzobispado de Lima apuntan en este sentido.

b) Ciertos cronistas sitúan la atribución del nombre en el momento del primer corte de pelo, es decir entre los 2 y los 5 años. Arriaga, Hernández Príncipe, Cobo y Garcilaso dan esta versión. Para los dos últimos cronistas, esto coincide entre otras cosas con el destete.

Estas dos opiniones no son contradictorias. Podemos muy bien suponer en efecto que se otorgaba al niño un nombre "provisional" cuando nacía y luego un nombre más "definitivo" que correspondía más a lo que era (su personalidad, su lugar en la sociedad) en el momento del corte de pelo y del destete. Esto es lo que da a entender Arriaga:

> Cuando son los hijos o hijas grandecillos como de cuatro o cinco años, los trasquilan la primera vez con gran superstición, convidando la parentela, especialmente a los masas y cacas; para este efecto, ayunando y haciendo fiesta a la huaca, a la cual también suelen ofrecer el niño recién nacido... y pueden en esta ocasión mudarle el nombre como se dice arriba y ponerle el de la huaca o malque, y lo mismo al padre y a la madre... (Arriaga 1968: 215).

a) Volvamos a Cieza de León quien escribe: "en la mayor parte de sus provincias se usó poner nombre a los niños cuando tenían quince o veinte días" (Cieza de León, op. cit. p. 207-208).

Los testimonios dados por diferentes personas acusadas de hechicería en la región de Lima que están conservados en los archivos del Arzobispado de Lima dicen: "Quando nacen los muchachos el echisero de su aillo pide ofrendas a sus padres para llevarles a sus ydolos y malquis y preguntalles que nombre le han de poner al muchacho... y echos los sacrificios a los ydolos dice el echisero al padre o padres del muchacho que los ydolos y malquis dicen que se les ponga el nombre de tal guaca o ydolo como Libiac, Guari, Vilca y otros a su tenor...".

Según estos testimonios la atribución del nombre se realiza al nacimiento, y el nombre está ligado a los ancestros (*malqui*) y a los ídolos (*huacas*) pues se les consulta con el fin de que sean ellos mismos los que den el nombre al niño por intermedio de su ministro. ¿Los ídolos y ancestros dan a los niños un nombre de huaca o ídolo para protegerlos porque su vida es todavía incierta? No lo sabemos.

b) Como lo hemos señalado, la mayoría de cronistas sitúan el corte de pelo y la atribución de un nuevo nombre entre los 2 y los 5 años.

Según el conjunto de cronistas, la ceremonia de corte de pelo y la atribución del nombre era acompañada de una fiesta a la cual se invitaba a todos los parientes, entre los cuales se elegía un padrino quien cortaba la primera mecha de cabello del niño. Seguidamente cada invitado cortaba una mecha de cabello siguiendo un orden dictado por la edad y la importancia de la persona. Luego según Arriaga, se hacía una fiesta en honor de la huaca a la cual se había consagrado el niño al momento de su nacimiento. En este momento se daba al niño el nombre de la huaca o del ancestro. El mismo nombre era dado al padre y a la madre.

Encontramos una descripción de esta ceremonia en los informes de Hernández Príncipe. En este ejemplo se le otorga a la hija de un cacique, así como a sus padres, el nombre de Rayo y se consagra la niña a su tatarabuelo, el cacique Poma a quien se le ofrecen los cabellos de la niña.

Después de haber cortado el cabello, se lo ofrecía a la huaca o bien se lo guardaba en la casa como un objeto sagrado. Parecería entonces que cada individuo era consagrado a una huaca o a un mallqui particular al cual permanecía ligado el resto de su vida.

Cieza de León es el único cronista que sitúa la ceremonia del corte de pelo entre los 10 y 12 años. Precisa, además, que se les cortaba también las uñas. Según él, se les daba a los niños, nombres de pueblos, de pájaros, de plantas o de pescados, pero según este autor ciertos deseaban mucho llamarse como sus padres o sus ancestros (op. cit., p. 207-208).

Entre los 10 y 12 años tenía lugar una ceremonia que marcaba el pasaje de los jóvenes de la infancia a la adolescencia, el Warachicuy. Según González Holguín, el Warachicuy era "la fiesta o borrachera para celebrar el día primero en que ponían çarahuelles sus muchachos". ¿Quizá en ese momento había un cambio en el nombre?. La Visita permite pensar que este era el caso.

Sabemos, a través de ciertas fuentes del siglo XVI (Documentos del Arzobispado de Lima), que durante el Warachicuy se hacían ofrendas y sacrificios a los "ídolos" y "malquis" del niño.

En cuanto a las jóvenes, sus padres hacían una ceremonia cuando les venían las primeras reglas: el *quicuchicuy* (*quicuchini*: haze fiesta y borrachera por esto). Según González Holguín: *Oquicun huarmi* significa venirle el primer menstruo a la mujer o primera regla.

¿Había en este caso también un cambio de nombre?.

No sabemos, los cronistas no hablan de ello. Los únicos datos que hemos hallado para las mujeres proceden de Bertonio. En su vocabulario, este autor reúne datos muy interesantes sobre las circunstancias que podían marcar el nacimiento de una niña: ¿habría nacido en el momento en que en el cielo se levantaban las pleyades, en el tiempo de las bodas o de los funerales?, ¿en una chacra o en otro lugar? Tantas circunstancias de tiempo y de lugar que eran incorporadas al nombre de la niña (Zuidema 1986: 72). Zuidema agrega que era por esta razón que la sociedad Incaica daba gran importancia a los nombres femeninos.

De acuerdo a la lectura de las crónicas y de diferentes fuentes del siglo XVI, aparentemente cada individuo tenía varios nombres simultáneos: un nombre social/familiar y un nombre más ceremonial, reservado a sus relaciones con la *huaca* (o *huacas*) y los ancestros. En efecto, Arriaga y Hernández Príncipe subrayan el hecho de que cuando se le daba al niño su nuevo nombre, hacia los 5 años, se le daba el mismo nombre de sus padres; mientras que en la Visita no hay, salvo casos excepcionales que ya hemos señalado, ejemplos en donde los padres y los hijos lleven el mismo nombre. El nombre que consagraba al niño y a sus padres a la misma huaca era entonces guardado en secreto, al menos fuera del alcance de los españoles encargados de la Visita.

Hernández Príncipe habla por ejemplo de sobrenombre a este respecto:

...el apellido de sus propias huacas que traían por sobrenombre todos en general.

Entonces, cómo explicar el caso de los Chacpas, Mascos, Chuchos que encontramos en la Visita. Como sabemos gracias a los cronistas, Cobo y Hernández Príncipe por ejemplo, en tiempos de los Incas estos nombres eran llevados por individuos considerados como huacas.

1) <u>Chacpas</u>
Chacpa significa niño "nacido de pie". Hemos encontrado 5 Chacpas en la Visita (lo que representa el 0,28% de la población total del primer tomo de la Visita): 4 mujeres y un niño de 10 años. Las cuatro mujeres tienen entre menos de un año y 60 años. La distribución de este nombre plantea un problema: podríamos suponer en efecto que aquella persona que se llama Chacpa conserva este nombre por el resto de su vida ya que está marcada por esta venida al mundo particular y está predestinada a ocupar un cargo ritual (cf. Arriaga y Hernández Príncipe sobre las huacas y los chuchus).

2) <u>Chuchu</u>
La atribución del nombre Chuchu (nacidos del mismo vientre) plantea el mismo problema que el de Chacpa.
En la Visita existen 20 Chuchu (es decir un 1,14% de la población total del primer tomo de la Visita), 13 mujeres y 7 hombres (5 nombres simples y 12 compuestos con Chuchu). La atribución del nombre Chuchu obedece a la misma división que muchos otros nombres. Encontramos bajo este nombre:

- niños de entre 1 y 4 años
- adultos de entre 15 años y 70 años.

3) <u>Masco</u>
Podemos hacer una anotación en el mismo sentido a propósito del nombre Masco (o Mazco), que significa según Arriaga, "hijo de aquel o aquella nacidos de pie". Existen en la Visita 15 personas llamadas Masco, todas son hombres (es decir 0,86% de la población total del primer tomo de la Visita y el 1,95% de la población masculina). La distribución del nombre se extiende desde el nacimiento hasta los 40 años, siendo el de 40 un principal.

Aparentemente los que se llamaban Chacpas, Chuchu o Mazco conservaban este nombre toda su vida dado que constituía un signo distintivo importante.

2.2 El grupo de edad de las "mujeres maduras"

Al estudiar los nombres de las mujeres, nos dimos cuenta de la coincidencia de ciertos nombres con un grupo de edad. Notamos en particular la existencia de una serie de nombres que son llevados por aquellas que hemos llamado las "mujeres maduras" (de entre 25 años y 50). Este es el caso de los siguientes nombres:

a) Chumbi

Según el diccionario de Santo Tomás, *Chumbi* significa: "ceñidero, faxa para ceñirse". En el vocabulario de González Holguín encontramos además del significado de faxa el de: color castaño oscuro o alazain o pardo (p. 120).

En la Visita, hay 13 mujeres que llevan el patronímico de Chumbi (es decir el 1,33% de la población femenina del primer tomo de la Visita). Ellas tienen entre 25 y 60 años, salvo una que tiene 80 años. 5 de estas mujeres son casadas o "mancebas", 3 son viudas, y el resto "no tiene marido" pero tienen hijos.

El nombre de Chumbi podría corresponder al grupo de edad de las entre "25 y 50 años" descrito por Guaman Poma:

> La primera calle de las yndias mujeres casadas y biudas que llaman *auca camayocpa* (señoras de los militares), las quales son del oficio de texer ropa delicada para *cumbi* (tejido fino), *auasca* (corriente) para el ynga y demás señores capac apoconas y capitanes y para soldados.
> Fueron de edad de treyta y tres años, se casavan; hasta entonces andavan vírgenes y donzellas. Estas dichas mujeres, así mismo los dichos hombres de la misma edad, se casavan; hasta entonces las llamavan niña *uamra tasque* (joven) purun warmi "mujer virgen" (Guaman Poma, op. cit.: 190).

b) Colque

Hemos encontrado en la Visita un grupo importante de mujeres (14, es decir el 1,43% de la población femenina del primer tomo de la Visita) que llevan el nombre de Colque. *Colque* significa en quechua "plata metal" (Santo Tomás, p. 268), "moneda o plata" (González Holguín). De otro lado, sabemos que en la zona minera de Huancavelica, la plata es considerada como femenina por oposición al oro que es considerado como un metal masculino. Según las creencias de los mineros y campesinos de esta zona, estos dos metales son considerados como nobles y "maduros" porque son los únicos que han concluído su desarrollo en las entrañas de la tierra [2].

De las 14 mujeres que llevan el nombre de Colque, 2 tienen menos de 2 años (nos encontramos aquí frente a una de las excepciones a la regla general, pues se trata de una hija y madre que se llaman Colque, p. 180), y 12 tienen entre 30 y 60 años. Son entonces mujeres "maduras" de las cuales 6 no poseen hijos y 6 sí los tienen.

A pesar de que todavía no hemos trabajado sobre la problemática del tributo en la Visita, sabemos gracias a las numerosas lecturas que hemos realizado del tomo I, que el algodón y la plata formaron parte de los productos que se entregaban en tributo. Los nombres de Colque y de Chumbi corresponderían quizás a los grupos de mujeres encargadas de producir el tributo en algodón y en plata respectivamente.

c) <u>Pecta</u>

En la Visita existen 9 mujeres que llevan el nombre de Pecta (es decir el 0,92% de la población femenina del primer tomo de la Visita). Ellas tienen entre 20 y 35 años, 8 son casadas o "mancebas", 1 es viuda.

¿Se llaman Pecta en razón del pueblo que lleva el mismo nombre, y portan este nombre por ser originarias de este lugar?

Carecemos de indicios sobre el lugar de origen de estas mujeres, salvo en el caso de una en que la Visita nos dice que vivía en Coni. En Coni hay dos mitimaes uno de los cuales tenía mancebas que se las habían quitado pues provenían de otros ayllu ("no es casado porque las mancebas que han tenido se las han quitado por ser de otros ayllus..." p. 157). Podemos suponer que estas mujeres provenían de Pecta.

d) <u>Suyo</u>

En la Visita 12 mujeres llevan el nombre de Suyo (es decir el 1,22% de la población femenina). Ellas tienen entre 25 y 60 años, dos de entre ellas fueron registradas como muertas después de la última Visita. Las otras son mujeres casadas, salvo dos que son viudas.

Tres de las mujeres que llevan el nombre de Suyo son mujeres de principales (casa 30: Inés Suyo mujer del principal de Llocllo, Domingo

---

[2] Salazar-Soler (1992).

Vicachagua; casa 212: María Suyo, mujer de Francisco Chuquiyaure principal de Achinga "huído y hechicero"; casa 292: Marina Suyo, mujer de Andrés Yacolca principal de Oxpa).

Isabel Suyo de Oxpa (casa 299) es la mujer de Alonso Ayahuacan "que tiene la vara de guatacamayo".

Suyo según González Holguín significa: "parcialidad, provincia" (p. 33).

e) Llacxa

Hemos encontrado en la Visita 10 personas (es decir el 0,57% de la población total del primer tomo de la Visita), 6 mujeres (es decir el 0,61% de la población femenina del primer tomo de la Visita) y 4 hombres, que llevan el nombre de Llacxa. Una de ellas tienen 10 años, 3 tienen entre 30 y 60 años, y 2 tienen más de 60 años. De las 5 mujeres adultas, 4 son casadas o "mancebas" y una es viuda.

Según González Holguín *Llacsani* o *Llacsarcconi* significa "asustar a otro, hazerle turbar de miedo, o cortarle o desmayarle o elarle la sangre como el que ve un león cerca o serpiente".

Santo Tomás traduce *llacsa* por: metal fundido o bronce.

Sabemos gracias a Arriaga (op. cit.: p. 252) que *llacsa* designaba un polvo mineral de color verde que se le ofrecía a las huacas. Estos dos significados son equivalentes; el polvo verde sería aparentemente el mineral carbonatado u óxido de cobre [3].

"*Llacsa* es verde en polvos, o en piedra como cardenillo..." (p. 211).

"Haseles de decir publicamente que cada uno ha de decir el oficio que tiene de hechisero (si lo es) y las huacas y malquis que han adorado, y las conopas y dioses penates que tienen en sus casas. Y las ofrendas de mullu, paria, llacsa, carua, muqui, ato, huahua, sebo, coca, sancu y las demás" (p. 252).

Según Hernández Príncipe, Llacsa era una de las ofrendas que se otorgaban a Huallallo Carhuincho.

De otro lado, encontramos ciertos de estos nombres (Chumbi y Colque) entre las "ministras del culto" de las huacas en los informes de Hernández Príncipe: María Chumbi, "consultora" (p. 337, 341), Ynés Chumbi "ministra de los idolos", chichera de la guaca; Doña Ana Colque, e Inés Colqui Hutuy, ministras (p. 492, 494).

---

[3] P. Soler, comunicación oral.

2.3 Nombres llevados por numerosas personas de un vasto grupo de edad

Ciertos nombres son llevados por varias personas y corresponden a un vasto grupo de edad de jóvenes que va desde el nacimiento hasta los 30-35 años. Se trata de los nombre Mochoy, Acra, Chacra, Pazna.

Mochoy (3), Mochuy (1), Mochui (10)
Este nombre es exclusivamente femenino. De 14 (es decir el 1,43% de la población femenina del primer tomo de la Visita), 13 mujeres tienen entre 2 y 12 años. Una tiene aproximadamente 30 años, es viuda, manceba del principal de Quinoas y tiene una hija de 12 años.
Encontramos en González Holguín que:

> *Muchuy runa*: hombre miserable, falto de todo y necesitado. *Muchuni muchuccuni* o *huanaccuni*: padecer, tener falta o necesidad de algo y sufrir trabajos (p. 247).

Mochar: aderezar. Este término ha sido incorporado al vocabulario español y lo encontramos en todos los textos de los cronistas con el sentido de ofrendar.
Encontramos igualmente en Santo Tomás (p. 323) el término *mochoy* en el sentido de castigo. Se recibe un castigo para sancionar una falta o culpa, es decir *hocha* en quechua, lo que nos hace pensar en el sacrificio ritual de la *capacocha*: *capac/hocha* que tenía lugar cada cuatro años en Cuzco (Hernández Príncipe, op. cit.: p. 472). Como afirma Taylor:

> El sentido de base de hucha es: deber, deuda obligación, lo que debe ser realizado y, en el caso de no ser realizado, la falta, el no cumplir con la obligación, el no pagar la deuda. De este último sentido proviene la acepción colonial de "pecado". El *capachucha* corresponde a la realización de una obligación ritual de máxima importancia y esplendor (*capac*). Las víctimas según los procesos de idolatrías, debían ser sumamente hermosas y sin mancha (Taylor 1988: 331).

Encontramos mencionada también la Capachocha en Juan de Betanzos:

> ...mandó Inca Yupanqui a los señores del Cuzco que, para de allí a diez días, tuviesen aparejado mucho preveimiento de maíz, ovejas y corderos, y asimismo mucha ropa fina, y cierta suma de niños y niñas que ellos llaman Capacocha, todo lo cual era para hacer sacrificio al sol (...)

...y los niños que aún habían juntado, estando bien vestidos y aderezados, mandólos enterrar vivos en aquella casa, que en especial era hecha para donde estuviese el bulto del Sol (p. 32).

Acra/Chacra/Pazna
Acra

Hemos encontrado en la Visita 46 personas (es decir el 2,63% de la población total del primer tomo de la Visita), 44 hombres (es decir el 5,74% de la población masculina del primer tomo de la Visita) y 2 mujeres, que llevan el nombre de Acra. También hemos encontrado dos nombres de hombres compuestos: Acrari, Acrapochu. Los Acra se encuentran concentrados en los pueblos Queros (hay 30 en los Queros y 14 en otros lugares), en un rango de edad que va desde los dos meses hasta los 30 años, la gran parte de ellos posee menos de 12 años (30 tienen menos de 12 años).

El término *Acra* en el diccionario de Santo Tomás (p. 230) es equivalente al de *Aclla*:

Acllani, gui o *acrani, gui*: apartar lo limpio
acllasca o *acrasca*: cosa escogida.

No hemos encontrado este término en el vocabulario de González Holguín, sólo hemos encontrado el término *acllay*: elección, *acllasca*: escogido (p. 15).

En la Visita hay un solo Aclla (Juan Aclla, casa 277, p. 211), que es un hombre, hermano de padre y madre de un Acra, lo que podría confirmar la equivalencia de los dos términos:

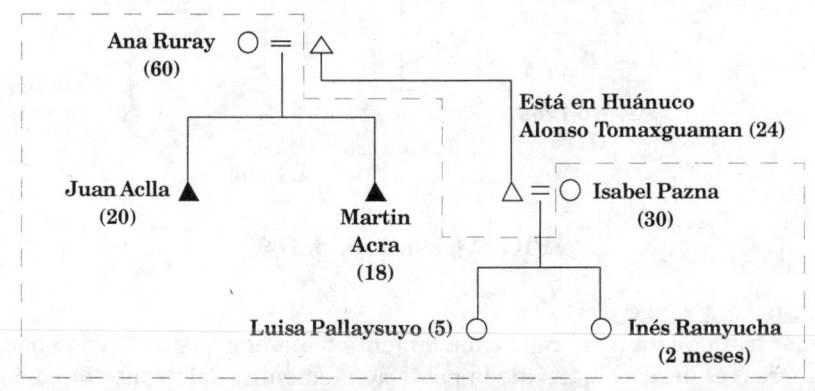

FIG. 5 Casa 277, p. 211

Aparentemente el nombre Acra no era otorgado a un niño de un rango particular: lo encontramos tanto en los hijos mayores como en los hijos menores y hasta en los hijos únicos. Por el contrario ciertas familias están como "marcadas" por este nombre:

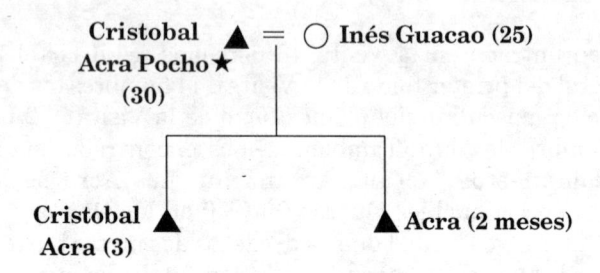

```
           Cristobal  ▲ = ○ Inés Guacao (25)
          Acra Pocho ★
              (30)
                 |
        ┌────────┴────────┐
    Cristobal ▲         ▲ Acra (2 meses)
    Acra (3)
```

FIG. 6 Casa 211, p. 185

puchu puchu o *puchusca*/ sobras reliquias (González Holguín, p. 293); *puchu*/ demasia o sobra (Santo Tomás, p. 342).

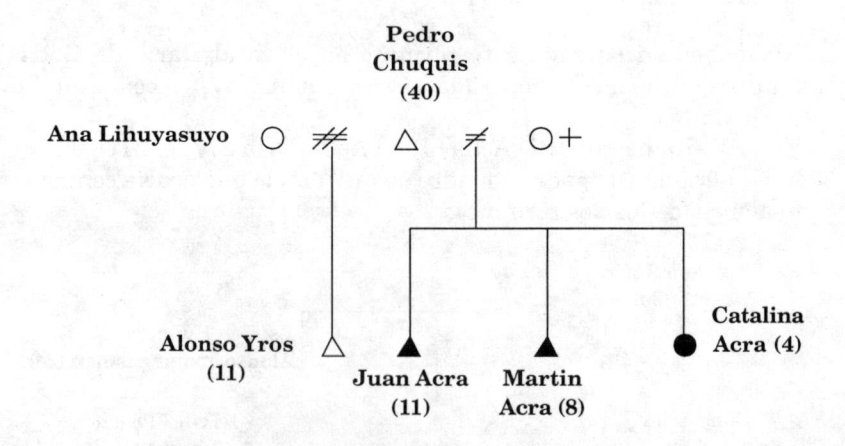

```
                    Pedro
                   Chuquis
                    (40)
  Ana Lihuyasuyo ○ ≠ △ ≠ ○+
                        |
           ┌────────────┼────────────┐
                                          Catalina
                                         ● Acra (4)
   Alonso Yros △    ▲        ▲
      (11)       Juan Acra  Martin
                   (11)     Acra (8)
```

FIG. 7 Casa 218, p. 189

Chacara/ Chacra
Se trata de un nombre exclusivamente femenino que es llevado por 34 mujeres (es decir el 3,48% de la población femenina del primer tomo de la Visita) de las cuales 26 se encuentran en los Queros, en un rango de edad

GRUPOS DE EDAD EN LA VISITA DE HUÁNUCO **391**

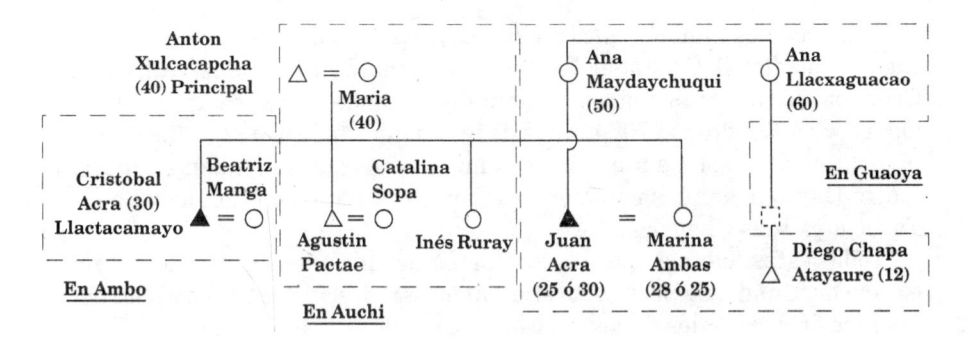

FIG. 9 Casa 284, p. 215 y Casa 281, p. 212

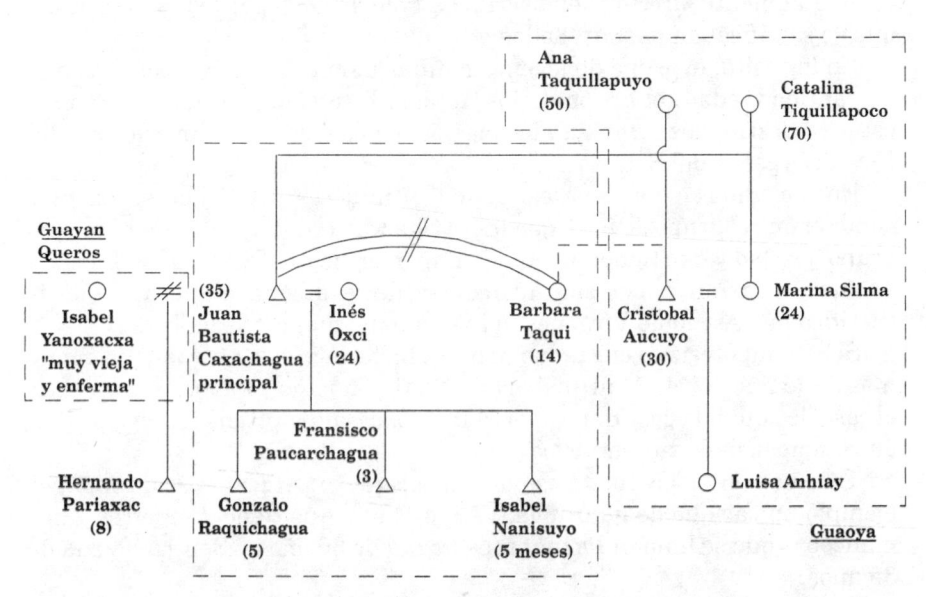

FIG. 10 Casa 266, p. 266 y Casa 280, p. 212

En la Visita hemos encontrado que 5 Acras, niños y jóvenes son hijos de principal, y quizás existan más de este tipo pues no siempre nos da la Visita información sobre los padres de los Acra, dos Acra son hijos de Ingache. Notamos también un caso particular en donde el hijo mayor y un yerno del principal se llaman igualmente Acra (cf. dibujo anterior sobre las Casas 284 (p. 215) y 281 (p. 212).

Remarcamos también que en Guancayo (p. 165) dedicaron tres hijos del cacique principal Cristóbal Xulcacondor, uno de los cuales se llamaba Cristóbal Acra (los dos otros se llamaban Alonso Poriansango y Beatriz Opiay) y en Rondo (p. 170) 4 niños de la misma edad: "Dijo que despues de la dicha Visita ... se ha muerto... dos muchachos que se llaman Juan Acra y otro Cayco dos muchachas de la misma edad que se llamaban Beatriz Tarpo otra Inés Chacara..."

Todas estas anotaciones nos inclinan a pensar que el grupo de los Acra estaba destinado, en parte o totalmente, a ser ofrecido al Inca o al Sol para los sacrificios rituales de los niños.

Como hemos visto anteriormente (Cobo; Hernández Príncipe) las niñas eran igualmente ofrecidas en sacrificio; Polo de Ondegardo (1574) escribe que se sacrificaban pasnas, acllas y huahuas.

En la Visita, el grupo de jóvenes o niñas llamadas Pasnas corresponde en cantidad, edad, al grupo de los Acras. ¿Esto significa que las Pasnas estaban destinadas también al sacrificio o a convertirse en mancebas del Inca o Vírgenes del Sol?

En la medida en que se necesitaban más mujeres que hombres, podemos suponer que el grupo de las Chacara (o Chacra), que pertenencen al mismo grupo de edad y que tienen la misma importancia (34 Chacara, 36 Pazna y 44 Acra) podrían haber sido utilizadas de la misma manera, es decir sacrificadas, sea como Vírgenes del Sol o como mancebas de Inca.

Si esta hipótesis es cierta, no debería haber Acras, Chacras y Pasna de más de 12 años o solamente deberían existir Chacras y Paznas mayores en el caso de aquellas destinadas por el Inca para sus capitanes (Cobo, p. 132) en recompensa de sus servicios.

Tenemos en la Visita el caso de los caciques más poderosos, como por ejemplo un cacique de guaranga, Felipe Mazco que tiene 7 mujeres y dos mancebas que se llaman Pazna: Inés Pazna de 30 años y Beatriz Pazna de 35 años.

A pesar de que constatamos, gracias a los informes de Hernández Príncipe, la existencia de sacrificios aún en el Siglo XVII (40 años después de nuestra Visita), podemos suponer que los rituales no eran practicados con la misma regularidad a causa de la presencia española y que por lo tanto existía un excedente de Acra, Chacra y Pazna (los de más edad tienen efectivamente entre 30 y 35 años, lo que corresponde a la llegada de los Españoles al Perú: 1532= 30 años antes) quienes conservaban, a pesar de todo, un status particular y quizás cumplían funciones de "hechiceros".

Encontramos por ejemplo en Hernández Príncipe "hechiceras" que se llaman Juana Chacra (p. 338) o Talina Chacras, mujer de un "ministro de culto" (p. 371).

2.5 Los nombres con contenido peyorativo

Nos hemos visto sorprendidas por la existencia de nombres que según los vocabularios de González Holguín y de Santo Tomás poseen un significado peyorativo. Estos nombres coinciden también con una categoría de jóvenes, la misma que la de los Acra, Chacra, Pazna que se extiende desde el nacimiento hasta los 20-30 años. Se trata de los nombres Checne e Ismay. *Checne* proviene del verbo *checniccuni* o *checnini*, aborrecer querer mal (González Holguín, p. 105), *checnicuy*: el aborrecimiento (id.). Santo Tomás da una definición más completa del término, la que plantea problemas:

Checnicoc: malicioso
checnini, gui o *checnicuni, gui*: malque, ser o aborrecer a otro
checnicusca: cosa aborrecida
checnicoc: enemigo (Santo Tomás, p. 260).

El vocabulario quechua contemporáneo Ayacucho-Chanca de Clodoaldo Soto Ruiz propone la misma definición: *Cheqniy*: odiar, aborrecer (p. 35).

El significado de "odio" y "fuerte aversión" estaría en estos diferentes diccionarios, relacionado con el de ancestro, según Santo Tomás, lo que podría significar que los Checne eran huacas.

En la Visita existen 10 personas que se llaman Checne (es decir el 0,57% de la población total del primer tomo de la Visita), todas de sexo masculino (es decir el 1,30% de la población masculina del primer tomo de la Visita), 6 niños de menos de 4 años, 2 adolescentes de entre 8 y 14 años y dos jóvenes de 20 años. De los 10, 4 son hijos de principal; en cuanto a los 6 restantes, en dos de los casos, el padre falleció; otros dos casos no se los menciona. Ignoramos entonces si se trataba de un principal o si tenía alguna importancia (que podríamos por otro lado estimar en función de su propio nombre y del número de mujeres que poseía). Finalmente el último es hijo de Diego Xalca, conocemos la importancia del nombre Diego equivalente al de Santiago, que los indios daban en lugar del nombre *Yllapa* o *Libiac* (que significa rayo, relámpago y trueno) a uno de los gemelos considerados como hijos de la divinidad rayo.

Dos Checne de un total de 10 tienen 20 años y viven con sus madres, uno de ellos tiene una concubina llamada Luisa Ismay y no tiene hijos. Dos solamente se encuentran en los Queros.

El nombre Ismay, de la concubina de uno de estos Checne, es precisamente el segundo apellido que podríamos considerar como peyorativo. González Holguín no lo menciona pero Santo Tomás escribe: *Ysmay*: mierda (p. 144).

El diccionario contemporáneo de quechua Huanca de Cerrón Palomino (1976) da la misma definición y agrega un sentido figurativo que podría aplicarse igualmente al patronímico de la Visita:

Ismay: hez deposición// Fig: persona inútil.
Ismay: defecar

Ismay, ysmay, ismaya es utilizado para ambos sexos. Estos son en total 7 (es decir el 0,40% de la población total del primer tomo de la Visita), tres de sexo femenino de 6, 12 y 30 años, y 4 niños pequeños de entre un mes y 4 años (incluyendo un Ismaya). Asimismo hemos encontrado dos Ismaycoro de entre 8 y 14 años.

Los tres niños pequeños son hijos de mitimaes y no hemos notado ningún punto en común entre estas diferentes personas, aparte de su edad, que los sitúa en un grupo de niños (8 de un total de 9 tienen menos de 14 años). Sólo Luisa Ismay, de 30 años, manceba de Jorge Checne, es de más edad pero tenemos que ser prudentes en cuanto a su edad biológica, debido a las inexactitudes que podemos encontrar como ya lo hemos señalado.

Ninguno se encuentra en los Queros.

¿Por qué dar tales nombres a niños y adolescentes?. ¿Con qué fin?.

Podemos poner en paralelo los Acra/Aclla "escogidos" y los Checne "aborrecidos" que pertenecen a la misma categoría de edad, incluso a veces a la misma familia, como por ejemplo en los Queros, de la Casa 255, p. 202. Ver Fig. 11.

Carmen Bernand nos sugirió la idea de que Checne podría tratarse de un nombre protectivo, es decir que al afirmar que el niño era detestado se evitaba que fuera "escogido". En el caso citado más arriba, hay que anotar que es el hijo menor el que lleva el nombre Checne, y que además lleva el de Diego de su padre quien es un principal. Este método habría permitido conservar un niño considerado como importante, el hijo menor, por razones que desconocemos.

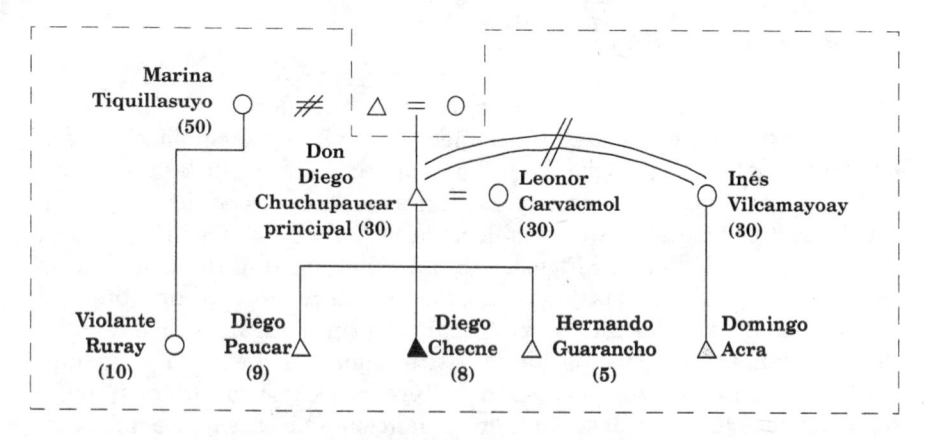

FIG. 11 Casa 255, p. 202

En cuanto a Ismay, que se encuentra en la misma categoría que Checne, que concierne a los dos sexos, podemos preguntarnos si ese nombre no constituía también una protección para el niño designado. Hemos encontrado igualmente un Acra y un Ismay en la misma familia, Casa 393, p. 256 en Cayan:

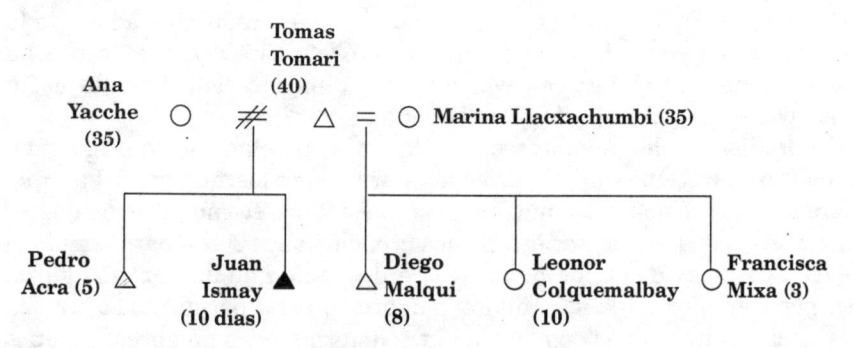

FIG. 12 Casa 393, p. 256

Podríamos sin embargo proponer una explicación diferente. El término *Ismay* que significa en el siglo XX "persona inútil" podría tratarse de un término genérico que designara una categoría de personas inútiles de diferente clase, sea porque se trate de niños pequeños (4 de un total de 10 poseen menos de 4 años) quienes no poseían ninguna responsabilidad social, sea por otras razones: ¿perezosos?

A modo de conclusión

De la lectura de la Visita de Huánuco se desprenden tres concepciones diferentes de categorías de edad: la una Inca, una otra española y la que se desprende de la Visita misma. La primera aparece a través de las respuestas de los caciques y principales a las preguntas planteadas por los españoles. La segunda concepción se desprende de la carta del Rey y las instrucciones dadas por éste al Visitador Iñigo Ortiz, así como a partir de los comentarios de este último. El análisis de las categorías utilizadas para contabilizar a las personas nos ha permitido comprobar, en primer lugar, que a diferencia de los españoles, los caciques de la Visita toman en cuenta la poligamia. Así, encontramos en sus declaraciones términos como concubinas, indias amancebadas, etc, que describen una condición aparentemente difundida entre las unidades familiares; mientras que en el discurso de los españoles las mancebas son consideradas como viudas o solteras. En segundo lugar, el estudio de las declaraciones de caciques nos ha permitido determinar que éstos contabilizaban a los enfermos y lisiados en forma aparte; lo cual nos ha hecho reflexionar sobre la existencia de una categoría particular que reagruparía a los enfermos y lisiados. Por último, hemos comprobado que la manera de contabilizar incaica distinguía categorías dentro del grupo de los niños, lo que responde a una concepción de productividad desde la más temprana edad. El estudio de los datos de este documento nos ha mostrado que en la Visita se tuvo en mucha consideración el status social de las personas y su capacidad de trabajo.

El análisis de los nombres en la Visita ha revelado ser de una gran dificultad (carecemos de significados para todos los nombres, hay que diferenciar entre nombres simples y compuestos, carecemos de genealogías o generaciones que nos permitan sacar conclusiones sobre por ejemplo el sistema de transmisión de nombres) pero también de una gran riqueza. Así, por ejemplo, el examen de los nombres nos ha permitido sugerir la existencia de una correspondencia entre determinados nombres y grupos de edad. Éste ha sido el caso de lo que hemos llamado el grupo de las "mujeres maduras" que llevan nombres tales como Llacxa, Suyo o Chumbi, y del grupo de personas que llevan nombres cuyos significados ponen de manifiesto una cierta singularidad tales como Chuchu, Mazco, Chacpa

A través del análisis detallado de las casas del primer tomo de la Visita hemos encontrado que las personas que llevan el nombre Acra, y las que llevan el de Chacra, habitan en los mismos pueblos, las hallamos en la misma proporción, y dentro de un mismo rango de edades, lo que nos ha conducido a pensar en una simetría entre las dos categorías de nombres, una que corresponde a los hombres y la otra a las mujeres. Podemos decir además que hemos comprobado que las Chacaras (o Chacras), simétricas de los Acra, que viven en los mismo lugares, las encontramos siempre bajo la condición de hermanas, hijas o madres de los Acras, jamás aparecen como esposas o concubinas. Mientras que las mujeres que portan el nombre de Pazna las hemos encontrado en las mismas familias que los Acra pero como aliadas (esposa, concubinas o concubinas del padre). El análisis de estas tres categorías de nombres y las observaciones que acabamos de señalar nos hacen pensar que es posible descifrar una red de intercambio de mujeres. En el caso de los Acra, nos ha parecido probable la existencia de una red de intercambio de las Chacra contra las Pazna.

Otra observación que resulta del examen de estas categorías de nombres es que todos los datos nos inclinan a pensar que el grupo de los Acra estaba destinado en parte o totalmente a ser ofrecido al Inca o al Sol a través de sacrificios rituales. En este mismo sentido, y como hemos visto en la Visita, el grupo de jóvenes o niñas llamadas Pazna corresponde más o menos en cantidad y en edad al grupo de los Acra. Esto podría significar que las Pazna estaban destinadas también al sacrificio o a convertise en mancebas de Inca o Vírgenes del Sol. En la medida en que se necesitaban más mujeres que hombres (para sacrificio ritual, para esposas del Inca o de Vírgenes del sol y como recompensa del Inca a sus capitanes por sus servicios), podemos suponer también que el grupo de las Chacaras que como hemos visto pertenece al mismo grupo de edad y tiene la misma importancia que las Pazna, habrían sido utilizadas de una manera similar. Si esta hipótesis fuese cierta, no deberíamos encontrar Chacaras ni Paznas mayores de 12 años o, en caso contrario, deberíamos encontrar sólo aquellas destinadas por el Inca para sus capitanes. El estudio de la Visita nos ha permitido encontrar mancebas de caciques llamadas Pazna. Hemos supuesto también que en la época de la Visita los sacrificios no eran tan frecuentes como en tiempos prehispánicos, lo que nos permite pensar en un excedente de Acras, Chacaras y Paznas, quienes en este caso habrían podido conservar un status particular; por ejemplo, hemos hallado en Guaman Poma hechiceras llamadas Chacara.

Hemos encontrado también a través del estudio de los nombres, algunos que aparentemente poseen un contenido peyorativo (Checne, Ismay), y hemos esbozado la idea de que podría tratarse de nombres protectivos. Aunque existen otras indicaciones que sugieren más bien la existencia de una categoría particular de personas inútiles.

BIBLIOGRAFIA

ALBERTI MANZANARES, Pilar,
1985. "La influencia económica y política de las Acllacuna en el Incanato". **Revista de Indias**, XLV, 176, julio-dic. 85.
1986 "Una institución exclusivamente femenina en la época incaica: las aqcllacuna". **Revista Española de Antropología Americana**, XVI.

ARRIAGA, Fray Pablo José de,
1968 [1621] **Extirpación de la Idolatría del Perú**, Madrid: BAE, tomo CCI.

BERTONIO, Ludovico,
1984 [1612] **Vocabulario de la lengua aymara**, Cochabamba: IFEA/CERES.

BETANZOS (de) Juan,
1968 [1551] **Suma y narración de los Incas**, Madrid: BAE, t. CCI.

CERRÓN PALOMINO, Rodolfo,
1976 **Diccionario quechua Junín-huanca**, Lima: IEP.

CIEZA DE LEON, Pedro,
1553. **La crónica del Perú**, Lima: Pontificia Universidad Católica del Perú, Fondo Editorial.

COBO, Bernabé,
1964 [1653] **Historia del Nuevo Mundo**, Madrid: BAE, Tomos XCI-XCII.

DUVIOLS, Pierre,
1986. **Cultura andina y represión. Proceso y visitas de idolatrías y hechicerías, Cajatambo, siglo XVII**. Cusco: Centro de estudios rurales Bartolomé de las Casas.

GARCILASO DE LA VEGA, el Inca,
1960 [1609] **Comentarios reales de los Incas**. Cusco: Ediciones de la Universidad Nacional, dos tomos.

GONZALEZ HOLGUÍN,
1952 [1608] **Vocabulario de la Lengua General de Todo el Perú llamada Lengua Qquichua o del Inca.** Lima: UNMSM.

GUAMAN POMA DE AYALA, Felipe,
1987 [1584-1614] **Nueva crónica y buen gobierno**. Madrid: Historia 16.

HERNANDEZ PRINCIPE, Rodrigo,
1621 "Visitas de Ocros y Recuay", en Pierre Duviols, 1986, **Cultura Andina y Represión. Procesos y visitas de idolatrías y hechicerías, Cajatambo, siglo XVII**. Pp. 463-507. Cusco.

MORUA (de) Fray Martin,
1966 **Historia del origen y genealogía real de los reyes Incas del**

Perú (manuscrito Loyola). Madrid: Instituto Gonzalo Fernández de Oviedo.

ORTIZ DE ZUNIGA, Iñigo,
1967 [1562]   **Visita de la provincia de León de Huánuco en 1562.** Huánuco: Universidad Nacional Hermilio Valdizán.

POLO DE ONDEGARDO, Juan
1916 [1574]   **Relación de los Fundamentos acerca del notable daño que resulta de no guardar a los Indios sus fueros.** Lima: Colección de libros y documentos referentes a la historia del Perú, tomo II.

ROWE, John,
1958.   "The age-grades of the Inca census", en **Libro Homenaje a Paul Rivet**, 2 tomos, México.

SALAZAR-SOLER, Carmen,
1992.   "Magia y modernidad en las minas andinas: los mitos de origen de los metales y el trabajo minero". En **Tradición y Modernidad en los Andes.** (Ed.) Henrique Urbano. Pp. 197-221. Cusco: Centro Bartolomé de las Casas.

SANTO TOMAS, Fray Domingo,
1951 [1563]   **Lexicón**. Lima: Edición facsimilar, Instituto de Historia, UNMSM.

SOTO RUIZ, Clodoaldo,
1976   **Diccionario quechua Ayacucho-chanca.** Lima: IEP/IFEA.

TAYLOR, Gérard,
1980   **Ritos y mitos de Huarochirí del siglo XVII.** Lima: IEP/IFEA.

VALIENTE, Teresa
s.f.   "Universo andino en el siglo XVI: detrás de los nombres personales quechuas".

ZUIDEMA, R. Tom,
1986   **La civilisation inca au Cuzco.** París: Collège de France. (Versión en castellano: **La civilización incaica en Cuzco.** México: Fondo de cultura económica.)
1995 [1962]   **El sistema de ceques del Cuzco. La organización de la capital de los incas.** Lima: Pontifica Universidad Católica, Fondo Editorial. (Originalmente 1962 **The ceque system of Cuzco, the social organization of the capital of the Incas.** Diss. phil., Leiden.)

ANEXO 1: Traducción de los nombres que aparecen en el artículo

Antropónimo quechua	pag.	observ.	Traducción (G.H., S.T.)
Acme, Acmo Acomo	8		
Aclla, Acra	8, 14, 15, 16 17, 18		acllay = elección, acllasca = escogido (G.H.) acllasca o acrasca = cosa escogida acllani, gui o acrani, gui = apartar lo limpio (S.T.).
Allay	8		allani, allacuni = cavar para sacar raizes o cavar buscando o escavar (G.H.)
Ambas	5		
Angochagua	21		anccu = nervio y cosa dura de cortar y comer, anccuçapa = nervioso, anccuyani = enflaquecerse mucho (G.H.).
Anhiay	21		
Aucuyo	21		
Caçay	6	mudo	çaça = cosa dificultosa de hazer (G.H.) çacçani = hartarse moderado, satisfacerse del todo en comer y beber (G.H.) cacçay = hartura (S.T.).
Capcha	8		capchi o çapa = gentil hombre, hermoso, bien dispuesto, capchi = loçano o gallardo (S.T.) Kapac o çapaykapak = el rey, Kapacchacuni, kapacyacuni = hazerze grande o rico o noble (G.H.).
Carua o Carhua	8		carua = cosa mustia o amarilla (S.T.) kar huayani o quelloyani = andar descolorido o amarillo (G.H.).

Caxa	8		caxa o quixca = cosa espinoza como çarça, caxa o quisca = espina (S.T.) cacha = mensajero (G.H.).
Caxachagua	16		caxa (cf. anterior) chhahua chhahua hancco hancco, chau huay cuscca chahuay anusca = cosa medio cruda, mal sazonada, Chhahua o khollarac, o hancoruru o llullurac = fruta por madurar, chahuani, o chhirhuani = esprimir estruxar sacar çumo, o torcer lo mojado, chhahua camayoc = el ordeñador (G.H.).
Caxahuaman	22		caxa = (cf. anterior) huaman = halcón (G.H.).
Cayac	22	enano	
Colque	8,9 12,13		collqui o quilla = plata, metal (S.T.) collqque = moneda o plata (G.H.).
Colquemallorey	22		colque (cf. anterior) mayui mayuini = campear o tremolar la vandera, mayuini = mecer, menear lo líquido (G.H.).
Coro	8		Koro = mocho de algún miembro o desmochado, koro maqui o chaqui = mocho de pies y manos (G.H.).
Cotuma	22		
Condor	7		
Çupa	22	muda	
Chacara	8,15 17		chhacra = heredad de labor, tierras o hierbas (G.H.).
Chacpa	11,12		"nacido de pie" (Arriaga).

Checne	6,8 17,18	checniccuni o checnini = aborecer, querer mal, checnicuy = el aborrecimiento (G.H.) checnicusca = cosa aborrecida, checnicoc = malicioso, enemigo, checnini, gui o checnicuni, gui = malque, ser o aborecer a otro (S.T.).
Chinchay macta	6	
Chiquiay	8	chhiqui o calla = el papagaito chico o periquito, chhiqui = el peligro, chhiqui= la desgracia, o desdicha, desventura o suceso malo (G.H.)
Chuchu/Chuccho	11,12	"nacidos de un mismo vientre" (Arriaga).
Chuchupaucar	3,4	chuchu (cf. anterior) paucarccori = cosa preciosa de mucha estima (G.H.).
Chumbi	8,12 13	chumbi = ceñidero, faxa para ceñirse (S.T.) chumbi = color castaño oscuro o alazan o pardo (G.H.).
Guacao	6	guacac o guacacoc = el que llora guacani, gui o guacacuni, gui = llorar generalmente, guacar = garça blanca (S.T.).
Guano	8.9	guanu = estiércol para estercolar (S.T.) huanu = estiercol (G.H.).
Guato	8	huatu = atadero, corrrea de çapato o cordones de camisa de oxotas. huatuni = adivinar algo o conjecturar o sacar por discurso o conjeturas (G.H.).

Guaynapaucar	7	cojo	huayna = moço, mancebo (G.H.). paucar = paucarccori = cosa preciosa de mucha estima, paucarccori = paxaro amarillo preciado por las plumas (G.H.).
Guaccha	8		huaccha = pobre y huérfano (G.H.).
Gurancho	23		
Huaricapcha	6,8		huari = perteneciente a la etnia huari? capchi o çapa = gentil hombre, hermoso, bien dispuesto (S.T.).
Huicxa	6		
Huyollacxa	23		llacxa (cf. ver más abajo)
Ingache	6,17		Ynga/cha (diminutivo)
Llacxa	13		llacsani o llacsarcconi = pasmar a otro hazerle turbar de miedo, o cortarle, o desmayarle, o elarle la sangre como el que ve un leon cerca o serpiente, llacsa = el metal fundido o bronze (G.H.).
Llacxaguacro	23		llacsa (cf. anterior) guacac o guacacoc = el que llora, guacar = garça blanca (S.T.).
Llacxachumbi	23		llacsa (cf. anterior) chumbi = ceñidero, faxa para ceñirse (S.T.) chumbi = color castaño oscuro o alazano o pardo, faxa (G.H.).
Malqui/mallqui	8		mallqui = la planta tierna para plantar (G.H.). malqui = antepasado (Arriaga, 203).
Maricapa	6		

Masco	2,8 11,12	"y a los hijos de éstos (los que nacen de pie) llaman al varón masco y a la mujer chachi..." (Arriaga, 205).
Mayoaychuqui	23	mayhuay = amor exterior (G.H.) mayhua = una flor encarnada (G.H.) chuqqui = lança (G.H.).
Misaguato	8	missani missacuni = ganar al juego o apuestas (G.H.). huatu = atadero, correa de çapato o cornes de camisa de oxotas (G.H.).
Mixa/Misa	23	cf. ver anterior
Monga	23	
Mochuy/Mochui Mochoy	8,13	mochoy = castigo (S.T.) muchuni muchuccuni o huanaccuni = padecer, tener falta o necesidad de algo y sufrir trabajos çara muchuy = carestia y falta de maiz muchuy runa = hombre misero, falto de todo y necesitado (G.H.).
Nani	8	
Nanisuyo	23	suyu = parcialidad, provincia (G.H.)
Opiay/Upiay	8,17	upiyani, upiyacuni = beber (G.H.).
Pactre	24	
Pallasuyo	24	palla = mujer noble adamada galana pallani = coger a mano cualquier cosa paya = abuela suyu = parcialidad, provincia (G.H.).
Pariaxac	24	paria = gorrión (G.H.).

Paucar	24	pauccar ccori = cosa preciosa de mucha estima (G.H.).
Paucarchagua	24	paucar (cf. anterior) chhahua chhahua hancco hancco, chau huay cuscca chahuay anusca = cosa medio cruda, mal sazonada, Chhahua o khollarac, o hancoruru o llullurac = fruta por madurar, chahuani, o chhirhuani = esprimir estruxar sacar çumo, o torcer lo mojado, chhahua camayoc = el ordeñador (G.H.).
Pazna	8,9 13,14 15,16, 17	pasña = niña muchacho moçuela de 7 a 12 años (G.H.).
Pecta	12	ppecta = arco para tirar (G.H.).
Pilco	8	pilccom canqui = tan estimado eres como el pillco o camantira hina. Que es otro (pajaro) de vivas colores (G.H.).
Poco/Pocoy	8	puco puco = ave que canta al alva ppuccu = escudilla (G. H.).
Pocolihuyac	24	puco (cf. anterior) llulla = cosa engañosa y aparente y vana o falsa llullani o llullacuni = mentir o echar mentiras (G. H.) llullac o pallco = artero engañoso llucllay = engaño generalmente (S.T.).
Pocori	8	Puqu-ri?
Pori	8	purik = andador o caminador (G.H.)
Poriansango	17	

Puculla	9,10	Pucllacoc ="niños de cinco años o nueve años, niños que juegan que se dize pucllacocuamracona (niños juguetones)! (Guaman Poma, 185).
Quisquima	6	mudo
Raquichagua	24	raqui = mal aguero, como el que aparta los que bien se quieren. raqui = barreno o tinaya boquiancha medida como de media hanega y es de barro. chhahua = fruta por madurar (G.H.).
Rume	1,3 4,8	rume = pedregal (G.H.).
Ruray	8	ruray = la obra, rurani = hazer criar (G.H.).
Silma	16	
Sopa	25	
Suyo	13	suyu = parcialidad, provincia (G.H.).
Tacori	8	
Taqui	16	taqque = la trox de paja sin barro taquini o taquicuni = cantar solo sin baylar o cantando baylar (G. H.).
Taquillacuyo	25	
Tarpo/Tarpoy	8,17	
Tiquillapoco	25	ticlla = cosa hecha de los dos colores, blanco de una haz y negro de otra como camiseta (G.H.). poco (cf. más arriba).

Tiquillasuyo	25		ticlla (cf. anterior) suyu = parcialidad, provincia (G.H.).
Tomari	8		
Tomayguaman	26		
Tonso	6		
Utcachi	8		
Vilca	8		vilca = ayllu (S.T.) villca = un arbol que su fruta como chochos es purga. villca = melezina hecha de este arbol (G.H.). "fruta venenosa, huaca" (Albornoz, 172).
Vilcamayoay	26		vilca (cf anterior). mayhuay = amor exterior (G.H.) mayhua = una flor encarnada (G.H.) chuqqui = lança (G.H.).
Xulcacapcha	26		sullca = el minimo o menor hijo o hermano (G.H.). capchi o çapa = gentil hombre, hermoso, bien dispuesto (S.T.).
Xulca condor	17		sullca (cf. anterior).
Yacoguato	6,7	enferma	yacu = agua (G.H.) huatu = atadero, correa de çapato o cordones de camisa de oxotas (G.H.).
Yache	26		yacha? Yacha chisca = cosa hecha, yachani = saver, yacha chik = el que la haze o hazedor, yachachini = hazer algo natural Dios criandolo o arificial los hombres como rurani (G.H.).

Yacha	8		Yacha chisca = cosa hecha, yacha chik = el que la haze o hazedor, yachani = saver, yachachini = hazer algo natural Dios criandolo o arificial los hombres como rurani (G.H.).
Yali	8		
Yanoxacsa	26		yanuni yanucuni = guisar de comer o cozer algo (G.H.).
Yaro	6,7	enferma	
Ysmay-Ismay	6,17 18,19		ysmay = mierda ysmuya o ismuna = poleo yerva (S.T.).
Yumba	7		
Yupari	4,8		
Yurec	26		

G.H. = González Holguin
S.T. = Santo Tomás

CUADRO N° 1

NÚMERO Y EDAD DE LAS PERSONAS EMPADRONADAS

Edad	M*	H*	Total	Edad	M*	H*	Total
1 mes	2	4	6	20 años	51	46	97
2 meses	6	5	11	21 años	1	0	1
3 meses	4	2	6	22 años	12	5	17
4 meses	3	1	4	23 años	0	0	0
5 meses	5	3	8	24 años	34	17	51
6 meses	1	1	2	25 años	58	29	87
7 meses	0	2	2	26 años	3	6	9
8 meses	2	3	5	27 años	1	1	2
9 meses	2	3	5	28 años	3	1	4
1 año	19	18	37	30 años	100	101	201
1 año 6 meses	3	6	9	32 años	0	3	3
2 años	6	5	11	34 años	0	1	1
2 años 6 meses	1	1	2	35 años	53	34	87
3 años	32	33	65	38 años	0	1	1
4 años	29	37	66	40 años	61	35	96
5 años	19	25	44	42 años	0	1	1
6 años	30	25	55	45 años	12	13	25
7 años	21	17	38	50 años	68	30	98
8 años	38	49	87	55 años	9	0	9
9 años	27	16	43	60 años	74	17	91
10 años	37	29	66	65 años	1	0	1
11 años	6	8	14	67 años	1	0	1
12 años	19	35	54	70 años	20	6	26
13 años	7	5	12	75 años	0	1	1
14 años	6	11	17	80 años	9	6	15
15 años	8	10	18	viejo/a	13	2	15
16 años	3	3	6	muy viejo	12	4	16
17 años	1	2	3	sin edad	35	27	62
18 años	7	19	26				
19 años	2	1	3	**TOTAL**	**977**	**766**	**1743**

CUADRO N° 2

LOS INVÁLIDOS

Invalidez	Apellido y nombre de pila	Edad	Situación	Casa, Pag.
Ciego/a	Ana Xamu	vieja	0	359, 243
	Ana Misaguato	vieja	0	38, 113
	Ana Chacra	vieja	0	223, 190
Cojo/a	Domingo Condor	35	C+A	55, 122
	Nicolas Guaynapaucar	30	C+A	264, 205
	Catalina Misapoco	70	V	308, 323
Enano	Pedro Cayac	18	S	347, 236
Manco	Andrés Ingacha	30	S	169
	Juan Misamaqui	20	S	383, 252
Mudo/a	Pazna	3	S	11, 99
	Quisquima	0	S	25, 107
	Catalina Naunaguato	20	S	73, 128
	Isabel Çupa	0	S	142, 160
	Juan Caçay	8	S	163, 167
	Ayaro	0	S	175, 173
	Pedro Acra	8	S	183, 175
	Anco	15	S	215, 189
	Acra	15	S	231, 195
	Huaccho	6	S	362, 243
	Julian Pallasca	8	S	365, 246
	Catalina Yarocarua	6	S	396, 258
Quebrantado, tullido	Juan Ancos		S	74, 128
	Pedro Caxa	20	S	142, 160
	Gonzalo Maricapa	0	C	188, 176
	Gomez Chinchaymacta	0	S	188, 176
Sorda	Llihuyallacsa	muy vieja	0	125, 151

S Soltero/a; C Casado/a; A Amancebado/a; M Manceba; V Viudo/a

CUADRO N° 3

LOS ENFERMOS

Enfermedad	Apellido y nombre de pila	Edad	Situación	Casa, Pag.
	Catalina Ismaguato	30	C	60, 124
	Inés Yupaguato	40	C	65, 126
	Inés Yacoguato	25	"por casar por estar enferma"	90, 137
	Isabel LLacxa	70	V?	148, 161
	Catalina Yaro	35	V?	158, 163
	Agustín Macho		C	264, 205
	Isabel Yanoxaxa		V?	267, 207
	Francisco Cori	30	C	330, 233
	Mayoay			392, 256
	Roqueporum		C+ 2M	102, 142
	Diego LLacxa	30	C	410, 264
cámaras de sangre (¿tifoidea?)	Juan Bautista Yngache	50	C+A	247, 199
enfermo de un pie	Diego Huaricapcha		391, 256	
papo	Guaria	?	S	13, 100
papo	Catalina Yumba	25	S	92, 137
papo	Inés Xaque	22	A?	408, 264

S Soltero/a; C Casado/a; A Amancebado/a;
M Manceba; V Viudo/a

CUADRO N° 4

LUGAR DE RESIDENCIA DE LOS INVÁLIDOS Y DE LOS ENFERMOS

Residencia	Num.	INVÁLIDOS Casas	Num.	ENFERMOS
Solo/a	2	38, 223 (ancianas)	1	158 (mujer de 35 años)
Cabeza de familia	3	55, 188, 264 (hombres de 30 a 50 años)	5	102, 247, 330, 391, 410 (hombres de 30 a 50 años)
Con Padre y Madre	7	11, 183, 188, 215, 362, 365, 396 (niños y adolescentes)		
Con Madre	6	25, 73, 74, 163 (niños y adolescentes)	2	13, 92 (mujeres jóvenes)
Con Hermano de Madre	1	231 (Acra: 15 años)		
Con Hermano de Padre	1	142 (con su madre en casa de un principal)		
Con Hermano	5	142, 169, 175, 347, 383 (adultos)	1	90 (mujer madura)
Con Esposo / a			1	65
Con Padre del Esposo / de la Esposa			1	264 (Agustín Macho, con su esposa)
Con Hijo / Hija	1	125 (una sorda muy vieja)	3	60, 148, 167
Con Nuera (viuda)	1	308		
Con Otros	1	359 (parentesco desconocido)	2	392 ("india de servicio") 408 ("tiene este indio en su casa una india papuda" =manceba?)

CUADRO N° 5

PORCENTAJE DE NOMBRES MASCULINOS SOBRE POBLACIÓN MASCULINA Y TOTAL

NOMBRES	núm. PERSONAS	% POB. MASC.	% POB. TOTAL
Acra	44	5.74	2.54
Checne	9	1.17	0.51
Coro	17	2.21	0.97
Guano	8	1.04	0.45
Malqui	5	0.65	0.28
Masco/Mazco	15	1.95	0.86
Pocori	5	0.65	0.28
Pori	14	1.82	0.8
Rume	7	0.91	0.4
Tacori	18	2.34	1.03
Tomari	9	1.17	0.51
Utcachi	7	0.91	0.4
Yali	5	0.65	0.28
Yupari	7	0.91	0.4

CUADRO N° 6

PORCENTAJE DE NOMBRES FEMENINOS SOBRE POBLACIÓN FEMENINA Y TOTAL

NOMBRES	núm. PERSONAS	% POB. FEM.	% POB. TOTAL
Acme	9	0.92	0.51
Allay	6	0.61	0.34
Carua	23	2.35	1.31
Chacara	34	3.48	1.95
Chiquiay	8	0.81	0.45
Chuccho	8	0.81	0.45
Chumbi	13	1.33	0.74
Colque	14	1.43	0.8
Guato	10	1.02	0.57
Misaguato	6	0.61	0.34
Mochuy	14	1.43	0.8
Nani	7	0.71	0.4
Opiay	8	0.81	0.45
Pasna/Pazna	36	3.68	2.06
Pecta	8	0.81	0.45
Poco/Pocoy	14	1.43	0.8
Ruray	12	1.22	0.68
Suyo	12	1.22	0.68
Tarpoy	10	1.02	0.57
Yacha	16	1.63	0.91

15

ESPACIO-TIEMPO EN LA ORGANIZACIÓN DEL CUZCO: HACIA UN MODELO PRE-HISPÁNICO

R. Tom Zuidema

Introducción

El sistema de *ceques* —una organización en el Cuzco de 328 *huacas* en 41 direcciones (*ceques*) que iban desde el templo del Sol hacia el horizonte— ha tenido un lugar central en mis estudios sobre la organización social y ritual de la ciudad del Cuzco, dentro del entorno de su provincia y del imperio incaico (Zuidema 1995 [1964]). Inicialmente, su utilidad principal fue como ayuda en mi intento por reintegrar las informaciones coloniales de los cronistas dentro del contexto de un esquema de indudable origen pre-hispánico. Más tarde, su valor intrínseco creció hacia un estudio de la integración espacial del calendario incaico en el Cuzco. Tal estudio pareció ser indispensable como la única posibilidad de realizar estudios de civilización andina y conceptualizar la complejidad ritual y burocrática en la organización de un imperio. Es posible que los Incas adaptaran su calendario de reinos anteriores; sin embargo, hasta ahora poco podemos afirmar al respecto.

La clave del problema espacio-temporal es la organización de la nobleza Inca según diez unidades llamadas *panacas*. Éstas tenían roles distintivos, tanto en la división de tierras en el valle del Cuzco —cinco *panacas* en la mitad *Hanan* (arriba) del valle, y cinco en la mitad *Hurin* (abajo)—, como en el calendario y en las organizaciones de los grados de edad, las clases de edad y las generaciones. La interpretación española que, ya relativamente tarde, iba a ganar más popularidad fue la de Sarmiento [1572]. Él entendió que toda la nobleza alta, con posibilidad de heredar el trono, salió de la *panaca* llamada *Capac ayllu*, "ayllu real". El "rey" que había instituido la organización de las *panacas* adjudicó esta *panaca* a su hijo, Tupa Yupanqui. El padre mismo, Pachacuti Inca, se habría asociado con la *panaca* de la nobleza baja, *Hatun ayllu* "ayllu grande, numeroso". A beneficio de las otras ocho *panacas* reconstituyó (como sostiene Sarmiento, cap. 31) o construyó (lo que es más probable) una dinastía anterior, reuniendo ocho momias a quienes dio el título póstumo de "rey". Cada "rey" fue promovido como ancestro de una *panaca*; no obstante, lo repito, Sarmiento reconoció que el noveno rey, Pachacuti Inca, inventó esta organización o, quizás, la adaptó de ejemplos estatales anteriores. Esta dinastía fue afirmada en la historia por el hecho de que los reyes posteriores al décimo no obtuvieron tierras de *panaca* dentro del valle del Cuzco como los reyes anteriores. Huayna Capac, el décimoprimer soberano, murió pocos años antes de que llegaran los españoles: fue más "emperador" de *Tahuantin suyu* que rey local en el Cuzco.

Hay muchos problemas teóricos por resolver y que hacen difícil el aceptar, sin más, las interpretaciones europeas de una realidad andina prehispánica: no solamente las historiografías de cronistas posteriores a Sarmiento, ni las de historiadores modernos, sino también otras de cronistas anteriores a él. Voy a recapitular algunas de estas interpretaciones antes de entrar en el tema de este ensayo (esto es, el ejemplo de las diez *panacas* en una organización ritual de presumible origen pre-hispánico, más afín a situaciones que los antropólogos han podido estudiar en otras partes de Sudamérica). No pondré en tela de juicio la relación que Sarmiento (por primera vez en forma correcta, según parece) establece entre cada presunto "rey" y una *panaca* (Zuidema 1995: ensayo preliminar). Las dudas serán si realmente estamos tratando de reyes, y si las *panacas* realmente fueron grupos de descendientes del modelo de *ayllus* como parentelas, tal como hemos estudiado los *ayllus* en situaciones coloniales y modernas [1]. El nuevo enfoque se concentrará sobre problemas de grados y clases de edad, así como sobre el calendario, para descubrir algunas de las influencias indígenas que llevaron a los españoles a interpretar las *panacas* dentro del contexto temporal de una dinastía real.

1. ¿Cómo interpretar los conceptos incaicos del 'pasado'?

Un problema preliminar da una ilustración de lo que pasa cuando una memoria andina del pasado —reconstruida hacia atrás desde una realidad social presente— es transformada en historia hacia adelante, tomando su punto de partida en el pasado. En la información hecha por orden del virrey Toledo en Yucay y Cuzco (1571), se menciona dos veces las edades de los

---

[1] Sherbondy (1993) ya abordó el problema del cambio de las *panacas* de "distritos de irrigación" a parroquias, a partir de la llegada de los españoles.

últimos reyes Incas. La primera vez, los informantes, entre ellos descendientes de Pachacuti Inca

> ...oyeron decir (a sus padres y otros viejos) que Pachacuti Ynga Yupanqui padre de Topa Ynga había muerto muy viejo y quel dicho Topa Ynga murió entre viejo y mozo, y que Guaynacapac comenzaba a tener canas, y que no saben el tiempo que cada uno vivió, mas de que Guaynacapac Ynga murió como seis o siete años antes de que los españoles entrasen (Levillier 1940: 157-8).

La segunda vez, dos nobles de Hanan Cuzco, Don Diego Cayo, descendiente de Pachacuti Inca, y Don Alonso Tito Atauchi, nieto de Huayna Capac (p. 173)

> vieron una tabla y quipos donde estaban sentadas las edades... vivió Pachacuti Inga Yupanqui cien años, y Topa Inga Yupanqui hasta cincuenta y ocho o sesenta años y Guayna Capac hasta sesenta años, y los demás dijeron que no saben de lo contenido en la pregunta cosa alguna.

En los dos casos, el recuerdo reciente es más específico; además, es posible que los nobles del Cuzco realmente vieran tablas y quipus. Pero una edad de cien años para Pachacuti Inca es poco creíble, aunque podía haberse registrado dentro de la tradición andina. Nuestro primer cronista, Betanzos (1551, libro I cap. 37 p. 150), ya asignó a Pachacuti Inca la edad de 120 años; Sarmiento (cap. 47) la aumentó a 125 años. Parece que la memoria andina anterior a Tupa Yupanqui, se construye de diferente manera que posteriormente. Aunque Pachacuti Inca fue el noveno rey (también según Betanzos), este cronista casi nada dice de los reyes anteriores, ni tampoco los asocia con otras *panacas* en la organización que el rey instituyó. Pero cuando Sarmiento habla en detalle de los hechos heroicos de estos otros reyes, repite para todos edades de aproximadamente 125 años, similares a la de Pachacuti Inca [2].

La persona de Don Diego Cayo, el de la información con tablas y quipus, demuestra también en el segundo ejemplo el peso de la organización local en la construcción del pasado. A causa del vínculo entre dinastías, *panacas* y mitades, la interpretación que ganó más popularidad fue, una vez más,

---

[2] Incluso Felipe Guaman Poma de Ayala, todavía en 1615, no tiene dificultad en inventar para su padre la edad de ¡150 años! (Guaman Poma 1987 f. 1088; Zuidema 1994: 73).

la de asignar las *panacas* de Hurin a los primeros cinco "reyes", y las de Hanan a los siguientes cinco, según una construcción, de sí muy peculiar. En una interpretación más temprana (la de Polo de Ondegardo de 1559 [3]), las dos dinastías anteriores a Huayna Capac fueron coetáneas, dejando a éste como *Sapa Inca*, "único Inca". Polo da poca atención a la dinastía Hurin, aunque le otorga una continuidad independiente en el tiempo colonial por medio de los descendientes del quinto Inca de Hurin [4].

A éste sucedieron "Tarco Guaman; a éste, un hijo suyo, no le nombran; y a éste, D. Juan Tambo Mayta *panaca*". Don Juan, conocido por Sarmiento como Don Juan Tambo Usca Mayta, fue un hombre importante. Un documento de 1561, comentado por Sherbondy (1996), revela la razón por la que él defendió esta posición de sus ancestros dentro de la dinastía. El padre de Don Juan se llamó Don Antonio Quispe Uscamayta y murió durante la conquista, dejando a su hijo al cuidado del padre de Don Diego Cayo Topa. En un primer momento, éste había sido amparado en la ocupación de ciertas tierras de Don Juan; pero después, Polo de Ondegardo, como gobernador del Cuzco, se las devolvió a Don Juan por una razón que nos interesa. Las tierras se ubicaban en Hurin Cuzco donde, según el derecho incaico, no le fue permitido poseer tierras a Don Diego (como noble de Hanan y, además, descendiente de Pachacuti Inca). Sacando nuestras conclusiones, es posible que Don Juan haya aplicado en su argumento una lógica totalmente andina. Poco le importaba, probablemente, que Hurin fuese secundario a Hanan en cuanto al espacio, o al tiempo, o las dos cosas a la vez, para tiempos anteriores a Tupa Yupanqui; quizás tampoco le importaba mucho a Don Diego, dados los cien años míticos con los que engrandeció a su antepasado Pachacuti Inca.

Pero la relación colonial entre *panaca* y tierra sí había cambiado radicalmente. Las *panacas* se defendían, ahora, por medio de la propiedad de tierras heredadas según el derecho español. A Polo, cercano a la realidad andina, no le pareció nada inverosímil que las dos "dinastías" se interpretasen como paralelas. La pregunta importante no es cuál fue la verdadera historia dinástica. Tomando una u otra posición no se resuelve nada, pues nunca vamos a tener la información necesaria para decidirlo;

---

[3] Durán (1981: 461), Zuidema (1995 [1964]), Duviols (1979), etc.

[4] Del informe de Polo se conservó sólo un extracto incompleto, pero su información completa fue recogida en Acosta (1954 [1590] libro 6, cap. 23). Por varias razones, una de las cuales se clarifica aquí, Polo reemplaza al quinto "rey" de Hurin, Capac Yupanqui, por Mayta Capac, el cuarto.

además, una mera lista de nombres de "reyes" contribuye poco a entender el desarrollo social y ritual incaico. Lo que sí importa, y lo que se puede preguntar y resolver es, cuáles fueron los conceptos temporales que los Incas manejaron en el contexto de las *panacas* que, en tiempo colonial, tanto por interés indígena como español, se cristalizaron en construcciones dinásticas. Antes de buscar una respuesta, permítaseme recordar dos modelos europeos mediante los cuales los españoles, ya antes de Sarmiento, trataron de abordar estos problemas.

2. Conceptos del pasado y modelos de parentesco

Los dos modelos fueron muy afines el uno al otro y, en realidad, se puede considerar el primero como una versión condensada del segundo. Sin embargo, fueron usados por los cronistas con diferentes propósitos en el contexto incaico; quizás por esta razón no los hemos estudiado juntos:

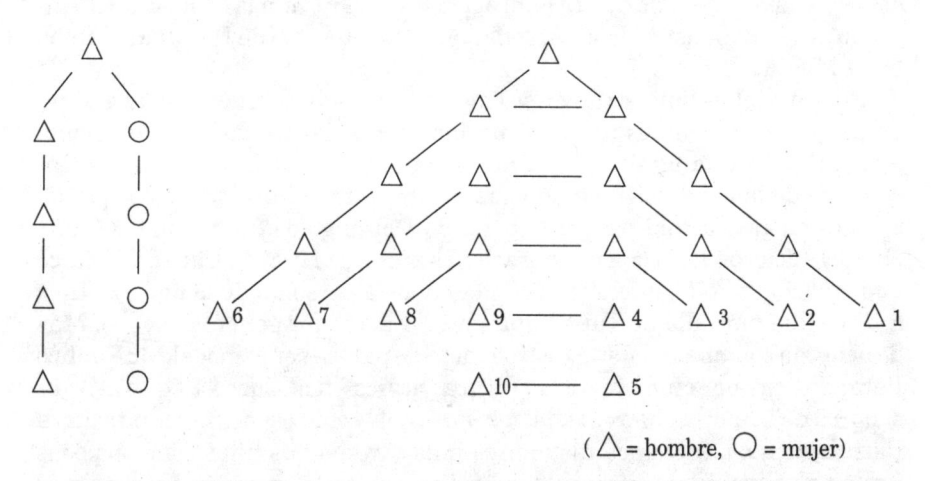

(△ = hombre, ○ = mujer)

El primer modelo fue usado en los diccionarios de Quechua para describir los términos de parentesco y las posibilidades de matrimonio: derivó de manuales católicos utilizados en el siglo XVI [5]. El segundo es una adaptación del árbol de la consanguinidad, tal como lo usó San Isidoro de Sevilla [6].

---

[5] Véase por ejemplo Pérez Bocanegra (1631) y Zuidema (1989 [1980b]).
[6] Ver San Isidoro (1982, tomo I, libro 9, cap. 6: 28-29, pp. 793-5 y Stemma II) y Zuidema (1996b).

Fue bien conocida en la Edad Media en forma del dibujo de una persona. El cuerpo y los brazos representaban a los antepasados, por siete o cinco generaciones, con todos sus descendientes por ambos lados, hasta la generación de ego. Las piernas representaban a los descendientes de ego y de su esposa. La cabeza de la persona fue del primer ancestro. En el Perú, este modelo fue empleado para representar los cargos que cada Inca distribuyó entre sus parientes en la administración de las *panacas*. El modelo peruano hizo tres adaptaciones a la realidad andina: se mantuvo la relación generacional entre Pachacuti Inca (9) y su hijo Tupa Yupanqui (10) como administradores de Hatun ayllu y Capac ayllu, respectivamente; se adaptó el modelo a la situación poligámica de la familia real, reemplazando a los parientes femeninos por descendientes de esposas secundarias. Y aunque se podría decir que le faltan a ego los descendientes, una aplicación del modelo reemplazó a los parientes secundarios, coetáneos de Pachacuti Inca, por descendientes secundarios de Tupa Yupanqui, hasta en los tiempos coloniales. Esta aplicación hizo regresar a la "dinastía" Hurin después de la "dinastía" Hanan, reflejando los intereses de Don Juan Tambo Usca Mayta.

En el modelo administrativo, se trató de representar una realidad andina en la que, como vamos a ver, el problema crucial fue la reorganización jerárquica de una familia poligámica (de hecho de toda la nobleza Inca) pasando de la generación de un gobernante a otra. En tal modelo español, cuyo autor intelectual parece haber sido Domingo de Santo Tomás (1951 [1560]), hicieron falta cinco generaciones antes de Huayna Capac (las cinco que menciona Polo), mientras que la memoria personal de la nobleza Inca a penas iba más allá de Tupa Yupanqui (es decir dos generaciones [7]). Más de acuerdo con una memoria de tipo incaico, parece ser el modelo que aplicó Betanzos, primer cronista de la cultura incaica en el Cuzco. Según él, diez señores de la ciudad dieron, a la vez, sus hijas como esposas secundarias a Pachacuti Inca; este Inca distribuyó más tarde a sus hijas como esposas principales entre los mismos señores. Por eso, en la situación Inca, es más

---

[7] Santo Tomás es nuestro primer autor en mencionar la palabra "panaca" y en dar los nombres de algunas *panacas*. Si él, personalmente, recogió información sobre *panacas* en el Cuzco, debe haberlo hecho por el año 1548 cuando estuvo allá. Sin embargo, el modelo completo de las *panacas* se encuentra en las crónicas de Las Casas, quien nunca estuvo en el Perú, y de Gutierrez de Santa Clara, quien puede haber estado en el Cuzco, también por el año 1548. Su interpretación revela claramente un contacto con Don Juan Tambo Usca Mayta.

probable que durante el gobierno de Pachacuti Inca los diez administradores saliesen de estas diez relaciones matrimoniales coetáneas. Sabemos que cada Inca sucesor renovó su administración en forma similar; debemos reconocer también que el modelo de Betanzos ya muestra una ecuación entre los números de señores locales y los de "reyes" anteriores a Huayna Capac. Es posible, por eso, que el primer número haya condicionado al otro, aunque ignoramos todavía cómo.

Cuanto más se reflexiona sobre las discrepancias entre las múltiples versiones de historia incaica, menos base encontramos en cualquier aplicación de modelos occidentales dinásticos para entender el problema de las *panacas*. Más posibilidades de análisis ofrece la atención que algunos autores prestan al papel de las *panacas* en la organización ritual del calendario incaico [8]; una organización que todavía se podía haber conocido cuando escribieron. Su estudio confirma que varios conceptos de secuencia temporal fueron indispensables en la ordenación de las *panacas*. Aquí quisiera enfocar el problema de la relación entre las *panacas* y los grados y clases de edad.

Hay varias razones para seguir esta estrategia. Si bien las investigaciones, hasta ahora, poco han podido aclarar sobre la constitución social de las *panacas* pre-hispánicas, sin embargo hay varios indicios de que ellas funcionaban como grados o clases de edad; instituciones por sí importantes pero poco estudiadas por falta de reconocimiento dentro del contexto colonial. Y aunque las *panacas* podían ser asignadas roles 'calendáricos', sin que este factor temporal tuviese que aclarar su condición social, no obstante, un factor temporal sería inherente a su identidad de grado o clase de edad. Por eso, sugiero que los roles de las *panacas* dentro de estas dos organizaciones temporales indujesen, tanto a los descendientes incaicos como a los españoles, a explorar los vínculos dinásticos que las *panacas* no tenían necesariamente en los tiempos pre-hispánicos. El problema temporal por solucionar no pertenece exclusivamente a la historia; es más bien de índole técnica dentro del ámbito de la antropología social.

Antes de presentar el material sobre las *panacas* que me llevan a considerarlas en el contexto de grados y clases de edad, permítaseme introducir el tema con algunas observaciones teóricas de carácter más general.

---

[8] Véase por ejemplo Betanzos [1551], Polo [1559], Anónimo [ca. 1565] y Molina [1574].

3. Sistemas de grados y clases de edad en las culturas americanas

"Grados de edad" son las fases naturales de la vida humana que se distinguen en una cultura. La antigua cultura andina del sur del Perú y del Norte de Bolivia, incluyendo la cultura incaica, distinguía además, dentro del grado de gente de mediana edad, una división en cinco "clases de edad", cada una de cinco años. Así, las edades de los miembros de una clase podían variar en cinco años entre sí. Según unos autores (de la Bandera, Cobo, etc.), este período de 25 años iba desde la edad de 15 años; para otros, de 20 ó 25 años. Según la reconstrucción de Guaman Poma, la clase de más interés era la primera (de guerreros de entre 25 y 30 años), pero el sistema, como tal, no por eso se originó necesariamente dentro de un contexto militar. El sistema andino tiene mucha similitud con ejemplos de sociedades Ge de Brasil central; mencionaré dos que son de interés en esta instancia. Los Canela (Timbira del Este) tenían cuatro clases de edad activas que se sucedían cada diez años desde la edad mediana de 20 años (Nimuendajú 1946; Crocker 1990). Las clases alternativas formaban una "mitad" y ocupaban también posiciones en una mitad de la plaza del pueblo. En el movimiento sobre estas posiciones, cada clase iba a reemplazar una clase de su mitad, es decir la clase alternativa. Habían otras dos clases, una introductoria que aún se mantenía fuera de la plaza y otra de todos los sobrevivientes de las clases anteriores con posición en el centro. Sin embargo, en ciertos ritos estas dos clases actuaban juntas y cerraban así un ciclo temporal que, como tal, se adelantaba también en el tiempo. Siendo un corte horizontal por toda la sociedad, la construcción de una clase de edad es completamente distinta a la construcción de un grupo de descendientes (que es una división "vertical"). Sin embargo, en una sociedad como la Canela, fácilmente se podía confundir una y otra organización, pues sus representaciones rituales se asemejaban. Esto se entiende con la ayuda del siguiente diagrama:

```
     año 1930                                              año 1920
           40-50  |  50-60        50-60  |  40-50
                  60-                    60-
           20-30  |  30-40        30-40  |  20-30
     10-20                                              10-20
```

Cada diez años, se desplazaban solamente las clases de una mitad (las mitades alternan en este proceso cada diez años). No obstante que las clases son cortes por toda la sociedad, éstas están localizadas en la plaza. El comportamiento de estas dos mitades se asemeja al de mitades exogámicas y matrilocales sobre las que alternan por sus generaciones un hombre y sus descendientes patrilineales. Pero, desde luego, la alternancia de las mitades de clases de edad no tiene nada que ver con la exogamia. Si las *panacas* en el Cuzco hubiesen actuado como clases de edad, fácilmente se las habría confundido con grupos de descendencia.

Las clases de edad constituyeron para los Canela el instrumento más importante para conservar el recuerdo, digamos "lineal", de su pasado, no obstante del aspecto circular de su organización. Reconocemos el carácter intencional de este aspecto circular comparando la organización con otra similar: la de los Shavante (Maybury Lewis 1967). Aquí, las ocho clases de cinco años reciben todas su nombre propio. Al final de su carrera, la clase saliente entrega su nombre a la clase entrante. Sin embargo, en los dos casos Ge, esto no impide que los sobrevivientes de las clases salientes también sepan su lugar temporal en relación con las clases anteriores a las suyas. La memoria histórica iba más allá de los 40 años.

El estudio teórico de clases de edad y de organizaciones de generaciones, ha avanzado recientemente en cuanto a varias sociedades del Este del África (Müller 1989; Peatrik 1995; Tornay 1995). Siempre hay dos generaciones activas en una sociedad. Una está constituida por la generación de los "padres", la que está en el poder. Sus miembros pueden ser de edades muy diferentes entre sí. No obstante, todos sus hijos, también de edades muy dispersas, son de la generación de los "hijos", en espera del poder. No hay evidencia que en los Andes hayan habido "generaciones" similares, pero un aspecto de ellas puede interesarnos. En algunos casos africanos, las generaciones pueden abarcar hasta 50 años (una de las causas es la poligamia). Al prohibir la poligamia en los Andes y Mesoamérica, el gobierno español pronto se opuso también a la sucesión entre hermanos, dándose cuenta que ésta era una manera de distribuir el poder entre los descendientes de las diferentes esposas de un señor. Este tipo de sucesión se hizo factible pues las difierencias de edad entre hermanos, en una familia poligámica, pueden ser mucho mayores que en una familia monogámica. Veremos la relación entre este fenómeno y las clases de edad en los Andes.

4. Las clases de edad en el Cuzco

Volviendo al Cuzco, el punto de partida del argumento será el texto de Polo de Ondegardo (1990) llamado "Notables daños que resultan de no guardar a los indios en sus fueros", fechado en 1571, aunque probablemente basado en investigaciones hechas ya a fines de los años 50. Aunque ha atraído poca atención de la investigación moderna, es interesante el elemento temporal en el sistema tributario incaico sobre el que insiste Polo varias veces (pp. 46, 49, 56, 80, 83, 84).

Polo (p. 46) introduce el tema cuando describe la organización decimal de "parcialidades" de 10, 100, 1.000 y de 10. 000 familias, la última llamada *uno* con un gobernador incaico. Estos gobernadores daban cuenta

> de los que habían muerto y nacido hombres y ganados y cogídose de sementeras y de todo lo demás por cuenta y muy particular y menuda, y éstos salían en cada un año del Cuzco y volvían por febrero a su cuenta antes de que se empezase la fiesta y Pascua del <Caine> (=Aima) [9] que era la principal, y todos los gobernadores traían consigo el tributo de todo el reino que venía al Cuzco, la cual orden aunque de suyo, es buena y provechosa, pero la pretensión de los incas y tenerlos más sujetos era y fue importantísima, mayormente que ninguno de los que venían de todo el reino por señor que fuese, dejaba de entrar cargado de alguna cosa que le daba mucha autoridad y era solemnidad que nadie quebrantaba.

La fiesta de *Ayma* era celebrada al final de la cosecha, cuando los gobernadores daban cuenta "de los que habían muerto y nacido" en su provincia, y cuando el Inca iba a arar ritualmente en compañía de estos señores de *uno,* iniciando el nuevo año agrícola a fines de abril [10]. Polo habla de un principio del año (p. 56) y probablemente se refiere a esta fecha. Seguían las reuniones solemnes con el Inca; después los señores volvían a sus tierras y regresaban otra vez al Cuzco desde febrero (p. 80). Venían con sus tributos —comidas (p. 49), tejidos (p. 83) y ganados (p. 84)—, pero de más interés es lo que Polo dice sobre el tributo de las *acllas*: niñas "escogidas" que, primero, habían sido reunidas en sus pueblos "de

---

[9] En la p. 80, los editores transcriben esta palabra corrupta como "Aime" y la interpretan como "Raimi" (notas 24, 69), llegando a la identificación errónea de la fiesta con Capac raymi, en diciembre. La versión correcta, *Ayma,* se encuentra en "Los Errores y Supersticiones de los Indios sacadas del Tratado y Averiguación que hizo el Licenciado Polo". Se refiere a una fiesta en el tiempo de la cosecha (Durán 1981: 466; Zuidema 1996a).

ocho años para abajo" (p. 79) y, después, las más selectas "conforme a lo que cabía a cada una de las provincias", mandadas al Cuzco a edad "de trece a catorce años para arriba" (p. 80). De allí eran distribuidas, primero en servicio del culto a los "dioses"; "luego se apartaban otras para los sacrificios que se hacían en el discurso del año" para "otros muchos sacrificios extraordinarios"; "asimismo daban estas doncellas para el servicio del Inca y para sus mujeres y para parientes y deudos suyos y para algunos capitanes y otras personas a quien era su voluntad hacer merced" (pp. 80-1). Especialmente por razón de esta distribución en el culto y los sacrificios, Polo subraya la importancia del calendario, "contando el discurso del sol por aquellos pilares o topos que llaman ellos *saybas*, que están en torno de la ciudad" (p. 80), y del sistema de *ceques* en que estas *saybas* fueron incluidas como *huacas* (pp. 46-8, 100-2). El culto y los sacrificios constituían una sola organización calendárica. Por el momento no hace falta entrar en detalles sobre ella; interesa más saber cómo se codificaba la relación entre culto, *panacas* y los grados y clases de edad. Pero, como los hechos sociales importantes se presentan en las crónicas en forma fragmentada, tendré que llegar a esta relación por pasos que la hacen evidente: los dioses y las *panacas*; las *panacas* y los grados de edad; el culto y las clases de edad de las *acllas* y, finalmente, estas clases y las *panacas*.

Polo (pp. 46, 80, 100) enumera, en su orden, al Sol, Trueno "que ellos llaman *chucuilla* (= *chuqui illa*)", Pachayachachi, y Pachamama "que ellos llaman la Tierra", como los dioses a quienes se ofrecía *acllas*. También dice (p. 79) que el gobernador de una casa de *acllas* se llamaba *apo panaca* (*apo*: "señor"); aunque igualmente sostiene que este señor "tenía licencia de escoger todas las muchachas que a él le pareciese de buena disposición y gesto de ocho años para abajo", o sea ya antes de que saliesen para el Cuzco. Cobo aporta un dato ritual (que probablemente obtuvo de un informe perdido de Polo) que completa la lista de "dioses" y que hará comprensible la conexión entre *acllas* y *panacas*. Según él (p. 213), en la noche de primera luna llena después del solsticio de diciembre, los celebrantes nobles

> sacrificaban al sol diez carneros de todos colores, por la salud del Inca... y quemaban en la plaza diez vestidos de ropa muy fina, colorada y blanca, que contribuían todas las parcialidades: dos ofrecían al sol, dos a la luna, otros dos al trueno, al *Viracocha* otros dos, y a la tierra otros dos. A la mañana ofrecían al sol en saliendo por el horizonte dos corderos blancos por la salud universal del pueblo...

Resulta que los cultos se dividían sobre las cinco *panacas*, tanto de Hanan como de Hurin Cuzco. Como los sacrificios a los dioses "se hacían en el discurso del año", "por las lunas contando el discurso del sol", podemos conjeturar que cada dios tenía su culto en un mes propio [11]. Las *acllas* habrían sido distribuidas en servicio del culto de las *panacas*, no solamente dentro del espacio de los lugares distintos que éstas ocupaban en el valle, sino también a través del tiempo por el calendario. Además, observamos que al Inca se sacrificaba llamas de "edad mediana", mientras que al pueblo común se sacrificaba las llamas jóvenes.

En otra parte, he analizado la información, en sí de mucho interés, de Guaman Poma de Ayala sobre la organización de las *acllas* por grados y clases de edad (Zuidema 1990b). Podemos explorar ahora la importancia que tiene para entender mejor la función de las *panacas* en la organización cuzqueña. Sin embargo, como opina Polo sobre esta organización de *acllas* sólo de forma general, prefiero mencionar, primero, el nexo entre *panacas* y grados de edad. Esta información encuadra en la estructura total de cinco *panacas*; puede haber motivado una ideología dinástica pero, repito, no derivó de ella.

En la iniciación de los muchachos nobles, ellos conmemoraban en sus cantos a Pachacuti Inca como su modelo heroico. El nombre de su *panaca*, Hatun ayllu, representaba a la nobleza baja, probablemente la gente que sacrificaba dos llamas jóvenes en la fiesta mencionada. *Capac ayllu* representaba a los hombres maduros de la nobleza alta: se sugiere una relación entre *panacas* y grados de edad. Así, una tercera relación, entre *Sucsu panaca* de Viracocha Inca, el padre de Pachacuti Inca, y el grado de edad de hombres viejos es discutida en forma detallada en un texto de Cobo (libro 13 cap. 33). La *panaca* tenía a su cargo el culto al dios Viracocha: los españoles lo interpretaron como un dios Creador; ellos transmitieron también la representación de Viracocha Inca como un hombre viejo. Pero el nombre *sucsu*, por sí mismo, denota ya "vejez" (Pérez Bocanegra 1631). En Cobo, la descripción de la profesión de sacerdotes del sol (que no necesariamente fueron de la nobleza, aunque sí asociados como ayllu a *Sucsu panaca*) nos explicará el interés pre-hispánico en la vejez.

Los muchachos que al nacer habían sido afectados de alguna manera por el Trueno, eran elegidos para ser educados como sacerdotes que, en

---

[11] Un examen del calendario y del sistema de *ceques* indicaría que la secuencia con la que Cobo enumera a los dioses corresponde a la secuencia de sus cultos en Hanan Cuzco. Polo siguió el mismo orden pero omitió a la luna.

ritos del año agrícola, representaban la influencia del sol. Por esta razón, a estos sacerdotes se llamaban Tarpuntay, de *tarpuy*: "plantar, sembrar". Sin embargo, solamente en edad madura se iba a ver si los factores de nacimiento y educación habían tenido efecto en los muchachos y si ellos podían funcionar como tales sacerdotes. El proceso de su inclusión al sistema religioso, social y político era, pues, complejo. El factor de nacimiento no tenía que ver con su clase social y estirpe. Ocupaban un cargo electivo que se decidía en la juventud (posiblemente después de su iniciación), cuando eran educados para ser sacerdotes. Respecto al hecho que si fuesen nobles o no, no eran "hijos del sol" descendientes de Tupa Yupanqui en Capac ayllu, sino "siervos del sol" que adoptaban al "rey" Viracocha Inca como su "ancestro" y dedicaban su culto al dios Viracocha, a cargo de *Sucsu panaca*. Sin embargo, no iban a integrarse realmente a esta *panaca* antes de ser viejos. Es por esta razón que Viracocha Inca, *Sucsu panaca* y los sacerdotes Tarpuntay, representaban el grado de edad de la vejez. Como el cargo era electivo, debemos concluir que los cargos de las otras *panacas* también lo fueron. Todavía sabemos poco de cómo se hacía este proceso de selección. Sospecho que un estudio más detenido de los ritos de iniciación nos podría aclarar algo sobre esto y también sobre la manera bastante libre con la que nobles cuzqueños coloniales escogían y declaraban a uno u otro Inca (y, a veces, a dos) como su antepasado. Lo que la información de Cobo aclara es que el hecho de pertenecer a la *panaca* de Viracocha Inca no quería decir, y no podía ser prueba de, que una persona fuese descendiente de Viracocha Inca en lo genealógico. Este "ancestro" no necesariamente habría sido un rey histórico.

Guaman Poma describe en detalle la organización jerárquica de las *acllas* por grados de edad. Su descripción corresponde con la manera en la que Polo presentó la distribución de las *acllas*. El grado de edad mediana es ocupado exclusivamente por las clases de edad de las *acllas* nobles, en su calidad de "vírgenes del sol". No voy a entrar en el problema de la secuencia curiosa en que Guaman Poma enumera estas clases, cosa que me intrigó antes por su similitud con un aspecto de la organización de las *panacas* de Hanan Cuzco. Más me interesa otro aspecto, pues sugiere que las *panacas* mismas algo tenían que ver con clases de edad en el momento de distribuir a las acllas, y además a los recién iniciados, entre estas *panacas*. La clasificación de Guaman Poma (f. 299-300) es [12]:

---

[12] No voy a seguir, en este momento, la secuencia con la que Guaman Poma enumera las clases de edad de las *acllas* del Sol, sino la secuencia por edad.

1) 20-25   *acllas* del Sol, Luna, Estrellas, Venus, Chuqui Illa (Trueno);
2) 20-25   *acllas* de las *huacas* principales;
3) 30-35   *acllas* de la *huaca* de Huanacauri;
4) 35-40   *acllas* que siguen a 2); de las *huacas* secundarias
5) 40-50   *acllas* que siguen a 4); de las *huacas* comunes
6) 50-   todas las otras *acllas* del pueblo común, y de las *huacas* comunes.

Nuestra primera y principal pregunta es: ¿tenemos que concluir que las *acllas* de nobleza alta iban a servir a dioses y *huacas* de categoría más y más baja y más lejanas del centro de Cuzco, pasando en forma regular por sus clases de edad? No parece probable. Aunque Guaman Poma tiene su propia manera de identificar a los "dioses" y aunque no menciona en ningún lugar las *panacas*, sí podemos sugerir cómo, dentro de su sistema, se habría efectuado la distribución de las *acllas* sobre las *panacas*, especialmente en Hanan Cuzco. Tomando en cuenta la descripción de Cobo sobre *Sucsu panaca* y los Tarpuntay, todas las nuevas *acllas* en un año determinado habrían sido repartidas a la vez, o quizás según un orden de calendario dentro del año. Por ejemplo, las *acllas* al servicio de Viracocha habrían sido clasificadas en una clase de edad que correspondía al grado de edad de los sacerdotes. Cuando los jóvenes recién iniciados eran separados, según criterios de valentía y otras cualidades (p. ej. de haber nacido bajo la influencia del Trueno), su distribución sobre las *panacas* habría sido similar a la de las clases de edad de las *acllas*. Terminaré la discusión con un ejemplo temprano, demostrando cómo una ideología influida por clases de edad puede haber confundido a los españoles que interpretaban a las *panacas* como grupos genealógicos.

5. Conclusión: la re-interpretión de las *panacas* como clases de edad

En su relación de Guamanga [1557], Damián de la Bandera (1881) describe también "la manera de matrimonio" Inca. Los hombres "que no tenían mujeres" fueron puestos en la plaza, frente a "las mujeres solteras" por sus clases de edad de 15-20, 20-25, 25-30, 30-35 y 35-40 años:

> ...y de allí (el visitador del Inca) primeramente daba mujeres a los caciques y principales que no las tenían o tenían necesidad de más, y después a los demás indios por sus edades, a cada uno con su igual... y solamente a los caciques de principales de mil (o) de diez mil indios les era concedido tener más mujeres que una, pero esto era con licencia del Inga... el hermano

heredaba las mujeres de su hermano en muriendo, y el hijo las del padre, y tenía acceso con ellas públicamente y aún en el día de hoy lo usan algunos.

No hace falta analizar en detalle esta descripción tan reveladora. Por un lado, está claro que un cacique, al ascender en la burocracia incaica, pasaba por clases de edad, creciendo su "necesidad" de tener más mujeres, sea como esposa principal o como mujeres secundarias. La razón por la que buscaba tener más mujeres no era simplemente el prestigio, sino el creciente número de entidades sociales bajo su mando que ellas iban a representar. Pero, aparte de esto, no podemos olvidar que uno de sus hijos fuera destinado a sucederle y heredar sus mujeres. Este hijo ya sabía de antemano a qué rango y clase de edad iba a llegar. Y, como un cacique en la cumbre de su carrera podía casarse con una mujer joven al principio de la suya, las diferencias de edad entre sus hijos podían llegar a ser como la de dos generaciones, estirando el tiempo en que primero hermanos y después hijos heredaban las mujeres y los cargos. Un caso ejemplar es la sucesión de Pachacuti Inca, según Betanzos. Primero el Inca fue sucedido en vida por su hijo mayor Yamqui Yupanqui y después por el menor Tupa Yupanqui. Su edad inverosímil de 120 años, más que necesidad pre-hispánica parece ser un factor de justificación colonial por este tipo de sucesión.

Los españoles impusieron un sistema de sucesión por linajes dinásticos en el que un curaca no podía casarse con una pariente cercana; al permitirle solamente una esposa, más interés debía tener en no casarse con una de rango inferior. Ya no podía diferenciar a sus hijos por los distintos rangos de sus madres, por orden de nacimiento, por cualidades o inclinaciones profesionales. El sistema de diez *panacas* había sido el aparato principal que hacía estas distinciones. Para los españoles y la nobleza Inca colonial, más iban a contar títulos de tierras que se defendían por reclamaciones de descendencia. Las *panacas* se convirtieron en linajes, en parentelas que no habían sido antes.

Podemos llegar a unas conclusiones preliminares en cuanto al carácter Inca de las *panacas*. Toda la información que se puede analizar y comparar muestra que la existencia de un total de diez *panacas* en la organización del Cuzco fue primordial y esencial. No se puede separar el estudio de la nobleza Inca, incluyendo a la realeza, de una consideración global de las diez *panacas*. No vale imaginar, por ejemplo, que Pachacuti Inca crease una organización de ocho *panacas* siendo él el noveno rey y que Huayna Capac la reorganizace a diez *panacas* siendo el undécimo rey (Rowe 1985), pues ya Pachacuti Inca dividió la población en diez *panacas* (Betanzos, Sarmiento). Tampoco vale cambiar este argumento creyendo que un estudio de las *panacas* no hace falta para declarar sin más la dinastía Inca como fidedigna (Rowe 1995). En defensa de esta hipótesis se buscó la excusa que Don Juan Tambo Usca Mayta considerase al Inca Mayta Capac no más como un "abuelo" en el sentido de antepasado (sea un antepasado ¡de tres o de ocho generaciones!). Don Juan especificó los nombres de su padre, su abuelo y de Mayta Capac como bisabuelo. Entendemos la razón por la que defendió esta opinión: fue en defensa de sus propiedades. La disputa documentada nos ayuda a entender algo mediante la "historia" sobre la división de las diez *panacas*[13].

El factor tiempo es inherente a la organización de las diez *panacas* en su totalidad. Esta conclusión es verdadera, especialmente en cuanto a la función de las *panacas* como grados y clases de edad, aunque se detecte el factor tiempo más fácilmente por medio del calendario. Creer que el número de las *panacas* creció en forma dinástica e histórica, quebrantaría cualquier posibilidad de estudiar la cohesión significativa de su organización. Reduciría la información (social, ritual y mitológica) que contiene datos de carácter accidental e histórico, en su mayoría sin consecuencia. Justamente esta información nos tiene que explicar el sistema político del Cuzco y su transformación en el gobierno imperial.

Aceptando que la figura de Pachacuti Inca estuviese al borde del recuerdo histórico y leyenda, o mito, sospecho que situaciones como la comentada por Betanzos sobre Yamqui Yupanqui y Tupa Yupanqui no fuesen únicas. Las generaciones incaicas entre Huayna Capac y Pachacuti Inca habrían sido mucho más largas y complejas que las generaciones calculadas a la manera occidental. Para la reconstrucción de un recuerdo histórico no hay

---

[13] Nunca saqué la conclusión del dato sobre Don Juan, ni de la manera en que Polo y Acosta lo entendieron, que hubo una "díarquía" histórica, como afirman algunos (Rowe 1995; Gose 1996). Nunca usé esta palabra. Bien sabía que no había un "rey" Hurin al lado de Huayna Capac como Sapa Inca "único rey". Investigué la posibilidad de que junto al Inca existiese una "segunda persona", dos roles que en Chucuito se daban a los curacas de Hanan y de Hurin, respectivamente. Los Incas tenían cada uno su "lugarteniente", pero no hay información consistente que vincule a éstos con Hurin Cuzco. Una inversión de este modelo me pareció la manera más atrayente para entender la organización de los ancestros reales en el contexto del modelo de Santo Tomás (Las Casas, Gutierrez). Es así como Garcilaso de la Vega la describe. Según él, en la sala donde se encontraba la imagen del Sol en su templo, la momia de Huayna Capac estaba colocada en frente del dios, las de los reyes Hanan a la derecha del dios y de los reyes Hurin a su izquierda. Iban a ocupar estas posiciones al ser consagrados como tales momias: reflejaban la organización social, y no ésta a la historia.

que descartar la posibilidad de que la información sobre los últimos "reyes" de Hurin Cuzco también pueda ser útil y, hasta cierto punto, información que toca a todas las *panacas*. Un estudio detenido de los grados y clases de edad, y del calendario en los Andes como partes integrantes de la organización de las *panacas*, así como una comparación antropológica con situaciones similares encontradas en otras culturas facilitaría tal reconstrucción. Podría explicar, por ejemplo, cómo un Domingo de Santo Tomás (Las Casas, Gutierrez) reemplazó los grados y clases de edad por un árbol genealógico para entender el sistema burocrático, y cómo un don Juan Tambo Usca Mayta y Polo de Ondegardo construyeron una dinastía a partir de allí.

Presenté una primera versión de este argumento en 1964, como parte de un estudio más amplio sobre la organización del Cuzco [14]. En estudios posteriores desarrollé varios otros aspectos del argumento. No podía recapitularlos todos ahora, dado el enfoque propio de este ensayo [15]. Si la pregunta que nos ponemos es, no más, ¿hubo o no hubo una "dinastía"?, el problema no tiene posibilidad de solución como tampoco interés. Pero el problema contiene varios aspectos que sí se pueden analizar; hay que tomarlos en cuenta todos para una discusión más amplia.

BIBLIOGRAFÍA

ACOSTA, José de,
1954   "Historia Natural y Moral de las Indias". En: **Obras del Padre Jose de Acosta.** Biblioteca de Autores Españoles, vol. 73, pp. 1-247. Madrid: Atlas.

ANÓNIMO,
1908 [?].   "Discurso de la sucesión y gobierno de los Yngas". En: **Juicio de Límites entre el Perú y Bolivia,** vol. 8, Chunchos., (ed.) Víctor Maúrtua, pp. 149-65. Lima.

BANDERA, Damián de la,
1881   **Relación general de la disposición y calidad de la provincia de Guamanga, llamada San Joan de la Frontera, y de lavivienda y costumbres de los naturales della.** Año de 1557. Ver: Relaciones Geográficas, Tomo I, 96-104.

---

[14] Una traducción de este estudio al castellano salió en 1995, gracias al apoyo de la Universidad Católica, junto con un nuevo ensayo en el que traté de reevaluar el tema general (Zuidema 1995).
[15] Véase por ejemplo Zuidema (1982, 1986, 1990 a y b, etc.).

BERTONIO, Ludovico,
1984 **Vocabulario de la Lengua Aymara** [1612]. Ed. Xavier Albó y Felix Layme. Cochabamba: CERES.

BETANZOS, Juan de,
1987 **Suma y Narración de los Incas** (1551). Ed. María del Cármen Martín Rubio. Madrid: Atlas.

COBO, Bernabé,
1956 **Historia del Nuevo Mundo.** En: Biblioteca de Autores Españoles, vol. 92. Madrid: Atlas.

CROCKER, William H.,
1990 "The Canela (Eastern Timbira), I. An Ethnographic Introduction". En: **Smithsonian Contributions to Anthropology.** No. 33. Washington D.C.: Smithsonian Institution Press.

DURÁN, Juan Guillermo,
1981 **El catecismo del Tercer Concilio Provincial de Lima y sus Complementos Pastorales (1584-1585).** Buenos Aires: Publicaciones de la Facultad de Teología de la Universidad Católica Argentina.

DUVIOLS, Pierre,
1979 "La Dinastía de los Incas: ¿Monarquía o Diarquía? Argumentos heurísticos a favor de una tesis estructuralista". **Journal de la Société des Américanistes** (París). 67-83.

GARCILASO de la VEGA, Inca,
1991 **Comentarios Reales de los Incas.** Prólogo, Índice analítico y glosario de Carlos Aranibar. Lima-México-Madrid: Fondo de Cultura Económica.

GOSE, Peter,
1996 "Oracles, Divine Kingship, and Political Representation in the Inca State". **Ethnohistory** 43 (1): 1-32.

GUAMAN POMA de AYALA, Felipe,
1987 **Nueva Crónica y Buen Gobierno.** (Eds.) John V. Murra, Rolena Adorno y Jorge L. Urioste. Madrid: Historia 16.

LEVILLIER, Roberto,
1940 **Don Francisco de Toledo. Supremo Organizador del Perú. Su vida, su Obra (1515-1582). Tomo II. Sus Informaciones sobre los Incas (1570-1572).** Buenos Aires: Colección de Publicaciones Históricas de la Biblioteca del Congreso Argentino.

MAYBURY-LEWIS, David,
1967 **Akwe-Shavante Society.** Oxford: Clarendon Press.

MOLINA, Cristobal,
1989 **Fábulas y Mitos de los Incas.** Ed. Henrique Urbano, pp. 1-136. Madrid: Historia 16.

MÜLLER, Harald K.,
1989 "Changing Generations: Dynamics of Generation and Age-Sets in Southeastern Sudan (Toposa) and Northwestern Kenya (Turkana)". Spektrum. **Berliner Reihe zu Gesellschaft, Wirtschaft und Politik in Entwicklungslandern.** Band 17. Saarbrucken-Fort Lauderdale: Breitenbach.

NIMUENDAJÚ, Curt,
1946 **The Eastern Timbira.** University of California Publications in American Archaeology and Ethnology, 41. Robert Lowie traductor y editor. Berkeley: University of California Press.

PEATRIK, Anne-Marie,
1995 "La règle et le nombre: les systèmes d'âge et de génération d'Afrique orientale". En: **Ages et générations: ordres et désordres. Des sociétés aux rythmes du temps,** ed. Anne-Marie Peatrik. L'Homme 134: 13-50.

PÉREZ BOCANEGRA, Juan,
1631 **Ritual Formulario..., etc.** Lima.

POLO de ONDEGARDO, Juan,
1981 "Los errores y supersticiones de los Indios sacados del Tratado y averiguación que hizo el Licenciado Polo [1585]". En: **El Catecismo del III Concilio Provincial de Lima y sus Complementos Pastorales (1584-1585),** ed. Juan Guillermo Durán, pp. 457-78. Buenos Aires: Publicaciones de la Facultad de Teología de la Universidad Católica Argentina.

Relaciones Geográficas de Indias. Perú. Tomo I.
1881 Ed. Marcos Jiménez de la Espada. Madrid: Ministerio de Fomento.

ROWE, John Howland,
1985 "La Construcción Inca del Cuzco". **Histórica** (Lima) 9 (1): 35-73.
1995 "La supuesta 'diarquía' de los Incas". **Revista del Instituto Americano de Arte del Cuzco** 14 (1993-94): 99-108.

SAN ISODORO de SEVILLA,
1982 **Etimologías.** Edición bilingüe. I (Libros I-X). Texto latino, versión española y notas por José Oroz Reta y Manuel A. Marcos Casquero. Introducción General por Manuel C. Díaz y Díaz. Madrid: Biblioteca de Autores Cristianos.

SANTO TOMÁS, Domingo de,
1951 [1560] **Gramática o arte de la lengua general de los indios de los**

reinos del Perú. Edición facsímil, con un prólogo por Raúl Porras Barrenechea. Lima: Instituto de Historia UNMSM.

SARMIENTO DE GAMBOA, Pedro,
1943   Historia de los Incas. (Ed.) Ángel Rosenblatt, p. 302. Buenos Aires: Emecé editores, S.A.

SHERBONDY, Jeanette E.,
1993   "Water and Power: The Role of Irrigation Districts in the Transition from Inca to Spanish Cuzco". En **Irrigation at High Altitudes: The Social Organization of Water Control Systems in the Andes,** ed. William P. and David Guillet Mitchell, pp. 69-97. Washington D.C.: The Society for Latin American Anthropology and the American Anthropological Association.

1996   "Panaca Lands: Re-invented Communities". En **Structure, Knowledge and Representation in the Andes: Studies Presented to Reiner Tom Zuidema on the Occasion of his 70th Birthday**. Guest edited by Gary Urton. Journal of the Steward Anthopological Society 24 (1 and 2): 172-201.

TOLEDO, Francisco de,
1940   **Informaciones sobre los Incas (1570-1572).** Ver: Levillier 1940.

TORNAY, Serge,
1995   "Structure et événement: le systeme générationnel des peuples du cercle Karimojong". En **Ages et Générations: ordres et désordres. Des sociétés aux rythmes du temps,** ed. Anne-Marie Peatrik. L'Homme 134: 51-80.

ZUIDEMA, R. Tom,
1977   "The Inca Kinship System: A new theoretical view". En **Andean Kinship and Marriage.** Special Publication 7. (Eds.) R. Bolton y E. Mayer, pp. 240-81. Washington D.C.: American Anthropological Association (republicado en Zuidema 1989 cap. 2).

1982   "Myth and History in Ancient Peru". En **The Logic of Culture. Advances in Structural Theory and Methods,** (ed.) Ino Rossi, pp. 150-75. South Hadley, Mass.: J. F. Bergin Publishers. (Republicado en Zuidema 1989 cap. 6).

1989   **Reyes y Guerreros. Ensayos de Cultura Andina.** Ed. Manuel Burga.

1990a   "Dynastic Structures in Andean Culture". En **The Northern Dynasties. Kingship and Statecraft in Chimor,** (eds.) Moseley, Michael E. y Alana Cordy-Collins, pp. 489-506. Washington D.C.: Dumbarton Oaks Research Library and Collection.

1990b   **Inca Civilization in Cuzco.** Austin: University of Texas Press.

	(Versión en castellano: **La civilización incaica en Cuzco.** México: Fondo de cultura económica.)
1994	"Guaman Poma between the Arts of Europe and the Andes". **Colonial Latin American Review** (New York, N.Y.) 3 (1-2): 37-85.
1995	**El sistema de Ceques del Cuzco. La Organización Social de la Capital de los Incas.** Con un Ensayo Preliminar. Traducción, Ernesto Salazar, p. 420. Lima: Pontificia Universidad Católica del Perú, Fondo Editorial.
1996a	"Fête-Dieu et fête de l'Inca. Châtiment et sacrifice humain comme rites de communion". En **Le Corps de Dieu en Fête,** ed. Antoinette Molinié, pp. 175-222. Paris: CERF.
1996b	"The Spanish Contributions to the Study of Amerindian Kinship Systems". En **Le Nouveau Monde, Mondes Nouveaux. L'expérience américaine.** Actes du colloque organisé par le CERMACA (EHSS/CNRS) París 2, 3 et 4 juin 1992. (Eds.) Serge Gruzinsky y Nathan Wachtel. Pp. 643-664. París: Editions Recherche sur les Civilizations, Editions de l'École des Hautes Études en Sciences Sociales.

Parentesco en las prácticas textuales andinas

Parte IV

16

PARIENTES NO-HUMANOS: FILIACIONES ENTRE EL CORDÓN UMBILICAL, LA CASA Y LA PIEDRA

Claudette Kemper Columbus

Introducción

En general, la trama de relaciones que subyace, interconecta y envuelve mutuamente la casa, la piedra y el cordón umbilical en las sociedades orales quechua-aymara, presenta genealogías alternativas y adicionales a las humanas. La casa, la piedra y el cordón umbilical son objetos metafóricos y asociativos con afiliaciones sagradas en el medio ambiente. Para aquellos andinos que aún viven en sociedades que han mantenido sus tradiciones orales y quienes observan las formas rituales pre-colombinas, estas filiaciones son tan familiares como las de la madre y el padre.

1. La casa andina y sus vínculos

La casa andina, un espacio tanto conceptual como físico, activa alianzas en varias dimensiones y dominios. El famoso cosmos 'techado', retratado por Joan Pachacuti Yamqui en el contexto del Cuzco precolombino, sugiere conotaciones múltiples y eslabonadas entre dominios que interactúan mutuamente con relaciones de parentesco (tanto abiertas como inferidas), entre las personas y la naturaleza [1]. En el Museo Nacional de Arqueología de La Paz, Bolivia, una pequeña figura cerámica de una casa tiwanacota abovedada realza la asociación entre el techo, en forma de bóveda, y la bóveda del cielo. Sobre su puerta está una cabeza solar con serpientes que

---

[1] Una versión inglesa de la *Relacion de antiguedades de este reyno del Piru* (*Narratives of the Rites and Laws of the Yncas*) de Joan de Santa Cruz Pachacuti Yamqui da una ilustración clara y detallada del diseño del altar en el Cuzco (Pachacuti 1873). El diseño presenta cuatro cuadros y cinco círculos; el cuadro más pequeño, colocado en un romboide que podrá ser descrito como el quinto cuadro, es quizás vinculado con Manco Capac. También podría representar al antiguo mito de los cuatro hermanos Ayar y sus cuatro hermanas. Lionel Valée coloca leyendas claras al dibujo (1982: 116).

miran en direcciones opuestas y dos aves que vuelan en sentidos opuestos encima de las serpientes. La casa representa un espacio de morada personal, pero también un espacio cósmico que muestra los múltiples modos de interrelacionarse entre esferas y reinos, excepcionalmente visibles. Por lo general, los aspectos intersticiales de un objeto son indicados por medios menos directos; no se suelen colocar serpientes y pájaros encima de una cabeza solar en la entrada de una casa de cerámica que no guarda parecido alguno con un templo.

En el nivel micro, se puede considerar la mano como una especie de casa. Las cuatro esquinas de una mano con sus cinco dedos (en que la palma es a la vez una *pampa* [2]), equivaldrían a las cuatro esquinas de la casa con su techo. La casa cósmica de Pachacuti con su techo, como la mano con sus dedos, simbolizaría un plegado sagrado en que 'cinco entre cuatro se convierte en uno'. Este 'misticismo' sirve a fines agro-económicos y pragmáticos. La mano equivaldría a las cuatro esquinas de un campo con su techo de cielo, y a la forma cuatripartita del estado (Tawantin-suyu: las "Cuatro partes unidas en una sola", el nombre antiguo del imperio incaico [3]).

De allí que la casa no sólo cuadra el círculo, sino que también resuelve otro problema. Whitten dice que el centro mismo de la casa de los Canelos Quichua "simboliza el centro del universo, ya que *cusca* y *ucumu* son considerados desde este punto" (1987: 89). Whitten define *cusca* como recta perpendicular: 'la dirección básica arriba' (1987: 66) que capta el sentido del 'centro de cielo'. Pachacuti identifica como *cuscos* a dos conjuntos de nobles que gobiernan dos dominios: la zona de arriba y la zona de abajo [4]. Si *cusca*, *cuzco* y Cuzco, el centro del imperio Inca, se relacionan etimológicamente tal como están acústicamente, luego el juego de palabras, así como la acústica, demuestran una relación conceptual enlazada con los

---

[2] Para la equivalencia entre "palma" y *pampa*, véase por ejemplo Stark (1969: 7).

[3] Nathan Wachtel arguye a favor de la organización andina del espacio en cuatro partes (1973: 175). Su argumento es uno entre muchos parecidos: los trabajos de María Rostworowski de Diez Canseco, (también editados por IEP), deben ser por lo menos mencionados en este contexto. Véase por ejemplo, su *Historia del Tawantinsuyu* (1988 passim.). Zuidema llevó el fenómeno de "cuatro en uno" a la atención de Occidente en "La cuadrature du cercle dans l'ancien Pérou" (1973).

[4] John Howland Rowe cita a Pachacuti: " 'A los dos clases de nobles en común Pachacuti llamó '*cuzcos*' "(Pachacuti MS f. 171; 1879: 317-318); " 'Los cuzcos, en el sentido entendido por Pachacuti, se dividieron en dos mitades, superior e inferior, Hanan Qozqo y Hurin Qozqo, de las cuales cada una comprendió cinco parcialidades reales y cinco parcialidades no reales' " (1985: 36).

centros del universo en escala tanto molar (en sentido de lo macizo) en el nivel macro, y espacios locales en el nivel micro.

La casa, *wasi*, se asocia con la tierra femenina (Gow y Condori 1975: 21) y con la relación entre un hombre y una mujer. Pero Whitten (1985: 6) también asocia la *wasi* con la unión sagrada entre hombre y mujer, como una especie de 'casa'. Esta 'casa' dentro de la casa está dentro de la aldea dentro de la chacra dentro del cosmos. La visión de Pachacuti de una casa en escala cósmica es, a la vez, fuertemente 'masculina' y, en su forma ovaloide, fuertemente 'femenina'. El dibujo es tan andrógino y libidinoso como la deidad andrógina y fluída de la fertilidad, Wiracocha (Columbus 1995) y la deidad lago Titicaca, también llamada Lago Inticaca, Lago Piedrasol (Costas A. 1973: 305). La informante de Gail Silverman Proust describió el diseño tejido 'Tawa Inti Cocha', 'Lago de Cuatro Soles' (¿Piedrasoles?), como algo ligado con el cordón umbilical; el tejido está tan conectado con el lago como Wiracocha lo está con la re-generación de los pueblos andinos [5]. En algunos lugares, Wiracocha permanece como autoridad (de la casa, del rebaño).

Las filiaciones dinámicas de la casita de cerámica, en el Museo Nacional de Arqueología de La Paz, indican visualmente las relaciones de parentesco en un nivel superior. Estas genealogías aspectuales, inferenciales y más allá de lo humano, establecen alianzas entre espacios que de otra manera parecerían 'no-parientes' (como por ejemplo la filiación de la casa del pájaro-sol-serpiente con el lago sagrado y, en términos mitológicos, con el cordón umbilical de los pueblos andinos). Los poderes generativos (quizás incluso co-esenciales [6]) de la alianza en estas relaciones se colocan por encima de todos los otros factores generativos y de apoyo: el parentesco no-humano es, sumamente, el factor de crecimiento: *wiñay*.

La casa dentro de la casa aldea dentro de la casa cósmica es un "nudo de referencia del chamán fundador" (Whitten 1985: 6, nuestra traducción). Una casa de cerámica del Ecuador proporciona un nudo chamánico parecido a la casa tiwanacota. Inspirada doblemente por una urna de Charapa Cocha, y una contemporánea casa achuar del mismo lugar, sus diseños y borde de techo de caparazón de tortuga envuelven formas dentro de otras formas (Whitten 1987 cap. 3 [1976: 68, Fig. 26]). Se atrae la atención del observador,

---

[5] Entre otros cronistas, Molina (1947 [1575]: 20-21). Véase también Arnold (1992a: 67) para asociaciones entre la línea de sangre y Wiracocha.

[6] Tomo este término de Gossen (1994, 1996); en su trabajo con los Maya, él habla de las 'co-esencias' que "residen fuera del cuerpo humano".

no tanto sobre el objeto mismo, sino sobre las relaciones que lo cobijan. En el Ecuador, en Bolivia, en Colombia, el chamán ve la naturaleza verdadera de las cosas, y esa naturaleza 'verdadera' es metafórica:

> El concepto de *aluna*, aquí traducido como la 'realidad interior', le dice que los cerros son casas, que los animales son gente, que las raíces son víboras, y él aprende que este manipuleo de símbolos y signos no es un asunto simple de traducción uno-a-uno, sino que existen diferentes niveles de interpretación y cadenas complejas de asociaciones (Reichel-Dolmatoff 1976: 285, nuestra traducción).

El chamán lee las redes de relaciones, los 'códigos estratificados' que sugieren las dinámicas de la afiliación (Lévi-Strauss 1988: 194).

> El Kogi dice: "Hay dos maneras de mirar las cosas; al ver una víbora, se puede decir: 'Esto es una víbora', pero también se puede decir: 'Estoy viendo una soga, o una raíz, una flecha, un camino serpentino'". Ahora, a partir del conocimiento de estas cadenas de asociaciones que representan, esencialmente, equivalencias, él adquiere un sentido de equilibrio...' (Reichel-Dolmatoff 1976: 265, nuestra traducción).

2. Las piedras y sogas y sus lazos de parentesco

Me parece probable que, tanto en los tiempos precolombinos como hoy, en los lugares alejados de los Andes, uno pueda ver una soga como si fuera una piedra, o una piedra como si fuera una soga [7]. Tanto sogas como piedras implican los lazos de parentesco. Es como si, en los contextos andinos, las piedras y sogas realizaran nexos de valor a/filiativo. Por ejemplo, en los idiomas andinos, *vrcoña* en el aymara colonial significaba una especie de 'soga' (Bertonio 1984 [1612]: 379), y *urqhuña* en el aymara actual significa la piedra moledora que forma parte del batán, mientras *vrcco* en el quechua colonial (y *urqu* en el quechua moderno) significa 'cerro' (Gonçalez Holguín 1989 [1608]: 357).

Los dos cuentos andinos que siguen muestran algunas de los nexos entre piedra y soga (incluyendo sus equivalentes: honda, faja, hilo, cordón umbilical, ceque —las líneas imaginarias que irradian desde el Cuzco) [8].

---

[7] Es a la vez alentador y preocupante encontrar un libro en prensa con el título: *The Stone and the Thread: Andean Roots of Abstract Art* ('La piedra y el hilo: las raíces andinas del arte abstracto').

Adelaar relata uno de los innumerables cuentos andinos de pueblos que son sumergidos o se libran de la inmersión:

> Padre Luna... salió porque el pueblo de Karma se estaba convirtiendo en lago. Con su honda colgado de su cuello pasó por los cerros encima de Capia... De allí tiró una piedra con su honda hacia aquí. Cuando hondeó, la roca de Huayuncayocc, como es conocida hoy, se abrió. Y la piedra que él había hondeado quedó pegada en esa roca. Hoy sigue colgada allí como una mazorca de maíz (Adelaar 1977: 325, nuestra traducción).

Lo que sigue es un cuento relatado por un indígena de Qeros en la película de John Cohen: "Qeros: the shape of survival" (Qeros: la forma de la sobrevivencia):

> Inkarrí. Las piedras obedecían sus mandatos... los cerros son dentados, porque su mujer le hizo cosquillas. [El Dios Roca] arrastró una víbora [soga] verde por el paisaje e hizo el río. (Nuestra traducción.)

Cuando Inkarrí arroja piedras, crea quebradas. Arrastrando una soga-víbora, crea surcos. Víbora y soga son aspectos el uno del otro y aspectos de la roca. Los cerros son aspectos de la deidad andina, Inkarrí (el nombre es una síntesis de 'rey' e 'Inca'). Este cuento parece menos de las esencias —sujetos y objetos presentados como sustantivos— que de las co-esencias con aspectos recíprocos.

Estos cuentos contemporáneos, ambos, parecen versiones del mito de la fundación de Cuzco por los hermanos Ayar; un mito que, no obstante, antecede por mucho al imperio Inca de los siglos XIV y XV. Dado que los mitos sobre objetos grandes que tiran piedras (como la luna que tira piedras en forma de maíz) y cerros que arrojan quebradas existen en tantas versiones, esto sugiere una gran antigüedad. Como el cerro Huayna Potosí, en la actual Bolivia, o el valle Inka Katurapi ("El Inca lo agarró", llamado así porque el Inca arreó allí enormes rocas con su honda) [9], el 'peruano' Ayar Cachi tira una piedra con honda a un cerro y crea un valle. Su hermano, Ayar Manko, quien se dice fue el primer Inca, vuelve a una co-esencia, la

---

[8] Kusch pensaba los *ceques* como 'hilos' de los lugares sagrados (huacas; *wak'a* puede significar faja a la vez que sus otros significados).

[9] Denise Y. Arnold y Juan de Dios Yapita (comunicación personal, enero 1995), sobre un valle que queda al norte de La Paz.

roca, al igual que sus hermanos. La palabra 'inca' puede significar piedra. El Inca como personaje de piedra angular sirve como cordón umbilical del imperio; también sirve como soga del estado de la que depende la salud del estado. No es incidental que el Inca tuviera un hermano de piedra (Van der Guchte 1990 passim). El Inca asocia no sólo la roca, la soga, el pájaro-sol y la piedra-sol, sino también ollas sagradas, animales sagrados (sobre todo el puma y la llama) y plantas sagradas (Columbus 1996). El primer gobernante llamado Inca, Ayar Manko, es polimorfo, un antropo-aviano, un pájaro-sol y una piedra-sol, una roca-cerro generativa que se convierte en rey de la fertilidad y luego regresa a la condición pétrea.

De igual modo, Arnold escribe:

...es el poder del Inka [piedra] que impele a las piedras ancestrales a moverse, desde los ámbitos más profundos e interiores de los cimientos dentro la tierra hasta los dominios más elevados del espacio de la casa. Al hacerlo, se da, aparentemente, una transformación metonímica, de tal manera que las piedras elementales se convierten en aliento. Aun en esta etapa del proceso de construcción, la estructura vacía de la casa tiene rasgos cosmológicos. [En] estos ciclos reproductivos de transformaciones metonímicas... Ciertas piedras que están... enterradas en la tierra, se cree que se elevan hasta la cumbre de los cerros a través de su hueca columna vertical, donde se transforman en las plumosas nubes blancas... que se elevan desde las cumbres de los cerros y son llevadas por el viento (Arnold (1992a: 52-3).

Así, las piedras-inca portan fuerzas inseminadoras, aspectos vitales y 'co-esenciales' del sol-pájaro-piedra-Inca, y también del calor, como de un volcán humeante con espirales 'umbilicales' y 'serpenteantes'; del aliento que insufla el espíritu —porque el aliento y la voz son lazos umbilicales. Por tanto, primero el nexo entre tirador, instrumento de tiro, lo tirado, el atravesar el espacio y aterrizar no es, para la mente andina clásica, algo compuesto de un conjunto de cosas separadas; la escena destaca relaciones metafóricas en la naturaleza, que trascienden los límites entre las co-esencias y transformaciones adjetivales; y, segundo el mirar a una roca es una manera de ver sus nexos encordantes, en los cuales tanto la roca como la soga actúan como vínculos con el espacio dinámico. Se entrelazan entre sí. Si adherimos a un sistema de clasificación que fomenta la rigidez, donde las narrativas se apoyan mucho en la trama y poco en la metáfora, podemos encontrar dificultades para ver las rocas y sogas como elementos con funciones semejantes. En contraste, los mitos andinos presentan enlaces que conectan espacios con especies y poseen poca trama.

Los componentes concretos, adjetivales y espaciales de los metáforas andinas, ubican la soga y la serpiente en el mismo espacio dinámico. Paradójicamente, el efecto no es de desplazamiento sino de concreción y encarnación, de un lugar de transfiguración, en el cual, con ser diferentes, soga y serpiente comparten un solo borde (un efecto ambiguo de percepción, que Rebecca Stone-Miller llama la 'rivalidad de contorno' cuando lo encuentra en los tejidos andinos [1994: 137]). Al ubicar la roca y la mazorca de maíz en el mismo espacio, el mito andino presenta como interdependientes lo 'no'-vivo y otras formas de ser.

El mito del laberinto hilado por Teseo muy conocido en Occidente, presta a la roca (concebida como una barrera) un papel en oposición polar al de la soga (el hilo que Ariadna proporcionó a Teseo). Para triunfar en su evasión, el joven héroe que va dejando el hilo a su paso por el laberinto, entrelaza los elementos discordantes de un paisaje extraño. Mata al híbrido, el minotauro. Aunque Teseo se escapa con cien jóvenes y doncellas, abandona a Ariadna y causa la muerte de su propio padre. No obstante su fuga, los detalles narrativos tratan de la pérdida de equilibrio, la desvinculación y la separación de la naturaleza, que culminan eventualmente con el establecimiento de una especie de sistema jurídico chauvinista, antropo- y Ateno-céntrico. Pero los mitos andinos de los cuales hablamos presentan una situación inversa. Allí la roca, la soga y el humano-'animal' (con el poder seminal híbrido) conforman un sistema significativo (el laberinto invertido) capaz de transformarse en otros sistemas significativos. Tal como los objetos, los sistemas significativos se sobreponen y deslizan el uno al otro, transformándose en el proceso. Por esta razón, entre otras, el término 'homólogo' no expresa la relación dinámica entre soga y roca; la 'equivalencia' y el 'equilibrio' mencionados en la descripción de Reichel-Dolmatoff son el 'equilibrio' de la interacción más que la 'equivalencia' de fuerza.

Los agentes de transformación (que en esta instancia destacan a la soga, la roca y el cordón umbilical) manifiestan entre sí, actúan entre sí [10], y

---

[10] Whitten habla de rocas como 'substancias transformadoras': "...rocas y piedras contienen y liberan substancias de alma que propician las transformaciones estática y dinámica, entre continuidad y cambio. Una piedra que ha sido pulida por los antepasados o por la acción del agua de un río, contiene un alma y se llama *aya rumi*, piedra-alma. Una aya rumi es como el capullo de una flor, una cavidad cerrada dura y silenciosa que cuando se abre, atrae hacia sí misma los insectos y los pájaros con su constante ruido y movimiento" (Whitten 1987 [1976]: 64).

hacen ecos entre sí, con las mismas imágenes, con la misma acústica y los mismos aspectos. Este efecto de eco revela un molde conceptual que se diferencia del mundo antropocéntrico y aquitectónico de Teseo. Las observancias rituales celebran las afinidades de sonido y sentido con la biosfera circundante y el terreno pedregoso. Los efectos rituales acústicos invocan afinidades con un medio ambiente siempre cambiante, donde la biósfera es rica en espacios polimórficos y donde el terreno agreste, montañoso, se mueve literalmente sobre placas tectónicas. Se conceptualiza el espacio mismo como heterogeneo, polimórfico, cambiante, móvil.

Rodolfo Kusch usa la metáfora de 'hilos' para describir las líneas imaginarias de los *ceques* que irradian desde el Cuzco montañoso hacia la costa, desde el lejano sur pasando por Tiwanaku (que otrora fue la 'piedra del centro') hasta el lejano norte. Anudadas metafóricamente y tejidas como hilos a través del espacio, las líneas *ceques* eran señaladas por santuarios de piedra (*huacas*) y lugares de descanso (los mesones, llamados *tambo*, o a veces sólo covachas de piedra: Kusch 1962: 58). Según Zuidema, los *ceques* incluyen 326 topónimos en 42 orientaciones, y forman un calendario análogo a un *kipu* (los registros enigmáticos conservados en hilos anudados, de colores) [11]. El excelente libro de Martti Pärssinen (1992) realiza un análisis exhaustivo del *kipu* y demuestra cómo los sonidos quizás también organizaban el registro del *kipu*; Parssinen arguye que el hilo anudado del *kipu* incluía un componente fonético [12].

Otro nexo entre piedra y soga que muestra el espacio como algo concreto y a la vez flexible, es la eficaz descripción que hace Matienzo de las cuentas registradas llamadas *kipus,* que se llevaban, en algunos casos, con piedras de colores (1967 [1567]: 21), una indicación directa del nexo sistemático entre soga y piedra. Este nexo materializa el dibujo de Guaman Poma de un hombre que agarra un *kipu,* y parado al lado de una tabla dividida en cinco cuadros a lo largo y cuatro a lo ancho, con guijarros en cada cuadro (1615: 360 MS/1980: 332). Pues el contar con cuerdas es a la vez el espaciar con piedras [13].

---

[11] Zuidema argumenta que los "topónimos correspondían a los rasgos del paisaje que, debido a su rol en el calendario, eran adorados como 'sagrados': *huaca*. Las 328 huacas eran organizadas según 42 orientaciones, *ceque*, vistas desde el templo central del sol, *Coricancha*, en el Cuzco, hacia el horizonte" (1989: 341, nuestra traducción).
[12] Estoy endeudada con Szeminski por haberme señalado esto.
[13] El original en inglés es un juego de palabras intraducible al castellano, en que 'pedreando' corresponde a *rocking* que es a la vez 'meciendo' (mecer = *rock* = piedra). [Nota de la traductora].

Arnold y Yapita trazan unos nexos tentativos entre los 'hilos' de los cuentos y canciones, y los rastros en la memoria de los *kipu*. "¿Será que los principios organizativos de sus cuentos siguen aquellos de un *kipu* anudado, o el recuerdo de uno?" (1992: 193). Ellos también visualizan el eco analógico entre ese artificio mnemónico anudado del mundo precolombino andino y las líneas *ceques* que irradian del Cuzco, o los 'hilos' de las canciones y cuentos.

Empero la mayoría de los estudiosos presentan los *ceques* como líneas relativamente rectas. Si los conceptualizamos como conveniencias administrativas para la conducción del imperio incaico, me parece que la organización del espacio así sugerida oculta el concepto andino 'clásico' (mucho más importante) que las piedras se mueven a través del espacio. Es decir que, en ese terreno escarpado de la sierra, hasta las líneas relativamente rectas de los *ceques* y los sitios montañosos, pliegan y anudan los lugares distantes en el espacio. Cerros, mojones de piedra y sogas son linderos que, como dice Certeau de ciertas estatuillas griegas

> ...señalan los límites sólo al moverse (y a la vez los mismos límites). Estos indicadores en línea recta enfatizan las curvas y movimientos del espacio. Su trabajo distributivo es así completamente distinto del de la división establecida por palos, cercos o columnas estables que, plantados en la tierra, dividen y componen un orden de sitios. Son... límites transportables (Certeau 1984: 129, nuestra traducción).

Estos 'límites transportables' parecen tan paradójicos como las piedras que pueden encordar. En los Andes, los límites son transportables en el sentido de que las piedras pueden establecer un patrón cognitivo parecido en otro sitio (p. ej. la piedra tirada con honda), y también en el sentido de que el patrón de la piedra que es un cordón umbilical, puede ser adaptada a las circunstancias materiales de otros sitios. Un cordón umbilical de piedra que puede viajar, lleva al patrón consigo y a la vez lo transforma. Dos significados de 'transporte' son pertinentes aquí: el 'transporte' que une a los sitios diferentes, y el 'transporte' que transforma el sitio. Además, el 'transporte' conecta los varios pisos ecológicos en las elevaciones abruptas del terreno andino.

Maarten Van de Guchte recuerda una trama de relaciones cuando contempla el fenómeno de las 'Piedras Cansadas': esos enormes monumentos tallados esparcidos por los sitios arqueológicos principales, tal como Machu Picchu, aparentemente sin función o, al menos, sin una función como la de un palo o un cerco, un linde o un mojón [14]. Más bien sugieren sitios 'generalizados' de adoración; pero la misma 'generalidad' de su situación les otorga una importancia especial [15]. En términos del enlace entre roca y soga explorado aquí, las Piedras Cansadas echan una red amplia, pues ellas, igual que las piedras *huanca*, organizan el espacio mediante los ecos visuales del ambiente [16]. Como las piedras *huanca*, lo que parecen Piedras Cansadas a un observador occidental, son más bien señales en un paisaje, experimentadas como sensibles y animadas. Como la piedra que es una soga, o el cerro con su honda, allí donde la vida nace de las piedras, y allí donde existen los ríos de piedra y donde los seres vivos vuelven a ser piedra, las piedras son los propios progenitores fertilizantes de los espacios sostenidos en sus relaciones de afinidad por los cordones umbilicales, visibles e invisibles.

Eduardo Herrán también ha argumentado que estas Piedras Cansadas esparcidas por el área de Machu Picchu son en realidad maquetas a escala, miniaturas que resuenan con las formas de los cerros que les rodean. Una de las piedras tiene una figura tallada en bruto en su superficie posterior a la que Herrán alude como el 'espíritu de la montaña' [17]. Si el observador alinea con una diagonal la piedra menor con la mayor, el observador presta energía a una fuerza de vinculación que salta el espacio como un puente de cordeles que enlaza una ladera de piedra con otra [18].

Arnold, Jiménez y Yapita encuentran que una palabra aymara por 'soga', *say99wa*, amarra los mundos distintos de valle y altiplano; se usa la misma palabra, *saywa*, para la soga con que se amarra a los animales en el corral [19].

---

[14] Van der Guchte escribe sobre "las diferentes rutas de la *piedra cansada*; tratan de establecer una red de relaciones geográficas entre un sitio y otro" (1984: 550).

[15] Van der Guchte: "Quiere sugerir, entonces, que la *piedra cansada*, como *huaca general*, ocupaba un lugar singularmente importante en la concepción espacial de los Incas..." (1984: 545).

[16] Pierre Duviols percibe la *huaca* como si manejara el espacio (1979: 7-31).

[17] *El Comercio*, sección 'Somos reportaje', 19 de agosto 1989: 20-22.

[18] Alan Kolata hace una analogía congruente cuando habla sobre los niveles de cascajo verde en el Akapana de Tiwanaku, Bolivia: "Este cascajo verde condensaba en una materia única la esencia simbólica de dos elementos sagrados en Tiwanaku: cerros y agua" (1993: 109, nuestra traducción). La relación entre agua y piedra, agua y cerros, agua congelada y cristal de roca, ha sido notado con harta frecuencia; por ejemplo, Tom Zuidema (1982: 203-230, especialmente 216-7); Allen (1988: 63); Van der Guchte (1994: 331). Véase también Columbus (Invierno 1990: 175-198).

[19] "*Saywa* es un término para un mojón de lindero e igualmente para un espantapájaros en un campo, y también puede ser él que señala la cantidad de un producto alimenticio. Sin embargo, la palabra *saywa* también se refiere a las sogas con las que los llameros amarran

Estas sogas que amarran mundos distintos en uno solo, no cruzan el espacio en términos de la geometría plana; serpentean como las fractales en el espacio encorvado. *Saywa* también refiere a esos innumerables montoncitos de piedras conmemorativas que se esparcen como granos por la cara de los Andes [20]. "Hace unos veinte años yo estaba con los indios Uro-chipayas", escribe Alfred Métraux:

> y participé en sus ceremonias en honor de los *samiris*, simples bloques de piedra considerados como los guardianes de la aldea. Ante mi vista, realizaron ritos que fácilmente reconocimos como aquellos que los inquisidores españoles habían denunciado con tanta violencia. Los indios también trataban como *huacas* esos montones de piedras, o *apachetas*, que hasta ahora se encuentran en las cumbres, o al lado de las sendas, en los lugares donde los viajeros se sienten tentados a descansar (Métraux 1979 [1961]: 73, nuestra traducción).

Apacheta es sinónimo de *saywa*; tal como las piedras y sogas, señala las relaciones de afinidad y sacralidad. El mismo 'Cuzco' puede significar 'montón de piedras' (Hyslop 1990) y, de manera congruente, puede significar 'cordón umbilical'. Estos significados unen la piedra, la soga y el parentesco.

2.1 Piedra, soga y cordón umbilical en el desierto de Nazca

Las famosas figuras de Nazca, en el Perú (fechadas cerca de 200 A.C. a 600 D.C., según Silverman y Browne 1991: 218) fueron diseñadas, casi indudablemente, con sogas y estacas. Zooglifos y fitoglifos —de araña, cóndor, picaflor, cormorán, ave-flora, flor, lagarto, mono, y centenares de otros— las figuras de Nazca aún son mistificantes y laberínticas a pesar de haber sido ya escudriñadas en muchos estudios [21].

---

a sus animales, dentro de sus corrales, por lo tanto, parece que sugiere una metáfora común de encierro transplantada intercambiablemente entre los dos mundos de la puna y de los valles" (Arnold, Jiménez y Yapita 1992: 152).

[20] Supe de esto en el departamento de Potosí, Bolivia, pero *saywa* signfica 'montón de piedras' en el quechua cuzqueño también, por ejemplo: "SAYWA. s. Hito ritual (colocado en sitios altos a un costado del camino)" Antonio Cusihuamán G. (1976: 135).

[21] Los comentarios de Lévi-Strauss sobre la clasificación pueden tener relevancia para las figuras en la pampa de Nazca: "Al considerar todo, si es el caso de que las tipologías zoológicas y botánicas son empleadas con más frecuencia y más facilidad que otras tipologías, esto sólo puede ser a razón de la posición intermediaria como lógicamente equidistante de las formas extremas de clasificación: categoría y singular" (1966 [1962]: 136, nuestra traducción).

Aún más, la cantidad de geoglifos (invisibles a simple vista) en esa pampa de doscientos veinte kilómetros cuadrados, ha sido estimada como de centenares [22]. Con la ayuda de la soga para medir el dibujo, que se crea al apartar las piedras oxidadas, la gente haría surgir una figura clara contra el trasfondo de las piedras oscuras de la pampa. Muchas son figuras de animales o plantas, pero algunas tienen vínculos con los cerros y otras proporcionan coordenadas astronómicas en un cielo que se concibe como un lugar de donde llueven piedras y bajan sogas. Dado el contexto general de la práctica ritual, la soga usada para crear cada una de las figuras ha debido actuar como un cordón umbilical para la figura emergente y la pampa como su placenta [23].

Muchas de las figuras geométricas forman ángulos dramáticos que apuntan al horizonte y sugieren nexos con otros sitios. Parecen sogas perceptuales, hilos, piedras que atan la llanura, los cerros, los valles y las coordenadas celestiales. Hadingham al describir su experiencia de "caminar por la silueta de la ballena... sugirió que se necesitaba un cuidado extremo para evitar desfigurarla. Esto inmediatamente me condujo a sospechar que el acto más significativo para la gente de Nazca podría ser el acto inicial de trazar las figuras y no las posibles visitas posteriores" (1987: 266, nuestra traducción). Si es así, los aspectos adjetivales y transformacionales al hacer la línea son más importantes que la figura sustantiva en sí.

Aveni percibe un posible vínculo entre las líneas de Nazca y el sistema de los *ceques*, las líneas que irradian desde el Cuzco: algunos *ceques* están atados a lugares "mucho más lejanos... un *ceque* alineado con el solsticio de diciembre... se seguía aguas arriba en una línea más o menos recta en dirección al Lago Titicaca" (1990: 71, nuestra traducción).

Al considerar un tiempo y un modo de pensar tan lejano, hay pocas alternativas a la especulación (del estudioso) y el apoyo de haber encontrado repetidas veces cadenas de asociaciones parecidas que relacionan lo verbal con lo visual. Pero al considerar el diseño espectacular del picaflor de Nazca (con un largo de aproximadamente 90 metros, más grande que un avión

---

[22] Herrán utilizó la fotografía infrarroja para descubrir más de cien figuras adicionales. Otras naciones andinas también tienen enormes geoglifos, notablemente Bolivia y Chile.
[23] Géza Roheim en el capítulo: "The Thread of Life" [El hilo de la vida] presenta un argumento parecido para los indígenas de Australia Central; véase *Fire in the Dragon and other psychoanalytic essays on folklore*. Introducción de Alan Dundes (Princeton: Princeton UP, 1992).

'jumbo jet'), resulta claro que este diseño es pequeño en comparación con los textos mucho más amplios en los cuales está encajado. La palabra quechua para ese pajarito es *huascar*. Desde Mesoamérica hacia el norte, hasta los Andes, los picaflores se asocian metafóricamente con los guerreros; el último Inca antes de la Conquista tomó su nombre de este pájaro. La figura reúne varios espacios y escalas mendiante el rito y la palabra, aseverando así su lugar y posición simultáneamente, proyectándose más allá.

El cordón umbilical que todavía suele ser enterrado simbólicamente por los aldeanos andinos encarna el conocimiento de 'cadenas' de relaciones. Me imagino un muchacho adolescente que pasa por el rito de transición a guerrero. Supongo que un nombre, Huáscar, ha sido escogido para él porque, como ha demostrado Benson (1989), el picaflor (*huascar*) fue conocido por la proeza sexual; la mitología representa al picaflor como interesado en aparejarse con casi cualquier cosa (sobrepasando los límites de la genealogía como la conocemos). El picaflor también es asociado con la agresividad. La palabra y la metáfora Huáscar habría representado la relación del muchacho con el pájaro *huascar*, con las calidades peleadoras y fertilizadoras del pájaro y con los otros aspectos del pájaro, como el sol (pájaro-sol, piedra-sol). Al dar vida a la figura mediante el baile y el canto, los celebrantes en esta ceremonia de fundación habrían actuado/creado simultáneamente la imagen del picaflor y la condición del adolescente en la comunidad. El rito habría realizado la condición social y territorial del muchacho. Así también, presumiblemente, la soga habría simbolizado el cordón umbilical y su afiliación con la figura diseñada con la ayuda de la soga [24]. Zuidema vincula a sogas, hondas, chicotes y el trenzado con los bailes 'laberínticos' y la llama (de allí un nexo simbolizado entre el espiral y la llama). La soga "que se dice representaba a una llama..." "...ataba el Arte, el Cosmos y la Sociedad" (1990: 162, nuestra traducción).

Es muy pertinente para este argumento que, en el caso del picaflor, la palabra *huasca* también signifique 'soga'. Benson ha demostrado que *huascar* invoca asociaciones relacionadas con *huasca*: soga, cordel, liana y

---

[24] Zuidema, apoyándose en Molina y Cobo: "...hombres y mujeres nobles, vestidos de negro y coronados con plumas blancas, bailaban por todas las calles del pueblo, agarrando una soga larga tejida con los cuatro colores rojo, amarillo-pardo, blanco y negro. Media hora antes del amanecer entraron a la *plaza* central, donde estaba sentado el rey en su trono. Cuando se habían acercado a él con un movimiento en espiral, dejaron caer la soga en el suelo, así adoraban primero los lugares sagrados en el pueblo y luego el rey mismo" (De Molina 1943: 62-3; Cobo 1956 [1653]: Libro XIII cap. 26.) (Zuidema 1990: 161, nuestra traducción).

cordón umbilical. (Además *Huasca* aparece en un rito con soga en el Capítulo 24 del manuscrito de Huarochirí.) [25]

2.2 Las sogas de creación y la geocracia de los cerros

En los ritos de fertilidad para las llamas, figuraban sogas llamadas *titihuaracas* (Duviols 1974-6: 283). No obstante las diferencias evidentes en el sonido de *huasc* (como en soga) y *huarac* (como en *titihuaracas*), la relación íntima entre hilos, cordeles, parentesco y lenguaje descubre una 'epistemia' significativa del pensamiento anterior a la Conquista [26]. Este pensamiento organizaba 'co-esencialmente' el terreno tortuoso durante miles de años y a través de miles de leguas [27]. Según William Sullivan: "todo el aspecto occidental del Escorpión —que delinea el borde occidental de la Vía Láctea, donde cruza con la trayectoria del sol, y con salida heliaca en el solsticio de diciembre, en la época de estos ritos— fue una 'honda de estrellas' (*warawar-korahua*)", una soga en el cielo [28]. Es como si los relatos de hondazos fueran pertinentes a la creación del espacio en todas las regiones. Como señala Bastien:

> Los incas caracterizaban al Rayo como una persona vestida con prendas relucientes, con un garrote de guerra en una mano, y en la otra una honda. 'El trueno era el restallido de la honda, la centella el reflejo de sus ropas al tornarse él, y el relámpago era la piedra disparada con su honda' (Bastien 1978: 24, al citar Rowe 1946: 295).

---

[25] Gerald Taylor tradujo los Mitos de Huarochirí, Perú, al castellano (1987 [1608]). Véase también la traducción al inglés de Frank Salomon y George Urioste (1991).

[26] En la época incaica, escribe Zuidema al hablar de un rito, que la soga "representaba a una *llama*, pero se decía que se movía como una serpiente, y era llevada por los dueños de las *llamas* quienes tenían el derecho exclusivo de vestirse con cueros de puma" (1990: 167, nuestra traducción).

[27] "Cada grupo de parientes, cuan reducido fuera, conocía así el lugar de donde su primer antepasado había salido, mientras aquellos cuyos antepasados originales eran *illapa* o *libiac* [el rayo] contaban de dónde habían migrado primero hasta su morada actual. El proceso primario de generación andina fue la transformación de rocas y, en general, de la materia inanimada, en seres humanos. Este proceso se mantenía en tensión con su opuesto, la transformación de seres humanos en piedras. El paisaje andino así estaba esparcido no sólo con una multitud de lugares de origen, sino también con piedras que otrora fueron seres humanos y ahora actuaban como guardianes de campos y aldeas, piedras que por eso eran conceptualizadas como de alguna manera dotadas de personalidad", escribe Sabine MacCormack (1992 [1990]: 8, nuestra traducción).

[28] El ensayo de William Sullivan cita a D. Eyzaguirre (1956: 89). Está publicado en *The Secret of the Incas* ('El secreto de los Incas'), Sullivan (1996).

Taylor (1987: 381, nota 96) glosa *waça-q* como un posible término aru para 'la que pare'; por tanto las asociaciones entre soga y cordón umbilical, y entre el cordón umbilical y el sitio señalado de cada persona, se extienden desde el cordón umbilical y este sitio propio, a una piedra-alma, a un cerro-*waka* guardián, y a la red de filiaciones de este mismo cerro guardián. Bertonio anota que *huaka* (*wak'a*) significa 'faja' (op. cit.: 143). La analogía acústica y las agrupaciones de imágenes indican cómo una piedra-faja formaría otro nudo de enlace en un paisaje con límites transportables.

'La que pare', *waça-q*, seguramente forma un nudo chamánico con la palabra para chamán, *watuq*, también asociada con sogas, hilos, cordeles (Gonzalez Holguín: "*Huatu*: Atadero, correa de çapato, o cordones de camisa, de oxotas &c.": op.cit. 188). *Huatuyta* es "Hablar cosas dificiles y oscuras" (ibid.: 538), posiblemente el percibir y hablar de los vínculos que entrelazan al mundo. Un pueblo creó una cuna para sí mismo, "hecha como una hamaca, colocada en dos estacas en el extremo de las cuales tallaron caras [llamadas] huacas" (Arriaga 1968:30, nuestra traducción). El pueblo es atado a su lugar de nacimiento y a *wakas*, es decir a genealogías múltiples y sagradas.

El contemplar la pampa de Nazca con sus centenares de figuras, trae a mente los tejidos [29]. La misma palabra, *pampa*, se usa para el tejer; es el trasfondo del tejido: "Ambas figuras del tejido (*salta* o *lista*) como trasfondo (*pampa*) proveen temas idiomáticos en los versos del wayñu, a medida que ellos se convierten en una parte integral de la realidad tejida de los patrones de la danza del wayñu" (Arnold 1992b: 51).

Pero, ¿se pueden encontrar otras figuras Nazca que asocian sogas e hilos además de la famosa figura llamada 'la Aguja e Hilo'? Indirectamente, sí. Porque la gran deidad andina del clima, Wiracocha, era el dios de los tejedores. Los cuentos folklóricos también aclaran que él-y-ella tenía una colección de fieras. El agua otorgada por la deidad teje los campos con colores y animales, igual que las tejedoras con sus ruecas y lanzaderas hacen saltar los diseños que, en tantos tejidos andinos, denotan al terreno y a la tribu y facilitan el flujo. (La evidencia para el flujo del tejido es demasiado compleja para tratarla aquí.)

---

[29] Helaine Silverman percibe los dibujos de Nazca como un texto: "La pampa era un *texto* que era *leído*. El texto era el producto de muchas *palabras* (grupos sociales), todos ellos necesarios para crear el relato compuesto. Para leer las *líneas* (en ambos sentidos de la palabra) el texto tenía que ser *claramente* comprensible" (1990: 242, nuestra traducción).

Los cerros son conectados por 'sogas' activas: los *ceques*; y las deidades ancestrales y tutelares de los cerros hondean con piedras que se pegan como maíz en las peñas. Sólo las metáforas de parentesco podrían hacer de la soga y la piedra símbolos tan poderosos en los mundos andinos, pasados y presentes [30]. Piedra y soga arraigan los modelos cognitivos fundacionales, como en el mito arcaico y muchas veces contado de los *chullpas*: gente de piedra que en los tiempos originarios vivía en un mundo de piedra, cultivaban jardines de piedra y parían prole de piedra, antes de la llegada del sol. Grandes y pequeñas, la piedras de poder se asocian con la reproducción y la fertilidad humana y animal. Pero también lo hacen las sogas y los hilos sagrados: éstos atan a los espíritus de los antepasados. Uno podría pensar de una roca como una soga adujada, lista para desplegarse, quizás como una deidad alada. Una piedra en los mitos de Huarochirí tiene alas; otra, Chaupiñamca, tiene cinco brazos; otra es una serpiente. Es decir que las piedras se asocian con el *movimiento*, con el poder y la fertilidad. Pariaqaqa, una deidad-montaña nacida de cinco huevos, rompe el cascarón y sale como cinco gavilanes que son cinco hombres que a la vez son hijos y hermanos. Este padre-madre-de-metáfora, este volcán monumental y familia-de-cerros, sugiere una geocracia de parentesco-y-alianza tan compleja como el mismo espacio por el cual Pariacaca se extiende y se encoge.

Conclusión

El mito muestra que esta familia de cerros compone un segundo sistema de parentesco y genealogía topográfica para los pueblos de la región, permitiéndoles trazar una descendencia variable a través de líneas de sangre, a menudo míticas, de manera relativamente fija, y a la vez trazar otra descendencia variable por esta familia de cerros. Una genealogía dual, una humana y la otra no, facilita nuevas filiaciones de parentesco. Esta montaña mágica, polivalente y polisémica, emblema geológico y genealógico del poder conectivo de la transformación, es un sitio que se abre a un espacio de dimensiones múltiples. Los mitos muestran al cerro ocupado en re-afiliaciones, en la reformulación de las prácticas culturales y en la alteración del terreno, transportando los límites. Este gigantesco mojón rocoso, notablemente fijo en el corazón del terreno laberíntico, disuelve simultáneamente los lindes al re-tejer constantemente el clima y los

---

[30] Tales espíritus progenitores de los cerros son *achachila*: 'abuelos' y *awicha*: 'abuelas'.

ecosistemas. El cerro opera como ese "hilo regulable que proporciona al grupo que lo adopta los medios de 'enfocar' en todos los niveles, desde el más abstracto al más concreto, el más cultural al más natural" (Lévi-Strauss 1966: 136, nuestra traducción). Es quizás por medio de una tierra y cielo animados de una geografía mítica como la anterior, que podríamos aprender del pasado, donde no todos los laberintos se relacionan con el desvincularse y perderse. Además, podríamos aprender cómo la humanidad 'sin fronteras' de Lévi-Strauss puede ser creada por tales asociaciones, a la vez transformativas y animadas.

BIBLIOGRAFÍA

ADELAAR, Willem F. H.,
1977   **Tarma Quechua: grammar, texts, dictionary**. Lisse: The Peter de Ridder Press.

ALLEN, Catherine J.,
1988.   **The Hold Life Has: Coca and Cultural Identity in an Andean Community**. Washington and London: Smithsonian Institution Press.

ARNOLD, Denise Y.,
1992a   "La casa de adobes y piedras del Inka: género, memoria y cosmos en Qaqachaka". En: D. Y. Arnold y otros, **Hacia un orden Andino de las cosas: Tres pistas de los Andes meridionales**. La Paz: Hisbo e ILCA.

1992b   "En el corazón de la plaza tejida: El wayñu en Qaqachaka". En: **Reunión anual de etnología 1992, tomo II.** Serie Anales de la Reunión Anual de Etnología. Pp. 17-70. La Paz: MUSEF.

ARNOLD, Denise y Juan de Dios YAPITA M.,
1992   "*Sallqa*: dirigirse a las bestias silvestres en los Andes meridionales". En: D. Y. Arnold y otros: **Hacia un orden andino de las cosas: tres pistas de los Andes meridionales**. Pp. 175-212. La Paz: Hisbol e ILCA.

ARNOLD, Denise Y., Domingo JIMÉNEZ A. y Juan de Dios YAPITA,
1992   "*Simillt'aña*: pensamientos compartidos acerca de algunas canciones a los productos de un ayllu andino". En: D. Y. Arnold y otros: **Hacia un orden andino de las cosas: tres pistas de los Andes meridionales**. Pp. 109-173. La Paz: Hisbol e ILCA.

ARRIAGA, Father Pablo Joseph de,
1968 [1621]   **The Extirpation of Idolatry in Peru**. Trans. L. Clark Keating. Louisville, Kentucky: University of Kentucky Press.

AVENI, Anthony,
1990 "Order in the Nazca Lines". En: **The Lines of Nazca**. Ed. Anthony Aveni. Philadelphia: The American Philosophical Society: 41-113.

BASTIEN, Joseph W.,
1978 **Mountain of the Condor: Mwetaphor and Ritual in an Andean Ayllu**. St. Paul, Minn.: West Publ. Co.

BENSON, Elizabeth,
1989 "In Love and War: Hummingbird Lore". En: **"IN LOVE AND WAR: HUMMINGBIRD LORE" and Other Selected Papers from LAILA/ALILA's 1988 Symposium**, ed. Mary H. Preuss. Culver City, CA: Labyrintos: 77-84.

BERTONIO, Ludovico, Padre,
1984 [1612] **Vocabvlario de la Lengva Aymara**. Edición Facsimile: MUSEF, IFEA, CERES. Cochabamba, Bolivia: Talleres Gráficos "El Buitre".

CERTEAU, Michel de,
1984 **The Practice of Everyday Life**. Trans. Steven Rendall. Berkeley, LA London: University of California Press.

COLUMBUS, Claudette Kemper,
1990 "Immortal Eggs, A Peruvian Geocracy: Pariaqaqa of Huarochirí". **Journal of Latin American Lore** Vol 16, No. 2. Winter, 1990. Pub. Fall, 1994: 175-198.
1995 "Madre-Padre-Criatura: El Dios Andino Transcorriente, Wiracocha". **Anthropológia**. Lima, Perú: Pontificia Universidad Católica: 55-79.
1996 "Simultaneous Genealogy and Andean Languages". **History and Anthropology**, Great Britain: Harwood Academic Publishers, Vol. 9 No. 4: 359-382.

COSTAS ARGUEDAS, José Felipe,
1973 **Diccionario del folklore boliviano**. Tomo II I-Z. Sucre, Bolivia: Universidad Mayor de San Francisco Xavier de Chuquisaca.

CUSIHUAMÁN G., Antonio,
1976 **Diccionario Quechua Cuzco-Collao**. Lima, Perú: Ministerio de Educación; Instituto de Estudios Peruanos.

DUVIOLS, Pierre,
1974-76 "Une Petite Chronique Retrouvée: Errores, ritos, supersticiones y ceremonias de los yndios de la prouincia de Chinchaychoca y otras del Piru". **Journal de la Société des Américanistes**, Vol. LXIII (63): 275-297. [Perú, 1603.]
1979 "Un simbolisme de l'ocupation, de l'amenagement et de l'exploitation de l'espace. **L'Homme**. 19, 2, Apr.-Juin, 1979: 7-31.

EYZAGUIRRE S., Delfín,
1956 "Astronomía aymara". **Khana: Revista municipal de artes y letras** 3, no.s 19-20 (1956): 82-96. (Republicado en: **La enigmática etnoastronomía andina. Tomo II. La Cruz escalonada andina**. Pp. 85-114. La Paz: Taipinquiri, 1995).

GOSSEN, Gary H.,
1994 "From Olmecs to Zapatistas: A Once and Future History of Souls", **American Anthropologist** 96 (1994): 553-570.
1996 "Maya Zapatistas Move to the Ancient Future", **American Anthropologist** 98(3) (1996): 528-538.

GOW, Rosalind y Bernabé CONDORI,
1982 **Kay Pacha**. Cuzco: Centro de estudios rurales andinos "Bartolomé de las casas".

GONÇALEZ HOLGUÍN, Father Diego
1989 [1608] **Vocabvlario de la Lengua General de Todo el Perv Llamada Lengua Qquichua o del Inca**. Lima, Perú: UNM San Marcos. Facsimile de la edición de 1952.

GUAMAN POMA de Ayala, Felipe,
1980 [1615 ms.] **El primer nueva corónica y buen gobierno**. Ed. John V. Murra and Rolena Adorno. México: Siglo Veintiuno.

HADINGHAM, Evan,
1987 **Lines to the Mountain Gods: Nazca and the Mysteries of Peru**. New York: Random House.

HERRÁN GÓMEZ de la Torre, Eduardo,
1985 **The Nasca Lines: New Designs New Enigmas**. Trans. Helaine Silverman. Lima: Friba.

HYSLOP, John,
1990 **Inca Settlement Planning**. Austin: University of Texas Press.

KOLATA, Alan,
1993 **The Tiwanaku: Portrait of an Andean Civilization**. Cambridge, MA & Oxford UK: Blackwell.

KUSCH, Rudolfo,
1962 **América Profunda**. Buenos Aires: Libreria Hachette.

LÉVI-SRAUSS, Claude,
1966 [1962] **The Savage Mind**. Chicago and London: University of Chicago Press.
1988 **The Jealous Potter**. Trans. Benedicte Chorier. Chicago and London: The University of Chicago Press.

MacCORMACK, Sabine,
1992 [1990] **Children of the Sun and Reason of State: Myths,**

Ceremonies and Conflicts in Inca Peru. College Park, Md.: University of Maryland Press.

MATIENZO, Juan de,
1967 [1567] Gobierno del Perú. Vol. 11. Ed. G. Lohmann Villena. Paris and Lima: Travaux de l'Institute Français d'Etudes Andines.

MÉTRAUX, Alfred,
1979 [1961] The History of the Incas. Trans. George Ordish. New York: Schocken Books.

MOLINA, Cristóbal de,
1947[ca. 1575] Ritos y Fábulas de los Incas, ed. Ernesto Morales. Jujuy, Argentina: Editorial Futuro.

PACHACUTI-YAMQUI SALCAMAUHUA, Joan de Santacruz,
1873 An Account of the Antiquities of Peru. Narratives of The Rites and Laws of the Yncas. Trans. and ed. Clements R. Markham. London: Hakluyt Society.
1879 Relación por D. Joan de Santacruz Pachacuti, Tres relaciones de antiguedades peruanas. Madrid: Imprenta y Fundición de M. Tello.

PÄRSSINEN, Martti,
1992 Tawantinsuyu: The Inca State and Its Political Organization. Helsinski: SHS.

RANDALL, Robert,
1993 " Los dos vasos. Cosmovisión y política de la embriaguez desde el inkanato hasta la colonia". En: Borrachera y memoria. Thierry Saignes (comp.). Pp. 73-112. La Paz, Bolivia: HISBOL, IFEA.

REICHEL-DOLMATOFF, Gerardo,
1982 "Astronomical Models of Social Behaviour Among Some Indians of Colombia". En: Ethnoastronomy and Archaeoastronomy in the American Tropics, Annals of the New York Academy of Sciences, Vol 385, May 14, 1982, ed. Anthony F. Aveni and Gary Urton. New York: the New York Academy of Sciences: 165-182.
1976 "Training for the Priesthood among the Kogi of Colombia". En: Enculturation in Latin America: An Anthology, ed. Johannes Wilbert. L.A.: UCLA Latin American Series, vol. 37: 265-288.

ROWE, John Howland,
1946 "Inca Culture at the Time of the Spanish Conquest". En: Handbook of South American Indians. Bureau of South American Ethnology. Bulletin 143. Vol. 2, Washington D. C.
1985 "La Constitución Inca del Cuzco". Histórica Vol IX, N°1. Lima, Perú: Pontificia Universidad Católica del Peru. Julio, 1985: 35-73.

SALOMON, Frank y George URIOSTE,
1991   The Huarochirí Manuscript: A Testament of Ancient and Colonial Andean Religion. Austin, Texs: The University of Texas Press.

SILVERMAN, Helaine,
1990   "The Early Nasca Pilgrimage Center of Cahuachi". En: Anthony Aveni (ed.), **The Lines of Nazca**. Philadelphia, PA: The American Philosophical Society 1990): 207-244.

SILVERMAN, Helaine y David BROWNE,
1991   "New Evidence for the date of the Nazca Lines". **Antiquity**, Vol 65, N° 247: 208-220.

SILVERMAN PROUST, Gail,
1988   "Tawa Inti Cocha: símbolo de la cosmología andina". **Antropológica** 6: 7-42.

STARK, Louisa R.,
1969   "The Lexical Structure of Quechua Body Parts". **Anthropological Linguistics**, Vol. 11, No. 1 (1969): 1-15.

STONE-MILLER, Rebecca,
1994   To Weave for the Sun: Ancient Andean Textiles in the Museum of Fine Arts, Boston. New York: Thames and Hudson.

SULLIVAN, William,
1996   The Secret of the Incas: Myth, Astronomy, and the War Against Time. New York: Crown Publishers, Inc.

TAYLOR, Gerald,
1987   Francisco de Avila ca. 1608. Ritos y Tradiciones de Huarochiri del Siglo XVII. Lima, Peru: IEP.

VALCÁRCEL, Luis E,
1964   **Historia del Perú Antiguo**. Tomo III. Lima, Perú: Editorial Juan Mejía Baca.

VALÉE, Lionel,
1982   "El discurso mítico de Santa Cruz Pachacuti Yamqui". **Allpanchis**. Año xii, vol. xvii, No. 20. Cusco, 1982: 103-126.

Van der GUCHTE, Maarten,
1984   "El ciclo mítico andino de la Piedra Cansada". **Revista Andina**. Año 2, no. 2 (diciembre 1984): 539-556.
1990   **"Carving the World": Inca Monumental Sculpture and Landscape**. Tesis doctoral, University of Illinois at Urbana-Champaign.

WACHTEL, Nathan,
1973   **Sociedad e Ideología**. Lima, Perú: IEP.

WHITTEN, Norman E., con la asistencia de Marcelo F. Naranjo, Marcelo Santi Simbaña, Dorothea S. Whitten.
1985　　　　**Siguanga Runa: the Other Side of Development in Amazonian Ecuador**. Urbana: Univ. of Illinois Press.
1987 [1976]　**Sacha Runa. Etnicidad y adaptación de los Quichua hablantes de la Amazonía Ecuatoriana**. Traducción de Ileana Soto, etc. Quito-Ecuador: Ediciones Abya-Yala. (Orig. **Sacha Runa: Ethnicity and Adaptation of Ecuadorian Jungle Quichua**. Urbana, Chicago, London: University of Illinois Press, 1976).

ZUIDEMA, R. Tom,
1973　　　　"La quadrature du cercle dans l'ancien Pérou". **Signes et langages des Amériques: Recherches Amér-indiennes**. Vol. 3 No. 1 & 2 (1973): 147-165.
1982　　　　"Catachillay: The Role of the Pleiades and of the Southern Cross and a and b Centauri in the Calendar of the Incas". En: **Ethnoastronomy and Archaeoastronomy in the American Tropics: Annals of the New York Academy of Sciences**, Vol. 385, (eds.) Anthony F. Aveni y Gary Urton. Pp. 203-230. New York: the New York Academy of Sciences.
1989　　　　"At the King's Table: Inca Concepts of Sacred Space in Cuzco". **History and Anthropology**, Vol. V. Great Britain: Harwood Academic Publishers: 249-274.
1990　　　　"The Royal Whip in Cuzco: Art, Social structure and Cosmology". En: (eds.) Pieter ter Keurs y Dirk Smidt: **The Language of Things: Studies in Ethnocommunication**. Pp. 159-172. Leiden: Ministerie van Welzijn, Volksgezondheid en Cultuur Mededelingen Van Het Rijksmuseum Voor Volkenkunde No. 25.

17

PARENTESCO Y REPRESENTACIÓN ICONOGRÁFICA: EL CASO DE LAS "TABLAS PINTADAS" DE SARHUA, AYACUCHO, PERÚ

Hilda G. Araujo C.

Introducción [1]

Presento algunos avances de los estudios que vengo realizando sobre los maderos que se dibujan y pintan en la Comunidad Campesina de Sarhua, Departamento de Ayacucho, Perú. Dichas "tablas pintadas", como ellos las llaman, se elaboran con ocasión de la construcción de la casa, y son colocadas en el momento de armar el techo, siendo ofrecidas por los compadres de la pareja matrimonial que construye la casa.

Muestro que las "tablas pintadas" de Sarhua constituyen un registro riguroso de las unidades domésticas de los parientes representados. Describo igualmente cómo dichos maderos pintados posibilitan un registro en la sucesión de la tierra.

La vigencia de formas tradicionales en el registro de información parece inexplicable dado el uso actual de testamentos en la transmisión y sucesión de la tierra, y de escrituras de compra-venta en su enajenación y, por otro, el crecimiento de la educación escolarizada en la comunidad; por ello, describo también, aunque brevemente, la enorme necesidad de la sociedad sarhuina de vivenciar un conjunto de contenidos y significados a propósito de la construcción de la casa que rebasan ampliamente la legitimidad que otorga el papel escrito en la transmisión y sucesión de los bienes.

El registro de información que posibilitan los maderos dibujados y pintados y la celebración de rituales que tienen lugar con ocasión de la construcción de la casa, aseguran a esta comunidad una incorporación de las familias, sus viviendas y tierras que conducen, en un mundo de

---

[1] Agradezco a FOMCIENCIAS y a CONCYTEC el apoyo dado a mis estudios, igualmente a las familias de la comunidad que me acogieron: Tiburcio Palomino, Avelina Olivares, Víctor Yucra, Máxima Baldeón, José Baldeón, Moisés Quichua y a Edgar Sullca que apoyó en el primer viaje a la comunidad.

relaciones de parentesco claramente establecidas, y como parte de una representación cosmológica general.

1. METODOLOGÍA

Las "tablas pintadas" se elaboran actualmente como un valor de uso de la comunidad. Ello me coloca frente a interlocutores con quienes realizo los estudios; pero dado que hay evidencias de la existencia de "maderos o tablas pintadas" en tiempos precolombinos, he revisado algunas crónicas en la expectativa de encontrar antecedentes que puedan enriquecer la comprensión obtenida con sus actuales creadores.

1.1 Fuentes documentales

Acosta hace referencia a "pinturas" en el antiguo Perú, ubicándolas entre los "medios que sustituían" la "falta" de escritura, pero no les da mayor atención, en comparación con los *quipu*, que sí lo deslumbran:

> Los indios del Pirú, antes de venir los españoles, ningún género de escritura tuvieron, ni por letras, ni por caracteres, o cifras o figurillas, como los de la China y los de México; más no por eso conservaron menos la memoria de sus antiguallas, ni tuvieron menos su cuenta para todos los negocios de paz, y guerra y gobierno. Porque en la tradición de unos a otros fueron muy diligentes, y como guardaban los mozos lo que sus mayores les referían y con el mismo cuidado lo enseñaban a sus sucesores. <u>Fuera de esta diligencia, suplían la falta de escritura y letras, parte con pinturas como las de México, aunque las del Pirú eran muy groseras y toscas, parte y lo más, con quipos.</u> (Acosta 1940 [1590]: 290-292, las subrayadas son mías).

Cieza de León (1962 [1551]: 234-235) también proporciona información sobre "pintura":

> (...) El mayor río dellos tiene por nombre Vinaque, adonde están unos grandes y muy antiquísimos edificios, que cierto, según están gastados y ruinados, debe de haber pasado por ellos muchas edades. Preguntando a los indios comarcanos quién hizo aquella antigualla, responden que otras gentes barbadas y blancas como nosotros, los cuales muchos tiempos antes que los ingas reinasen, dicen que vinieron a estas partes e hicieron allí su morada. Y desto y de otros edificios antiguos que hay de este reino me parece que no son la traza dellos como los que los ingas hicieron o mandaron hacer. Porque

este edificio era cuadrado, y los de los ingas largos y angostos. Y también hay fama que se hallaron ciertas letras en una losa de este edificio; lo cual ni lo afirmo ni dejo de tener para mí que en los tiempos pasados hubiese llegado aquí alguna gente de tal juicio y razón que hiciese estas cosas y otras que no vemos. (Las subrayadas son mías).

Sabemos que se trata de las ruinas de la ciudad de Huari; excavaciones arqueológicas de este siglo en el lugar hacen referencia a rezagos de pinturas sobre muros (W. Isbell y G. McEwan 1991). La cita de Cieza es vaga, pero podemos preguntarnos ¿cómo eran los diseños o dibujos que llevaron a los europeos a pensar en letras?. Tampoco tenemos mayor información de los arqueólogos.

En las Informaciones de 1582 relativos a los Códices del Cuzco (en Jara 1964: 39) resulta que los jueces incaicos para conservar y aplicar la ley se entendían "por medio de algún "signo" que había en el *quipu* que tenía nudos de color diverso y por medio de otro "signo" de color diverso que había sobre una tabla, de la cual recababan la pena que atribuían al propio delincuente". Los informantes dijeron que eran dos indios siempre próximos a la tabla, los que estudiaban y declaraban el contenido de ella. Los mismos informantes dijeron que aquellas tablas fueron destruidas cuando los españoles conquistaron el Cuzco (en Laurencich [1996: 29], traducción y subrayadas mías).

Es legítimo preguntarse si existieron especialistas para la interpretación de las tablas, o si fueron los mismos *quipucamayoc* los que las interpretaban, en todo caso se tiene indicios por esta fuente sobre el uso de un tipo de tablas con diferentes colores que servían para la conservación y aplicación de las leyes.

Cabello de Balboa 1840 [1586]: 128) hace también una referencia:

El Inca al punto de morir "hacía su testamento siguiendo la costumbre entre los incas, que consistía en prender un gran bastón o una especie de pastoral y designar con estas rayas de diverso color su última voluntad" (en Laurencich, ibid: 29, traducción y subrayadas mías).

Estas dos últimas referencias sugieren la existencia de diferentes listas de color como códigos (sobre diferentes materiales: bastón, tablas) al parecer con combinaciones que permitían en un caso establecer la herencia nada menos que de un inca, o la aplicación de penas ante el quebrantamiento de las leyes.

Cieza de León (1967 [1552]: 94) al tratar de la riqueza del templo de Curicancha o Templo del Sol en el Cuzco, luego de describir el oro que se encontraba, dice: "(...) por todas partes tenían esculpidas y pintadas otras mayores cosas".

Cristóbal de Molina amplía la información de Cieza ofreciéndonos mayores detalles; señala que las pinturas eran unas tablas, donde estaban pintados por sus figuras cada uno de los incas, y menciona que por las tablas se sabía las tierras que cada uno conquistó, asimismo da cuenta de la existencia de representaciones de mitos y leyendas en dichas tablas.

> Y para entender donde tuvieron origen sus idolatrías, porque es así que éstos no usaron de escritura <u>y tenían en una casa del Sol llamada Poquen Cancha que es junto al Cuzco la vida de cada uno de los yngas y cada uno de las tierras que conquistó pintado por sus figuras en unas tablas, y que origen tuvieron; y entre las pinturas tenían así mismo pintada la fábula siguiente</u> (...) (Molina 1916 [ca. 1575]: 7, las subrayadas son mías).

Sarmiento de Gamboa es el que nos ofrece la referencia más completa sobre la importancia que alcanzaron las tablas pintadas en la época inca.

> Mas antes de entrar en el cuerpo de la historia de los Incas, quiero ...responder a una dificultad que se podría ofrecer a los que no han estado en estas partes. Podrían ...decir ...que estos bárbaros ...no teniendo letras... no pueden tener en la memoria tantas particularidades... A ésto se responde, que para suplir la falta de letras, tenían estos bárbaros una curiosidad muy buena y cierta, y era que unos a otros, padres a hijos, se iban refiriendo las cosas antiguas... repitiéndoselas muchas veces —como quien lee lección en cátedra— haciéndoles repetir ...a los oyentes, hasta que les quedasen en la memoria fijas.
>
> Y, finalmente, las cosas más notables, que consiste en número y cuerpo, notábanlas —y ahora las notan— en unos cordeles, a que llaman *quipu*, que es lo mismo que decir "racional" o "contador". En el cual *quipu* dan ciertos nudos, como ellos saben, por los cuales y por las diferencias de los colores distinguen y anotan cada cosa como con letras. Es cosa de admiración ver las menudencias que conservan en aquestos cordeles, de los cuales hay maestros como entre nosotros del escribir.
>
> Y demás de esto había, y aún ahora hay, particulares historiadores de estas naciones, que era oficio que se heredaba de padre á hijo. Allegóse a esto la grandísima diligencia del Pachacuti Inca Yupanqui, noveno Inca, el cual hizo llamamiento general de todos los viejos historiadores de todas las

provincias que él sujetó, y aun de otros muchos más de todos estos reinos, y túvolos en la ciudad del Cuzco mucho tiempo examinándolos sobre las antigüedades, origen y cosas notables de sus pasados... <u>Y después que tuvo bien averiguado todo lo más notable ... de sus historias, hízolo todo pintar por su orden en tablones grandes, y depositó en las Casas del Sol una gran sala, adonde las tales tablas que guarnecidas de oro estaban, estuviesen como nuestras librerías. Y constituyó doctores que supiesen entenderlas y declararlas.</u> Y no podían entrar donde estas tablas estaban sino el Inca o los historiadores... (Sarmiento de Gamboa 1972 [1572]: 15-16, las subrayadas son mías).

Sarmiento da cuenta de manera enfática de tablas pintadas para guardar la historia y de la existencia de especialistas para su interpretación en pleno apogeo del Imperio incaico.

1.2 Estudios actuales

Mendizábal (1961), a propósito de su trabajo sobre Guaman Poma, es uno de los pocos estudiosos que ha hecho atención a la información dada por los cronistas sobre pinturas en madera durante el Tahuantinsuyu como otra forma de registrar información, de similar importancia que el *quipu*.

Mas en los últimos años, como señalan Arnold, Jiménez y Yapita (1992: 32), los estudios sobre sistemas de registro de información en las sociedades andinas actuales han aumentado, por un lado como efecto del descubrimiento de un número mayor de soportes materiales que facilitan el proceso de memorización y, por otro, debido a nuevos enfoques teórico-metodológicos que han hecho visibles diferentes expresiones de la cultura material como formas de conservar la memoria. Ellos examinan el modo en que las diversas prácticas culturales que acompañan la tarea de construcción de la casa constituyen un arte de la memoria. Sus resultados son de interés para este trabajo, dado que las "tablas pintadas" que analizo son elaboradas para ser colocadas en la casa. El primero de los tres estudios que componen el libro muestra como:

> Las mujeres aymaras de Qaqachaka [Bolivia] cantan ciertas canciones mientras están borrachas principalmente aquellas que tienen que ver con los lugares de origen de sus animales y sus dioses. En otras ocasiones, sólo recitan los orígenes de los componentes cruciales de su universo, nombrándolos individualmente en voz alta, en una serie de libaciones

repetidas en cierto orden, y de acuerdo a un cierto patrón. <u>Comparten en voz alta sus memorias de los orígenes de sus productos alimenticios, sus animales y los miembros de sus casas, tanto los vivos como los muertos.</u> Un lenguaje especial ha sido desarrollado para esta práctica de nombrar, y cada ayllu parece tener en común una reserva de epítetos para cada elemento constitutivo. Se los llama "nombres cariñosos" (*q'ayata* en aymara), nombres utilizados únicamente en los ritos y con el propósito de brindar...

En una cultura predominantemente oral, como la que todavía existe en Qaqachaka <u>la casa como símbolo es portadora de un compendio diverso, pero ordenado, del saber cultural y social</u>. La manera en que este saber está contenido, transmitido y compartido, a través de la acción ritual, también ofrece pautas del despliegue más general del modelo de saber cosmológico en la cultura aymara considerada como un todo" (Arnold y otros, ibid.: 32, 36, las subrayadas son mías).

Nolte (1991) ha publicado un bellísimo libro sobre las pinturas que un grupo de sarhuinos hacen actualmente para la venta, las que fueron creadas en 1975 e impulsadas hasta su muerte por Víctor Sebastián Yucra Felices, artista sarhuino de excepcional sensibilidad y talento, quien haciendo uso de la tradición de dibujar y pintar que mantiene su comunidad, plasmó por primera vez en pequeños maderos, mitos, ceremonias y actividades de la vida cotidiana, creando los modelos de la pintura sarhuina que desde entonces se reproducen en Lima para su comercialización. Las creadas por Víctor Yucra Felices y estudiadas por Nolte son "hijas" de las que aquí analizo, por vertir la vida y cultura de la comunidad poseen un enorme valor etnográfico comparable sólo con la Crónica de Guaman Poma, y aunque estamos ante un similar trabajo con la producción de la imagen, el contenido, la organización de la representación y la función final las hacen diferentes. Las "tablas pintadas" que esta comunidad elabora para su consumo y que son materia de este estudio cumplen funciones de registro.

1.3 El corpus

Las "tablas pintadas" fueron elegidas al azar entre las familias que aceptaron que las fotografiara y trabajara sobre ellas posteriormente. La única restricción que me fijé fue la de lograr un número similar a los ayllus que componen la comunidad. Constituí un corpus de cuarenta (40) ejemplares: veintidós (22) pertenecientes a familias del Ayllu Qullana y dieciocho (18) a familias del Ayllu Sawqa, posteriormente he ido ampliando este número, contando en la actualidad con un total de cincuenta.

En cuatro casos del corpus la pareja matrimonial contaba con dos tablas por tener dos parejas de compadres, en otros dos encontré dos tablas para la misma familia, que corresponden a diferentes casas, construidas en etapas distintas de su ciclo vital. Asimismo, registré dos casos en los que las familias tenían tres tablas por contar con tres parejas de compadres. El corpus da cuenta también de series de tres, cuatro o cinco tablas que pertenecen a familias integrantes del mismo ayllu exogámico.

El corpus original abarca un total de 551 representaciones, las que cuentan con un espacio propio en la tabla, y constituye el número con el que vengo trabajando hasta ahora. Quedan fuera de esta contabilidad las divisiones rectangulares más alargadas, que separan a las de mayor tamaño, y que contienen diseños que las tablas sarhuinas comparten con tejidos y con otros materiales. Si incluimos las representaciones de los ideogramas y de los otros objetos en las representaciones rectangulares más alargadas, el corpus sobrepasa las mil representaciones, las que constituyen el material del libro en preparación.

1.4 El análisis

Establecí las siguientes líneas de trabajo:

Primera, estudiar lo que las tablas decían por sí mismas, sin intervención de los interlocutores. Segunda, lo que los interlocutores decían de ellas. Tercera, en forma paralela, emprendí un estudio en profundidad de la organización social de la comunidad, con énfasis en el parentesco, la tenencia y propiedad de la tierra, la astronomía, el calendario laboral y ceremonial, y de manera muy especial los rituales que se celebran con ocasión de la construcción de la casa, pues las tablas no son sino uno de sus textos.

El trabajo de campo se llevó a cabo durante largos períodos de estadía en la comunidad entre 1979 y 1982. Durante ellos logré el corpus fotográfico mencionado y la información sobre la representación en cada una de las tablas que lo integran. Presento algunos avances relacionados con el parentesco y la sucesión de la tierra.

2. LAS "TABLAS PINTADAS" SARHUINAS COMO REPRESENTACIONES DE UNIDADES DOMÉSTICAS

2.1 Breve descripción de las "tablas pintadas"

Las "tablas pintadas" de Sarhua son tablones de aproximadamente tres a cuatro metros de largo y de treinta a cuarenta cm de ancho, de pati, aliso, molle o de cualquier otra madera que se encuentra en la comunidad [2]. Los maderos luego de ser cortados y pulidos, son coloreados con *pachas*, una especie de yeso de la comunidad, el que es fijado con un engrudo hecho de harina de maíz, obteniéndose una superficie de color blanco crema sobre la que se dibuja y pinta. Antiguamente los colores usados provenían de tierras y plantas propias del lugar, los dibujos se hacían con carbón de chilca e ichu quemado, utilizando como instrumentos para hacer los trazos cañones de pluma y varitas de retama. Actualmente la mayoría usa lápices para hacer los trazos, y para colorear las figuras las anilinas o polvos industriales que son adquiridos para teñir la lana de oveja que se utiliza en los tejidos.

Ellas son ofrecidas por los compadres cuando se construye la casa, para ser colocadas entre el final de la pared del fondo y la cumbrera del techo (*mayun*), siendo visibles desde la puerta de entrada. La parte más baja del madero es introducida en la pared y la parte superior es amarrada en la cumbrera en el momento de armar el techo de dos aguas. Presentan diferentes calidades de realización estética dado que es una tradición practicada por todos los varones de la comunidad, mostrando unos más habilidades que otros.

Una vez que el *pachas* ha sido absorbido por la madera, el tablón es dividido en sentido horizontal en tantos espacios rectangulares como representaciones de grupos de personas se piensa realizar. Dichos espacios son constituidos al trazar suavemente en el madero, en sentido horizontal, franjas de líneas paralelas cada cierta distancia.

A medida que en cada espacio (ubicado entre una franja y otra) se va dibujando y pintando al grupo correspondiente de personas, se van sustituyendo las franjas de líneas por diseños de tejidos (de los *tocapu* y de otros tejidos), plantas, animales, etc.

---

[2] Sarhua es una comunidad ubicada en la convergencia entre el Río Pampas y el Qaracha, en la parte centro-sur de Ayacucho. Varios estudios se llevaron a cabo en ella en la década del 60 por lo que no es desconocida en la literatura antropológica, por ejemplo Araujo (1988), Zuidema (1989), Earls (1971, 1973), Palomino (1988), etc.

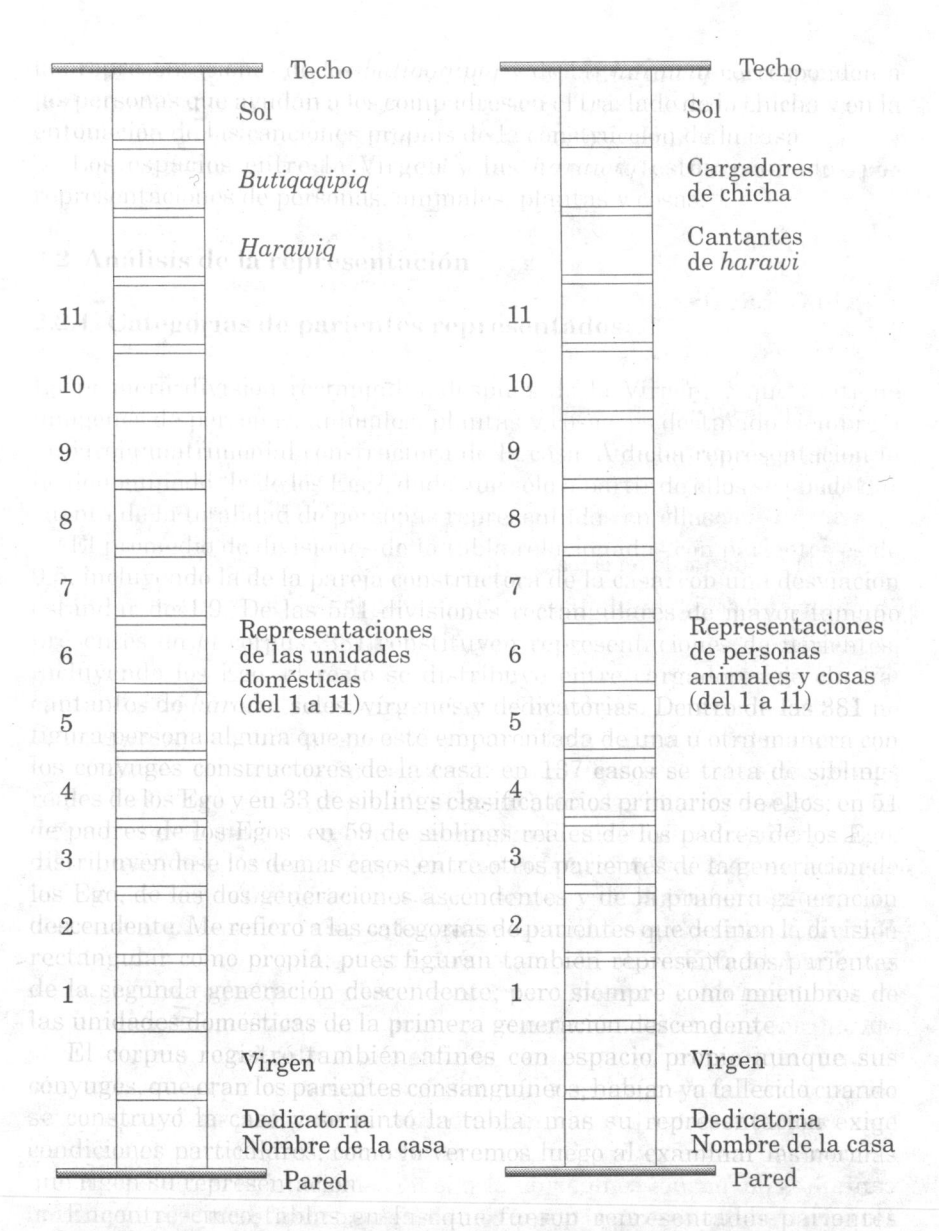

FIG. 1 Representaciones de las unidades domésticas (del 1 a 11)

Techo
Sol
Butiqaqipiq
Harawiq

11
10
9
8
7
6 — Representaciones de las unidades domésticas (del 1 a 11)
5
4
3
2
1

Virgen
Dedicatoria
Nombre de la casa
Pared

FIG. 2 Representaciones de personas, animales y cosas (del 1 a 11)

Techo
Sol
Cargadores de chicha
Cantantes de *harawi*

11
10
9
8
7
6 — Representaciones de personas animales y cosas (del 1 a 11)
5
4
3
2
1

Virgen
Dedicatoria
Nombre de la casa
Pared

La tabla es elaborada yendo de abajo hacia arriba. En la parte más baja del madero se encuentra un texto escrito en el castellano de la comunidad, y constituye una "dedicatoria" que los compadres portadores de la tabla ofrecen a los constructores de la casa. Ejemplos de "dedicatorias" son:

Tabla N° 3	Tabla N° 40
"<RECUERDO>	"Sarhua a 13 de octubre de 195(4)
A mi querido compadre Don Ciprica Carhuapoma y su esposa dña Verginia Ramos	Mi prisintaron una tableta Piquiña Señor compadre Felipe Pomacanchari, de doña Tirisa Chaupin
por la parte del compadre Don Geronimo Quispe y esposa Juana Michui.	la Casa una criatura llamado Pregida B.
Con el cariño que le tenemos. Sarhua a 9 de octubre de 1946 << 1946 >>".	don Rofino Canchari".

El texto formaliza la entrega, pero en algunas tablas se incluye también en esta parte el nombre dado a la casa, como se puede apreciar en la "dedicatoria" de la Tabla 40 (no ilustrada). El nombre que recibe la casa es siempre femenino, en este caso Pregida Baldeón.

Luego de la dedicatoria, el primer espacio está destinado a la Virgen, especialmente a la Virgen Asunción, que es la patrona de la comunidad, aunque he registrado la representación de otras Vírgenes (Mercedes, Rosario, Cocharcas, etc.). En tres casos del corpus la Virgen fue sustituida por San José, el Niño de Praga y el Señor de los Milagros.

La última división rectangular es ocupada siempre por el Sol, no he encontrado en este caso ninguna excepción. En la división anterior al Sol figuran representados dos cargadores de chicha (los *butiqaqipiq*) y en la anterior a ella, o sea en la antepenúltima, aparecen representadas dos, tres o cuatro mujeres jóvenes, elegantemente ataviadas, son las cantantes de *harawi* (las *harawiq*). En algunas ocasiones cargadores de chicha y cantantes de *harawi* comparten el mismo espacio, el más cercano al Sol. He registrado un caso en el que el compadre dejó fuera de la representación a las *harawiq*, aparentemente no calculó bien el número de divisiones en la tabla. Chicha y música son responsabilidad de los compadres, por ello, las representaciones de los *butiqaqipiq* y de las *harawiq* corresponden a las personas que ayudan a los compadres en el traslado de la chicha y en la entonación de las canciones propias de la construcción de la casa.

Los espacios entre la Virgen y las *harawiq* están ocupados por representaciones de personas, animales, plantas y cosas.

2.2 Análisis de la representación

2.2.1 Categorías de parientes representados

La primera división rectangular después de la Virgen, y que contiene imágenes de personas, animales, plantas y cosas, es destinado siempre a la pareja matrimonial constructora de la casa. A dicha representación la he denominado "la de los Ego", dado que sólo a partir de ellos se puede dar cuenta de la totalidad de personas representadas en ellas.

El promedio de divisiones de la tabla relacionadas con parientes es de 9.5, incluyendo la de la pareja constructora de la casa, con una desviación estándar de 1.9. De las 551 divisiones rectangulares de mayor tamaño presentes en el corpus, 381 constituyen representaciones de parientes, incluyendo los Ego, el resto se distribuye entre cargadores de chicha, cantantes de *harawi*, soles, vírgenes y dedicatorias. Dentro de las 381 no figura persona alguna que no esté emparentada de una u otra manera con los cónyuges constructores de la casa: en 137 casos se trata de siblings reales de los Ego y en 33 de siblings clasificatorios primarios de ellos; en 51 de padres de los Egos, en 59 de siblings reales de los padres de los Ego, distribuyéndose los demás casos entre otros parientes de la generación de los Ego, de las dos generaciones ascendentes y de la primera generación descendente. Me refiero a las categorías de parientes que definen la división rectangular como propia, pues figuran también representados parientes de la segunda generación descendente, pero siempre como miembros de las unidades domésticas de la primera generación descendente.

El corpus registró también afines con espacio propio aunque sus cónyuges, que eran los parientes consanguíneos, habían ya fallecido cuando se construyó la casa y se pintó la tabla; mas su representación exige condiciones particulares, como lo veremos luego al examinar las normas que rigen su representación.

Encontré cinco tablas en las que fueron representados parientes ceremoniales: padres y hermanos de juramento así como padrinos de bautismo y matrimonio de los Ego, que pertenecen a tres familias, una de ellas tenía dos tablas por tener dos compadres, otra tenía dos tablas que correspondían a dos casas diferentes, construidas en distintas etapas de su ciclo vital, por lo que el número de casos con parientes ceremoniales se reduce a tres.

Nunca se representan compadres, dado que ellos son los responsables de la ejecución material de la tabla y de establecer los parientes que deben ser representados en ella.

2.2.2 Las normas que organizan su representación

El estudio de las 381 divisiones de las tablas destinadas a parientes me ha permitido establecer los principios que organizan su representación, más el parentesco no es la única fuente que da cuenta de la representación en general. Los estudios sistemáticos que estoy haciendo de las actividades, posiciones, color, vestimenta, animales y en general objetos presentes en ellas, enriquecerán la comprensión que aquí presento de las divisiones rectangulares mayores.

Las normas han sido establecidas básicamente en función de lo que las tablas pintadas "dicen por sí mismas". La intervención de los interlocutores se ha dado en dos momentos: al inicio para identificar quiénes estaban representados en cada espacio, y durante el análisis cuando encontré modificaciones a las normas establecidas por el propio corpus.

1. En cada división rectangular mayor de la tabla, la representación de los parientes lleva el nombre del varón de la pareja matrimonial, y cuando él ha fallecido el de la mujer. Ello concuerda con lo normado por la Ley de Comunidades Campesinas sobre jefatura de familia; la que es asignada al varón, y a la mujer sólo en caso de viudez. He registrado sin embargo algunas situaciones en las que se colocó solamente el nombre de las esposas, estando los cónyuges varones presentes en la representación, o bien se puso el nombre de ambos cónyuges. Dichas situaciones aparecen sin embargo como la excepción y no como la regla (ver G. 2 [T. 8] de Fermín Qch-B y Rosala Ve-P).

2. El primer espacio con representaciones de personas e inmediato a la Virgen está destinado siempre a la pareja matrimonial que construye la casa, a la que he denominado los Ego, dado que sólo a partir de ellos se puede dar cuenta de la totalidad de personas representadas.

FIG. 3 Fotografías de las tablas 1-13

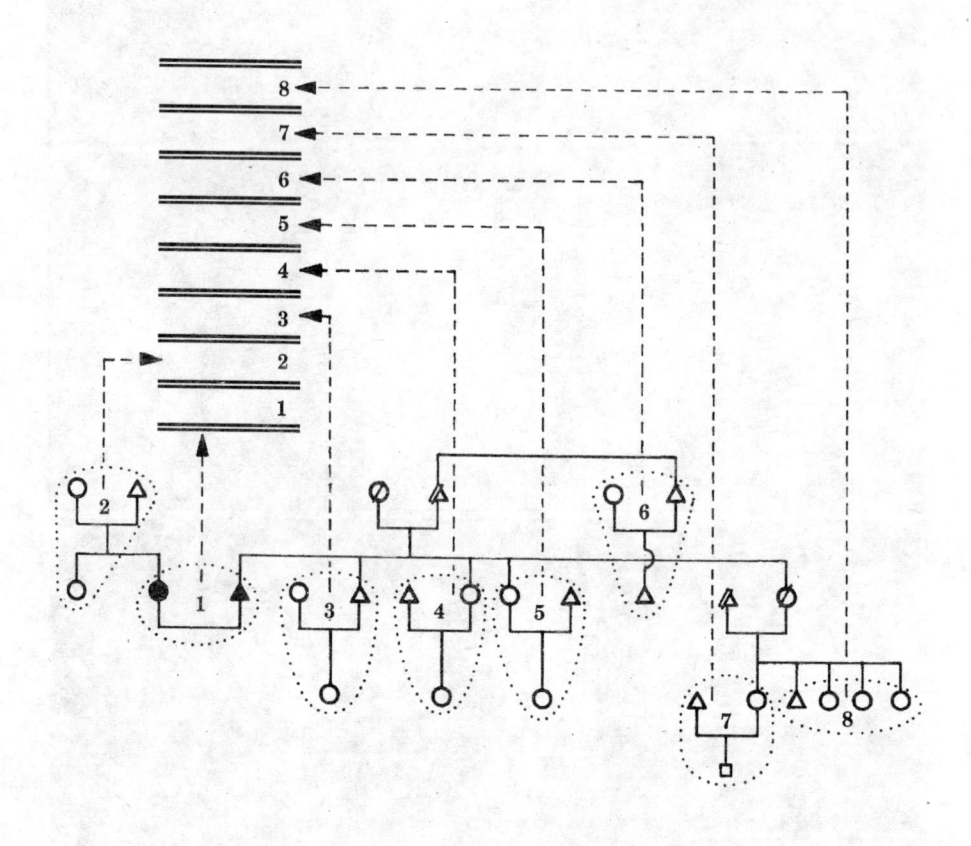

FIG. 4.1 GRÁFICO 1 (G1), TABLA 3 (T3)
Cipriano Ca – Ya = Virginia R – F

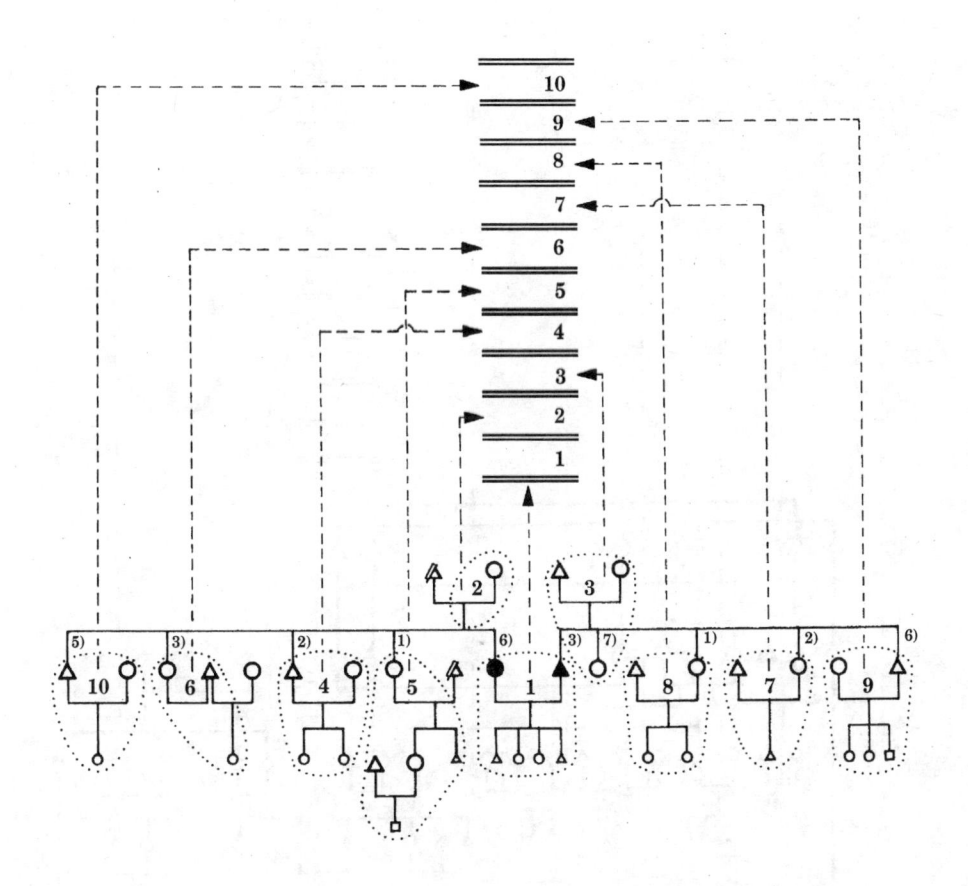

PARENTESCO Y REPRESENTACIÓN ICONOGRÁFICA
EL CASO DE LAS "TABLAS PINTADAS" DE SARHUA, AYACUCHO, PERÚ **475**

FIG. 4.2 GRÁFICO 2 (G2), TABLA 8 (T8)
Fermín Q ch – B = Rosala Ve – P

1), 2)...= **Número de orden en la serie de siblings**

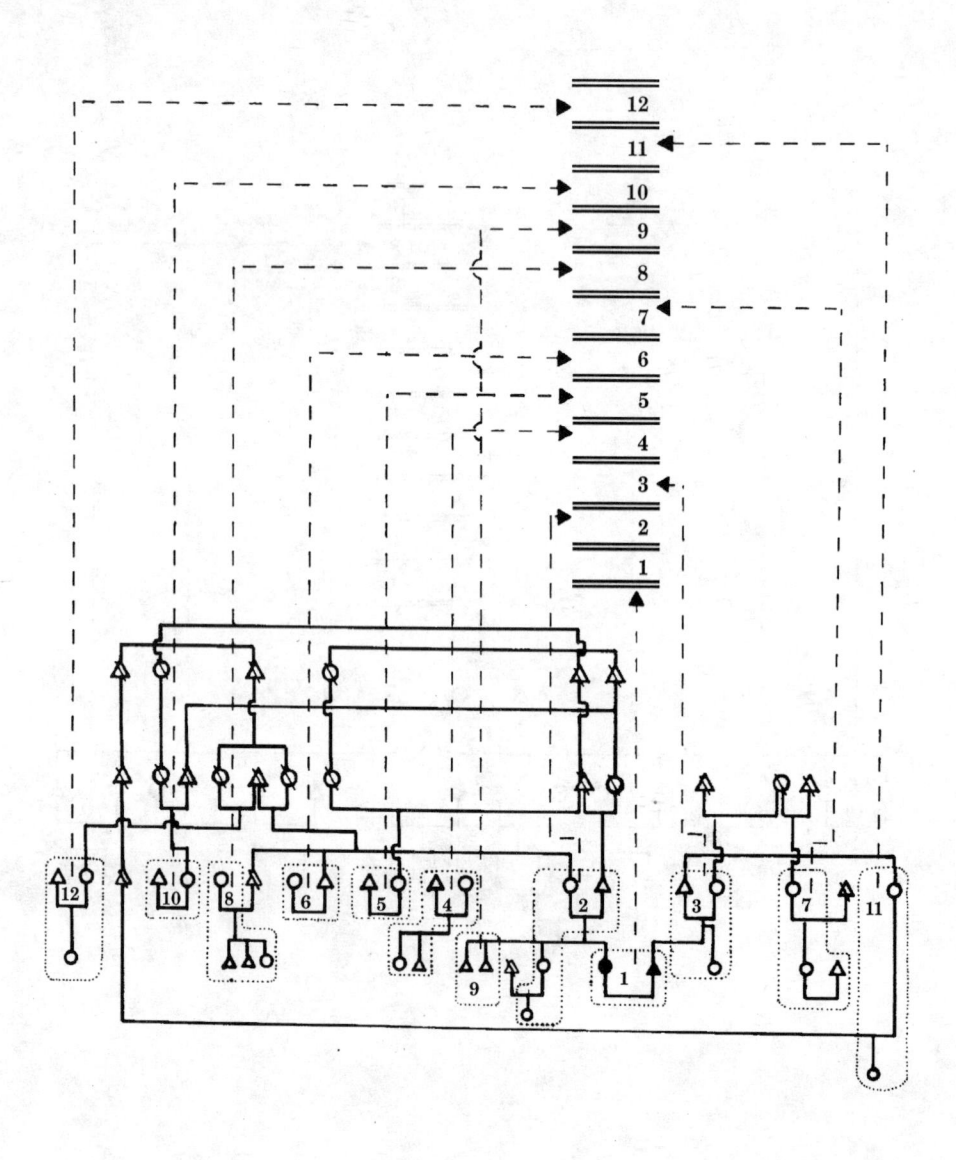

FIG. 4.3 GRÁFICO 3 (G3), TABLA 29 (T29)
Ignacio Yi – Qi = Rita Ya – Crr

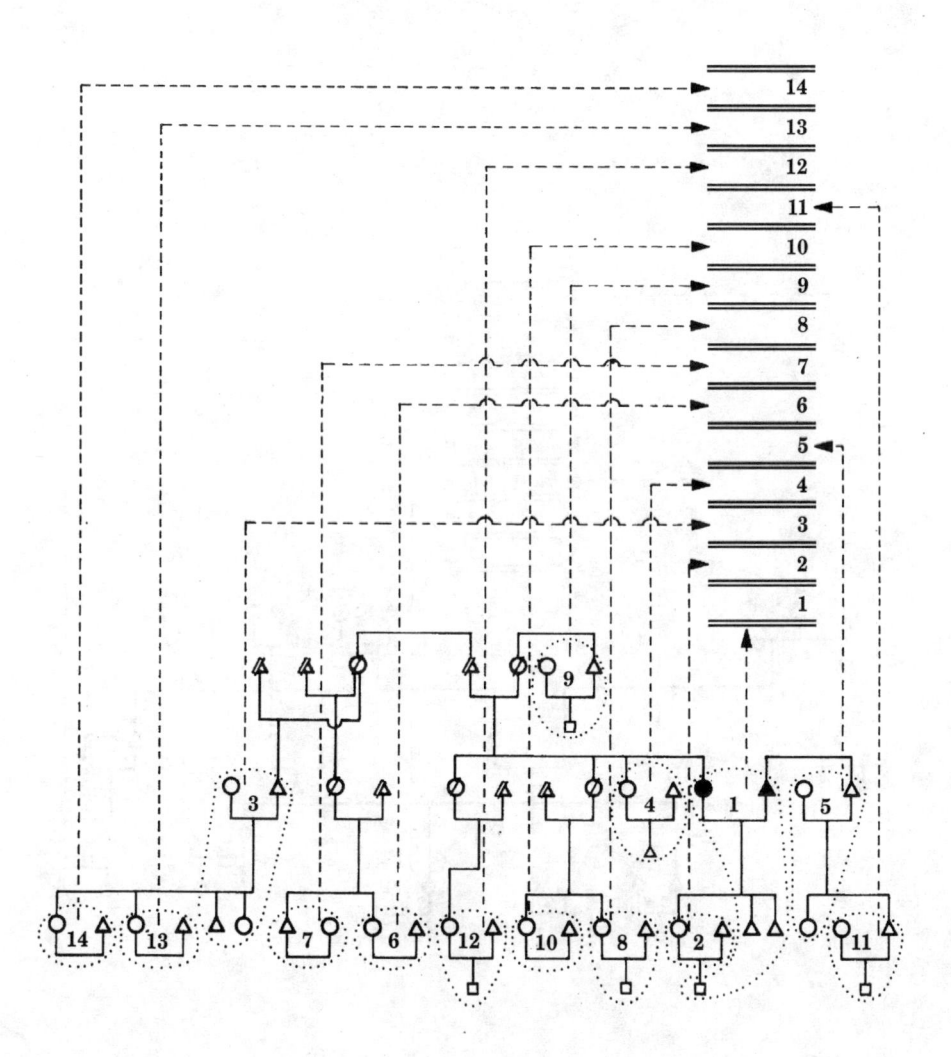

FIG. 4.4 GRÁFICO 4 (G4), TABLA 39 (T39)
Pablo P – Ps = Alicia M – Ev

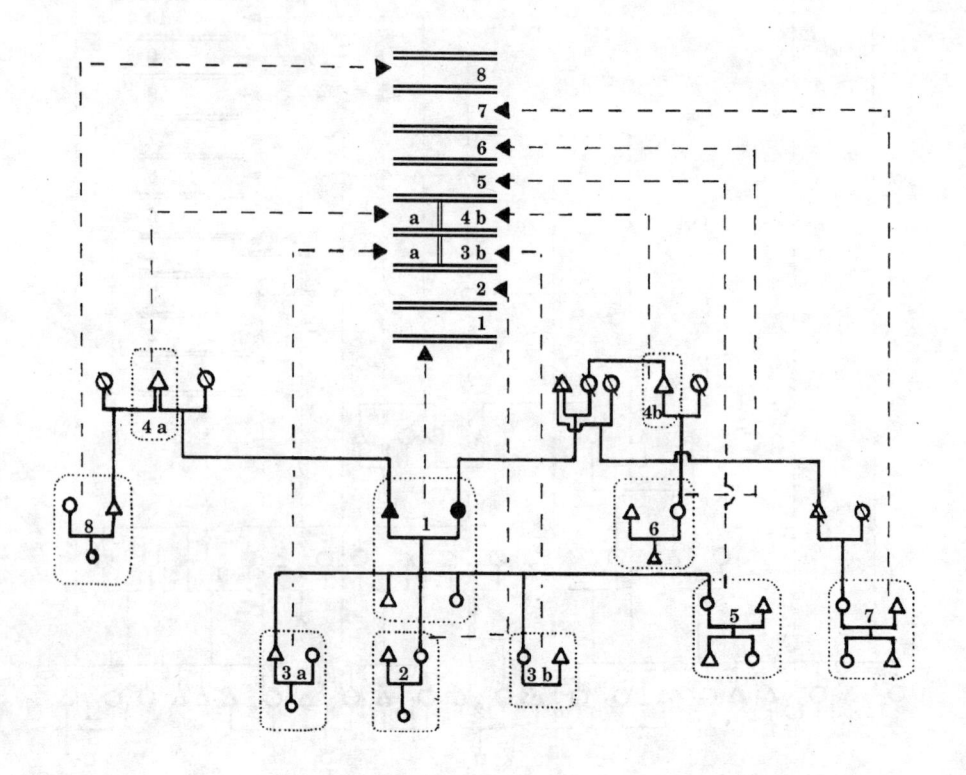

FIG. 4.5 GRÁFICO 5 (G5), TABLA 37 (T37)
Nicolás Qch– Po = Benedicta B – Ca

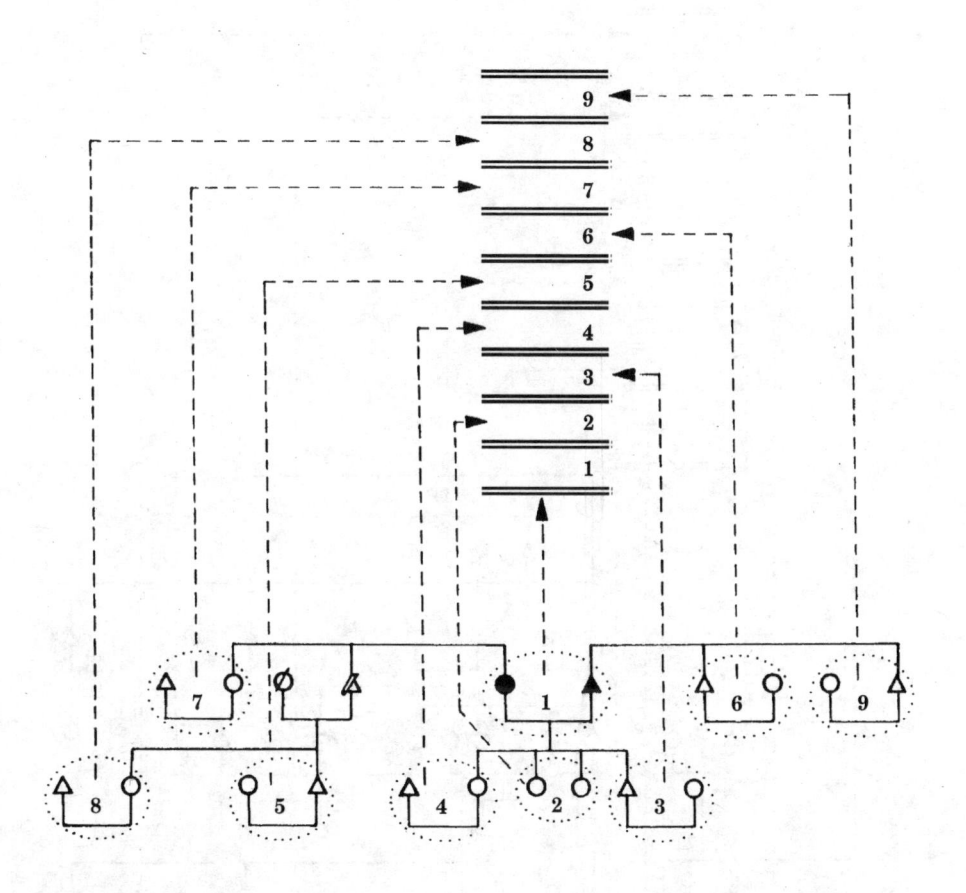

PARENTESCO Y REPRESENTACIÓN ICONOGRÁFICA
EL CASO DE LAS "TABLAS PINTADAS" DE SARHUA, AYACUCHO, PERÚ 479

FIG. 4.6 GRÁFICO 6 (G6), TABLA 38 (T38)
Mariano Crr – Ev = Rita Ps – Yi

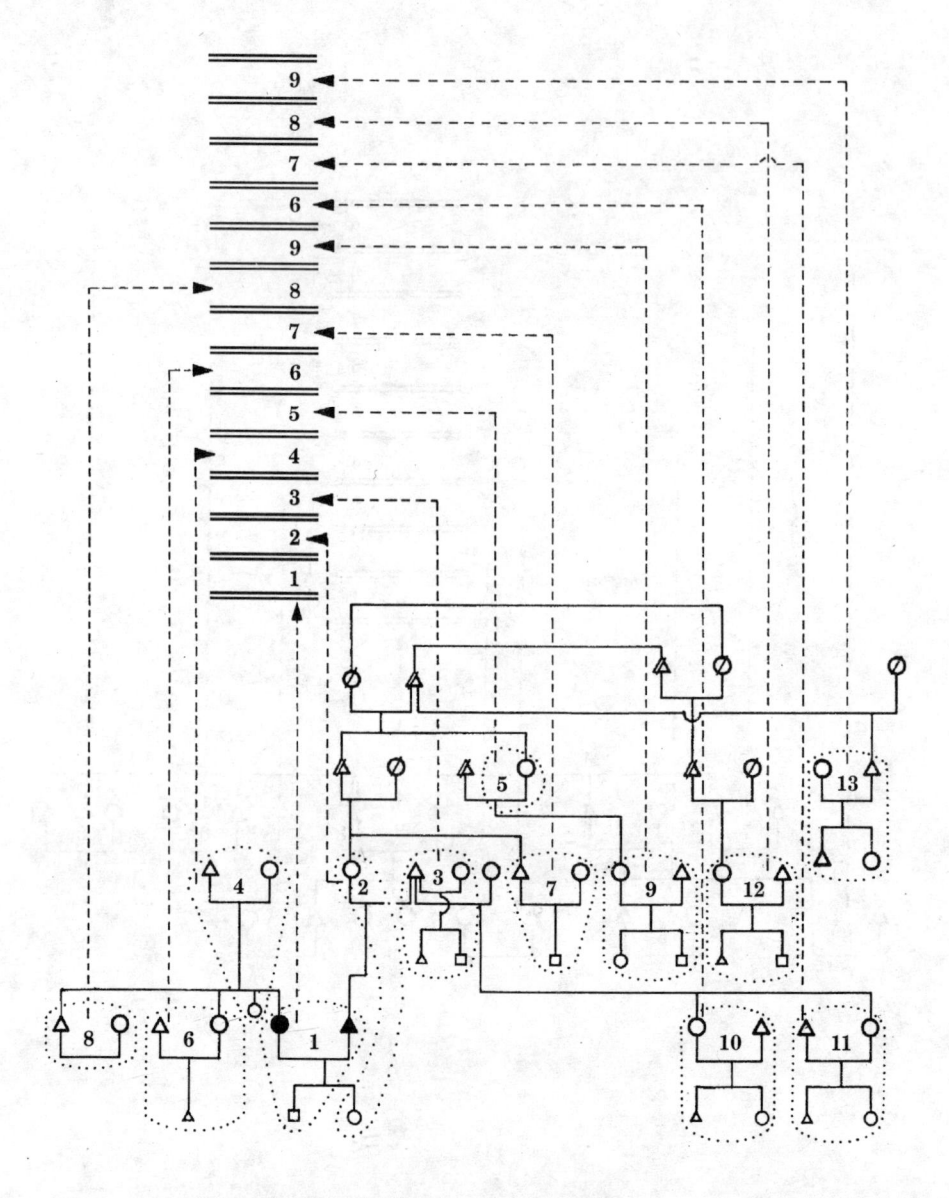

FIG. 4.7 GRÁFICO 7 (G7), TABLA 13 (T13)
Julián Ci – Pc = Marcelina C – CH

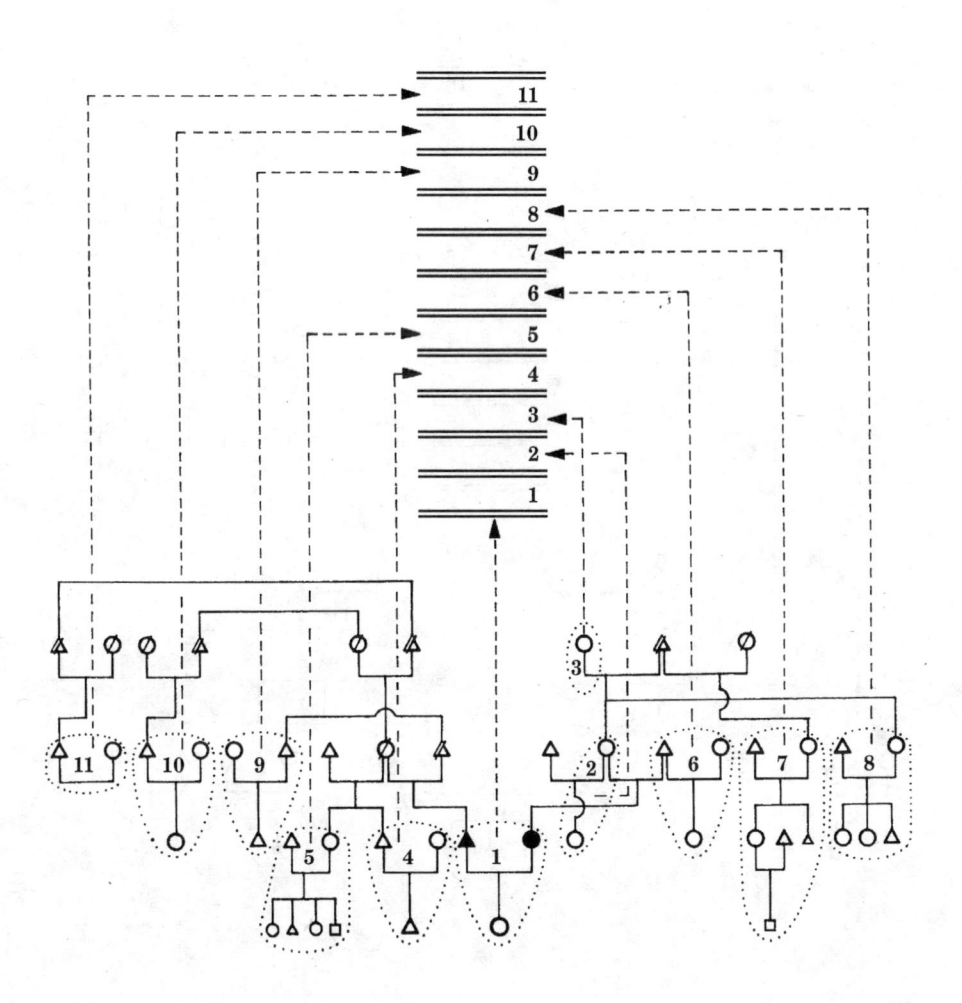

FIG. 4.8 GRÁFICO 8 (G8), TABLA 28 (T28)
Máximo Ev – Ps = Patrocina Yi – Ym

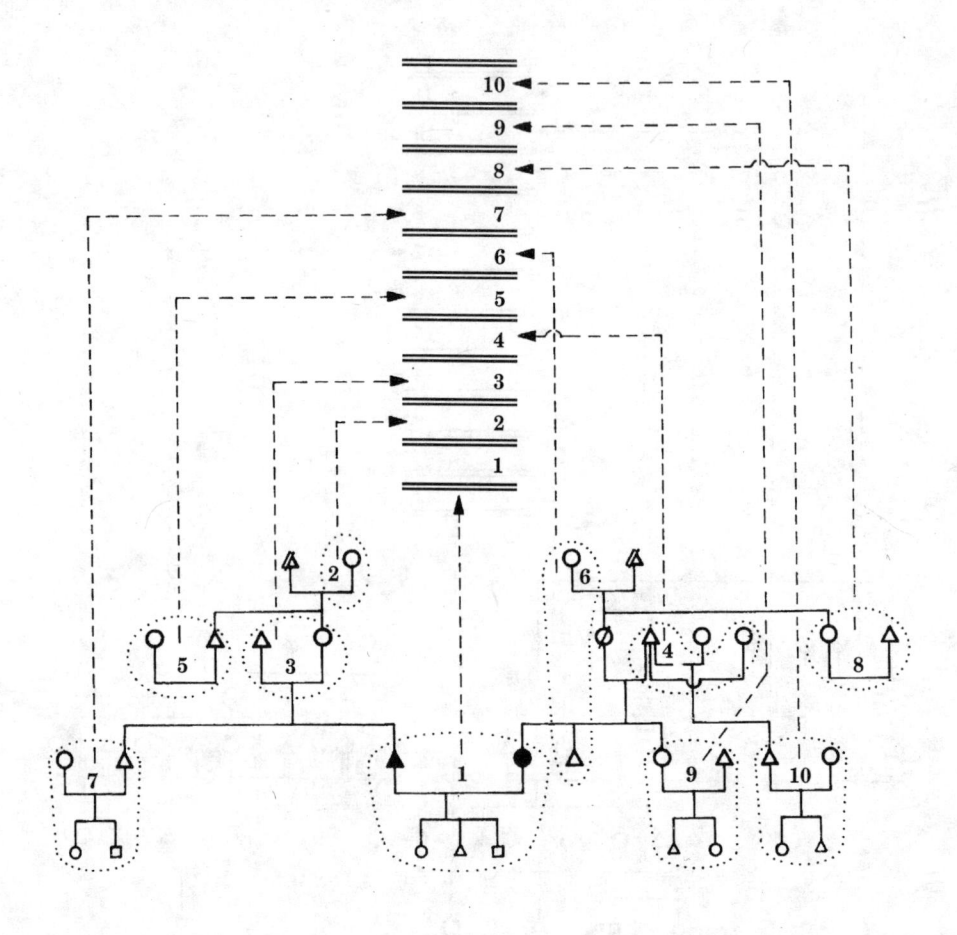

FIG. 4.9 GRÁFICO 9 (G9), TABLA 10 (T10)
Jesús Qch – Ps = Máxima Ci – Ps

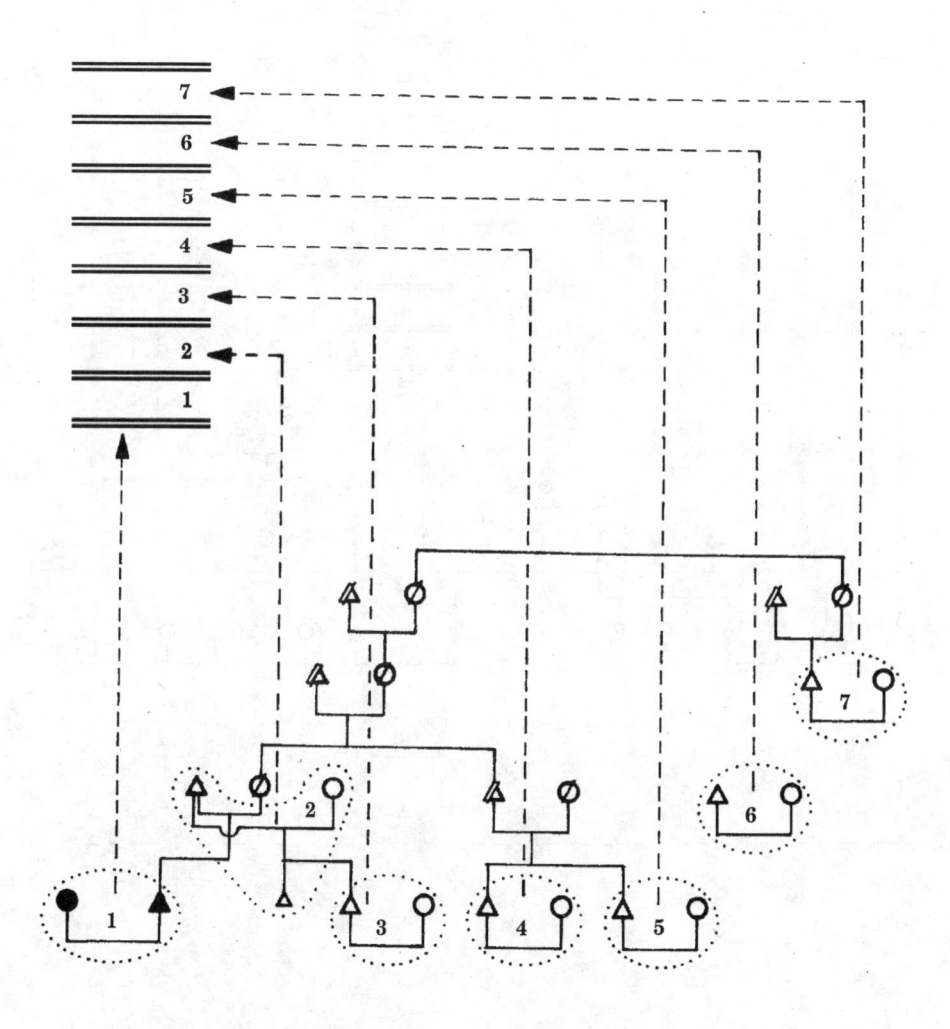

PARENTESCO Y REPRESENTACIÓN ICONOGRÁFICA
EL CASO DE LAS "TABLAS PINTADAS" DE SARHUA, AYACUCHO, PERÚ 483

FIG. 4.10 GRÁFICO 10 (G10), TABLA 15 (T15)
Tiburcio Pa – Ps = Avelina Ol –

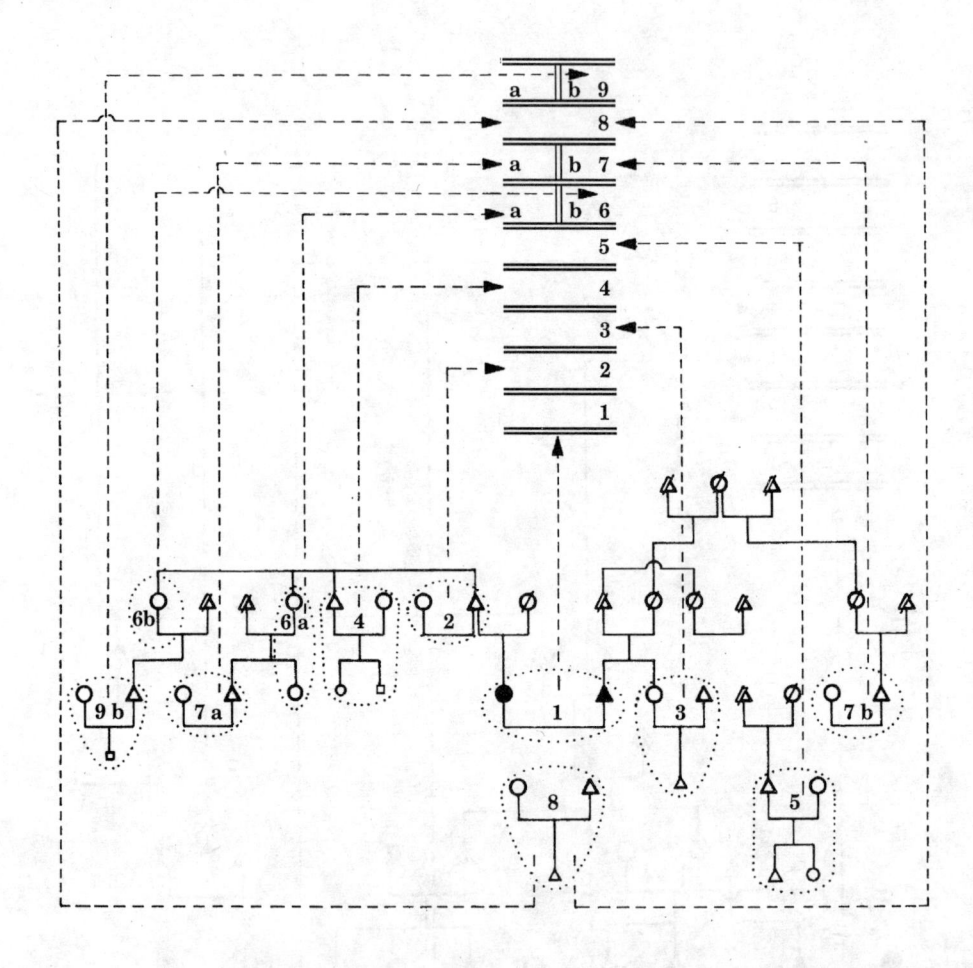

FIG. 4.11 GRÁFICO 11 (G11), TABLA 23 (T23)
Víctor Yc – F = Máxima B – Ve

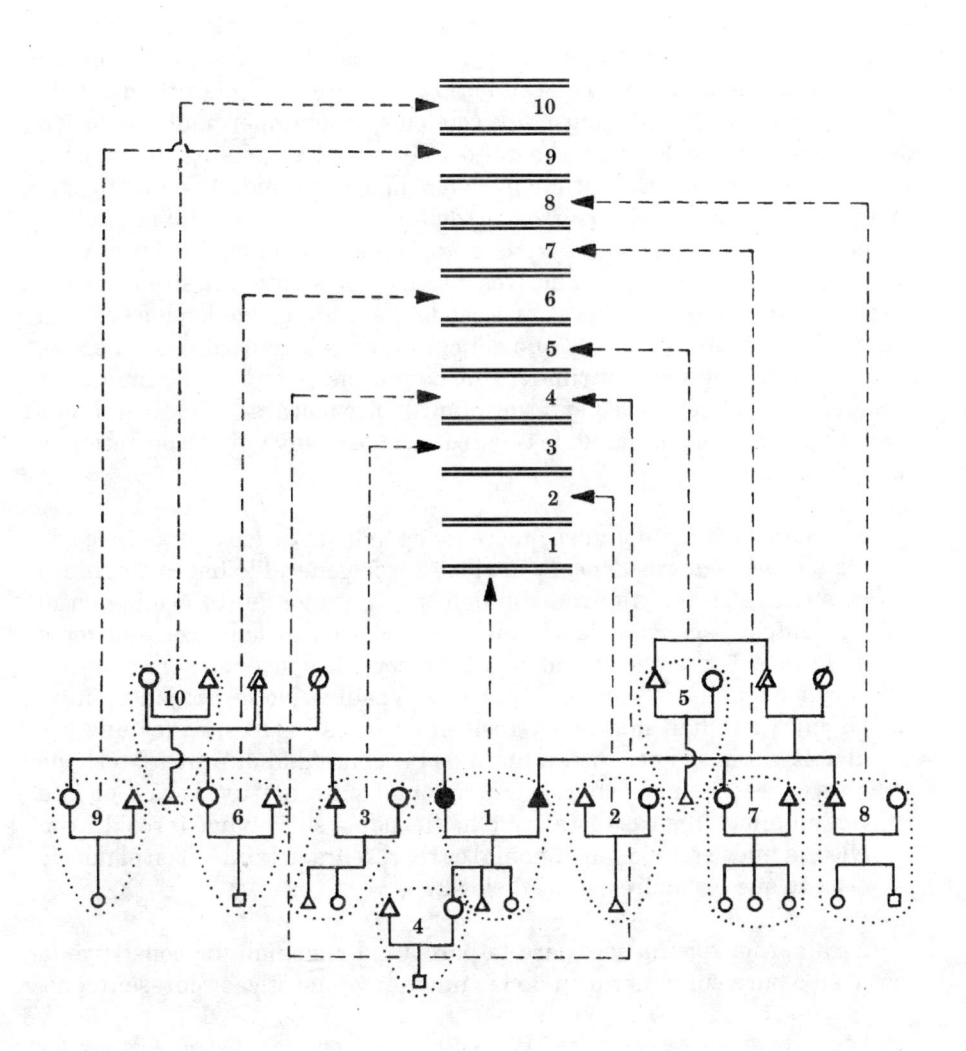

FIG. 4.12 GRÁFICO 12 (G12), TABLA 31 (T31)
Valentín Ch – Se = Senobia Ya – B

En Sarhua las parejas, luego de celebrado el matrimonio, van a residir con los padres de la mujer en un 48.7% (96) (uxorilocalidad), y con los del varón en un 44.6% (88) (virilocalidad), y sólo en un número reducido de casos 6.9% (13) con otros parientes como los abuelos, permaneciendo con los padres períodos de tiempo bastante diferenciados [3]. No registré ningún caso de neolocalidad. El sentimiento sobre la uxorilocalidad es muy fuerte, pues manifiestan que el yerno (*masa*) debe compensar la pérdida de la hija yendo a servir al suegro. Más las cifras muestran el crecimiento de la virilocalidad, manifestando nuestros interlocutores ante esta situación que las parejas van a vivir cada vez más con los padres que pueden hacerles un sitio, "pero que lo correcto es que el hombre vaya a vivir con sus suegros, una vez celebrado el matrimonio". Cuando las parejas matrimoniales reciben una vivienda o parte de ella al incorporarse como unidades domésticas de la comunidad, la construcción de la suya puede postergarse por años.

3. Las parejas matrimoniales que se independizan de los padres luego de algunos años de residencia con ellos, por lo general lo hacen con niños pequeños, los que figuran dibujados y pintados junto a ellos en el siguiente espacio al de la Virgen, que es el espacio de los constructores de la casa [4]. Cuando se independizan con hijos jóvenes pero solteros, ellos son igualmente ubicados junto a sus padres. No se dibujan y pintan los hijos que han migrado y residen en otros lugares, ni los que por alguna razón se encuentran fuera de la comunidad durante el techado de la casa [5]. Cuando la pareja matrimonial que construye la casa cuenta con un hijo o hija casado(a), que ha llevado a su cónyuge a residir con ellos, la nueva pareja matrimonial es representada también en el mismo espacio que los padres, en el de los Ego.

Esta norma rige no sólo para la pareja matrimonial que construye la casa, sino para cualquier otra de las unidades domésticas representadas.

---

3 Fuente: Encuesta que pasé a las familias del pueblo junto con el Censo de Población y Vivienda de 1981.
4 Cuando el techado de la casa se hace por faena comunal su realización involucra un número amplio de personas de la comunidad que no son parientes de los constructores de la casa, mas dichas personas no son representadas jamás en las tablas.
5 Al presentar los rituales que tienen lugar con ocasión de la construcción de la casa, veremos por qué los hijos que no se encuentran presentes durante el techado de la casa no pueden ser representados, aunque constituyan miembros de la unidad doméstica de sus padres.

Obsérvese los grupos de personas presentes en las divisiones 2, 8 y 7 del G. 3 [T. 29], de Ignacio Yi-Qi y de Rita Ya-Crr. En el espacio 2 figuran los padres de Ego femenino, la división ostenta el nombre de "Uldarico Yupa", padre de Rita, el compadre incluye en dicho espacio a la hija viuda y a la hija de ésta. Si la hermana de Rita y su esposo habrían llegado a independizarse de los Yupa Carrasco (Ya-Crr), antes del fallecimiento de éste, el compadre la habría colocado en un espacio aparte, en compañía de su niña. El caso 7 en la misma tabla presenta una situación similar: el espacio está definido como la representación de la unidad doméstica de la madre, mediante su nombre, ya que es viuda, pero el compadre presenta a la hija casada y a su esposo en el mismo espacio, queriendo dar a entender con ello que son miembros de la unidad doméstica de la madre.

4. Cuando la pareja matrimonial construye la casa muchos años después de celebrado el matrimonio, por lo general cuenta con hijos casados. Esta situación se presenta cuando padres o suegros otorgan vivienda hecha a la nueva pareja, o cuando ella se queda viviendo largo tiempo con ellos, ya sea porque son hijos únicos, los últimos en casarse, o los únicos que no migraron. En el caso que los constructores de la casa cuenten con un hijo(a) casado(a) que ha llevado a su cónyuge a vivir con ellos, estos figurarán en el mismo espacio que los constructores de la casa, como miembros de su unidad doméstica, como lo vimos antes; pero si los Ego cuentan con hijos casados e independizados, es decir que constituyen ya unidades domésticas de la comunidad, cada uno figurará en las tablas con un espacio propio (véase el G. 4 [T. 39] y el G. 5 [T. 37]). En la primera, los Ego cuentan con una hija casada, Celi P-M, que figura con su esposo en el espacio 2 de la tabla, luego de la representación de los Ego en el espacio 1, mientras que sus hermanos solteros están dibujados en el mismo espacio que sus padres, es decir en el primero después de la Virgen. En la segunda (G. 5), los Ego tienen cuatro hijos casados e independizados, figurando cada uno en su propio espacio, mientras Irenea, la última hija, aparece representada en el espacio de sus padres, en el de los Ego, como soltera que es, y miembro de su unidad doméstica.

5. Hijos solteros de los Ego que residen de manera permanente en otros lugares pero que, por alguna razón, se encuentran presentes durante el techado de la casa de sus padres, figuran en un espacio diferente al de

ellos, en el inmediato al de los Ego; es decir en el segundo espacio, expresando la relación cercana con ellos, pero explicitando al mismo tiempo que no son miembros de su unidad doméstica. Son solteros y por lo mismo no cuentan con unidades domésticas propias, y menos aún incorporadas como tales a la comunidad; sin embargo se hacen acreedores a un espacio propio en las tablas. El análisis de los rituales que tienen lugar con ocasión de la construcción de la casa ayudará a comprender la necesidad de su presencia en ellas, mas tienen que figurar en un espacio diferente al de sus padres, dado que no son miembros de su unidad doméstica.

Registré cuatro casos en los que el compadre asignó un espacio propio a hijos solteros de los Ego: tres ejemplifican a los jóvenes migrantes que se encuentran de visita, el cuarto se trata de dos jóvenes mujeres que habían regresado a la comunidad, viviendo nuevamente con sus padres. ¿Por qué entonces fueron sacadas del espacio de ellos y colocadas en el espacio dos, en el inmediato al de los Ego?. La imagen dada por el compadre en la tabla corresponde a dos mujeres bastante jóvenes, que aparecen vestidas con ropa de la ciudad y con zapatos, figurando paradas en una tienda en ademán de atender a posibles compradores. Según mis interlocutores la situación era muy clara: las jóvenes aunque no estaban casadas, ni poseían tierras, ni vivían en una casa aparte, ya no trabajaban para sus padres; habían iniciado la aventura de sostenerse en base a la comercialización de mercancías traídas de la ciudad y a la venta de productos de la comunidad fuera de ella. Este caso nos permite apreciar la importancia que tiene el recuento de la fuerza de trabajo en la representación de las unidades domésticas.

6. Registré una tabla (G. 3 [T. 29]) que otorgó un espacio propio a hermanos solteros de los Ego. En este caso dos jóvenes solteros, hermanos de Ego femenino que residían en Lima, visitaban la comunidad durante el techado de su casa. Como es de esperar, el compadre no los ubica con sus padres, que son también los padres de Ego femenino, dado que no son miembros de su unidad doméstica. Tampoco los ubica en el espacio inmediato al de ellos, pues en este caso los Ego no son los padres, sino la hermana. Aunque todavía los jóvenes migrantes no cuentan con unidades domésticas propias y menos aún incorporadas en la comunidad, el compadre no los puede dejar fuera de la tabla por las mismas razones

por las que se representa en un espacio aparte a hijos solteros de los Ego que residen en otros lugares pero que se encuentran durante el techado de la casa que veremos al analizar los rituales. En este caso, el compadre les otorgó el noveno lugar luego de representar otras unidades domésticas de ambas familias.

7. El grupo de tablas correspondientes a unidades domésticas que construyen su vivienda con hijos casados e independizados, nos permite ampliar las normas puestas en juego en la representación de los parientes. Los hijos casados que constituyen unidades domésticas independientes figuran en las divisiones inmediatas al de los Egos (G. 5 [T. 37], G. 4 [T. 39], T. 40), como lo vimos antes. Los compadres buscan representar con precisión, y en primer lugar, la situación de la unidad doméstica de los Ego en el momento de la construcción de la casa, otorgando la división siguiente a la unidad doméstica del hijo o hija casada; si es más de uno siguen ubicándolos en los espacios subsiguientes, siempre y cuando constituyan ya unidades domésticas registradas en el padrón de la comunidad, con derechos y obligaciones plenos y con vivienda propia. Pero, ¿qué pasa si hijos jóvenes solteros que residen en otros lugares se encuentran de visita en la comunidad?. Entonces, los solteros ocupan el espacio inmediato al de los Ego (el espacio 2), viniendo sólo después de ellos las unidades domésticas de los hijos casados e independizados, cada uno en su propio espacio (G. 6 [T. 38]).

El compadre representa en estos casos la unidad doméstica de los Ego con los hijos solteros que viven con ellos, con el hijo(a) casado(a) que ha llevado a su cónyuge a vivir con ellos, etc.. Es decir, con todos los miembros que integran en ese momento la unidad doméstica. Luego continúa en el espacio dos dibujando y pintando al hijo(a) soltero(a) que se encuentra de visita, aclarando con ello que es hijo(a) de los Ego, pero que no forma parte actualmente de su unidad doméstica. Continúa luego ubicando en el espacio tres al hijo(a) casado(a) con los miembros que integran su respectiva unidad, y si hay más de un hijo(a) casado(a) continúa con cada uno en los espacios subsiguientes. Es decir, la tabla presenta en primer lugar la situación de los Ego aunque tome varios espacios, y sólo cuando ha terminado con ellos, con los descendientes directos de los Ego que ya son unidades domésticas autónomas, se pasa a otros parientes.

8. En principio, cuando los padres de los constructores de la casa están vivos, figuran en los espacios segundo y tercero, presentándose un rango más o menos amplio de variaciones como adaptaciones a situaciones especiales. Por ejemplo, en el G. 7 [T. 13] de Julián Ci-Pc y Marcelina C-Ch, el compadre presenta en el espacio 2 a la madre de Ego masculino, en el 3 al padre con su nueva esposa, y sólo en el 4 a los padres de Ego femenino. La madre de Ego masculino (Teodorita Pc-P) es la segunda esposa del viudo Braulio Ci-Cde, pero Teodorita y Braulio se separaron, volviéndose a casar este último con Basiliana Qi-Yc (3ra. esposa), con quien figura en la tabla. Por ello, el compadre ubica a los padres de Ego masculino en espacios diferentes: en el segundo a la madre y en el tercero al padre, dejando a los padres de Ego femenino para el cuarto lugar. Esta misma situación se presenta en el caso de hijos naturales y espureos, en los que la madre figura en un espacio diferente al del padre.

9. En Sarhua, la separación de la pareja matrimonial no constituye un caso común, pero cuando se presenta la comunidad la acepta y la trata como una situación más, como vimos en el caso de los padres de Julián Ci-Pc.

10. Cuando han fallecido, los padres de uno de los cónyuges de la pareja que construye la casa, uno de los siblings reales del Ego respectivo ocupa el espacio que les correspondería si estuviesen vivos; este sibling es el mayor de ellos en el caso de residir en la comunidad, o el que le sigue en edad (G. 1 [T. 3], T. 23, T. 6 y T. 27). Por ejemplo, en el G. 1 [T. 3], el espacio inmediato al de los Ego, el segundo, es ocupado por los padres de Ego femenino, más en el tercero figura la unidad doméstica del hermano de Ego masculino, dado que sus padres ya habían muerto. Este hermano es el 2º de la serie de sus siblings reales [6]. En otra tabla, el lugar de los padres muertos fue ocupado por un sibling real de los padres del Ego (T. 25, no ilustrada); obsérvese que la que ocupa el lugar de los padres (de Ego femenino) es la hermana de la madre de Ego femenino, quien aparece sola por ser viuda. Y en aun otra tabla (T. 6, no ilustrada), luego de los padres de Ego femenino que ocupan el segundo

---

6   En la T. 27 (no ilustrada), el espacio 2 es ocupado por la madre de Ego femenino quien figura acompañada sólo de sus hijos menores, dado que es viuda. En el 3º está representada la hermana mayor de Ego masculino (hermana de madre), hija de la madre de éste con su primer esposo.

espacio, vienen en el tercero la madrastra de Ego masculino y sus medio hermanos. El padre de Ego masculino no figura porque está muerto: es decir, se representa a los miembros que quedan de la unidad doméstica del padre en su segundo matrimonio (obviamente la madre de Ego masculino falleció mucho antes que el padre).

11. Cuando los padres de ambos cónyuges han fallecido, en principio los espacios segundo y tercero son ocupados por las unidades domésticas de los siblings reales de los Ego (T. 34, T. 35 y T. 36, no ilustradas) [7].

12. ¿Qué pasa en las tablas en las que figuran abuelos de los Ego? Veamos el G. 8 [T. 28] que constituye un caso. En ella, el compadre ubica en el segundo espacio a la madre de Ego femenino, con la hija soltera que vive con ella y que todavía es miembro de su unidad doméstica, sin el padre, dado que es madre soltera (el padre se casó con otra mujer luego de procrear a Ego femenino). Ubica luego en el tercer espacio a la abuela de Ego femenino, la que es viuda y tiene a todos sus hijos ya casados e independizados, o establecidos fuera de la comunidad. A continuación, el compadre pasa al lado de Ego masculino, colocando a sus siblings reales (medio hermanos por el lado materno) en los espacios 4º y 5º, dado que sus padres ya habían fallecido, lo mismo que sus abuelos, otorgándole dos espacios como hizo antes con Ego femenino. Sólo entonces el compadre regresa al lado de Ego femenino para ubicar recién a su padre en el 6º espacio, junto con su esposa (madrastra de Ego femenino) y la hija que vive con ellos. No olvidemos que Ego femenino es hija natural.

Con las normas vistas hasta ahora, el orden habría sido el siguiente: en el espacio 2, la madre de ego femenino con los miembros que integran su unidad doméstica en esa etapa; en el 3, el padre Ego femenino que, por ser ella hija natural, figura él con otra mujer que es su esposa y con la hija (soltera) del matrimonio; en el 4 y 5, deberían haber ido los siblings reales (medio hermanos maternos) de Ego masculino en los lugares que corresponderían a sus padres, dado que ellos están muertos. Efectivamente, en el 2, figura la unidad doméstica de la madre de Ego femenino y, en el 4

---

[7] En otros casos (T. 30 y 32) se combinó un sibling real de uno de los Ego con un sibling real de los padres del otro Ego.

y en el 5, los siblings reales de Ego masculino. Más en el 3 no figura el padre de Ego femenino que ha sido dejado para el 6, ocupando el 3 la abuela de Ego femenino. Entonces es la presencia de la abuela de Ego femenino que está viva, la que ha llevado al padre de ésta a un lugar posterior en la representación.

Veamos otro caso menos especial que el G. 8 [T. 28], en la que los dos Ego sean hijos legítimos (véase G. 9 [T. 10]). Él tiene los padres vivos y la abuela materna viva, Ego femenino tiene el padre vivo y también la abuela materna viva. En esta tabla, en la que el jefe de la unidad doméstica es del ayllu-mitad qollana, el compadre inicia el ordenamiento por el lado de Ego masculino, ubicando la representación de su abuela materna en el lugar 2, después de los Ego, y sólo en el 3 a sus padres. O sea que la presencia de la abuela desplaza a los padres del espacio 2 al 3. El compadre pasa al lado de Ego femenino, representando en el 4 al padre viudo y a su nueva esposa; pero obsérvese que, en este caso, también está viva la abuela materna de Ego femenino, la que sin embargo no desplaza al padre a un lugar posterior, como acabamos de ver que ocurre en el caso de Ego masculino. Tampoco sigue con la abuela para otorgar por lo menos el mismo número de espacios que dio de manera continua en el otro lado y a similares categorías, sino que vuelve al lado de Ego masculino, representando en el 5 a su tío materno, y sólo después de él vuelve al lado de Ego femenino para ubicar en el 6 a la abuela materna de Ego femenino, la tabla termina combinando siblings reales de los Ego con siblings reales de los padres de los Ego.

El corpus registró sólo dos casos en los que se presentaron abuelos, lo que no me ha permitido establecer la norma con relación a su representación en base a lo que las tablas "dicen por sí mismas". Conversando sobre el punto con los interlocutores, ellos manifestaron que los abuelos deben ser colocados antes que los padres, lo que apunta a un respeto a principios de generación y edad, pero añadieron también que no siempre es así porque el compadre tiene que atender otras cosas, exigencias que abordaremos en el punto subsiguiente.

13. En el espacio 8 del G. 3 [T. 29] observamos la representación de la esposa del hermano de la madre (*tiyu*) de Ego femenino, Carmina F-Ps, con sus tres hijos solteros; el tío de Ego femenino, Juan Crr-Po, no figura porque ya había fallecido. La representación de Carmina con sus hijos en un espacio propio significa que su esposo y ella lograron, antes que él muriese, independizarse de los padres con quienes fueron a residir

luego de celebrado su matrimonio, contando con sus propios medios de producción y casa. Los afines cuyos cónyuges son difuntos, como es el caso de Carmina, figuran en la tabla con espacio propio si y sólo si llegaron a tener hijos como pareja matrimonial, y si llegaron a constituir unidades domésticas autonomizadas e incorporadas como tales en la comunidad antes del fallecimiento del cónyuge.

14. En dos tablas (G. 10 [T. 15] y G. 11 [T. 23]) registré parientes ceremoniales tales como padrinos de bautismo y matrimonio de los Ego. Ambas pertenecen a jefes de unidades domésticas especiales: familias sin hijos (*qolloq*), con pocos siblings reales y con padres fallecidos (de Ego masculino G. 11), o por lo menos uno de los padres (G. 10). En un caso (G. 11), el jefe de familia tenía sólo una hermana; en el otro (G. 10), es el único hijo que ha quedado viviendo en Sarhua, del primer matrimonio del padre, estando la madre fallecida. Son jefes de familia que se lamentaban por no tener parientes, que en el contexto quiere decir hijos, padres y siblings reales. En una de ellas (G. 11) figuran por Ego masculino el sibling real mencionado y algunos parientes clasificatorios; en la otra (G. 10) están representados el padre con la madrastra en el espacio dos, y un sibling real (medio hermano paterno) en el tres, y luego parientes clasificatorios.

Los padrinos no fueron ubicados en el sitio de los padres: en el G. 11 los padrinos de matrimonio ocupan el octavo espacio, y la tabla tiene nueve divisiones para parientes incluyendo los Ego. En el G. 10 los padrinos de bautismo de Ego masculino ocupan el sexto espacio, y la tabla tiene siete divisiones para parientes incluyendo los Ego.

15. Registré un caso en el que se incluyeron hermanos y padres de juramento. Dado que dicha unidad doméstica contaba con dos parejas de compadres, el día del techado de su casa le trajeron dos tablas (T. 30 y 31 [G. 12]), una por cada pareja de compadres. La primera (T. 30) ubicó a los hermanos de juramento dentro de la serie de siblings reales de los Ego, en el séptimo lugar, y a los padres de juramento en el undécimo primero en una tabla de catorce espacios para parientes. Los padres de juramento de Ego femenino no ocuparon el lugar de sus padres, a pesar que ellos ya habían fallecido cuando se construyó la casa.

En esta misma T. 30, en los espacios segundo y tercero figuran un sibling real de Ego femenino (el mayor de la serie), y un sibling real del padre de Ego masculino, que es una de las alternativas cuando los padres de los Ego están muertos. Mas el G. 12 [T. 31] ubicó a los hermanos de juramento en el espacio dos, combinándolo con un sibling real de Ego femenino (el mayor de la serie), quien va en el tres. Este compadre equiparó los hermanos de juramento con los siblings reales como hizo el compadre de la T. 30, pero además los eligió para colocarlos en el espacio que correspondería a los padres de Ego masculino, donde, como habíamos visto hasta ahora, se colocaban siblings reales de los Ego o se combinaban siblings reales de los Ego con siblings reales de los padres de los Ego, cuando los padres de los Ego están muertos, que es además lo que hizo el compadre de la T. 30.

La Tabla de esta unidad doméstica fue un desafío para los compadres por las características nada comunes de la familia: los esposos no viven juntos, él reside y trabaja en Lima en forma permanente, ella en Sarhua pero no hay separación. El vivía en esa época en Lima en la casa de los hermanos de juramento, trabajando en el taller de ellos, situación que lleva a uno de los compadres a ubicar a los hermanos de juramento en el lugar que correspondía a los padres de Ego masculino, los que como vimos habían ya fallecido.

En suma, en relación con los parientes que ocupan los lugares de los padres cuando éstos han fallecido, mientras el compadre de la T. 30 se comporta más clásicamente, eligiendo al hermano mayor de ella y al hermano del padre de Ego masculino, el del G 12 [T. 31] combina a los hermanos de juramento con el sibling real de Ego femenino, enfatizando el rol de "padres" o "hermanos mayores" de los hermanos de juramento con relación a Ego masculino, quien reside y trabaja con ellos en Lima.

Por otro lado, la hija casada de los constructores no reside en la comunidad de manera permanente y, por lo mismo, no detenta tierras ni su unidad figura en el padrón de comuneros. Tanto ella como su esposo vienen algunas veces por temporadas y ayudan a la madre y a los hermanos menores, volviendo luego a Lima donde residen, además, en forma independiente con relación al padre. ¿Cómo resolvieron los compadres el problema de esta hija casada? Obviamente no la ubican en la unidad doméstica de la madre, dado que la unidad doméstica de la hija no integra de manera permanente la de la madre, a pesar de que cuando vienen de Lima se quedan con ella; tampoco la ubican en el espacio inmediato al de los Ego, como sucede con los hijos casados que ya son unidades domésticas incorporadas en la comunidad como miembros integrantes de ella. Los compadres, en este caso los dos, luego de representar en el segundo y tercer espacio a los parientes que ocupan los lugares de los padres de los Ego, otorgan el cuarto espacio a esta hija casada que representa un caso que no es común en esta comunidad.

Para estos compadres, la representación misma de los Ego constituyó un caso especial, dado que ambos no vivían juntos de manera permanente, pero los lazos afectivos no estaban rotos, ni tampoco la ayuda mutua entre cónyuges, ni entre padres e hijos que todavía forman parte de la misma unidad doméstica: los hijos menores que vivían con la madre, pero que reciben en forma permanente todo lo que el padre puede enviarles desde lejos, por lo que ambos cónyuges fueron representados juntos en el primer espacio después de la Virgen, como los otros Ego.

16. ¿Qué pasa en las tablas de jefes de familia casados con mujeres procedentes de otros lugares?. No figura ningún pariente representado por el lado de ellas (T. 14 y T. 15 [G. 10]). Obviamente dichas mujeres cuentan con parientes en sus lugares de origen, pero ellos no constituyen unidades domésticas de la comunidad [8].

17. Jamás se representan parientes muertos [9].

18. Las unidades domésticas son representadas en los maderos alternando los del varón con los de la mujer, tratando de lograr una representación simétrica en cada nivel: los padres de ella y los él, los siblings del varón con los de la mujer, etc. Veamos un caso, el G. 2 [T. 8] de Fermín Qch-B y de Rosala Ve-P, que es una de las dos tablas más simples de todo el corpus, en ella se registra en ambos lados parientes de las mismas generaciones y categorías (sólo padres y siblings reales de los Ego). La serie de siblings vivos en la época en que se construyó la casa era la siguiente:

---

[8] La encuesta que pasé con el censo de 1981 registró 3 mujeres foráneas casadas con sarhuinos, más al siguiente año este número se redujo a una, que es la única mujer foránea que se considera incorporada en la comunidad, dado que ha vivido en ella la mayor parte de su vida y que figura en las tablas 14 y 15. La encuesta no registró ningún hombre foráneo incorporado en la comunidad vía matrimonio.

[9] ¿Qué parientes vienen después de la representación de las unidades domésticas de los padres de los Ego, o de los parientes que ocupan su lugar cuando ellos han fallecido?, y ¿en qué orden?. No es posible establecerlo sólo en base a la información que proporcionan las tablas por sí mismas, salvo en términos de probabilidades.

Siblings Qch-B:	Siblings Ve-P:
1. Felipa, casada y residente en S. 2. Martha, casada y residente en S. 3. Fermín (EGO). 4. Gerardo, residente en Lima. 5. Agripina, residente en Lima. 6. Epifanio, casado y residente en S. 7. Irenea, soltera y residente en S.	1. Zenobia, casada y residente en S. 2. Agapito, casado y residente en S. 3. Susana, casada y residente en S. 4 Victor, residente en Lima. 5. Marino, casado y residente en S. 6. Rosala (EGO).

De los Siblings Qch-B que se encontraban en Sarhua (S.) durante el techado son los siguientes:

1. Felipa
2. Martha
3. Fermín (EGO)
6. Epifanio
7. Irenea

Y de los siblings Ve-P:

1. Zenobia
2. Agapito
3. Susana
5. Marino
6. Rosala (EGO)

Obsérvese que mientras Fermín es el tercero en su serie, Ego femenino, Rosala es la sexta.

El compadre representa a la unidad doméstica de los Ego en el primer espacio luego de la Virgen, en el 2 a la madre viuda de Ego femenino, quien figura sola, pues todos sus hijos estaban ya casados e independizados o se habían establecido en otros lugares fuera de la comunidad. En el tercer espacio figuran los padres de Ego masculino con Irenea, que es la hija soltera que todavía vive con ellos. El compadre ha alternado la unidad doméstica de los padres de Ego femenino con la unidad doméstica de los padres de Ego masculino, tal como están constituidas en esa etapa del ciclo vital.

Luego el compadre elige tres unidades domésticas que corresponden a siblings reales de Ego femenino y los alterna con tres unidades domésticas de siblings reales de Ego masculino, ubicando a los tres primeros en los lugares 4, 5, y 6 y a los otros en el 7, 8 y 9, alternando tres siblings reales de ella con tres siblings reales de él. Como a Ego femenino le queda un hermano, Marino, éste es representado en el espacio 10, con quien cierra la tabla en lo que respecta a parientes.

Sin embargo, si examinamos el orden en la serie de los siblings en cada lado (véase el G. 2 [T. 8]), constatamos que el compadre no los ubicó respetando la edad de ellos, pues en el caso de los siblings de Ego femenino, el compadre representó a Agapito en el cuarto lugar, siendo el segundo de la serie y a Zenobia que es la primera, en el quinto. Igual situación se presenta en el lado de Ego masculino, el compadre ubica a la segunda de la serie antes que a la primera, séptimo y octavo espacios, respectivamente.

El compadre logró, sin embargo, una simetría en la organización de los parientes de ambos cónyuges, alternando la unidad doméstica de los padres de ella con la unidad doméstica de los padres de él, en la etapa del ciclo vital en que se encontraban en ese momento, y luego alterna siblings reales de ambos lados. O sea, se alternó parientes de las mismas generaciones y categorías con relación a los Ego, más como acabamos de señalar no se respetó la edad en la series de siblings.

Este hecho que mostramos en una de las dos tablas más simples del corpus se repite a menudo. Por un lado, se percibe una orientación general a organizar los parientes teniendo en cuenta generación, categoría, edad y a veces hasta sexo y, por otro, se presenta una ruptura violenta de ello, existiendo las posibilidades de lograrlo, como en el caso que acabamos de examinar, en la que los siblings pudieron ser ordenados en series de tres por cada lado, pero respetando la edad de cada uno en su respectiva serie. Una constatación reiterada de esta situación me llevó a pensar que las "tablas pintadas" hablaban de otra cosa además de unidades domésticas al establecer el orden de los parientes en la organización general de la representación, dado que mis estudios sobre organización social, que corrían paralelos, encontraban que generación, edad y sexo constituían principios organizadores de la vida cotidiana en la comunidad.

Por otro lado, hay que tener en cuenta que no es fácil lograr una simetría en la alternación de parientes de ambos lados, aunque las tablas "hablasen" sólo de unidades domésticas, por simples razones de carácter fáctico, pues es difícil que ambos cónyuges presenten situaciones bastante similares:

los padres vivos en ambos casos, el mismo número de siblings residiendo en la comunidad y en las mismas etapas del ciclo vital, etc. Hay que tener en cuenta las diferencias de edad entre siblings mayores y menores en series compuestas de 10 y más, a los que hay que restar los muertos, los establecidos en otros lugares, etc. Es muy difícil, entonces, esperar que los grupos de siblings de los dos cónyuges sean similares. A ello hay que agregar la edad de los cónyuges al casarse: en Sarhua los varones se casan con un promedio de 23.5 (desviación estándar de 4.0) y las mujeres con un promedio de 19.7 (desviación estándar de 3.7) (Partidas matrimoniales de la comunidad de las décadas anteriores a 1980). En términos generales en el matrimonio las mujeres son más jóvenes que sus cónyuges.

19. Registré una tendencia bastante acentuada a iniciar la alternación de parientes de los dos lados (que se inicia después de la representación de los Ego) con los parientes de la mujer cuando Ego masculino es del ayllu-mitad Sawqa, y cuando Ego masculino es de la mitad Qollana; los compadres suelen comenzar la alternación con los parientes del propio Ego masculino. Entonces, en términos ideales, la alternación de parientes se daría así: en el espacio uno después de la Virgen van los Egos, en el dos parientes de Ego femenino si Ego masculino es Sawqa, o parientes de Ego masculino si él es Qollana. No olvidemos sin embargo que resolver la representación de los Ego puede tomar varios lugares antes de iniciar la alternación de parientes de ambos lados (v. g. cuando los Egos tienen hijos casados e incorporados en la comunidad como unidades domésticas propiamente dichas, y si además de ello se suma que se encuentran presentes en el techado los hijos solteros establecidos en otros lugares, que han venido de visita y/o por las fiestas, entonces la sóla representación de los Ego puede ocupar varios espacios antes de iniciar la alternación de parientes de ella con los de él, o viceversa).

Luego de haber examinado las normas que rigen la representación de los parientes, ¿qué podemos decir de las representaciones presentes en las divisiones rectangulares mayores de las "tablas pintadas" de Sarhua?

2.2.3 Conclusiones de esta parte:

1. Las divisiones rectangulares mayores que se establecen en las "tablas pintadas" son representaciones de unidades domésticas.

2. Las unidades domésticas representadas corresponden a parientes de la pareja matrimonial constructora de la casa y, como tales, como unidades domésticas, son miembros integrantes de la comunidad.

Sin embargo, hemos registrado excepciones: hijos o hermanos de los Ego que se hicieron acreedores a una división sin contar con unidad doméstica, dada su situación de solteros y de residentes fuera del ámbito de la comunidad. Además, hemos constatado también que la representación de los hijos o hermanos solteros que se encontraban visitando la comunidad en un cuadrangular aparte obedece a las exigencias mismas de una representación rigurosa con relación a los miembros que integran cada unidad doméstica seleccionada para ser representada; razón por la cual, no podían figurar ni en la unidad doméstica de los padres, ni en las unidades domésticas de los siblings reales que eran casados y residentes en la comunidad, so pena de invalidar su representación, por lo que los compadres no tienen otra salida que otorgarles un división aparte, dado que la representación de ellos es igualmente obligatoria por el grado de parentesco que mantienen con los EGO, lo que será comprensible al examinar la lógica de los rituales, la que plantea igualmente exigencias a la representación de los parientes, y que examinamos en el punto 4.

3. El hecho que algunos compadres no sean muy cuidadosos con la representación de niños y púberes, pero sí con la de los adultos, constituye un indicio de que en sus orígenes las tablas pintadas de Sarhua estuvieron destinadas a establecer la fuerza de trabajo disponible en cada unidad doméstica en momentos determinados. Esta aseveración está igualmente respaldada en lo establecido en la norma N° 5, con el caso de las dos jóvenes mujeres que habían regresado a la comunidad, que a pesar de compartir la vivienda con sus padres, fueron sacadas a un espacio aparte por considerarlas que ya no eran parte de la fuerza de trabajo de sus padres.

4. Las unidades domésticas de cada división rectangular mayor son en principio familias nucleares, además no toda familia nuclear da origen a una representación en una división rectangular. Vimos que, cuando los hijos se casan, permanecen residiendo con ellos por tiempo variado, como parte de su fuerza de trabajo, aunque hayan recibido como dote algunos bienes y parcelas, figurando por ello en las tablas en las

divisiones correspondientes a sus padres, es decir como integrantes de sus unidades domésticas. O sea que existen en la comunidad familias nucleares, las de las nuevas parejas que se encuentran en la etapa de residencia post-matrimonial viviendo con los padres y en menor número con los abuelos, a las que jamás se les otorga un espacio propio en las tablas.

5. Lo que posibilita que una familia se haga acreedora a una división rectangular en la tabla es su relación con la tierra agrícola y pastoril como unidad diferente a las de sus familias de origen; es decir, los hijos casados deben conducir sus propias parcelas y/o estancia y ser miembros de la comunidad con obligaciones y derechos plenos y, por lo mismo, figurar en el padrón de comuneros. Asimismo, es necesario que posean viviendas que les permitan contar también con sus propios fogones, o sea ser también una unidad de consumo y residencia, diferente a las de sus familias de origen.

Es decir, las tablas presentan en las divisiones rectangulares a las familias como unidades de producción, consumo y residencia, el conjunto de parientes que están ligados a la misma estancia (tierra pastoril) y/o conjunto de parcelas agrícolas de cuya producción (unidad de trabajo) obtienen lo básico de su sustento (unidad de consumo), más allá del hecho de que sus miembros residan simultáneamente en dos o más lugares de la comunidad y, por lo mismo, prendan diariamente dos o más fogones, dadas las características que toma la gestión de los recursos en los Andes.

En suma, en cada división rectangular mayor de las tablas se dibuja y pinta un grupo de parientes que son al mismo tiempo una unidad básica de producción, de consumo y residencial [10].

6. Las normas establecidas hasta ahora sobre la representación de las unidades domésticas nos permiten inferir el tratamiento que darían los compadres a la representación de unidades domésticas que no registró

---

[10] En Sarhua, como en otras comunidades serranas, todos los miembros de la unidad doméstica no siempre permanecen juntos, todo lo contrario: se da una división social del trabajo entre ellos para atender las labores agrícolas y pecuarias en las distintas ecologías presentes en su territorio. Las mujeres jóvenes (una o dos) residen la mayor parte del año en la parte alta, dedicadas al cuidado del ganado, rotando al igual que éste, mientras los otros miembros de la familia se ocupan de las actividades agrícolas en las distintas zonas de producción, o sea que para la misma unidad doméstica por lo menos se prenden

el corpus establecido, pero que constituyen casos no difíciles de imaginar: por ejemplo, la presencia durante el techado de la casa de los padres de un hijo casado (acompañado de otros miembros de su familia nuclear), que reside fuera de la comunidad. Tenemos certeza total de que no será ubicado en la división que constituye la representación de la unidad doméstica de sus padres, ni con las unidades domésticas de sus siblings casados y residentes en Sarhua. No podemos saber aún qué orden ocuparía en relación con los otros siblings casados que viven en Sarhua y que son ya unidades domésticas de la comunidad. Ello sólo será posible luego de abordar el punto 3 de este trabajo.

7. El aprendizaje del castellano ha ido provocando algunos cambios en ellas, por ejemplo se ha introducido los nombres de los varones o de las mujeres que son jefes de las respectivas unidades domésticas, visto desde la perspectiva de la Ley de Comunidades Campesinas. Además, recordemos que en algunos casos se colocó sólo el nombre de mujeres que no eran viudas por lo que sus esposos estaban también presentes en la representación, o se colocaron los dos nombres.

a) Si consideramos que el hecho básico de la representación de las unidades domésticas en las "tablas pintadas" lo constituye la realización de los dibujos y el coloreado de las figuras de los miembros que las integran, caracterizados mediante la actividad que los individualiza y los diferencia de miembros de otras unidades domésticas, especialmente en el caso de los varones y mujeres adultos, colocar en castellano el nombre escrito de uno de ellos o de los dos cónyuges resulta una reiteración, esto es, un intento de significar de otra manera lo que ya la representación pictórica misma establece. Esto se hizo evidente con las interlocutoras que eran mujeres analfabetas, las que obviamente no podían leer los nombres, pero que identificaron las unidades domésticas representadas, básicamente a través de la actividad con que la que estaban caracterizados.

---

diariamente dos fogones y se pernocta en dos lugares diferentes. Ellos son los fogones, las casas de la misma unidad doméstica, es decir del grupo de parientes que se sustentan de la misma estancia y de un conjunto específico de parcelas distribuidas en las distintas zonas de producción. El Censo de 1981 que tuve ocasión de presenciar infló el número de familias considerando a las pastoras de la puna como unidades aparte, situación que tuve que corregir en la encuesta que pasé, adjuntando la ficha de las pastoras que pasaron el censo en la puna con los otros miembros de la unidad doméstica que lo pasaron en el pueblo.

b) Si tenemos en cuenta la participación de la mujer sarhuina en la toma de decisiones a nivel familiar y comunal, en el trabajo productivo como integrante de los distintos grupos que se constituyen para sacar adelante el conjunto de labores agropecuarias y no agropecuarias que recaen sobre las familias, así como su rol protagónico en las actividades reproductivas a nivel familiar y comunal, y el hecho de ser sujeto en la transmisión y sucesión de tierra pastoril y agrícola, entonces es lógico esperar que figuren los nombres de la diada conyugal, salvo en caso de viudez. Sin embargo, vimos que esta situación sólo se presentó excepcionalmente, por lo que sostengo que el significado que obtiene el nombre escrito en castellano se acerca más al significado dado por la Ley de C. C. a la jefatura de familia, que a la representación pictórica misma.

8. En el caso de las tablas pintadas sarhuinas, estamos frente a dos unidades de representación: las divisiones rectangulares mayores que no son otra cosa que los dibujos de los miembros que integran las unidades domésticas de los parientes elegidos, y las divisiones rectangulares mucho más delgadas y alargadas, que aparecen separando y uniendo cada división rectangular mayor, pero que en sentido estricto lo que hacen es constituir las divisiones rectangulares mayores; es decir, son ellas las que permiten distinguir entre los miembros que pertenecen a una u otra unidad doméstica. En otras palabras, los miembros que integran una unidad doméstica están separados de los miembros que integran la siguiente unidad doméstica gracias a los diseños que hacen los compadres en cada división rectangular alargada. Dichos diseños son en un buen número de casos los ideogramas de los *tocapu*, pero que repiten en toda su extensión el mismo signo, como lo hacen las bandas diagonales de los *tocapu* dibujados por Guaman Poma [11]. A dichos ideogramas que parecen atravesar varios horizontes, se agregan otros como dibujos de plantas, animales, incluso en un caso he registrado una serie de autos en fila, unos detrás de otros, en toda la banda, lo que evidencia el dinamismo de las tablas pintadas sarhuinas.

9. Lanzo la hipótesis de que las "tablas pintadas" de Sarhua que la comunidad elabora para su consumo se inscriben en la tradición de algún

---

[11] El corpus logrado de las tablas pintadas me está permitiendo establecer el significado que los sarhuinos dan a dichos ideogramas tanto en el contexto de las tablas, los tejidos y los bastones de mando.

tipo de tablas pintadas precolombinas. Sabemos que en la administración local y estatal de las antiguas sociedades andinas constituyó un factor de primera importancia la contabilidad de la fuerza de trabajo disponible cada año, siendo para ello indispensable un conocimiento exacto de la composición de las unidades domésticas vigentes en cada caso. El *quipu* numérico servía a los funcionarios estatales para registrar en cada provincia la población existente yendo desde los mayores hasta los recién nacidos, por grupos de diez en diez (como señala Garcilaso 1991 [1609]). Pero para ello era necesario conocer los miembros que integraban cada unidad doméstica en las distintas unidades sociales de la estructura social respectiva. Por ello creo que es plausible pensar que a nivel local, en el de las unidades sociales de menor jerarquía, el uso de tablas pintadas conteniendo unidades domésticas pudo ser generalizado, por lo menos en esta parte de la región del Pampas-Qaracha, dado que también existen "pinturas" en las comunidades aledañas a Sarhua. Tal vez se trató de un desarrollo local, anterior al de los incas, y que se mantuvo a nivel de la zona aún después que éstos conquistaron la región, o tal vez constituyeron un tipo de tablas pintadas que existieron entre los incas, que los cronistas observaron, pero a las que no dieron mayor importancia.

No es difícil imaginar a los *quipucamayoc* locales visitando las casas de las unidades domésticas pertenecientes a las unidades sociales a su cargo y a partir de las tablas pintadas y actualizadas cada año registrar en el *quipu* numérico la población según los grupos de edad establecidos por la administración local y estatal, por lo menos en esta región. En Sarhua no se guardan las tablas pintadas, una vez que la diada conyugal (varón y mujer) de la unidad doméstica fallece, se limpian los maderos para ser usados nuevamente, lo que prueba la necesidad de su actualización en el tiempo en relación con los cambios que tienen lugar en las unidades domésticas.

3. El ayllu exogámico en Sarhua

La identificación de cada una de las unidades domésticas representadas en los 381 espacios del corpus destinados a parientes me permitió conocer las relaciones de parentesco existentes en cada caso en relación con la pareja constructora de la casa y, en general, las categorías de parientes representadas en las tablas. Si bien es posible mostrar, las probabilidades de aparición de las categorías, todavía con ello no es posible explicar por qué fueron elegidos para ser representados unos parientes y no otros; pues en Sarhua para cada pareja matrimonial el número de parientes es muy amplio si tenemos en cuenta que el parentesco es bilateral, por lo que resultan emparentados cada uno de ellos con todos los descendientes de sus ocho bisabuelos, dado que está prohibido el matrimonio hasta la tercera generación descendente; es decir, el matrimonio sólo es posible a nivel de los tataranietos, e incluso siempre y cuando no coincidan los apellidos, sobre todo paternos. El número de parientes para cada pareja matrimonial es muy grande. Veamos el sistema terminológico:

Tabla de diadas

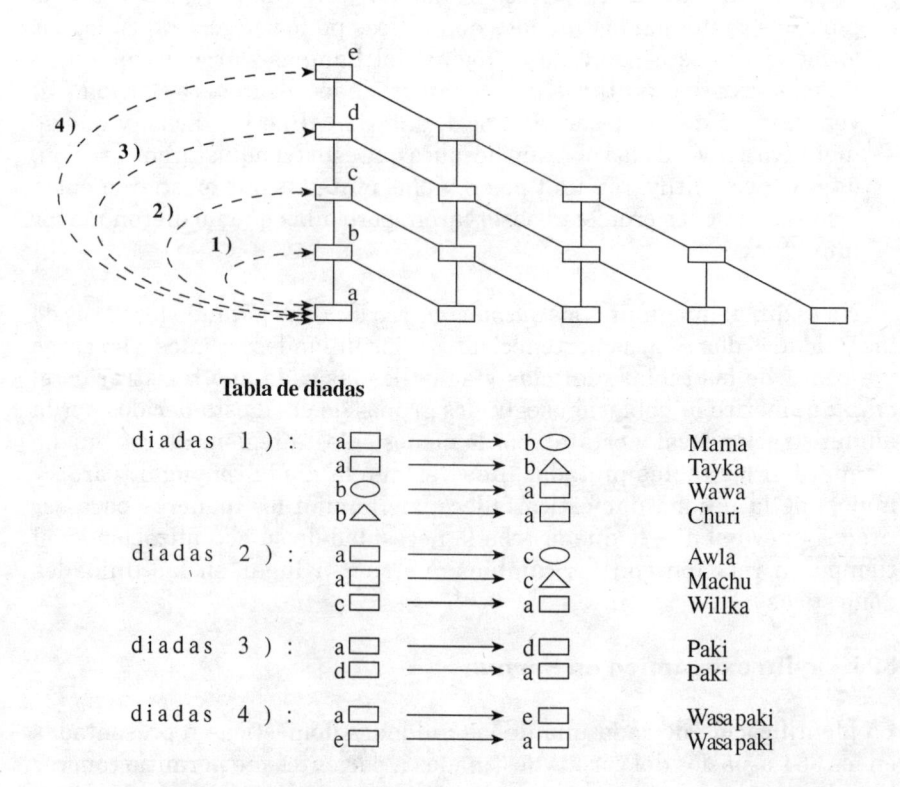

diadas 1) : a □ ⟶ b ○   Mama
              a □ ⟶ b △   Tayka
              b ○ ⟶ a □   Wawa
              b △ ⟶ a □   Churi

diadas 2) : a □ ⟶ c ○   Awla
              a □ ⟶ c △   Machu
              c □ ⟶ a □   Willka

diadas 3) : a □ ⟶ d □   Paki
              d □ ⟶ a □   Paki

diadas 4) : a □ ⟶ e □   Wasapaki
              e □ ⟶ a □   Wasapaki

FIG. 5 Parentesco: Terminología y estructura en Sarhua

La figura 5 presenta una visión esquemática de la organización del parentesco en forma de "diadas" [12]. Cada una está definida generacionalmente por dos categorías de parientes lineales o nodos (cada categoría como "Ego" o "Alter" a la otra según el caso). Las letras a, b, c,... denotan las categorías y los números 1), 2)..., 4) las diadas, de modo que la diada 1 representa a las categorías (a, b); la 2 a las categorías (a, c), etc. Las categorías en el diagrama son representadas por rectángulos. El criterio del sexo está desarrollado en la tabla de diadas e indicado por los íconos convencionales (Δ, O). Se puede apreciar que la expresión del criterio del sexo se va reduciendo con el aumento de la distancia generacional, perdiéndose en la diada 3, *paki*, (a) llama a (d) *paki*: bisabuelo, y (d) llama a (a) *paki*: bisnieto), y en la diada 4, *wasa paki* (tatarabuelos-tataranietos). Los términos quechuas para las categorías de parientes cercanos de la misma generación, no incluidos aquí, dependen completamente del sexo de la persona en cada nodo de las diadas (*ñaña, turi*, etc.).

Los términos *paki* y *wasa* significan respectivamente "fragmento" y "columna vertebral", de modo que *wasa paki* significa "columna vertebral rota". Los sarhuinos aseveran explícitamente que los descendientes de un antepasado que son *wasa paki* pueden ya casarse, mientras no coincida el apellido paterno, en cambio un matrimonio entre dos personas del nivel de *paki* es visto todavía como aberrante. La diada *paki - paki* expresa los límites del ayllu exogámico.

En la figura 6 indico la extensión de las categorías a las líneas transversales (indicadas por los eslabones diagonales) para representar aspectos básicos de las categorías *paki* y *wasa paki* tal como se emplean actualmente en Sarhua. Existe una relación "jocosa" entre los nodos *paki* y entre los *wasa paki*. Dos *paki* del mismo sexo se dirigen con los términos *wawqe* y *ñaña*, (hermano, hermana), pero entre los del sexo opuesto se dice *qosay* y *warmiy* (esposo y esposa) según el caso. Esta relación se da entre los *wasa paki*. Sin embargo, ya que no es común que bisabuelos y bisnietos se conozcan vivos, y extremamente raro para tatarabuelos y tataranietos, la relación se expresa entre "ablineales" (descendientes de un antepasado común por eslabones entre categorías de ambos sexos). Particularmente bien documentados son los casos en la generación de los abuelos indicados por d* y e* con relación a a, en la figura 6, pero dichas bromas nunca se dan entre abuelos y nietos reales.

---

12 Presento la información según el esquema usado por Earls (1971, 1973) y Zuidema (1989: 122). Earls derivó el modelo de documentos coloniales. Los términos de parentesco que presento y la forma de establecer la exogamia fueron recogidos por mí en 1980.

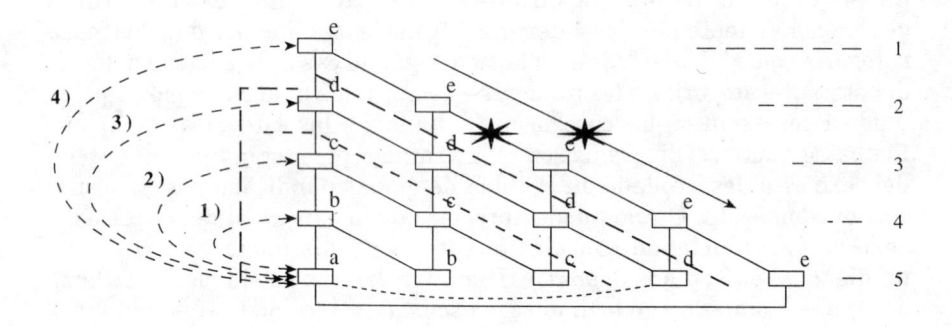

FIG. 6 La extensión de las categorías a las líneas transversales

De igual manera, c (que son los abuelos de a) podrían bromear con los niños b y c (de la misma generación que a), diciendo el abuelo a los varones *wawqi* (hermano), y a las niñas *warmiy* (esposa), y la abuela a las niñas *ñaña* (hermana), y a los varoncitos *qosaymi* (esposo). Con ello están señalando que sus descendientes en esa generación son ya matrimoniables. Ello constituye una forma de distinguir sin lugar a error los descendientes de los ocho bisabuelos con quienes el matrimonio no es posible [13].

Como vemos en Sarhua, la terminología del parentesco provee el mecanismo para la identificación segura de quiénes son miembros del ayllu exogámico. ¿Cómo eligen entonces los compadres a los parientes, cuyas unidades domésticas deben ser representadas en la tabla, y por qué?

Por razones de espacio sólo presento un caso, una tabla para mostrar cómo dicha elección está relacionada con el proceso de sucesión de la tierra en los ayllus de la pareja matrimonial constructora de la casa.

4. Las tablas como registro en la sucesión de la tierra

He elegido la Tabla 39 [G. 4] del corpus, perteneciente a Pablo Poma Pomasonqo (Pablo P-Ps) y a Alicia Michui Evanán (Alicia M-Ev). Los parientes presentes en la tabla son los siguientes:

---

[13] En la encuesta registré como una de las razones de la migración la dificultad de matrimonio en su pueblo por razones de parentesco.

N° de orden de la representación	Nombres reales codificados y ayllus-mitad originarios de los cónyuges	Categorías de parentesco
1	Pablo P-Ps (q)	EGO.m
	Alicia M-Ev (s)	EGO.f
		Hja. Ego.m y Ego.f
		Hja. Ego.m y Ego.f
		Hjo. Hja. Ego.m y Ego.f
2	Celi P-M (q)	Hja. Ego.m y Ego.f
	Raymundo F-Ac (q)	Eso. Hja. Ego.m y Ego.f
3	Edilberto C-M (s)	Hjo. Hna. P. Egof
	Teodora Ya-Hi (s)	Esa. Hjo. Hna. P. Ego.f
4	Fanita (Juanita) M-Ev (s)	Hna. Ego.f
		Eso. Hna. Ego.f
5	Gerónimo Qi-Ti (s)	Hno. Ego.m
	Aguedo P-Ps (q)	Esa. Hno. Ego.m
	Romualda R-Qi ( )	Hjo. Hno. Ego.m
		Hja. Hno. Ego.m
6	Mica Yc-Yi (s)	Hja. Hja. Hna. P. Ego.f
	Teófilo Qo-Pa (s)	Eso. Hja. Hja. Hna. P. Ego.f
		Hjo. Hja. Hja. Hna. P. Ego.f
7	Bonifacio Yc-Yi (s)	Hjo. Hja. Hna. P. Ego.f
	Lourdes Yqe- (s)	Esa. Hjo. Hja. Hna. P. Ego.f
		Hja. Hjo. Hja. Hna. P. Ego.f
8	Marcela C-M (q)	Hja. Hna (2ª). Ego.f
	Samuel Qu-Pc ( )	Eso. Hja. Hna (2ª). Ego.f
		Hjo(a). Hja. Hna (2ª). Ego.f
9	Ervacio Ev- (s)	Hno. M. Ego.f
	Juanita Qi- (s)	Esa. Hno. M. Ego.f
10	Patrocina C-M (q)	Hja. Hna (2ª). Ego.f
	Fortunato Cs-Dlc (s)	Eso. Hja. Hna (2ª). Ego.f
11	Rómulo P-R (q)	Hjo. Hno. Ego.m
	Teófila Mo-Cñ ( )	Esa. Hjo. Hno. Ego.m
		Hjo(a). Hjo. Hno. Ego.m
12	Florinda Pc-M (s)	Hja. Hna (1ª). Ego.f
	Luciano B-R (q)	Eso. Hja. Hna (1ª). Ego.f
		Hjo(a). Hja. Hna (1ª). Ego.f
13	Cresenciana C-Ya (s)	Hja. Hjo. Hna. P. Ego.f
	Zósimo Ps-Vi ( )	Eso. Hja. Hjo. Hna. P. Ego.f
14	Isabela Lucila C-Ya (s)	Hja. Hjo. Hna. P. Ego.f
	Elías Ps-Qi ( )	Eso. Hja. Hjo. Hna. P. Ego.f
		Hjo(a). Hja. Hjo. Hna. P. Ego.f

TABLA N° 39

En el momento de la construcción de su casa, Alicia Michui Evanán (Alicia M-Ev) y Pablo Poma Pomasonqo (Pablo P-Ps) (Egos) contaban con una hija casada e independizada y tres hijos menores de edad y solteros, el mayor de ellos había migrado y se había establecido en Lima. Pablo y Alicia, luego de celebrado su matrimonio, fueron a residir con los padres de ella, permaneciendo en dicha casa por muchos años, construyendo la suya sólo después de un largo período de casados.

Como pareja matrimonial que construye la casa, ocupan el espacio inmediato a la Virgen. Con ellos figuran los dos hijos menores que viven en Sarhua y que son miembros de su unidad doméstica. Obviamente el hijo que migró a Lima y reside en esa ciudad no está representado. Asimismo aparece en la escena un niño pequeño, que es nieto de Pablo y Alicia, hijo de la hija casada que vive en Sarhua. El segundo espacio lo ocupa Celi Pomasoncco Michui (Celi P-M) y su esposo Raymundo Felices (Raymundo F-), que es la hija casada de los Ego.

El compadre siempre inicia la representación mostrando con precisión la situación que la unidad doméstica de los Ego presenta en el momento de la construcción de la casa. En el caso de Pablo y Alicia, las tierras que como pareja habían logrado reunir por entrega directa, herencia, compra, etc. han comenzado a ser divididas y compartidas con la hija casada y el yerno (*masa*), la que está ya independizada e incorporada en la comunidad como una nueva unidad doméstica, por ello el compadre ubica en el espacio 2, el inmediato al de los Ego, a la unidad doméstica de la hija casada, a Celi P-M y a su cónyuge Raymundo F-, mostrando con ello que las tierras de los Ego han iniciado ya su proceso de división y partición.

A nivel de los siblings de los Ego la situación es la siguiente: Ego femenino es la tercera de cuatro hermanas, de las cuales en el momento de la construcción de la casa de Alicia, habían ya fallecido la primera y la segunda, quedando viva la última de la serie, Juanita Michui Evanán (Fanita M-Ev); la cual en ese momento estaba ya casada, formando parte de una unidad doméstica independiente, incorporada como tal en la comunidad.

Pablo (Ego masculino) es igualmente el tercero de un grupo de cuatro siblings, el primero (Atanasio P-Ps) y la cuarta habían ya fallecido, quedando vivos sólo Aguedo P-Ps, que es el segundo y Pablo (Ego masculino). Aguedo no sólo es jefe de una unidad doméstica incorporada en la comunidad, sino mayor que Pablo, reuniendo plenamente los requisitos para reemplazar a los padres de Ego masculino.

En principio, los espacios destinados a los padres de los Ego inician la representación con los padres de Ego femenino, por ello el compadre asume resolver primero la situación de la ausencia de los padres de Alicia.

El compadre ha elegido a Edilberto Canchari Michui (Edilberto C-M), que es un sibling clasificatorio cruzado patrilateral primario de Ego femenino, el hijo de la hermana del padre (Hjo. Hna. P. Ego.f); más la selección sólo es comprensible en el contexto del proceso que ha seguido la sucesión de la tierra pastoril en el ayllu de Alicia.

Pablo P-Ps y Alicia M-Ev (los Ego) cuentan con estancia en Qellupampa, una de las grandes secciones de la puna, a la que han tenido acceso por ella. Esta sección de la puna está dividida en dos subsecciones, la del este de los Yupari, la del lado oeste de los Michui, del ayllu de Alicia.

En la generación anterior a Ego femenino, esta subsección figura ligada con los siblings Darío y Mica Michui Qayco, quienes la volvieron a subdividir en dos partes: la que colinda con Hatun Muncha y Condoray fue asignada a Mica, mientras que la otra junto a Waranqacancha le tocó a Darío. Véase la Fig. 7: Qellupampa. Primeras estancias de los Michui Qayco (M-Qy).

Cuando se construye la casa de Alicia, los siblings Michui Qayco habían ya fallecido, habiendo pasado la estancia de Mica a su hijo Edilberto C-M, hijo de Mica con su segundo marido, Félix Canchari (Fé. C-). Edilberto C-M a su vez la había subdividido, compartiéndola con una de sus hijas casadas, con Cresenciana Canchari Yupa (Cresenciana C-Ya). Véase el diagrama: Qellupampa. Etapa de la construcción de la casa y el diagrama sobre las relaciones de parentesco en esta tabla (T. 39 [G. 4]).

Del mismo modo, la subsección de Darío había pasado a tres de las cuatro hijas: Adela (1ª), Emilia (2ª) y Alicia (3ª, Ego femenino). Cuando Alicia construye su casa, Adela y Emilia habían ya fallecido, sucediéndolas en las estancias sus hijas: Florinda Pomacanchari Michui (Florinda Pc-M) a la primera, y Patrocina Canchari Michui (Patrocina C-M) a la segunda). Véase las Fig. 7 a 9 sobre las estancias en Qellupampa.

Como lo señalamos, las tablas no incluyen muertos, veámos entonces cómo procede el compadre para representar la sucesión de las estancias en este lugar. Elige a Edilberto C-M y a Juanita M-Ev, que son los únicos descendientes vivos de los siblings M-Qy, Mica y Darío, en la generación de Ego femenino, asignándoles los espacios tercero y cuarto respectivamente, "recordando y renovando" con su representación tal división, con Edilberto por el lado de Mica y con Juanita por el lado de Darío, asignando dos espacios y no uno para el lado de Alicia.

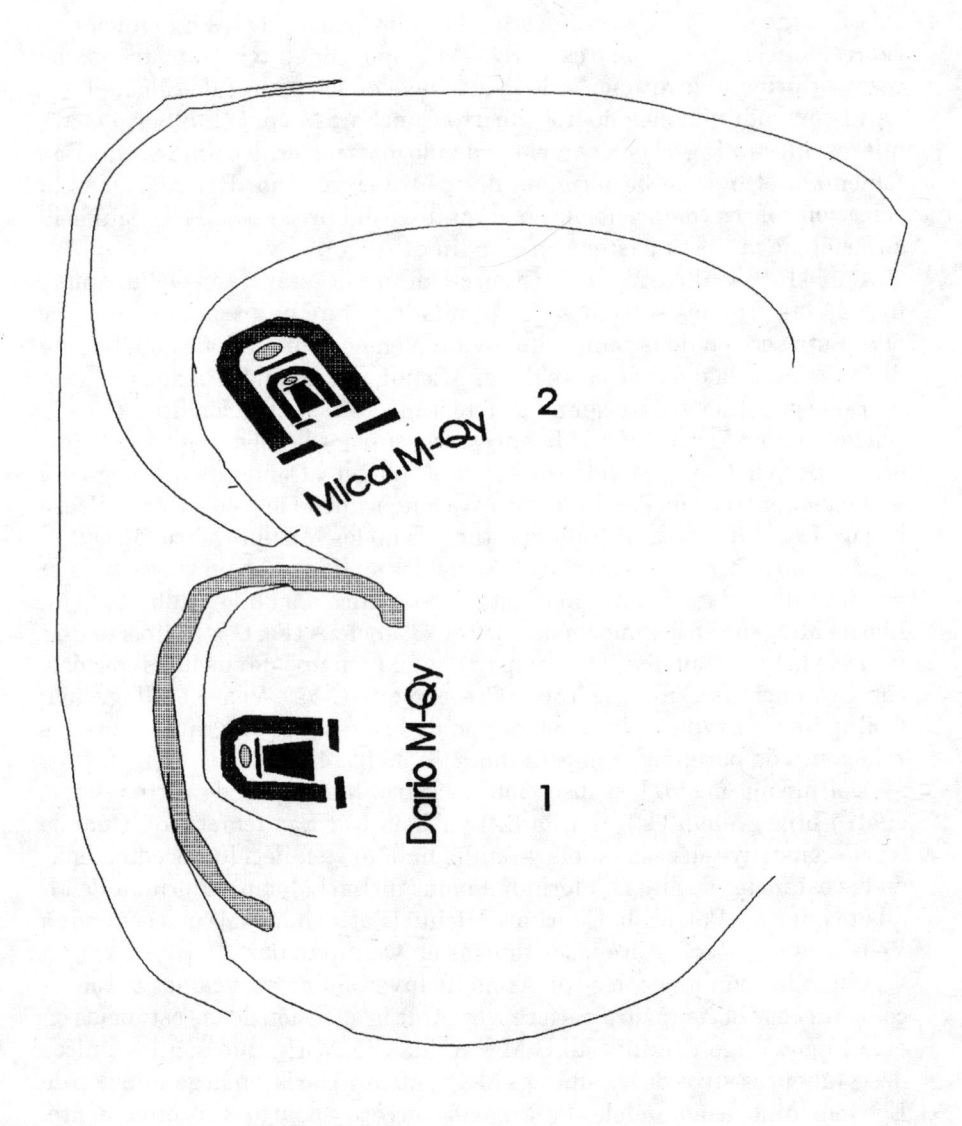

FIG. 7 Qellupampa: Primeras estancias de los M-Qv

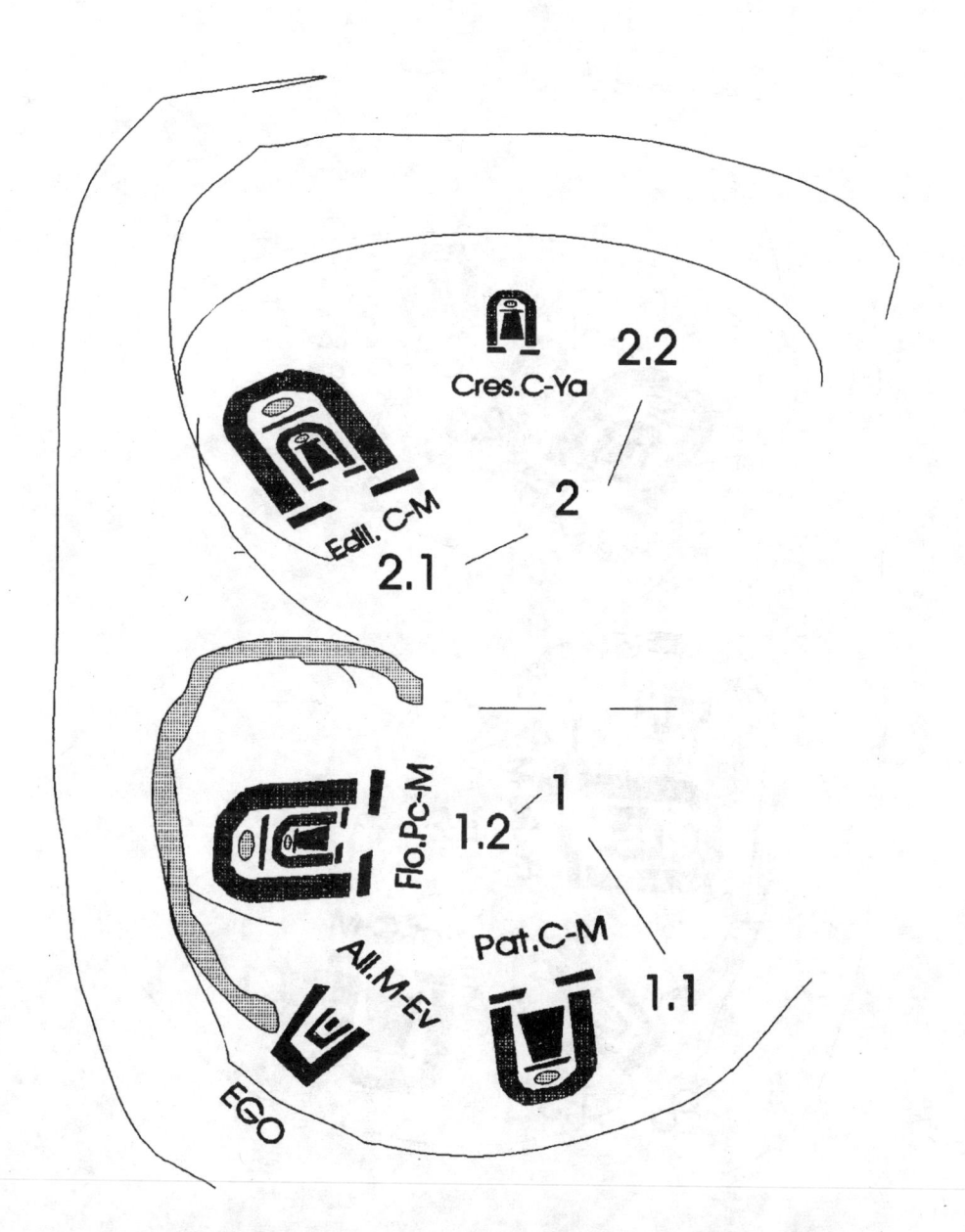

PARENTESCO Y REPRESENTACIÓN ICONOGRÁFICA
EL CASO DE LAS "TABLAS PINTADAS" DE SARHUA, AYACUCHO, PERÚ 511

FIG. 8 Qellupampa: Etapa de la construcción de la casa

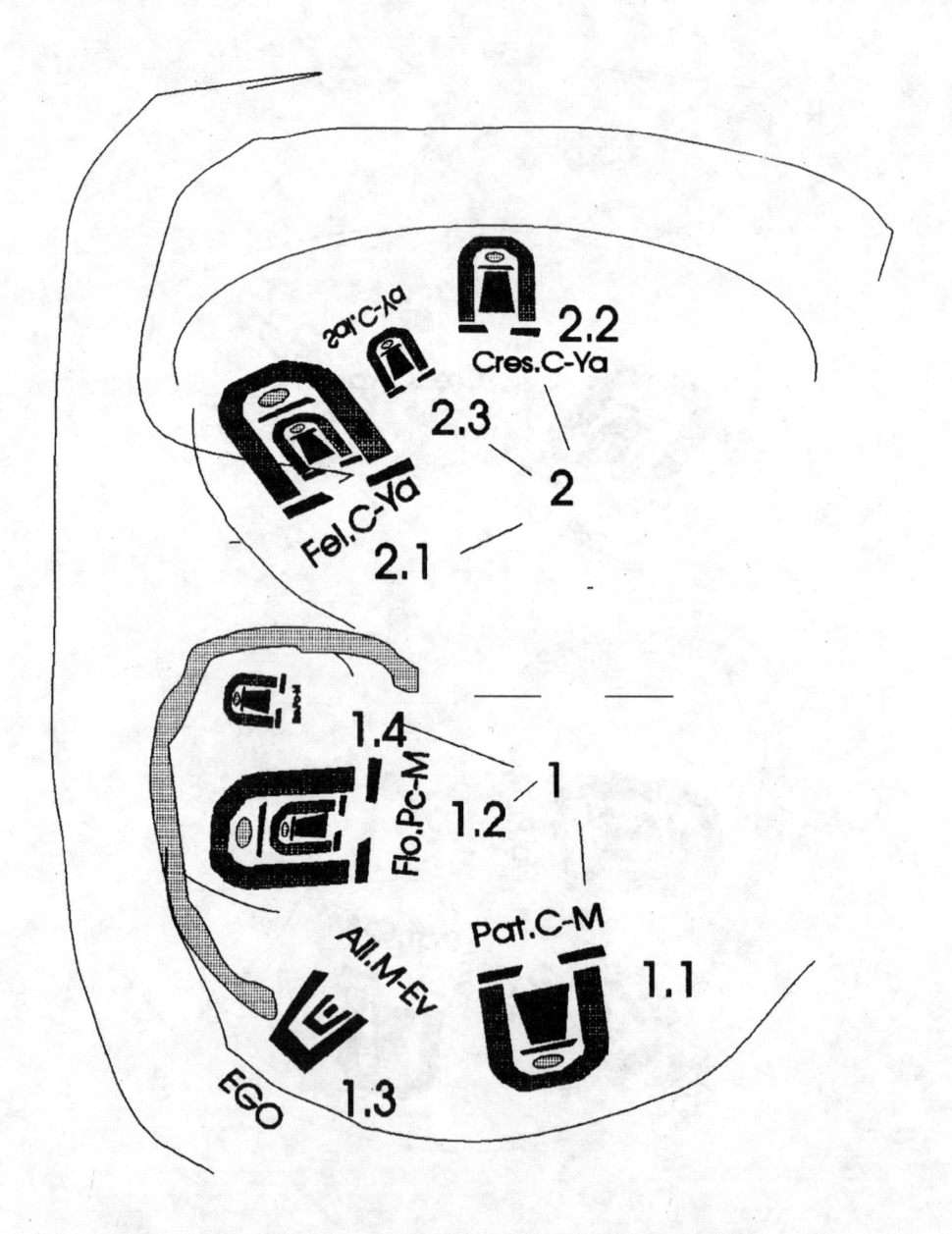

FIG. 9 Qellupampa: Descendientes de los M-Qy a 1993

Juanita no llegó a consolidar estancia en Qellupampa, pero tanto ella como Edilberto —fuera de Ego femenino, para quien se está delimitando la tierra— son los únicos descendientes vivos de mayor jerarquía con relación a los creadores de las estancias, los siblings Michui Qayco (Darío y Mica).

En seguida el compadre pasa al lado de Ego masculino, a los Poma Pomasoncco (P-Ps), dado que siempre se va alternando los parientes de ambos cónyuges, en cada nivel de la problemática que va abordando la representación.

Como lo señalamos antes, Aguedo P-Ps, es el segundo de la serie de siblings, mayor que Pablo (Ego masculino), y fuera de Pablo el único de los siblings que queda vivo, reuniendo óptimamente las condiciones para ocupar el espacio que corresponde a sus padres, que están ya muertos. Por ello, el compadre elige la unidad doméstica de Aguedo para ser representado en el espacio inmediato, en el quinto. Más su presencia en este espacio se debe no sólo a que sustituye a los padres de Ego masculino, recordando la división de la tierra agrícola entre los siblings P-Ps, sino que las parcelas que vienen por los Poma Pomasonqo a Pablo y a Alicia (los Ego) además de tener el mismo origen, son colindantes, su presencia delimita la tierra agrícola de los Ego, que les viene por ese lado (el de los P-Ps-).

Esta rama de los P-Ps no figura relacionada con ninguna sección de la puna en las últimas cinco generaciones, los que han logrado acceso a ella lo han hecho vía matrimonio como en este caso.

Esperaríamos que el espacio sexto lo ocuparía Florinda Pc-M hija de Adela, hermana mayor de Alicia, continuando con la tierra pastoril y con los descendientes de los siblings de mayor edad, pero el compadre debe atender otras exigencias relacionados con la tierra agrícola en el lado de Ego femenino.

La figura de parentesco (Fig. 4.4, G. 4) de los siblings Michui Qayco muestra a Mica M-Qy casada con un Yupari (Yi-), primer marido, con el cual tiene una hija, Victoriana Yupari Michui (Vic. Yi-M), la que se casa con Daniel Yucra (Dan. Yc-), llegando a tener con él varios descendientes. Cuando se construye la casa de Alicia (Ego femenino), Victoriana y su esposo ya habían fallecido, estando dos de sus descendientes casados e incorporados como miembros de la comunidad: Mica Yucra Yupari (Mica Yc-Yi) y Bonifacio Yucra Yupari (Bon. Yc-Yi).

Mica Michui Qayco no dio estancia en Qellupampa a su hija mayor, Victoriana Yi-M, cuando se casó con Daniel Yc-, pero sí le otorgó parcelas agrícolas, siendo entre los descendientes de los siblings Michui Qayco la primera en recibir tierra agrícola en la generación de Ego femenino. Los siblings Yucra Yupari (Mica y Bonifacio), hijos de Victoriana Yi-M y nietos de Mica Michui Qayco, son los primeros de la primera generación descendente con relación a Ego femenino, en tener acceso a tierra agrícola en parcelas que fueron de su madre Victoriana.

Por ello, el compadre luego de representar a los parientes que permiten recordar al grupo la primera división de la tierra pastoril en Qellupampa entre los siblings Darío y Mica Michui Qayco (Dar. M-Qy y Mica M-Qy), pasa a mostrar la primera división en la tierra agrícola entre los descendientes de dichos siblings, a través de sus descendientes vivos, otorgando por ello los espacios sexto y séptimo a los siblings Mica y Bonifacio Yucra Yupari (Yc-Yi), que como sabemos son los hijos de Victoriana Yupari Michui (V. Yi-M), la primera hija de Mica Michui Qayco (Mica M-Qy), con el primer marido. Su madre Victoriana, la *piwi*, la mayor, fue la primera en acceder a tierra agrícola en su serie de siblings Aunque en términos de generaciones, Mica y Bonifacio Yc-Yi pertenecen a la primera descendente con relación a Ego femenino, en términos de edad son mayores que ella, pues son los hijos de la primera hija de la hermana del padre, de Mica M-Qy, y Ego femenino es la tercera en su serie de siblings.

El compadre busca de inmediato lo ocurrido en términos de tierra agrícola entre los descendientes de Darío M-Qy (padre fallecido de Ego femenino), ubicando a Marcela Canchari Michui (Mar. C-M) hija de Emilia M-Ev (2da de la serie de hermanas de Ego femenino), y nieta de Darío Michui Qayco, que posee las parcelas que colindan con las que le ha tocado a Alicia, otorgándole el espacio octavo.

Marcela no ha llegado a tener estancia en Qellupampa, porque su esposo Samuel Quicaño Pomacanchari (Sam. Qu-Pc) la recibió de sus padres en Sucia, otra gran sección de la puna.

Luego que el compadre ha realizado la representación de los parientes que plasman y recuerdan al grupo la primera división de la tierra pastoril y agrícola por el lado patrilateral de Ego femenino, pasa al matrilateral. Vimos antes que cuando se construye la casa de Alicia, su madre, María Evanán Ramos (Mar. Ev-R), está muerta al igual que su padre. De los Evanán, el único descendiente vivo es Ervacio Ev-, hermano de la madre de Ego Femenino, por lo que es "traido" a la tabla para recordar la división de la tierra agrícola en los siblings Ev-, de quienes tanto Ervacio como Alicia (Ego femenino) siguen detentando algunas parcelas, otorgando el compadre a Ervacio el espacio noveno.

Aclarada la distribución de la tierra agrícola para Ego femenino, por ambos lados (patrilateral y matrilateral), el compadre vuelve a la puna a terminar su trabajo en Qellupampa. Lo interesante a resaltar en este contexto es que no lo inicia con Florinda Pomacanchari Michui (Flo. Pc-M), que es la hija de la hermana mayor de Ego femenino que ya tiene estancia en esta sección, sino con Patrocina Canchari Michui (Pat. C-M), hija de Emilia su segunda hermana, dado que la subsección de Darío Michui Qayco (padre de Ego femenino) fue en primer lugar subdividida en dos partes, una para Adela, la hija mayor y la otra para Emilia la hija segunda, y sólo en un segundo momento se volvió a subdividir con la última hermana, con Alicia (Ego femenino). El compadre delimita por ello en primer lugar la estancia de Alicia (Ego femenino) con la estancia colindante a la de ella a través de la representación de Patrocina C-M en el décimo espacio.

El compadre se orienta en seguida al lado de Ego masculino, al de los Poma Pomasonqo, dibujando y pintando a Rómulo Poma Ramos (Róm. P-R), hijo de Aguedo P-Ps, hermano de Ego masculino, quien constituye ya una unidad doméstica de la comunidad, compartiendo en las zonas de producción agrícolas, parcelas con su padre (Aguedo) y con su tío Pablo (Ego masculino), siendo colocado en el espacio décimoprimero.

El compadre retoma la puna, dibujando y pintando esta vez a Florinda Pc-M en el espacio décimosegundo, quien ha sucedido en la estancia a su madre Adela (la hija mayor de Darío M-Qy), quien fue la primera en recibir estancia de su padre, pero que está ubicada con relación a Ego femenino, en la otra parte, de las dos que se hicieron inicialmente en la estancia que fue de Darío M-Qy; y sólo terminando con las subdivisiones hechas en la parte de Darío, avanza sobre la otra subsección de Qellupampa, la ligada con Mica M-Qy, la hermana de Darío, examinando la sucesión entre los descendientes de ella. Empieza con Cresenciana C-Ya, hija de Edilberto C-M y nieta de Mica M-Qy, que cuenta ya con estancia, compartiendo la subsección con su padre (Edilberto) teniendo el espacio décimotercero, cerrando con ella la representación de la sucesión en Qellupampa.

El compadre termina con las últimas divisiones de la tierra agrícola en los descendientes más jóvenes, colocando en el último espacio (décimocuarto) a Isabela Lucila C-Ya, otra hija de Edilberto C-M, quien es la quinta en su serie de siblings, y que ha recibido parcelas agrícolas, constituyendo ya una unidad doméstica independiente de su familia de procedencia. La relación con la tierra pastoril y agrícola de la pareja matrimonial constructora de la casa queda así establecida al interior de sus ayllus.

4.1 El manejo del espacio hecho por el compadre al establecer la tenencia de la tierra pastoril de Alicia M-Ev y Pablo P-Ps

El compadre, al dibujar y pintar, lo hace como si estuviese extendiendo las unidades domésticas sobre el pastizal y sobre las parcelas de la tierra agrícola, siguiendo las divisiones y subdivisiones hechas por los miembros del ayllu. Al representar la sucesión en los M-Qy, lo primero que hace es recordar la primera división que establecieron en la sección los creadores de las estancias, la que fijó que a partir del centro y los límites de Qellupampa con Hatun Muncha y Condoray (otras secciones de la puna), pertenecería a Mica M-Qy, y la parte desde el centro hacia el sur a Darío, su hermano, separando y uniendo a los parientes elegidos para ello con un diseño que pertenece también al tejido. El diseño elegido en este caso, es aquel que en los ponchos establece el centro, dando origen a las dos mitades a cada lado del mismo. Como lo señalamos antes, esta primera división en dos la establece con los parientes vivos de mayor jerarquía, en este caso sólo quedan vivos dos en la generación de Ego femenino, pues todos los de las generaciones ascendentes están muertos. Entonces hay una relación directa entre la jerarquía social (generación) y la escala de división de la tierra, lo que le permite dar cuenta del proceso a nivel no sólo espacial sino temporal.

Cuando el compadre vuelve a la tierra pastoril, luego de establecer igualmente las primeras divisiones en la tierra agrícola, no continúa con la escala de división inmediata en sentido espacial, sino que salta al polo opuesto, a la escala más pequeña, donde se encuentra la estancia de la constructora de la casa (Ego femenino), delimitándola de la estancia colindante mediante la representación de la pariente dueña de dicha estancia, en este caso Patrocina C-M hija de una de las hermanas mayores (Emilia) de Ego Femenino. Patrocina accedió al sitio antes que Alicia (Ego femenino), conduciendo estancia junto a su madre, y sucediéndola después de muerta. O sea que el ordenamiento de los parientes en la representación se hace siguiendo el orden de acceso según las características que presenta el proceso de división y sucesión. Por ello, el compadre en este caso luego de trabajar las estancias en '1. 1' pasa a la otra mitad, a '1. 2'. (Ver otra vez el diagrama sobre las estancias en la etapa de la construcción de la casa.)

Sólo entonces atraviesa el centro a la subsección '2', donde tienen sus estancias los descendientes de Mica Michui Qayco, es decir los siblings clasificatorios primarios de Ego femenino y sus descendientes. Allí poseen estancias Edilberto Canchari Michui, sibling clasificatorio cruzado patrilateral primario, Cresenciana Canchari Yupa, hija de Edilberto. Recordemos que Edilberto fue elegido para recordar la división hecha entre los creadores de las estancias en el ayllu, y colocado en el tercer espacio, por lo que el compadre ubica solamente a Cresenciana, en el último espacio relacionado con la tierra pastoril, pasando luego a la división de la tierra agrícola de las unidades domésticas de los mas jóvenes.

El ordenamiento de los parientes permite establecer la situación de la tenencia de la tierra pastoril y agrícola en los ayllus de la pareja matrimonial constructora de la casa, reproduciendo el proceso de división de la tierra que ha tenido lugar en ambos casos, pero sólo de aquellos miembros de los ayllus relacionados directamente con el origen de la tierra pastoril y agrícola de la pareja matrimonial que construye la casa.

Es comprensible porque en las tablas de jefes de familia casados con mujeres foráneas no figurará pariente alguno por parte de ellas, dado que ellos no formaban parte de la comunidad y, por lo mismo, nada tienen que ver con el proceso de sucesión de la tierra que ha pasado a ser el patrimonio de los constructores de la casa.

4.2 Conclusiones generales:

1. El orden de los parientes en la tabla tiene que ver entonces con el proceso histórico real de cómo se ha producido el acceso a la tierra en los ayllus de procedencia de la pareja constructora de la casa, y que están directamente relacionados con las estancias o parcelas agrícolas de ella. Ello explica por qué siblings de menor edad son representados antes que otros mayores que ellos. Ello tiene lugar cuando el menor se casó e independizó antes que el otro [14].

2. En el recuento de la división y sucesión de la tierra, el compadre va alternando la situación en el ayllu de la mujer con la que tiene lugar en el ayllu del varón, como dos procesos que se juntan, y que para los hijos de los Ego serán un único y mismo proceso.

---

14 He encontrado igualmente que, para establecer la simetría entre ambas familias al representarlas en las tablas, han establecido equivalencias de parentesco, válidas sólo en este contexto (el de la tabla), que no he presentado en este trabajo por razones de espacio y tiempo.

3. Los parientes representados en la tabla son aquellos con quienes la pareja constructora de la casa realiza en primer lugar sus intercambios de fuerza de trabajo y de bienes. Es decir que cada grupo de parientes representado en las tablas constituyen familias extendidas funcionales, lo cual se explica si se tiene en cuenta la proximidad de sus tierras agrícolas y de sus pastizales. Son las unidades sociales del nivel inmediato superior a la unidad doméstica, donde cada una de ellas recluta en primer lugar fuerza de trabajo adicional a la de su propia familia. Son los parientes siempre presentes en ceremonias y rituales que se celebran a nivel familiar, en cada una de las unidades domésticas que componen dichas familias extendidas funcionales.

5. Las otras representaciones presentes en las divisiones rectangulares mayores de las tablas

Habría que añadir que las otras divisiones rectangulares mayores de la tabla están ocupados por la Virgen en la parte baja, como Santa Tierra, *Pachamama*, y en el extremo último en la parte superior: el Sol, como *Tayta Inti* (Padre Sol).

Como lo vimos al inicio, las divisiones rectangulares entre el final de los parientes y el Sol están ocupados por los *butiqaqipiq* (los cargadores de las botijas de chicha) y por las *harawiq* (las cantantes de *harawi*). Ambos son traídos por el compadre, quien los busca y solicita entre sus parientes y amistades. Sarhua constituye una sociedad en la que el devenir es impensable sin la música, por ello las canciones tienen por lo general el mismo nombre que las actividades y ceremonias, a las que acompañan o preceden. Igualmente los tragos están clasificados y establecidos siguiendo el orden del calendario ceremonial. La presencia del compadre en la tabla se da pues a través de la simbolización de la música y la chicha, dado que asegurarlas constituye su obligación no sólo en esta ocasión, sino en todas las ceremonias más importantes que las familias realizan durante el año. Es llamado también "compañero de baile", y en numerosas ocasiones son las parejas de compadres los llamados a iniciarlos, bailando solos durante largo tiempo. Su rol delimitador /ordenador/ mediador se expresa en este contexto a través del lugar otorgado en la tabla a los *butiqaqipiq* y las *harawiq*, entre el *hanan pacha*, representado por el Sol (*Tayta Inti*), y el *kaypacha* por los parientes.

Por tanto, el compadre es básicamente el *alter*, el otro que yo necesito para existir en un mundo ordenado y basado en la reciprocidad [15]. En Sarhua es elegido fuera del grupo de parientes dado que, a imitación del gran ordenador andino, tiene que fijar los límites, establecer el grupo de parientes dentro de los cuales estoy incorporado en el mundo ordenado de la comunidad, y con quienes estoy obligado a mantener relaciones de ayuda mutua.

6. Epílogo:

Los ritos que se celebran a propósito de la construcción de la casa

No quiero dejar fuera de este trabajo destinado al parentesco, una mínima información sobre los ritos que se celebran con ocasión de la construcción de la casa, pues ellos ayudan a comprender finalmente las exigencias de una representación rigurosa de las unidades domésticas, y de la sucesión de la tierra.

Dibujar y pintar. El primer rito está constituido por la misma actividad de dibujar y pintar, reviviendo el comportamiento del dios primordial andino.

El *wasi cimentay*. La cimentación física de la casa es acompañada de una cimentación simbólica de la pareja constructora en los antepasados de quienes viene la tierra, los que son simbolizados mediante los *principio*, muñequitos de sanco de forma humana (varon y mujer), y que son enterrados por los compadres en las cuatro esquinas de la casa (una pareja por esquina). La casa/cerro y la unidad doméstica que la habitará y conducirá sus tierras quedan así inscritas en su origen, en sus ayllus de procedencia. Ritos menores van estableciendo la relación de la casa con lo masculino y lo femenino, a medida que su construcción avanza.

La pareja constructora de la casa no sólo es presentada por el compadre en el mundo ordenado de parientes con quienes comparte tierra y trabajo al mundo ordenado de la comunidad, sino también en su relación con sus antepasados, protectores de sus tierras, animales y de sí mismos.

El forastero. Es el rito de paso que realiza la separación de la pareja matrimonial de las unidades domésticas de las que venían formando parte,

---

15 En las pinturas que un grupo de sarhuinos hacen para la venta, el compadre es representado lleno de harapos y pobre de tanto ayudar.

extrayéndolas y colocándolas en la máxima foraneidad, como pordioseros, sordomudos, *opas* (tontos), forasteros que nadie conoce y que infunden miedo; mientras que el ayudante o peón alardea de posesiones y riqueza, brindando con todos. Se produce una inversión total de la jerarquía social: el patrón y la patrona (dueños de la casa), así como los compadres, asumen el rol de peones, forasteros, andrajosos, y uno de los peones aparece elegantemente vestido, alardeando y brindando con todo el grupo, pues se toca una música que infunde miedo, sin melodía, y se ha hecho el caos.

La reincorporación en su nueva situación en la sociedad se produce al día siguiente: el patrón y la patrona, sus hijos y los compadres vienen elegantemente vestidos, los compadres los introducen y los presentan. La contemplación de la tabla permite su reconocimiento e identidad social en el mundo ordenado de los ayllus de procedencia, de los *wamanis*, de sus sitios sagrados; pintura y realidad se transmutan. El advenimiento de la nueva unidad doméstica ha tenido lugar, como parte de las otras con las que está relacionada por lazos de parentesco, por sus tierras y divinidades. La exigencia de la presencia de todos los representados en la tabla se hace comprensible en este momento del rito, en el que la tabla se anima y cobra vida a través de los concurrentes. Por ello, no puede estar en la tabla alguien que esté ausente temporal o definitivamente, ni dejar de pintar a los jóvenes solteros que han venido de visita.

El **hinchawa**. El rito final es un baile general de todos los asistentes alrededor de la casa, que lleva el nombre de *hinchawa*. Los patrones y sus hijos, sus compadres y parientes dan vuelta bailando y jugando alrededor de ella, como cerros cubiertos con toda clase de tejidos, con mantas que los cubren, organizados mediante los cargos desempeñados durante la construcción. La pareja matrimonial dueña de la casa y los hijos miembros de su unidad doméstica portan en este baile gorros de ichu, lo mismo que los compadres y sus hijos. Estos gorros de ichu reciben el nombre de *hinchawa*, de los que el baile toma su nombre. Mas *hinchawa* es también el nombre de un fenómeno metereológico, una especie de "velo" que cuando se posa sobre los cerros el 1° de agosto es indicador de buen año, de un año con lluvias; los patrones y sus hijos con sus gorro de ichu en la cabeza, con sus *hinchawa* dan vuelta alrededor de la casa como cerros de buena suerte. La adscripción que el compadre hizo de los *wamanis* y sitios sagrados a cada una de las unidades domésticas de manera tan cuidadosa cobra sentido en este rito final en el que bailan como cerros cubiertos con tejidos. Cada uno de los espacios de la tabla destinados a las unidades domésticas de los ayllus de ambos cónyuges de la pareja matrimonial son entonces representaciones de las casas/cerros con sus tierras, animales, cultivos, enseres y gente.

En el otro extremo, la Virgen, la Madre Tierra, la *Pachamama* establece la separación con el *ukupacha*, con los antepasados simbolizados por el cimiento.

La importancia de estos ritos se confirmaba cuando, en 1979, durante mi estadía en la comunidad, sugerí a Victor Yucra Felices, el creador de las tablas pintadas de Sarhua para la venta en Lima, que pintase las etapas más importantes en la construcción de la casa. Mi interés era ver qué elegía para ello; a él le pareció importante mi sugerencia dado que hasta esa fecha no había pintado nada sobre la construcción de la casa. No obstante, en esa ocasión, hizo las cuatro pinturas que se presentan a continuación en las Figs. 10 a 13: *Wasi cimentay* (la Cimentación de la casa), *Tabla apaycuy* (Trayendo la Tabla), *Wasi ruway* (Haciendo la casa) e *Hinchaway* (El baile del *Hinchaway*); luego, a estas agregó posteriormente otras. Las fotos han sido reproducidas del libro de Josefa Nolte, a quien agradezco.

FIG. 10 *Wasi cimentay*

FIG. 11 Tabla *apaycuy*

FIG. 12 *Wasi ruway*

FIG. 13 *Hinchaway*

BIBLIOGRAFÍA

ACOSTA, José,
1979 [1590]   **Historia natural y moral de las Indias**. México: Fondo de Cultura Económica.

ARAUJO, Hilda,
1988   **Aspectos sociales y culturales de las comunidades campesinas de la Sierra del Perú a ser tomados en cuenta en sus programas de educación y capacitación.** Tesis Doctoral. Lima: Universidad Nacional Mayor de San Marcos.

ARNOLD, Denise Y., D. JIMÉNEZ y Juan de Dios YAPITA,
1992   **Hacia un orden andino de las cosas: tres pistas de los Andes meridionales.** La Paz: Hisbol e ILCA.

CABELLO DE BALBOA, M.,
1840 [1586]   **Miscelanea Austral. Histoire de Perou**. París: Ternaux-Compans.

CIEZA DE LEÓN, Pedro,
1962 [ca. 1551]   **La crónica del Perú**. Madrid: Espasa Calpe.
1967 [ca. 1552]   **El Señorío de los Incas**. Lima: Instituto de Estudios Peruanos.

EARLS, John,
1971 "The Structure of Andean Social Categories". **Journal of the Steward Anthropological Society**, Vol. 3, Nos. 1, Urbana Illinois.
1973 **Andean Continuum Cosmology**. Tesis doctoral. Urbana, Illinois: University of Illinois.
1992 "Viabilidad productiva de la comunidad andina". En: **Futuro de la comunidad campesina**. La Paz.

GARCILASO DE LA VEGA, Inca,
1991 [1609] **Comentarios reales de los Incas**. Lima: Fondo de Cultura Económica.

ISBELL, William y Gordon McEWAN,
1991 "A History of Huari Studies and Introduction to Current Interpretations." En: **Huari Administrative Structure: Prehistoric Monumental Architecture and State Government**, W. H. Isbell y G. F. McEwan (ed.) Washington D. C.: Dumbarton Oaks.

JARA, Victoria de la,
1964 **La escritura peruana y los vocabularios quechuas antiguos**. Lima: Imprenta "Lux".

LAURENCICH MINELLI, Laura,
1996 **La scrittura dell antico Peru: Un mondo da scoprire**. Bologna: Cooperativa Librariia Universiitaria.

MENDIZABAL LOZACK, Emilio,
1961 "Don Phelipe Guaman Poma de Ayala, Señor y Príncipe, Último quellqacamayoc". **Revista del Museo Nacional**, Tomo XXX, Lima.

MOLINA, Cristobal de,
1916 [ca. 1575] **Relación de las Fábulas y Ritos de los Incas**. Lima: Colección de Libros y Documentos referentes a la Historia del Perú.

NOLTE, Rosa María Josefa,
1991 **Qellcay, arte y vida de Sarhua, Comunidades campesinas andinas**. Lima: Terra Nuova.

PALOMINO, Salvador,
1978 **El sistema de oposiciones en la comunidad de Sarhua**. Lima.

SARMIENTO DE GAMBOA, Pedro,
1972 [1572] **Historia de los Incas**. Lima: Ed. Arica.

ZUIDEMA, R. Tom,
1989 **Reyes y guerreros**. Lima: FOMCIENCIAS.

18

K´ANK´ISIÑA: TRENZARSE ENTRE LA LETRA Y LA MÚSICA DE LAS CANCIONES DE BODA DE QAQACHAKA, BOLIVIA

Denise Y. Arnold con Juan de Dios Yapita

Introducción

En el presente ensayo [1], enfocamos el parentesco andino desde la perspectiva de un ciclo de canciones aymaras de la boda que se canta en un ayllu andino, Qaqachaka, ubicado en el altiplano boliviano. De este modo, queremos demostrar que las nociones aymaras acerca del matrimonio, y de la siguiente vida reproductiva de la pareja, son igualmente evidentes en la tradición oral andina [2], como en cualquier diagrama o análisis semántico del parentesco terminológico.

En 1985 escuchamos por primera vez las canciones de boda, en ocasión de un matrimonio que se llevó a cabo en el pueblo principal de Qaqachaka, al cual nos invitó un vecino, don Clemente Ayka, un tío de los novios. Luego, en nuestras visitas posteriores al ayllu, presenciamos otros matrimonios con canciones y danzas similares.

---

[1] Quisiéramos agradecer a las mujeres de Qaqachaka que nos cantaron y luego, con una paciencia única, nos explicaron su arte de cantar; sobre todo a doña Lucía Quispe Choque, a doña Asunta Arias Tarki y a su hija Flora; y también a doña Bernaldita Quispe Colque, cuyas canciones se analizan aquí. Gracias también a Elvira Espejo Ayka por sus aclaraciones acerca de los detalles de nuestro análisis. Por otra parte, agradecemos a don Jaime Quispe, a don Germán Antachoque y los demás "zorros" por sus ilustraciones musicales; a Tim Crawford, del Departamento de Música de King's College de Londres, por la transcripción musical computarizada; a Alison Spedding por sus observaciones y a Marcelo Villena por las correcciones al estilo. Nuestros reconocimientos son también para el SSRC Inglaterra (pool award no. G00428324093 en University College London) por el apoyo que nos dio para el trabajo de investigación en Qaqachaka en 1983-6; para la Fundación Wenner Gren (Gr. 5074) por las posteriores visitas, en 1989; y para el ESRC Inglaterra (postdoctoral award no. R00023 2682 en King's College London) por las de 1990-3.

[2] Para otros trabajos acerca de la tradición oral de Qaqachaka, véase Arnold, Jiménez y Yapita (1992a y b), Arnold y Yapita (1996b, en prensa a y b); Arnold (1992b, 1995, 1996), etc.

Comenzamos con una descripción social y cultural del contexto de las canciones. Pasamos luego al análisis de las canciones desde el punto de vista de las cantantes —que entretejemos con estudios académicos lingüísticos, históricos y antropológicos andinos relevantes— y terminamos con la actuación de una canción y la interpretación de ésta, mostrando los resultados de la investigación en su conjunto. Asimismo, desenvolvemos los múltiples niveles del pensamiento de Qaqachaka, que entrelazan la intertextualidad de ideas y géneros literarios que constituye la "práctica textual andina" de las canciones de boda (Leinhard 1992).

En el análisis, resaltamos *dos* temas: la noción andina de "hacer florecer" la nueva pareja —noción ligada con su contraparte musical de "brotar la canción de boda" de sus elementos germinales—, y la de "envolver" la nueva pareja dentro de otras capas, según el modo textil, especialmente cuando se trata de las relaciones entre diferentes grupos sociales.

1. Los preliminares, el matrimonio oficial y la boda familiar

En conversaciones acerca de las costumbres del cortejo en Qaqachaka, y las preparaciones para el matrimonio, desde la conquista inicial de la novia hasta la boda, emergió un "modelo ideal" local de estas prácticas. (Se puede comparar la presente descripción con datos comparativos en Abercrombie 1998, y Valderrama y Escalante, en el Capítulo 11 del presente tomo).

En estas conversaciones, notamos, a nivel superficial, las varias influencias de la cultura hispana, pero, a otro nivel, subyacían otras influencias que giran en torno al tema de la conquista de la novia dentro del contexto de una "batalla ritual". Percibimos en el seno de esta batalla ritual el sitio del desenvolvimiento de una memoria histórica: de cómo, en tiempos antiguos, el Inca se casaba en la región. Por ejemplo, es común escuchar en los cuentos folklóricos que, en el pasado, las mujeres incaicas se casaban en la región. Pues nos parece posible que esta memoria local de las relaciones matrimoniales de las esposas incaicas hará eco a la regla hipergámica matrimonial según la cual las mujeres incaicas de alto status se casaban fuera de Cusco, en provincias regionales como Q"ara Q"ara o Killakas Asanaqi, de la que Qaqachaka formaba parte antaño. De esta manera se incorporaban estas provincias bajo el dominio de la influencia y diplomacia incaica. Nuestras investigaciones de la evidencia histórica nos muestra que tales lazos matrimoniales se realizaban en efecto (Arnold 1988: 116, 1996).

En la actualidad, las costumbres preliminares de cortejo y petición de mano comienzan con la visita formal llamada *irpaqa,* en que los padres del joven "se ruega una flor" (*p"aqar ruwaña*) como esposa a los padres de la chica mediante obsequios de coca y alcohol. Si los padres de la chica rechazan las hojas de coca en la primera visita, entonces se acepta que ellos están poco dispuestos para recibirlos y que se debe hacer una segunda vista después. La pérdida de una hija se siente fuertemente; ella ha sido criada, como dicen ellos, "con tanto sacrificio" de parte de su mamá, y "con mucho trabajo" de parte de su papá [3]. Por tanto, se hace una segunda visita algunos días después (y quizás una tercera visita si la familia está todavía intratable), hasta que los padres de la chica acepten finalmente la coca; luego, se puede organizar el matrimonio. Aun así, es costumbre que el padre de la chica reprenda, hasta jalonee físicamente al joven por haber robado a su hija, y lo hace, generalmente, en la noche en la que se celebra el compromiso final para el matrimonio.

Estas visitas son seguidas por el período de "servicio de novio" entre las familias del joven y la chica, todas preceden una serie de *tres* ceremonias distintas que se llevan a cabo en los próximos meses: primero, un matrimonio civil para los archivos; segundo, un matrimonio en la iglesia presidido por el *tata kura* y, tercero, una boda familiar.

La boda familiar comienza en el recinto familiar del novio después de la ceremonia religiosa. La familia del novio (*chacha kasta*) llega primero, luego la familia de la novia (*warmi kasta).* Según la costumbre, la novia está sentada dentro de la habitación de la boda con su familia, a la izquierda de la entrada; el novio, con su familia, a la derecha. La novia está sentada con su madrina (*märin mala*) a su derecha, con su mamá a su izquierda, atrás y otras parientes cercanas a su derecha. De manera semejante, el novio está sentado con su padrino (*pärin tala)* a su izquierda, su padre atrás, y otros parientes cercanos a su derecha (véase la Fig. 1).

En esta ocasión, los cónyuges están vestidos con ropa nueva prestada por los padrinos para la ceremonia religiosa: en efecto, los padrinos, al envolverles en tales ropas, median el renacimiento espiritual de la pareja, de wawa a adulto. Por eso, ellos prestan a la novia un aguayo, una pollera y una chompa; un sombrero de lana, una mantilla, aretes y sandalias. Al novio prestan un poncho, pantalones, chaqueta y sombrero, bufanda y

---

[3] Dicen en aymara: *Kunäymanxay wawa uywasiskarakchixa jisk'ata.*
Además, con qué sacrificio está criando a la hija, desde pequeña.

sandalias. Es costumbre que el aguayo y el poncho tengan un trasfondo rojo; puede ser también café, castaño o anaranjado, pero nunca de color negro, pues trae la desgracia y quizás la muerte de uno de ellos. El prestar la vestimenta a la pareja se llama "envolverles en ropas de Castilla" (*Kastillant k'iruña*): "Castilla" es el nombre de brindar por la lana de los rebaños. Se dice que el acto de vestir a la pareja antes del matrimonio es como "envolver a una wawa con sus primeras ropas" [4].

lado izquierdo
familia de la novia (*warmi kasta*)

lado derecho
familia del novio (*chacha kasta*)

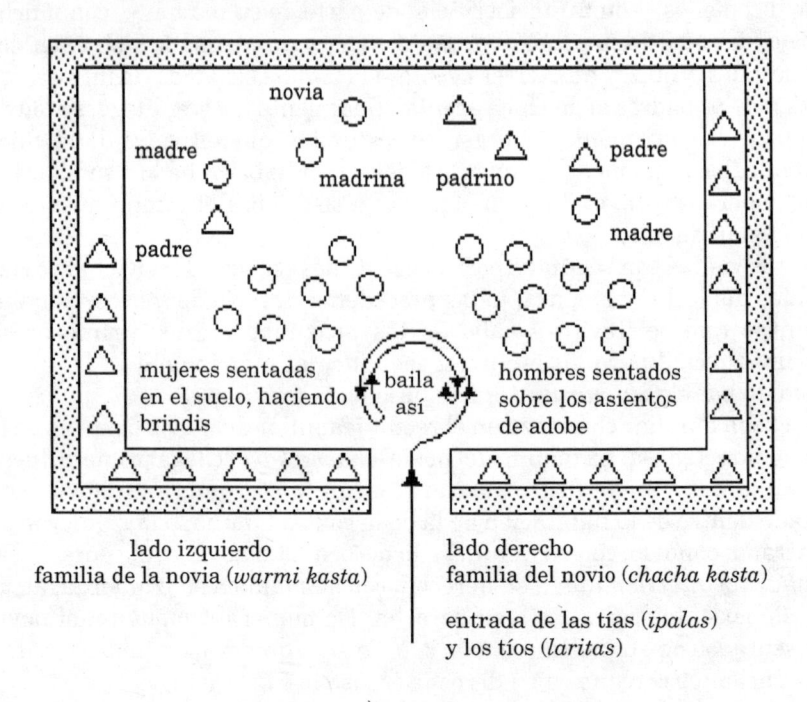

entrada de las tías (*ipalas*)
y los tíos (*laritas*)

FIG. 1 La casa de la boda

Se trata con respeto a la pareja durante la noche de la boda. No es costumbre que ellos participen mucho, ni en el tomar ni en el bailar; pues, no se les trata como adultos responsables sino como novatos que recién van a emprender su primer vuelo fuera del nido. El uso del simbolismo de los

---

[4] Albó y Mamani (1974) también comentó sobre la "naturaleza infantil" de la nueva pareja.

pájaros se generaliza a lo largo de la fiesta puesto que la nueva pareja ya es "par de palomas" (*paris paluma*).

Por supuesto, el matrimonio, además de forjar los lazos afinales entre dos hogares, forja lazos comunales mucho más extendidos entre ayllus. El término aymara por "casarse" es *jaqichasiña*, que quiere decir literalmente "hacerse persona" [5], puesto que casarse, a nivel personal, en lo ideal debe transformar a la pareja en un par de adultos responsables. Asimismo, a nivel comunal, el matrimonio marca la fundación de un nuevo hogar como unidad fiscal que luego debe participar en, y también cumplir, toda una serie de obligaciones entre el ayllu local y el estado. El nuevo jefe del hogar tiene la obligación formal de defender su ayllu. Por otra parte, los esposos, hombre y mujer (*chachawarmi*), están obligados desde ese momento a participar en el sistema rotativo de cargos de fiesta y servir como autoridades del ayllu. En recompensa, ellos heredan los derechos de usufructo de su hogar a los terrenos del ayllu, a los riegos y pastizales (Arnold 1992a: 77-78).

1.1 El ingreso de las hermanas: las *ipalas*

Se inician las canciones de la boda en el contexto de una serie de intercambios de dones entre las dos familias y los novios: los más importantes son dados por la hermana a su hermano (el novio recién casado) y, recíprocamente, por el hermano a su hermana (la novia recién casada). De forma paralela, la familia de la novia (*warmi kasta*) trae regalos para la novia, y la familia del novio (*chacha kasta*) para el novio. Cuando se presentan los regalos, se escuchan varios términos de parentesco. En el contexto del presente ensayo, la relación más sobresaliente se da entre los hermanos de la novia (*laritas*) y las hermanas del novio (*ipalas*). Dicha relación se ilustra, juntamente con otros términos afines, en la Fig. 2.

Durante la boda, las hermanas del novio traen regalos llamados *arku*, término que parece jugar entre los significados del verbo aymara *arkuña* ("apilar una cosa sobre otra") y el castellano "arco". La tía mayor, llamada *jach'a ipala* (o alguna vez *jach'a ipata* o *jach'a tiya*), guía la procesión de hermanas, y entra a la habitación de la boda trayendo su *arku* encima de su cabeza, cantando y bailando en pequeños círculos (*muyu muyu*) al

---

[5] La raíz del verbo, *jaqi*, significa "persona", el sufijo causativo *-cha-* marca la acción de "hacer" y el sufijo *-si*, la forma recíproca.

acompañimiento del charango de su hermano, y zapateando fuerte sus pies: 1 - 2 - 3 y 1 - 2 - 3 y..., asomando agresivamente a cualquier *larita* presente y luego retirándose, repetidas veces. Las *ipalas* menores le siguen, y entran en pares. De manera parecida, el tío mayor llamado *larita*, un hermano consanguíneo de la novia, trae consigo primero sus regalos para su hermana, seguido por los demás hermanos clasificatorios menores. (Véase las Figs. 1 y 2.)

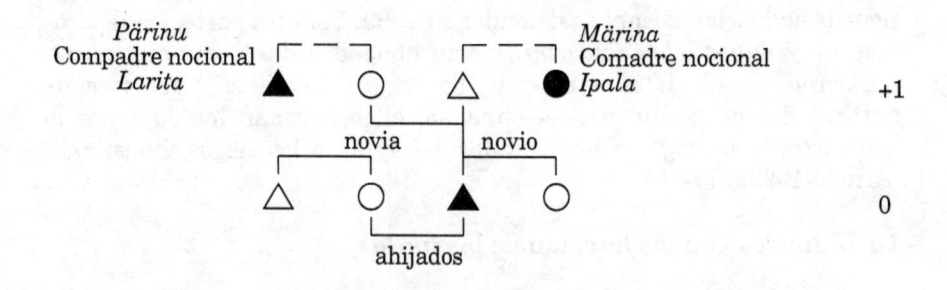

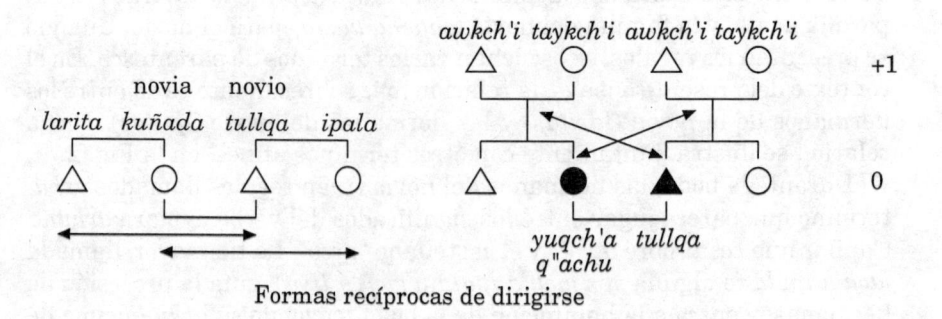

FIG. 2 Los grupos en el seno de la boda

2. Las Canciones de la Ipala en la boda: *Ipal Kirki*

Nos acercamos al estudio de las Canciones de la *Ipala* (*Ipal kirki*) de la boda, como al de otros géneros de la tradición oral, con la misma metodología que usamos en la investigación etnográfica. Es decir, primero presenciamos una actuación y grabamos cuando era posible. Luego añadimos a las originales otras grabaciones de naturaleza explicativa, junto con las cantantes y en condiciones más controladas. Una parte vital de este trabajo fue analizar detenidamente el contenido musical y textual de las canciones en coordinación con las mujeres del lugar.

Con este proceso de análisis, pudimos percibir el contenido melódico y textual común a las canciones de boda; pudimos apreciar también que cada mujer tiene su propio repertorio de variaciones y elaboraciones sobre los temas básicos. También encontramos que las canciones no son únicas en Qaqachaka, sino que, con sus propias variaciones, forman parte de un género regional. Por ejemplo, escuchamos canciones similares en los ayllus vecinos de Laymi y Jukumani.

En el desenvolvimiento del análisis, tomamos muy en cuenta el consejo de David Bynum (1978) según el cual las tradiciones orales, por su estilo, deben exigir el examen de su contenido desde dentro, y no la aplicación de un modelo de análisis desde fuera. Como parte de nuestra metodología en esta etapa, fue útil comenzar el análisis con un ejemplo corto de la canción, una versión más "condensada" del contenido textual y musical, y luego pasar al análisis de las variaciones más largas y complejas.

2.1 La actuación de doña Bernaldita Quispe

Un ejemplo preliminar típico (y corto) de la Canción de la *Ipala* nos fue cantado por doña Bernaldita Quispe el 5 de octubre de 1986. Primero leemos el texto y luego examinemos los diferentes niveles de significado que surgen de la idea básica del matrimonio: de "hacer florecer" a la novia y al novio, para que den frutas:

1	Palantätay palantätay	Está plantada, está plantada
2	Mallkintätay mallkintätay	Está enraizada, está enraizada
3	Tipay äliy wayñusjañäni	Estaremos bailando tallos de tipa
4	Mulliy äliy alisjañäni	Estaremos creciendo tallos de molle

5	Siniyïtay siniyïtay	Cianita cianita
6	Äk"ay sumay siñurïtay	Esta bella señorita
7	Janiway inatakïti	No es en vano
8	Janiway q"asitakïti	No es sin motivo
9	«Tatay» «Mamay» sjañatäki	Para llamarles "Padre" y "Madre"
10	Awkis Taykas silwiñatäki	Para servir Nuestro Padre, Nuestra Madre
11	Aliy aliy alisjätay	Vas a estar creciendo, tallo y tallo
12	Tipay aliy alisjätay	Vas a estar creciendo, tallo de tipa
13	«Tatal» «Mamal» sjañatäki	Para llamarles "Padre" y "Madre"
14	Awkis Taykas silwiñatäki	Para servir Nuestro Padre, Nuestra Madre
15	Siñuray ak"a sum siñuray	Señora, esta bella señora
16	Siniyita siñura	Cianita señora
	Ak"a sumay siñurita	Esta bella señorita
17	Salta q"uchi salta q"uchi	Diseño que moja, diseño que moja
18	Aka sumay wiraxuchi	Este guapo Viracocha
19	Janipini iñkatassmat	Nunca te he presenciado
20	Kunaray awisitu	¿Pues quién me avisó?
	Jiljiritu awisitu	El jilguerito me avisó
21	Kunaraki awisitu	¿Pues quién me avisó?
22	Luli lulich awisjitu	O es que el picafor me avisó
23	Masurüta walurüt"ay	Desde ayer y anteayer
	Awisäkitasamänay	Deberías haberme avisado
24	Ukarämay «wakirijätay	De acuerdo a eso, me hubiera preparado
25	Arkusay purikispänay»	Hasta el *arku* hubiera llegado
26	Janiway awisistäti	No me has avisado
	Ukatkay naya kawälay	Por eso no he estado
27	Jik"amak awisxïstay	Atrasado me has avisado
28	Tukuspänay tukuspänay	Que se termine, que se termine
29	Papil wisk"us tukuspänay	Más la abarca de papel que se termine
	Uk"am sañakiki...	Así nomás se canta...

FIG. 3 Ilustración musical de la canción 1

Mode:

Pa - lan - tä - tay pa - lan - tä - tay, Mall-kin - tä - tay mall - kin - tä - tay

Ti - pay ä - liy way-ñus-ja-ñä - ni, Mu-lliy ä - liy ja - lis-ja-ñä - ni

Para llegar a entender la organización musical y textual de estas canciones, pedimos a las cantantes, como doña Bernaldita, sus propios modos de clasificación; luego los comparamos con las teorías académicas acerca de la música andina. Por lo general, las cantantes denominan a las canciones de la *ipala* como un tipo de *wayñu* que se canta con el acompañimiento del charango de los tíos o *larita*. Tienen la división típica del *wayñu* en coplas, que se organiza por la música en una secuencia de a-b-a-b (o a_1-b_1-a_2-b_2), en la cual la cadencia, al final del cuarto verso, anuncia el fin de una estrofa [6]. El ritmo viene al inicio de los rasgueos de los charangos de los *laritas*. La música es básicamente pentatónica; tiene insertados algunos accidentes, pero éstos sirven más para aumentar la gama de expresión musical que para cambiar la escala a otro modo distinto (ver la Fig. 3).

Las cantantes distinguen también entre la melodía (*tunu*, de "tono") y la rima (*rimatu*, de "rimado"). Al combinarlos, se llega a una idea musical básica, lo que Solomon llama una "célula rítmica" (1991: 35); luego, en secuencia, se dobla esta frase rítmica básica para llegar a la "línea" musical y, de acuerdo al mismo patrón de extensión, se llega a las unidades mayores de su estructuración, según el modo del crecimiento orgánico. Por tanto, en el ejemplo musical:

---

[6] Para un análisis más detallado del wayñu, ver Mannheim (1987), Solomon (1991), Arnold (1992), Arnold y Yapita (en prensa b), etc.

la célula rítmica básica a) es:

se forma la línea musical 1) doblándola:

se forma la copla al doblar la línea musical:

y se forma la estrofa al doblar la copla:

Por otra parte, las coplas (*kupla*) son definidas por el juego de pausas y su paralelismo a la vez musical, gramatical y semántico: un artificio poético que se encuentra en las canciones quechuas del Sur de Perú (Mannheim 1987) y en otras literaturas mundiales.

Ahora bien, cuando examinamos la organización textual de la canción de doña Bernaldita a la luz de su estructuración musical, vemos que, después del verso de abertura, se desarrollan, en cierto orden, los diferentes temas del matrimonio en coplas, a modo de "fórmulas", y en cierto orden [7]. De acuerdo con la organización musical en la que se desarrolla el patrón de "crecimiento" gradual (organización basada en una "célula-germinal"), ella hace crecer en el texto de su *wayñu* varios tallos botánicos basados en un "germen de idea" similar. Primero (en los versos 1-4), ella canta de vástagos en el proceso de "plantar" y "arraigar"; sobre todo los tallos perennes de tipa [8] y molle [9]: el árbol de la vida o falsa pimienta. Luego (en los versos 5-6 y 15-18), para facilitar este proceso de crecimiento, ella añade

---

[7] Para más detalle sobre la organización de las unidades de la tradición oral en "fórmulas", ver los trabajos clásicos de Parry (1971), Lord y Bynum, etc.
[8] Lat. *Tipuana tipu* Benth.
[9] Lat. *Schinus molle* L.

al texto nombres de diferentes abrevaderos de los rebaños de la novia y del novio: el uno como un diseño textil de color azul oscuro mineral y aguanoso (*siniyita / siyinta* por metátesis), el otro como un diseño textil más básico (*salta*).

Luego se pasa a otras observaciones más moralizadoras. En los versos 7-10, ella manifiesta que no es en vano llamar "Padre" y "Madre" (supuestamente a sus nuevos suegros), porque su canto tiene la función adicional de servir a "Nuestro Padre y Nuestra Madre". Después (en los versos 19-22), ella se queja que no había escuchado nada del matrimonio por las vías formales teniendo que llegar sin invitación [10]. Nos informa además (en broma), que ella ha sido avisada informalmente de la boda solamente por el cantar de algunos pájaros —el jilguero y el picaflor— aunque en otras versiones nombre también la "esquina" de la casa (*iskina*) y el "espíritu guardián del cerro" (*uywiri*) como fuentes de estos avisos. (Por implicación, en los versos 23-27, se insinúa que este descuido puede haber afectado hasta la llegada de los regalos del matrimonio.) Finalmente ella termina la canción con una copla de clausura (versos 28-29) sobre la condición de sus abarcas; hay otra queja implícita sobre toda la caminata que ella tuvo que hacer para llegar a la boda. Resumimos los varios episodios temáticos aquí:

1	Los indicadores botánicos de la vegetación en el proceso de plantar y enraizar	v. 1-4
2	Los abrevaderos de los rebaños de la novia y del novio	v. 5-6, 15-18
3	Las obligaciones a Nuestro Padre y Nuestra Madre	v. 7-14
4	La falta de un aviso formal de la boda y, en cambio, el cantar de los pájaros	v. 19-22
5	La llegada precaria de los *arkus* del matrimonio	v. 23-27
6	Una queja sobre la condición de sus abarcas	v. 28-29

2.2 El "hacer florecer" o "floreo": *paq"arayaña*

Ahora trataremos la canción tema por tema. El verso de abertura más común de la Canción de la *Ipala* hace el anuncio: *Parlantata parlantata*. Aquí, como en muchos otros versos del canto, se juega oralmente entre el sonido y los significados de palabras aymaras y castellanas. Según las mujeres, este verso se puede glosar "Está hablada, está hablada" (como un juego aymarizado sobre el verbo arcaico castellano "parlar") al referirse a las conversaciones largas entre las dos familias acerca del futuro de la pareja y el matrimonio. Como alternativa, también puede ser glosada: "Está

---

[10] En aymara: *Jan wak"us wak"us jut"antäna.*

plantada, está plantada" (esta vez con un juego más directo sobre el castellano "plantada, plantada"). Juntando las dos interpretaciones, se llega a un dominio semántico en que las palabras germinales del texto hacen crecer al matrimonio.

De este modo, la iconicidad del texto, conjuntamente con la música, nos introduce desde el inicio en un tema principal que recurre a lo largo de los versos, el de la semilla que crece, aunque, dentro de este marco significativo, cada cantante desarrolle el tema de manera distinta. Por ejemplo, doña Bernaldita, en su primera copla, complementa la abertura o "cabeza" de su canto, acerca del acto de "plantar" (*palantaña*), con un segundo verso acerca del "arraigar" o "transplantar" un vástago o tallo (*mallkintaña*). Luego, en la segunda copla, ella declara que los tallos de tipa y molle van a ser una parte íntegra de su wayñu y su posterior "crecimiento" (*aliskaña*). En otras versiones, por ejemplo la de doña María Ayka Colque, se añade a estas ideas las nociones de "plantar" (*alintataña*), "regar con agua" (*qarpantaña*) y "florecer" (*p"aqaraña*). Por tanto, desde el inicio, las cantantes asertan que sus cantos deben "florecer" como el matrimonio mismo.

En otro episodio (versos 23-25), doña Bernaldita desarrolla otro tema, que esta vez lo relaciona con la noción de "florecer" y traer, por parte de las ipalas, los regalos del *arku*. En otras versiones, este acto de dar los regalos se describe por un verbo aún más explícito: "hacer florecer" (*p"aqarayaña*), derivado de la raíz *p"aqara* ("flor") y aumentado con el sufijo causativo adicional -*ya*- ("hacer"); como alternativa, se puede usar las raíces quechuas por "flor" (*t'ik"a* o *achala*).

La noción andina de "hacer florecer" es compleja y polisémica [11]. En las canciones de boda se refiere inmediatamente a la presentación de los regalos, amarrados a los *arkus* (los *arku t'ik"achi*: "arcos floreados"). Sin embargo, en un sentido más amplio, se refiere al matrimonio mismo. Por eso, las "flores" en las canciones pueden referirse, en diferentes contextos, a la novia, al novio y a las wawas potenciales que resultarán de su unión. Alternativamente, puede aludir a la novia, pero en un contexto afinal: por ejemplo, algunos versos expresan la fertilidad potencial de una nueva pariente política, la "nuera" (ESA.HJO.) o "cuñada" (ESA.HNO.), con el préstamo quechua *q"achu*, con su otro significado de "pasto verde" como forraje, en especial los nuevos tallos de cebada [12].

---

[11] Ver también Arnold (1988: capítulos 7 y 8), Arnold, Jiménez y Yapita (1992b), etc.
[12] A diferencia, el término para una "nuera" en aymara es *yuqch'a*.

No obstante, otra cantante, doña Asunta Arias (la nuera de doña María), expresó de otra manera el concepto general de "florecer" y su uso en las canciones de boda. Para ella, la abertura (*Parlantata parlantata*) compara el encuentro en el matrimonio de dos personas con el plantar de dos vástagos que luego crecerán juntos de manera recta (*sayt'ata*). Ella enfatiza que "el matrimonio siempre tiene que mantenerse verde y nunca marchitarse" [13], y que las "flores" verdaderas son las wawas del matrimonio [14]. Es así que se compara el propio matrimonio con el crecimiento continuo de ciertos arbustos perennes en los cerros: sobre todo la tipa y el molle (aunque se menciona a menudo el sauce) [15]. Por estas razones, doña Asunta recalcó que se puede llamar al propio género de canto el "plantar de tipa". Según ella, la tipa es siempre verde, y además es un arbusto grande con muchas raíces que se extienden lejos en la tierra [16]. Esto confirma un punto de vista común entre la gente del lugar según el cual tipa tiene una capacidad para la longevidad al mantenerse verde por cinco, o a veces diez, generaciones de una familia: por esto es un símbolo poderoso para el enverdecer y la continuidad del matrimonio, más aún que el molle. Por tanto, ella canta:

Mulliy ali aliqpan	Que se arraigue la planta de molle
Tipay ali aliqpan...	Que se arraigue la planta de tipa...

Asimismo, existen otras razones por las que estos dos arbustos, en particular, son emparejados en las canciones. Cuando se corta la tipa, se vierte una savia blanca, en tanto que cuando se corta el molle con su madera dura y roja, se vierte una savia colorada (que se puede usar para elaborar cerveza roja, un tipo de *chicha*). Debido a esta característica, se relacionan los dos arbustos —tipa y molle, con su savia de distintos colores— con los dos caminos de las sustancias ancestrales que se unen en el matrimonio: el

---

[13] En aymara: *Matrimonio uk"amarak ch'uxñak alispa, jan wañaraspati*.
[14] En aymara: *P"aqara wawapinixay*. Cf. Isbell (1978: 114, 125) quien describe la ceremonia de "ramo apay" en el pueblo de Chuschi (Ayacucho) el día del matrimonio, cuando bultos de flores traídos por los compadres representan los hijos futuro del matrimonio.
[15] Otras versiones en las canciones de boda nombran los arbustos espinosos de *t'ank"ara* y *axllawayu*, forraje para los animales mientras pastean en los cerros. En cambio, Valderrama y Escalante, en el presente libro, describen cómo los quechua hablantes en los alrededores de Cusco enfocan una flor que simboliza las primeras señales de vida: *wayta* (probablemente lat. *Brumelia obtusifolia*).
[16] En aymara: *Tipa sap"iski, wali jayaru sap"i*. La tipa se está enraizando, se enraiza muy lejos.

"camino blanco" (*janq'u sinta*) del semen masculino y el "camino rojo" (*wila sinta*) de la sangre femenina. Con la regla posmatrimonial virilocal, se generan, a través de los años, patrilinajes localizados con sus apellidos en común (los *chacha kasta* o *muju kasta*: "casta de semen"), y la gente mayor puede recordar en algunas ocasiones hasta siete generaciones verticales de abuelos que han vivido ahí. Al contrario, los lazos femeninos (las *warmi kasta* o *wila kasta*, "casta de sangre) cruzan el ayllu de manera más horizontal, haciendo una especie de telaraña entre los patrilinajes; por esta razón, se pueden recordar menos generaciones verticales. Tipa, con su longevidad, marca la línea masculina de semen de larga duración de la *chacha kasta*, en tanto que molle, con su ciclo más corto, marca la línea femenina de la sangre de menos duración, la *wila kasta* [17].

La interpretación que hace doña Asunta acerca de los significados del "floreo" en el matrimonio nos recuerda el uso de los mismos arbustos en la ceremonia anual de marcar los animales. Tal como estos dos arbustos tienen la capacidad para contribuir a la fecundidad del matrimonio humano, de igual modo apoyan a la fecundidad y reproducción de los animales. Tal como se comparan las nuevas crías del matrimonio con "flores", de igual modo se comparan las nuevas crías de los animales con "flores" en la ceremonia del marcado [18].

Otras hierbas y raíces que se nombran en las canciones tienen importancia en el teñir las madejas que se reciben como regalos durante la fiesta, lo que a la vez indica una relación íntima entre las raíces nombradas en las canciones y los mismos regalos. Pero, aun aparte de la importancia del color, las mujeres insisten que tres o cuatro de tales raíces son "buena medicina" para el matrimonio, y que sin éstas el propio matrimonio "no va a tener raíces, no va a crecer ni agarrarse" [19]. Doña Asunta nos explicó que la pareja sería como un "par de arbustos cuyas raíces se entretejen".

Otro tema botánico que emerge en las Canciones de la Ipala es el "floreo de rosas" (*rusasay p"aqarjipana*) en el contexto del "floreo de otras rosas en otras partes". Según las mujeres, en este caso la rosa se refiere a la novia, y la compara con las novias de otros matrimonios que se realizan en otros lugares. En la cultura hispana, las referencias a las rosas pueden tener alusiones a la Virgen en su aspecto de "Madre de Dios", pero en esta canción existen también interpretaciones andinas. Como otra referencia

---

[17] Ver también Arnold (1988; 1992a: 42-46, etc.) y Arnold y Yapita (1996b, etc.).
[18] Ver también Arnold (1988), Arnold y Yapita (en prensa b), etc.
[19] En aymara: *Kinsa, pusi kulura wali qullaw, jan sap"ini, janiw alispati, janiw katusispati*.

al camino rojo ancestral de la sangre femenina (de la *wila kasta*), las rosas pueden referirse también a distintas clases de la sangre femenina; por ejemplo a la sangre del parto. Pero, más probablemente, el nombramiento de las flores de color "rosado" hace alusión (como lo hace en las canciones a los animales) a la sangre del sacrificio, convertida en la olla en salsa de la carne que se usa para alimentar a la mujer después del parto.

Otras flores se relacionan con la novia: por ejemplo el pequeño lirio con una flor rosada llamada azucena [20], cuyo nombre se repite a lo largo de la versión del canto de doña María. Se considera que esta flor es "suerte", como lo es también el clavel (*kalamina*) o la violeta (*wiwulita*). En conjunto, hay un consenso entre las mujeres que ellas entienden mucho mejor que los hombres el dominio del significado que concierne a las flores y las cosas que florecen; por tanto, ellas no hacen una asociación directa entre estas flores y el novio.

No obstante, otros versos con iconos de vegetación sí incluyen al novio en su dominio de significado. Por ejemplo, la versión de doña María describe el dar una "cadena de pasto verde" (*ch"axlla katina*) en una estrofa que menciona también a los padrinos de la pareja. Se refiere a la cadena dorada, colocada sobre la pareja durante la ceremonia religiosa por el tata cura; aunque aquí se expresa en el lenguaje de los pastos verdes (*ch"axlla*) que pacen los animales.

2.3 El *mallki* que brota raíces

Ya vimos que la misma copla de abertura de doña Bernaldita inicia el proceso del crecimiento vegetativo del matrimonio:

| 1 | Palantätay palantätay | Está plantada, está plantada |
| 2 | Mallkintatay mallkintata | Está enraizada, está enraizada |

Ahora examinemos los indicadores botánicos de otros versos con más detalle. En el verso 2, el verbo *mallkintaña*, que se usa actualmente para transplantar y arraigar un vástago, lleva el sufijo direccional adicional *-tata-*, que denota la expansión horizontal; *mallki* como sustantivo se refiere específicamente a una planta o tubérculo que está brotando raíces, y por eso tiene la capacidad "para agarrar bien" en su

---

[20] Probablemente en latín: *Datura sanguinea*.

sitio. El verbo parece referirse, en este caso, a la telaraña de lazos femeninos que se extienden en el ayllu a través del matrimonio.

Entonces, desde la abertura del canto, estamos en un dominio botánico con resonancias históricas en la cosmología andina. En el pasado, según los vocabularios históricos y estudios acádemicos, la misma raíz *mallki* tenía el significado adicional de un antepasado momificado de un linaje familiar [21]. Existe abundante evidencia de la función del *mallki* (como planta) en la representación de los ancestros del ayllu y, como consecuencia, de los derechos de usufruto a las tierras por sus descendientes mediante la costumbre de plantar árboles cultivados en el ayllu. Históricamente, se ha explorado este concepto en relación con el llamado "dibujo cosmológico" de Santacruz Pachacuti Yamqui y sus dos árboles genealógicos enraizados (Sherbondy 1986; Ansión 1986). El *mallki* tenía significados botánicos adicionales. Por ejemplo, en forma de una momia envuelta en sus capas textiles fue visto como una fruta con su semilla dentro, semilla que iba a brotar de nuevo a través de las otras generaciones (Opdahl 1985); la misma momia fue percibida como una "semilla" dentro de sus varias "cáscaras" de tejidos. En el ciclo de crecimiento vegetativo de la vida, las raíces que brotaban representaban los antepasados, el árbol representaba los varios años de una vida fructífera, y los frutos, los descendientes vivos de un linaje [22]. Sabemos además, por medio de un caso histórico de extirpación de idolatrías, de la importancia del molle antaño: que el molle en especial fue conocido como un *mallki* y como un "adoratorio antiguo" [23], y que un árbol de molle fue plantado por el Inca Viracocha [24].

Por tanto, el uso del verbo basado en la misma raíz *mallki* en el canto contemporáneo de Qaqachaka sugiere que el matrimonio y el fundar un nuevo hogar matrimonial todavía sirve para reestablecer —o más bien "transplantar"— el vástago de la línea ancestral femenina a un lugar nuevo y fértil. Isbell (1997) arguye (después de Duviols) que el *mallki* fue la dimensión femenina de la línea ancestral (la masculina fue la *huaca*). Aunque algunos podrían discrepar con los detalles de la interpretación de Isbell, sin embargo resulta claro que la *ipala* está cantando, en los versos de arriba sobre la transplantación de la novia, como *mallki* dentro de la

---

[21] Ver por ejemplo Duviols (1971: 380-383, 1976-8), Sherbondy (1986), Ansión (1986), Hastorf y Johannessen (1991), Isbell (1997), etc.
[22] Sherbondy (1986: 9, 12) y Ansión (1986) citado en Hastorf y Johannessen (1991).
[23] Duviols (1986: 30) citado en Sherbondy (1986: 9).
[24] Pachacuti Yamqui (1968: 296) citado en Sherbondy (1986: 9-10).

2.5 La batalla comienza

Paulatinamente, una batalla comienza. Las canciones iniciales de la *ipala* repiten insistentemente su alegría porque el matrimonio se está llevando a cabo y por el orgullo de la familia de la mujer de tener un novio tan distinguido (quien es nada menos que su propio hermano o sobrino). Pero la *ipala* canta en otras versiones de la batalla ritual (*nuwasi*) que pasará en la casa del novio. Examinemos ahora las características de esta batalla en el meollo de la boda.

Cuando la *ipala* entra a la habitación semi-oscura de la boda, lleva su *arku* de matrimonio encima de su cabeza, como un estandarte que le guiará hacia la batalla. Hasta el palo largo del *arku* se llama *awqa*, que quiere decir "enemigo" o "guerrero". Ya ha sido mencionada la confrontación verdadera y física que podría haber ocurrido entre el padre de la novia y su nuevo yerno en el anuncio de los esponsales; sin embargo, la batalla inminente ocurre entre fuerzas más grandes: las hermanas verdaderas y clasificatorias del novio (las *ipalas*) como grupo, y los hermanos verdaderos y clasificatorios de la novia (los *laritas*) como grupo (por lo general jóvenes de la misma generación), todos en el medio de la fiesta. Es como si esta batalla ritual implique otra vez la memoria histórica del matrimonio entre un grupo de parientes políticos incas y un grupo local de *awqas*.

Si así fuera, la ipala juega un rol mediador entre las casas de la novia y del novio: a la vez, ella es hermana del novio (o tía de él) y cuñada de la novia. Quizás por eso, cada *ipala* se queja en algunos versos de su canto que "sus abarcas se están terminando como papel" por la larga caminata que ella tuvo que recorrer para llegar al matrimonio. Es probable que la alusión al "papel" se refiera, en cierto nivel, a los regalos de billetes amarrados a los *arkus*, pero otros niveles del significado se hacen evidentes a través de una analogía histórica. En una ilustración del siglo XVII por Guaman Poma de Ayala, se muestra un oficial del Inca (un alguacil mayor) llevando un par de ojotas (y una chuspa de coca) encima de un palo (1989 [ca. 1613]: f. 343-4]) [29]. Por su comentario, sabemos que estos oficiales fueron hijos "bastardos" o "sobrinos" del Inca (punto reiterado por las *ipalas* contemporáneas a través de sus canciones), y que las ojotas eran un signo visual de la majestad del Inca. ¿Puede ser que la *ipala* sea considerada

---

[29] También nos informa en otra parte que en el matrimonio incaico, el novio fue requerido para entregar a su novia un par de sandalias de oro.

como una representante del Inca en el contexto de la boda moderna? Y ¿es posible que su hermano, en la boda, haga eco al rol del "sobrino" del Inca?

2.5.1 Los arcos del matrimonio llamados *arku*

Hasta el *arku* del matrimonio que lleva la *ipala* encima de su cabeza contribuye a esta guerra. Consiste en un palo largo y labrado (*awqa-* guerreros) que sirve de asa; en la parte superior está un marco de forma triangular, hecho de diferentes tipos de madera, al que se prenden los regalos (ver la Fig. 4). El triángulo de la parte superior está hecho de tres ramas de siwenqa, que apuntan hacia arriba, forme que, en Qaqachaka, se compara con "un cerro" [30]. La relevancia simbólica de la siwenqa en la construcción gira en torno de algunos dichos pertinentes que oímos que tienen que ver con el color rojo y la sangre femenina. Por ejemplo, según se dice, el sitio donde crece el tallo alto de esta planta es un lugar de crianza de lagartos y de ovillos multicolores de lana; es, además, el lugar favorito donde llega el rayo y el arco iris. Las raíces también son consideradas un remedio casero para la hemorragia del parto.

De ambos extremos del marco triangular están amarradas, horizontalmente, ramitas más pequeñas de chilca [31] y *saru saru* [32], arbustos que crecen en las colinas. *Chilca* es remedio común para curar los huesos rotos, mientras que *saru saru* es otro remedio para la hemorragia y los problemas del parto. Así, los propios materiales en la construcción del *arku* parecen confirmar a función que tiene el matrimonio de regenerar la sangre y el hueso, las dos sustancias ancestrales proveídas por la novia y el novio, respectivamente.

Los *arkus* de matrimonio tienen una forma similar en otras partes de la región de Oruro y el Norte de Potosí. Todos tienen semejanza al *champi*, el hacha ceremonial que llevaba el propio Inca como símbolo de su autoridad máxima. En la actualidad, un *champi* es todavía una parte íntegra de los disfraces festivos en los alrededores del Cusco. Por ejemplo, en la Fiesta de la Virgen de Cocharcas en Ishua, Ayacucho, las Incas femeninas llevan un *champi*, juntamente con imágenes de dos picaflores, en un marco triangular puesto encima de un palo largo, muy parecido al *arku* de Qaqachaka. Bradby

---

[30] En aymara *siwinqa* (lat. *Cortaderia quila*). En el ayllu vecino de Macha se compara la forma del *arku* con una "muñeca" (Platt 1978: 1095).
[31] En aymara *ch'illk"a* (lat. *Baccharis polyantha*).
[32] Probablemente lat. *Commelina tuberosa*.

(1997), en su descripción de este disfraz, sugiere que el *champi* es una especie de instrumento masónico para medir elementos de la construcción. En Qaqachaka también es de suponer que una de las funciones del *arku* (con su triángulo de escuadra) sea recordar a la pareja su propia construcción del hogar, así como una memoria histórica del momento en que ellos tuvieron que iniciar sus obligaciones regionales hacia el estado incaico.

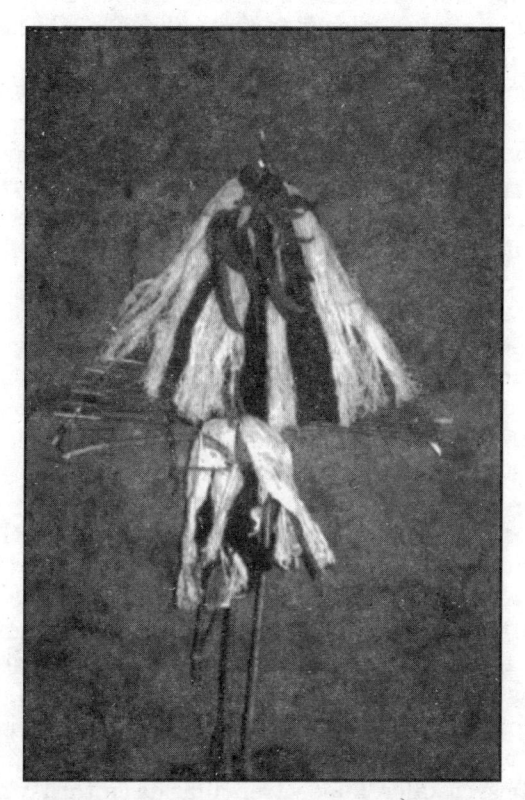

Fig. 4 Foto de un *arku* de la boda

2.5.2 Los regalos del matrimonio

A la vez, la presentación de los regalos amarrados al *arku* tiene que ver con el "floreo" del matrimonio, pues se denomina a esta acción "hacer *arku*" (*arkuchaña*) o "hacer florecer" (*p"aqarayaña*). En este caso, la noción de "hacer florecer" se refiere, sobre todo, al acto de honrar con regalos a la hermana o hermano en cualquier fiesta; por ello, cuando la *ipala* aparece con su *arku*, los invitados comentan «*P"aqarayi*», que ella "está haciendo florecer" a su hermano.

El triángulo del *arku* constituye la base a la que se amarran los regalos. Tradicionalmente, las *ipalas* entregan a sus hermanos regalos de madejas de lana (*ch'ank"a* o *juñi*) enlazadas verticalmente sobre el triángulo en distintas tiras de color (más tarde los *laritas* entregan a sus hermanas regalos de dinero). En algunas familias, se dan madejas de tres colores diferentes, pero en otras es costumbre dar cuatro. Nos explicaron que se debe usar una variedad de colores de madejas; estos deben ser "vistosos", "como el arco iris", y con una predominancia de rojo, "para que la pareja esté alegre". En los *arkus* que vimos, los colores más comunes son los blancos (*janq'u*), por un lado, y los rojos (*wila*), por el otro, con sus variaciones de rosado (*rusäru*), anaranjado (*arumi*) o morcilla (*wursila*), como si recordaran otra vez los dos caminos ancestrales en "hueso" y "carne". No obstante, existe una regla observada que algunos colores no se deben dar nunca, por ejemplo, madejas negras, pues los invitados dirían que uno de la pareja moriría; o madejas de color azul oscuro (*larama*), amarillo (*q'illu*) o verde (*ch'unq"a*), pues la gente diría: "Solamente aquellos que hacen incesto colocan estas cosas, es incesto, diciendo" y hay un regaño generalizado [33].

Otros regalos comunes que se amarran al *arku* son los billetes de dinero, llamados "plata" (*qullqi*) o más figurativamente "mariposa" (*pillpintu*), y "plumas de avestruz" (*suri p"uru*). Se amarran al marco del *arku*, para que los billetes "batan en el viento como las alas de los pájaros o mariposas". (Aquí se usa el término quechua para plumas, *p"uru*, en el contexto de un juego sobre las relaciones simbólicas entre plumas, plata y bosta [34]). Además de las madejas sueltas de lana, la *ipala* puede traer consigo regalos cosidos en un "*arku* cosido" (*arku ch'ukuta*), o regalos tejidos, tales como aguayos, ponchos, costales, fajas y trencillas de cintura, y frazadas. Ver la Fig. 5.

En sus comentarios acerca de las canciones, las mujeres enfatizan que la *ipala* trae consigo las madejas, de parte de su hermano, para entregarlas a la novia (su cuñada) con el propósito de que teja el primer poncho para su

---

[33] En aymara: *Laramasirinakapï, uk uchas si, ch'unq"a sas*,
[34] Ver Harris (1989).

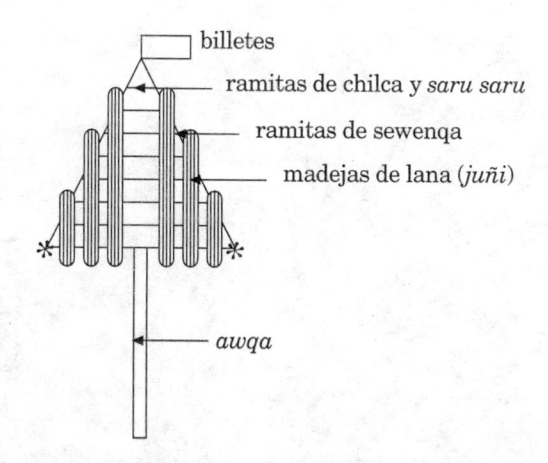

```
                    billetes
                   /
                  /─── ramitas de chilca y saru saru
                 /
                /──── ramitas de sewenqa
               /
              /───── madejas de lana (juñi)


              ←── awqa
```

FIG. 5 El *arku* con los regalos llevados por la *ipala*

marido, si hubiera suficiente lana, o si no una manta o un aguayo. Por esta razón, es igualmente importante que la *ipala* traiga consigo, como un regalo adicional para su cuñada, una ajustadora del textil hecha de hueso de llama (*wich'uña*). Al entregarlo, le dice: "Te estoy dando este regalo de una ajustadora para que tejas" [35]. Saber tejer es una habilidad necesaria para una nueva esposa, y sus primeros textiles son examinados por la familia del novio como prueba de su destreza y promesa de una buena esposa. Se dice que una mujer que saber tejer bien es la más cotizada como esposa, que va a casarse pronto; en tanto que una mujer que no saben tejer no tiene mucho valor como esposa (Arnold 1994).

Debido a la importancia simbólica de estos obsequios, es común ver a los novios exhibirlos al día siguiente, con las madejas (que le dieron las *ipalas*) en sus sombreros, colgadas como una peluca del siglo XVII; en tanto que la novia se pone de pie con los billetes (que le dieron los *laritas*) brotando de todos lados de la cinta de su sombrero y exhibiendo otros regalos de ropa prendidos en su hombro (ver la Fig. 6).

Mencionamos antes la forma del *arku*, parecida al hacha incaica llamada *champi*, y su asociación con el estado incaico histórico. También observamos que la *ipala* lleva sus regalos de *arku* como si ella fuera una guerrera (*awqa*), y que ella es muy fuerte en su insistencia que su cuñada debe tejer

---

[35] En aymara: *Aka wich'uñampiw arksma sawutawa.*
                 Te doy de *arku* esta ajustadora de hueso, para que tejas.

FIG. 6 Foto del novio colgado con madejas de lana

con los implementos dados. Quizás podamos entender mejor estas resonancias históricas como una parte de la red más amplia de las alianzas matrimoniales practicadas en los tiempos incaicos, tal como las describe Gose (1997), cuando el matrimonio ideal era entre un guerrero y una tejedora según la imagen perfecta del dominio, tanto militar como civil, de las provincias por el estado incaico.

2.5.3 De par en par

Se deben presentar los *arku* en pares y no sueltos. Según las mujeres, los pares de *arku* deben ser como la pareja (el "par de palomas", *paris paluma*) y como el propio matrimonio. Es como si los pares de regalos de *arku*, en algún sentido, suplieran a la pareja misma. La unidad de la pareja es considerada "suerte" (*surti*), y significa que ellos no van a separarse nunca[36].

---

[36] En aymara: *Jich"ax surtiw, janiw ch'ullach'ulla sarnaqapxatati.*
Ahora es suerte, no van a andar separados.

Si es que se traen a la boda un *arku* solo, se diría que uno de la pareja podría morir.

Todos los regalos de *arku* traídos a la boda se colocan sobre algunos aguayos en el suelo, en dos montones distintos. Se destina el montón de la izquierda (*lluqituqi*) para la madrina de la boda y el de la derecha (*kupituqi*) para el padrino, puesto que los padrinos tienen que juzgar sobre el uso de los regalos; sobre todo los regalos en dinero. Cuando los pares de *arku* caen sobre los montones apilados, los invitados comentan que "caen de dos en dos" [37].

Para entender mejor el significado de dar los regalos en pares, obtuvimos algunos datos comparativos de los valles de Aymaya en el Norte de Potosí, un archipiélago valluno del ayllu Jukumani, vecino de Qaqachaka. Por ejemplo, según don Domingo Jiménez, oriundo de esa región, el dar los regalos en pares tiene que ver con diferencias por el género (de quién ha dado el regalo, a quién y de qué naturaleza), que a la vez tiene una relación con los rebaños de la pareja y sus equivalentes celestiales. Por tanto, cuando los regalos de lana de *arku* caen al suelo y las madejas de lana se bajan del *arku*, se llama a esta acción el "trasquilar de alpacas" (*alpach yawiña*); así se comparan los *arku* con "alpacas" y el cortar de los regalos con "trasquilar su lana". En los valles, una persona en particular, sentada cerca de la pareja, es denominada el "esquilador de alpacas" (*alpach yawiri*), y su tarea es cortar de cada *arku* las madejas. Estas dimensiones adicionales son menos explíctas en Qaqachaka aunque los mismos significados están implícitos.

En ambas regiones existe la distinción por el género entre las *dos* clases de regalos de *arku*: las madejas de *lana* traídas por las hermanas del novio (las *ipalas*) y el *dinero* traído por los hermanos de la novia (los *laritas*). En Qaqachaka, a los regalos de lana se llaman "arku de águila" (*ajil arku*) o "arku pequeño" (*jisk'a arku*), en tanto que a los regalos de dinero se llaman "arku grande" (*jach'a arku*). Igualmente, en los valles de Aymaya, los regalos de lana se llaman "arku de águila" o "arku de hebras" (*ch'ank"a arku*), en tanto que los regalos de dinero se llaman "*arku* de plata" (*qullqi arku*).

A veces, en los valles, se llama al "*arku* de águila" simplemente *alpachu*, "porque las madejas son idealmente de lana de alpaca", y se dice que "la alpaca debe ser trasquilada" (*alpach yawxañawa*) al quitar las hebras de amarro del marco triangular. En cambio, el "*arku* de plata" tiene amarrado en cada esquina del triángulo los regalos de dinero. No obstante, en ambas regiones se llevan los *arkus* en pares. De los pares de "*arku* de alpaca" se

---

[37] En aymara: *Payat payat tinkuyi.*
　　　　　　　　Hace caer de dos en dos.

"trasquilan" la lana primero; luego, de los "arkus de plata" se quitan los billetes de dinero, colocándolos sobre un pequeño tejido (*inkuña*) en dos montones. Ver la Fig. 7.

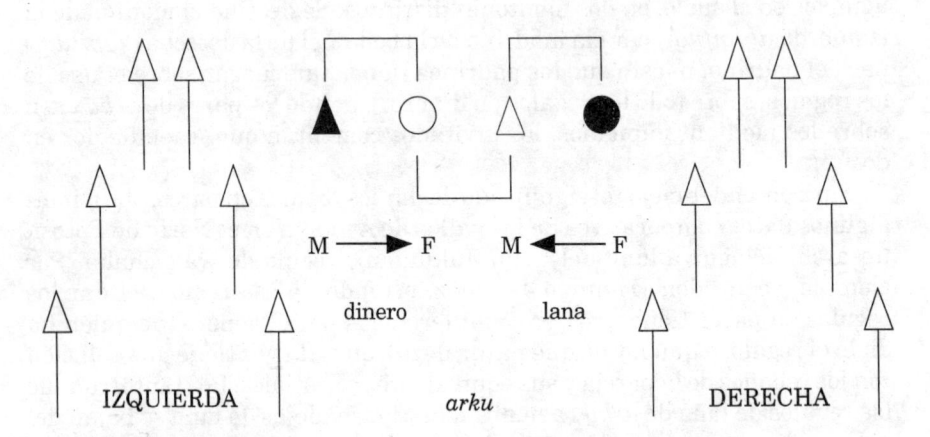

```
                    M ──▶ F    M ◀── F
                       dinero     lana

     IZQUIERDA                   arku                   DERECHA

Traídos por los laritas                        Traídos por las ipalas
Regalos de dinero                              Regalos de lana
Arku de plata (qullqi arku)                    Arku de águila (ajil arku)
Arku grande (jach'a arku)                      Arku pequeño (jisk'a arku)
                                               Arku de hebras (ch'ank"a arku)
Casta de la mujer (warmi kasta)                Casta del hombre (chacha kasta)
Dadores de la esposa                           Tomadores de la esposa
Posición más alta                              Posición más baja
```

FIG. 7 Los pares de *arku* y sus significados

Segun la gente de los valles de Aymaya, el precedente para esta diferenciación "está en los cielos" y, más explícitamente, se comparan las dos formas de regalo con dos constelaciones en la Vía Láctea. Para ellos, el "*arku* de plata" (*qullqi arku*) es otro nombre para el grupo de estrellas llamado *p"uxta* ("manojo") o *qullqa* ("depósito"), que se observa para predecir las condiciones para el año venidero. Cuando aparecen grandes y claras (*ch'ask"a*) y "tienen patas", se dice que va a ser un buen año. Se dice, además, que ambos grupos de estrellas guían las constelaciones negras de la Llama Negra celestial, seguidos por el Cóndor y el Zorro, y con la pareja humana

---

38 Ver también Urton (1981), Arnold y Yapita (en prensa a), etc.

por detrás[38]. Otro nombre del *"arku* de plata" es "cabrilla" (*karwilla*) y parece corresponder a las Pléyades, aunque la identidad del *"arku* de águila" (*ajil arku*) es más problemática [39].

Según otros estudios recientes, los mismos grupos de estrellas guían a una constelación particular, relacionada con el llamado "Dios de la Vara" y posteriormente con el Inca Viracocha, que va a la cabeza de la Llama Negra celestial (Valladolid Rivera 1993). Si así fuera, podemos conjeturar que estas estrellas serían las contrapartes celestiales de los regalos matrimoniales de la *ipala* para su sobrino *Wirajuchi*, quien actúa como el aspecto terrenal de su contraparte celestial. Es posible incluso que, para la gente de Qaqachaka (como para la gente de Ishua en Perú), los *arkus* recuerden la Llama Negra celestial como la fuerte última de las aguas y del vellón (Arnold y Yapita, en prensa b). Mencionamos líneas arriba que Viracocha fue el dios andino del tejer y de las aguas. Por otra parte, en varios comentarios y rezos históricos el dios Viracocha estaba relacionado con la oscuridad imponderable, de la que surgió la luz, el Sol y la Luna y, de este modo, el mundo [40]. Algunos versos de las canciones de boda parecen confirmar esta idea aun ahora, por ejemplo, cuando doña Bernaldita exclama:

| 19 | Aka suma Wiraxuchi | Este guapo Viracocha |
| 20 | Janipini iñkatassmat... | Nunca te he presenciado... |

2.5.4 El contar los *arkus*

El simbolismo de flores recurre cuando se cuentan los *arkus*. Todos los regalos de *arku*, sean ropas, textiles, lana, sombreros, sogas, aguayos, costales, polleras, bufandas o dinero, son llamados "flores" (*p"aqara*) en el lenguaje de brindar de la boda. El regalo más común al novio es un aguayo de tejido multicolor y a la novia un sombrero de lana blanca. Una hermana consanguínea tiende a regalar a su hermano un *arku* de alto valor, tal como un aguayo; de manera similar, un hermano consanguíneo tiende a regalar a su hermana un *arku* de alto valor, tal como una pollera, billetes

---

[39] Hay referencias similares a las agrupaciones de estrellas que incluyen a las "cabrillas", "mercurio del anochecer", "saturno del segundo canto del gallo" y el "machu lucero que corta la noche" (quizás Venus) en las canciones quechuas de boda en la región de Cusco (Valderrama y Escalante, este tomo).

[40] Ver Betanzos (1968 [1551]: 9-11) y Cristóbal de Molina "El Cusqueño" (1943 [1575]: 12-15), etc.

de dinero o sogas. Otros hermanos clasificatorios pueden traer regalos de dinero, ropas interiores, sombreros, sogas, chompas o aguayos, bayeta para hacer vestimentas, hasta ollas de cocina.

Cuando entra cada *ipala* con su *arku*, todos los regalos se reciben bajo lista y anota una persona alfabetizada en un proceso conocido como "contar las flores" [41]. Dice que, en el pasado, los *arkus* se contaban usando un sistema de granos de maíz, o un proceso de anudar caitos [42]. De todas maneras, se memorizaba los regalos "en el corazón" (*chuymarukiwa*) [43].

2.6 La lucha física y la batalla del canto llamada *wayñuña*

La *ipala* ya declaró la batalla al llevar consigo su *arku*-guerrero con las alusiones históricas al hacha ceremonial del Inca. Más tarde, durante la noche de boda, después de haber tomado *ch'allas* por horas, esta señal de guerra entre parientes políticos se intensificaba con un verdadero duelo de canto.

Cuando las *ipalas* presentaron sus *arkus*, los *laritas* entraron tocando sus guitarras. Luego, se colocaron en grupos: las hermanas del novio (las *ipalas*) a un lado, y los hermanos de la novia (los *laritas*) al otro, cantando *wayñus* en respuesta a las amenazas e insultos cantados por el grupo opuesto. En esta ocasión, los *laritas* pueden ser solteros o casados, pero las *ipalas* deben ser solteras por las razones que siguen.

El género de wayñu que se cantan mutuamente se considera como un "trenzar en común", *k'ant'asiña*, y se llama *k'ank'isi*: "trenzamiento". Este género revela de manera muy clara que el trenzamiento de los versos del canto de los hermanos y hermanas afinales sirve para entretejer las dos familias del matrimonio. Las estrofas largas de abertura son cantadas primero por las *ipalas*, y después por los *laritas*, poniendo a prueba su capacidad mutua por la destreza de la palabra. Luego, las estrofas son acortadas, entrelazadas y aumentadas en tono, y los dos grupos comienzan a trenzar sus versos más rápidamente; bailando en pares, ellos trenzan

---

[41] En aymara *p"aqaranak kuñti*, de la raíz *p"aqara*: "flor" y el verbo "contar".

[42] En la región de La Paz, hace dos generaciones, existía un sistema de contar con nudos llamados *chinu* (parecido a los *kipu* incaicos) que se usaba para recordar, según el sistema de *ayni*, los regalos de matrimonio (y sus donadores) así como las deudas de la misma cantidad y especie de bienes.

[43] Aun aquí, la noción de amarrar un nudo es expresada en el aymara: *chuymarukiw sum chinusipxi*, que quiere decir literalmente: "al corazón nomás se amarran bien", otro recuerdo del sistema antiguo de contar al amarrar los caitos llamado *chinuña*.

las manos en una figura de "ocho" y, cantando así, los *laritas* levantan las *ipalas* sobre sus hombros. Por tanto, al entretejer la letra, los versos, melodías y manos, se entretejen los dos lados de la unión matrimonial.

2.6.1 El trenzar las dos familias: *k'ank'isiña*

El duelo de canto entre *ipala* y *larita* tiene distintos episodios temáticos, que refuerzan el trenzado. En el primero se debe referir a ciertos tipos de trenza (*k'äna*): los laritas mencionan primero las trenzas de *ch"ich"illa*, y luego las trenzas de *apsu*; cada uno es un término para una técnica que tienen los hombres para trenzar sus hondas. Las hondas decoradas de *ch"ich"illa* se trenzan de lana, "el color de moscas" (*ch"ich"illank"a*). Las hondas festivas de *apsu*, en cambio, son de multicolor y éstas se colocan sobre los hombros de la mujer para hacerle bailar al final de la ceremonia del cruce de los animales (Arnold y Yapita, en prensa b).

Ambos términos, prestados de la guerra y del cruce de animales, provocan una respuesta similar de sus cuñadas en el contexto de la boda. Pues las *ipalas*, cuando les toca el turno, nombran *liryu*, o "trenzas de lirio", los diseños de multicolor que usan las mujeres en sus trencillas de cintura (especialmente las que se usan en la danza de la ceremonia del cruce de los animales) o para decorar a las trenzas de sus cabellos. Así, las diferentes clases de trenza son determinadas por el género: cada sexo nombra los tipos de trenza que ellos mismos hacen, y que ellos pueden regalar a sus enamorados. En este sentido, son artificios trenzados de cortejo:

Larita:	Ipalitay ipalita	Tía, tía
Ipala:	Tiyulitay tiyulita	Tío, tío
Ipala:	Liriyu k'ana k'antañäni	Trenzaremos una trencilla de lirio
Larita:	Ch"ich"illq"äta q"att'añäni	Trenzaremos una honda de castaño
Ipala:	Ch'ak"urüta aküruka	Son estacas hoy en día
	Jum wiñay saya	Tú, parada para siempre
	Awki tayka surwin tiwula	Padre, madre, sobrino, tío
	Liriyu k'ana k'ant'añani	Trencilla de lirio trenzaremos
	Apsu q"ata q"attañani	Honda decorada ajustaremos
	Larit tiwulay...	Hermano, tío...

Tanto "el gambito de abertura" de los *laritas* nombrando sus hondas, como las respuestas de las *ipalas* nombrando sus trencillas, usan *dos* diferentes verbos aymaras, que refuerzan aún más el trenzamiento en progreso. El primero, *k'ant'aña* ("trenzar"), se usa principalmente para hacer hondas o trenzas de cabello (aunque se aplica también a la acción de desdoblar las hebras en una rueca de doblar), y el segundo, *q"attaña* ("ajustar"), se usa en el sentido de apretar manualmente los caitos de una trenza o soga, o de presionar con la ajustadora los caitos de un telar. Ambas voces en su objetivo de "trenzar junto quintales" (como dicen ellos), acuden al léxico de "trenzar" y luego "ajustar" para insinuar que detrás de sus palabras estaría un verdadero trenzamiento de más familias en el futuro, de grupos enteros de *ipalas* y *laritas* entretejiéndose.

Esta lucha de palabras tiene su contraparte física en un balanceo de dos bandos de cuerpos, igualmente llamado *k'ank'isi*, que acompaña la guerra de palabras candentes. Las *ipalas*, todas juntas, jalan hacia ellas a los *laritas* y luego, por su lado, los *laritas*, todos juntos, jalan a las *ipalas* hacia ellos en respuesta, como el movimiento de vaivén de la trama de tejer, hasta que todos caen entrelazados en un montón sobre el piso. Este combate corporal es parte de la llamada *wayñuña* ("bailar wayñu") [44]. Asimismo, este episodio del wayñu se caracteriza por distintos versos de lucha. Por su parte, las *ipalas* encargan a los *laritas* que deben cuidar a sus hermanos de todo corazón y nunca hacerles llorar; si no ellas van a reprenderles con palabras acaloradas, o caminar por otro lado de los cerros para no verles:

Ipala: Taqi chuymapiniw uywarapitanta   Vas a criarle con todo corazón
         Jilatañ janiw jachayantati   A mi hermano, nunca vas a hacerle llorar

Pero los *laritas*, que igualmente tienen la palabra, responden al decir que las *ipalas* nunca deberían hacer llorar a sus hermanas, si no ellos, por su lado, van a tomar su venganza.

En otro episodio, los *laritas* amenazan llevar a las *ipalas* a sus propias estancias "para que estén sentadas en lugar de su hermana" (es decir, la misma novia que está casándose en este momento). En la versión de doña Lucía, ellos amenazan:

    Jumarux kullak lantit irpasxarakima... Te voy a llevar en lugar de mi hermana...

---

[44] El mismo intercambio de palabras y frases rituales entre hombres y mujeres se llama *q"achwaña* en la región de La Paz.

A lo cual las *ipalas* responden vehementemente:

    Janiw puyrkasmati....   ¡No vas a poder!

Pero de vez en cuando un *larita* sí, levanta y carga a una *ipala* sobre su espalda y la lleva hasta afuera, pero después los dos regresan, sonriendo y cantando.

Larita:	Qallapinimawa	Te voy a llevar siempre
	Ch"ich"ill k'äna k'ant'asiñäni	Honda color de moscas trenzaremos
	Ch"ich"ill q"ata q"antxañani	Honda color de moscas ajustaremos
	Apsu k'äna k'antxañani, ipala	Trencilla decorada trenzaremos, hermana
Ipala:	A *ver* tiyula	A ver, hermano
Ambos:	Kintal kintal k'anasipxi	Se entretejen quintales y quintales
Ipala:	Jilaña iñkatasta	Veo a mi hermano
Larita:	Kullakita iñjatasta	Veo a mi hermanita
Ambos:	Paris paluma, kamicharakiñani...	Qué haremos, pues, par de palomas...
Larita:	Jumantpiniw jich"uru	Contigo siempre hoy día
	chukt'añapanpin chukt'xäña	de veras te vas a sentar en su lugar

Y los demás *laritas* confirman:

    Chukt'xäña   Ella está sentada

En otros versos, tanto la *ipala* como el *larita* insisten en su derecho originario a la casa matrimonial. Los *laritas* preguntan primero "¿Dónde está la *ipala* en persona?", al insistir que ellos, los *laritas*, de veras viven ahí:

    Kawkirak person, tiyala   ¿Y dónde está la tía en persona?
    Akan utjta person, tiyala   Yo vivo aquí en persona, tía

Pero las *ipalas* igualmente afirman su derecho al lugar: "Yo, la *ipala*, vivo aquí en persona, y ¿dónde está el tío en persona?" En este caso, las *ipalas* usan el término quechua de parentesco para el *larita*: *tiwula*, con el significado adicional de "zorro". Pero, los *laritas* tienen la palabra también, de manera que el término *"ipala"* tiene el significado adicional (y despectivo) de "zorrina".

Akan utjt person ipata	Pero yo vivo aquí en persona, la tía
Kawkiray person tiwula.	¿Y dónde está el tío en persona?

Los wayñus, con el trenzar de palabras y versos, se tornaron más y más colorados a medida que avanzaba la noche. Se caracterizan por las fórmulas claves, rimas coloradas que se han escuchado ya en las Canciones de la *Ipala*, cuando las cuñadas hacen bromas sobre la forma física de sus cuñados. En una especie de riña (que se llama en aymara *tuqsusiña*), sus coplas de rima provocan risas. Por ejemplo, ellas riman las palabras *kucharita* y *anku charita*. *Kucharita* (préstamo de "cuchara") tiene el significado adicional de la palma de la mano en forma de una cuchara que trabaja las chacras para dar sustencia. Las cucharas se asocian sobre todo con las mujeres y su labor; se solía dar regalos de *tupus* en forma de cuchara a la novia en varias partes de los Andes. La rima *anku charita* viene del *anku*, "un tendón", y se refiere sobre todo a las "piernas escuálidas" de los tíos que visitan. Por supuesto, existe una insinuación sexual en todo esto.

Otra copla-fórmula empareja *kuminusa* "cominos" (que insinúa los encantos de la carne) con *sik'iminusa*. *Sik'i* en aymara quiere decir "delgado", en sentido de "talle de avispa" y *sik'imira* es una "hormiga" con tal talle. En cambio, *sik'i* en quechua quiere decir "nalga". Con la terminacón *-minusa* ("menos"), se refiere a los traseros angostos de los tíos. Para la gente de Qaqachaka, hay una referencia adicional al cuento común y corriente de la "Hormiga de Pantalón Rojo", una narración que trata en forma codificada la creación sexual del mundo (Arnold 1996):

Ipala:	Kucharita kucharita tiwulay anku charita	Cucharita, cucharita, tío de pierna delgadita
	Kucharita kucharita tiwulay anku charita	Cucharita, cucharita, tío de pierna delgadita
	Kuminuysa kuminusa tiwulay sik'i minusa	Cominos y cominos, tío de nalgas mínimas
	Kuminuysa kuminusa tiwulay sik'i minusa	Cominos y cominos, tío de nalgas mínimas

Aun aparte de la respuesta colorada que las coplas inspiran a los concurrentes, éstas tienen un aspecto didáctico importante, en el sentido de que proveen un marco de bromas coloradas que las chicas aprenden en primer lugar; luego ellas aprenden a trenzarlas con otras coplas más serias en la trama conectiva de la canción.

Pero si bien la batalla de demandas a la casa matrimonial se infiera una forma de intercambio recíproco de hermanas y hermanos a nivel estructural, esta clase de intercambio matrimonial no ocurre con tanta frecuencia en Qaqachaka. Cuano esto ocurre, se la conoce bajo el nombre de *turka turka,* la reduplicación indica la "transferencia doble", y se la define como el matrimonio entre una mujer y el hermano de un grupo de hermanos, luego, cuando la hermana del mismo grupo se casa con el hermano de la mujer original. Se rechaza la definición de *turka turka* como el intercambio de mujeres entre dos hombres: tal definición es enfáticamente negada. Otro tipo de arreglo recíproco entre casas, con un intercambio regular de hermanos y hermanas, ha ocurrido en el caso de la familia de doña Asunta, en que tres ejemplos de dos hermanas son esposas de dos hermanos, pero en este caso "pues ellas entraron a una casa", *mä utar aywintxi* y, a diferencia, se conoce a este arreglo, con el nombre de *mä utar aywintata,* "entrados en una casa". Ver la Fig. 8:

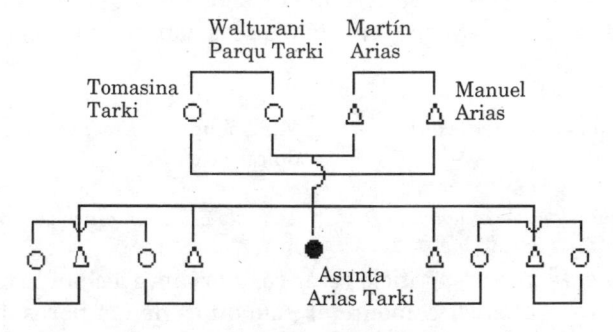

TURKA TURKA

MÄ UTAR AYWINTATA

Los hermanos Martín (el padre de Asunta) y Manuel tienen mujeres que son hermanas: Walturani (la madre de Asunta) y Tomasina. Igualmente, dos pares de hermanos de Asunta se casaron con dos pares de hermanas.

FIG. 8 Dos hermanas entran a la casa de dos hermanos

2.6.2 Los indicadores botánicos de la exogamia ecológica entre zonas

La guerra de palabra y canto entre *ipala* y *larita* se dirige al mismo tema de la vegetación y su florecimiento que caracteriza las Canciones de la

Ipala que describimos antes. Sin embargo, si las Canciones de la Ipala entrelazan las familias del novio y de la novia mediante indicadores botánicos del entretejimiento de raíces, tallos y flores, estos cantos de guerra enfocan su naturaleza más animal.

Algunas imágenes botánicas nos recuerdan a los animales dentro de sus corrales. Por ejemplo, según Doña Asunta, los *laritas* cantan que ellos (igual que las *ipalas*) van a rodear a la novia con un cercado de los espinos llamados *t'ank"ara* [45], o con el perenne molle [46], para que ella no sea tentada de retornar a su casa natal en los primeros meses del matrimonio.

Pero los juegos y canciones de esta etapa de la boda también expresan, según el género, un código que concierne a la regla ideal del matrimonio. Esta regla favorece al casamiento de un hombre y una mujer de los diferentes pisos ecológicos de Qaqachaka para facilitar así el intercambio entre las dos familias de rebaños y pastizales, y también el de diferentes clases de campo agrícola [47]. Por ejemplo, un intercambio de riñas que se cantan entre los cuñados de diferentes pisos ecológicos enfoca la taxonomía de plantas que crecen en las diferentes alturas para así expresar insinuaciones sexuales sobre el manejo de los rebaños a cada nivel.

Según doña Lucía Quispe, el grupo de las zonas bajas debe instruir al otro:

Ch'illk"a misk'i ch'umt'asini	Vas a chupar solamente los jugos dulces de *chilca*

o:

Ch'illk"a misk'i ququn uywäma	Te voy a criar con dulce de chilca

Pues, por medio de este artificio retórico, ellos aprovechan la oportunidad para comparar eufemísticamente el jugo dulce de las flores de chilca [48], arbusto que suele crecer en los lugares bajos, con los órganos sexuales de la mujer.

Luego, el grupo de los niveles altos responde al nombrar plantas más alargadas que suelen crecer en las alturas, tales como la oca —el tubérculo dulce andino que es un eufemismo común en el habla vernacular para referir a los genitales masculinos. Se puede referir también a la mazorca

---

[45] Lat. *Duranta repens*.
[46] En aymara: *jach'a mulli* (lat. *Schinus molle*).
[47] Cf. Platt (1986: 49-51).
[48] Lat. *Baccharis polyantha*.

de maíz cocida (*ch"uxllu wayku*), o a varias raíces (*wishru* [49] o *ch"ichi"lla, k'uk'uchu* o *ankachijru*), que tienen todas la misma forma extendida y evidentemente masculina:

    Kunarak nästi apill manq't'asintay,   Y ¿por qué yo voy a comer oca?
      kuns wayku   ¿qué voy a hacer cocer?
    Ch"uxllu wayku liwäma, wishru   Te voy a dar raíces y choclo cocido

o:

    Ch"inch"ill kamis ququn uywirisma   ¿Cómo te voy a criar con raíz de *chinchilla*
    Alayan k'uk'uch ququn uywirisma   Arriba te voy a criar con raíz de *kuk'uchi*
    Ankachijr ququn uywirismay nayaxa   Pues te voy a criar con raíz de *ankachijru,* yo

    Con la excepción de la oca larga y el choclo cocido, que son plantas domésticas, estos versos humorísticos nombran en su mayoría las plantas y arbustos silvestres de las diferentes alturas que sirven como pasto para los animales del rebaño. Además, en un juego sexual, las plantas silvestres femeninas son consideradas más "dulces" que los machos, y más deseados por los animales por esta razón.

    Por tanto, el tema atormentador de estos versos pone en oposición los dos grupos, que van a criar al otro, en el futuro, solamente con las plantas de su zona. Otra vez, hay una clara insinuación que, detrás de sus bromas, está la posibilidad de un matrimonio futuro, pero aquí los versos insinúan que las dos familias se relacionan entre sí, como los rebaños que trasladan con el matrimonio de un nivel ecológico a otro.

2.6.3 El emparejamiento de animales y pastos

Otro ejemplo de la comparación entre la pareja (y sus respectivos parientes) y los animales de rebaño ocurre durante la fiesta de boda. Según nos cuentan, había en Qaqachaka una costumbre, llamada *ch"ipch"i sintu*, que enfocaba la naturaleza animal de las dos familias en las personas del novio y de la novia. Ocurría durante el baile festivo en la noche de boda. El término *ch"ipch"i sintu* se refiere otra vez a una de las hondas decoradas nombradas en las canciones. Uno de los mayordomos presentes en la fiesta puso alrededor de la cintura de la novia una honda decorada (llamada *ch"ich"illank"a* o *ch"ipch"illank"a*), haciéndola caer al suelo, mientras otro agarró al novio de la misma manera y le empujó encima de ella. Luego

---

[49] Lat. *Polypoidium crassifolium*.

lanzaron una frazada encima de la pareja y los invitados gritaban «¡*Urqu urqu!*», "¡Macho, macho!", como si pidieran al varón mostrar su virilidad. Este emparejamiento forzado tiene muchas similitudes con la manera en que cruzan la hembra y el macho de los camélidos en la ceremonia del cruce.

Otra referencia más indirecta a los rebaños, que está todavía vigente en las Canciones de la Ipala, enfoca los pastos de los animales: aquí las coplas claves distinguen las clases de pasto según su grado de humedad, y esto conduce a otras insinuaciones que conciernen a las sustancias masculinas y femeninas. De este modo, se asocia a la novia con los pastizales permanentemente húmedos, fértiles y verdes, donde el agua siempre corre y mantiene mojada la tierra, tornándola barrosa y roja; por el contrario, se asocia al novio con lugares de agua intermitente. Según las mujeres, a ambos pastizales se los llama *q"uchi*, pero los lugares femeninos de la novia son llamados más específicamente *uma q"uchi*, "pastizal húmedo," o quizás *salta q"uchi*, según el diseño (*salta*) que lleva elementos de estos lugares húmedos. En otras coplas, se hace rimar la novia como "Siñurita" con *siyanita*, término polisémico que se refiere a la vez al mineral cianita, a su color azul-verde oscuro, a una flor de pantano del mismo tono y a un diseño textil de la misma flor.

Según ellas, el lugar del novio tiene, en cambio, agua intermitente, y por eso se llama "pastizal seco", *waña q"uchi* o sólo *q"uchi*, o con algunas variaciones en la pronunciación *q'uychi*, convirtiéndolo en la palabra quechua que designa al "arco iris". De modo similar, se rima esto con el rol del novio como *Wiraq"uchi*, otra referencia a su status como pasante de la fiesta. En esta ocasión, se le dirije con el título de "Viracocha", nombre aún recordado en la tradición oral contemporánea del "gran dios antiguo que precedía al Inca". Es así que una copla típica se desarrolla:

Q"uchi q"uchi q"uchi q"uchi   Moja moja moja moja
Aka suma Wiraq"uchi   Este guapo Viracocha

Siyanita siyanita   Cianita cianita
Aka suma Siñurita   Esta bella señorita

Según otras descripciones, una característica de estas parcelas húmedas de terreno es la presencia del agua colorada, o agua con reflexiones múltiples, como un arco iris. Como vimos antes, esta imagen de arco iris y de color rojo se presencia a través de las canciones y las costumbres de la boda. Sugerimos en otro ensayo que el término *Wiraq"uchi* se deriva de una variación dialectal del término aymara para "la sangre", *wila*, puesto que es común en aymara intercambiar las consonantes 'r' y 'l' (Arnold 1992a; Arnold y Yapita, en prensa b)[50]. Observamos también la importancia de la sangre femenina fertilizante en la iconicidad de la parte figurativa del textil llamada *salta*, que muchas veces está emparejada en las canciones con el nombre *Wiraq"uchi* (Arnold 1994: 99-100). Pero puede que *wira*, aun en su etimología más convencional de "grasa" y "espuma", todavía se perciba como "la espuma de la sangre", tal como se lo hizo históricamente [51]. En el contexto consanguineal de la boda, la *ipala* es de la misma sangre y semen que su hermano. En cambio, en el contexto afinal, las líneas de las substancias ancestrales, la semilla del novio y la sangre de la novia, interactúan mutuamente, nutriéndose entre sí. La novia, como un lugar permanentemente húmedo y como la Tierra Virgen, debe ser regada de vez en cuando por el novio. (Nunca se averigua si la novia es "virgen" ni se le ocurre, puesto que, en este contexto de la siguiente fertilidad de la pareja, no es criterio importante del matrimonio.) Es así que surgen tales expresiones de la *ipala*, al actuar por su hermano, cuando ella canta a la novia: "Vas a ser regada, vas a tener suerte".

    Jumaw qarpaniyanta   Tú vas a tener riego
    Jumaw surtiniyanta..

                                                 Tú vas a tener suerte...

Y cuando canta:

    Qarpas qarpantatay   Con el agua está regada
    Qarpaway qarpantamaway   Con el riego te voy a regar

    Ch'iwuway ch'iwutamaway   Con el verde te voy a florear [52]
    Qarpaway qarpantatätaway   Con el agua pues estás regada
        Ch'iwuru ch'iwuchatätawa...   Con el agua pues estás regada

---

[50] El análisis lingüístico y etimológico de Jan Szemiński (1987: 12 y sig.) del término *wiraqucha*, como fue usado en el texto de Santacruz Pachacuti Yamqui del siglo XVII, también enfoca su posible derivación de *wila*, "sangre", como sustancia vital.

[51] Por ejemplo, Isodore de Sevilla, en su Etymologiae (ed. M. Reydellet, París, 1984, IX, 6, p. 202).

[52] Dicen al novio: "Tú siempre vas a ser hombre" (*Jumapinipï chachaskäta*), mientras que dicen a la novia: "Tú siempre vas a ser mujer y vas a florear" (*Jumapiniw warmiskäta ch'iwuniskäta*), en referencia a la fertilidad y poder reproductor potencial de la novia en el matrimonio.

Ciertamente, el dominio semántico de estos versos, en los que el término *Wiraq"uchi* alude a los pastizales de humedad intermitente, nos recuerda al gran dios andino Viracocha; en especial un rezo dirigido a él, recordado por Padre Cobo en el siglo XVI, que lo relaciona con los manantiales que regaban a las chacras:

> «A tí, Señor, que criaste á mí y a esta agua desta fuente para mi sustento, te suplico hagas que no se seque, sino que salga como lo ha hecho otros años, para que cojamos el fruto que tenemos sembrado»...
>
> «¡Oh nacimiento de agua que tanto años há que me riegas mi heredad y mediante este beneficio que me haces yo cojo mi comida, haz lo mismo este año, y antes acrecienta más agua, para que la cosecha sea más copiosa!» (Cobo 1890-95 [1640-52] Libro. 13 Cap. XXI).

Es importante notar nuevamente que la diferenciación de los pastizales según el género no es simplemente un tropo literario. Con el matrimonio, permanente e intermitentemente, los abrevaderos de la novia y del novio se juntan en los pastizales de la pareja para sus rebaños que ya son criados en común.

2.7 El arraigar los cabellos

Incluso el corte de cabello de la novia y del novio por los padrinos durante la noche de boda nos recuerda los mismos indicadores botánicos y zoológicos. Los padrinos cortan de la frente de ambos un mechón y los mezclan juntos, diciendo que la pareja "se convierte en una sóla persona". Al día siguiente, los mechones son quemados. Este rito tiene muchas dimensiones de significado [53], sin embargo, enfatizamos aquí sólo dos aspectos.

Las mujeres perciben una similitud entre los cabellos de la pareja y las raíces de la tierra y, según la misma lógica, el entretejer de los cabellos en la noche de la boda se compara con un matrimonio mediado por la Tierra Virgen: solamente ella tiene la capacidad de "enraizar" las cosas. Según esta perspectiva, los cabellos entremezclados como raíces entran dentro de la Tierra Virgen, y ella les agarra para luego fertilizarles y hacerles crecer en el futuro. Doña Asunta nos expresó este concepto con las siguientes palabras:

---

[53] Ver también Gifford y Hogarth (1984).

Tila Wirjinarupiniw sap"i,	Se enraiza siempre en la Tierra Virgen,
janiw qalaqalan aljaspati,	nunca podría crecer en lugares pedregosos
suma Tila Wirjina ukachiqan ast uraqin	Bien, la Tierra Virgen en ese lugar de la tierra
katusini suma...	se va a agarrar, bien...

Existe aquí una segunda analogía implícita que compara los cabellos de la nueva pareja con los cabellos de la Tierra Virgen, el mismo pasto que crece de la tierra; pues, en este caso, el entremezclar de los cabellos se refería al compartir los pastos entre las familias de la novia y del novio después del matrimonio. Así, llegamos al mismo dominio semántico que tiene que ver con "envolturas" cuyas capas entrelazan los grupos sociales. Antes, notamos que los padrinos envuelven a la pareja en nuevas ropas para el matrimonio, y que los regalos de lana de la *ipala* expresan el mismo tema de envolver un grupo de parientes con otro. En el corte de cabello se evidencia la misma idea de envolturas, de tal manera que cada grupo de parientes envuelve al otro en capas de vellón o en sus productos.

2.8 Los consejos que trenzan el matrimonio

Esta misma idea del entrelazado de las dos familias se reitera después en una serie de conversaciones mucho más serias, en las cuales varios parientes mayores presentes encargan a la pareja. Aconsejar de esta manera se llama *ixwaña*, y el consejo mismo se llama *ixwa*.

Las madres de la novia y del novio comienzan a dar consejos. Expresan que la pareja debe vivir igual que ellas, y que el matrimonio no es en vano: "Es para servir a Nuestro Padre y Nuestra Madre", los dioses del ayllu. Continúan los consejos de los padres de la novia y del novio. Estos consejos expresan el patrón de encargos en forma paralela, y según el género: las mujeres aconsejan más a la novia, y los hombres más al novio.

Luego, algunas autoridades, por ejemplo los mayordomos del ayllu de la pareja, entran a la fiesta por un corto tiempo y, en su rol de "pastores" (*awatiri*) de la comunidad, aconsejan a la pareja acerca de la vida de los casados y de cómo ellos deben honrar a su padre y madre. El mayordomo, *mayur tala*, aconseja al novio; y su mujer, la *mayur mala*, aconseja a la novia. Después, los parientes mayores de ambos lados entran a la habitación por turno para aconsejar a la pareja.

Cada persona tiene sus expresiones propias para usar en estas ocasiones. Doña Lucía, igual que muchas personas mayores, usa el lenguaje del tejer para que su consejo sea comprendido. Pues siempre dice a la pareja: "Ayer y antes, Uds. han sido una hebra suelta, y ahora son un par, un par de palomas"; esto puede variar al decir: "Ahora eres par de hebras". Al hacerlo, ella implica que, como hebras sueltas, las dos personas separadas han sido de algún modo incompletas para funcionar como miembros de la sociedad de Qaqachaka; como par, ellos pueden trenzar juntas sus obligaciones:

| Masür walür ch'ulla ch'ank"asktaw | Ayer y anteayer aún fuiste una hebra suelta |
| Jich"ax paris ch'ank"äxtaw | Ahora ya eres un par de hebras |

Así, ella reitera algunas líneas salientes de su propia canción de ipala:

Ch'ulla ch'ank"a, ch'ulla ch'ank"ay	Hebra suelta, hebra suelta,
Ch'ak"urut akaru	Del momento de estacar el telar hasta ahora
Paris paluma...	Ustedes son un par de palomas...

Después, ella repite sus palabras a la novia, como parte de su consejo:

«Pä paris ch'ank"äxaniw» sakipinirïtwa,	"Va a ser dos pares de hebra", sé decir siempre
uka chachwarmipï,	pues esos son esposos,
ch'ulla ch'ank"aki mayaki...	una hebra suelta es una sola...

Al hablar y cantar estas frases, doña Lucía ajusta una vez más el tema omnipresente del matrimonio: que las dos familias se entrelazan juntas. Ya hemos mencionado, de paso, las alusiones en la canciones a las raíces usadas para teñir las telas, o a los términos de tejer como *salta*, un diseño textil. Luego nos dirijimos a la guerra de palabras y al canto entre los tíos y tías que se llama *k'ank'isi*, "entretejerse", cuando las hondas, trenzas y trencillas de cintura forman imágenes para el patrón subyacente del intercambio de hermanas y hermanos en el ayllu en su totalidad. Observamos que la propia guerra de canto, en primer lugar, trenza los versos y líneas musicales, y que luego "ajusta" los trenzados en su lugar. Al final, en el momento de dar consejos, las personas mayores insisten que cada individuo como soltero y soltera era "hebra suelta", pero ahora en el matrimonio son doblados. Como "un par de hebras" la pareja está preparada para participar como adultos en todas las obligaciones en el ayllu, desde tejer vestimentas para ellos y sus niños, hasta llegar a ser autoridades máximas en el futuro.

2.9 La canción final

El último género de canción de boda ocurre al día siguiente, después de contar los regalos. Se colocan los *arkus* y los regalos en el patio, puestos sobre una frazada en el suelo, y se separan los regalos de la novia y del novio. Los novios están sentados detrás de los *arkus*, con los padrinos a su lado y, delante de ellos, se coloca una porción de hojas de coca envueltas en un textil de colores naturales y con otro paño tejido encima. Algunos invitados están parados, tomando en un lado, y las mujeres en otro. (Ver la Fig. 9).

FIG. 9 Foto de los regalos y *arkus* en el patio

Los padres del novio eligen una persona mayor y muy respetada para contar los *arkus* de dinero en ambos lados; por esta tarea se entrega una botella de alcohol a la persona elegida. Algunas veces los padrinos hacen esto, y el padrino cuenta los regalos del novio y la madrina los regalos de la novia. Se hacen observaciones de cuál de ellos ha recibido más, el novio o la novia. Si los regalos de la novia fuesen más, los invitados dirían: "El hermano y la hermana se recordaron" [54]. La suma total se redondea y la persona que hace esto se llama "aumento" (*awamintu*).

Otra vez, se considera clave la noción de hacer pares iguales, como el par de palomas. Pues la suma adicional de dinero debe ser dividida igualmente entre los dos montones de novio y novia. Si alguien hace una equivocación, al poner regalos de dinero a un lado y no al otro, se grita fuerte: "¡Enemigo!" o "¡Brujo!" (*layqa*), y se acusa a la persona comentando que quiere que uno de la pareja muera [55]. Incluso los presentes pueden botarle fuera de la boda, junto con todo su dinero. Cuando se termina de contar de una manera satisfactoria, se sirve otra vuelta de comida.

Después, el novio lleva en su espalda todos los regalos de *arku* que le han dado sus hermanas; de manera similar, la novia lleva todos los regalos que le han dado sus hermanos. Retornan a su nueva casa matrimonial, por lo general una habitación en el recinto de los padres del novio, cantando y bailando, pero a diferencia de los demás invitados, relativamente sobrios. Esta versión de la canción fue grabada por doña Lucia en 1989:

1	Aliyaki aliyaki	Plantas y plantas
2	Alirt'asñäni	Nos plantaremos
3	Jich"üru taykätaw	Hoy día eres madre
4	Awkïtan taykatanw	Somos padre y madre
5	Jich"üruxa awkitanway taykatanway	Hoy día somos padre y madre
6	Janiway imill yuqallaktänti	Ya no somos chica y chico

Desde este momento comienzan la vida como casados. En los primeros días, la novia tiene que cocinar para todos como prueba que ella sabe cocinar y va a ser una buena esposa; después de este período de prueba, las mujeres de la casa cocinan juntas. Pero, por un año entero, la pareja debe comer junto con los padres del novio. Después de uno o dos años, se presiona a la pareja para que construya su propia casa, y todos les ayudan en la construcción en una tarea colectiva y recíproca de *ayni*, generalmente tres años después de la boda.

---

54 En aymara: *Jilata kullak amuyasiw.*
55 En aymara: *Janiw, jumax inimijutaw layqatawa...*
              No, tú eres enemigo, brujo...

3. El trenzado de la música y del canto: la actuación de doña Asunta

Terminamos nuestras ilustraciones de las canciones de boda con la actuación (en abril de 1989) de la Canción de la Ipala por doña Asunta, en la que ella incorpora la guerra de palabras que trenza a las familias en una integridad común. Fue acompañada en esta ocasión por su hija, Flora, quien participó aquí y allá con versos que ella conocía e hizo también palmadas en el trasfondo para marcar el compás de la música. Para nosotros, la actuación fue muy interesante porque ilustra la manera en que las unidades de células rítmicas de la canción son extendidas por la cantante en líneas melódicas más y más largas, igual que el crecimiento de la vegetación.

Doña Asunta comenzó su actuación con algunas libaciones preliminares para ponerse de buen humor:

Flora: Paris palumatak umt'asiñäni.   Tomaremos para el "par de palomas".
Asunta: Paris palumaxiw. Jich"ast t"uqurañäni.   Ya un "par de palomas". Y ahora bailaremos.

Flora: T"uqurañäni. Wayñurañäni...   Bailaremos. Cantaremos wayñus...
Asunta: Wayñurañäni, t"uqurañani.   Cantaremos wayñus, bailaremos.
Flora: Mm.   Mm.
Asunta: Paris palumaxiw.   Ya un "par de palomas".
Flora: Jilatsaxa.   Nuestro hermano.
Asunta: Awir t"uqt'añäni.   A ver, bailaremos.
Flora: T"uqt'añani.   Bailaremos.

Luego empezaron a cantar, con Flora en el trasfondo:

1	Kawkiräki tiwulästi	¿Y dónde está el tío?
2	Akankasktway ipatäkay	Estoy aquí, la tía
3	Kawkiräki pirshun tiwulay	¿Y dónde está el tío en persona?
4	Akankashktway... pirshun ipätay	Estoy aquí, la tía en persona
5	Q"uchi q"uchi, q"uchi q"uchi	Moja moja moja moja
6	Jawk"a sumay wiraq"uchi	Qué guapo Viracocha
7	Q"üchi q"üchi, q"üchi q"üchi	Moja moja moja moja
8	Jawk"a sumay wiraq"üchi	Qué guapo Viracocha

9	Jilañay iñjatasta	A mi hermano le veo
10	Paris palum iñjatasta	Un par de palomas le veo
11	Jilañay iñjatasta	A mi hermano le veo
12	Paris palum iñjatasta	Un par de palomas le veo
13	«Chiqaspat» sakität"a	"¿Será verdad?" me he preguntado
14	Chiqapinisjatawïwa	De verdad siempre había sido
15	«Purmalixaspat» sakitäta	"¿Sera en serio?" me he preguntado
16	Purmalipinisjatakitawïway	En serio siempre había sido
17	Kunaräki awisitu	¿Y quién me avisó?
18	Siljirituch awisitu	¿O es que el jilguerito me avisó?
19	«Kamsasaray» awisitu	¿Qué diciendo? me avisó
20	«Jilmaway paris palum (u)kan» sas awisitu	"Tu hermano es par de palomas ahí" diciendo, me avisó

Variación melódica nueva:

21	«Chiqaspati» sakität"a	"¿Será verdad?" me he preguntado
22	Chiqapïnisjatawiw	De verdad siempre había sido
23	Pampäj pampäj arkantantay	Pampas y pampas he seguido
24	Lastrut lastrut arkantanta	Huellas y huellas he seguido
25	Tunkapän apachits irakipanta	Doce apachetas he pasado
26	Aka sapk'at jila layku	Por este hermano sólo
27	Aka mayk'at jila läyku	Por este hermano único
28	«Chiqaspati» sakität"a	"¿Será verdad?" me he preguntado
29	Purmalipinisjarakitäwiw	De verdad siempre había sido
30	Paris palum chukt'atasjataw	Había estado sentado el par de palomas
31	Jilñäka	Mi hermano

Otra melodía para las fórmulas claves:

32	Janiway inataki janiti,	No es en vano, no
33	Janiway q"asitaki janiti	No es para nada, no

34	Awkis Taykas sirwiñataki	Es para servir a Nuestro Padre, Nuestra Madre
35	Tatay Mamay sañatak(i)	Para llamarles "Padre" y "Madre"
36	Taqi pruyns atintañataki...	Para atender a toda la provincia...

Con la insistencia de Flora se retorna a algunos versos colorados conocidos:

37	Kucharitay kucharïta	Cucharita cucharita
38	Tiwulay anku charïta	Tío de pierna delgadita
39	Kucharita kucharïia	Cucharita cucharita
40	Tiwulay anku charïta	Tío de pierna delgadita

41	Kuminüsay kuminüsa	Cominos y cominos
42	Tiwulay sik'iminusa	Tío de nalgas mínimas
43	Kuminuysay kuminusa	Cominos y cominos
44	Tiwulay sik'iminusa	Tío de nalgas mínimas

45	Liryu k'anchay k'ant'añäni	Trencilla de lirio trenzaremos
46	Apsu k'anchay k'ant'añäni	Honda decorada trenzaremos
47	Liryu k'anay k'ant'añäni	Trencilla de lirio trenzaremos
48	Apsu k'anchay k'ant'añäni	Honda decorada trenzaremos

49	Q"uchi q"uchi q"uchi q"uchi	Moja moja moja moja
50	Ay uk"a sumay Wiraq"uchi	Ay ese guapo Viracocha
51	Q"uchi q"uchi q"uchi q"uchi	Moja moja moja moja
52	Ay uk"a sumay Wiraq"uchi	Ay ese guapo Viracocha

53	Siniyita siniyita,	Cianita cianita
54	Aka suma siñurita	Esta bella señorita

55	Kanastitay kanastita,	Canastita canastita
56	Kawkirak warmi kastitay	Y de la mujer ¿dónde está su castita?
57	Kanastita kanastita	Canastita canastita,
58	Kawkirak q"ari kastitay	Y del varón ¿dónde está su castita?
59	Ananay ch"axlla katina	Qué verde la cadena

60	Ananay ch"axlla surtixa	Qué verde la sortija
61	Ananay ch"axlla katina	Qué verde la cadena
62	Ananay ch"axlla surtiyay	Qué verde la sortija
63	Katinitay katinita,	Cadenita cadenita
64	Jawk"a sumay katinita	Qué bonita cadenita
65	Katinitay katinita	Cadenita cadenita
66	Jawk"a sumay katinita	Qué bonita cadenita
67	Asusinay asusinay,	Azucena azucena
68	Jawk"a sumay asusinay	Qué bonita azucena
69	Asusinay asusinay	Azucena azucena
70	Jawk"a sumay asusinay	Qué bonita azucena
71	Jilañay p"aqarkipäna	Al ver florecer mi hermano
72	Nayakay kuna kusita	Yo estoy muy alegre
73	Jilañay achaljipana	Al ver florecer mi hermano
74	Nayakay kuna kuntintu	Yo estoy muy contenta
75	Jilañay p"aqarkipäna	Al ver florecer mi hermano
76	Papil wisk"us tukuspäna	Que se termine en papel mi abarca
77	Kirwar wisk"us tukuspäna	Que se termine la suela de mi abarca

Retornan a la segunda variación melódica:

78	«Chiqaspat» sakit"ät"a	"¿Será verdad?" me he preguntado
79	Chiqapinisk"atawiw	De verdad siempre había sido
80	Janiway inatakiti, janiway q"asitakiti	No es para nada, no es en vano
81	Jilañay jachayant(a)	Si haces llorar a mi hermano
82	Ukapachapï ukapachäni	Eso sí, va a ser el momento
83	Janipiniw jachayantati...	Pues no, nunca hagas llorar...
84	Kuna ququn uywxirisma	¿Con qué comida te criaría?
85	K'uk'uch ququn uywxirisma	Con raíces de *k'uk'uchi* te criaría
86	Kuna ququn uywxirisma	¿Con qué comida te criaría?
87	Wishru ququn uywxirisma	Con raíces de *wishru* te criaría
88	Jilañay jachayanta	Si a mi hermano haces llorar
89	Luma k"ütuqs muyuqxämaw	Me voy a alejar de la loma para allá
90	Jilañay q'asayjanta	Si a mi hermano haces chillar
91	Q'away k"ütuqs muyuqxämawä	Me voy a alejar del río para allá

92	Jumatïy mä k'achasjanta	Si vas a ser buena
93	«Kullaks» sas purintasjäw	"Nuestra hermana", diciendo, voy a llegar
94	Jumatïy mä k'achasjänta	Si vas a ser buena
95	«Q"achunit(a)» sas purintasjäw	"Cuñadita", diciendo, voy a llegar
96	Jumatïy mä saxrayanta,	Pero si vas a ser mala
97	Ulukipat layranijäw	Voy a tener ojos rabiosos
98	Jumatïy mä saxrayanta,	Si vas a ser mala
99	Wila wayk'at lakanixäw....	Voy a tener boca rabiosa...

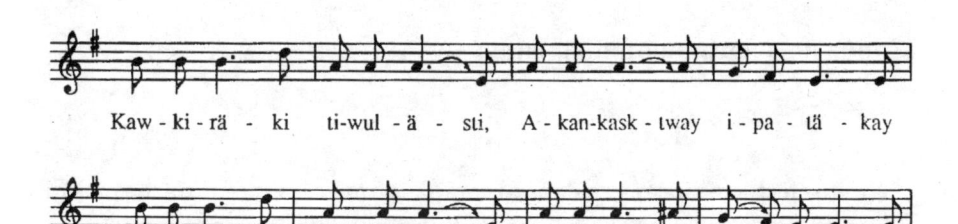

(notación musical)

Kaw - ki - rä - ki ti - wul - ä - sti, A - kan-kask - tway i - pa - tä - kay

Kaw-ki - rä - ki pirshun ti - wu - la, A-kan-kashk-tway pir-shun i - pä - tay

FIG. 10 Ilustración musical de la canción 2

En sus libaciones de abertura, doña Asunta y Flora plantean que ellas van a cantar wayñus y bailar para su hermano, que ya es un "par de palomas". Luego, doña Asunta abre su canción con la línea melódica conocida (ver la Fig. 10), basada en la célula rítmica que se extiende, al doblarla, en la línea musical y luego, doblándola una vez más, en la copla y la estrofa.

Se nota, en el desarrollo de la canción, una especie de síncopa rítmica entre el dinamismo de la letra y el compás de la música, que genera una acentuación dislocada que nos lleva hacia adelante, reforzada aún más por la palmada de Flora.

Línea rítmica 1:

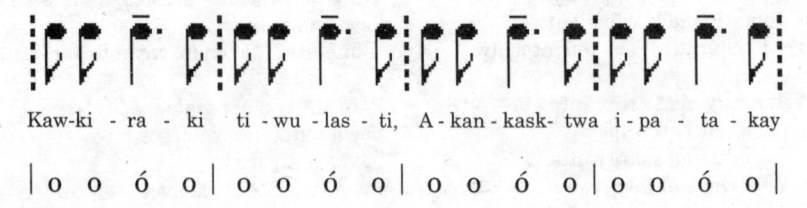

Kaw-ki - ra - ki ti - wu - las - ti, A - kan - kask- twa i - pa - ta - kay

| o o ó o | o o ó o | o o ó o | o o ó o |

Ritmo musical:

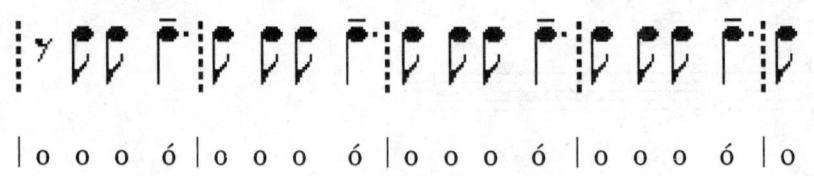

| o o o ó | o o o ó | o o o ó | o o o ó | o

Zonas de acentuación dislocada:

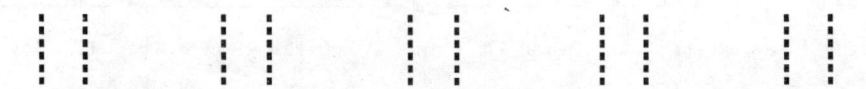

Este efecto de síncopa se debe al compás rítmico que viene de los pies de la cantante, cuando danza con su *arku*. Dando vueltas en semi-círculos y moviendo siempre hacia el tercer ritmo acentuado, la *ipala* cambia el paso entre uno y otro pie, en un tipo de polka síncopa andina: 1 - 2 - 3 *y cambio*, 1 - 2 - 3 *y cambio*...

Asimismo, el ritmo sincopado básico "se extiende" precisamente en estos espacios desenganchados; por ejemplo, en el verso 18, al final del primer episodio temático, la cuarta corchea de síncopa se crece en múltiples fragmentos germinales:

Verso 18:

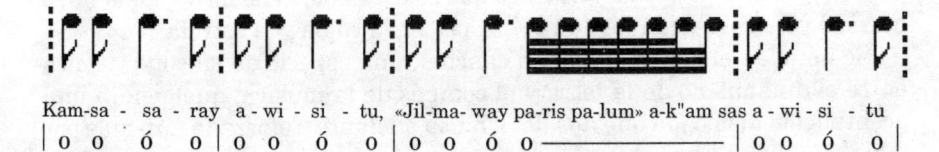

Kam-sa - sa - ray a - wi - si - tu, «Jil-ma- way pa-ris pa-lum» a-k"am sas a - wi - si - tu

| o o ó o | o o ó o | o o ó o ———————— | o o ó o |

Es así que doña Asunta (con Flora) toman en esta actuación de música y baile (apoyada por los vasos de alcohol que les acompañan) un germen de idea (un conjunto de una célula rítmica básica y las semillas de la letra) en el surco desenganchado. Luego trabajan ahí, cultivando, haciéndolo crecer y florecer, envolviéndolo con envolturas de lana-pasto o paredes de espinos o adobes, y arrojando ahí la luz del sol y de la luna; todo el tiempo regándolo con sus voces, de igual modo que, en realidad, ellas hacen con la nueva novia que viene a vivir en la casa de ellas y de su hermano.

Conclusión

Resumimos este ensayo con algunos puntos generales acerca de la boda en Qaqachaka, su expresión en el canto y en el baile en el contexto de una lucha perpetua de guerra.

Primero, la novia es "robada" y "capturada" y llevada de ocultas a la casa del novio. Luego, cuando se hace conocer la relación entre ellos a los padres de la novia, al escuchar las noticias puede comenzar otra pelea de puños entre el suegro y el yerno. Finalmente, en la boda, surgen otras insinuaciones de guerra: en los *arkus* que llevan las hermanas del novio, con los palos de "guerrero" (*awqa*) y los triángulos hacha-*champi* del Inca, y en los versos de la Canción de la Ipala, y el duelo de palabras y canto entre las *ipalas* y los *laritas*, como grupos opuestos.

En otro aspecto, podemos identificar los temas paralelos de producción y reproducción. Se requiere que el novio haga un "servicio de novio" para sus suegros por un tiempo hasta de tres años, cuando él debe contribuir su labor en recompensa por la pérdida de la propia labor de la novia a su familia. Paralelamente, ella está domada y vinculada en el rol de reproductora futura para la familia de su marido. Como vimos, la imagen para este proceso está revelada en términos del crecimiento de la vegetación en un cercado, o de un animal cercado en su corral; por otra parte, su último florecimiento, con wawas, es muchas veces una condición necesaria para llevar a cabo el matrimonio religioso en la iglesia.

Sugerimos que estos dos temas —el de la guerra y el del intercambio recíproco de lazos productivos y reproductivos entre familias— son ambos aspectos complementarios de un complejo compósito de guerra antaño. Por tanto, en este reciclaje de lazos matrimoniales, se transfieren entre grupos (que una vez fueron enemigos) las substancias ancestrales de semen y sangre.

En otro nivel, sugerimos que este intercambio recíproco de parientes entre grupos afinales forma parte íntegra de una memoria histórica de los lazos matrimoniales hipergámicos más extensos introducidos en la región por el estado incaico (que es quizás una especie de "taquigrafía" por la memoria de mucho más largo plazo de los señoríos aymaras), cuando el matrimonio ideal fue entre un guerrero y una tejedora. Argüimos que una parte vital del sistema incaico de relaciones que se evidencia en las canciones tiene que ver con el vínculo entre la *ipala* y su hermano (verdadero o clasificatorio), cuando se relaciona a él en términos de un "sobrino". Así, ella encaja a él dentro del sistema incaico como un hijo "sobrino", y así también él se vuelve fundador, a través del matrimonio, de un nuevo panaka-ayllu. Esto nos da a entender que un aspecto fundamental de la etnicidad en los Andes contemporáneos está calculado todavía en términos de la memoria del grado de relación entre el grupo local y el grupo incaico histórico, todo vinculado a la vez con derechos a las tierras, los pastos y las aguas del ayllu. Presumimos que otro aspecto de este mismo complejo histórico es el nombramiento del novio como "Viracocha", después del gran dios incaico de las aguas y del tejer, cuya imagen precedió a la Llama Negra celestial (por turno, la fuente última de las aguas vitales y el vellón de los camélidos, ambos tan indispensables para las envolturas simbólicas de un grupo de parientes dentro de otro).

Por otra parte, la expresión de los vínculos incaicos históricos constituye un aspecto de la memoria histórica que es evidente a lo largo del matrimonio y de la fiesta. Pues si la ceremonia religiosa en estas ocasiones parece expresar abiertamente la doctrina católica, ésta debe entenderse al mismo tiempo dentro de las múltiples capas de significado poscolonial sincrético que emergió en los Andes desde la conquista. Por ejemplo, es de notar que la gente de Qaqachaka llama al cura, en algunos contextos, *Inka kura*, como si él fuera, para ellos, algún representante de la jerarquía religiosa incaica. Aun la cadena que él coloca alrededor de la pareja para señalar su incorporación en el matrimonio cristiano es experimentada por ellos no solamente como una parte del cautiverio al dios cristiano, sino a otros dioses más arcaicos, sobre todo el Padre Sol. Y si bien, en el matrimonio religioso, se expresa la relación ambigua de ellos frente a los dioses del ayllu en términos de las imágenes cristianas más aceptables, en las coplas-fórmulas de las canciones, son las relaciones más arcaicas las que las cantantes enfatizan y transmiten a otra generación.

Esta dimensión de la memoria histórica, que notamos primero en el matrimonio religioso y luego en la música y baile de la boda familiar, nos hizo dar cuenta del rol de la tradición oral en lo que Abercrombie (1998) llamó la reproducción de la "memoria social". En la realidad, es muy posible que las canciones de boda (así como las otras prácticas culturales que Abercrombie enfoca) constituyan históricamente un "matrimonio cultural" entre versiones de España y de los Andes. No obstante, al reproducir la memoria social andina mediante las canciones, las cantantes las han interpretado como las suyas, como una parte íntegra de su propio mundo andino.

Por estas razones, es posible interpretar el matrimonio de Qaqachaka en términos de la complejidad de una práctica textual andina con sus distintas características. En este ensayo, identificamos *dos* de éstas en los varios ejemplos del lenguaje cantado del "trenzado" de los dos grupos sociales, y en las diferentes "envolturas" textiles que integran un grupo social dentro de otro. Al inicio, los jóvenes solteros son "hebras sueltas", para ser "dobladas" juntas en pareja a través del matrimonio. Y cuando ellos, por turno, se vuelven "doblados", entonces los dos grupos de familia de novia y novio deben ser trenzados juntos, en un patrón mucho más complejo de trenzado y ajustamiento textil. Paralelamente, los padrinos envuelven a la pareja en ropas nuevas (como wawas), para convertirlas en gente; las *ipalas* regalan lana a sus cuñadas para "envolverlas con obligaciones textiles"; los *laritas* les regalan dinero para "envolverlas" en riqueza. El mismo canto sigue los mismos modismos textiles, al hacer crecer la canción desde una idea germinal, y al hacer crecer al matrimonio según la misma lógica de inidicadores botánicos y envolturas de sonido. Al final, la pareja casada, como los jefes "guerrero-tejedora" del hogar, se ponen a tejer la urdimbre y la trama de las substancias ancestrales a través del territorio del ayllu en una telaraña de prácticas morfogenéticas, tanto en la guerra como en la paz.

Llegamos a esta interpretación con una metodología basada en el diálogo con la gente de Qaqachaka que da precedencia a sus propios puntos de vista del matrimonio y de las canciones de la boda.

BIBLIOGRAFÍA

ABERCROMBIE, T. A.,
1986 **The Politics of Sacrifice: an Aymara Cosmology in Action.** Tesis doctoral, University of Chicago.
1998 **Pathways of Memory and Power: Ethnography and History among an Andean People.** Wisconsin University Press.

ALBO, Xavier y Mauricio MAMANI,
1974 **Esposos, suegros y padrinos entre los aymaras.** La Paz: CIPCA.

ALLEN (antes WAGNER), Catherine,
1978 **Coca, chicha and trago: private and communal rituals in a Peruvian community.** Tesis doctoral. University of Illinois, Urbana-Champaign.

ANSIÓN, Juan,
1986 **El árbol y el bosque en la sociedad andina.** Lima: Ministerio de Agricultura/FAO, etc.

ARNOLD, D. Y.,
1988 **Matrilineal Practice in a Patrilineal Setting: Metaphors and rituals of kinship in an Andean ayllu.** Tesis de doctorado. Universidad de Londres.
1992a "La casa de adobes y piedras del Inka: género, memoria y cosmos en Qaqachaka". En: D. Y. Arnold y otros: **Hacia un orden andino de las cosas: tres pistas de los Andes meridionales,** pp. 31-108. Biblioteca Andina No. 12, La Paz: Hisbol e ILCA.
1992b "En el corazón de la plaza tejida: el wayñu en Qaqachaka". En: **Reunión anual de etnografía, 1992, Tomo II, MUSEF,** pp. 17-70. La Paz: MUSEF.
1994 "Hacer al hombre a imagen de ella: aspectos de género en los textiles de Qaqachaka". **Chungará,** Vol. 26, No. 1, Enero/Junio 1994, Universidad de Tarapacá, Arica, Chile: 79-115.
1995 "Las canciones a los animales por las mujeres de Qaqachaka: una taxonomía preliminar". En: **Memorias, Jornadas Andinas de Literatura Latino Americana, JALLA,** La Paz, 1993, pp. 87-102. Colección Academia, número tres. La Paz, Plural-UMSA.
1996 "Adán y Eva y la hormiga de pantalón rojo: historia en los Andes meridionales". En (eds.) Bernd Schmelz y N. Ross Crumrine: **Estudios sobre el sincretismo en América central y en los Andes,** pp. 247-274. Bonn: BAS 26 Estudios Americanistas de Bonn, Holos.
1997 (Comp.) **Más allá del silencio: las fronteras del género en los Andes.** La Paz: CIASE e ILCA.

ARNOLD, D. Y., Domingo JIMÉNEZ A. y Juan de Dios YAPITA,
1992a   **Hacia un orden andino de las cosas: tres pistas de los Andes meridionales.** Biblioteca Andina No. 12, La Paz: Hisbol y ILCA.
1992b   " *'Simillt'aña'*: pensamientos compartidos acerca de algunas canciones a los productos en un ayllu andino". En: (comp.) D. Y. Arnold: **Hacia un orden andino de las cosas: tres pistas de los Andes meridionales,** pp. 109-173. Biblioteca Andina No. 12, La Paz: Hisbol e ILCA.

ARNOLD, D. Y. y Juan de Dios YAPITA,
1992   "*Sallqa*: dirigirse a las bestias silvestres en los Andes meridionales". En: (comp.) D. Y. Arnold **Hacia un orden andino de las cosas: tres pistas de los Andes meridionales,** pp. 175-212. Biblioteca Andina No. 12, La Paz: Hisbol e ILCA.
1996a   "La Papa, el Amor y la Violencia: la crisis ecológica y las batallas rituales en el linde entre Oruro y el Norte de Potosí." En: **Mama Melliza y sus crías: antología de la papa,** 311-371. (Comps.) D. Y. Arnold y Juan de Dios Yapita. La Paz: Hisbol e ILCA.
1996b   "Los caminos del género en ayllu Qaqachaka: saberes femeninos y discursos textuales alternativos en los Andes". En: (comp.) Silvia Rivera: **Ser mujer indígena, chola o birlocha en la Bolivia postcolonial de los años 90,** pp. 303-392. La Paz: Ministerio de Desarrollo Humano, Subsecretaría de Asuntos de Género.
1997   "La lucha por la dote en un ayllu andino". En: (comp.) D. Y. Arnold: **Más allá del silencio: las fronteras de género en los Andes,** pp. 345-383. La Paz: CIASE e ILCA.
En prensa a   "Las canciones a los animales en un ayllu andino: la arquitectónica textil de un texto oral". En: **Tradición oral andina. Métodos de análisis e interpretación,** (ed.) Juan Carlos Godenzzi. Cusco: Bartolomé de las Casas.
En prensa b   **Río de vellón, río de canto: cantar a los animales, una poética andina de la creación.** La Paz: Hisbol e ILCA.

BETANZOS, J. de,
1968 [1551]   **Suma y narración de los Incas.** En: (ed.) Francisco Esteve Barba: Crónicas peruanas de interés indigena. BAE 209. Madrid.

BOLTON, Ralph,
1980   "El proceso matrimonial Qolla". En: E. Mayer y R. Bolton (eds.) **Parentesco y Matrimonio en los Andes,** pp. 327-361. Lima: Pontificia Universidad Católica del Perú, Fondo Editorial.

BOLTON, Ralph y Charlene BOLTON,
1975   **Conflictos en la familia andina.** Cusco: Centro de Estudios Andinos.

BRADBY, Barbara,
1997 " 'Las Incas' de Ishua: Género y representación del pasado precolonial en el ritual andino de hoy". En: (comp.) D. Y. Arnold: **Más allá del silencio: las fronteras de género en los Andes,** pp. 493-512. La Paz: ILCA/IAS.

BYNUM, David,
1978 **The Daemon in the Wood.** Cambridge: Harvard University Press.

COBO, Bernabé,
1890-5 [1940-52] **Historia del Nuevo Mundo.** IV Tomos. Edición de D. Marcos Jiménez de la Espada. Sevilla: Imprenta de E. Rasco.

DUVIOLS, Pierre,
1971 **La lutte contre les religions autochtones dans le Pérou colonial.** Lima: Instituto Français d'Études Andines.
1976-8 "Un symbolisme andin du double: la lithomorphose de l'ancestre". **Actes du XII Congrès International del Américanistes.** Tomo 4: 359-364. Paris.
1986 **Cultura andina y represión.** Cuzco: Centro de Estudios Rurales Andinos "Bartolomé de Las Casas".

GIFFORD D. y P. HOGGARTH,
1976 **Carnival and Coca leaf: some traditions of the Peruvian Quechua Ayllu.** Edinburgo y Londres: Scottish Academic Press.

GOSE, Peter,
1997 "El estado incaico como una "mujer escogida" (*aqlla*): consumo, tributo en trabajo y la regulación del matrimonio en el incanato". En: (comp.) D. Y. Arnold, **Más allá del silencio: las fronteras de género en los Andes,** pp. 457-473. La Paz: CIASE e ILCA.

GUAMAN POMA de AYALA, Felipe,
1989 [ca.1613] **Nueva corónica y buen gobierno.** Versión facsimile de 1936, segunda reimpresión. París: Institut d'Ethnologie, Musée de L'Homme.

HARRIS, Olivia,
1987 "*Phaxsima y qullqi.* Los poderes y significados del dinero en el Norte de Potosí". En: (comps.) O. Harris, B. Larson, E. Tandeter: **La participación indígena en los mercados surandinos. Estrategias y reproducción social. Siglos XVI a XX,** pp. 235-280. La Paz: CERES.

HASTORF, C. A. y S. JOHANNESSEN,
1991 "Understanding changing people/plant relationships in the prehispanic Andes". En: **Processual and Postprocessual**

Archaeologies: Multiple Ways of Knowing the Past, editado por Robert W. Preucel, pp. 140-155. Southern Illinois University: Center for Archaeological Investigations, Occasional Paper No. 10.

HAVELOCK, Eric,
1986 **The Muse Learns to Write: Reflections on Orality and Literacy from Antiguity to the Present.** Cambridge: Harvard University Press.

ISBELL, Billie Jean,
1978 **To Defend Ourselves: Ecology and Ritual in an Andean Village.** Latin American Monographs, no. 47, Institute of Latin American Studies: University of Texas.
1997 "De inmaduro a duro: lo simbólico andino y los esquemas andinos de género". En: (comp.) D. Y. Arnold: **Más allá del silencio: las fronteras de género en los Andes,** pp. 253-300. La Paz: CIASE e ILCA.

ISODORE DE SEVILLA,
1984 **Etymologiae,** ed. M. Reydellet, Paris, 1984, IX, 6.

LEINHARD, Martin,
1992 "Introducción". **Iberoamericana,** Institut für Iberoamerika-Kunde, Hamburg, en colaboración con el Ibero-Amerikanisches Institut, Berlin. Vervuert Verlag, Frankfurt, 16. Jahrgang (1992) Nr. 3/4 (47/48).

MANNHEIM, Bruce,
1987 "Couplets and oblique contexts: the social organisation of a folksong". **Text** 7 (3), 1987: 265-288.

MOLINA, "El Cusqueño", Cristóbal de,
1943 [1575] Fábulas y ritos de los Incas... Cristóbal de Molina: **Las crónicas de los Molinas.** (Los pequeños grandes libros de historia americana, 1a serie, IV). Lima.

OPDAHL, Martha,
1985 **Nacieron del Fruto del Arbol: Transformation Toward Continuity.** Bloomington, Indiana: Andean Studies Occasional Papers 2: 27-42.

PARRY, Adam (ed.),
1971 **The Making of Homeric verse: the collected papers of Milman Parry.** Oxford: Clarendon Press.

PLATT, Tristan,
1978 "Symétries en miroir. Le concept de *yanantin* chez les Macha de Bolivie". **Annales - Economies, Sociétés, Civilisations** 33, Nos. 5-6: 1081-1107.

1986 "El rol del ayllu andino en la reproducción del regímen mercantil simple en el Norte de Potosí (Bolivia)". En: **Identidades andinas y lógicas del campesinado,** pp. 25-83. Lima: Mosca Azul Editores/ Institut Universitaire D'Etudes du Développement, Ginebra.

SHERBONDY, Jeanette F.,
1986 **Mallki: ancestros y cultivo de árboles en los Andes.** Proyecto FAO-Holanda/INFOR GCP/PER/027/NET, Documento de trabajo No. 5. Lima: Min. de agricultura y FAO.

SOLOMON, Tom,
1991 Text-tune Relationships in Quechua *Taki*: discourse-centred approaches to Southern Peruvian verbal art. Tesis de Master of Music. Austin: University of Texas.

STOBART, Henry F.,
1995 **Sounding the Seasons: music ideologies and the poetics of production in an Andean hamlet.** Tesis de doctorado. Universdad de Cambridge.
1996 "The llama's flute: musical misunderstandings in the Andes". **Early Music,** Vol. XXIV/3, August 1996, Oxford University Press: 471-482.

SZEMIÑSKI, Jan,
1987 **Un Kuraka, un Dios y una Historia.** Serie: Antropología Social e Historia. No. 2. Serie monográfica. San Salvador de Jujuy, Argentina: Talleres Gráficos Gutenburg.

URTON, Gary,
1981 **At the Crossroads of the Earth and the Sky: an Andean Cosmology.** Austin: University of Texas Press.

VALLADOLID RIVERA, Julio,
1993 "Agroastronomía andina". En **¿Desarrollo o Descolonización en los Andes? Proyecto Andino de Tecnologías Campesinas (PRATEC),** pp. 95-162. Lima: PRATEC.

LO RECTO Y LO TORCIDO: LA MÚSICA ANDINA Y LA ESPIRAL DE LA DESCENDENCIA

Henry Stobart

Introducción

El rol productivo de la música en la agricultura se da por sentado en las comunidades rurales en el Norte de Potosí, Bolivia [1]. Por ejemplo, los instrumentos y géneros musicales se alternan con las época del año y se relacionan explícitamente con la maduración de las semillas guardadas durante la época seca del invierno o con el crecimiento de las cosechas durante las lluvias. Antes que ser simplemente una diversión cotidiana, que se podría disfrutar pero quizás no sería esencial, la música llega en la culminación misma de la actividad ritual y se oye poco en otras ocasiones. Define, enfoca y satura estos momentos claves con el sonido, trayendo el movimiento y el estímulo estético. Constance Classen ha comentado que en los Andes: "el sonido, como el agua, vivifica el cosmos" (1991: 241, nuestra traducción).

Se diría que el sonido es la expresión primaria de la vida. En efecto, mis anfitriones clasificaban el sonido como *animu*: la "animación", una cualidad atribuida a todos los seres vivientes y, por ejemplo, a los objetos luminosos: el rayo, el agua que corre y ciertas peñas mágicas. Por contraste, el concepto de "silencio", *ch'in* en quechua y aymara, sugiere no sólo la ausencia del

---

[1] El presente ensayo está basado primordialmente en trabajos de campo hechos en una misma comunidad del ayllu Macha, en el Norte de Potosí. Quiero expresar mi gratitud a los miembros de esa comunidad, especialmente a mi familia anfitriona, por la amistad, humor y paciencia que me prodigaron, y a Alberto Camaque (ayllu Laymi) quien me ayudó muchísimo a aclarar y contextualizar mis interpretaciones. Expreso mis agradecimientos a Michelle Bigenho, Adrian Villanueva y al profesor Oscar Costas por su apoyo en la traducción de los términos musicales, y a Ian Marr y Denise Arnold por la traducción en general. También reconozco el apoyo de la British Academy, St John's College y Darwin College, Cambridge.

sonido, sino también la ausencia de la vida misma. De ahí que se considera a una aldea silenciosa (*ch'in*) como abandonada [2].

Esto sugiere que la manipulación del sonido, por ejemplo en la música se puede entender como equivalente al control de las fuerzas vitales. Es pertinente que, cuando consultaba con amigos del caserío de mi anfitrión respecto a la música, solían expresar sus respuestas en términos de la producción agrícola. A pesar del disfrute estético y social que deriva de su ejecución, la música se entendía primordialmente como una necesidad práctica. Así, por ejemplo, se me dijo con frecuencia que si no se tocaban los *pinkillus* (especie de flauta de pico) en la época lluviosa, pues las lluvias no vendrían y las papas no crecerían.

Para los foráneos oriundos de las sociedades industrializadas, los ciclos reproductivos de las papas o los animales domésticos aparentemente tienen poco que ver con los asuntos del parentesco humano. Sin embargo, una y otra vez presencié paralelos entre la reproducción humana y la agrícola, evocados vívidamente por mis anfitriones, en los actos rituales de baile y canto, como también en las actividades y conversación cotidianas. Por ejemplo, la muerte humana era evocada al inicio de la temporada de crecimiento y de lluvias y, varios meses más tarde, cada miembro de familia besaba a la papa primicial del año con intensa emoción, comparándola con una guagua recién nacida que, como todos los otros productos alimenticios, lloraría si no se la cuidara adecuadamente. En muchas formas, los ciclos de la reproducción humana se entienden en términos de, y en relación con, aquellos de la agricultura y el pastoreo. Posiblemente en ninguna parte se expresan dichos ciclos más vívidamente que en la estructura de las actuaciones musicales y de baile.

En el presente ensayo, haré la comparación y contraste entre los aspectos melódicos, temporales y espaciales de la música de los dos instrumentos de viento predominantes de las épocas seca y lluviosa respectivamente. Voy a sugerir que las distinciones agudas en la práctica de la ejecución de estos instrumentos, que solamente tocan los varones, están relacionadas directamente con conceptos de regeneración y aculturación, y por tanto son centrales en cuanto a la noción de la descendencia. En especial, me centraré en dos imágenes acústicas que aparecieron repetidamente en el discurso musical: "lo recto" y "lo torcido", imágenes que sugerían un contraste, por una parte, entre los estados existenciales definidos de ser y, por otra, la transformación o regeneración.

---

[2] Véase por ejemplo las definiciones de *ch'in* en Holguin (1989 [1608]: 111), Bertonio (1984 [1612] II: 86) y de Lucca (1987: 49).

1. El torcer las nuevas tonadas

Cada año, en lo más intenso de la época lluviosa desde finales de enero hasta el Carnaval, se recogen las melodías nuevas para *pinkillu*, llamadas *wayñu*. Estas tonadas pueden ser copiadas de las comunidades vecinas, de casettes comerciales, inventadas por individuos o aún oídas cuando surgen de las piedras o las cascadas de agua en que se dice viven *sirinu* ("sirenas"). De veras, toda música, sea creada u obtenida, finalmente viene por medio de los *sirinu*, seres diabólicos que habitan el mundo interior y emergen al mundo humano en esa época.

Las nuevas melodías para *pinkillu*, reunidas entre fines de enero y Carnavales, se tocan hasta el fin de Carnavales, cuando *pinkillus* y *kitäras* son reemplazados por los instrumentos de la época seca. Al final de la época seca, con la llegada de las lluvias en noviembre, una vez más se sacan los *pinkillus* y se tocan estas mismas melodías en toda la temporada de crecimiento, hasta fines de enero. (Ver Fig. 1.)

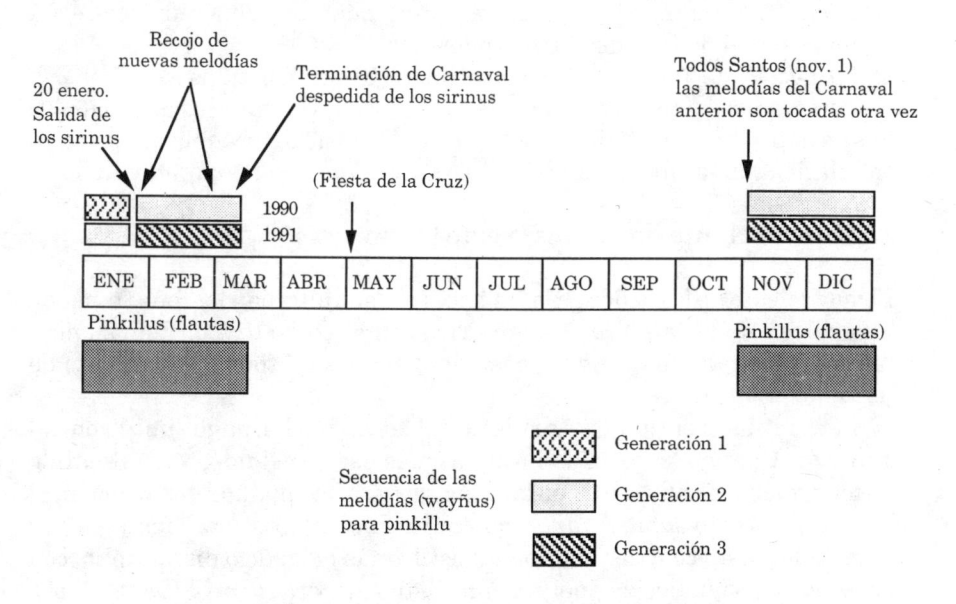

FIG. 1 La actuación temporal de *pinkillu* y el ciclo de las nuevas melodías de *wayñu*

Me dijeron que se debe recoger el próximo ciclo de nuevas tonadas para *pinkillu* en este momento culminante de las lluvias, porque las tonadas viejas, que datan del mismo período en el año anterior y han sido tocadas hasta este momento, ya son *q'ayma:* "sin sabor" o "insípidas" [3].

La gente describió la recolección anual de las tonadas nuevas como *wirsusta q'iwinchis,* literalmente "torcemos los versos". En otros contextos, oí usar el verbo *q'iwiy* para describir, por ejemplo, una torcedura o esguince de muñeca, o el pescuezo torcido de un ave muerta. Sin embargo, al examinar más detalladamente el concepto de *q'iwi,* mi anfitrión señaló que cuando se tuerce un tallo de hierba a lo largo de su propio eje, esto no es realmente *q'iwiy* sino *pallay*. Para demostrar el concepto de *q'iwi* tomó el mismo tallo de hierba, y lo enrolló sobre su dedo, en una larga espiral. Esto es altamente recordativo de la práctica local de torcer hilo en un huso de mano a medida que se lo tuerce partiendo del vellón crudo [4]. También tomó un palito y trazó en el suelo una raya en forma de zigzag, diciendo: "esto es *q'iwi,* es lo mismo que *link'u*". Aparentemente, para mi anfitrión, la forma de zigzag rayada en la tierra, se entendía como una representación bi-dimensional de la espiral tri-dimensional.

La noción de torcer o hacer espiral resurgía repetidas veces en las conversaciones en torno a la música y en los ensayos para las actuaciones, y es de importancia esencial para la ideología musical. Lo analizaré primero en relación con las interpretaciones con *pinkillu* en la temporada lluviosa.

2. El tocar flauta en estilos "recto" y "torcido"

El movimiento de los dedos de los músicos cuando alternan los tonos tapando los orificios de los *pinkillus,* se describe con el verbo *link'u*. Esto sugiere tanto el movimiento de zigzag como los cambios en tono y el concepto de "entrelazar".

Este último sentido era realizado al tocar el charango junto con mi anfitrión. Cuando logré un estilo de rasgueo parejo y fluido, con un sentido de movimiento fácil y continuo, apropiado para acompañar una canción, él lo describió como *sumaq link'u,* que quiere decir "esto está bien ligado, o conectado". Esto contrastaba con un estilo más holgado o discontinuo, con arranques desiguales de energía, que él dijo que era *turpiyu* (de "turbio"), por lodoso, mezclado o confuso.

---

[3] Véase también Stobart (1996b: 429).
[4] Véase Arnold (1992) por otros paralelos entre las metáforas y el discurso musical y textil.

Así, *link'u* indistintamente significa continuidad y movimiento, y su forma de zigzag o torcida, ambas ideas asociadas, a la vez, con la sinuosidad de los ríos. El diseño serpenteante de *link'u* ("zigzag") o *mayu* ("río") es un motivo común en los textiles locales del ayllu Macha, especialmente en los gorros tejidos de los hombres, llamados *ch'ulu* (Fig. 2) [5].

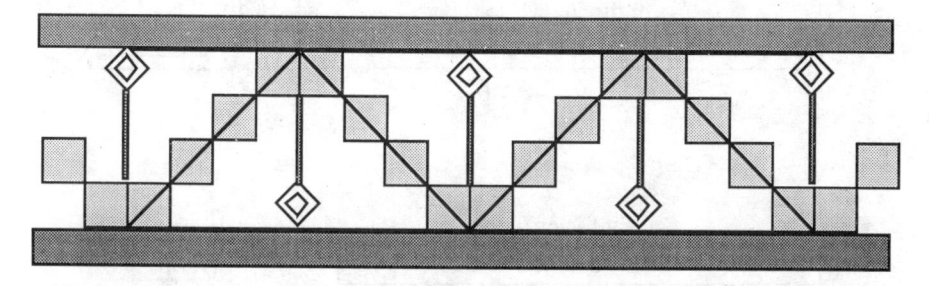

Fig. 2 El patrón de zigzag *(link'u)* en el diseño de los gorros *(ch'ulu)* de ayllu Macha

En el contexto de la música de *pinkillu*, encontré el uso indistinto de ambos verbos, *q'iwiy* y *link'uy*, para significar el movimiento de los dedos del músico. También se afirmó que esta continua torción o alternación melismática de las notas de melodía es característica del *pinkillu* de la clase *q'iwa*, antes que de su pareja, la *tara*.

Una tropa de *pinkillus* está dividida entre instrumentos emparejados *tara* y *q'iwa*, que son de factura idéntica, pero con una diferencia de tamaño y tonalidad; el *q'iwa*, más pequeño, suena una quinta más arriba que la *tara* [6]. Los nombres *tara* y *q'iwa* derivan de las cualidades contrastantes del sonido creado por estos dos instrumentos en lo que respecta a la digitación en las notas sostenidas con que terminan cada baile y canto de *wayñu* (Stobart 1996a: 68). El *q'iwa* da un sonido delgado y débil, con la digitación 2-3-4-5-6, una octava arriba del sonido fuerte y vibrante de los

---

[5] Véase también Crickmay (1991: 254).
[6] Igual que muchas flautas de Pan de los Andes, los *pinkillus* también usan una técnica de "diálogo" o "entrelazado" ("interlocking" o "hocket" en inglés), en que las notas de la melodía están divididas entre los instrumentos/ejecutantes aparejados (ver Stobart 1996a: 69). Aunque algunos hacen referencia a la técnica de "entrelazado" del *pinkillu* como *yiyantin arkantin* ("guía juntamente con seguidor") al aludir a la ejecución de las zampoñas *jula jula*, en la práctica los *pinkillus* menores tienden a tocar más notas de la melodía que los mayores.

instrumentos *tara* con la digitación 1-2. Aunque ambas clases de instrumento son capaces de producir el sonido vibrante de la *tara* o agudo de la *q'iwa*, según la digitación, en el ensayo de la actuación a ambos instrumentos se les asignan roles respectivos. Ver Fig. 3.

digitación Q'iwa
2-3-4-5-6

digitación Tara
1-2

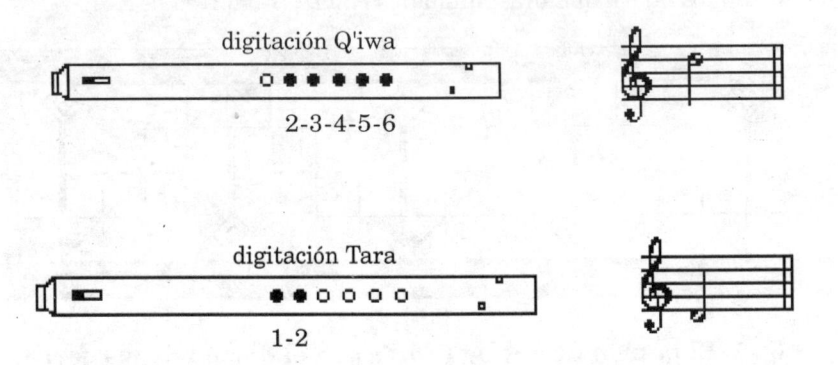

Fig. 3 Los *pinkillus tara* y *q'iwa* con la digitación y tonos relativos en la nota de terminación/afinación de cada *wayñu*

Mientras que los instrumentos *q'iwa* más pequeños se tocan con más continuidad en un estilo melismático —y con los dedos incansables de los músicos moviéndose constantemente y alternando las alturas de la melodía—, los instrumentos *tara* suelen tocarse con menos continuidad y con menos notas, aunque más sostenidas.

Instrumentos *q'iwa*	**Instrumentos *tara***
la mayoría de las notas de melodía	menos notas de la melodía
alternan y cambian	sostenidas
continuas	discontinuas
sonido débil y agudo	sonido fuerte y vibrante

En las regiones vallunas de Macha, que visité con mi familia anfitriona y su caravana de llamas, se refieren a los *pinkillus* del tamaño *tara* como *chiqan,* que significa "recto" o "verdadero". Los amigos en el caserío de mi anfitrión explicaron que se usa esta palabra debido a que, en tanto los instrumentos *q'iwa* dan muchas notas diferentes y están constantemente en movimiento, los *tara* o *chiqan* producen notas "rectas" y sostenidas. Según lo expresó un joven:

Tarata mana link'uchinchis, chiqallanta tukanchis.
No hacemos torcer el *tara*, lo tocamos recto.

Luego hemos contrastado con el mismo joven los sonidos respectivos del *tara* o *chiqan* y el *q'iwa* en forma de diagrama:

/\/\/\/\/\ Instrumentos *q'iwa*: *link'u* o *q'iwi*
movimiento melódico, dedos inquietos

―― ―― Instrumentos *tara* o *chiqan*: *chiqan*
sostenidas, poca alternación, separación

Fig. 4 Un *wayñu* para *pinkillu*

Me dijeron que el instrumento *q'iwita* más pequeño, que suena en un registro agudo, establece y conduce la melodía, en tanto que los instrumentos más grandes y de un registro más grave, especialmente los *taras,* entrelazan sus partes. Según Alberto Camaque, del ayllu Laymi, el instrumento *q'iwita* que guía es el "motor principal" de la tropa de *pinkillu*. El *pinkillu* más grande y grave, llamado *machu tara,* sólo puede tocar tres tonos diferentes [7], su movimiento discontinuo y sus notas "rectas" y sostenidas son lentas y perezosas en comparación con el movimiento inquieto de los instrumentos más agudos.

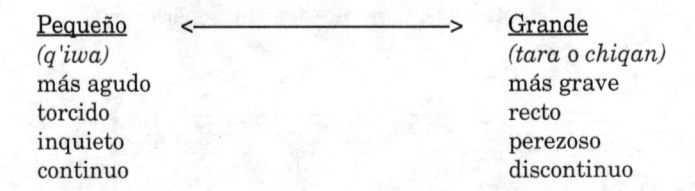

Pequeño	<------->	Grande
(q'iwa)		*(tara* o *chiqan)*
más agudo		más grave
torcido		recto
inquieto		perezoso
continuo		discontinuo

Estas asociaciones poseen resonancias evidentes con cuerpos y plantas en sus diferentes fases de desarrollo. Los seres pequeños y jóvenes suelen ser llenos de ánimo, movimiento y potencial de crecimiento, en tanto que los viejos son más estáticos e inmóviles, al haber crecido hasta su tamaño máximo y llegado a su potencial. Esto se recalca con los nombres de los componentes de varios tamaños de la tropa de *pinkillus*, en que los nombres *uña (uñita)* "prole", *malta* "de tamaño mediano", y *machu* "viejo" también se usan para aludir a las llamas. Ver Fig. 5.

Resumen

En el contexto de la música de *pinkillu* de la época lluviosa y del crecimiento de las plantas, el movimiento melódico fluido (con sus patrones inquietos y alternantes de digitación en que los orificios son constantemente abiertos y cerrados), está especialmente asociado con los instrumentos *q'iwa* más pequeños y agudos. Este movimiento melódico inquieto se describe con la raíz verbal *link'u-,* un concepto que es representado visualmente por la forma de espiral o zigzag. El movimiento melódico "torcido" de los *pinkillus* de tono más agudo es contrastado y a la vez equilibrado por las notas

---

[7] Sin embargo, estos tonos pueden dar la impresión de que suenan una octava más arriba o abajo, depende del contexto. Ver por ejemplo "Do" en la Figura 4.

vibrantes y "rectas" *(chiqan)* de los instrumentos más graves, *tara* o *chiqan*. La combinación de estos sonidos distintos y las técnicas de interpretación serán consideradas más adelante en el análisis de los conceptos de la "afinación".

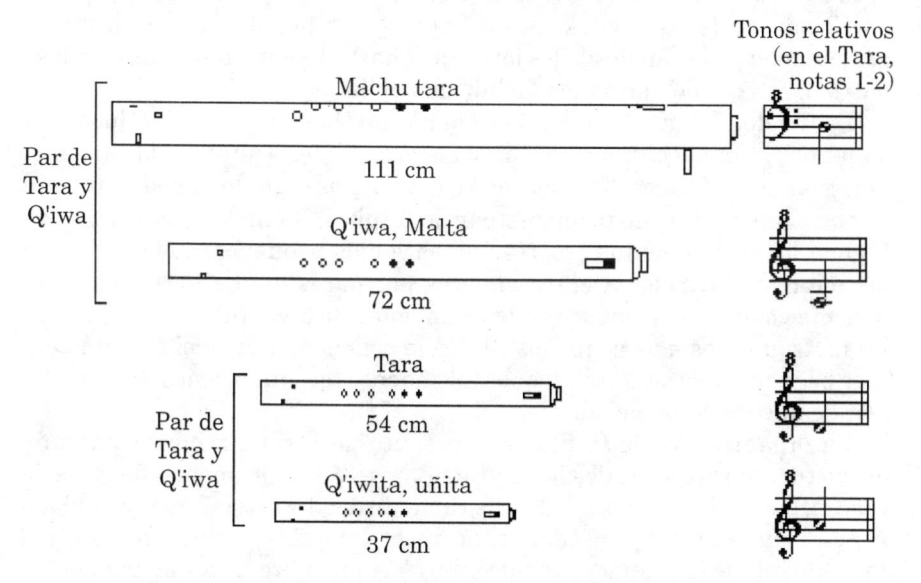

Fig. 5 Una *trupa* de *pinkillu* [8]

3. Los bailarines serpenteantes

En la actuación musical de la época seca, se usan las palabras *link'u* o *q'iwi* para describir el movimiento a través del espacio cuando los músicos de las flautas de Pan o zampoña, llamadas *wawqu*, realizan el baile predominante de la época seca, llamado *wayli*, en fila de a uno y en zigzag. Se refiere a este movimiento sinuoso que caracteriza especialmente a la danza *wayli* como *link'u link'u* o *q'iwi q'iwi*.

Los músicos de *wawqu* lucen atavíos de guerra y se dice que su música da *kunswilu* ("consuelo") para el *Tata Wila Krus* ("el Padre de la Verdadera

---

[8] De modo parecido a las flautas dulces europeas, los *pinkillus* tienden a dar la impresión de que suenan a una octava inferior que su longitud sonora verdadera. Por tanto he anotado los tonos relativos tal como tienden a ser percibidos, mientras que las señas de transposición de octavas encima de cada llave indican las longitudes sonoras.

Cruz") [9] que se manifiesta en la cruz de la comunidad. Esta cruz está engalanada como guerrero y la porta el pasante principal *(alférez)* de la fiesta de la Santa Cruz en mayo, cuando se celebra tanto la cosecha como el arado. El conjunto de los músicos guerreros, de los cuales muchos participan en los combates rituales durante la fiesta, incluyen a varias generaciones que van desde los jovencitos hasta los ancianos que, según se me dijo, son "como hermanos" de un solo ayllu.

La fila de bailarines es encabezada por un "hombre fuerte" y "luchador valiente", llamado *punta* ("punta") o *pusariq* ("líder") que toca la zampoña más grande de 4 tubos, llamada *yiya* ("guía"), y es seguido inmediatamente por otro que toca el instrumento par de 3 tubos, llamado *arka* (Fig. 6) [10]. Siguen los instrumentos progresivamente más pequeños, que comparten las notas de la melodía entre músicos por pares, o que tocan juntos la melodía completa al emparejar las zampoñas de 3 y 4 tubos (en el caso de los instrumentos más pequeños) [11]. En la cola de la fila va el instrumento más pequeño, el *irpa* o *wiswi*, que típicamente toca un jovencito a quien se le pide que inicie la melodía [12].

La organización de la fila serpenteante de los bailarines, sigue una estructura jerárquica, desde el grande, grave y físicamente fuerte a la cabeza, hasta el pequeño, agudo y físicamente débil a la cola [13]. Esto también sugiere un contraste en edades, entre el "viejo" o *machu,* nombre del instrumento más grande, y el "joven" o *ch'ili,* nombre de los instrumentos más pequeños que comúnmente se usa para aludir a los niños más chiquitos (Fig. 7).

[9] Este nombre deriva de "vera cruz". Sin embargo, los Machas quechua-hablantes con quienes hablé sabían que en el idioma aymara (que otrora se hablaba en esta región), *wila* significa "sangre" y también "rojo", lo que recalca el rol de *Tata Wila Krus* como guerrero.

[10] Igual que en muchos otros géneros de flauta de Pan andina, la escala del *wawqu (jula jula)* está dividida entre medio-instrumentos emparejados, y las melodías que se tocan en ellos usan la técnica de "entrelazado".

[11] En los casos en que el *yiya* de 4 tubos y el *arka* de 3 tubos se sujetan conjuntamente y son tocados por una misma persona, estos instrumentos más pequeños se llaman *iraskillu*.

[12] En las conversaciones acerca de la estructura de la danza *wayli* se confirmaba que un jovencito baila en la cola de la fila e inicia la melodía. Sin embargo, en la práctica, el niño estaba presente sólo durante las primeras etapas de la fiesta.

[13] Esta organización jerárquica queda confirmada en las conversaciones en torno a la música. En la práctica, la fila siempre es encabezada por el músico de la *yiya* de 4 tubos más grande, pero no se observa inflexiblemente la ubicación jerárquica precisa de los tamaños intermedios a lo largo de la fila.

LO RECTO Y LO TORCIDO
LA MÚSICA ANDINA Y LA ESPIRAL DE LA DESCENDENCIA **591**

Yiya   Arka

Escala de los wawqus

Arka - plicas hacia arriba

Yiya - plicas hacia arriba

Fig. 6 Los pares de *wawqu*: *yiya* y *arka*

guía del baile
(tono bajo)

hombres fuertes

Instrumentos más grandes, tocados entre dos personas

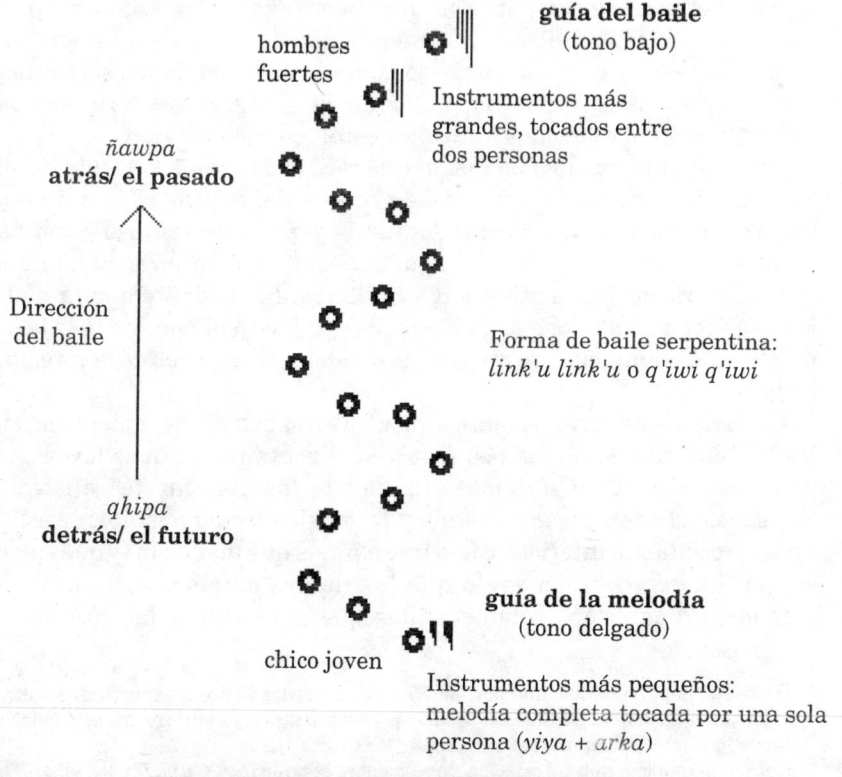

ñawpa
atrás/ el pasado

Dirección del baile

Forma de baile serpentina:
link'u link'u o *q'iwi q'iwi*

qhipa
detrás/ el futuro

guía de la melodía
(tono delgado)

chico joven

Instrumentos más pequeños: melodía completa tocada por una sola persona (*yiya* + *arka*)

Fig. 7 La danza serpenteante: *wayli*

Implícitos en la organización jerárquica del *wayli* están también los conceptos espacio-temporales de *ñawpa* y *qhipan*. El que lleva el instrumento más grande se dice que baila *ñawpapi* ("delante", "a la cabeza" o "en el pasado"), en donde el pasado se entiende que está hacia adelante y en el reino de lo visual [14]. El niño a la cola de la fila baila el *qhipanpi*, que significa tanto "atrás" como "más tarde" y se refiere al "futuro", que sugiere el futuro potencial y la revelación más adelante.

En términos de espacio, los músicos a través de la coreografía del baile, siguen la trayectoria sinuosa de aquellos que han pasado antes: sus mayores y quizás sus ancestros. Se me dijo que la danza serpenteante llamada *wayli* "ha sido bailada en la misma forma desde el tiempo de nuestro antepasado remoto *Inka riy* ("el Rey Inka"). Parece que, mediante la repetición de esta costumbre, la gente se "vincula" con sus antepasados. La trayectoria en "zigzag" del baile se compara con una víbora *(katari)* y, según me dijeron muchas personas, las víboras no mueren sino que viven para siempre: son inmortales [15]. Por tanto se puede considerar que esta danza serpenteante representa el "paso de la vida"; por medio de su trayectoria sinuosa e indirecta, sus generaciones múltiples están entrelazadas.

Es pertinente que la melodía, que se recoge de nuevo cada año y motiva los pasos de la danza, llegue desde atrás (y del futuro). En tanto que la danza es conducida por un luchador fuerte y que representa el poder físico, es en efecto la melodía de tono agudo, tocada por un jovencito, la que al final da el ritmo y la motivación a la danza. Es evidente que la melodía potente desde atrás tiene el poder de obligar hasta al hombre más fuerte a que toque su zampoña y se mueva hacia adelante a través de la coreografía del baile.

El *wayli*, como una serpiente, evoca una imagen de crecimiento gradual, desde el instrumento más pequeño y su ejecutante, el "más joven", en la cola, hasta el instrumento más grande y el "hombre fuerte", a la cabeza. De hecho, esta temporada del año y la música *wawqu* estaban asociadas con el "crecimiento interior", como las semillas que maduran (y que sugieren cuerpos que crecen), en tanto que las lluvias estaban asociadas con el "crecimiento exterior", como semillas que germinan y las cosechas que

---

[14] De hecho, la palabra quechua por "ojo" *(ñawi)* incorpora la misma raíz *(ñaw-)*. Para una explicación de la relación entre el pasado que está delante, y el futuro que está detrás, ver también Miracle y Yapita (1981), Gifford (1986), etc.
[15] Muchos han hecho una correlación directa entre el baile *link'u link'u* y las víboras, pero cuando pregunté si esta danza era comparada con el rayo, lo negaron.

crecen. Una imagen similar del crecimiento interior o corporal es también evocada en la propia estructura de la música *wawqu*.

4. El compartir la melodía: las octavas y las generaciones

Los instrumentos *yiya* de 4 tubos y *arka* de 3 tubos de la tropa de *wawqu*, que a menudo puede incluir hasta 50 músicos, en general son hechos en cinco tamaños y afinados para tocar en octavas paralelas entre sí. El par *yiya/arka* más pequeño está afinado cinco octavas arriba del más grande, con una diferencia de una octava entre cada tamaño, la diferencia de cada octava equivalente a un doble o una mitad en tamaño. Ver Fig. 8.

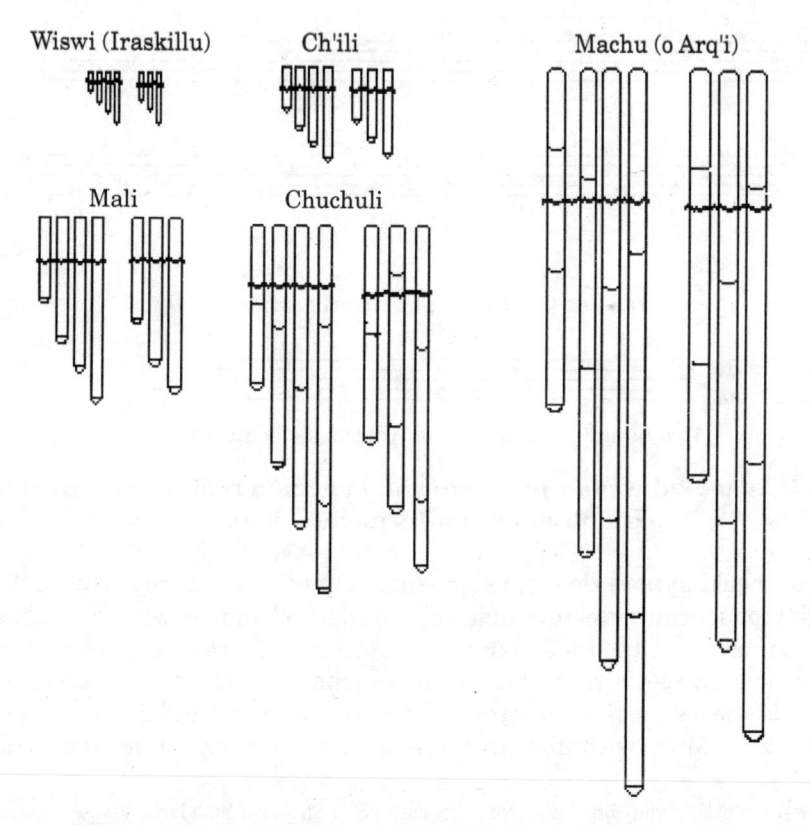

Fig. 8 La tropa de instrumentos *wawqu* (jula jula)

Los cambios en el tono de las melodías para *wawqu* solamente ocurren mediante la alteración equilibrada entre los pares de *yiya*, de 4 tubos y *arka*, de 3 tubos. Así, cada tubo soplado por un músico es seguido por un lapso o descanso mientras suena el instrumento complementario. A diferencia de muchos otros géneros de flauta de Pan, los músicos de *wawqu* jamás se mueven directamente de un tubo a otro en un mismo instrumento, sin que suene un tubo del instrumento par complementario. Así, para los instrumentos más grandes, los cambios de una altura del sonido a otra dentro de la melodía solamente se logran con la participación de otro músico. Ver Fig. 9.

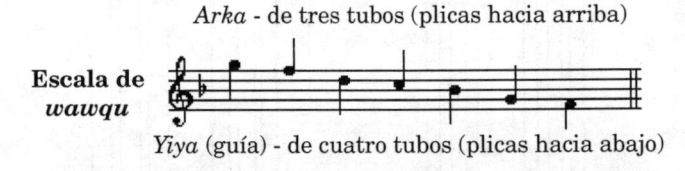

Arka - de tres tubos (plicas hacia arriba)

Escala de *wawqu*

Yiya (guía) - de cuatro tubos (plicas hacia abajo)

Fig. 9 La melodía *suna* para *wawqu*: la acción recíproca continúa para obtener la alternación de tonos

Las melodías para zampoñas *wawqu* ejecutadas en esta región del ayllu Macha comienzan con el tubo más pequeño del instrumento *yiya* de 4 tubos, y terminan en el tubo más largo del instrumento *arka* de 3 tubos, una octava más baja en registro. Los músicos siempre sujetan sus instrumentos de modo que los tubos más cortos estén a su izquierda y los más largos a su derecha [16]. Muchos confirmaron en sus conversaciones que "todas las

---

[16] Se sujetan las zampoñas en esta forma en todo el altiplano boliviano, y aquellas que tienen una doble fila de tubos (abiertos y cerrados) sólo se pueden tocar en esta posición (cf. Bellenger 1987: 123).

melodías van de izquierda a derecha", en otras palabras de tubos cortos a largos [17]. El movimiento melódico de tubos pequeños a grandes, creado por la acción recíproca entre músicos emparejados, también fue explícitamente comparado con el crecimiento corporal. Esto también sugiere una ideología en que la prole sólo puede crecer y madurar mediante la interacción o ayuda social, encapsulada en el concepto local de *yanantin*, lo que Platt interpretó como "ayudante y ayudado, unidos para formar una categoría singular" (1986: 245, nuestra traducción).

La relación de octavas, en la que la melodía cae en una octava desde el instrumento *yiya* más corto hasta el *arka* más largo es, por tanto, de importancia central. En cada ejecución de la melodía, el tono se mueve desde una nota inicial en la octava superior, hasta una terminación a una octava inferior (Fig. 10). Como los fabricantes de instrumentos andinos saben muy bien, al usar el oído y la vista para fabricar las zampoñas *wawqu*, el bajar el tono en una octava se logra al doblar el largo del tubo. Así el acto de tocar cada repetición de la melodía puede resultar en doblar el tamaño como también en mover constantemente hacia la derecha.

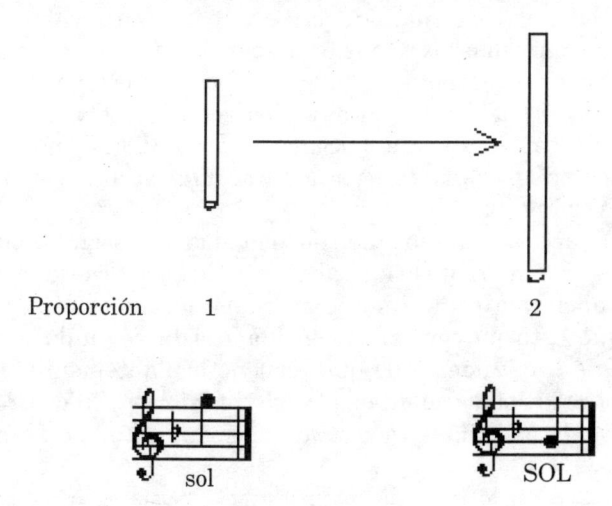

Fig. 10 El doblar el tamaño como relación de tono de 1 octava: representación diagramática

---

[17] En otras partes del Norte de Potosí, las melodías de *jula jula* comienzan a veces en el segundo o tercer tubo del instrumento *yiya* de 4 tubos.

El intervalo de una octava entre tamaños de instrumento, para mis anfitriones, parece ser análogo a la distinción entre generaciones. Por ejemplo, en ciertos ritos durante el Carnaval me encontré con un hombre y su hijo pequeño que bailaban juntos. El niño, como *uña alferez* o pasante "guagua", adoptó por breves momentos esta posición dominante, como representante de la generación nueva, aunque su padre era el proveedor verdadero de la comida ritual. En forma similar, en las libaciones a las primicias, en el Carnaval, se colocó cuidadosamente una vieja papa *yura*, con brotes, del año pasado, al lado de una nueva papa "guagua" de la mitad de su tamaño, en la base del cántaro principal de chicha. Esta relación de tamaños medio y completo está representada perfectamente por el intervalo musical de una octava.

Es pertinente a este patrón que las *kitäras*, rasgueadas durante las lluvias, se toquen en dos afinaciones o timbres distintos, la relación del intervalo entre cuerdas es idéntica a excepción de la segunda cuerda. La fiesta de Todos los Santos, en noviembre, en el comienzo de la temporada de crecimiento, cuando se planta la papa progenitor, tiende a ser asociada con la afinación *charka*, más grave. Pero, para Carnavales, cuando las nuevas papas "guaguas" comienzan a aparecer y la papa progenitora se pudre bajo tierra, se afina la segunda cuerda a una octava más alta, en la afinación *yawlu*, "diablo" [18]. Mi anfitrión señaló que la afinación *yawlu* comienza a partir de la fiesta de San Sebastián (20 de enero), la misma fecha en que se empiezan a recoger de los *sirinus*, las nuevas tonadas para *pinkillu*[19]. Ver Fig. 11.

Este reafinar desplaza (en orden de tonalidad) a la segunda cuerda desde la última posición inferior a la más alta, entre todas las cuerdas metálicas[20]. También transforma radicalmente en timbre, que causa el movimiento melódico que está mayormente confinado a la segunda cuerda en la entonación de *yawlu*, de modo que resuene brillantemente en la octava superior, sobre las otras cuerdas de registro inferior. En contraste, con la entonación de la melodía para *charka* que suena en una octava más baja,

---

[18] En la práctica, es necesario reafinar todo el instrumento para lograr la tensión adecuada de las cuerdas.

[19] Durante la temporada lluviosa, se hacía poca distinción temporal entre estas afinaciones; la *charka* suelen preferirla los hombres mayores y el *yawlu* los jóvenes. Sin embargo, mucha gente se manifestó muy definidamente acerca de las asociaciones temporales de estas afinaciones cuando hablábamos de ellas durante la época seca.

[20] Con la excepción del bordón de nylon (cuerda III) que dobla a la cuerda del medio una octava más abajo. Todas las demás cuerdas de la *kitära* del estilo Macha son metálicas.

Fig. 11 Las afinaciones para *kitära* en la época lluviosa, y los intervalos relativos entre cuerdas

Las afinaciones son idénticas con la excepción de que la segunda cuerda es afinada a una octava más alta después de la fiesta de San Sebastián (20 de enero).

Afinación de Charka:
Todos Santos (Nov.)
hasta San Sebastián (Ene.)

Afinación de Yawlu (diablo):
San Sebastián (20 Ene.) hasta fines de carnaval (Feb./Mar.)

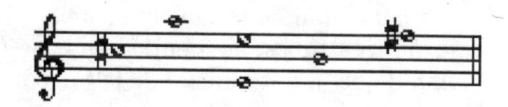

es mucho menos sobresaliente y las resonancias de las cuerdas tienden a mezclarse entre sí.

Desde luego, los sonidos están repletos de asociaciones. Así, por ejemplo, los sonidos fuertes, dinámicos y graves, están asociados con la fuerza física, y los hombres gritan, como toros que braman, al afirmar su masculinidad de pleno adulto, mientras corren a la lucha. En cambio, los sonidos débiles y delicados están asociados con la inmadurez y falta de fuerza, como por ejemplo el lloriqueo agudo de un niño pequeño hambriento. El proceso de aculturación y crecimiento desde la niñez hasta ser adulto tiene su paralelo en ciclos de sonido y, según parece, en la propia estructura de la música.

La caída de una octava en el transcurso de una melodía *wawqu (jula jula)*, en donde las alteraciones en tamaño y tono se obtienen mediante la participación de dos instrumentos o ejecutantes, se compara explícitamente con el crecimiento corporal, desde guagua a adulto. Tal vez sea que el cambio de una octava en ascenso de la cuerda II, desde la afinación *charka* a *yawlu* en la *kitära* para la temporada lluviosa esté, en cierto modo, vinculado con el proceso regenerativo tal como en el cultivo de las papas, en que la progenitora es reemplazada por su guagua: la generación nueva o futura. Si tal es el caso, la melodía intensa y de tono agudo de esta nueva generación se considera como el grito de una guagua, y que motiva la acción en otros. Esto también trae a la mente al niño en la cola de la danza serpenteante del *wayli*, cuya pequeña zampoña *irpa* conduce y motiva a los demás músicos de *wawqu*, o al pequeño *q'iwita* de los instrumentos *pinkillus*, que es el "motor principal" del conjunto. Parece que el *animu* concentrado, expresado en melodías emotivas y de tono agudo, se entiende como la motivación del crecimiento y transformación.

En el contexto de la fila serpenteante de los bailarines de *wayli*, con los cinco conjuntos de pares de instrumentos *yiya* y *arka*, afinados a intervalos de octavas, progresamos desde el conjunto más pequeño, en la cola, hasta el más grande, a la cabeza, cinco octavas más abajo y con tubos cinco veces más largos. Así, podemos interpretar estos cinco tamaños afinados en cada octava, como cinco generaciones distintas, emparentadas mediante la misma tonalidad [21].

La nota final de la melodía *wawqu*, tocada con el tubo más largo del *arka* de tres tubos, es idéntica en tono (y tocada en un tubo del mismo tamaño) que la nota inicial de la melodía tocada en el tubo más corto del *yiya* de 4 tubos del tamaño próximo mayor (ver Fig. 12). Es así que cada "generación" es afinada en tonalidad o igualada con el anterior en cada ejecución de la melodía *wawqu*.

Pero, si bien estas tonalidades sobrepuestas son idénticas, el tubo más corto del *yiya*, y el más largo del *arka*, siempre están separados en el tiempo. El tubo 1 del *yiya* de 4 tubos, pertenece al comienzo de la melodía, y el tubo 3 del *arka* de 3 tubos pertenece al final; el primero está comenzando y el otro está llegando. Esto lleva a suponer una separación en el tiempo, análoga al trayecto a través de la vida, que separa a las distintas generaciones.

Esta discontinuidad entre las generaciones, aparentemente evocada en la música por octavas, ¿cómo puede ser atravesada para crear la vida nueva?. Quizá una respuesta yace en la estructura de la música de *pinkillu*. A diferencia de las zampoñas *wawqu* emparejadas, en donde la *yiya* da la nota inicial de la melodía y el *arka* da la nota final, en una octava inferior, los *pinkillus tara* y *q'iwa* emparejados tocan juntos y simultáneamente en la nota final sostenida de cada repetición del *wayñu*. Ver Fig. 13.

---

[21] No se me ofreció una equivalencia entre las generaciones y los cinco diferentes tamaños de los instrumentos (entonados a intervalos de una octava). No obstante, esta interpretación posteriormente fue apoyada por varias personas. Esto fue un tema muy difícil de tratar, ya que no pude hallar un equivalente quechua directo para el concepto de "generación", a pesar de una fascinación local con el tema de la descendencia.

LO RECTO Y LO TORCIDO
LA MÚSICA ANDINA Y LA ESPIRAL DE LA DESCENDENCIA **599**

Fig. 12 Los tubos de *arka* y *yiya*

El tubo más grande del *arka* de 3 tubos (que da la nota final de la melodía) es idéntico en largo y tonalidad con el tubo más corto del *yiya* de 4 tubos, próximo en tamaño mayor (que da la primera nota de la melodía)

Medidas iguales en ambos tubos

Último tono de la melodía

Primer tono de la melodía

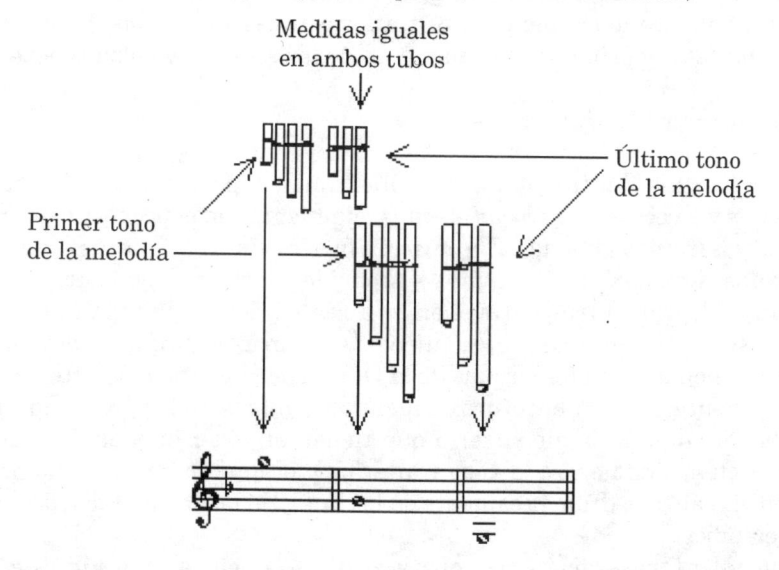

Fig. 13 El movimiento por octavas y su relación según las temporadas del año

ÉPOCA SECA	ÉPOCA DE LLUVIAS	
Wawqu/Jula Jula	Afinaciones de *Kitära*	Flautas *pinkillu*
hijo -----> adulto	Todos Santos Carnaval	progenie / padres
	padres --/--> progenie	
CRECIMIENTO CORPORAL	**REGENERACIÓN**	
Baja una octava (crecimiento hasta dos veces más grande por cada repetición de la melodía)	Sube (más aguda) una octava la cuerda melódia más importante	Las dos octavas tocadas juntas (*tara* + *q'iwa*) para terminar cada *wayñu*

El intervalo de la octava está sincronizado, como si aproximara a las dos generaciones contiguas, juntamente con la niñez y la madurez, en una sola, en que el *q'iwa* evoca a las crías o el futuro, y el *tara* (o *chiqan*) a los progenitores maduros o el pasado. La afinación de estas dos notas juntas, según analizaré más adelante, es un aspecto central de las actuaciones con el *pinkillu* y primordial en la mente de los músicos y en su repertorio.

5. El torcer y el afinar

Se tocaban las flautas *pinkillu* explícitamente para que crecieran las cosechas y a veces para evocar el emparejamiento con el propósito de crear los nuevos frutos y guaguas. Encontré un fuerte sentido de que las poderosas melodías "torcidas" de los *sirinus* se consideraban como poseedores de la virtud de lograr la transformación y la realización de la vida nueva. De hecho, se me dijo que los *sirinus,* quienes "suenan igualito que los *pinkillus*", son (a semejanza con las sirenas de la Odisea de Homero) la fuente de todo conocimiento y saben el futuro. A menudo también se les describía como *inkitu,* "inquieto", lo que sugería que tienen el poder de transformar [22]. Moran en el linde entre la tierra interior y el mundo de los humanos y, según vi realizado dramáticamente en lo ritual, tienen la habilidad de pasar entre ambos.

En la interpretación con el *pinkillu,* se decía a menudo que era problemático el juntar las cualidades de hacer desplazar y torcer que poseen los *q'iwas* con los aspectos rectos y sostenidos de los *taras*. Pero quizás estos empeños de afinar los elementos distintos del *tara* y el *q'iwa* también representen la mediación entre el torcer, inquieto, transformante y ultramundano de los *sirinus,* los ancestros y las generaciones futuras, con los sonidos rectos, verdaderos y balanceados del mundo de los humanos, y del presente.

Antes de empezar a tocar cada *wayñu* distinto, los músicos de *pinkillu* emiten una nota sostenida con sus respetivas digitaciones para *tara* y *q'iwa,* para cerciorarse que los instrumentos están "igualados" (*iwalasqa*), por decir "afinados". Sus instrumentos emparejados suenan simultáneamente en octavas, los *q'iwas* afinados a una octava sobre los *tara* (ver otra vez Fig. 3). De modo parecido, al final de cada repetición de un *wayñu,* estas

---

[22] En muchas regiones del Norte de Potosí me hablaron del poder que tienen los *sirinu* para adaptarse y transformarse en diferentes formas (gatos, perros, sapos, humanos, etc.).

mismas notas se repiten, equilibrando y combinando los sonidos de *tara* y *q'iwa* como iguales, separados a una octava (ver otra vez Fig. 4).

Pero cuando los *pinkillus* no se pueden igualar en tono, se dice que están *parqu,* palabra que también era usada por mis anfitriones para significar, por ejemplo, "terreno desigual" o "algo torcido". Se puede encontrar traducciones similares en diversos vocabularios del aymara, incluyendo una referencia por Bertonio a *parco parco* para describir una procesión que avanza en forma "torcida" (1984 [1612] II: 250, 259) [23], recordando la danza serpenteante del *wayli.*

Parqu, con sus asociaciones tanto con el torcer como con el desafinar, tiene mucho en común en los conceptos de *q'iwa* y *q'iwi.* La palabra *q'iwa* no sólo se usa para aludir al tipo de *pinkillu* vinculado con las melodías inquietas y torcidas, y con sus sonidos agudos e insatisfactorios, sino también para los instrumentos de cuerda que no pueden ser afinados (Stobart 1996a: 71). Se diría que una cualidad inestable y torcida de un sonido a menudo recibe un juicio estéticamente negativo, que contrasta con el del sonido fuerte, recto y grave del *tara* o *chiqan* que es muy apreciado y se dice que está "igualado" *(iwalasqa).*

Se diría también que los objetos clasificados como torcidos, no caben fácilmente en las nociones de la aculturación y del orden humanos, no son "rectos" *(chiqan)* ni metafóricamente "verdaderos" *(chiqan)* y sencillamente "no encajan". De acuerdo con esto, al ayudar a mi anfitrión a construir una casa, él describió un adobe de forma irregular, como *q'iwa,* maldiciendo su forma torcida, ya que no encajaba debidamente en la pared. Al fabricar estos mismos adobes, muchos meses antes, en especial al momento de palear el barro en las adoberas, describió como *parqu* un trozo de terreno cercano. No servía para esta tarea, ya que los adobes resultarían desiguales, o más bien *q'iwa.* Esto recalca un enfoque muy concreto del sonido, y sugiere una distinción sutil entre los conceptos torcidos y desentonados de *q'iwa* y *parqu.*

Los problemas de afinar los conceptos opuestos de *tara* y *q'iwa* en las interpretaciones de *pinkillu* contrastan radicalmente con las zampoñas *wawqus* que se dice que son *puru iwalasqa* o "perfectamente igualadas/afinadas". Estos conceptos distintos de la afinación entre la época lluviosa y de crecimiento de las plantas, y de la época seca de maduración, sugieren

---

[23] "*Parco:* Cosa tuerta, como una vara, una tabla &c. *Parco parco, Kenko kenko, Hithisu hithintata procesiona sari ayui:* Ir tuerta la procession" (Bertonio 1984 [1612] II: 250). "*Kenko, Parco, Kausu:* Cosa tuerta que da buelta" (ibid : 295).

que los *wawqus* están intrínsecamente "afinados" en tanto que los *pinkillus* están intrínsecamente "desafinados" entre sí.

Tal vez sea sólo mediante la ejecución en *pinkillu* que los conceptos en conflicto de *tara* y *q'iwa* puedan ser afinados, donde ambas partes estén equilibradas y funcionen juntas como iguales. Esto sería una metáfora apropiada para la tarea del cultivo durante la temporada lluviosa y del crecimiento, cuando las fuerzas creativas del mundo interior, que representan el poder regenerativo ancestral y que permite la vida futura, deben ser dirijidas y equilibradas por los valores humanos y culturales para asegurar la producción.

6. Conclusión: El tiempo en forma espiral

En términos de sonido, las "notas rectas" como tonos discretos, relacionados con un tamaño o largo específicos del tubo, posiblemente pueden considerarse como una representación de un momento singular en el ciclo de la vida, o antes bien, el presente. Los humanos y los seres vivientes ordinarios no se pueden transformar instantáneamente a un tamaño, forma o tono diferente. El crecimiento sólo puede ocurrir gradualmente y a través del tiempo. Es así que, en la música para *wawqu*, los tamaños y tonos discretos, en forma parecida a las etapas del desarrollo, están enlazados mediante un simbólico espiral de la trayectoria del tiempo, un camino solo y preestablecido, representado por la danza *wayli* en forma de zigzag. Es tentador el considerar cada torción o giro *(kuti)* de este camino serpenteante como si señalara una nueva manifestación, otra generación o ciclo de vida y muerte.

Quizá se puede comparar este baile a las líneas de descendencia, en forma de un camino que entrelaza a los miembros del ayllu con un antepasado común. Es pertinente que esta danza guerrera sea especialmente asociada con la solidaridad en el ayllu, donde los hombres de varias generaciones se juntan como hermanos para afirmar y defender su territorio, detrás de su cruz local. Un hombre mayor en la comunidad también asoció a las flautas mismas con los huesos de los *jurq'us*, "cumbres", al hablar de las cumbres locales como "antepasados".

En cambio, la interpretación en *pinkillu* está asociada con una danza en círculo circundante llamada *qhata*. Las flautas *pinkillus*, atrapadas en el medio del círculo, por una parte tocan tonos discretos con las notas de *tara* rectas, sostenidas y discontinuas, que sugieren un momento singular y fijo en el ciclo vital, y por otra, melodías torcidas. En estas melodías torcidas y cambiantes, los tonos alternan constantemente, y cada tono sugiere un tamaño o forma que continuamente se transforma en otra, según los movimientos de los dedos inquietos de los músicos. De este movimiento continuo y ultramundano, pueden surgir las transformaciones mágicas y regenerativas, y la vida vegetal exhuberante asociada con las lluvias; tal como en el mítico "tiempo inquieto", *inkitu timpu,* cuando las formas eran confusas y, según se me dijo, los animales silvestres podían transformarse instantáneamente en humanos.

La espiral que se tuerce contínuamente, vinculada con el concepto de *kuti,* o giro, ha sido remarcada como una metáfora para los enfoques andinos del tiempo, por varios investigadores (por ejemplo Harris 1987: 100). En mi experiencia de la música y su ejecución, y la ideología en ayllu Macha, se diría que esta representación es del todo adecuada. No obstante, la aguda distinción en la representación entre los medios de sonido y espacio, parecen enfatizar la cualidad generativa del sonido musical. También parece que los tonos alterados, en su condición de un movimiento melódico, están lejos de ser arbitrarios y que, para mi comunidad anfitriona, están intrínsecamente vinculados con la generación, la regeneración y la aculturación. Es así que representan a los adobes mismos del parentesco.

BIBLIOGRAFÍA

ARNOLD, Denise Y.,
1992   "El en corazón de la plaza tejida: el wayñu en Qaqachaka". **Reunión anual de etnología 1992, Tomo II**, MUSEF, La Paz, Serie: Anales de la Reunión Anual de Etnología: 17-70.

BELLENGER, Xavier,
1987   "Musique des villes, musique des champs. Néofolklore et musique communautaire dans les Andes". En **Bolivie: Fascination du temps et organisation de l'apparance.** Cahiers des Ameriques Latines. No 6. Pp. 119-129. París: IHEAL.

BERTONIO, P. Ludovico,
1984 [1612]   **Vocabulario De La Lengua Aymara**. Cochabamba, Bolivia: CERES, IFEA, MUSEF.

CLASSEN, Constance,
1991   "Creation by Sound/Creation by Light: A sensory analysis of two South American cosmologies". En: **The Varieties of Sensory Experience,** (ed.) David Howes. Toronto: University of Toronto Press.

CRICKMAY, Lindsey,
1991   Space, Time and Harmony: Symbolic Aspects of Language in Andean Textiles with Special Reference to those from Bolívar Province (Cochabamba, Bolivia). Tesis doctoral. University of St. Andrews, Scotland.

De LUCCA, Manuel D.,
1987   Diccionario Práctico: Aymara-Castellano. La Paz: Editorial: Amigos del Libro.

GIFFORD, Douglas,
1986   "Las metáforas temporales en aymara y quechua". **Winak: Boletín Intercultural,** Universidad Mariano Gálvez, Guatemala, Vol. 2, No. 1, Junio 1986: 4-19.

HARRIS, Olivia,
1987   "De la fin du monde: notes depuis le nord-Potosí". En: **Bolivie: Fascination du temps et organisation de l'apparance.** Cahiers des Ameriques Latines. No 6. pp. 93-118. París: IHEAL.

HOLGUIN, Diego Gonzalez
1989 [1608]   Vocabulario de la lengua general de todo el Peru llamada Lengua Qquichua o del Inca. Lima: Universidad Mayor de San Marcos.

MIRACLE, Andrew y Juan de Dios YAPITA,
1981   "Time and Space in Aymara". En: M. J. Hardman (ed.) **The Aymara Language in its Social and Cultural Context.** Pp. 33-56. Univ. of Florida Monographs, Social Sciences No. 67. Gainesville, FA: University Presses.

PLATT, Tristan,
1986   "Mirrors and Maize: the concept of *yanantin* among the Macha of Bolivia". En: **Anthropological History of Andean Polities,** (eds.) J. Murra, N. Wachtel, J. Revel. Cambridge: CUP.

STOBART, Henry,
1996a   "*Tara* and *Q'iwa* - Worlds of Sound and Meaning". En: **Cosmologiá y Música en los Andes.** Max Peter Baumann (ed.). Pp. 67-81. Madrid: Biblioteca Iberoamericana (vol. 55), y Frankurt: Vervuert Verlag.

1996b   "Los wayñus que salen de las huertas: música y papas en una comunidad campesina del Norte de Potosí". En: D. Y. Arnold y Juan de Dios Yapita (comps.) **Madre Melliza y sus crías: Antología de la papa,** pp. 413-430. La Paz: Hisbol e ILCA.

MÁS ALLÁ DEL SILENCIO: LAS FRONTERAS DE GÉNERO EN LOS ANDES

Denise Y. Arnold
Compiladora

Participantes: Arnold y Yapita, Barragán, Bradby, Briggs, De la Cadena, Canessa, Crickmay, Dransart, Gose, Hünefeldt, Isbell, Luykx, Rösing, Salomon, Sikkink, Sillar, Spedding, Valderrama y Escalante.

1997. 584p. (Contenido, 16 figs., 12 fotos, bibliografía.)
ISBN: 1-873617-20-8. CIASE Research Paper No. 27.
Serie: Biblioteca de estudios andinos No. 1. Parentesco y género en los Andes, tomo I. Coedición: ILCA; La Paz y CIASE, Research Paper No. 27.

Esta colección de ensayos indica las nuevas direcciones en el estudio de género en los Andes. Los participantes vienen de diferentes disciplinas: la historia, la antropología, la lingüística, la arqueología y la pedagogía; no nos debe sorprender que la mayoría son mujeres.

Los ensayos tratan varios temas: los límites de género en los Andes, el género y el lenguaje, el género y la educación, el género en los mitos, el género y la propriedad, los conflictos de género con la patria potestad en el siglo XIX, el género y el estado incaico, y el género y la representación. Como meta en común, rechazan las categorías fijas de los estudios previos, fundadas en las teorías del estructuralismo y de la semiótica, y usadas actualmente por las organizaciones gubernamentales y las ONG, como parte de un supuesto movimiento democratizante de la liberación de la mujer. Plantean como alternativa un enfoque más dinámico y procesal, fundado en los modelos andinos de género.

El libro será de interés para los profesionales que trabajan en los asuntos de género y para los estudiosos de género o de los Estudios Andinos en general.

Distribución y venta:
1. Librería Hisbol, Calle Zapata 178, La Paz, Bolivia Sudamérica. Telf: 370093. Fax: 316919.
2. CIASE (Centre for Indigenous American Studies and Exchange), University of St. Andrews, St. Andrews, Fife KY16 9Al, Escocia

*Esta edición se terminó
de imprimir el mes de diciembre/98
en los talleres de*

Magenta
INDUSTRIA GRAFICA

*Av. Villazón Pje. Bernardo Trigo 447
Telf./Fax: 353890 - 323793
Casilla 2763
La Paz - Bolivia*